高等学校教材

化工产品市场营销

熊远钦 编

化学工业出版社

·北京·

本书从分析化工产品的市场、营销环境、消费者或采购人员的特点出发，指导化工生产经营企业如何制定自己的产品策略、价格策略、渠道策略和促销策略，如何使本企业的化工产品更加适销对路。本书以培养非经济类学生职业素质为目的，以提高学生的从业能力为目标，循序渐进地介绍了化工产品与市场营销，化工产品的市场营销环境与营销战略，用户购买行为分析，化工产品的发展战略、营销策略、整合营销策略，化工产品的网络营销与国际化营销等内容，深入浅出地阐述了市场营销的理论观点，联系实际地告诉读者应该如何策划化工产品的市场营销。

本书可作为化学化工专业本科或高职高专、成人教育教材，也可供化工生产经营企业的营销人员和化工商品销售人员参考。

图书在版编目（CIP）数据

化工产品市场营销/熊远钦编．—北京：化学工业出版社，2012.5（2023.11重印）
高等学校教材
ISBN 978-7-122-13445-5

Ⅰ．化⋯　Ⅱ．熊⋯　Ⅲ．化工产品-市场营销学　Ⅳ．F767

中国版本图书馆 CIP 数据核字（2012）第 021456 号

责任编辑：杨　菁　　　　　　　　　　文字编辑：刘莉珺
责任校对：宋　夏　　　　　　　　　　装帧设计：杨　北

出版发行：化学工业出版社（北京市东城区青年湖南街 13 号　邮政编码 100011）
印　　刷：北京云浩印刷有限责任公司
装　　订：三河市振勇印装有限公司
787mm×1092mm　1/16　印张 22½　字数 620 千字　2023 年 11 月北京第 1 版第 7 次印刷

购书咨询：010-64518888　　　　　　　售后服务：010-64518899
网　　址：http://www.cip.com.cn
凡购买本书，如有缺损质量问题，本社销售中心负责调换。

定　　价：56.00 元　　　　　　　　　　　　　　　　　　　版权所有　违者必究

序

　　市场经济的激烈竞争催生了市场的繁荣和商品的多样化。市场占有率不但是商品质量与功能的比拼，而且与生产和销售企业的营销策划密切相关。现在，市场上商品的同质化现象相当普遍，同质化商品卖得好的企业能在市场上占得一席之地，而销路不畅的企业势必被市场淘汰。对于那些产品同质化现象严重、供大于求的生产企业，做好其产品的市场营销已成为头等大事。即使是新开发的全新产品，也存在如何在市场上的运作和扩大销售面的问题。因此，各行各业都十分重视其产品的市场营销策划，注重引进和培养既精通本行业技术又掌握市场营销技能的复合型人才，市场营销已成为人才市场最火爆的就业岗位，与此相应，在高等院校，市场营销也成为热门专业。

　　化工产品的市场营销是化学工业与市场营销两门学科相结合的新兴应用型边缘学科，它是运用市场营销学的基本原理和方法，结合化工产品流通的特点，研究化工产品市场的特征和分类，用市场营销学的理论指导化工产品的营销。对普通高等院校化学化工专业的学生开设化工商务方面的课程，使其在掌握扎实的化学化工专业技能的同时，具备一些化工产品市场营销的知识，兼有化工技术和市场营销双重本领，毕业后就业面将更加宽广。鉴于此，本书编著者为满足化学化工专业学生的需要，结合多年在化工企业、研究院所从事化工产品开发、生产管理和市场营销的一些经验，面向他们开设了《化工产品市场营销》的选修课程。从以往几届学生选修的情况来看，此课程确实受到学生们的普遍欢迎，自由选修率达 50% 以上。现在呈现在各位学生和读者面前的教材是由编著者多年的讲义文稿整理而成，令人欣慰，特此推介。

　　本书从介绍市场营销学的一般概念入手，叙述了化工产品与市场营销、化工产品的市场营销环境与营销战略、用户购买行为分析、产品发展战略、营销策略、网络营销与国际化营销等商务知识，讨论了化工产品的发展策略、定价策略、营销渠道策略和促销手段，对非经济类专业的学生来说是一本难得的营销学教材。书中还列举了一些近年里化工产品市场营销方面最新数据资料和案例素材，有助于学生对书中理论的理解，增加了教材的可读性和实用性。本书也可以作为化工生产经营企业的营销人员和从事化工商品推销人员的参考书。

湖南大学化学化工学院　院长、博士生导师、教授　蒋健晖

前　言

随着我国社会主义市场经济体制的逐步建立与完善，面向市场、以顾客需求为导向来从事市场营销活动已成为一切营利性组织和非营利性组织的共同需要。研究市场营销的理论和方法，已不仅仅是工商企业和经济部门的事，也是包括文化、教育、卫生、科技在内的各行各业都在探讨如何针对目标市场，组织好本单位营销工作的需要。市场经济呼唤更多的复合型人才，市场营销人才越来越为社会所欢迎，营销是用人单位和求职者最青睐的职业，因此，学习和研究市场营销的人也越来越多。培养复合型人才是目前高等院校教育的基本目标，不但经济类院校和专业把市场营销学作为必修课，而且很多非经济类院校和专业也都开设了市场营销课程，市场营销已成为高校热门课程之一。

根据中国工程院对我国工程技术人员创新能力的调查，工程技术人员认为自身不足的前两项因素是"市场需求分析能力"和"创意与策划能力"。在市场经济环境中，工程技术人员创新的动力来自于市场的诉求，在经济全球化的大背景下，企业的产品研发、制造和销售几个环节可以在全球范围内进行。其中制造环节的利润空间逐步下降，产品的经济价值更主要地产生于研究开发和市场销售，产生于技术的创新和观念的创新。为提高产品竞争力，增加附加价值，企业一方面更加注重研发投入，将大量的人才投入到产品的研究开发中，通过研发向消费者提供个性化的产品；另一方面，营销和市场开拓在企业发展过程中的作用越来越突出，并且更加注重通过订制和及时响应来挖掘顾客的购买价值，广告、销售、售后服务和客户管理的作用越来越大。

化学工业是向人们提供衣食住行各种产品最多的产业。只有化学工业才有能力将地球上的少数几种天然资源，如煤、石油、矿物、农林牧渔业产品、空气和水等合成数以万计的化工产品，以满足人类不断丰富的物质和精神需求，其他任何加工行业都没有化学工业如此多的产品品种。目前全世界可以生产出几十万种化学产品，这些产品的性质不同，功能各异。

鉴于上述原因，化学工业不仅需要一批业务扎实的化学工程师，更要求有一大批合格的产品营销人才，他们除具有过硬的专业知识外，还要熟悉产品的性能，了解产品的用途，能解答用户的问题，有广博的商务知识和公关能力，善于发现新的市场机会。

目前各高等院校非专业课普遍采用专业课教材。而专业课与非专业课，从各个方面看都存在巨大差异。第一，两者的教与学出发点、目标不同，相应的教学重点也不同。第二，学生的学习基础不同。专业课学生大多具有一定的基础知识，而非专业课学生则往往缺乏相应的基础知识。第三，课时安排不同。专业课一般都安排较多的课时；而非专业课一般课时较少。第四，教学内容安排不同。专业课在教学内容安排上一般都要求全面、系统、深入，注重操作；而非专业课一般要求重点突出、难度适宜，注重基本知识的讲解。因此，在本教材的编写过程中，严格遵循以下基本原则：(1) 重点突出。从满足非专业学生的需要出发，突出基础知识和基本概念的讲解，帮助学生建立相关意识和理念。(2) 容量有度。根据非专业课的课时安排，对教材内容进行合理配置，既保证知识的系统性，又避免面面俱到，以免教材过分繁杂。(3) 深入浅出。针对非专业课教学特点，尽量用通俗的文字和生动的案例讲解复杂的理论和方法。(4) 与时俱进。充分反映本学科国内外理论与实践的最新发展，具有前瞻性。另外，由于非经济类专业教学计划留给市场营销课程的课时有限，不可能像经济类学生一样再安排相应的案例分析与教学时间，为此，我们在每一章的后面都附上了相应的案例材料，供同学们课余自行阅读，以促使其对课文的理解。尽管我们有良好的愿望，也十分尽心尽力，但由于水平有限，教材中难免存在不足之处，恳请广大教师和学生提出批评意见，我们将在以后的工作中努力改进。

本书内容融汇编著者多年来从事化工产品市场营销的经验积累、化工专业课程的教学体会，还参阅了美国菲利普·科特勒、小威廉·D.佩罗特、伊·杰·麦卡锡等国外学者的市场营销学著作，同时也参阅了国内出版的相关著作、教材，参阅了有关报刊、互联网及有关企业资料，特此深表谢意。

在本书的编写过程中，湖南大学化学化工学院硕士生陈忠明、柯丽丽、谢维银、蒋卓娟、张小娟、李玲、解艳艳、苏晓露、段颖等同学在文字打印和校对工作方面做了许多具体工作，学院的其他众多教师和学生也对本课程的开设提供协助并寄予厚爱，在此一并表示诚挚的谢意！

特别感谢湖南大学化学化工学院院长、博士生导师蒋健晖教授在本书稿的编写过程中给予的多方面指导，并在百忙之中热诚为本书写序，热情推介。

最后还要感谢我的夫人洪金明女士和女儿熊静雯，她们在本书写作提纲和内容的取舍、插图绘制等方面提供了很好的建议和帮助，并对我的事业和写作给予理解和支持，同时也以此作为编著者改行从事高等学校教学工作十周年的小小纪念。

由于水平有限，研究不够深入，书中存在不足之处在所难免，衷心希望各位专家、读者批评指正。

编者

2012 年 2 月

目 录

第一章 化工产品与市场营销 ... 1
第一节 市场营销的由来 ... 1
一、市场的概念与功能 ... 1
二、市场营销概念的形成和发展 ... 4
三、各种市场营销观念 ... 6
四、市场营销组织在企业中的地位 ... 7
第二节 化工产品的商品特征 ... 10
一、产品的概念 ... 10
二、工业产品的分类及其特点 ... 11
三、化工产品的特点及其商品特征 ... 13
四、化工产品的市场生命周期特性 ... 18
第三节 化工产品市场营销的研究方法 ... 18
一、化工市场的概念 ... 18
二、化工市场营销观念及其特征 ... 18
三、化工市场的基本类型 ... 20
四、化工产品市场营销的研究方法 ... 20
第四节 化工产品的市场营销信息 ... 21
一、市场营销信息的特征、类型及其来源 ... 22
二、化工产品的市场营销调研 ... 23
三、化工产品的需求分析 ... 28
四、化工产品的市场预测 ... 29
课外阅读与思考 ... 31

第二章 化工产品的市场营销环境与营销战略 ... 55
第一节 市场营销环境的概念 ... 55
一、市场营销环境的特点分析 ... 55
二、市场营销环境对企业营销的影响 ... 56
三、市场营销环境的分析方法 ... 58
四、市场营销环境的分类 ... 59
第二节 化工产品市场营销的环境分析 ... 62
一、化工产品市场营销环境的构成 ... 63
二、化工产品市场营销的内部环境 ... 63
三、化工产品市场营销的微观环境 ... 64
四、化工产品市场营销的宏观环境 ... 67
第三节 化工产品的市场营销战略 ... 68
一、化工产品的市场细分 ... 68
二、化工产品的市场定位 ... 75
三、化工产品目标市场的选择 ... 80
四、化工产品的目标市场营销战略 ... 83

课外阅读与思考 ··· 86
第三章 化工产品用户购买行为分析 ······································· **92**
第一节 化工产品生产者的购买行为 ·· 92
　一、化工产品产业市场的分类及其特征 ···································· 92
　二、影响生产者购买决策的因素 ·· 96
第二节 化工产品消费者市场的购买行为 ·································· 105
　一、消费者市场及其特点 ·· 105
　二、影响消费者购买行为的主要因素 ····································· 110
　三、消费者购买行为的变化趋势 ··· 113
第三节 创新营销理念　提高顾客忠诚度 ·································· 116
　一、创新营销理念　关注顾客终生价值 ·································· 116
　二、顾客满意度的含义 ·· 120
　三、从顾客满意到顾客忠诚 ·· 122
　四、顾客忠诚的营销价值与提高顾客忠诚度的营销策略 ············· 125
课外阅读与思考 ··· 128

第四章 化工产品的发展战略 ·· **133**
第一节 化工产品的生命周期及其营销策略 ······························· 133
　一、产品生命周期的含义及其各阶段的特点 ···························· 133
　二、产品生命周期各阶段的营销策略 ····································· 136
第二节 化工产品的组合策略 ·· 140
　一、产品组合的含义 ··· 140
　二、产品组合策略 ·· 143
第三节 化工新产品的开发策略 ··· 146
　一、化工产品的发展趋势 ·· 146
　二、化工新产品的开发 ·· 149
　三、新产品开发的经济分析 ·· 155
第四节 化工产品的品牌与包装 ··· 157
　一、化工产品的品牌策略 ·· 158
　二、化工产品的包装策略 ·· 166
课外阅读与思考 ··· 169

第五章 化工产品的营销策略 ·· **174**
第一节 化工产品的市场竞争 ·· 174
　一、市场竞争的概念、类型及其主要形式 ······························· 174
　二、市场竞争的一般战略 ·· 176
第二节 市场营销中的价格策略 ··· 180
　一、企业定价目标 ·· 181
　二、影响化工产品定价的因素 ·· 183
　三、企业定价的基本策略 ·· 186
　四、化工产品定价的基本方法 ·· 189
　五、化工产品定价的程序 ·· 193
　六、产品价格的调整策略 ·· 194
第三节 化工产品的渠道策略 ·· 196
　一、分销策略的选择 ··· 197
　二、化工产品的销售渠道 ·· 197

    三、化工产品分销渠道的设计及管理……201
    四、化工产品的期货贸易……204
  第四节　化工产品的关系营销与价值营销……208
    一、化工产品的关系营销……209
    二、化工产品的价值营销……213
  第五节　市场营销的科学管理……216
    一、市场营销组织……216
    二、市场营销计划及其执行……220
    三、市场营销控制……222
  课外阅读与思考……223

第六章　化工产品的整合营销……244
  第一节　化工产品整合营销的形式……244
    一、化工产品的推介形式……244
    二、化工产品的人员推销……246
    三、化工产品的广告推介……255
    四、化工产品的营业推广（销售促进）……263
  第二节　化工产品的市场营销技巧……267
    一、信任营销……268
    二、价值营销……271
    三、服务营销……272
    四、技术营销……273
  第三节　化工产品营销的客户服务……275
    一、客户服务的内涵、特征和分类……275
    二、化工产品的技术标准与质量监测……277
  课外阅读与思考之一……281
  课外阅读与思考之二……287

第七章　化工产品的网络营销与国际营销……311
  第一节　电子商务的基本知识与特点……311
    一、电子商务的特点与功能……311
    二、电子商务的基本类型……315
    三、电子商务的工作流程……320
  第二节　化工产品的网络营销……322
    一、化工产品网络营销的发展……322
    二、部分化工电子商务网站简介……325
    三、实施化工产品网络营销的关键点……330
  第三节　化工产品的国际营销……331
    一、国际营销与国内营销的关系……332
    二、国际贸易流程……333
    三、化工产品进入国际市场的方式……335
    四、国际贸易中的非关税壁垒……340
  课外阅读与思考……341

参考文献……352

第一章 化工产品与市场营销

第一节 市场营销的由来

市场营销是 20 世纪初期产生于美国的一门专门研究市场营销活动及其规律的应用科学,这门学科建立在经济学、现代管理学等学科理论基础上,对近百年来西方工商企业市场营销实践经验进行了高度概括和总结。市场营销学尽管是在西方发达国家诞生并发展起来的,但是它揭示了社会化大生产和商品经济发展过程中必然遇到的一些具有普遍意义的经济现象,并提出了某些解决途径。在现代市场经济条件下,企业必须按照市场需求组织生产。

任何一门学科都有其特定的研究对象。学习任何一门学科,首先要了解它的研究对象,学习化工产品市场营销这门学科也不例外,首先必须明确什么是市场,什么是市场营销,以及市场营销的研究对象。

一、市场的概念与功能

1. 市场的定义

"市场"一词最早是指买主和卖主聚集在一起进行交换的场所。经济学家则将"市场"表述为买主和卖主的集合。卖主构成行业,买主则构成市场。所谓市场,是指具有特定需要和欲望,而且愿意并能够通过交换来满足这种需要或欲望的全部潜在顾客。市场营销学研究的是某种商品的现实购买者与潜在购买者(可能的购买者,有潜在兴趣、需求的个人或组织)需求的总和。它由三个要素构成:一是人口数量的多少,二是购买力的大小,三是购买商品意愿的强烈程度。市场的三个要素相互制约,相辅相成,缺一不可。有一定规模的市场,再辅之以较强的购买力和适销对路的产品,只有同时具备这三个要素才能形成有潜力的市场。有一个经典的关于三个推销员的故事:一家制鞋公司想开拓国外市场,公司总裁派一个推销员到非洲一个国家,让他了解一下能否向该国销售鞋类。这个推销员到非洲后发回一封电报:"这里的人不穿鞋,没有市场。"总裁又派去另一名推销员。第二个推销员在非洲待了一周,然后发回一封电报:"这里的人都没穿鞋,市场巨大。"总裁还是不满意,又派了第三个推销员去。这个推销员到非洲后待了三周,发回一封电报:"这里的人不穿鞋,但有脚疾,需要鞋;不过不需要我们生产的鞋,因为我们的鞋太瘦,我们必须生产肥一些的鞋。这里的部落首领不让我们做买卖,除非我们搞大市场营销。我们只有向他的金库进贡一些,才能获准在这里经营。我们需要投入大约 1.5 万美元,他们才能开放市场。我们每年能卖大约 2 万双鞋,在这里卖鞋可以赚钱,投资收益率约为 15%。"后来,公司重用了第三个推销员。

现代市场的意义,可以从狭义和广义两个层面上来解释。从狭义上讲,市场是指商品交换的场所,如农贸市场、小商品批发市场等。从广义上讲,市场是指在一定时空条件下商品交换关系的总和,它体现着商品的供应方、需求方及中间人之间的关系。从市场营销的角度来理解,市场由消费者(人口)、购买力和购买意向(购买欲望)三个基本要素构成,用数学公式的形式来表示就是:

$$市场 = 人口 + 购买力 + 购买欲望$$

其中消费者人口是构成市场的基本因素,消费者人口的多少,决定着市场的规模和容量,而人口的构成及其变化则影响着市场需求的构成和变化;购买力是构成现实市场的物质基础,购买力的高低是由消费者的收入水平决定的；购买欲望是使消费者的潜在购买力转化为现实购买力的必要条件。人口、购买力和购买欲望这三个基本要素，相互联系、相互制约、缺一不可。如果人口很多，收入很低，则市场非常狭窄；相反，假如一个国家或地区的居民收入很高，但人口很少，如瑞典、瑞士等，市场同样也有限。只有人口很多，居民收入又高，才能形成有潜力的市场。但是，如果产品不能满足某种需求，不能引起人们的购买欲望，仍然不能形成市场。因此，要成为现实的市场，就必须是人口、购买力和购买欲望这三者的统一。

2. 市场营销的含义

市场营销有两层含义：一是指一种经济行为或实践活动，即由企业等组织的、为满足顾客需求并获得利润的一切与市场有关的经营与销售活动。二是指一门学科，即一门研究企业经营与销售活动的学科。美国市场营销协会对"市场营销"的解释为："市场营销是关于构思、货物和劳务的概念、定价、促销和分销的策划与实践过程，即为实现个人和组织目标而进行的交换过程。"

现代营销学认为，市场营销是一种企业的市场经营行为，它是在市场营销观念指导下产生的一种现代企业行为。对于这种行为的几种代表性表述叙述如下。

① 市场营销是把适当的货物和服务，在适当的地点、适当的时间，以适当的价格，用适当的传递方式售给适当的买方。

② 市场营销是判断消费者对商品和服务的需求，刺激它们的出售，并把它们分配给最后消费者，完成企业经营目标的全过程。

③ 市场营销是企业向社会创造和传递一种新的生活标准。

④ 市场营销是通过交易过程引导、满足需求和欲望的人类活动。

在此归纳为如下定义：市场营销是企业通过预测、刺激、提供方便，协调生产与消费以满足顾客和社会公众对产品、服务以及其他供应的需求，通过市场变潜在交换为现实交换，实现企业市场经营目标，促进并引导企业不断发展的整体经济活动。所以我们说，市场营销是一门建立在经济科学、行为科学、现代管理理论基础之上的综合性应用科学。市场营销从广义上来说，是指在满足消费对象（或组织）的同时达到自己组织目的的行为，从狭义的角度来讲，是指为满足消费者需求而展开的商业活动。

对于什么是市场营销，曾经有过多种宽窄不一、重点有别的表述。一种具有代表性的认识是，把营销等同于销售或推销，认为市场营销就是把货物推销出去。这种认识显得过于褊狭。简单的事实是：如果企业不能生产出适销对路的产品，无论怎样推销，或许能够得益于一时，也绝不可能收效于长久。现代市场营销学认为，推销是市场营销活动的一个组成部分，但不是最重要部分；推销是企业人员的职能之一，但不是最重要的职能。如果企业搞好市场营销研究，了解购买者的需要，按照购买者的需要来设计和生产适销对路的产品，同时合理定价，搞好渠道选择、销售促进等市场营销工作，那么这些产品就能顺理成章地销售出去。

3. 市场营销在现代经济中的作用

市场营销在现代经济中的基本作用主要是解决生产与消费的矛盾，满足生活消费或生产消费的需要。马克思主义经济理论认为，生产关系由生产、交换、分配和消费四个环节构成，其中生产是根本，生产决定交换、分配、消费几个环节，没有生产就没有可供交换的物品，市场营销人员只能销售那些已由生产厂商生产出来的东西，可见，生产者创造了形式效用。但是，生产出来的物品如果不通过交换，没有市场营销，产品就不可能自动转让、传递到消费者手中。从宏观角度看，市场营销对社会经济发展的主要作用有七个方面。

（1）解决生产与消费在空间上的分离　空间上的分离主要是指产品的生产与消费在地域上的距离。在生产力不发达的社会里，产品一般是当地生产、当地消费，因此，生产和消费在空间上是不分开的。但随着社会的发展、生产力的提高、消费市场的扩大，就不能仅仅采用当地生产、当地消费的模式了，代之而起的应是异地生产、当地或异地消费、当地异地同时消费的模式。这样，生产和消费在空间上就被分开了。

对化工产品而言，由于各国的地理条件、自然资源、交通情况及工业布局不同，加之各国国力水平、经济发展目标的差异而实行不同的产业政策，如在一定时期内重点扶植某些产品，抑制某些产品的发展，造成各国的化工产品往往按行业集中于某一地区，而其用户却分布于全国各地乃至全世界，这样就造成了化工产品的生产者与用户在地域上的分离，从而导致化工消费品的生产者与消费者在地域上的矛盾更加突出。市场营销部门应运执行营销职能，把产品从产地运往全国乃至世界各地，以便适时适地将产品销售给广大用户。

（2）指导生产与消费在时间上的衔接　绝大部分工业品是常年生产的，但广大消费者的消费却呈现出不同的状况，对某些工业品是常年消费，对另外一些工业品却是季节性消费。产品的生产与消费在时间上存在差异。于是，市场营销机构就向企业收购产品，并进行必要的加工、分级和储存，以保证用户和消费者的随时需求，因而，市场营销创造了时间效用。

（3）实现生产与消费在信息上的互通　产品的生产者与消费者在信息上的分离是指生产者与消费者所拥有信息的不一致性，即生产者不了解谁要什么产品，在何时、何地需要，愿意购买什么价格水平的，而消费者也不清楚谁能提供自己需要的产品，在何地、何时、何种价格水平上提供。这就要求市场营销机构进行市场营销调研，并通过广告媒体发布和传递市场信息。

（4）传递生产者与消费者在产品花色品种供需上的差异　市场经济的发展促进了买方市场的形成，绝大部分企业都想方设法实行专业化生产以降低成本，提高经济效益，或通过专业化生产满足某个目标市场顾客的需求，以提高其市场竞争力。然而，广大消费者随着其个人收入的不断提高，对产品的需求日趋多样化。显然，企业实行专业化生产，仅能满足消费者的某种需求。

（5）协调生产者与消费者在产品价格上的矛盾　由于生产者与消费者站在不同的角度，追求不同的利益目标，因此，对产品的定价要求迥然不同。生产者从事经营活动的目的是追求利润，要求产品价格必须在成本价格之上，生产企业对产品的定价是以获利为标准的，至于商品价格在何种水平上，利润水平多高，则取决于市场竞争状况及消费者的需求程度。消费者大多从产品所能提供给自己需要的功效、便利性以及自己的支付能力来估价产品。因此，生产者对产品定价过高，而消费者对商品估价过低，两者的差异性较大。除了通过企业改善经营管理、提高技术、降低成本及合理定价外，还需要市场营销机构通过广告媒体宣传，改变消费者的估价观念，缩小生产者与消费者对产品估价的差异。

（6）平衡生产者与消费者在产品数量上的矛盾　随着社会主义市场经济及世界经济一体化的发展，国内市场及国际市场竞争日益加剧，各企业为了在竞争中占据有利地位，纷纷扩大自身的生产规模或组建企业集团，竞争从个别企业之间小规模的较量变成大企业集团之间乃至跨国公司之间的大规模抗衡。大规模企业或企业集团能够充分发挥规模经济效益，即进行大批量生产和销售，以降低成本，提高市场占有率。但广大消费者多以家庭为单位进行消费，多数小企业也是小批量生产及小批量购买，只有少数大型企业实行大批量购买，且需要品种名目繁多的原材料，由此产生了各种商品在供需数量上的差异，普遍的状况是一般商品供过于求或供需基本平衡。市场营销工作的作用之一就是改善产销衔接，刺激需求，满足需求，确保国民经济健康、稳定、协调地发展。

（7）调剂生产者与消费者在产品所有权上的分离　在市场经济社会中，商品生产者对其产品具有所有权，但他们生产这些产品的最终目的不是为了得到其使用价值，而是为了获取利润；商品的消费者需要使用这些产品，但在商品交易之前他们对这些商产品并不拥有所有权，这就是生产者与消费者对商品所有权的分离。因此，需要特定的营销机构组织进行商品交换，帮助生产者在把产品转到消费者手中的同时,实现产品所有权的转移。

总之,市场营销的根本任务,就是通过努力解决生产与消费的各种分离差异和矛盾,促使生产者的各种不同供给与消费者或用户的需要与欲望相适应,实现生产与消费的统一。

二、市场营销概念的形成和发展

市场营销的概念最早于19世纪出现在美国。某些大学商学院的教师出版了有关推销、广告、定价、产品设计、品牌业务、包装物质分配等论著,并在课堂上讲授。1912年,哈佛大学的 J. E. Hagertg 出版了 *Marketing* 的教科书,使市场营销学成为一门独立的学科。

1915年出现了广告协会,使营销学从课堂走向社会,转向应用阶段。1926年广告协会改组为营销学和广告学教师协会,1931年成立美国市场营运社,1937年合并组成美国市场营销协会。1960年,Jerome Mocarthy 著成《基础营销学》,提出4P(Price,Promotion,Place,People)理念,此时,营销以纯市场导向为特点。

随着社会经济及市场经济的发展,市场营销学发生了根本性的变化,从传统市场营销学演变为现代市场营销学,其应用从赢利组织扩展到非赢利组织,从美国扩展到全世界。第二次世界大战结束后,军事工业逐步转向民用工业,营销研究从以产品为中心转向以消费者为中心。20世纪50年代初,日本引进市场营销学,1957年日本营销协会成立。20世纪60年代以后,前苏联及东欧国家也纷纷引入市场营销学。按时间顺序而言,市场营销学自20世纪初在美国诞生以来,其发展过程经历了以下六个阶段。

1. 萌芽阶段(1900~1920年)

这一时期,各主要资本主义国家经过工业革命,生产力迅速提高,城市经济迅猛发展,商品需求量亦迅速增多,出现了需过于供的卖方市场,企业产品价值实现不成问题。与此相适应,市场营销学开始创立。早在1902年,美国密执安大学、加州大学和伊利诺大学的经济系开设了市场学课程。以后相继在宾夕法尼亚大学、匹茨堡大学、威斯康星大学开设此课。在这一时期,出现了一些市场营销研究的先驱者,其中最著名的有 Arch. W. Shaw,Ralph Star. Bulter,John B. Swirniy 及 J. E. Hagerty。哈佛大学的 J. E. Hagerty 教授走访了大企业主,了解他们如何进行市场营销活动,于1912年出版了第一本销售学教科书,它是市场营销学作为一门独立学科出现的里程碑。

Arch. W. Shaw 于1915年出版了《关于分销的若干问题》一书,率先把商业活动从生产活动中分离出来,并从整体上考察分销的职能。但当时他尚未能使用"市场营销"一词,而是把分销与市场营销视为一回事。L. D. H. Weld,Ralph Star. Bulter 和 John B. Swirniy 在美国最早使用"市场营销"术语。Weld 提出:"经济学家通常把经济活动划分为三大类:生产、分配、消费……生产被认为是效用的创造。""市场营销应当定义为生产的一个组成部分。""生产是创造形态效用,营销则是创造时间、场所和占有效用",并认为"市场营销开始于制造过程结束之时。"

这一阶段的市场营销理论同企业经营哲学相适应,即同生产观念相适应,其依据是传统的经济学,是以供给为中心的。

2. 功能研究阶段(1921~1945年)

这一阶段市场营销以营销功能研究为其特点。此阶段最著名的代表者有:F. E. Clerk,L. D. H. Weld,Alexander,Sarfare,Ilder 及 Alderson。1932年,F. E. Clerk 和 L. D. H. Weld 出版了《美国农产品营销》一书,对美国农产品营销进行了全面的论述,指出市场营销目的是:"使产品从种植者那儿顺利地转到使用者手中。这一过程包括三个重要又相互有关的内容:集中(购买剩余农产品)、平衡(调节供需)、分散(把农产品化整为零)。"这一过程包括七种市场营销功能:集中、储藏、财务、承担风险、标准化、推销和运输。1942年,F. E. Clerk 出版的《市场营销学原理》一书,在功能研究上有所创新,把功能归结为交换功能、实体分配功能、辅助功能等,并提出了推销是创造需求的观点,这实际上是市场营销的雏形。

3. 形成和巩固时期(1946～1955年)

这一时期的代表人物有 Vaile,Grether,Cox,Maynard 及 Beckman。1952年,Vaile、Grether 和 Cox 合作出版了《美国经济中的市场营销》一书,全面地阐述了市场营销如何分配资源,指导资源的使用,尤其是指导稀缺资源的使用;市场营销如何影响个人分配,而个人收入又如何制约营销;市场营销还包括为市场提供适销对路的产品。同年,Maynard 和 Beckman 在出版的《市场营销学原理》一书中,提出了市场营销的定义,认为它是"影响商品交换或商品所有权转移,以及为商品实体分配服务的一切必要的企业活动"。Maynard 归纳了研究市场营销学的五种方法,即商品研究法、机构研究法、历史研究法、成本研究法及功能研究法。

4. 市场营销治理导向时期(1956～1965年)

这一时期的代表人物主要有 Wraoe Alderson,John A. Howard 及 E. J. Mclarthy。

Wraoe Alderson 在1957年出版的《市场营销活动和经济行动》一书中,提出了"功能主义"。John A. Howard 在出版的《市场营销治理:分析和决策》一书中,率先提出从营销治理角度论述市场营销理论和应用,从企业环境与营销策略二者关系来研究营销治理问题,强调企业必须适应外部环境。E. J. Mclarthy 在1960年出版的《基础市场营销学》一书中,对市场营销管理提出了新的见解。他把消费者视为一个特定的群体,即目标市场,企业制定市场营销组合策略,适应外部环境,满足目标顾客的需求,实现企业经营目标。

5. 协同和发展时期(1966～1980年)

这一时期,市场营销学逐渐从经济学中独立出来,同管理科学、行为科学、心理学、社会心理学等理论相结合,使市场营销学理论更加成熟。

在此时期,George S. Downing 于1971年出版的《基础市场营销:系统研究法》一书中,提出了系统研究法,认为公司就是一个市场营销系统,"企业活动的总体系统,通过定价、促销、分配活动,并通过各种渠道把产品和服务供给现实的和潜在的顾客。"他还指出,公司作为一个系统,同时又存在于一个由市场、资源和各种社会组织等组成的大系统之中,它将受到大系统的影响,同时又反作用于大系统。

1967年,美国著名市场营销学教授 Philip Kotler(菲利浦·科特勒)出版了《市场营销管理:分析、计划与控制》一书,该著作更全面、系统地发展了现代市场营销理论。他精粹地对营销管理下了定义:营销管理就是通过创造、建立和保持与目标市场之间的有益交换和联系,以达到组织的各种目标而进行的分析、计划、执行和控制过程。并提出,市场营销管理过程包括分析市场营销机会,进行营销调研,选择目标市场,制定营销战略和战术,制定、执行及调控市场营销计划。Kotler 突破了传统市场营销学认为营销管理的任务只是刺激消费者需求的观点,进一步提出了营销管理任务还影响需求的水平、时机和构成,因而提出营销管理的实质是需求管理,还提出了市场营销是与市场有关的人类活动,既适用于盈利组织,也适用于非盈利组织,扩大了市场营销学的范围。1984年,Kotler 根据国际市场及国内市场贸易保护主义抬头,出现封闭市场的状况,提出了大市场营销理论,即6P战略:原来的4P(产品、价格、分销及促销)加上两个P(政治权力及公共关系),他提出了企业不应只被动地适应外部环境,而应该影响企业的外部环境的战略思想。

6. 分化和扩展时期(1981年至今)

在此期间,市场营销领域又出现了大量丰富的新概念,使得市场营销这门学科出现了变形和分化的趋势,其应用范围也在不断地扩展。

1981年,Levy Singer 和 Philip Kotler 对"市场营销战"这一概念以及军事理论在市场营销战中的应用进行了研究,几年后,Al Ries 和 Jack Trout 出版了《市场营销战》一书。1981

年,瑞典经济学院的 Christian Gronroos 发表了论述"内部市场营销"的论文,Kotler 也提出要在企业内部创造一种市场营销文化,即使企业市场营销化的观点。1983 年,哈佛商学院 Theodore Levitt 教授对"全球市场营销"问题进行了研究,指出过于强调对各个当地市场的适应性,将导致生产、分销和广告方面规模经济的损失,从而使成本增加。因此,他呼吁多国公司向全世界提供一种统一的产品,并采用统一的沟通手段。1985 年,Barbara Bend.Jackson 提出了"关系营销"、"协商推销"等新观点。1986 年,Kotler 提出了"大市场营销"这一概念,提出了企业如何打进被保护市场的问题。在此期间,"直接市场营销"也是一个引人注目的新问题,其实质是以数据资料为基础的市场营销,由于事先获得大量信息和电视通信技术的发展才使直接市场营销成为可能。

市场营销在我国的发展也分为三个阶段:1979~1983 年为引进启蒙阶段,国内某些企业或行业协会聘请营销专家来华讲学,引进市场学教材并开设课程,企业开始了初级阶段的营销实践。1984~1994 年是市场营销在中国广为传播的阶段,这一期间国内外的市场营销学术交流持续发展,促成了广大企业对营销观念的认知和接受。1995 年起至今,是市场营销理念在政府和民众中深入拓展的阶段,国际学术交流日益频繁,高层领导日益关注,重视培养造就市场营销人才,理论与实践的结合更加密切。

三、各种市场营销观念

市场营销观念是指企业进行经营决策,组织治理市场营销活动的基本指导思想,也就是企业的经营哲学。它是一种观念、一种态度,或一种企业思维方式。按照商品销售的发展进程划分,陆续出现了以下五种营销观念:

1. 生产营销观念

生产营销观念盛行于 19 世纪末 20 世纪初。该观念认为,消费者喜欢那些可以随处买到和价格低廉的商品,企业应当组织和利用所有资源,集中一切力量提高生产效率和扩大分销范围,增加产量,降低成本。显然,此时的生产观念是一种重生产、轻营销的指导思想,其典型表现就是:"我们生产什么,就卖什么。"以生产观念指导营销活动的企业,称为生产导向企业。

2. 产品营销观念

产品营销观念是与生产观念并存的一种市场营销观念,都是重生产轻营销。产品营销观念认为,消费者喜欢高质量、多功能和具有某些特色的产品。因此,企业治理的中心是致力于生产优质产品,并不断精益求精,日臻完善。在这种观念的指导下,公司经理人经常迷恋自己的产品,以至于没有意识到产品可能并不迎合时尚,甚至市场正朝着与之不同的方向发展。他们在设计产品时只依靠工程技术人员而极少让消费者介入。

3. 推销观念

推销观念盛行于 20 世纪 30~40 年代。推销观念认为,消费者通常有一种购买惰性或抗衡心理,若听其自然,消费者就不会自觉地购买本企业的产品,因此企业营销的中心任务是积极推销和大力促销,以诱导消费者购买产品。其具体表现是:"我卖什么,就设法让人们买什么。"执行推销观念的企业,称为推销导向企业。在推销观念的指导下,企业相信产品是"卖出去的",而不是"被买去的"。他们致力于产品的推广和广告活动,以求说服,甚至强制消费者购买。他们收罗了大批推销专家,做大量广告,对消费者进行无孔不入的促销信息"轰炸"。

但是,推销观念与前两种观念一样,也是建立在以企业为中心的"以产定销",而不是满足消费者真正需要的基础上。因此,前三种观念被统称为市场营销的旧观念。

4. 市场营销观念

市场营销观念是以消费者需要和欲望为导向的经营哲学,是消费者主权论的体现,形成于 20 世纪 50 年代。执行市场营销观念的企业称为市场导向企业。其具体表现是:"尽我们最大的努力，使顾客的每一个硬币都能买到十足的价值和满足。"

市场营销观念的特点是：①以消费者需求为中心，实行目标市场营销；②运用市场营销组合手段，全面满足消费者的需求；③树立整体产品概念，刺激新产品开发，满足消费者整体需求；④通过满足消费者需求而实现企业获取利润的目标；⑤市场营销部门成为指挥和协调企业整个生产经营活动的中心。

现代市场营销观念包括以下准则：①把争取顾客作为企业的最高目标；②爱顾客胜过爱自己的产品；③不再刻意寻求生产方面的特权，转而重视发挥市场方面的优势；④从顾客的立场来指导、检查和纠正企业的经营方针和策略；⑤生产那些顾客乐意购买的商品，而不是那些容易生产、利润高的商品；⑥制造那些能够销售出去的商品，而不是设法推销自己生产的商品。市场营销观念是一种"以消费者需求为中心，以市场为出发点"的经营指导思想。它认为，实现企业诸目标的关键在于正确确定目标市场的需要与欲望，一切以消费者为中心，并比竞争对手更有效、更有利地传达目标市场所期望满足的东西。

从此，消费者至上的观念被西方各资本主义国家普遍接受，保护消费者权益的法律纷纷出台，消费者保护组织在社会上日益强大。根据"消费者主权论"，市场营销观念相信，决定生产什么产品的主权不在于生产者，也不在于政府，而在于消费者。

5. 社会营销观念

社会营销观念是以社会长远利益为中心的市场营销观念，是对市场营销观念的补充和修正。从20世纪70年代起，随着全球环境破坏、资源短缺、人口爆炸、通货膨胀和忽视社会服务等问题的日益严重，要求企业顾及消费者整体利益与社会长远利益的呼声越来越高。西方市场营销学界提出了一系列新的理论及观念，如人类观念、理智消费观念、生态准则观念等。其共同点都是认为，企业生产经营不仅要考虑消费者现实需要，而且要考虑消费者和整个社会的长远利益。这种观念统称为社会营销观念。

社会营销观念的基本核心是：以实现消费者满意以及消费者和社会公众的长期福利作为企业的根本目的与责任。理想的营销决策应同时考虑到：消费者的需求与愿望的满足，消费者和社会的长远利益，企业的营销效益。

四、市场营销组织在企业中的地位

1. 企业的概念

企业是集经济、技术、社会和生态环境目标为一体的社会基本经济单位，以不断满足社会需求为己任，自主决策、自我承担风险，具有法人地位并从事商品的生产经营与服务。国际上通常按资产的组织形式将企业分为三类：①个体业主制企业；②合伙制企业；③公司制企业。个体企业是一种由业主自己出资经营、收入归自己所有、风险由自己承担的企业。合伙制企业是由两个或两个以上的个人或个体业主通过签订合伙协议联合经营的企业，企业可以由其中一位合伙人经营，也可以由若干个合伙人共同经营，经营成果为全体合伙人分享，亏损也由全体合伙人共同承担。公司制企业是依照《公司法》设立的有限责任制公司或股份制有限公司。规范型的公司具有以下四条法律特征：①以赢利为目的，属社会法人；②实行股东所有权与法人所有权相分离；③公司法人财产具有整体性、稳定性和延续性；④实行有限责任制度。

2. **市场营销组织在企业中的位置**

公司型企业的一般组织机构如图1-1所示。

从企业的组织结构图中可以看出，市场营销组织结构包括营销总监管辖的四个部门，即采购部、市场部、销售部和客户服务部（客服部）。通常采购部负责各种设备、仪器、原辅材料的购进；市场部负责市场营销策划、促销策划、广告宣传策划等工作；销售部具体负责产品的销售、中间商的选择和渠道的落实、卖场促销和批发等工作。产品定价一般由市场部与财务部、生产部、采购部共同拟订，并报董事会批准。大型公司的市场营销组织结构专门设有市总监和销售总监，分别管理市场部和销售部（见图 1-2）。有的公司还设有物流部，专门负责产品的仓储和运输等工作，但目前一般企业产品的运输工作交给专业的物流公司承担，以减少企业的人员、机构和成本。售前活动中的市场调研和新产品开发工作由市场部和技术部协同开展。售后服务及产品的维修、更换等工作通常由客户服务部负责。

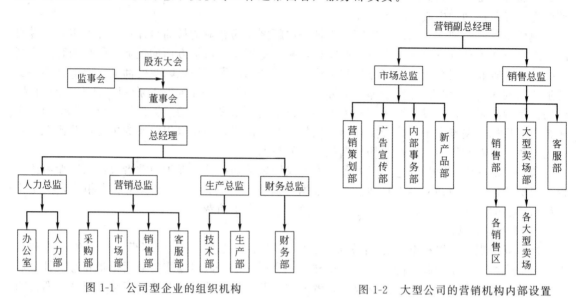

图 1-1　公司型企业的组织机构　　　　　图 1-2　大型公司的营销机构内部设置

3. 市场营销计划

(1) 市场营销计划的概念　市场营销计划是根据企业整体战略规划而制订的一系列行动方案。它具体体现了企业在一定时期内的战略、策略和企业目标。

(2) 市场营销计划与企业整体战略规划的关系　市场营销计划是企业整体战略规划的重要组成部分。企业整体战略规划与市场营销计划之间既有区别，又相互一致。企业整体战略规划是市场营销计划的基础；市场营销计划服从于企业整体战略规划，是实现企业整体战略规划的重要保证。企业整体战略规划规定了企业的任务、政策、战略和目标，确定了企业生存、成长、发展等有关全局性的重大问题。市场营销计划则是把企业整体战略规划划分为一个个的战略单位，并针对每一个战略单位分别制订出各种详细的计划，如营业计划、产品计划、品牌计划和市场计划等。通过实施各个计划，使每一个战略单位的目标得以实现，进而实现企业的总战略目标。企业整体战略规划的目的是使企业获得长期稳定的发展，市场营销计划的目的则是使企业在目标市场上取得一时一地的竞争优势。

(3) 市场营销计划的类型　从不同的角度划分，市场营销计划可以分为以下几种类型：

按时间划分，有长期计划、年度计划和短期计划。长期计划通常为五年计划，它主要包括未来五年中影响市场的主要因素，五年中企业的目标、产品市场占有率、所需资金和预计利润等。年度计划是最常见的计划，它主要包括当年的市场营销形势、营销机会和不利条件，年度内的市场营销策略、营销目标、行动计划、预算和控制。短期计划是以季度计划为基准、以月度计划为主体的阶段性计划。

按功能划分，有综合计划和项目计划。综合计划是把营销观念、营销方针、目标、战略、环境因素等进行组合，制定出有效提高企业市场竞争能力、开拓能力、适应环境能力、经济效益等方面的措施，是企业营销的整体计划。项目计划是针对市场营销过程中某个特殊问题而制定的单项计划，这种计划既要符合企业的战略目标，又要有针对性及灵活性，不强调固定的模式，一事一计划，是综合计划的补充形式。

按职能机构划分，有产品营销计划、市场调研计划、市场开拓计划、渠道计划、促销计划、技术服务计划、营销费用计划、产品运输仓储计划等。

按空间结构划分，有国外营销计划、国内营销计划、各分支机构计划和营业部的营销计划等。

(4) 市场营销计划的内容　不同企业的市场营销计划的详略虽有不同，但大体上都包括以下八方面的内容。

① 概述　概述是一份计划书的开端，相当于计划书的内容提要。概述主要把企业的总销售额、总利润额、总增长率以及某种主要产品的销售额、利润额、增长率列举出来，把新的营销目标市场、新的营销方法、新的产品品种等列举出来，使企业高层领导通过阅读概述便可以很快地掌握计划要点。

② 营销现状　分别对当前的宏观环境、微观环境、需求状况、产品状况、竞争者状况、渠道状况、分销状况等进行简要叙述。宏观环境部分主要阐述人口统计、技术、经济、政治、法律、社会文化中主要影响企业营销的内容；微观环境主要介绍原辅材料供应商、营销中间商、顾客、竞争对手、社会公众等；需求状况部分应列出企业所关注的目标市场的一些基本数据，如市场规模、市场细分标准、市场的历史状况及现有水平、顾客期望、购买习惯等；产品状况部分介绍产品过去几年的销售额、单价、利润等，新产品由于没有历史资料，可重点描述新产品的预期销售收入、利润、所占比重等；竞争者状况部分要清楚地描述竞争对手的名称、规模、目标、市场份额、营销策略、产品特点等，特别要描述竞争对手的优势与不足，企业与竞争对手比较，优势是什么，不足是什么；渠道状况部分重点描述企业目前采用的渠道策略和现有的营销渠道；分销状况部分主要介绍企业的分销系统现状及存在的问题。

③ 机会与威胁分析　常用的机会与威胁分析方法是 SWOT 分析法，即分别分析本企业目前在市场竞争中的优势（S）和劣势（W），指出企业在市场营销中所面对的机会（O）与威胁（T）。首先对企业内部情况进行诊断，明确企业的优势是什么，如企业产品的质量较好、企业品牌有一定优势等；同时也找出企业的劣势所在，如品种比较单一、广告力度较小等。然后对市场营销环境进行分析，哪些环境因素对企业有利，易于发挥企业的优势，这就是企业的机会；哪些环境因素对企业不利，对企业会构成威胁，威胁的程度有多大等。优势与劣势源自企业内部，机会与威胁来自企业外部。经过 SWOT 分析，有针对性地设计企业的营销策略和战术，以达到充分发挥企业优势，尽量避开各种威胁的目的。

④ 营销目标　营销目标是营销计划的核心，是实施营销计划所要达到的结果，它为营销计划是否成功提供了衡量尺度。营销目标包括销售目标、市场占有率目标、营销网络覆盖目标、利润目标和投资收益率目标等，所有目标都应该数量化。营销目标定得太高无法实现，定得太低不利于企业的发展，因此，企业的营销目标应该具有较强的可操作性和可实现性。

⑤ 营销战略　营销战略主要包括目标市场策略、营销组合策略和营销费用策略三部分。

目标市场策略和营销组合策略在后续的章节中将分别叙述。营销费用策略的核心就是花最少的钱，办最好的事，主要是做好营销费用预算，合理分配企业的资源，实现企业利润最大化。通常营销费用策略由市场部会同财务部共同制定。

⑥ 营销战术　营销战术是营销战略的具体化，它重点回答以下几个问题：将要做什么？什么时候做？什么时候完成？谁来做？费用是多少？并把这些内容按时间顺序排列成一个行动方案。

⑦ 营销预算　完整的营销计划一般都包含详细的营销费用预算，包括销售人员费用、广告费用、支持经销商的费用、卖场费用、市场调研费用等，还应明确预期销售额、预期利润率等。

⑧ 营销控制 为了使市场营销计划在执行过程中不发生太大的偏离，必须对计划的执行过程实行一定的控制。控制的实质就是将计划执行的后果与预期进行比较，如果发现偏离要找出其中的原因，必要时还要对计划进行适当的调整。

第二节 化工产品的商品特征

一、产品的概念

对于工农业产品，人们通常的理解是指有一定物质形状和用途的物品，像化工原料、汽车、电冰箱、服装等，这种认识强调的是产品的物质属性，属于生产观念的传统看法。现代市场营销学认为，产品应该是广义的，是指向市场提供的、能满足消费者某种欲望或需要的一切物品和劳务，它既包括实物形态的产品实体（具有品质、特色、式样、商标和包装等特征），也包括非实物形态的利益或服务，如赋予顾客的附加利益和心理满足感及信任感的售后服务、质量承诺、产品信誉、企业形象等，这是产品的整体概念。

化工产品是一个范围很广的概念，包括重化工、石油化工、材料化工、精细化工等。任何一个化工企业不可能集全部化工行业之大成，必定是选择其中某一个或几个领域为主业进行发展。即使像世界有名的 BASF，Ciba-geigy，Hoechst，Rohm & Hass，Monsanto，United Carbide，Shell 和 Dow Chem 这样的大公司，都只能在其技术领先的市场内分食一羹，没能做到网罩全面。

经过对市场的调研和自身优势的分析，确定本企业的发展规划和目标市场及产品定位后，从而决定本企业的产品发展策略（品种及其组合）。

产品的整体概念，从理论上可以理解为三个层次：核心产品、形式产品和附加产品（见图1-3）。

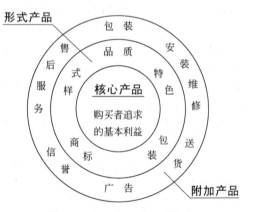

图1-3 化工产品的三个层次

1. 核心产品

这是产品的第一层次，是产品整体概念中最基本、最主要的部分。所谓核心产品是指向购买者提供的基本效用或利益。人们购买产品不完全是为了获得产品本身，而是因为这种产品能满足某种需要。比如，一个妇女在商店购买一支口红，并不是因为口红是某种颜色和化学油脂的组合物，她购买这个产品，为的是购买到一种"希望"；即能使自己变得更漂亮的"希望"；顾客购买一台电视机，也不是因为电视机是某些电子、塑料和金属零件的组合物，而在于它的信息接收功能。因此，产品核心层次是产品的实质，没有这一层次，就没有人去花钱购买它，产品也就丧失了交换的价值。对于一个企业来说，生产和推销产品，首先要考虑到产品的实质，明确产品能够提供给用户的功效和益处。

2. 形式产品

形式产品即有形产品，是指由营销者提供的、消费者获得的可识别的有形商品。它主要表现在五个方面：品质、特色、式样、商标及包装，如电视机画面的清晰度、音质的好坏、款式的新颖性、品牌的知名度等。形式产品向人们展示的是产品的外部特征，它能够满足同类消费者的不同需求。消费者购买产品时，除了选择其效能外，还要考虑产品的质量、造型、商标等因素。形式产品是企业在市场竞争中吸引消费者购买的一个重要方面。

3. 附加产品

附加产品是顾客购买产品时所享受到的附加服务或利益,它包括提供信贷、免费送货、安装维修及其他售后服务。顾客往往希望一次购买能满足某些方面的全部需要。随着市场竞争的不断加剧,提供良好的附加产品的意义也越来越大。正如美国学者 Theodore Levitt 所指出的:"新的竞争不是发生在各个公司在其工厂中生产什么,而是发生在其产品能够提供何种附加利益,如包装、服务、广告、用户咨询、融资、送货、仓储以及人们所重视的其他价值。"

非特别说明时,本书所讨论的是关于形式产品的营销。

二、工业产品的分类及其特点

在市场营销活动中,需要按产品的不同特点对其进行相应的分类,以便营销企业制定正确的营销策略。

1. 工业品的分类

对产品进行分类,可使用不同的分类标准。比如按使用过程的不同可以划分为直接工业品(原材料、半成品、零部件等)和间接工业品(如生产设备、供应品等);按照使用行业的不同,可以划分为农业用工业品、制造加工业用工业品、建筑业用工业品、采矿业用工业品和服务业用工业品等;按制造企业的不同,可以分为机械产品、电子产品、纺织品、化工产品、冶金产品等;按购买目的的不同,则可划分为消费品和产业用品。

产业用品,也叫生产资料品,凡是为了生产和销售其他产品而购买的原辅材料以及设备仪器等都是产业用品。产业用品是为了得到最终产品而购买和消耗的,所以产业用品是中间产品。凡是为家庭和个人的生活消费需要而购买和使用的产品都是消费品。消费品是最终产品,它是社会生产的终极目的。

2. 消费品的分类及其特点

(1) 按购买习惯分为便利品、选购品、特殊品和非寻求品　市场营销理论认为,按购买习惯分类是对消费品最重要的分类方法,它有利于营销者在市场营销活动中更多地根据消费者的购买习惯组织营销,制定有效的营销策略。

① 便利品是指顾客经常要购买或基本不作购买计划,想到了就会立即购买的商品。在购买过程中,顾客也不会为之作更多的购买努力。例如,顾客购买一盒火柴、一块肥皂,一般不会"货比三家"的。便利品可进一步分为日用品(指与日常生活有关的要经常购买的产品),冲动品(指消费者没有计划和进行专门寻找,而是听到或看到了就会购买的产品,如旅游地的小旅游纪念品,书报零售摊的某些杂志、报纸、书刊等),应急品(指消费者有紧急需求要立即购买的产品,如身体突然不适而购买的药品、下雨天未带雨具而购买的雨伞,以及肚子饥饿时购买的方便快餐食品等)。

对于便利品来说,最有效的营销做法是广设销售网点,以满足消费者的不时之需,如麦当劳快餐连锁店在各个大中城市广泛布点,民间传说麦当劳公司甚至计算过最大销售概率的相邻的快餐店之间的最佳距离,并以此为据来设立销售网。另外还需要对便利品经常性地作提醒性的广告,以培养消费者的品牌偏好,或是增加消费者对品牌的熟悉程度,因为消费者选择其熟悉的品牌要比选择生疏的品牌省心得多。

② 选购品是指消费者在购买前要通过搜寻、比较才决定购买的产品。一般的耐用消费品如家用电器、家具等都属于这一范畴。选购品又可分为两类:一是同质品,指消费者对产品属性(如质量、外观)等方面认为没有很大差别的商品,消费者之所以对这类商品要进行选购是缘于消费者认为通过自己的"货比三家",能够得到价格最低的产品,因此,同质品的营销者往往利用低价格的优势作为促销手段,以迎合消费者最合算购买的心理需求;二是异质品,即消费者认为在某些属性上具有明显差别的商品,比如服装,不同的消费者对不同的式样各有所好,商品的属性差异比产品的价格更为重要,同样质料制作的服装,消费者可能购买了价格昂贵的而没有挑选价格便宜的,往往是由于他或她喜欢该服装的式样。经营异质品的营销者更要

重视产品的花色品种，讲究产品的特色和质量，以满足消费者选购产品时所重点关注的属性，同时营销者对选购品提供的售中售后服务，应比便利品要更多些。

③ 特殊品是指特定品牌或具有特色、面向特定顾客群专营的商品。比如法国的"人头马"、中国的"茅台"等，再如市场中的高端名牌产品等，对于消费者来说购买特殊品并不涉及商品的比较问题。消费者在购买过程中所作的购买努力往往是追求购买到正宗真实的商品。因此，消费者愿花较多时间和精力对产品进行"确认"，以便能够有效地证明已购买到自己所需的特定产品。

④ 非寻求品是指消费者还不知道的，或虽然知道但一般情况下没打算购买的物品。如上市不久的新产品、人寿保险等，这类产品的特点，决定了它们的营销要在广告和人员推销等方面花很大精力，使消费者了解该产品、熟悉该产品，从而产生对该产品的渴求。

（2）按耐用程度分为非耐用品和耐用品

① 非耐用品是指在正常情况下一次或几次使用即被消费掉的有形物品。绝大部分日常生活用品都属于此列，如牙膏、糖果、香烟等。非耐用品的使用时间较短，用途专一，消费速度快，重复购买率高。其适宜的营销策略是单位产品的毛利率要低、销售网点要多、要多作提醒性（低度介入）广告，以培养消费者的品牌偏好。

② 耐用品是指正常情况下能够多次使用的物品，如电视机、电冰箱、服装、家具等。耐用品的使用期长，其重复购买率低，单位产品的价格较高，其营销策略往往采取较高的毛利率定价，因而应有质量保证和完善的售后服务，需要向顾客提供更多的担保条件和介绍性（高度介入）广告。

3. 产业用品的分类及其特点

产业用品的分类方法与消费品有所不同，通常是根据这些产品是否进入和以什么方式进入最终产品来进行的。一般可分为三类。

（1）完全进入最终产品的产业用品　在生产中这类产品的物质实体和价值是一次性转移到生产的最终产品或其他的中间产品中去的，这类产业用品主要有原材料和零部件，包括未经加工的和经过加工制作的原材料、零部件等。这类产业用品是完全进入生产过程的，其价值一次性计入产品成本。

（2）部分进入最终产品的产业用品　这类产品在生产时，其物质实体和价值不是一次，而是多次转移到最终产品或被加工生产的其他中间产品中去，比如固定资产，包括厂房、机器和各种生产设备等，这类物品的价值是通过折旧逐次计入产品成本的，此外还包括办公设备（办公桌、文件柜、打字机等）。

（3）完全不进入最终产品的产业用品　这类产品的消耗与最终产品的生产过程无直接关系，其物质实体不会进入最终产品，其价值是通过"管理费用"综合分摊进入最终产品的。它主要包括：一是供应品，如非生产用的燃料、纸张等，维修用的胶黏剂、清洁工具等，营销者一般需通过中间商销售这类产品，以适应顾客购买分散的特点；二是产业服务，如维修、专业清洗等，还有法律咨询、管理咨询、委托的市场调查等。这类产业用品的用户往往根据营销者的声誉和供应能力及服务的质量来挑选供应商。

综上所述，从产品的分类可以看出，产品特性对营销策略有很大的影响，产品的自身特点和用户的使用、购买特点，是决定营销策略的重要因素。

4. 产业用品的市场特征

由于产业用品是不直接面对普通消费者的，在对工业品进行分类之后，可以分析出工业品具有以下市场特征。

（1）工业品的购买者数量较少，但购买的批量较大　一方面，工业品之间有连带性，其需求由下游工业品生产、组装的最终产品需求带动，波动性较大且波动速度快；工业品的购买客户主要是生产企业、政府、机构、组织等,对产品的需求受价格变动的影响不大;工业品的技术性较强,需要性能、操作、维护方面的服务。另一方面,客户类型相当集中,客户的单次购买量大。因此,其客户数量相对于消费品而言要少很多,而目标客户就更少。例如,一个新建中型工程项目,购置成套电器设备时动辄需要几千万元。工业品企业在做广告宣传时不能像消费品企业那样"铺天盖地",而必须树立品牌,锁定目标客户进行重点突击,有的放矢。

(2) 工业品的购买过程决策复杂,是典型的专业、理性购买　工业品一般都是大宗产品,单次购买费用高,购买次数较少。因此,在购买工业品时,客户显得十分谨慎,唯恐买错了或者买贵了,其购买过程会有多个部门、较多的专业人员参与决策,集体决定是否购买,属于专业、理性购买。比如,在购买某种化工生产用的新原料时,会有采购部、技术部、生产部、财务部以及企业高层领导等组成采购小组,对产品质量、供应商信誉以及售后服务等进行多方面考核,有时空、质量要求,购买过程不为大众熟知,一旦成交,购买业务往往具有延续性。所以,客户购买工业品是一个复杂的决策过程,短则几个月,长至几年的情况也有。如此长的决策过程,为营销商的公关提供了足够的时间,以便充分做好客户的公关工作,赢得客户信任,与客户建立良好的伙伴关系。

(3) 工业品通常采取定制采购或直接买卖的营销方式　工业品的技术含量一般比较高,对技术的敏感性高于消费品,客户对产品往往有特殊要求,因此许多客户会通过招标或定制化的形式提出自己的技术要求和相关条件,随后直接与生产企业联系,莅临实地考察,实施直接采购。而供货商为了将企业形象、产品信息更好地传达、展示给目标客户,也会采取直销的模式,组建企业自己的直销队伍,通过形象颇佳、产品知识过硬的直销人员面对面地与客户沟通,树立良好的企业形象,博取客户的信任。如果是定制加工,则标的产品不具有通用性,只有定制客户才能使用,当客户不再需要的时候,这类产品就不再生产了,或者客户中途不要时,产品就很难卖出去,这样就加大了供应商的风险。因此,供应企业往往会与客户签订工业品买卖合同,约定双方的权利与义务、违约责任等,还会要求客户交付一定的订金。

工业品的最终用户是组织,消费品的最终用户是消费者,与工业品市场相对应的是消费品市场,在英语里,通常把工业品市场的客户称为"Customer",而消费品市场的客户被称为"Consumer"。工业品的市场需求是消费品需求的派生,只要消费品的需求存在,工业品的需求就必然存在,且不会受消费品市场波动的影响。这是因为工业品市场的需求取决于生产过程、生产特征,只要企业不改变生产方式或产品种类,需求就会存在。例如,彩电生产企业不会因为显像管的涨价而少买或者放弃购买显像管。工业品多是企业、组织为生产、经营的需要而采购的原辅材料或仪器设备等,工业品营销除了需要收集市场信息、商务谈判外,还必须承担技术指导和售前售后服务,必须与顾客(组织)内部的各个不同职能部门打交道。这是因为工业品客户更注重质量保证、技术交流、服务承诺、运营成本、价格条款等,所以其营销过程比消费品要复杂得多。需要强调的是,某些产品并不能孤立地被看作是"工业品"或"消费品",而应考虑到该产品的购买用途。例如建材中的金属吊顶产品,既有"工业品"的属性又有"消费品"的属性,当其销售对象为某一工程项目公司或工程设计院时,金属吊顶应被视作"工业品";当其销给千家万户用作改善家居环境时,则应被视作"消费品"。

三、化工产品的特点及其商品特征

化学工业是指生产过程中化学方法占主导地位的制造行业,与机械工业、电子工业等行业一样是国民经济的重要基础,一直以来都是工业经济中最具活力、竞争力极强的行业。它为农业提供化肥、农药、塑料薄膜等生产资料;为轻纺、建材、冶金、国防军工以及其他工业提供各种原材料;为微电子、通信信息、生物、航空航天等高技术产业提供新型化工材料和各种助剂;为人们的衣食住行,以及为提高人们的生活效率和水平提供各种化工产品。根据生产过程的差别可以将化工企业分为生产基本化工产品的企业和以化学方法为主进行产品加工的企业。

包括基本化学工业、化肥工业、石油化学工业、其他化学工业四大类。

1. 化学工业的特点及其相关产品

与其他工业相比较，化学工业具有以下显著特点。

(1) 增长速度快　无论是企业数量、规模、从业人数，还是产值、利润，化学工业在其出现的近一百年里，相对于其他工业而言，是发展最为迅速的行业之一。

(2) 科研和新产品开发投入巨大　由于化工产品应用的指向性较窄，更新换代快，影响企业效益的因素多，化工企业用于新产品开发和工艺过程控制与管理的科研费用是相当高的，一般占到销售收入的15%以上。

(3) 固定资产和技术投资大　化工产品生产过程中技术较复杂，为了保障生产规模和产品的质量稳定，取得规模效益，化学工业不得不实行大规模、连续化方式进行生产，从而导致化学工业的投资日益加大。即便如此，如果有足够的资金投入，企业所生产的化工产品进入市场比其他产品还是要容易些，即化工产品的市场自由度大。

(4) 市场竞争激烈　信息传播渠道的多元化、快捷化以及人员职业岗位的充分自主化，致使化工产品的工艺路线、创造性技术的保密度大大降低，竞争加剧，引发同类产品的市场竞争激烈，因此，化工产品企业不得不采取具有各自特色的营销策略。

(5) 化工生产设备和产品的生命周期短　由于化工产品大多具有腐蚀性，加上不断有新的工艺技术被利用，生产规模极易扩充，导致化工生产设备生命周期短，报废加快。化工厂固定资产折旧年限由20个世纪的10年缩短为现在的5~8年；化工新产品的市场生命周期普遍只有3~5年。

主要化工行业及其相关产品见表1-1。

表 1-1　主要化工行业及其相关产品

行业	主要产品或用途
化学矿山	磷矿、硫矿、硼矿、钒矿和石灰石矿等
酸、碱	硫酸、盐酸、硝酸、烧碱、纯碱
无机盐	磷酸盐、碳酸钾、小苏打、无水硫酸钠、氰化钠、硫酸铝、硝酸钠、氯化锌、轻质碳酸钙、过氧化氢、沉淀硫酸钡等
化肥	氮肥(硫酸铵、硝酸铵、尿素、氯化铵、碳酸氢铵、氨水、石灰氮等)、磷肥(普通过磷酸钙、钙镁磷肥等)、钾肥
化学农药	敌百虫、乐果、甲胺磷、杀虫双、甘草磷、多菌灵等
电石	作为生产聚氯乙烯、聚乙烯醇、氯丁橡胶、乙酸、乙醛、乙炔黑、双氰胺、硫脲等产品的原料
合成树脂和塑料	环氧、不饱和聚酯、ABS树脂、聚甲醛、聚碳酸酯、酚醛、氨基塑料、尼龙6、尼龙1010、聚砜等
合成橡胶	顺丁、丁苯、氯丁、丁腈橡胶等
染料	硫化染料、直接染料、酸性染料、活性染料、碱性染料、还原染料、分散染料、冰染料、阳离子染料等
涂料	天然树脂漆、酚醛树脂漆、醇酸树脂漆、氨基树脂漆、过氯乙烯漆、聚酯漆、聚氨酯漆、硝基漆、有机硅树脂漆等
增塑剂	邻苯二甲酸酯、对苯二甲酸二辛酯、己二酸二辛酯、烷基磺酸苯酯、氯化石蜡、磷酸酯等
橡胶加工助剂	防老剂、促进剂、炭黑
表面活性剂	阴离子型、阳离子型、非离子型、两性离子型
造纸化学品	脱墨剂、助留剂、助滤剂、浆内施胶剂、纸张增强剂、涂布胶黏剂、分散剂等
感光材料	照相胶片、电影胶片、特种胶片、彩色相纸等
磁性记忆材料	磁带、磁盘等
橡胶制品	轮胎、胶管、胶带、胶鞋等

2. 化工产品的分类与性质

人类与化工的关系十分密切，在现代生活中，几乎随时随地都离不开化工产品，从衣、食、住、行等物质生活，到文化艺术、娱乐等精神生活，都需要化工产品为之服务。有些化工产品在人类发展历史中，起着划时代的重要作用，它们的生产和应用，甚至代表着人类文明的一个历史阶段。

把化工类产品划分为 18 个大类，142 个小类。现简介如下：

(1) 化学矿　①硫矿；②磷矿；③硼矿；④钾矿；⑤其他化学矿。

(2) 无机化工原料　①酸类；②碱类；③无机盐；④其他金属盐类；⑤氧化物；⑥单质；⑦工业气体；⑧其他无机化工原料。

(3) 有机化工原料　①基本有机化工原料；②一般有机原料；③有机中间体。

(4) 化学肥料　①氮肥；②磷肥；③钾肥；④复合肥料；⑤微量元素肥料；⑥其他肥料；⑦细菌肥料；⑧农药肥料。

(5) 农药　①杀虫剂（包括卫生用药）；②杀菌剂；③除草剂；④植物生长调节剂；⑤杀鼠剂；⑥混合剂型；⑦生物农药。

(6) 高分子聚合物　①合成树脂及塑料；②合成橡胶；③合成纤维单（聚）体；④其他高分子聚合物；⑤塑料制品。

(7) 涂料及无机颜料　①油漆；②特种印刷油墨；③其他涂料；④无机颜料。

(8) 染料及有机颜料　①纤维用染料；②皮革染料（毛皮染料）；③涂料印花浆；④电影胶片用染料；⑤有机颜料；⑥其他染料。

(9) 信息用化学品　①片基；②电影胶片；③X 光片；④特种胶片；⑤照相化学品；⑥磁记录材料。

(10) 化学试剂　①通用试剂；②高纯试剂及高纯物质。

(11) 食品和饲料添加剂　①食品添加剂；②饲料添加剂。

(12) 合成药品　①抗感染类；②解热镇痛药；③维生素类药物；④抗寄生虫病药物；⑤激素类药及内分泌系统用药；⑥抗肿瘤药；⑦心血管系统用药；⑧呼吸系统用药、平喘药；⑨中枢神经系统用药；⑩消化系统用药；⑪泌尿系统用药；⑫血液系统用药；⑬调节水、电解质及酸碱平衡药；⑭手术麻醉用药；⑮抗组织胺类药和解毒药；⑯生化药；⑰消毒防腐及创伤外科用药；⑱五官科用药；⑲皮肤科用药；⑳诊断用药；㉑滋补营养药；㉒放射性同位素原料药；㉓制剂用料及附加料；㉔其他化学原料药。

(13) 日用化学品　①肥皂、洗涤剂；②香料；③化妆品；④其他日用化学品。

(14) 胶黏剂　①聚乙烯醇及聚醋酸乙烯胶黏剂；②聚酯胶黏剂；③丙烯酸酯胶黏剂；④聚氯酯胶黏剂；⑤酚醛、脲醛、三聚氰胺胶黏剂；⑥橡胶型胶黏剂；⑦无机胶黏剂；⑧热熔胶；⑨其他胶黏剂。

(15) 橡胶制品　①轮胎外胎；②轮胎内胎；③力车胎外胎；④力车胎内胎；⑤航空轮胎系统；⑥橡胶运输带；⑦橡胶类传动带；⑧橡胶三角带；⑨橡胶风扇带；⑩橡胶胶管；⑪再生胶；⑫油法再生胶；⑬水油法再生胶；⑭其他再生胶；⑮橡胶导风筒；⑯橡胶杂品；⑰乳胶制品；⑱胶布制品；⑲O 形橡胶密封圈；⑳旋转轴唇形密封圈；㉑特种橡胶制品；㉒其他橡胶制品。

(16) 催化剂及化学助剂　①催化剂；②印染助剂；③塑料助剂；④橡胶助剂；⑤水处理剂；⑥合成纤维抽丝用油；⑦有机抽提剂；⑧高分子聚合物生产过程中的添加剂；⑨表面活性剂；⑩皮革用助剂；⑪农药乳化剂；⑫钻井用化学品；⑬建工及建材用化学助剂；⑭机械用化学助剂；⑮炭黑；⑯吸附剂；⑰选矿药剂及冶炼助剂；⑱电子工业用化学助剂；⑲油品添加剂及专用油品；⑳其他化学助剂。

(17) 火工产品 ①烈性炸药;②起爆药;③导火索。

(18) 其他化工产品 ①煤炭化学产品;②林产化学品;③其他化工产品;④酶。

化工产品虽然品种繁多,性质各异,但可以将它们的性质以下面六个主要方面来描述:①产品的形态,如固体、液体、气体、膏状、乳化体等;②颜色和臭味;③密度或相对密度;④熔点或者沸点;⑤主要功能与应用特性;⑥危险性,包括腐蚀、毒害、放射性危害等。

3. 化工产品的相关性

化工产品与机械工业、电子工业等行业的产品不同,除了具有规格上的系列性外,各类化工产品之间还具有一定的关联性。从生产过程以及用户使用消费的角度来说,其关联性表现为有些产品是起始原料,有的属于基本原料,有些属于中间产品,某些产品则是终端产品。譬如,水、空气、石油、化学矿物、农林副产品等一般都只能作为从事化工生产的起始原料;"三酸两碱"、"三烯三苯"、"一炔一萘"等产品多用作化工生产过程或其他化工产品的基本原料;各类无机盐、烃类、醇、醛、酮、酸、有机胺等通常是中间产品;而各种精细化学品,如医药、染料、农药、塑料、合成纤维、合成橡胶等、胶黏剂、涂料等则是不同用户直接使用、消费的终端产品。

以醋酸为例,它通常由农林产品发酵或石油分馏产品合成得到,是化工生产中的一种基本原料。由它可以生产出醋酸酐、氯乙酸、醋酸盐、醋酸乙烯酯、双乙烯酮等多种中间产品。往下又可以生产出醋酸纤维素、乙酰水杨酸(阿司匹林)、羧甲基纤维素、醋酸乙酯、巯基醋酸、除莠剂、溶剂、香料、调味品、聚醋酸乙烯酯、聚氯乙烯/醋酸乙烯酯、乙酸乙烯乙酯、1,3,5-吡唑酮、色酚 AS-G 等各种用户直接使用的终端产品。当然,这里的中间产品和终端产品的划分不是恒定的,对于不同的用户,在不同的生产、生活过程中其划分是有所不同的。

4. 化工产品的商品特性

由于化工产品的生产存在原料和生产工艺路线的多样性,各种原料之间、产品之间具有一定的相互替换和互补性。例如,生产醋酸产品,除了以农林产品发酵得到外,可以通过甲醇羰基化,或者乙炔水合获得,还可以将乙醇、乙烯氧化得到乙醛再进一步氧化成为醋酸,也可以通过丁烷氧化得到,也就是说,生产醋酸可以从上述六种原料中进行选择和替换。

化工产品的第二个商品特性是有些产品对某种原料存在依赖性,例如,乙酰水杨酸(阿司匹林)对醋酸具有依赖性,从化学合成工艺路线来说,没有醋酸就不能生产出阿司匹林。

化工产品的另一个特性是其增值性,初级产品的价值(售价)普遍低于后续产品,这里一方面是由于增加了工艺成本,反应转化率、目的产物的选择性、精制过程的收率等远小于100%,另一重要的因素是后续产品的功能和应用价值得到扩展,因而其商品价格大大提升。如由石蜡油生产丙烯,再聚合得到聚丙烯,然后接枝改性制得改性聚丙烯,最后经过复配成型加工成工业仪表表盘,其中每一步加工都使产品得到了增值,因而售价提高。应该注意的是,这里的初级和后续产品是按照符合化工反应的合理程序进行划分的。如果采取的是违背正常工艺程序进行生产,则这种增值性在市场上就不能被接受。如,由醋酸乙酯水解生产醋酸和乙醇,由烧碱和盐酸生产氯化钠,等等。

在进行化工产品市场营销时,我们必须面对如下不利因素:①潜在进入者的进入威胁大;②替代品的威胁较大;③供方的讨价还价能力弱;④购买方讨价还价能力强;⑤行业内企业间的竞争非常激烈。

5. 化工产品的市场特性

除了洗涤剂、化妆品、香水、医药等产品属于生活资料,是个人与家庭消费品外,大部分化工产品都是生产资料,它们的购买群体是生产企业。化工产品的顾客具有相应的专业知识,不易受别的消费者的诱导，其消费是一种理性消费。这类客户行业分布相对集中，对质量的敏感度较高。化工产品的基本功能有：①满足人们生活中的某些需要；②作为某种生产过程的必需原料；③使用它能方便、快速地实施某个生产过程，提高效率；④赋予下游产品以某些特殊功能，或者是感官上的愉悦，从而提高购买者对商品的满意度。

市场对化工产品的要求有以下四个方面。①功能：产品的性能、效率；②质量：符合相应的技术标准、质量指标，安全可靠；③服务：售前售后服务、交货期、付款方式、产品声誉；④价格：与产品匮乏时期不同，化工产品的价格不完全取决于社会的必要劳动量，而往往取决于产品的功能和提供的服务，同一种产品在市场上的售价可能存在很大的差异。

从普遍意义上来说，生产资料的交易双方都要考虑各自的投入产出比。用户通过能从产品中得到的满意程度来衡量价格，功能与价格能否平衡是用户决定是否购买的关键。笼统地说，购买者对化工产品的要求包括技术上要先进、品种规格多、功能要可靠、标准化程度高、价格合理、产品更新换代快、跟踪采用新的工艺技术、适应性要强；在生产技术上体现高度专业化，生产设备有较大的通用性，质量控制监测要求及时、严格，对生产条件的安全、环境保护要求高。

6. 化工产品的储运

化工产品的一般性质在前面已有叙述，与机械、电子等行业的产品不同的是，它们在储运与销售过程中还存在着某些危险性和质量发生变化的可能性，这些也需要引起营销者足够的注意，极力避免其发生。

(1) 化工产品的危险性　化工产品中有很多是易燃液体或易燃固体，被压缩或液化的气体，在某些储运条件或环境下容易发生遇水、受潮燃烧或自燃，甚至爆炸；有些产品具有酸性、碱性、氧化性或者还原性，当与某些其他物质混合或接触时会发生化学反应，引起变质、燃烧或爆炸的危险；还有些产品本身就具有腐蚀性、放射性或毒害性，储运和销售过程中必须小心操作，穿戴防护用具。

(2) 化工产品的变异性　化工产品除了具有上述的易燃易爆和腐蚀毒害性外，有些产品在储运销售过程中还可能发生质量的变异。如挥发性物质在存储过程中其质量和浓度会缓慢降低；氧化性或碱性物质会受空气中的还原性气氛或酸性物质作用而逐渐失效；酶、菌种等物种制剂的生物活性会自然降低；某些产品会受到灰尘杂质的污染，或者被细菌、霉菌、老鼠、蟑螂等其他生物体侵害而产生质量变异。

(3) 化工产品营销的储运安全要点　鉴于化工产品具有以上危险性和质量变异现象的发生，在其营销储运过程中必须加强安全防范。我国制定并实行的《安全生产法》、《危险化学品安全管理条例》等法律法规对化工产品的储运安全提出如下要求：

① 化工产品仓库对于易燃、易爆、易中毒的化学品必须集中存放，尽量避免对毗邻的物品造成危害。性质互相抵触的化工产品，不得同库储存。

② 对于一些特殊的化工物品，要求采用不同的专门保管方法，如要求特殊的包装和容器、严格的进出库保管制度等。如二硫化碳必须采用液封密闭保管；氰化钠属剧毒品，必须实行"双人双锁双账"的保管制度。

③ 液体产品收发时，操作人员不得离开现场，防止脱离岗位造成跑料事故。

④ 对化工产品仓库应严格执行巡回检查制，遵守防火、防水、防盗、防事故的各项安全规定；库内的电气设备要按防爆等级规定安装，对受损、有故障的电气设备必须先切断电源，并限期修复。

⑤ 凡需利用水封、油封保管的易燃、易爆化工物品，必须定期进行检查，如 CS_2、Na、K、P 等，防止水封、油封失去作用而发生事故。

四、化工产品的市场生命周期特性

行业生命周期与产品生命周期是两个概念。行业生命周期展示的是本行业所有产品共有的发展规律,带有普遍性;产品生命周期是指本企业产品的发展规律,带有特殊性。产品生命周期显然离不开行业生命周期,随时受行业发展的制约,同时还要受行业内竞争环境、本企业经营战略变化的影响。研究行业生命周期的演变,是判断产品生命周期的重要前提。

化工行业的生命周期比较长,不像在电子行业,数字照相机出来,原来胶卷照相机就失去了市场。化工产品属于基础物质材料,与单纯的应用技术产品有本质不同。在较长的产品生命周期中,化工企业所要做的,就是在技术和制造能力的支持下,不断优化产品、降低成本,形成比较优势。另一方面,化工行业的产品培育期长于其他行业。处于化工行业之中,一个公司对市场和战略的规划,至少要考虑到十年以后。

化工产品更细致的生命周期特性详见本书第四章相关内容,此处不做赘述。

第三节 化工产品市场营销的研究方法

一、化工市场的概念

狭义的化工市场指的是化工商品聚集和交换的场所。广义的化工市场概念则包括化工商品的买方、卖方、中间商之间的关系,物流、仓储、批发、零售等一切与化工商品营销活动相关联的机构之间的关系。化工市场既可以是实物市场,也可以是虚拟市场,交易并不局限于某一具体的时间和地点。化工市场必须具备以下基本条件:存在可供交换的化工商品(包括有形的商品和无形的服务);存在提供化工商品的卖方;存在有购买欲望和购买能力的买方;化工商品的价格买卖双方都能接受。

市场营销学的研究方法随着市场营销学的发展而变化。讨论化工产品市场营销的研究方法必须首先明确化工市场营销观念。

二、化工市场营销观念及其特征

化工市场营销观念是化工企业进行经营决策、组织开展市场营销活动时的基本指导思想。任何一个化工企业进行市场营销活动,都要受到一定市场营销观念的支配,市场营销观念只有符合市场实际,市场营销活动才会获得成功,否则将会失败。

化工市场营销观念与普通商品的营销观念一样,也包括生产观念、产品观念、推销观念、市场营销观念、生态营销观念、社会营销观念和大市场营销观念。

1. 生产观念

生产观念是指导销售者行为的最古老观念之一。这种观念认为只要保证商品的数量、质量、低的价格和购买方便就行。

生产观念是在物质短缺、生产发展缓慢、商品供不应求的时代产生的。在那一时代,只要生产出商品,不怕找不到销路,企业只要大量生产就可以实现大量销售,获得大量的利润。如在20世纪50~60年代,我国生产肥皂的日用化工厂只需生产单一的洗衣皂,香皂、透明皂在那个时代是奢侈品。生产观念的指导思想是:"我生产什么商品,顾客就会买什么商品。"

2. 产品观念

产品观念也是指导销售者行为的古老观念之一。产品观念认为,消费者喜欢高质量、具有功能特色的商品,企业应该对商品的质量精益求精,并且使商品具有更多的特色功能,企业就可以赚到更大的利润。持产品观念的企业比较自我欣赏自己生产的精致商品,

不太关注市场是否需要，他们认为，只要我的产品质量高、功能多，就会有顾客购买，就可以卖出高价钱。

3. 推销观念

推销观念也称销售观念。推销观念认为，消费者通常有一种购买惰性，当购买不方便或缺乏刺激时，他们不会主动、不会足量，也不会提前购买他们暂时还不需要的商品。一个人不被蚊子叮咬时，他一般不会提前到超市去购买灭蚊产品。企业要想办法刺激消费者的购买欲望，并想办法让消费者在最方便的地方能够购买到。

推销观念产生于由物质短缺、商品供不应求向物质充足、商品供大于求转变的过渡阶段。由于生产发展加快，商品供应开始有剩余，消费者开始有选择购买的权利，企业之间的竞争开始发生，坐在那里就可以把商品卖掉的时代已经过去。这时企业已经感到只注重商品的生产已经不够了，还要注重商品的推销工作。推销观念的指导思想变成了："我生产什么商品，就要想办法让顾客买什么商品。"

4. 市场营销观念

20世纪50年代以后，随着科学技术与生产的突飞猛进，西方一些发达国家已形成供大于求的买方市场，化工产品已成为人们日常生活中必不可少的用品，一些化工产品也开始在工业、农业、国防军工方面起着举足轻重的作用。人们随着收入和消费水平的提高，对商品的要求越来越高，其对商品也有了更多的选择空间，某企业的产品如果不对消费者的胃口，将面临产品滞销甚至企业倒闭的严重后果。消费者成为市场的主人，他们将决定企业的命运。此时，市场营销观念应运而生。市场营销观念是从消费者需求出发，研究市场，开发产品，通过综合运用产品、价格、分销和促销等手段组织生产活动和市场营销活动，使生产完全服从消费者的需求，甚至为消费者量身定做。

市场营销观念的四个支柱是目标市场、顾客需要、协调营销和赢利。

5. 生态营销观念

生态营销并不是企业营销生态化工产品，而是借用"生态"一词说明企业与市场营销环境的关系。在大自然中能存活下来的生物至少具有两种能力：一是适应环境，二是有自己独特的本领。企业要想存活下去，同样需要具备这两种能力。生态营销观念认为，市场需求多种多样，任何一个企业都不可能满足市场上所有的需求，企业在分析市场的同时也要分析自己，一方面坚持以顾客需要为中心，另一方面则要看自己有什么特长、优势，寻找那些既是市场上顾客需要的，又是自己特长的，还能尽量减少竞争的商品，做到能满足市场需求，又能发挥自己特长，这才是符合企业生存、发展的道路。那些不顾自身实际，盲目跟潮流的企业肯定是要失败的。

6. 社会营销观念

在上述市场营销观念和生态营销观念中，强调满足消费者的个人需求是企业一切营销活动的出发点。如当前塑料袋已成为人们日常生活中经常用到的物品，在商场、菜场、药店、快餐店等许多地方无一不在大量使用塑料袋，小小塑料袋给人们带来了很多方便，生产塑料袋的企业也在满足人们需求的过程中获得了利益。但由于塑料袋在自然界中难以分解，造成环境污染，对社会长远利益形成危害，因此近年来国家提倡人们少用或不用塑料袋，这给生产塑料袋的企业带来了危机。显然，在消费者个人需求与社会长远利益发生冲突时，首先要考虑社会长远利益。

社会营销观念认为，企业必须兼顾消费者个人需求、企业特长和社会长远利益三个方面，并以此来确定企业的经营方向和营销活动。

7. 大市场营销观念

它是指导企业如何向特定市场开展营销活动的一种营销思想。特定市场是指封闭型市场或保护型市场,这些市场的经营者和批准者设置了种种障碍、层层关卡,阻止其他企业进入市场经营。障碍的设置者一般都有政府部门、立法机构、劳工组织和银行的支持,如一些实行贸易保护的国家或市场。由于特定市场的环境不同,市场营销活动也相对特殊。

大市场营销观念与市场营销观念、生态营销观念、社会营销观念相比有以下三方面不同。第一,市场营销观念要求企业适应和顺从外部环境,而大市场营销观念则要求企业主动改变和影响外部环境。第二,大市场营销观念认为,要打入特定市场开展营销活动,除具备一般市场营销手段外,还要具备游说权力部门的手段和公共关系公关的手段。由于特定市场有政府权力部门的支持,企业想打开它就必须有高超的游说权力部门的本领,政府权力部门说通了,就相当于拿到打开特定市场大门的钥匙,再利用公共关系公关,借助各种舆论力量,使企业在群众中建立良好的形象,上上下下都疏通了,进入特定市场也就顺理成章了。第三,市场营销观念涉及面比较窄,主要涉及顾客、经销商、商场、广告商等,而大市场营销观念的涉及面比较宽,除涉及上述的范围外,还涉及政府部门、立法机构、劳工组织和银行等。

三、化工市场的基本类型

在市场营销学中,通常把市场分为个人消费者市场和组织市场,组织市场又细分为生产者市场(产业市场)、中间商市场和政府(团体)市场。化工市场包括化工工业品市场和化工日用品市场,其中化工工业品市场属于组织市场下的一个分支,而化工日用品市场则属于个人消费者市场下的一个分支(如图1-4所示)。

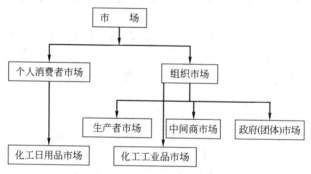

图1-4 化工市场在市场中的位置

四、化工产品市场营销的研究方法

在20世纪50年代前,对化工市场营销的研究主要采用传统的研究方法,包括产品研究法、机构研究法、功能研究法等。50年代以后,对化工市场营销的研究方法则演变为现代的科学方法,包括管理研究方法、系统研究方法及社会研究方法。现简单分述如下:

1. 产品研究法

它是以产品为主体,对某类产品诸如化学反应用原料、催化剂和助剂、化工材料、日用化学品、化工技术服务(参见表1-1主要化工行业及其相关产品)等进行分别研究,主要研究这些产品的设计、包装、厂牌、商标、定价、分销、广告及各类产品的市场开拓。这种研究方法可详细地分析研究各类产品市场营销中遇到的具体问题,但需耗费很多人力、物力和财力,而且重复性很大。

2. 机构研究法

这是以研究市场营销制度为出发点,即研究化工产品市场渠道中各个环节以及各种类型机构(诸如代理商、批发商、零售商等)的市场营销问题。

3. 功能研究法

即从市场营销的各种职能,诸如交换功能(购买与销售)、供给功能(运输与储存)、便利功能（资金融通、风险承担、市场信息等）研究化工产品的市场营销。

4．管理研究法

这是一种从管理决策的角度来分析、研究化工产品市场营销问题的方法，它是上述产品研究法、机构研究法和功能研究法的综合。从管理决策的观点看，企业营销受两大因素的影响：一是企业不可控制因素，诸如人口、经济、政治、法律、物质、自然、社会文化等因素；二是企业可控因素，即产品、价格、分销及促销。企业营销管理的任务在于全面分析外部不可控制因素的作用，针对目标市场需求特点，结合企业目标和资源，制定出最佳的营销组合策略，实现企业赢利目标。1984 年，Philip Kotler 提出大市场营销理论，即 6P 战略：在原来的 4P（产品、价格、分销及促销）加上两个 P（政治权力及公共关系）。后面的两个 P 一是指"权力支持"（Power），是指营销企业通过游说、谈判、提供有针对性的刺激因素等方式取得各方面的支持，扫除障碍，打开大门，其实质是把当地政府的权力看作是通过营销活动可以为我所用的因素。企业营销人员必须掌握高超的游说本领和谈判技能，还要注意政府的利益并提供相应的刺激因素。二是指"公共关系"（Public Relation），是通过各种途径，如为公共事业捐款、赞助城建工程和文化事业、利用有效的宣传媒介等在社会树立良好的企业形象，通过舆论的力量去打开市场大门。比如 1950 年，法国白兰地酒公司曾借助美国总统艾森豪威尔的 67 岁寿辰，大张旗鼓地赠送两桶窖藏达 67 年之久的名贵白兰地酒作贺礼，从而使白兰地酒在美国市场长驱直入；我国天津飞鸽牌自行车送给来华访问的美国总统布什夫妇，使飞鸽牌自行车能够顺利跻身于美国市场。近年来，很多外国政府领导人访问我国，都要带一些工商界人士随同来访，目的就是想借助政府的力量和影响，寻求合作项目，打开中国市场。

5．系统研究法

系统研究法是系统理论具体应用的一种研究方法，是从化工企业内部系统、外部系统，以及内部和外部系统如何协调来研究市场营销学的。企业内部系统研究主要是研究企业内部各职能部门，诸如生产部门、财务部门、人事部门、销售部门等如何协调，以及企业内部系统同外部系统的关系如何协调。外部系统研究主要研究企业同目标顾客外部环境的关系。内部与外部系统又是通过商品流程、货币流程、信息流程联结起来的。只有市场营销系统的各组成部分相互协调，才能产生高的营销效益。

6．社会研究法

社会研究法主要是研究企业营销活动对社会利益的影响。化工产品的市场营销活动，一方面带来了社会经济繁荣，提高了社会生产的效率及广大居民生活的便利；另一方面也造成了某些负面效应，如污染自然环境，对人类生活健康及生态平衡带来某些潜在的危害。因此，有必要通过社会研究方法，寻求将化工产品营销的负面效应减少到最低限度的途径。

总之，企业营销管理者的任务就是要善于安排市场营销组合，善于作出市场营销组合决策，使企业的市场营销管理决策适应外界不断发展变化的环境。

第四节　化工产品的市场营销信息

现代社会是信息大爆炸的社会，管理市场就是管理信息。现代市场营销学理论把市场营销信息、市场调研、市场预测作为企业掌握经营环境、分析市场动态以及供求发展趋势的相互关联的三大支柱。

市场营销信息属于经济信息范畴，是指在一定时间和条件下，与企业的市场营销有关的各种内、外部环境的状态、特征以及发展变化的各种消息、情况、资料、数据的总称，是对各种市场要素的存在方式、变化状态及其对接收者效用的综合反映，一般通过文字、数据、符号、影音等形式表现出来。市场营销信息除了具有一般信息的特征外，还具有目的性、系统性和社会性等特征。

所有的市场营销活动都以各种营销信息为基础而展开，经营者进行的决策也是基于各种信息，而且经营决策水平越高，外部信息和对将来的预测信息就越重要。因此，市场营销信息是进行企业经济决策的前提和基础，是企业制订营销计划的依据，也是企业进行内、外协调的依据，更是企业实现营销控制的必要条件。一项市场营销决策的产生或一次市场营销活动的决定都离不开市场信息的支持。"知己知彼，百战不殆"，如何"知彼"，完全依赖于市场信息。

一、市场营销信息的特征、类型及其来源

1. 市场营销信息的特征

信息的特点是具有可扩散性、可共享性、可存储性、可扩充性和可转换性。市场营销信息还具备以下特征。

（1）时效性强 市场信息随时都会发生变化。市场营销信息讲究一个"快"字：一是知道得快，市场变化一旦发生，甚至在事件发生之前，信息就产生了。二是传得快，对于重大的市场信息，仅仅一线的营销人员知道还不行，要迅速传回公司的信息中心，传到公司的决策系统。失去时效性的信息就是无用的信息。农药"六六六"、"乐果"、"敌敌畏"已经被禁用了，你才得到信息，然后才撤销生产和营销计划，被动和亏损是必然的。

（2）更新性强 市场信息的来源广泛，因此市场信息具有多样性和复杂性的特点，其收集和分析过程复杂，需要仔细甄别。市场营销活动千变万化、花样翻新。市场营销信息也在瞬息万变、不断更新，但在时间上又具有一定的延续性。企业信息中心必须向决策者提供最新的信息，而不是过时了的或者虚假的信息。

（3）具有双向性和派生性 市场信息的双向性是指由营销人员向公司决策部门传递信息的正向过程以及由公司决策部门向营销人员反馈和传达信息的反向过程。并不是每一条向上传递的信息都会有反馈，决策部门通过收集、整理、分析信息后下达的决策，就是信息反馈。化工产品的需求是其他工业品和终端消费品派生出来的，具有隐蔽性和波动性，对某一产品需求量的估计需要根据产品链进行上溯和下探，还要受到原料购买规模、数量和构成的影响。

2. 市场营销信息的类型

（1）依据信息来源划分 可分为外部信息和内部信息。外部信息是指来源于企业外部，与企业的市场营销有关的信息。外部信息主要有以下几种：市场环境信息、市场需求信息、市场竞争信息、其他方面信息等。内部信息来源于企业内部，可以帮助企业及时取得有关部门积累的资料，从而发现问题和机会，这是获取营销信息的重要来源。内部信息主要有企业资源信息、企业运营信息和企业成果信息等。

（2）依据决策的层级和信息的用途划分 可将市场营销信息分为战略信息、管理信息和作业信息。战略信息是指用于企业最高层领导对经营方针、目标等方面决策的有关信息；管理信息是指企业一般管理人员在决策中所需要的信息；作业信息是指企业日常业务活动的信息，主要包括商品的生产和供应信息、商品的需求和销售信息、竞争者动态信息等。

市场营销信息还可以根据信息的表示方式的不同，分为文字信息和数据信息；根据信息的处理程度分为原始信息与加工信息；根据其稳定性分为固定信息和流动信息；等等。

3. 市场营销信息的来源

市场营销信息的来源主要有以下六种。

① 各级政府机构颁发的有关各种产业、行业的发展规划，政策导向和市场预测信息。

② 公众传媒发布的全国以及区域性的各种产品的行情消息。

③ 现实市场上各类顾客、经销商、营销人员所呈现的、看到的、听到的各种产品和服务的需求信息。这些信息杂乱无章,需对其进行整理和审核。

④ 各类竞争者的市场营销动态和活动行为。必须对其甄辨真伪,以免被误导和蒙骗。

⑤ 企业内部的销售报表、生产报表、费用报表中提供的销售数量、销售金额、销售费用、存货水平、生产进度、生产成本、发货状况、财务费用、现金流量等数据。这些信息反映企业的内部状况,十分真实可靠。

⑥ 企业或企业委托专业公司开展的有计划、有系统、有步骤的市场营销调研。这些信息系统而严谨,真实性较强。

二、化工产品的市场营销调研

创办企业的目的是获取利润,而利润只能来自于营销,来源于市场。市场对本企业产品的需求程度是决定其获利大小的根本因素。所谓市场调研就是收集市场上有关产品营销方面的信息资料,并进行系统和客观的分析,从而掌握市场的现状与发展趋势,也即相关产品的现实的和潜在的需要量,为企业制定经营决策提供依据。任何企业,无论是制造企业,还是服务性企业,首先应该具备的就是信息。如果不能获得系统的、持续不断的信息,所做出的决策必然缺乏坚实的基础,甚至可能与现实背道而驰,从而导致经营失败。市场调研费用约占整个项目开发费用的 3%。总的说来,目前通用型化工产品的市场概况是供大于求,精细化学品则是功能或性能不能很好地满足客户的要求,信息与技术的高效交流,进一步加剧了市场竞争的压力。

市场营销调研是指个人和组织为了给市场营销决策提供依据,针对某一特定的市场营销问题,运用科学的方法和手段,系统地判断、收集、整理和分析有关市场的各种资料,反映市场的客观状况和发展趋势的活动。市场调研作为一项职能活动,它具有系统性、科学性、不确定性、时效性、应用性和客观性等基本特征。

1. **市场营销调研的作用** 现代市场营销观念认为,实现企业各种目标的关键是正确认识目标市场的需要和欲望,并且比竞争对手更有效、更有力地传达目标市场所期望满足的要求。市场营销调研是企业了解目标市场需求和竞争对手行动的有效手段。市场营销调研是指在一定的市场营销条件下,运用科学的方法,系统地、客观地辨别、收集、分析和传递有关市场营销信息的过程。其目的是为了帮助企业营销管理人员制定正确合理的营销决策。市场营销调研不同于狭义的市场研究即市场调查,它是对市场营销活动全过程的分析和研究。

市场营销调研的主要作用是通过信息把营销者与消费者、顾客及公众联系起来,用来辨别和界定市场营销机会和问题,产生、改善和估价市场营销方案,规范市场营销行为。概括地说,市场营销调研的作用主要表现在以下几个方面。

(1) **市场营销调研是企业制定营销规划的基础** 企业要制定营销规划首先要分析市场、了解市场。企业通过市场营销调研可以估计产品的潜在市场需求和销售量的大小,确定市场细分和目标市场选择的依据,分析市场的销售趋势和竞争形势,了解产品购买者的意见和态度、购买行为,为企业决策或调整策略提供客观依据。

(2) **市场营销调研是企业选择与确定目标市场的前提** 目标市场是企业为满足现实或潜在的消费者需求所开拓的特定市场,这是企业战略目标的首要内容。一个企业如果对为哪些购买者服务、满足消费者哪些类型的需求都不明确,那它就如同无舵的航船,只能在茫茫的大海中随风飘荡,没有抗击任何市场波澜的能力。目标市场的确定是建立在市场细分基础上的,其本身就是一个市场调研过程,只有在市场调研与预测的前提下,根据企业的经营方向与能力,才能科学地选择和确定的目标市场。

(3) **市场营销调研是企业制订产品发展策略的依据** 市场营销调研必须提供有关产品的重要信息,如市场对现有产品的接受程度、顾客对现有产品及包装的偏好、目标产品处于其市场生命周期的哪一阶段、本企业的产品与竞争者产品的差异等。由此对企业新旧产品的发展提出各种建议,包括对现有产品的改进,发现新用途,开拓新市场,以适应市场的不断变化。市场营销调研要对新产品的创意、开发、设计等一系列问题进行研究,同时对企业产品组合策略提出建议。营销调研有利于准确地进行市场定位,增强市场竞争能力。

(4) **市场营销调研是企业确定产品营销策略的必要环节** 市场营销调研过程运用各种技术手段测量购买者对产品价格的反映,估计产品价格的弹性大小,这是企业营销策略的一个重要的因素。产品的定价研究包括新产品的定价和旧产品的价格调整,营销渠道和销售促进方案的设计与选择,等等。市场营销调研有利于企业建立和完善市场营销信息系统,提高企业的经营管理水平。

总之,市场营销调研是市场营销活动过程中不可缺少的一个重要手段。其目标就是要弄清营销过程中的五个 W(what、who、where、when、why)和一个 H(how)。

2. 市场营销调研的类型

首先,市场营销调研可按其调查的功能进行分类,它包括:探索性调研(收集有关调研问题的初步资料,以明确调研问题);描述性调研(其目的在于描述实际的情况);因果性调研(论证有关因果关系的假设)。这三者之间的异同可做一比较,见表 1-2。

表 1-2 三种市场营销调研类型功能的比较

比较项目	探索性调研	描述性调研	因果性调研
目的	对要调查的问题所涉及的范围尚不明确,需要初步了解情况,找到问题的关键和具体的内容与重点,不需要正式的调研	全面、详尽地调研,描述某个营销问题的特征、功能、性质	针对某一专题,确定变量之间的因果关系
内容举例	企业近来销售量大幅下降的原因,是经济衰退,还是竞争者采取了新的促销手段?或者是企业本身产品式样存在问题等	市场潜力和市场占有率、产品的消费群结构、竞争企业的状况的描述等,产品的消费者的年龄构成、地域分布和经济状况调研等	产品的销售量逐渐下降与价格偏高、市场出现竞争性产品的关系,市场占有率不高与销售渠道不畅、宣传推广不力、产品功能设计有偏差的关系等
特征	研究的问题范围比较大,假设相当模糊或根本不存在。选题灵活,是调查研究的预备阶段	提出假设,说明问题	研究因变量和自变量的关系
方法	专家研究、二手资料、定性研究等	观察法、实地调查法、小组座谈会法、二手资料	实验法

其次,按市场调研的主体可分为委托调研和自行调研;按市场调研的范围可分成专题性市场营销调研和综合性市场营销调研;按调研时间的不同则可分为一次性调研、定期调研和经常性调研;按调研的空间层次可分全国性市场调研、区域性市场调研和地区性市场调研;按照市场调研的对象则有消费者市场调研和生产者市场调研之分。

3. 市场营销调研的内容

在化工产品市场调研的活动中,最普遍的市场调研活动是:市场特性的确认,市场潜量的衡量,新产品的接受和潜量研究,竞争产品和市场份额的分析,价格与销售分析,企业短期、中期及长期趋势预测分析等。一般认为市场营销调研的主要内容有:

(1) **市场营销环境调研** 此类调研主要包括对经济环境,如人口数量与结构、国民收入水平、消费结构的调研;政治法律环境,如政府颁布的各项法律和政策、国家以及当地产业发展政策的变化的调研;技术环境,如相关化工产品的技术发展趋势及产业结构的调整,行业新技术、新工艺、新材料的发展、应用及推广情况的调研;还包括社会环境,如社会的文化、风气、时尚爱好、宗教习俗的调研等。此外,生态环境保护活动、消费者权益保护对企业营销活动的影响也成为宏观营销环境调研的重要内容。

(2) 市场需求调研　消费者的需求和欲望是企业营销活动的根本出发点，因此，市场需求的调研是市场营销调研的核心部分。它是对某一类产品国内外生产发展的趋势与动向，国家进出口的产品及数量，新产品开发的发展方向，国内外市场的需求总量和需求结构（品种、花色、价格、包装、款式），市场购买力（消费者的收入水平和存款额、基金提留、基建投资、企业技改投资等），市场需求结构和需求层次的发展变化，实际购买力与潜在购买力的状况以及购买力的投向、消费者的消费习惯等的调查研究。

(3) 消费者和消费行为调研　企业应调查本企业服务对象的数量、消费者的购买动机、消费者心理特点，购买行为及过程类型等其他与购买相关的因素，弄清楚谁买，为什么买，在哪里买，什么时候买，买多少，等等。

(4) 产品生命周期的调研　任何一个化工产品在市场上的销售和获利都是随着时间的推移而不断变化的，从新产品试制投放市场直至被市场淘汰，一般分为导入期、成长期、成熟期和衰退期。化工产品市场调研的内容当然也要包含对相关产品目前所处的生命周期的研究。

(5) 销售状况的调研　销售状况的调研包括产品价格、竞争结构、营销组合策略等的调研。

① 价格调研主要调研目前市场上该类化工产品的通行价格、价格政策，主要竞争对手的市场价、出厂价。价格政策包括提货付现政策、批量优惠、运输补贴、利息贴现等。通过调研，分析价格变动的因素，包括成本、需求及国际市场价格变动、供需量变动等因素。

② 市场竞争结构的调研包括与本产品相竞争的产品是哪些，目标市场内竞争企业的总体状况，同行业市场的销售量与本企业市场销售量、潜在销售量，企业的市场占有率等。如企业数目、规模及产能、地域分布、市场占有率、营销策略等，主要竞争对手的经营管理水平、营销组合策略，同类产品各自的特点、技术标准、售后服务措施等。

③ 营销组合策略包括分销渠道、营业推广等方面。

在商品经济条件下，产品必须通过交换，发生价值形式的运动，使产品从一个所有者转移到另一个所有者，直至消费者手中，称为商流。伴随着商流发生的还有产品实体的空间移动，称为物流。商流与物流相结合，使产品从生产者到达消费者手中，便是分销渠道或分配途径。分销渠道是指参与和协助某种货物或者劳务的所有权从生产者向消费者转移的所有企业和个人，主要包括商人中间商、代理中间商，以及处于渠道起点和终点的生产者与消费者。分销渠道由五种流程构成，即实体流程、所有权流程、付款流程、信息流程及促销流程。分销渠道的调研主要包括分销渠道的结构与类型、覆盖范围、零售商与批发商的状况、消费者对零售商的态度以及运输的路线和成本的研究。

营业推广就是利用各种手段使所营销的产品被广泛认知的过程。推广可分为产品推广、品牌推广、服务推广和企业形象推广。营业推广的调研主要包括企业采取营业推广方式的适应性、公共关系的方式选择与效果的评价、广告的媒体选择、广告效果的考察、营业推广对销售量的影响程度及消费者的接受程度等。

诚然，企业不可能在短期内对上述内容同时展开全面的调研，但是可以集中精力针对存在的不同问题，重点调研一个或几个方面。

4. 市场营销调研的方法

营销调研方法选择是否合理直接影响调研结果。因此，合理选用调研方法是营销工作的重要环节，营销调研的基本方法主要有以下三类。

(1) 访问调查法　访问调查法也称访问法或访谈法，这是一种双向沟通的调研法，也是营销调研中使用最普遍的一种调查方法。访问调查法是由调研人员先拟订调查提纲，然后以提问的方式请被调查者回答，以此来收集资料，了解市场实际情况，获得市场信息。访问调查分为入户访问、拦截访问、电话访问、自助邮寄调查、自助留置调查、计算机辅助（网上 E-mail、QQ、VICQ）访问等。

① 面谈法　这种方法能当面听取被调查者的意见并观察其反应，而且形式灵活，可以一般地谈，也可以深入地谈，并能互相启发，得到的信息也比较真实。但该方法成本高，调查结果受调研人员业务水平的影响大。

② 电话调查　电话调查是由调研人员根据抽样的要求，在样本范围内通过电话向被调查者提问，听取意见。这种方法收集资料的速度快，成本较低，并且能以统一格式进行询问，所得资料便于统一处理。但这种方法也有一定的局限性，只能对有电话的用户进行访问，不易取得被调查者的合作，不便询问较为复杂的问题，调查难以深入。

③ 邮寄调查　这种方法也称通信调查。就是将预先设计好的询问表格邮寄给被调查对象，请他们按表格要求填写后寄回。这种方法调查范围广，被调查者有充分的时间来考虑和回答问题，不受调查人的影响，收集的意见情况较为真实。但问卷的回收率较低，有时拖延的时间较长，被调查者有可能误解问卷的含义，影响调查结果。

④ 自助留置调查　就是由调研人员将需要调查的内容设计成简单的问卷，并说明应答要求，由调查人员在商场出口处、人流稠密处或居民小区直接寻找调查对象，请他们对问卷上的提问做出选择和回答，也可留给被调查者自行填写，然后由调研人员定期收回。

(2) 市场观察法　市场观察法是一种单向调研法，由观察者根据调研目的，有组织、有计划地运用自身的感觉器官或借助科学的观察工具如录音机、照相机、摄影机或某些特定的仪器，直接搜集当时正在发生的、处于自然状态下的市场现象有关信息的方法，实地考察目标产品的使用情况，或以参加化工产品的技术鉴定会、座谈会的形式广泛听取收集用户的意见和建议。通常的做法是调研人员针对要调查的产品品种，每天观察并记录顾客光顾的次数、顾客的类型，通过每天盘点库存了解消费者对该品种的价格、外观、包装、质量的反映等。与此同时，观察两种以上与该品种同类的产品，获得平行数据。观察时间要有规律性，并将观察到的情况进行记录整理，得出结论。观察法无中间环节，所有事情都是亲身看到的，比较真实；观察法不用语言交流，易于实施，能客观地获得准确性较高的第一手资料。但观察法只能观察到事件的表面现象，难以了解事件发生的动机；另外，观察法容易受观察人员自身主观意识的影响，使观察结果发生偏差，而且调查面有限，花费时间较长。

(3) 实验调查法　实验调查法是指市场实验者有目的、有意识地通过改变或控制一个或几个市场影响因素来观察市场现象的变动情况，认识市场现象的本质和发展变化规律的实践活动。实验法一般分为现场实验和实验室实验两种。

现场实验是在完全真实的环境中，通过对实验变量的严格控制，观察实验变量对因变量的影响。如挑选一些顾客或商场，把顾客分成几组，事先并不说明意图，分别给予不同的促销条件，播放几个不同的促销广告片，任其自由购买，根据他们对不同广告的购买行为，获得顾客受广告影响的概率、广告的影响达到什么程度等实验数据。实验室实验是在人工模拟的环境下进行实验，比如在模拟的商店中研究者可以把不同价格、不同包装的产品陈列在台上，邀请经过抽样选择的消费者进行购买，以测定商品的不同价格、不同包装对消费者购买行为的影响。实验法所获得的数据具有客观性、可靠性，排除了主观估计数据的误差。但其实验周期较长，研究经费昂贵，限制了实验方法的广泛使用。

还可实施小组座谈会、焦点访谈会、信息发布会、订货会等不同的调研方式。

5. 市场营销调研的程序

市场营销调研是一个复杂而细微的过程，科学的市场调查必须按照一定的程序和步骤有计划、有组织地进行，首先确定问题与调研目标，拟订调研计划，再开展对营销信息的收集和分析，然后提出调研报告。一般可分为四个阶段：

（1）**市场调研的准备阶段** 市场调研的目的是帮助企业准确地做出经营战略和营销决策，在市场调研之前须针对企业所面临的市场现状和亟待解决的问题，如产品销量、产品寿命、广告效果等，确定市场调研的目标和范围。一般的常规调研包括市场占有率、客户购买行动的特点、对企业品牌的认知程度；抢占市场型的调研包括客户群体是哪些、对新理念的接受程度如何；挤占市场型的调研包括同类产品存在的问题、客户关注的产品效能、主要消费者群体的基本市场特征和生产（生活）习惯等。

市场调查的准备阶段是市场调查的决策、设计、筹划阶段，具体工作有三项，即确定调查任务、设计调查方案、组建调查队伍。合理确定调查任务是搞好市场调研的首要前提，科学设计调查方案是保证市场调研取得成功的关键，认真组建调研队伍是顺利完成调研任务的基本保证。

① 在确定调研任务时，调研专题的界定不能太宽、太空泛，以避免调研专题不明确具体。例如，"研究怎样才能使我们的顾客感到满意"就是一个过于空泛模糊的调研专题。对于任何一个从事市场营销的企业来说，影响顾客的满意程度的因素实在是太多了，不是借助于一两次市场营销调研就能真正弄清楚的。选题过宽的结果，将会使调研人员无所适从，在大量的信息面前迷失方向，反而不能发现真正的信息。当然，调研专题的界定也不能太窄、太细微。调研专题选得太窄，就不能通过调研充分反映市场营销的情况，使调研不能起到应有的作用。

② 在设计调研方案时，应当努力使需要调研的问题定量化，提出具体明确的数量指标。例如，一家洗涤剂公司为推出一种具有柔顺、消毒功能的洗衣液新产品作营销调研，把调研课题定义为"我们的新产品是否会畅销"。实际上，产品在市场"畅销"与否，是一个很模糊的概念，究竟销售额（量）达到多少就算是"畅销"了？如果将调研课题定为"我们的新产品实现年销售额1000万元的把握性有多大"就明确多了。当然，并不是每一个调研项目都可以定量化的。

③ 市场调研方案的基本内容有：调研目的、调研内容、调研对象、拟订调查表、时间安排、调研地点、调查的方式和方法、确定资料整理和分析方法、调研报告提交的方式、调研工作的组织计划、调研费用，等等。

（2）**搜集资料阶段** 营销调研离不开与研究问题有关的资料，搜集资料阶段是市场调研者与被调查者直接接触的阶段，也是整个调研工作中唯一在市场中实施的阶段。这些资料依其来源的不同分为两类：第一手资料和第二手资料。第一手资料是指为当前的某种特定的营销调研目的而收集的原始资料。绝大部分市场营销调研项目都需要采集第一手资料。采集第一手资料一般成本较高、时间较长，但取得的数据资料常常比第二手资料更适合于正在处理的问题。第二手资料是指为了其他目的而采集的现成资料。市场营销调研人员常常以查阅二手资料的方式开始调查工作，有时候市场调研人员不必搜集第一手资料，仅凭第二手资料便可以部分地甚至完全解决面临的问题。第二手外部资料来源非常广泛，市场营销调研人员既可以利用内部资料来源，又可以利用外部资料来源。常见的内部资料主要有企业的财务报告、资金平衡表、客户订单、销售资料、库存情况、产品成本、销售损益等；常见的外部资料主要是从政府统计机构、行业组织、市场调研机构、科研情报机构、金融机构、文献报刊、各种技术及商务会议等获得的资料。第二手资料提供了市场调研的起点，与采集第一手资料相比，采集第二手资料的费用通常要低得多，花费的时间也比较少。但是，市场调研人员常常不容易找到现成的第二手资料；或者现成的资料已经过时，而且不精确、不完善，造成信息的不可靠。在这种情况下，调研人员就不得不花费较多的时间与费用去采集更为准确、适用的第一手资料了。

市场调查的资料是分析研究市场的依据，必须做到真实、准确、全面、系统，否则准备阶段以及后续研究阶段的工作就会失去意义。

（3）市场调查研究阶段　收集阶段所获得的资料一般都比较零乱、分散，不能系统而集中地说明问题，必须严加筛选，去粗取精，去伪存真，以保证资料的系统完整和真实可靠。市场调查研究阶段的主要任务是对市场搜集资料阶段取得的资料进行鉴别与整理，并对整理后的市场资料进行统计分析和开展研究。鉴别资料就是对市场搜集资料阶段取得的市场资料作全面的审核，消除资料中由于样本选取错误或计算错误、询问表设计不当、询问记录不全等原因造成的虚假、错误、短缺等现象，如有必要，还需进一步补充有关资料，以保证原始资料的真实性、准确性和全面性。整理资料是对鉴别后的市场资料进行初步加工，譬如进行分类编码，便于归档和统计，使调查得到的反映市场个体特征的资料系统化、条理化。根据不同类型数据的可比性，制成统计表、统计图，计算百分比、平均值等，以简明的方式反映市场现象的总体特征。

（4）市场调查总结阶段　总结阶段是市场调查的最后阶段，其主要任务是撰写市场调查报告，总结调查工作，评估调查结果。撰写调研报告是市场调研的重要环节。必须注意的是，调查报告应当是简明扼要的结果和说明，而且这些结果必须与要做出的营销决策有密切的关联。编写调研报告应掌握的原则是：① 内容真实可信；②重点突出而扼要；③文字简练；④多用容易理解的图、表直观比较；⑤计算分析步骤要清晰，结论必须明确、客观。

调研报告一般分为六部分：①封面；②目录；③引言，包括调研目的、调研工作的时间安排及进展过程概述；④调查结果的分析，包括调研方法、调查的背景资料和具体内容、取样方法、关键图表和数据，调研结果和建议的关联关系，这是报告的核心部分；⑤调研结论和建议；⑥附录，包含报告主体部分概括说明过的统计图表、二手资料的来源、调查表的副本、样本选择过程的细节、访问记录及从卷宗中获取的原始资料的说明等。

上面四个步骤是按一般程序来划分的，在实际调研中不必亦步亦趋地"照章办事"，根据调研的目的、内容，可以穿插结合进行，也可以删繁就简，以调研工作顺利开展为准。

三、化工产品的需求分析

1. 化工产品市场需求的概念

化工产品的市场需求是指在一定的地理区域、一定的时间、一定的市场营销环境和一定的市场营销方案下一定的顾客购买的总量。市场需求的含义及要素如下所述。

（1）需要　需要指人们没有得到某些基本满足的感受状态，是人类与生俱来的，不是由营销或其他活动创造的。它是市场营销的逻辑起点，也是一切经济活动的前提。企业对从事化工产品生产的生产原料的需求也有相类似的道理。

（2）欲望　欲望指基于需要而产生的想得到具体的满足物或方式的愿望。一种需要可以有多种满足途径，营销不能创造需要，但可以激发和改变人们的欲望。

（3）需求　需求指有能力购买某种具体满足物或方式的欲望。所以，当具有对该类化工产品的购买能力时，欲望就转化为需求。

（4）价值和满意度　价值包含的内容很复杂，除了可以理解为商品中所物化的社会必要劳动量外，还有"效用"的意义。假定消费者是理智的，选择商品时就会对不同商品满足其需求的能力即价值（效用）进行比较。化工产品的采购者是否满意取决于所购商品的总效用是否为最大，现代营销的终极目标是充分提高消费者的满意度，从而赢得顾客对本企业产品的忠诚度。

2. 化工产品市场需求的八种状态

系统分析化工产品在市场上的需求状态，大概存在下述八种情况，因而化工企业市场营销的管理任务也有八种。

（1）负需求　负需求是指市场上众多顾客不喜欢某种产品或服务，如近年来许多老年人为预防各种老年疾病不敢吃含有安全食品添加剂的食品，又如有些顾客害怕化纤纺织品有毒物质损害身体而不敢购买化纤服装。市场营销治理的任务是分析人们为什么不喜欢这些产品，并针对目标顾客的需求重新设计产品、定价，做出更积极的促销，或改变顾客对某些产品或服务的信念，把负需求变为正需求。市场营销的管理任务称为改变市场营销。

(2) 无需求　无需求是指目标市场顾客对某种产品从来没有认识和好感，或者漠不关心，如许多非洲国家的居民从不穿鞋子，对鞋子无需求。市场营销者的任务是创造需求，通过有效的促销手段，把产品利益同人们的自然需求及爱好密切结合起来。

(3) 潜在需求　这是指现有的产品或服务不能满足许多消费者的强烈需求。例如，老年人需要高植物蛋白、低胆固醇的保健食品，美观大方的服饰，安全、舒适、服务周到的交通工具等，但许多企业尚未重视老年市场的需求。企业市场营销的任务是准确地衡量潜在市场需求，开发有效的产品和服务来满足潜在的需求，即开发市场营销。

(4) 下降需求　这是指目标市场顾客对某些产品或服务的需求出现了下降趋势，如近年来城市居民对肥皂、雪花膏的需求相对减少。市场营销者要了解顾客需求下降的原因，或通过改变产品的特色，取而代之的是生产超能洗衣皂、保湿甘油来引导消费，采用更有效的沟通方法刺激需求，即创造性的再营销，或通过寻求新的目标市场，以扭转需求下降的趋势。

(5) 不规则需求　许多企业常面临因季节、月份、周、日、时对产品或服务需求的变化，而造成生产能力和商品的闲置或过度使用。如在男用化妆品方面，在春夏季时消费量较少；驱蚊花露水在夏秋季时消费量较多；儿童喜爱的泡泡水在节假日，特别是"六一"节期间需求量特别大。市场营销的任务是通过灵活的定价大力促销及采用其他激励因素等手段来改变需求时间模式，这称为同步营销。

(6) 充分需求　这是指某种产品或服务目前的需求水平和时间等于期望的需求水平和时间，但消费者需求会不断变化，导致竞争日益加剧。因此，企业营销的任务是改进产品质量并不断估计消费者的满足程度，维持现时需求，这称为维持营销。

(7) 过量需求　过量需求是指市场上顾客对某些产品的需求超过了企业供给能力，产品供不应求。比如，由于人口过多或物资短缺，引起交通、能源及住房等产品供不应求。企业营销治理的任务是减缓营销，设法暂时或永久降低市场需求水平，可以通过提高价格、减少促销和服务等方式使需求减少。企业最好选择那些利润较少、要求提供服务不多的目标顾客作为减缓营销的对象。减缓营销的目的不是破坏需求，而只是暂缓需求水平。

(8) 有害需求　这是指对消费者身心健康有害的产品或服务，诸如烟、酒、毒品等。企业营销治理的任务是通过提价、做消费警示广告，劝说消费者放弃对有害产品和服务的爱好，减少可购买的机会或通过立法禁止销售，我们称之为反市场营销，其目的是采取相应措施来消灭某些有害的需求。

四、化工产品的市场预测

1. 市场预测的分类

市场预测是市场的历史和现状，是在市场调研和市场分析的基础上，运用逻辑和数学方法，对各种市场信息进行分析研究，凭经验并运用一定的预测技术，预先对市场未来的发展变化趋势做出描述和量的估计，得出符合逻辑结论的活动和过程。科学而成功的营销决策是以市场调研为基础、市场预测为依据的。

进行化工产品的市场预测，一般遵循以下原理：①可测性原理；②连续性原理；③类推性原理；④因果相关性原理；⑤系统性原理。

根据市场预测的层次、功能以及性质上的不同，可做以下分类，见表1-3。

表 1-3　市场预测的分类

分类依据	层次类别	适用范围
时间层次	长期	5年以上,制订企业总体发展计划的依据
	中期	2～5年,企业生产周期较长的商品及计划协调
	短期	企业安排年度内市场营销计划的预测
	近期	2周至1,2个月的营销计划预测
空间层次	全国性	从宏观角度考察整个国内市场需求的变化
	地区性	以经济区域为单位的市场预测、产与销的预测
	当地	企业所在地的市场预测
产品层次	行业情况	整个行业的产与销等现状与发展预测
	产品群	同一种类产品的产与销的预测
	个别产品	某个具体产品的产与销的前景预测
预测性质	定性	不要求用准确的数字来表达未来前景的预测,有时也按预测时所用的方法为定性的而言
	定量	只有使用的预测方法是定量,如用数字模型和统计方法进行估算,预测才能定量而准确

2. 化工产品市场预测的内容

化工产品的市场预测内容包括:市场需求、市场供给、市场潜量、市场价格、产品的技术发展、竞争形势、销售潜量、国际市场预测等。其预测目标又分为:市场需求量的预测,产品生产与资源预测,产品成本、价格预测,商品销售量预测,市场占有率的预测。其中,企业销售量预测是指以企业选定的市场营销计划和假定的市场营销环境为基础所确定的企业销售额的预期水平;企业销售潜量是指企业的营销努力相对于竞争者不断增加时,企业需求所达到的极限;销售定额,是企业为产品线、事业部和销售代表确定的销售目标,是一种规范和激励销售队伍的管理手段;销售预算,是对销售规模的保守估计,主要用于制定目前购买、生产和现金流量的决策。

3. 化工产品市场预测的步骤与方法

进行化工产品的市场预测,通常的操作步骤如下。

第一,确定目标市场,在市场总人口数中确定某一细分市场的目标市场总人数,此总人数是潜在顾客人数的最大极限,可用来计算未来或潜在的需求量。

第二,确定地理区域的目标市场,算出目标市场占总人口数的百分比,再将此百分比乘上地理区域的总人口数,就可以确定该区域目标市场数目的多寡。

第三,考虑消费限制条件,考虑产品是否有某些限制条件足以减少目标市场的数量。

第四,计算每位顾客每年平均购买数量,从购买率/购买习惯中,即可算出每人每年平均购买量。

第五,计算同类产品每年购买的总数量,区域内的顾客人数乘以每人每年平均购买的数量就可算出总购买数量。

第六,计算产品的平均价格,利用一定的定价方法,算出产品的平均价格。

第七,计算购买的总金额,把第五项所求得的购买总数量,乘以第六项所求得的平均价格,即可算出购买的总金额。

第八,计算企业的购买量,将企业的市场占有率乘以第七项的购买总金额,再根据最近5年来公司和竞争者市场占有率的变动情况,作适当的调整,就可以求出企业的购买量。

第九,需要考虑的有关产品需求的其他因素,例如:如果是经济状况、人口变动、消费者偏好及生活方式等有所改变,则必须分析其对产品需求的影响。根据这些信息,客观地调查第八项所获得的数据,即可合理地预测在总销售额及顾客人数中公司的潜在购买量。

选定的预测方法也分为定性预测和定量预测两类,其中属于定性的方法有专家会议法、德尔菲法、销售人员预测法、购买者意向调查法;定量的方法有简单平均、加权平均、移动平均、指数平滑、回归分析法等。

4. 市场调研与市场预测的关系

市场调研与市场预测既有共同点,也存在差别,首先两者的本质相同,所起的作用和功能也相同,开展相关工作的主体相同,客体也相同;但是它们各自的工作重点是不同的,其要求和方法也不完全相同。它们在开展的时序上具有前后相继的关系,市场调研为市场预测提供目标、方向和依据,市场预测则能验证和修正市场预测的结果。

课外阅读与思考
中国化工行业季度分析报告
(2011年第二季度)

要点提示:

2011年上半年,全球经济发展步伐放缓,国际油价2011年的走势呈现先涨后跌的态势;国内经济则在增长战略调整和发展方式转型的大背景下呈现出经济软着陆的趋势,而我国实体经济运行在资金面和需求面所承受的压力不减,化工下游行业需求减速,给化工行业的持续快速增长造成了影响。

2011年第二季度,国家相关部门出台的一系列政策将对我国化工行业发展带来重要影响。在产业发展方面,石油和化学工业"十二五"发展指南将引领行业实现跨越式发展,新版产业结构调整目录为化工产业结构调整指明方向;在产业调控和淘汰落后产能方面,一方面,我国进一步规范煤化工产业发展,另一方面,电石等行业面临着更加严格的落后产能淘汰措施;在对外贸易方面,我国继续实施反倾销措施;此外,"十二五"期间,我国还将加大对危化品管理的力度,并从保护国内钾肥市场出发,附条件批准俄罗斯两大钾肥企业合并计划。

2011年上半年,化学工业经济运行总体保持良好态势。行业运行整体稳中有升,投资增速下降,投资结构优化,产品产量保持稳定增长,进出口贸易增速加快,价格持续上涨,行业效益继续改善。但是,受大宗原材料价格攀升、灾害气候频发、产业结构调整、节能减排政策力度加大等因素影响,行业供求增速趋于下降,企业经营成本居高不下,化工产品价格传导难度进一步增大,行业经济运行环境的不确定性增加。

2011年上半年,我国化工行业利润继续快速增长,亏损情况进一步好转,行业总体的赢利能力、偿债能力、营运能力以及成长能力表现较好。各子行业的运行特点和终端需求增速的不同导致其主要经济效益指标的差异较为明显。

2011年下半年,世界经济走势不确定性增加,国际原油价格供求基本由比较宽松,价格出现大起大落的可能性不大。我国经济增速将继续回落,预计下半年化工行业仍将保持平稳增长态势,但企业成本压力和资源能源约束形势仍比较严峻,部分企业经营困难情况将加剧,行业整体增速可能继续放缓。

一、2011年第二季度化工行业发展环境分析

1. 宏观环境

(1) 世界经济增速放缓 纵观2011年上半年,全球经济增速放缓,整体形势不容乐观:美国经济复苏缓慢,美债危机给全球经济造成了恶劣影响;欧债危机再度恶化的风险依然存在;日本受灾以后对全球制造业供应链的负面影响短期之内无法改观;原油、粮食、金属价格持续上涨,给新兴经济体带来输入性通胀威胁,尤其是粮价高企给人口基数较大的新兴经济体带来巨大的通胀压力。为应对通胀,新兴经济体纷纷采取紧缩政策,经济增速普遍放缓。

(2) 国内经济温和回调 从国内来看,2011年上半年经济增速温和回调。据国家统计局7月13日公布的数据,上半年国内生产总值204459亿元,按可比价格计算,同比增长9.6%,其中,一季度增长9.7%,二季度增长9.5%。从环比来看,二季度国内GDP增长2.2%。二季度GDP增速出现一定回调,主要是受部分刺激政策退出和新的紧缩政策的影响。经济增速放缓体现在施工项目计划总投资、新开工项目计划总投资以及出口增速都在回落(详见表1及图1)。GDP、投资以及出口增速放缓影响化工行业的总需求增长。

表1 2010年二季度～2011年二季度累计GDP及部分经济指标同比增速

时间	GDP /%	固定资产投资 /%	施工项目计划总投资/%	新开工项目计划总投资/%	出口增速 /%
2010 Q1～Q2	11.1	25.5	27.0	26.5	35.1
2010 Q1～Q3	10.6	24.5	26.2	24.5	34.0
2010 Q1～Q4	10.3	24.5	23.1	25.6	31.3
2011 Q1	9.7	25.0	19.1	17.2	26.4
2011 Q1～Q2	9.6	25.6	19.6	14.9	24.0

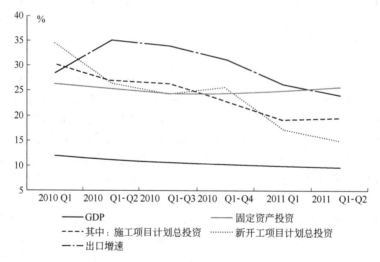

图1 2010年二季度～2011年二季度GDP及部分经济指标增速比较
数据来源:国家统计局,国研网行业研究部加工整理。

通胀压力仍然较大。2011年以来,受国际大宗商品价格上涨影响,国内CPI上涨较快,6月份升至106.4的高位。在国内物价水平创新高的同时,生产要素价格高企,PPI始终保持在106.5以上的高位运行。此外,基础货币投放所带来的货币供应量也节节攀升。为抵御通胀,2011年以来,央行已经连续6次上调存款准备金率,连续3次加息,银根紧缩使得包括化工企业在内的中小企业"融资难"更加突出。

社会用电量增速加快,高耗能产业用能反弹。2010年年底,各地为了完成节能减排任务而压制了许多高耗能项目。进入2011年,这些项目有强力反弹之势,致使高耗能行业用电增长明显加快。国家能源局7月8日发布的数据显示,6月份,全社会用电量3965亿千瓦时,同比增长13.0%,其中工业用电量增长12.5%,比5月加快2个百分点;6月钢铁、有色、建材、化工行业用电量合计占工业用电量的45%,比重较5月提高0.6个百分点。2011年上半年,电力、钢铁、建材、有色、化工和石化等六大高耗能行业对上半年新增用电量的贡献率为41.8%。

从目前看,六大高耗能行业仍然是全社会用电增长的主要拉动力量。在2011年3月出现的"电荒"短期缓解后,近期长三角和华中地区又出现了电力偏紧、拉闸限电的现象,这给化工行业开工率所造成的影响是显而易见的。

(3) 主要下游行业运行情况　汽车行业产销增速放缓。2011年以来,受刺激政策退出以及部分城市限购影响,我国汽车产销增速双双回落,主要经济指标同比虽呈不同程度增长,但增幅同比回落较大,表明汽车行业已经由高速增长期步入平稳发展期。汽车行业作为合成材料、轮胎等化工产品的主要下游行业,其产销增速放缓也意味着对相关化工产品需求的放缓。

纺织行业增速趋缓。2011年上半年,作为合成纤维、化学纤维重要下游行业的纺织行业生产、出口及利润保持平稳增长,但由于受到发达经济体复苏缓慢,棉花、化纤等原料价格大幅波动,劳动力和能源等各种成本上涨等多种不利因素影响,出口增速出现趋缓势头,且库存普遍增长,反映了纺织行业需求较为疲软的现状。

房地产开发投资继续高增长,但增速回落。在一系列紧缩性调控政策影响下,2011年上半年全国房地产开发投资增速依然保持了30%以上的高增长态势,但增速回落。全国商品房施工面积增速较为平稳、新开工面积增速呈大幅下滑态势、市场销量下降。不过,保障性安居工程建设力度加大,有利于增加房地产市场的供给力度,在一定程度上弥补了商品房新开工面积增速下降对上游化工建材产品需求的不利影响。

家电行业增速均呈放缓态势。经过以旧换新和家电下乡政策的影响,城乡市场的刚性需求已经得到较大程度释放,后续增长略显乏力。与其他制造业相似,家电行业同样面临生产要素价格的上涨问题。同时,家电行业位于产业链末端,充分竞争的市场环境使其价格传导能力受限,处于上下游两头受压的不利环境,这在一定程度影响了合成树脂及聚合物的需求。

综合来看,2011年二季度,我国经济继续保持较快增长,需求的持续增长对化工行业的增长比较有利。不过,经济增速的回调尤其是消费、投资和出口增速的下降在一定程度上影响了化工行业的需求。同时,国内持续增加的通胀压力、多次加息措施以及国际油价的大幅波动也给化工企业的全面回升和继续增长造成了影响。

2. 政策环境

2011年二季度,国家相关部门出台的一系列政策将对我国化工行业发展带来重要影响。在产业发展方面,石油和化学工业"十二五"发展指南将引领行业实现跨越式发展,新版产业结构调整目录为化工产业结构调整指明方向;在产业调控和淘汰落后产能方面,一方面,我国进一步规范煤化工产业发展,另一方面,电石等行业面临着更加严格的落后产能淘汰措施;在对外贸易方面,我国继续实施反倾销措施;此外,"十二五"期间,我国还将加大对危险化学品管理的力度,并从保护国内钾肥市场出发,附条件批准俄罗斯两大钾肥企业合并计划。

(1) 产业发展、调控及准入政策

① 石化行业"十二五"发展指南将引领行业实现跨越式发展　"十一五"期间,我国化工行业发展取得了令人瞩目的成就,但由于行业整体发展历程相对较短,经济基础较为薄弱,技术水平与发达国家相比还存在较大差距。在国际金融危机的影响下,我国化工产业集中度较低、产能结构性过剩、自主创新能力不足、资源环境约束强化、企业竞争力不强等深层次矛盾和问题更是进一步凸显。"十二五"时期,在节能减排、产业升级的大背景下,这种粗放式发展模式显然不可持续。在这种形势下,中国石化联合会于2010年5月27日在"十二五"石化行业发展大会上正式发布了《石油与化学工业"十二五"发展指南》(以下简称《指南》)。

《指南》主要分为五部分。《指南》的第一部分对"十一五"我国石化行业发展主要成就和问题做了阐述。第二部分简要分析了目前我国石化行业发展面临的新形势。第三部分着重提出了行业发展的总体战略目标和主要任务。由于石化行业的子行业较多,每个子行业的特点和发展思路都不尽相同，因此，《指南》的第四部分将石化行业分为12个子行业，每个子行业又包括重点领域、重点产品。针对每一个子行业、领域和产品的不同特点，明确了结构调整、技术创新的重点方向，重点突出了化工新材料、精细化工及专门化学品、新能源和生物化工、节能环保等新兴产业。《指南》的第五部分则对实现"十二五"发展目标提出了措施建议。

此次发布的《指南》有以下几个主要特点：

a. 从实际情况出发，审慎放低增长速度指标　《指南》提出，到2015年全行业总产值达到16万亿元。以2010年行业总产值8.88万亿元为基数计算，"十二五"期间的年平均增速为12.5%。这一增速不仅低于此前舆论猜测的13%～15%，而且相比"十五"、"十一五"期间20.1%和21.3%年均增速放慢了近一半。

石化行业增长速度目标下降首先是与国民经济整体增速指标下调步伐大体一致。由于国民经济是石化行业发展的原动力，而目前如浙江、广东、福建、北京、上海、重庆、天津、深圳等20多个省（市、区）的"十二五"规划纲要已调低GDP增速，强调更关注GDP质量，这意味着"十二五"国民经济增速调低已是大趋势。

b. 突出节能减排主基调，适当下调部分指标　《指南》提出，要大力促进节能减排。2015年，万元工业增加值能源消耗和二氧化碳排放量均比"十一五"末下降15%。COD和氮氧化物排放总量均减少10%，氨氮排放总量减少12%，二氧化硫排放总量减少8%，废水达标排放。化工固体废物综合利用率达到75%、有效处置率达到100%。全行业清洁生产达到历史最高水平。

不过，从实际情况出发，《指南》对一些重要能耗指标的降幅要求也有了不同程度的下调。例如，《指南》要求2015年万元工业增加值能源消耗和二氧化碳排放量均比"十一五"末下降15%，这不仅低于"十一五"规划20%的指标，甚至比国家"十二五"规划中"单位国内生产总值能源消耗和二氧化碳排放分别降低16%和17%"的总体节能减排目标也分别低了1个和2个百分点。节能减排指标调低主要是由于"十一五"期间化工行业节能减排的进展比预期的要慢。

c. 促进传统产业结构调整升级，转变增长方式　《指南》认为，"十一五"石化行业结构的主要问题是：一方面传统大宗石化产品总产能明显过剩；另一方面，高端石化产品严重短缺，进口依存度很高，部分高科技产品尚处空白。

未来5年是我国石化行业结构调整升级的重要时期，也是实现转变发展方式取得实质性进展的关键时期。因此，《指南》提出，要"形成一批以战略性新兴产业为主导的新的增长点，传统产业竞争优势进一步增强，产业集中度进一步提升。2015年，精细和专用化学品率提高到45%以上，销售收入过千亿的企业超过15家"。

d. 加快推进自主创新，全面提升科技创新能力　"十一五"时期我国石化行业科技实力得到全面提升，但与发达国家相比，全行业科技创新能力还有较大差距。

《指南》提出，"十二五"期间，重点企业研发投入占销售收入的比重达到3%以上。突破80～100项重大关键、共性技术，在重要产业领域抢占一批科技制高点，技术创新体系进一步完善，科技成果转化率明显提高。可见，加快推进自主创新，全面提升科技创新能力，为行业结构调整和发展方式转变提供强大支撑仍然是"十二五"时期的主要任务。

e. 加快发展战略性新兴产业，培育新的增长点　鉴于我国石化行业目前存在的结构不合理、产品附加值较低的现状，《指南》提出，"加快推进传统石油和化工产业的转型升级，大力发展化工新材料、高端专用化学品、新能源、生物化工、节能环保等新兴产业"。同时提出，"培育壮大战略性新兴产业。积极发展化工新材料；加快研制高端专用化学品；配套新能源产业发展；加快发展工业生物技术替代传统工艺；加快推进"三废"处理和综合利用技术，发展节能环保产业"。

由于化工新材料是新材料产业的重要组成部分,因此,《指南》在第四章中以较大篇幅着重对有机硅、氟化工、工程塑料、热塑性弹性体等化工新材料的发展方向作了指导性的规划。从《指南》可以看出,"十二五"期间我国石化行业发展的重点主要是通过科技创新、促进传统产业的结构调整和转型升级,推进节能减排,培育新材料、新能源、生物化工、高端专用化学品和节能环保产业等战略性新兴产业,培育一批新的行业增长点,全面提升行业的整体竞争能力,实现行业与资源、环境、社会的和谐及可持续发展。《指南》的出台对实现这些目标有着较强的指导意义,有助于我国化工行业初步形成"资源节约型、环境友好型、本质安全型"的发展模式,推进我国由化工大国向化工强国的转变。

② 新版产业结构调整目录为石化产业结构调整指明方向　产业结构调整指导目录是政府引导投资方向、管理投资项目、制定和实施经济政策的重要依据。2005 年,发改委颁布了《产业结构调整指导目录（2005 年本）》。国际金融危机发生以来,世界范围内产业发展环境发生深刻变化,各国都在结构调整和产业重组。在这种新形势下,2005 年版本的目录中相当数量的条目已不适应当前发展需要,不能很好体现发展绿色经济、循环经济、低碳技术的要求。

2011 年 4 月 26 日,发改委修订并公布了《产业结构调整指导目录（2011 年本）》（简称《目录》）,并于 6 月 1 日起正式施行。此次出台的新《目录》共有条目 1399 条,仍然分为鼓励类、限制类和淘汰类,其中鼓励类 750 条,限制类 223 条,淘汰类 426 条。

从石油化工领域来看,相对于 2005 年版目录,此次《目录》有几个特点。

a. 鼓励类条目有增有减,战略性新兴产业的内容增加最多　随着经济和技术发展的变化,一些在 2005 年版目录中作为鼓励类的石化、化工项目,在此次《目录》中或者被删除,或者移入限制类。石化化工领域的全部 19 项条目中有 13 项都与战略性新兴产业发展有关,是《目录》增加最多的内容。高性能纤维及制品、SIS、热塑性聚氨酯弹性体等热塑性弹性体材料、高性能液晶材料等新型精细化学品、具有自主创新技术和环保工艺的生物质纤维产业化等非粮生物质燃料生产技术开发与生产受到鼓励和支持。

b. 清洁生产、节能减排基本涵盖所有领域　相对于 2005 年版目录,《目录》中的所有产业门类中基本都包括清洁生产、节能减排、循环利用、环境保护等方面的内容。

在化工鼓励类项目中,零极距、氧阴极等离子膜烧碱电解槽节能技术、全热能回收热法磷酸生产、大型脱氟磷酸钙生产装置,以及涉及农药、涂料、催化剂、添加剂等行业先进节能降耗减排技术赫然在列。《目录》还支持能耗低、排放少的产品及技术的发展,如 15 万吨/年及以上直接氧化法环氧丙烷、5 万吨/年及以上丁二烯法己二腈生产装置等。同时,为了加强环境保护,六六六、甲胺磷、对硫磷等 34 种高毒农药产品于 2011 年彻底淘汰。

c. 强调淘汰过剩产能　为了进一步淘汰过剩产能和低水平重复建设项目,《目录》进一步提高了大型石化项目的限制规模和准入标准。如乙烯装置由 60 万吨/年提高到 80 万吨/年等,新建草甘膦等生产装置等也被限制。同时,淘汰 200 万吨/年以下的常减压装置、10 万吨/年以下的硫铁矿制酸和硫黄制酸装置、单台产能 5000 吨/年以下和不符合准入条件的黄磷生产装置等。此外,以天然气为原料生产氮肥的传统项目面临新的限制。

总的来看,《目录》更加注重战略性新兴产业发展和节能减排,力求全面反映结构调整和产业升级的方向内容,以及对产能过剩行业的限制和引导。《目录》代表了"十二五"产业结构调整的新取向,有利于促进产业生产技术升级,将对完善和发展现代化石油化工产业体系产生积极的推动作用。

③ 我国进一步规范煤化工产业发展　我国虽然是富煤国家,但煤炭资源人均占有量仅占世界平均水平的 60% 左右。对于企业来说,要想获得煤炭资源,必须进入煤化工领域,并上马新项目,这样就能抢占资源先机,而煤化工也符合地方政府的需要。据不完

全统计，目前全国在建和已批待建煤化工项目新增用煤已超过亿吨，而规划拟建项目新增用煤总量还有几亿吨。目前，国内煤化工项目集中在内蒙古、山西、陕西等省区。其中，内蒙古煤化工发展规模最大。按照内蒙古发展规划，到"十二五"末，内蒙古煤制油生产能力达1000万吨，新增876万吨；煤制二甲醚生产能力达500万吨，新增480万吨；煤制烯烃生产能力达200万吨，新增100万吨。煤炭资源同样丰富的山西也将煤化工作为经济转型的重要抓手，计划在"十二五"时间发展一批百万吨级的新型煤化工项目和产业集群，使之成为新的支柱产业。

值得注意的是，一些地方存在不顾条件大上煤化工的问题，且引发的不良后果已经开始显现——部分煤化工产品缺乏竞争力，市场开发滞后，目前全国甲醇装置开工率只有50%左右，二甲醚装置也大量闲置，相当一部分企业面临破产倒闭。盲目发展煤化工不仅加大产能过剩风险，加剧煤炭供需矛盾，直接影响到全国合理控制能源消费总量，并且将增加节能减排工作难度和引发区域水资源供需失衡。

2011年4月12日，国家发展改革委发布《关于规范煤化工产业有序发展的通知》（简称《通知》），要求各地加强对煤化工产业发展的宏观调控和引导。

《通知》提出，各地要严格产业准入政策，加强项目审批管理，强化要素资源配置，落实行政问责制。在国家相关规划出台之前，暂停审批单纯扩大产能的焦炭、电石项目，禁止建设不符合准入条件的焦炭、电石项目，加快淘汰焦炭、电石落后产能；对合成氨和甲醇实施上大压小、产能置换等方式，提高竞争力。在新的核准目录出台之前，禁止建设年产50万吨及以下煤经甲醇制烯烃项目，年产100万吨及以下煤制甲醇项目，年产100万吨及以下煤制二甲醚项目，年产100万吨及以下煤制油项目等。

上述禁令表明，今后凡未经国家发展改革委核准的项目都不得建设。据相关机构统计，目前在建、拟建的煤化工项目中，真正拿到发展改革委批文的不到5%。这意味着，如果严格落实《通知》精神，绝大多数项目都可能被叫停。从目前来看，有三类项目面临停建或调整的风险：一是水资源严重缺乏地区规划的煤化工项目（包括此前一些地方通过水权制度改革，购买、置换农业用水指标支撑起来的项目）；二是东部煤炭净调入地区规划和在建的煤化工项目；三是节能减排效果不明显的煤化工项目。

《通知》的出台意味着煤化工行业门槛将进一步提高，煤化工行业准入更趋严格，有利于规范煤化工行业发展，这对已具备规模、资源与技术优势的煤化工企业是利好。从长远来看，在各地煤化工热情依然较高的情况下，如何合理开发、高效加工转化和最大限度地利用煤炭资源，科学处理煤化工与资源、环境协调可持续发展的关系是一项长期而艰巨的任务。

④ 我国加大淘汰落后产能力度　2010年年底，各地为了完成节能减排任务而压制了许多高耗能项目。进入2011年，部分地区希望争取部分高耗能项目在"十二五"开局之年尽早上马，因此这些项目有强力反弹之势。7月8日，国家能源局发布的统计数据显示，2011年电力需求增长的12个百分点中，电力、钢铁、建材、有色、化工和石化等六大高耗能行业拉动了5.1个百分点，从目前看，六大高耗能行业仍然是全社会用电增长的主要拉动力量。

在此背景下，2011年以来，国家继续加强对落后产能的淘汰力度。主要措施如表2所示。

上述一系列淘汰落后产能措施的出台并不出人意料，不过，实际淘汰产能的规模和力度却超出预期，这在短期内会对相关化工产品的市场供给产生影响；对于相关行业的领军企业而言，淘汰落后产能有利于进一步抬高行业进入门槛，提升市场集中度以及企业竞争力。不过，这种高耗能行业落后产能屡禁不止的态势凸显了我国依靠重化工业拉动经济增长的惯性仍然存在，石化等高耗能行业结构调整和节能减排依然任重道远。

表 2　2011 年以来淘汰落后产能主要政策措施

时间	部门	举措	主要内容
1月31日	工信部、国家发展改革委、监察部等18个部门	《淘汰落后产能工作考核实施方案》	对未按期淘汰落后产能的企业,银行业金融机构要暂停提供任何形式的新增授信支持,同时,投资管理部门不予审批、核准和备案新的投资项目,国土资源管理部门不予批准新增用地
5月11日	工信部	下达2011年18个工业行业淘汰落后产能目标	按照要求,被列入公告名单的企业落后产能,要在2011年底前被"彻底淘汰"。列入淘汰名单的包括电石137.5万吨,炼铁2653万吨,焦炭1870万吨,酒精42.7万吨,柠檬酸1.45万吨,制革397万标张,印染17.3亿米,化纤34.97万吨等
7月11日	工信部	发布2011年18个工业行业淘汰落后产能企业名单	名单显示,2011年的18个工业行业淘汰落后产能一共涉及企业数量达到2255家。与5月份发布的淘汰落后产能目标任务相比,淘汰任务落实到具体企业之后,所有18个行业的淘汰落后产能任务都有所增加,部分行业增加幅度甚至超过100%

资料来源：国研网行业研究部整理。

（2）对外贸易政策　由于我国化工产品的对外贸易一直处于逆差状态,因此,在我国对进口产品实施的反倾销措施中,化工产品占有较大比例。2011年二季度以来,商务部继续对部分进口化工产品展开了一系列反倾销调查或做出反倾销决定,详见表3。

表 3　2011 年二季度以来涉及部分化工产品的反倾销措施

时间	涉及产品	措施
4月13日	商务部公布关于氨纶反倾销措施到期的公告	商务部于2006年10月13日发布公告,决定对原产于美、日、韩、新加坡和台湾地区的进口氨纶征收反倾销税。该措施于2011年10月13日到期。自本公告发布之日起,如国内相关机构未提出复审申请,则上述反倾销措施于2011年10月13日起终止实施
5月9日	商务部发布对进口氯丁橡胶反倾销措施的期终复审裁定	决定自5月10日起,继续对原产于日、美和欧盟的进口氯丁橡胶实施反倾销措施,实施期限为5年。据悉,商务部于2005年5月10日发布公告,决定对上述原产地的进口氯丁橡胶实施最终反倾销措施,实施期限为5年
6月17日	商务部发布水合肼反倾销期终复审裁决公告	商务部公布对原产于日本、韩国、美国和法国的进口水合肼反倾销期终复审调查的裁决。商务部裁定,如果终止原反倾销措施,原产于日、韩、法的进口水合肼对中国的倾销有可能继续发生,原产于美国的进口水合肼对中国的倾销有可能再度发生,决定自2011年6月17日起,继续征收反倾销税,实施期限为5年
6月27日	商务部对进口环氧氯丙烷发起反倾销期终调查	商务部于2006年6月28日发布年度第44号公告,决定对原产于俄、韩、日、美的进口环氧氯丙烷征收反倾销税,实施期限为自2006年6月28日起5年。本次复审调查的内容为,如果终止上述原产地的进口环氧氯丙烷的反倾销措施,是否可能导致倾销和损害的继续或再度发生

资料来源：国研网行业研究部整理。

针对日益严重的进口化工产品倾销情况,为保护已受危机严重冲击的国内化工市场和产业,我国及时采取了相应的反倾销措施,这有利于间接保护国内化工产品市场,缓解低价恶性竞争状况,对生产企业增加产量、保持基本的赢利能力有较好的支撑作用。

（3）节能环保政策

① 非居民用电价格上调增加化工行业生产成本

国家能源局2011年7月14日发布全社会用电量数据显示：2011年1～6月,我国全社会用电量累计22515亿千瓦时,同比增长12.2%。其中6月份全社会用电量3965亿千瓦时,同比增长13%。进入7月,长三角和华中地区用电又出现偏紧趋向,而石化、钢铁、水泥等高耗能产业用电增速大幅反弹是用电量攀升的主要原因。

为缓解部分地区电力供应紧张、抑制高耗能产业发展、保障民生,国家发展改革委决定自

2011年6月1日起,将15个省市工商业、农业用电价格平均每千瓦时上调1.67分钱,居民用电价不变。这些省份上网电价每千瓦时平均上调2分左右。其中,山西上调3.09分,调价金额最低的贵州省每千瓦时上网电价上调1.24分。

每度电加价0.1元、0.3元,看起来似乎并不高,但对于每年用电量以亿千瓦时计的大中型石化企业来说,以超限的电价来进行生产至少将增加千万元的成本,这种成本压力基本无法承受。因此,限电措施和电力成本上升必将促使化工企业主动采取先进的节能技术和清洁的生产工艺,转变经济增长方式,促进节能减排。

② 我国附条件批准俄两大钾肥巨头合并计划

乌拉尔开放型股份公司(乌钾)是俄罗斯第一大、世界第三大钾肥生产商,其产品90%出口国外,主要销往巴西、印度、中国等。2010年12月,乌钾和谢尔维尼特开放型股份公司(谢钾)宣布了合并计划。

我国对钾肥需要量巨大,但国内钾矿资源却严重不足。根据海关统计,我国钾肥对外依存度平均保持在50%以上。目前有一半左右的氯化钾需求依赖海运贸易和边境贸易进口,其中进口量的一半以上来源于谢钾、乌钾及其关联贸易公司。根据商务部调查,此次合并完成后将产生全球第二大的氯化钾出口供应商,市场份额将超过全球市场的1/3,其与全球第一大供应商合计约占全球氯化钾供应量的70%。

根据我国《反垄断法》的规定,在中国境外的垄断行为,对境内市场竞争产生排除、限制影响的,适用我国的《反垄断法》。2011年6月2日,我国经营者集中反垄断审查执法机构——商务部发布公告,附条件批准乌钾吸收合并谢钾。公告称,合并后的公司应继续保持目前的氯化钾销售做法和程序,交易后继续以直接贸易方式对中国市场销售氯化钾,并继续通过铁路运输和海上运输方式为中国市场稳定可靠、尽心尽力地供应氯化钾产品。合并后的公司应一如既往地为中国市场提供种类齐全和数量充足的氯化钾产品,包括氧化钾含量为60%和62%的氯化钾产品。

有条件批准俄两大钾肥巨头合并计划是从我国钾肥进口的基本情况出发,履行《反垄断法》相关条款的具体行动。这将尽量减少此次合并对国内市场竞争产生的不利影响,有利于维护钾肥市场稳定,保护相关企业及广大农民根本利益。

二、2011年第二季度化工行业运行分析

2011年上半年,化学工业经济运行总体保持良好态势。行业运行整体稳中有升,投资增速下降,投资结构优化,产品产量保持稳定增长,进出口贸易增速加快,价格持续上涨,行业效益继续改善。但是,受大宗原材料价格攀升、灾害气候频发、产业结构调整、节能减排政策力度加大等因素影响,行业供求增速趋于下降,企业经营成本居高不下,化工产品价格传导难度进一步增大,行业经济运行环境的不确定性增加。

1. 固定资产投资情况

2011年1~6月,我国化工行业固定资产投资继续稳步增长,整体投资增速有所加快,但受节能减排和淘汰过剩产能政策影响,施工项目和新开工项目数持续下降。全行业固定资产投资完成额为3991.32亿元,同比增长25.3%,增速比2010年同期加快6.8个百分点,比2011年1~3月加快5.7个百分点。累计施工项目9327个,同比下降1.3%;累计新开工项目5078个,同比下降8.5%。2010年6月~2011年6月我国化工行业固定资产投资情况见表4,2008年6月~2011年6月我国化工行业固定资产投资情况见图2,2011年1~6月我国主要化工子行业累计固定资产完成额占比情况见图3。

从投资结构上来看,磷肥、钾肥、农药、染料制造等产能过剩行业的投资同比下降,而合成材料、专用化学品、橡胶制造业等高端行业投资增速分别达26.9%、31.6%和39.7%,远高于行业平均增速,表明相关各方对该行业的投资热度持续高涨,而且投资结构进一步呈现高端化趋势。

表4　2010年6月~2011年6月我国化工行业固定资产投资情况

时间	累计实际完成/亿元	同比增长/%	累计施工项目/个	同比增长/%	累计新开工项目/个	同比增长/%
2010年1~6月	3195.84	18.5	7421	−0.3	4230	−4.5
2010年1~7月	4035.80	19.9	8304	0.8	5000	−3.3
2010年1~8月	4609.50	17	8877	−0.3	5544	−3.9
2010年1~9月	5320.47	16.3	9567	−1.7	6185	−5.3
2010年1~10月	5922.46	15.1	9936	−3.8	6539	−8.6
2010年1~11月	6573.26	14.2	10391	−4.7	7030	−8.6
2010年1~12月	7348.71	15.3	11301	−2.7	7825	−5.9
2011年1~2月	548.47	20.8	3308	−24.1	605	−20.1
2010年1~3月	1268.45	19.6	5255	−6.1	1738	−21.7
2010年1~4月	2035.27	22.9	6679	−3.3	2809	−12.7
2011年1~5月	2931.74	25.6	7968	−1.7	3863	−10.4
2011年1~6月	3991.32	25.3	9327	−1.3	5078	−8.5

数据来源：中国石油和化学工业联合会，国研网行业研究部加工整理。

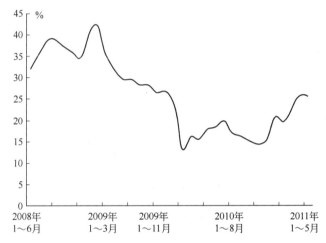

图2　2008年6月~2011年6月我国化工行业累计固定资产投资同比增速
　　数据来源：中国石油和化学工业联合会，国研网行业研究部加工整理。

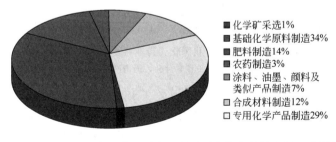

图3　2011年1~6月我国主要化工子行业累计固定资产投资实际完成额占比情况
　　注：此处化工行业包括化学矿采选、基础化学原料、肥料、农药、涂料、油墨、
　　　　颜料及类似产品、合成材料以及专用化学产品等七个子行业。
　　数据来源：中国石油和化学工业联合会，国研网行业研究部加工整理。

2. 生产情况

（1）工业总产值较快增长　2011年1~6月，化工行业总产值继续保持较快增长。据中国石油和化学工业联合会统计，化工行业累计实现工业总产值（现价，下同）30684.6亿元，同比增长 36.0%,增速比 2010 年同期加快 0.4 个百分点,比 2011 年 1~3 月下降 0.2 个百分点。

分子行业来看,2011 年 1~6 月,专用化学品制造业累计总产值同比增长 42.1%,高于行业平均增速 6.1 个百分点,是 7 个子行业中产值增速最快的行业。农药制造业产值同比增长 22.6%,增速最低。值得注意的是,2011 年 1~6 月,肥料制造业的产值同比增长 38.3%,增速较 2010 年同期加快 16.0 个百分点,比 2011 年 1~3 月加快 5.3 个百分点。该行业产值增速仅次于专用化学品制造业,且高于行业平均增速 2.3 个百分点。从绝对值来看,2011 年 1~6 月化肥行业累计产值也是 2008 年以来同期水平最高的,表明该行业产值已经企稳回升,开始快速增长(见表 5 及图 4)。

表 5 2011 年 1~6 月我国化工行业及主要子行业累计工业产值及增速情况

行业名称	累计工业产值/亿元	同比增长/%
化工行业	30684.6	36.0
其中:基础化学原料制造业	7818.9	37.4
肥料制造业	3372.6	38.3
农药制造业	981.1	22.6
涂料、油墨、颜料及类似产品制造业	2135.5	28.0
合成材料制造业	5082.7	36.1
专用化学产品制造业	7776.4	42.1

数据来源:中国石油和化学工业联合会,国研网行业研究部加工整理。

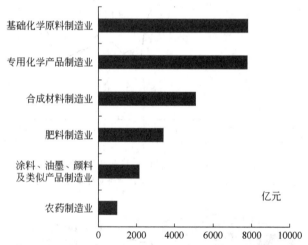

图 4 2011 年 1~6 月我国化工行业主要子行业累计产值
数据来源:中国石油和化学工业联合会,国研网行业研究部加工整理。

(2) 主要产品产量平稳增长 2011 年 1~6 月,本报告重点跟踪的主要化工产品产量继续保持增长,但受需求整体放缓影响,除农用化工产品外,主要化工产品产量增速普遍趋缓。

具体来看,2011 年 1~6 月,基础原料产品中,硫酸产量 3577.5 万吨,同比增长 17.2%,增速同比下降 4.0 个百分点;烧碱产量 1235.1 万吨,同比增长 18.2%,增速同比下降 1.1 个百分点;纯碱产量 1122.8 万吨,增长 4.7%,增速比 2010 年同期下降 12.8 个百分点;乙烯产量 781.1 万吨,同比增长 17.2%,增速同比下降 12.8 个百分点;甲醇产量 996.9 万吨,增长 20.8%,增速同比下降 12.5 个百分点;合成树脂 2248.3 万吨,增长 9.8%,增速同比下降 13.4 个百分点;合成橡胶 174.1 万吨,增长 15.8%,增速同比下降 0.5 个百分点。

2011 年 1~6 月,国内用肥需求快速增长,带动化肥、农药等农用化工产品产量强劲增长。我国共生产化肥 3062.4 万吨(折纯,下同),同比增长 8.3%,增速同比加快 1.9 个百分点。其中尿素产量仍在下降,降幅达4.0%;磷肥产量717.3万吨,增速同比加快4.2个百分点;钾肥产量191.4万吨,同比增长17.4%,增速较2010年同期加快2.4个百分点。

2010年1～6月,农药产量138.7万吨,同比增长20.1%,增速较2010年同期加快2.6个百分点。其中杀虫剂原药增长17.0%,增速同比加快10.7个百分点;杀菌剂原药产量增速为26.5%,而上年同期是负增长;除草剂原药累计产量同比增长11.1%,增速同比下降24.6个百分点。

2011年1～6月我国主要化工产品产量见表6,2009～2011年我国化工行业主要化工产品累计产值见图5。

表6 2011年1～6月我国主要化工产品产量

基础化工原料	当月产量/万吨	同比增长/%	自年初累计产量/万吨	累计同比增长/%
硫酸(折100%)	663.4	26.1	3577.5	17.2
浓硝酸(折100%)	19.9	5.9	125.7	6.9
盐酸(含HCl 31%以上)	74.6	10.4	406.8	4.2
氢氧化钠(烧碱)(折100%)	221.4	23.5	1235.1	18.2
碳酸钠(纯碱)	204.7	5.6	1122.8	4.7
碳化钙(电石)(折300 L/kg)	172.9	40.0	864.0	14.2
乙烯	122.3	4.7	781.1	17.2
纯苯	50.1	10.1	306.8	15.8
精甲醇	171.7	21.4	996.9	20.8
冰醋酸	36.3	14.9	198.2	1.6
合成树脂及共聚物	382.9	4.9	2248.3	9.8
其中:聚乙烯	77.3	−3.3	512.0	7.5
聚丙烯	72.8	0.3	473.1	7.3
聚氯乙烯	107.7	6.1	603.7	8.6
合成橡胶	27.9	12.5	174.1	15.8
合成纤维单体	140.0	4.9	861.8	6.7
合成纤维聚合物	135.0	15.7	712.6	14.1
化肥总计(折纯)	600.6	18.7	3062.4	8.3
其中:氮肥(折含N 100%)	400.7	12.1	2153.6	2.3
尿素(折含N 100%)	215.4	2.6	1336.8	−4.0
磷肥(折含P_2O_5 100%)	155.2	50.1	717.3	29.8

3. 需求情况

(1) 工业销售产值继续增长 2011年1～6月,我国化工产品需求保持快速增长。化工行业销售产值(现价)30058.0亿元,同比增长36.8%,增速比2010年同期加快1.0个百分点。1～6月,化工产品产销率为98.0%,比2010年同期提高0.56个百分点。累计产销率持续低于100%,表明化工产品供大于求的状态没有改变。

从子行业看,1～6月,专用化学品制造业和农药制造业的累计销售产值同比增速分别为42.3%和24.5%,分列六个子行业的第一和最末;肥料制造业的增速也较快;化肥和农药两个子行业产销率分别为98.4%和96.7%,同样位居第一和最末。受春耕行情拉动,肥料制造

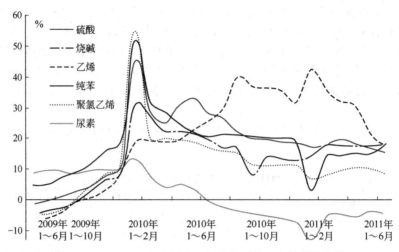

图5 2009～2011年我国化工行业主要化工产品累计产值
数据来源：国家统计局，国研网行业研究部加工整理。

业的产销衔接情况在进一步好转（见表7）。

2009年6月～2011年6月我国化工行业累计销售产值和产销率走势见图6。

表7 2011年1～6月我国化工行业及主要子行业累计工业销售产值及累计产销率

行业名称	累计销售产值/亿元	销售产值同比增长/%	累计产销率/%
化工行业	30058.0	36.8	98.0
其中：基础化学原料制造业	7652.4	37.9	97.9
肥料制造业	3318.0	40.7	98.4
农药制造业	948.3	24.5	96.7
涂料、油墨、颜料及类似产品制造业	2096.1	29.0	98.2
合成材料制造业	4970.2	37.0	97.8
专用化学产品制造业	7616.0	42.3	97.9

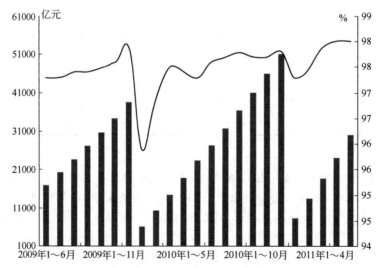

图6 2009年6月～2011年6月我国化工行业累计销售产值和产销率走势
数据来源：中国石油和化学工业联合会，国研网行业研究部加工整理。

（2）表观消费量增速回落 2011年1～6月，在国家统计局所监测的产品中，除纯苯、甲醇、聚氯乙烯、合纤聚合物、聚酯以及部分化肥产品外，其余化工产品的表观消费量增速比上年同期有不同程度回落。其中，冰醋酸、聚乙烯、聚苯乙烯和尿素等产品的表观消费量甚至出现不同程度的同比负增长，尤其是冰醋酸的表现消费量增速从2010年同期的74.1%骤降为－7.1%（见表8）。

表8 2011年1～6月我国主要化工产品表观消费量及同比增速

基础化工原料	累计表观消费量/万吨	同比增长/%
硫酸	3611.0	15.2
硝酸	123.7	5.2
盐酸	407.1	3.7
烧碱	1125.1	14.9
纯碱	1041.9	5.1
乙烯	826.7	17.1
纯苯	304.8	12.3
甲醇	1282.7	20.9
冰醋酸	174.7	－7.1
电石	855.2	14.1
合成树脂	3507.4	2.6
其中：聚丙烯	641.0	2.3
聚氯乙烯	639.1	4.5
聚苯乙烯	111.0	-0.5
ABS	172.3	2.6
合成橡胶	231.4	2.5
合成纤维单体	1569.9	2.3
合成纤维聚合物	700.0	9.7
其中：聚酯	516.4	6.4
化肥总计（折纯）	3107.5	8.6
其中：氮肥	2077.2	3.2
尿素	1305.5	－1.2
磷肥	662.8	25.6
钾肥	367.4	16.9

数据来源：中国石油和化学工业联合会，国研网行业研究部加工整理。

2009年6月～2011年4月我国部分化工产品累计表观消费量增速走势见图7。

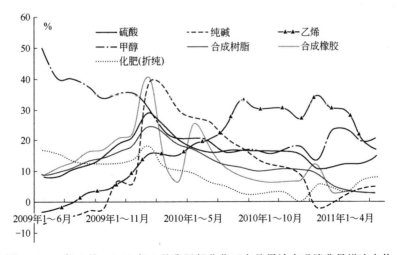

图7 2009年6月～2011年4月我国部分化工产品累计表观消费量增速走势
数据来源：中国石油和化学工业联合会，国研网行业研究部加工整理。

4. 价格情况

2011年6月份，随着国际原油价格的下跌，多数大宗化工商品价格也出现回调，延续了5月份的走势。本报告重点跟踪的48种化工产品月平均价格中，有盐酸、甲苯、苯乙烯等22种产品价格环比下降，其余26种化工产品价格环比上升或持平，即有45.8%的化工产品价格比上月下跌。从具体品种来看，有机化工产品、合成树脂、合成橡胶等产品下跌居多，而无机化工产品以及化肥等产品价格多数上涨。

2009年6月～2011年6月我国主要化工产品月平均价格见图8～图15。

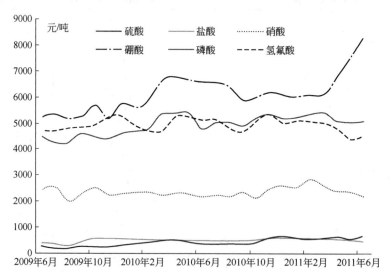

图8 2009年6月～2011年6月我国主要无机酸产品月平均价格
数据来源：中国石油和化学工业联合会，国研网行业研究部加工整理。

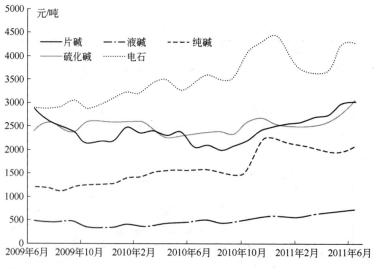

图9 2009年6月～2011年6月我国无机碱主要产品及电石月平均价格
数据来源：中国石油和化学工业联合会，国研网行业研究部加工整理。

5. 进出口情况

在经历了2010年的显著恢复性增长之后，2011年上半年，化工行业进出口贸易增速合理回调，但"后危机时代"盛行的贸易保护主义对行业进出口贸易的影响也在加剧。2011年1～

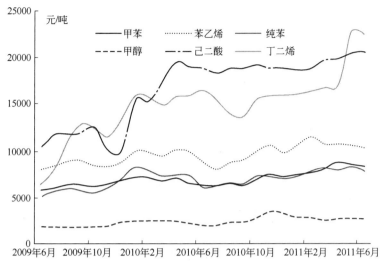

图 10　2009 年 6 月～2011 年 6 月我国有机化工主要产品月平均价格

数据来源：中国石油和化学工业联合会，国研网行业研究部加工整理。

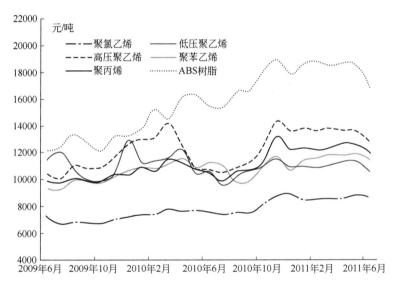

图 11　2009 年 6 月～2011 年 6 月我国主要合成树脂产品月平均价格

数据来源：中国石油和化学工业联合会，国研网行业研究部加工整理。

6 月，我国化工行业进出口总额为 1549.0 亿元，同比增长 27.0%，增速比 2010 年同期下降 16.38 个百分点，比 2011 年 1～3 月份下降 0.4 个百分点。其中进口总额 891.2 亿元，同比增长 20.9%，增速比 2010 年同期下降 27.7 个百分点，比 2011 年 1～3 月下降 1.4 个百分点；出口总额 657.8 亿元，同比增长 36.3%，增速比 2010 年同期加快 0.2 个百分点，比 2011 年 1～3 月加快 0.3 个百分点。

从进口贸易品种结构来看，合成树脂为进口额最大的产品，2011 年 1～6 月，合成树脂产品累计进口金额达 239.20 亿美元，同比增长 7.8%；其次是有机化学品，其进口总额为 226.39 亿美元，同比增长 29.0%；进口额最低的产品为农药，进口额为 2.88 亿美元，同比增长 6.0%。从出口品种来看，有机化学品的出口总额稳居第一，达 166.28 亿美元，同比增长 37.5%，合成纤维单体出口额仅为 6748 万美元，居于最末位，但其同比增速却是最快的，比

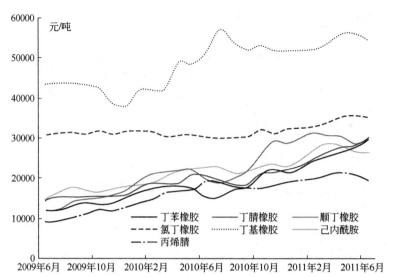

图 12　2009 年 6 月~2011 年 6 月我国主要合成橡胶产品月平均价格
数据来源：中国石油和化学工业联合会，国研网行业研究部加工整理。

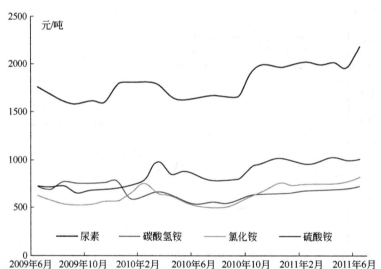

图 13　2009 年 6 月~2011 年 6 月我国主要氮肥产品月平均价格
数据来源：中国石油和化学工业联合会，国研网行业研究部加工整理。

上年同期暴增了 15 倍，同时，合纤单体的进口总额增速也最快，达 32.5%（见表 9）。

2009 年 6 月~2011 年 2 月我国化工产品贸易额及同比增速见图 16。

三、2011 年第二季度化工行业经济效益分析

2011 年上半年，化工行业利润大幅提升，亏损面下降，亏损情况进一步好转，行业总体的赢利能力、偿债能力、营运能力以及成长能力表现较好。

1. 盈利能力分析

2011 年 1~6 月，化工行业利润总额为 1866.42 亿元，同比增长 57.1%，增速比 1~3 月下降 7.9 个百分点。全行业主营业务收入为 27927.76 亿元，同比增长 36.7%，增速比 1~3 月下降 1.0 个百分点。对比利润和主营业务收入增速走势可以看出，利润增速超过主营业务收入增速，表明收入增长的同时利润增速更快，有利于企业保持稳定赢利（见表 10）。

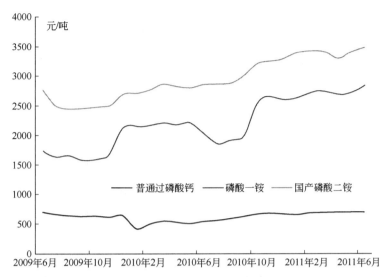

图 14　2009 年 6 月～2011 年 6 月我国主要磷肥产品月平均价格
数据来源：中国石油和化学工业联合会，国研网行业研究部加工整理。

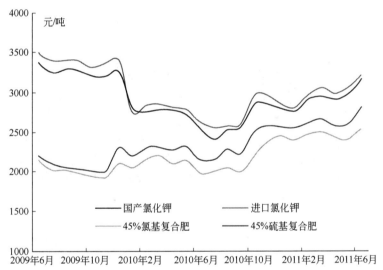

图 15　2009 年 6 月～2011 年 6 月我国主要钾肥及复合肥产品月平均价格
数据来源：中国石油和化学工业联合会，国研网行业研究部加工整理。

从子行业来看，肥料制造业的利润增速较 1～3 月加快近 40 个百分点，是七个子行业中增幅最大的；而合成材料制造业的增速较 1～3 月大幅下降了 51.4 个百分点，降幅位居第一，这主要是由于合成材料的主要下游行业如汽车、房地产、家电、纺织等行业需求增速放缓，影响了该行业的赢利；其余几个子行业增速变化不大。

2011 年 1～6 月，化工行业销售毛利率为 15.7%，比 2010 年同期增加 0.4 个百分点，比 2011 年 1～3 月下降 0.5 个百分点；主营业务利润率为 14.9%，比上年同期提高 0.4 个百分点，比 1～3 月下降 0.6 个百分点；成本费用利润率为 7.3%，同比增加 1.0 个百分点，与 1～3 月基本持平。分行业来看，1～6 月，日用化学品制造业的"三率"均居各子行业之首，表明其赢利能力较好；相反，合成材料制造业的这三项指标水平较低，表明该行业赢利能力相对较弱（见表 11）。

表9　2011年1～6月我国主要化工产品累计进出口量值

	进口				出口			
	数量		金额		数量		金额	
	万吨	同比/%	万美元	同比/%	万吨	同比/%	万美元	同比/%
无机化学品	268.7	-37.3	545925	25.1	904.7	16.7	815156	56.8
有机化学品	1651.5	10.6	2263929	29.0	542.0	25.8	1662843	37.5
化肥(实物量)	375.0	1.5	152721	14.6	500.3	19.6	179051	40.6
农药	3.1	-2.7	28763	6.0	42.6	38.2	128737	41.8
合成树脂	1455.7	-3.7	2392043	7.8	196.6	40.0	431018	51.6
合成橡胶	74.2	-14.0	257240	15.9	16.8	55.6	57784	121.0
合成纤维单体	711.8	-2.1	984132	32.5	3.74	1923.9	6748	1526.8
合成纤维聚合物	55.6	-8.8	193539	14.2	68.2	43.2	138315	83.0
专用化学品	—	—	989510	22.0			876705	18.9

数据来源：中国石油和化学工业联合会，国研网行业研究部加工整理。

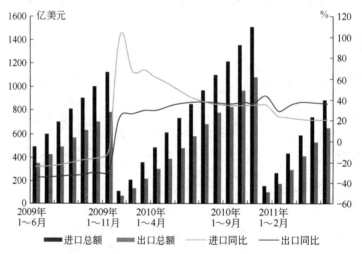

图16　2009年6月～2011年2月我国化工产品进出口贸易额及同比增速
数据来源：中国石油和化学工业联合会，国研网行业研究部加工整理。

表10　2010～2011年同期我国化工行业主要经济效益指标

主要指标	2011年1～6月/亿元	2010年1～6月/亿元	2011年同比/%
主营业务收入	27927.76	20431.90	36.7
主营业务成本	23551.72	17313.33	36.0
利润总额	1866.42	1187.99	57.1
亏损企业亏损总额	149.9	137.66	8.9
期末资产总额	40210.7	32978.74	21.9
期末负债总额	23081.19	19163.25	20.4

注：国家统计局自2011年起对工业财务状况统计制度进行调整；第一，执行新的规模以上工业企业统计起点标准。规模以上工业企业统计起点标准由原来的年主营业务收入500万元，调整为年主营业务收入2000万元。第二，增加了全国规模以上工业经济效益信息的发布频率。2011年以前，国家统计局分别在3月份、6月份、9月份、12月份发布全国规模以上工业企业2月、5月、8月、12月经济效益指标数据。从2011年起，改为按月发布。考虑到数据的可比性和可获得性，本报告仅对2011年1～6月与上年同期及2011年1～3月经济效益数据进行比较分析。

数据来源：国家统计局，国研网行业研究部加工整理。

表11 2011年1～6月我国化工行业及主要子行业盈利能力指标

行业名称	利润总额增长率/%	主营业务收入增长率/%	销售毛利率/%	主营业务利润率/%	成本费用利润率/%
化学原料及化学制品制造业	57.1	36.7	15.7	14.9	7.3
其中:基础化学原料制造业	74.1	36.6	14.7	13.6	6.6
肥料制造业	85.9	40.1	14.4	13.5	6.1
农药制造业	17.2	25.9	14.4	14.1	6.3
涂料、油墨、颜料及类似产品制造业	21.8	28.6	17.1	16.7	7.3
合成材料制造业	66.8	37.5	11.4	10.7	6.2
专用化学产品制造业	60.6	42.2	16.3	15.8	9.1
日用化学产品制造业	14.4	21.0	33.7	33.0	9.5

数据来源：国家统计局，国研网行业研究部加工整理。

2010～2011年同期我国化工行业及其子行业累计利润总额比较见图17。

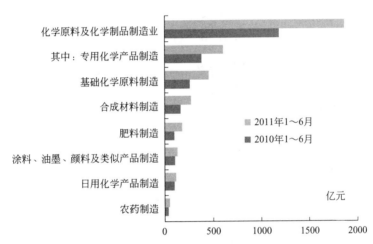

图17 2010～2011年同期我国化工行业及其子行业累计利润总额比较

数据来源：国家统计局，国研网行业研究部加工整理。

2. 偿债能力分析

截至2011年6月，化工行业资产总额为40210.7亿元，同比增长21.9%；负债总额为23081.19亿元，同比增长20.4%；资产负债率为57.4%，比上年同期下降0.7个百分点，比3月末增加0.3个百分点。总的来看，企业的资产负债水平波动不大。分行业来看，6月末，肥料制造业和日用化学品制造业的资产负债率分别为62.4%和49.0%，分列七大子行业的首位和末位。

截至2011年6月，化工行业亏损企业数为2529家，同比下降2.9%，占行业总企业总数的比重（亏损面）为11.7%，比3月末下降2.4个百分点。1～6月，亏损企业亏损额（亏损度）为149.9亿元，同比增长8.9%，增速较1～3月上升2.1个百分点。分行业来看，农药制造业的亏损面虽然相对不高（10.7%），但其亏损度达105.9%，比1～3月上升50个百分点。农药制造业面临的整体产能过剩、环保、食品安全以及农业生产需求放缓等问题是其亏损度大幅上升的主要原因（见表12及图18）。

表12 2011年1~6月我国化工行业及主要子行业偿债能力指标

行业名称	企业亏损面/%	亏损度/%	资产负债率/%
化学原料及化学制品制造业	11.7	8.9	57.4
其中：基础化学原料制造业	15.1	−1.9	59.0
肥料制造业	13.3	−28.1	62.4
农药制造业	10.7	105.9	54.3
涂料、油墨、颜料及类似产品制造业	11.6	25.5	51.3
合成材料制造业	12.5	57.5	61.1
专用化学产品制造业	8.2	13.8	52.9
日用化学产品制造业	15.1	41.6	49.0

数据来源：国家统计局，国研网行业研究部加工整理。

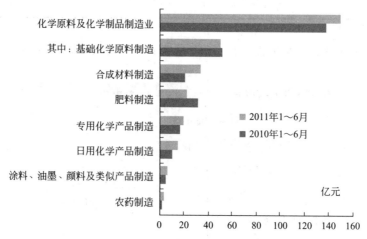

图18　2010～2011年同期我国化工行业及其子行业亏损企业亏损总额比较
数据来源：国家统计局，国研网行业研究部加工整理。

3. 营运能力分析

2011年1~6月，化工行业应收账款为3813.69亿元，同比增长24.6%，增速比1~3月下降2.1个百分点，低于主营业务收入增速12.1个百分点，应收账款占主营业务收入（年化后，下同）比重为6.8%，比1~3月下降0.1个百分点。结合以上两个指标来看，应收账款增速低于主营业务收入增速，且占后者比重略有下降，表明由于需求增长较快，企业赊销行为减少，以现金方式回收货款的比重加大。分子行业来看，合成材料制造业的应收账款增速最快，而涂料行业的应收账款占主营业务收入比重最大，这在很大程度上反映了上述两个子行业的应收账款回款速度较低。

1~6月，化工行业流动资产周转次数为2.9次，比上年同期提高0.1次，企业流动资产利用效率处于较高水平。分子行业来看，1~6月，涂料行业的流动资产周转次数相对较低，这与该行业应收账款占主营业务收入比重较大有直接关系。

从产成品和销售指标来看，1~6月，化工行业产成品达1851.96亿元，同比增长21.1%，增速与1~3月基本持平；行业销售产值达28082.92亿元，同比增长37.3%，增速比1~3月略高0.2个百分点；产成品占销售产值（年化后，下同）的比重为3.3%，比1~3月下降0.2个百分点。分子行业看，农药制造业的产成品占销售产值比重为5.7%，居各子行业之首，表明农药制造业的去库存化仍在继续，企业经营情况并不乐观（见表13）。

表13　2011年1~6月我国化工行业及主要子行业营运能力指标

行业名称	应收账款增长率/%	主营业务收入增长率/%	流动资产周转次数/次	产成品增长率/%	销售产值增长率/%
化学原料及化学制品制造业	24.6	36.7	2.9	21.1	37.3
其中:基础化学原料制造业	26.6	36.6	3.2	24.4	37.9
肥料制造业	21.3	40.1	2.5	3.5	40.7
农药制造业	17.3	25.9	2.6	5.1	24.5
涂料、油墨、颜料及类似产品制造业	20.8	28.6	2.4	19.4	29.0
合成材料制造业	29.8	37.5	2.8	23.7	37.0
专用化学产品制造业	27.6	42.2	3.2	37.8	42.3
日用化学产品制造业	12.4	21.0	2.5	10.8	24.6

数据来源：国家统计局，国研网行业研究部加工整理。

4. 成长能力分析

在主营业务收入及利润总额、亏损情况、资金流动性等多项指标表现较好的情况下，化工行业成长能力稳步提高。截至2011年6月，化工行业所有者权益（所有者权益＝资产－负债）为17129.47亿元，同比增长24.0%，增速与1~3月基本持平。从子行业来看，截至2011年6月，肥料制造业的所有者权益增长率居各子行业前列，达到36.2%，增速较1~3月大幅提高23.2个百分点，企业成长能力显著增强；而日用化学品制造业仅为13.0%，是七大子行业中最低的（见表14）。

表14　2011年6月我国化工行业及主要子行业成长能力指标

行业名称	资产增长率/%	所有者权益增长率/%
化学原料及化学制品制造业	21.9	24.0
其中:基础化学原料制造业	20.6	19.0
肥料制造业	15.2	36.2
农药制造业	18.3	23.6
涂料、油墨、颜料及类似产品制造业	18.8	15.7
合成材料制造业	24.4	19.5
专用化学产品制造业	29.8	32.5
日用化学产品制造业	16.0	13.0

数据来源：国家统计局，国研网行业研究部加工整理。

四、2011年下半年化工行业发展趋势展望

1. 宏观经济走势不确定性增加

从国际来看，日本大地震后经济遭遇困难、欧债危机蔓延和目前的美债危机持续发酵，令全球经济二次探底的风险大增。同时，美国的宽松货币政策给包括中国在内的全球经济带来了较大影响，造成人民币快速升值，2011年8月11日，人民币对美元汇率中间价报6.3991，首次突破6.40整数关口，再创汇改以来新高。在美债危机的阴影下，未来几年中国出口企业可能面临外需持续不振、人民币升值带来的汇兑损失加剧、国际贸易摩擦加剧等不利环境。

从国内来看，2011年7月份CPI为106.5，比2010年同期扩大3.2点，比2011年6月份扩大0.1点，表明经济走势的首要问题是通胀预期依然较强，而目前维持物价稳定的基础并不牢固；其次是美债危机使得投资者信心严重受挫。从先行指标来看，7月份PMI为50.7%，是连续第四个月回落，创2009年3月以来的新低，不过，回落的幅度在逐月收窄，这表明宏观经济"硬着陆"的可能性较小，四季度经济可能企稳回升。经济数据决定了2011年下半年稳定物价总水平依然是宏观调控首要任务，同时为了保障经济平稳运行，防止大起大落，预计

宏观经济政策取向不会有大的调整，仍以稳健为主。

总的来看，下半年我国经济增速将有所回落，但国内宏观经济形势总体上仍会支撑化工行业经济保持平稳较快发展。不过，经济增速的回调尤其是下游需求增速的下降在一定程度上影响化工行业的需求。

2. 国际原油供求较为宽松

从原油供需基本面来看，2011年7月份，OPEC成员国沙特、安哥拉和科威特的日均产量大幅上扬，带动该组织原油产量上扬，产量增至2739万桶/日。7月份，非OPEC成员国俄罗斯产量也达到了1014万桶/日的历史新高，这表明目前原油市场的供应较为充足。自2011年6月初以来，美国原油库存连续7周下滑，但是7月22日和7月29日当周却连续两次增加，表明原油需求下降，这在以往消费旺季是不常见的。图19为2009年1月～2011年5月美国原油周库存量。

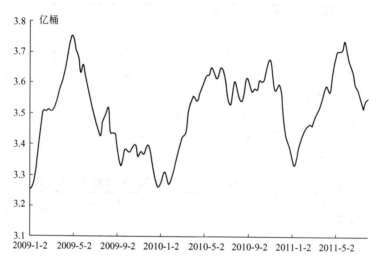

图19　2009年1月～2011年5月美国原油周库存量
注：数据为横轴标注日期的期末时点数。
数据来源：美国能源信息署（EIA）。

油价方面，市场预期是影响下半年石油价格的重要因素。受美债危机影响，自2011年7月27日以来，国际原油价格连续暴跌，十个交易日累计跌幅接近20%，WTI甚至一度跌破80美元/桶。前期国际能源机构投放6000万桶战略储备油的举措也暂时遏制了石油价格的上涨。同时投资者关于法国会否成为下一个失去3A主权信用评级国家的担忧犹在，致使市场信心普遍较为脆弱。虽然油价再次暴跌的可能性较小，但价格在短期内也缺乏上涨动力。从美元指数看，近期市场对美联储推出QE3的预期较为强烈，如果QE3在下半年被推出，那么美元指数将下跌，这对提振原油价格有较大作用。预计下半年国际油价不会持续下跌，相反，随着市场恐慌情绪的逐渐散去，油价将适度反弹，并带动大宗化工产品价格上涨。

长期来看，中国、印度等新兴经济体对石油需求还在快速增加，石油供需仍然偏紧，其价格长期上涨的趋势不会改变。

3. 行业下游需求将减速，部分企业经营困难情况可能加剧

2011年上半年，化工行业供需增速已经出现放缓迹象，价格上涨势头也受到了抑制，预计下半年经济运行仍将保持平稳增长态势，但企业成本压力和资源能源约束形势仍比较严峻，部分企业经营困难情况将加剧，行业整体增速可能继续放缓。

受宏观经济增速放缓以及国家控制通胀预期等相关货币政策作用的影响,一些重要的化工下游行业如汽车、房地产、轻工、纺织等行业的需求出现放缓迹象。具体来说,汽车行业产销增速双双下降,正进入战略调整期,这将对天然橡胶、合成橡胶以及轮胎等下游行业需求造成压力,尤其是轮胎企业原材料成本将快速上升,但成本传递效应并不明显,企业经营压力将进一步加大;同时,家电等轻工行业总产值和出口额可能也将减速;预计下半年纺织行业将继续保持增长态势,但稳定增长的风险加大,此外,每年6~8月为纺织业的传统淡季,纺织企业开工率走低,终端需求将出现季节性缩减,预计将影响化学纤维原料、染料、颜料等行业的需求;虽然商品房新开工面积和销量都在下降,但下半年保障性住房和农田水利工程建设等惠民工程建设将加快推进,加之房地产商的二三线城市及农村地区的布局和开拓战略逐渐进入实施阶段,对建材化学品的需求会有所增加。

从供给上看,7、8月份是国内石化装置的集中检修期,供应量减少将有利于提升市场活力,同时"去库存化"进展顺利,对于化工产品价格将起到支撑作用。不过,生产要素成本上涨、电力紧张、节能减排力度加大等因素将会影响企业开工率,企业后续经营可能面临较大困境:

一是中小企业融资难。在央行多次提高存款准备金率、控制信贷总量的情况下,银行基本选择"保大压小",导致企业贷款额度减少,贷款成本上升,以及经营总利润下降。在目前通胀预期仍然较强的形势下,央行的货币政策不会出现大的转向,这预示着企业的融资难情况还将持续。

二是电力紧缺降低开工率。由于冶金、石化等高耗能行业用电量反弹,2011年3月份以来,南方部分省区就因干旱出现淡季"电荒"现象,到5月份雨季到来有所缓解。然而6月开始,浙江、江苏、湖南、湖北、广东、广西等省区又开始出现电力缺口。限电对化工企业造成的直接后果是影响企业开工率,造成产量下降和产品价格上涨,越靠近下游的化工企业承受的压力越大。

三是节能减排以及淘汰落后产能力度加大。2011年7月19日,我国审议并原则同意"十二五"节能减排综合性工作方案,以及节能目标分解方案、主要污染物排放总量控制计划。方案提出工业节能要注重以先进生产能力淘汰落后生产能力。由于近年来我国部分化工产品产能增加较快,致使一些行业如纯碱、烧碱、硫酸、黄磷、氮肥、磷肥等行业出现不同程度过剩,这些行业多数也是典型的"两高一低"行业。在节能减排的政策背景下,产能落后、规模较小的化工企业将遭到淘汰,行业结构得以调整和优化,客观上将减少产品供应量,降低市场竞争程度,有利于相关产品价格走高。

思 考 题

1. 市场的概念是什么?组成市场的三个主要因素是什么?
2. 完全竞争市场、独家垄断市场、寡头垄断市场和垄断性竞争市场各自的特点是什么?
3. 现代市场营销两种代表性的观点是什么?
4. 市场营销的四大功能是什么?
5. 试对派生需求的特点及工业品市场需求的预测方法进行分析。
6. 简述工业品市场营销六大步骤的核心环节。
7. 企业树立现代市场营销观念的理由和必要性是什么?
8. 完整的市场营销过程应该包括哪些内容及步骤?
9. 按市场的供求关系划分,可以把市场分为哪几种?
10. 为什么说市场营销不单纯是产品的销售活动?市场营销的核心概念是什么?
11. 说明营销观念与推销观念的主要区别。营销观念有哪些主要特征?
12. 我国国有企业大多数处在营销观念的哪个阶段?为什么?

13. 教堂、医院和学校的营销与一般商品营销是否完全一致？为什么？
14. 市场部、销售部和客户服务部的责任和任务分别是什么？
15. 市场营销计划的内容有哪些？
16. 市场营销实施方案主要落实的是什么？
17. 市场营销计划控制有哪几种类型？如何进行控制？
18. 试述销售差异分析法和地区销售分析法的计算过程，以及如何利用销售额进行市场分析。
19. 简述如何利用销售数据对市场进行营销获利能力的计算。
20. 精明的日本人经过多方努力，它的电视机终于占领了中国市场，并在20世纪80、90年代很受中国消费者的欢迎。请你分析一下主要原因有哪些？
21. 试述化工产品市场的特点。
22. 分析依托产业链的化工产品营销特点。

第二章　化工产品的市场营销环境与营销战略

第一节　市场营销环境的概念

市场营销环境是指影响企业市场营销能力，决定其能否有效地维持和发展与目标顾客的交易及关系的所有力量的集合，它是存在于企业营销系统外部的不可控制或难以控制的因素和力量，这些因素和力量是影响企业营销活动及其目标实现的外部条件。美国著名市场营销专家菲利普·科特勒博士给市场营销环境的定义是：市场营销环境是由企业营销管理职能外部的因素和力量所组成的，这些因素和力量影响营销管理者成功地保持和发展同其目标市场顾客交换的能力。根据营销环境对企业市场营销活动发生影响的方式和程度，可将市场营销环境大致上分成两大类：直接营销环境和间接营销环境。所谓直接环境，因其与企业具有一定的经济联系，直接作用于企业为目标市场服务的能力，从而又被称为作业环境、微观环境。间接环境的诸要素与企业不存在直接的经济联系，是通过直接环境的相关因素作用于企业的较大的社会力量，又称为宏观环境。这两种环境之间不是并列关系，而是包容和从属的关系，直接（微观）环境受间接（宏观）环境的大背景所制约，宏观环境则借助于微观环境发挥作用。

市场营销环境的特点是具有客观性、动态性、复杂性和不可控性。

一、市场营销环境的特点分析

研究营销环境的目的就是通过对环境变化的观察来把握其趋势以发现企业发展的新机会和避免这些变化所带来的威胁。营销者的职责在于正确识别市场环境所带来的可能机会和威胁，从而调整企业的营销策略以适应环境变化。一般说来，企业市场营销环境具有以下特点。

1. 客观性

企业总是在特定的社会、市场环境中生存、发展的。客观性是营销环境的首要特征。市场营销环境作为一种客观存在，是不以营销者的意志为转移的，它有着自己的运行规律和发展趋势，对营销环境变化及其发展趋势的主观臆断必然会导致营销决策的盲目与失误。营销管理者的任务在于适当安排营销组合，使之与客观存在的外部环境相适应。

从空间上看，营销环境因素是个多层次的集合。第一层次是企业所在的地域环境，例如当地的市场条件和地理位置。第二层次是整个国家的政策法规、社会经济因素，包括国情特点、全国性市场条件等。第三层次是国际环境因素。这几个层次的外界环境因素与企业发生联系的紧密程度是不相同的。构成营销环境的各种因素和力量是相互联系、相互依赖的。如经济因素不能脱离政治因素而单独存在；同样，政治因素也要通过经济因素来体现。

2. 动态性

动态性是营销环境的基本特征。任何环境因素都不是静止的、一成不变的，相反，它们始终处于变化，甚至是急剧的变化之中。例如，宏观产业结构的调整，外界环境利益主体的行为变化和人均收入的提高均会引起购买行为的变化，顾客的消费需求偏好和行为特点的变化必定要影响到企业营销活动的内容，等等。企业必须密切关注营销环境的变化趋势，以便随时发现市场机会和监视可能受到的威胁。

构成企业市场营销环境的因素是多方面的，每个因素都会随着社会经济的发展而不断变化，只是这些变化有快慢强弱之分。一般来讲，科技、经济、政治与法律因素的变化相对其他因素变化要快一些和强一些，它们对企业市场营销的影响就相对较短且跳跃性较大，特别是科技因素的变化最快最强，它是促使企业技术改造和产品创新的主要动力之一。而自然、社会和人口因素的变化则相对较弱较慢一些，但它们对企业市场营销的影响则相对较长期和稳定。市场营销环境相对稳定性的特点，市场营销环境的多变性与相对稳定性的统一，为企业调查营销环境现状和预测其变化并采取相应的对策提供了可能。

3. 复杂性

营销环境包括影响企业市场营销能力的一切宏观和微观因素，这些因素涉及多方面、多层次，而且彼此相互作用和联系，既蕴含着机会，也潜伏着威胁，共同作用于企业的营销决策。营销环境的差异主要因为企业所处的地理环境、生产经营的性质、政府管理制度等方面存在差异，不仅表现在不同企业受不同环境的影响，而且同样一种环境对不同企业的影响也不尽相同。市场营销环境的同一性，又使企业有一个公平竞争的前提和保证。构成营销环境的各种因素和力量是相互联系、相互依赖的。如经济因素不能脱离政治因素而单独存在；同样，政治因素也要通过经济因素来体现。

市场营销环境不是由某一个单一的因素决定的，它要受到一系列相关因素的影响。各种环境因素总是程度不同地相互关联的。比如，市场价格不但受到市场供求关系的影响，而且还受到科技进步及财政金融政策和税收政策的影响。再如，一个国家的体制、政策与法令总是影响着该国科技、经济的发展速度和方向，继而会改变社会的某些风俗与习惯。同样，科技和经济的发展又会引起政治体制和经济体制的相应变革，促使某些政策法令相应变更。然而，在某一特定时期，从某些特定市场营销环境因素的特殊变化去考察，我们又会发现市场营销环境中的某些因素，彼此相对分离，而且这些彼此相对分离的市场营销环境因素对企业市场营销活动的影响程度也不同。企业的产品开发要受制于国家环保政策、技术标准、消费者需求特点、竞争者产品、替代品等多种因素的制约，如果不考虑这些外在的力量，生产出来的产品能否进入市场是很难把握的。正是这种相对分离性为企业分清主次环境威胁和机遇提供了可能性。

4. 不可控性

市场营销环境的多变性决定了其不可控性。企业一般不可能控制市场营销环境因素及其变化，比如少数企业是不可能改变国家的大政方针、政策法令和社会风俗习惯的，更不能控制人口的增长。相对于企业内部管理机能，如企业对自身的人、财、物等资源的分配使用来说，营销环境是企业无法控制的外部影响力量，无论是直接营销环境中的消费者需求特点，还是间接环境中的人口数量，都不可能由企业来决定。

市场营销环境不可控性的特点要求企业必须不断适应变化着的市场营销环境。企业对其市场营销环境的适应，不仅仅是一种被动的适应，它还可以充分发挥其应有的主观能动性。企业可以在变化的市场营销环境中寻找新机会，主动调整市场经营战略，并可能在一定条件下转变市场营销环境中的某些可能被改变的因素，从而冲破市场营销环境的某些制约。许多企业在逆境中充分发挥主观能动性，破釜沉舟，抓住机遇，结果不仅求得了生存，而且使企业有了更好的发展。充分发挥企业对市场营销环境认识的主观能动性，有利于企业积极主动地适应市场营销环境，甚至在可能的条件下改变它，从而为企业创造出一个良好的外部条件。

二、市场营销环境对企业营销的影响

市场营销环境通过其内容的不断扩大及其自身各因素的不断变化，对企业营销活动产生影响。首先，市场营销环境的内容随着市场经济的发展而不断变化。其次，市场环境因素经常处于不断变化之中。

1. 市场营销环境是企业营销活动的基础资源

企业营销活动所需的各种资源，如资金、信息、人才等都是由环境来提供的，企业的营销活动必须依赖于这些环境才能正常进行。企业生产经营的产品或服务需要哪些资源、要多少、从哪里获取，必须分析研究营销环境因素，以获取最优的营销资源满足企业经营的需要，实现营销目标。

营销管理者必须注意营销决策，不得超越环境的限制；企业营销活动所需的各种资源，需要从环境许可的条件下取得，企业生产与经营的各种产品，也要获得消费者或用户的认可与接纳。

虽然企业营销活动必须与其所处的外部和内部环境相适应，但营销活动绝非只能被动地接受环境的影响，营销管理者应采取积极、主动的态度能动地去适应营销环境。在一定条件下，也可运用自身的资源，积极影响和改变环境因素，创造更有利于企业营销活动的空间。

2. 市场营销环境是企业制定营销策略的依据

影响企业市场营销活动的因素主要有两方面：一是市场营销环境，二是内部条件。营销环境是企业不可控制的因素，企业只能适应营销环境的变化，不能随心所欲地改变它或控制它；而内部条件是企业可以主动控制的因素，即企业营销管理者有权决定为顾客服务的方向，满足顾客的某种需求，在产品生产开发、价格制定、渠道选择和促销宣传上有自由支配的权力。从根本上说，企业必须在掌握营销环境的基础上，制定市场营销策略，才能行之有效。企业营销活动受制于客观环境因素，必须与所处的营销环境相适应。但企业在环境面前绝不是无能为力、束手无策的，而是能够发挥主观能动性，制定有效的营销策略去影响环境，在市场竞争中处于主动，占领更大的市场。

市场营销环境是企业营销活动的制约因素，是影响企业生存和发展的外部条件。营销管理者虽可控制企业的大部分营销活动，但必须注意营销决策对环境的影响；营销管理者虽能分析、认识营销环境提供的机会，但无法控制所有有利因素的变化，更无法有效地控制竞争对手；由于营销决策与环境之间的关系复杂多变，营销管理者无法直接把握企业营销决策实施的最终结果。

3. 市场营销环境对企业营销带来双重影响

市场营销环境复杂而动态的发展变化对企业的影响基本上可分为两大类：环境威胁和环境机会。所谓环境威胁，是指环境中不利企业发展所形成的挑战，如果不采取果断的市场营销行为，这种不利趋势将会伤害到企业的市场地位。所谓市场环境机会，是指对企业市场营销管理富有吸引力并易于建立企业竞争优势的机会。营销者应善于识别所面临的或潜伏的威胁，并正确评估其严重性和可能性，进而制定应变计划；对市场机会的吸引力和成功的可能性做出恰当的评价，结合企业自身的资源和能力，及时将市场机会转化为企业机会，即符合企业实力范围的、企业可真正获利的机会。

每一个环境因素的变化，都可能为某些企业创造机会，也可能为另一些企业造成威胁。而且，鉴于营销环境的动态性，市场营销机会和环境威胁在一定的条件下还会互相转化。例如，德国政府对环境保护苛刻的要求使许多企业感到压力和威胁，但也为新材料、新能源产业和环保产业带来巨大商机；而若干年后，绿色产品和绿色营销成为德国企业在国际市场明显的竞争优势。

企业对营销环境的适应，既是营销环境客观性的要求，也是企业营销观念的要求。现代营销观念以消费者需求为出发点和中心，它要求企业必须清楚地认识环境及其变化，发现需求并比竞争对手更好地满足需求。否则，就会被无情的市场竞争所淘汰。而且，因为环境的复杂性和动态性，企业对环境的适应必须是永不松懈的。消费者的需求不断变化，市场上就不存在永远正确的营销决策和永远受欢迎的产品，对企业来说，唯有通过满足消费需求实现赢利目标的任务是永恒的。而成功地完成这一任务，适应环境是关键。在客观环境面前，强与弱的划分标准是对环境的适应能力，善于适应环境就能创造竞争优势。市场营销学认为，企业营销活动的成败，营销目标能否实现，就在于企业能否适应环境的变化，并以创新的对策去驾驭变化的营销环境，做到"以变应变"。在风云变幻的市场竞争中，"适者生存"同样是颠扑不破的真理。企业的大小决策，各种活动都应是有理有据的，这有赖于对市场营销环境的分析。而企业的营销活动从本质上说，就是企业利用自身可控的资源不断适应外界环境不可控因素的过程。在企业和环境这对矛盾之中，既要承认客观环境的制约作用，也不可忽视企业营销活动对环境的反作用。

三、市场营销环境的分析方法

市场营销环境分析主要指对外部环境的分析和市场环境的分析。

外部环境分析包括：①一般环境分析，即与所处经济体相关的经济形势，政策导向，技术发展水平和社会导向（如人们的价值观、产品使用习惯等），还有人口统计变量（如男女比例、年龄分布、教育程度分布等）的分析；②产业环境分析，包括哈佛大学商学院的 Michael E. Porter（迈克尔·波特）教授的五力（供应商的讨价还价能力、购买者的讨价还价能力、潜在竞争者进入的能力、替代品的替代能力、行业内竞争者现在的竞争能力）模型分析和产品生命周期分析；③运营环境分析，主要是分区域销售情况和渠道分布状况的分析。

市场环境分析包括：①市场集中度分析，主要指标有 CR4（该行业的相关市场内前 4 家最大的企业所占市场份额的总和）、HHI（赫尔芬达尔-赫希曼指数，Herfindahl-Hirschman Index，指基于该行业中企业的总数和规模分布，即将相关市场上的所有企业的市场份额的平方后再相加的总和）等；②产品差异化分析，包括型号、规格、功能、品牌等；③进入壁垒，主要包括政策壁垒、技术壁垒、专业壁垒、规模经济壁垒，等；④标杆企业分析，标杆企业是指该市场领域里排名靠前、市场份额较大的企业。

市场营销环境的分析方法是 SWOT 法，它是英文 Strength（优势）、Weak（劣势）、Opportunity（机会）、Threaten（威胁）的缩写。还有经典的 STP（市场细分 Segmentation、目标市场 Targeting、市场定位 Positioning）营销战略和 4P（产品 Product、价格 Price、渠道 Place、促销 Promotion）营销理论等。

1. 环境威胁分析

环境威胁是指环境中不利于企业营销发展所形成的挑战，如果不采取果断的营销行动，这种不利趋势会对公司市场地位构成威胁。公司营销部门对环境威胁的分析主要从两方面考虑，一是分析环境威胁对企业的影响程度，二是分析环境威胁出现的可能性大小，并将这两个方面结合在一起，在营销计划中将公司所面临的威胁明晰出来。把某个特定公司所面临的威胁和机会集中图解出来，就能勾勒出整个情况的特征。将这些威胁按其严重性和出现的可能性分类，有四种可能的情形：一种是理想的业务，指拥有很多大好机会，威胁很少甚至可以避免威胁；一种是投机性的业务，即大好机会和威胁的出现率同样高；一种是成熟的业务，其中大好的机会和威胁都很少；最后是一种麻烦的业务，它带来的市场机会很少，威胁却很多。关键性的威胁会严重地危害公司利益，出现的可能性也最大。公司要为每一个这样的威胁准备一个应变计划，这些计划将预先阐明在威胁出现之前或者出现时公司将进行哪些改变。

2. 市场机会分析

市场机会，是指市场上存在的尚未满足或尚未完全满足的显性或隐性的需求，也是该企业在该领域拥有竞争优势，对企业营销活动富有吸引力的领域。由于市场机会存在于社会生活的各个方面，是多种多样的，但对某一个企业来说，众多的市场机会中仅有很少一部分具有实际意义，如何发现适合自己企业的市场机会就是市场机会分析。为了搞好市场机会的发现和分析工作，有效地抓住和利用某些有利的市场机会，企业的市场营销人员就需要了解市场机会的类型和特性。

对市场机会的分析、评价主要有两个方面：一是考虑机会给企业带来的潜在利益的大小；二是考虑成功可能性的大小。

3. 综合环境分析

在企业实际面临的客观环境中，单纯的威胁环境和机会环境是极少的。一般情况下，营销环境都是机会与威胁并存、利益与风险结合在一起的综合环境。根据综合环境中威胁水平和机会水平的不同，企业所面临的环境可以分为四种情况：

（1）理想环境 理想环境是机会水平高，威胁水平低，利益大于风险。这是企业难得一遇好环境。

(2) 冒险环境　冒险环境是市场机会和环境威胁同在，利益与风险并存。企业必须加强调查研究，进行全面分析，审慎决策，以降低风险，争取利益。

(3) 成熟环境　成熟环境下机会和威胁水平都比较低，是一种比较平稳的环境。企业一方面要按常规经营，以维持正常运转；另一方面，要积蓄力量，为进入理想环境或冒险环境作准备。

(4) 困难环境　困难环境下风险大于机会，企业处十分困难。此时，企业必须想方设法扭转局面。如果大势已去，则退出在该环境中的经营，另谋发展。

当企业面对具有威胁性的营销环境时，可采取的对策有：①促变策略，企业通过自身的努力，试图限制或扭转不利因素的发展，这是一种积极主动的策略。②减轻策略，就是企业通过各种手段改变营销策略，以减轻环境威胁的程度，主动适应环境变化。③转移策略，即把目前营销的产品或业务转移到其他赢利更高、市场环境更好的行业中去，以回避不利环境因素，寻求新的发展机会。

四、市场营销环境的分类

市场营销环境包围公司并影响公司。市场营销环境泛指一切影响和制约企业市场营销决策和实施的内部条件和外部环境的总和，是指企业在其中开展营销活动并受之影响和冲击的不可控制的行动者与社会力量，如供应商、顾客、文化与法律环境等。按对企业营销活动影响因素的范围分：微观环境、宏观环境、内部环境。

1. 市场营销的微观环境

市场营销的微观环境是指与企业紧密相连、直接影响企业营销能力和效率的各种力量、参与者和因素的总和，主要包括企业自身（有时也单列称为内部环境）、供应商、营销渠道、消费者、竞争者及社会公众。由于这些环境因素对企业的营销活动有着直接的影响，所以又称直接营销环境。微观环境的各种相关力量主要包括产生直接或间接交易的供给商、消费者与顾客、以及其他少数股东。企业内部职能部门、供应商、营销中介、顾客、社会公众和竞争者共同形成企业的基本营销系统。这些因素与企业有着双向的运作关系，在一定程度上，企业可以对其进行控制或施加影响。此外，企业营销目标的实现还要受竞争者和公众这两个因素的影响。

(1) 企业自身　企业自身包括市场营销管理部门、其他职能部门和最高管理层，即企业内部状态。企业为开展营销活动，必须依赖于各部门的配合和支持，即必须进行制造、采购、研究与开发、财务、市场营销等业务活动。任何一个企业的市场营销活动都不是企业某个部门的孤立行为，企业市场营销管理部门也不例外。现代市场营销理论特别强调企业对环境的能动性的反作用，认为企业对周围环境的关系，不仅有反应、适应的必要，而且还有积极创造和控制的可能。市场营销部门一般由市场营销副总经理、销售经理、推销人员、广告经理、营销研究经理、营销计划经理、定价专家等组成。所有从内部影响公司的因素都称之为"内部环境"。内部环境可以归纳为"五个M"：员工、资金、设备、原料、市场。一般把应对市场变化的过程称为"内部市场营销"。

(2) 市场营销中介　营销中介是指为企业融通资金、协助企业销售其产品给最终购买者，提供各种有利于营销服务的机构和个人，包括：中间商；实体分销公司（运输企业、仓储企业）；营销服务机构（调研公司、广告公司、咨询公司等），金融中介机构（银行、信托公司、保险公司）。它们是企业进行营销活动不可缺少的中间环节，企业的营销活动需要它们的协助才能顺利进行，如生产集中和消费分散的矛盾需要中间商的分销予以解决，广告策划需要得到广告公司的合作，等等。

① 中间商　中间商是协助企业寻找消费者或直接与消费者进行交易的商业企业，包括代理中间商和经销中间商。代理中间商不拥有商品所有权，专门介绍客户或与客户洽商签订合同，包括代理商、经纪人和生产商代表。经销中间商购买商品并拥有商品所有权，它们主要有

批发商和零售商。

② 实体分配公司　它主要是指协助生产企业储存产品并将产品从原产地运往销售目的地的仓储物流公司。实体分配包括包装、运输、仓储、装卸、搬运、库存控制和订单处理等方面，基本功能是调节生产与消费之间的矛盾，弥合产销时空上的背离，提供商品的时间和空间效用，以便适时、适地和适量地将商品供给消费者。

③ 营销服务机构　这主要是指为生产企业提供市场调研、市场定位、促销产品、营销咨询等方面的营销服务的机构或公司，包括市场调研公司、广告公司、传媒机构及市场营销咨询公司等。

④ 金融中介机构　它主要包括银行、信贷公司、保险公司以及其他对货物购销提供融资或保险的各种金融机构。企业的营销活动因贷款成本的上升或信贷来源的限制而受到严重的影响。

(3) 供应商　所谓供应商泛指向企业及其竞争者提供生产经营所需各类资源和服务的供应者。企业要搞好市场营销就必须慎重选择供应商，并尽可能多地做到多渠道供应，以确保企业生产活动顺利进行。供应商所提供的资源主要包括原材料、零部件、设备、能源、劳务、资金及其他用品等。供应商对企业的营销活动有着重大的影响，其主要表现在：供货的稳定性与及时性；供货的价格变动；供货的质量水平。

(4) 竞争者　竞争者是指与企业存在利益争夺关系的其他经济主体。企业的营销活动常常受到各种竞争者的包围和制约，因此，企业必须识别各种不同的竞争者，并采取不同的竞争对策。竞争者包括：愿望竞争者（指提供不同产品、满足不同消费欲望的竞争者），平行竞争者（指满足同一消费欲望的不同产品之间的可替代性，是消费者在决定需要的类型之后出现的竞争者），产品形式竞争者（指满足同一消费欲望的同类产品不同产品形式之间的竞争者），品牌竞争者（指满足同一消费欲望的同种产品形式但不同品牌之间的）。

(5) 顾客　顾客是企业服务的对象，也是营销活动的出发点和归宿，它是企业最重要的环境因素。按照顾客的购买动机，可将国内顾客市场分为消费者市场、生产者市场、中间商市场、政府市场和国际市场五种类型。

(6) 公众　公众是指对企业实现营销目标的能力有实际或潜在利害关系和影响力的团体或个人。公众的内容很多，包括金融公众（指影响企业融资能力的金融机构，如银行、投资公司、证券经纪公司、保险公司等），媒体公众（指报社、杂志社、广播电台、电视台等大众传播媒介，它们对企业的形象及声誉的建立具有举足轻重的作用），政府公众（指负责管理企业营销活动的有关政府机构），市民行动公众（即各种保护消费者权益组织、环境保护组织、其他群众团体等），社区公众（指企业所在地附近的居民和社区组织），一般公众（指上述各种公众之外的社会公众），企业内部公众（如董事会、监事会、经理、企业职工）等。

2. 宏观市场营销环境

宏观市场营销环境是指间接营销环境，是企业无法直接控制的，却能给企业的营销活动带来市场机会和环境威胁的主要社会因素，它们通过影响微观环境来影响企业的营销活动，包括人口、经济、政治法律、科学技术、社会文化及自然生态等因素。由于这些环境因素对企业的营销活动起着间接的影响，所以又称间接营销环境。企业及其微观市场营销环境的参与者，无不处于宏观市场营销环境中。

一般来说，一家公司并不能对法律产生任何影响（虽然通常来说，公司可以对立法机关进行游说，也可以成立相关的贸易组织）。市场在不断地变化，公司也需要随之而改变，同时也必须注重激烈的市场竞争。全球化意味着替代产品与新兴公司的不断涌现从而产生威胁。更广义的环境也在不停地发生变化，从事市场营销的人员必须适应文化、政治、经济与科技带来的各种变化。

(1) 人口环境　人口是构成市场的第一位因素。人口的多少直接决定着市场的潜在容量，人口的年龄结构、地理分布、婚姻状况、出生率、死亡率、人口密度、人口流动性及其文化教育等人口特性会对市场格局产生深刻影响，并直接影响着企业的市场营销活动。因为市场是由那些想买东西并且具有购买力的人（即潜在购买者）构成的，而且这种人越多，市场的规模就越大。

人口环境总的发展趋势是：①世界人口迅速增长；②发达国家的人口出生率下降；③许多国家人口趋于老龄化；④家庭结构发生变化；⑤非家庭住户在迅速增加；⑥许多国家的人口流动性大，人口从农村流向城市，从城市流向郊区；⑦一些国家的人口由多民族构成。

市场营销对人口环境的分析可包括以下几方面的内容：①人口总量；②人口结构；③地域分布；④家庭组成；⑤教育和职业。

（2）经济环境　经济环境是指影响企业市场营销方式与规模的经济因素，主要包括收入与支出水平、储蓄与信贷及经济发展水平等因素。

消费者收入的变化不是泛指总收入的变化，而是指可支配个人收入（指扣除消费者个人缴纳的各种税款和交给政府的非商业性开支后可用于个人消费和储蓄的那部分个人收入）和可随意支配个人收入（指可支配个人收入减去消费者用于购买生活必需品的固定支出，如房租、保险费、分期付款、抵押贷款所剩下的那部分个人收入）的变化。

这里的支出水平变化也是指消费者支出模式的变化。德国统计学家恩格尔曾经就消费者支出模式归纳出一个定律，其意义是家庭用于购买食品的支出占家庭收入的比重会随着家庭收入的增加而增加（恩格尔系数下降）。随着家庭收入的增加，家庭用于住宅建筑和家庭日常必要支出占家庭收入的比重大体不变，用于燃料、照明、冷藏等支出的比重会下降，而用于其他方面的支出，如服装、交通、娱乐、卫生保健、教育和储蓄占家庭收入的比重会上升。

市场营销中必须重点分析的是经济发展水平、收入与支出状况、消费者收入的变化、消费者支出模式的变化、消费者储蓄和信贷情况的变化等因素。

（3）自然环境　营销学上的自然环境主要是指自然界提供给人类各种形式的物质财富，如矿产资源、森林资源、土地资源、水力资源等。自然环境也处于发展变化之中。当代自然环境最主要的动向是自然资源日益短缺，能源成本趋于提高，环境污染日益严重，政府对自然资源的管理和干预不断加强。所有这些，都会直接或间接地给企业带来威胁或机会。因此，企业必须积极从事研究开发，尽量寻求新的资源或代用品。同时，企业在经营中要有高度的环保责任感，善于抓住环保中出现的机会，推出"绿色产品"、"绿色营销"，以适应世界环保潮流。譬如，化工生产中控制污染的技术及产品、清洗器、回收装置等具有极大的市场，并创造一些不破坏环境的方法去制造和包装产品。

（4）技术环境　科学技术是社会生产力中新的且最活跃的因素，作为市场营销环境的一部分，技术环境不仅直接影响着企业内部的生产和经营，同时还与其他环境因素互相依赖、相互作用，尤其与经济环境、文化环境的关系更为紧密。每一种新技术都会给某些企业造成新的市场机会，会产生新的行业，同时，也会对某些行业形成环境威胁，使旧行业受到冲击甚至被淘汰。知识经济带来机会和挑战，知识经济是以不断创新和对这种知识的创造性应用为主要基础而发展起来的，使每一个员工都能最大限度地贡献其积累的知识，实现知识共享。

（5）政治和法律环境　政治、法律环境是指企业市场营销活动的外部政治形势和状况以及国家的方针和政策，是影响企业营销活动的重要的宏观环境因素。政治因素像一只有形之手，调节着企业营销活动的方向，法律因素规定了企业营销活动及其行为的准则。政治与法律相互联系，共同对企业的市场营销活动发挥影响和作用。企业对政治环境进行分析，就要分析政治环境的变化给企业的市场营销活动带来的或可能带来的影响。

（6）社会和文化环境　在企业面临的诸方面环境中，社会文化环境是较为特殊的：它不像其他环境因素那样显而易见、易于理解，却又无时不刻地深刻影响着企业的市场营销活动。文化环境所蕴含的因素主要有一个国家、地区的民族特征、社会阶层、家庭结构、生活方式、风俗习惯、伦理道德、教育水平、宗教信仰、价值观念、消费习俗、审美观念、语言文字等。

3. 对市场营销环境进行评估时需考虑的一些因素

(1) 宏观经济 在个人收入、物价水平、储蓄和信贷等方面哪些主要因素发生变化将会影响公司发展？对此，公司应采取哪些行动？

(2) 人口因素 人口环境的变化和发展趋势会为公司带来什么样的机会和威胁？为适应这些变化和趋势，公司应采取哪些行动？

(3) 生态环境 公司所需的那些自然资源或能源的成本和前景如何？来自防止污染和环境保护方面的压力是否会对公司造成影响？造成怎样的影响？公司如何应对这些问题？

(4) 技术 在产品技术方面存在哪些主要变化？在加工技术方面又如何？公司在这些领域里的地位如何？是否有新技术出现？

(5) 法律法规 有哪些法律和法规会对公司营销战略和营销策略的执行造成影响？公司应如何调整自身的战略和战术以适应这些法律或法规？

(6) 文化背景 公众对公司生产的产品持何态度？公众的生活方式和价值观念发生了哪些与公司有关的变化？

(7) 市场 在市场规模、成本率、区域分销和赢利方面有哪些变化？有哪些主要的细分市场？

(8) 客户 当前客户和潜在客户是谁？他们购买的理由是什么？他们的购买方式和习惯是怎样的？他们是如何做出购买决定的？在公司声誉、产品质量、服务和价格等方面，当前客户和潜在客户是如何评价公司及其竞争者的？

(9) 行业 行业主要的经济特性是怎样的？行业中的变革驱动因素是什么？在行业环境中取得竞争成功的关键决定因素是什么？行业是否具有吸引力？取得超过年平均水平的赢利前景如何？行业中发挥作用的竞争力量有哪些？

(10) 竞争者 有哪些主要的竞争者？他们的目标和战略是什么？他们的优势和劣势何在？他们的规模和市场份额是多少？

(11) 分销渠道和经销商 公司的产品主要通过哪些渠道传送给客户？各种渠道的效率和成长潜力如何？

(12) 供应商 生产所需的关键物料的前景怎样？各供应商的实力如何？公司与各供应商的关系如何？公司如何评价供应商的表现？供应商的行销策略有什么变化？

(13) 市场后勤 运输服务和成本及前景如何？仓储设备的成本及前景如何？

(14) 公众 对于公司来说，哪些公众代表了某种机会，哪些公众会带来问题？公司应采取什么样措施来有效应对他们？

第二节 化工产品市场营销的环境分析

现代化学工业与人们的衣食住行密切相关，为世界工业化进程提供了强大的推动力。化学工业具有许多特点，这些特点首先是由化工过程生产技术上的特殊性所决定的，同时也是由它在社会再生产中所起的作用所决定的。

化工过程是创造新物质的过程，只有化学工业才有能力将地球上的少数几种天然资源如煤、石油、矿物、空气和水等生产出数以万计的化工产品。它不但弥补了天然原料的不足，而且生产出的许多产品是自然界所没有的，解决了当前世界面临的人口膨胀、资源匮乏、环境污染日益严重的三大难题，给不断增长的人口提供足够的食物、衣着和其他消费物质，开辟新的能源和材料，治理环境和提供医药与保健物品，所有这一切都必须依赖于化学工业的发展。

化工产品的多样性导致了化工生产工艺的多样性，也导致了化工产品经济的复杂性。例如我们可以用同一种原料生产多种不同的产品，同一种产品又可以利用多种不同原料来生产，而且以相同的原料生产同一种产品也可以采用多种不同的工艺来完成。因此，在化工产品市场营销中，运用经济分析原理进行资源的合理配置，重视原料路线、工艺技术的适当选择和组合、产品结构和产业结构的优化是企业提高经济效益的重要途径。

一、化工产品市场营销环境的构成

市场是企业从事生产和销售的起点，不是终点。营销环境是客观存在的，有些还是不可控制的因素，它的变化一定会引起市场需求的变化。企业只能分析研究市场营销环境，明确风险和机遇，把握有利条件和制约因素，不断调整，适应客观规律。

对市场营销环境进行中肯的调查和分析是企业营销成功的关键，也是企业进行经营活动的基本功。首先要进行环境分析，了解掌握企业所处的营销环境中哪些是可能带来重大机会或造成重大威胁的要素；其次是进行环境评价，判别环境机会和环境威胁，并估计其程度的大小；最后要做出策略选择，用主动的态度去应对环境。

环境对企业的作用大于企业对环境的反作用，建立适应环境的柔性系统是企业经营和市场活动的基本目标。

市场营销环境是由宏观环境、微观环境和内部环境所构成，它们对企业营销的影响情况见图 2-1。

二、化工产品市场营销的内部环境

企业进行化工产品市场营销的内部环境主要体现在企业的组织、生产、资金、营销四种管理能力上。

1. 企业自身的组织管理

化工行业具有典型的连续生产特点，自动化程度要求较高，生产周期相

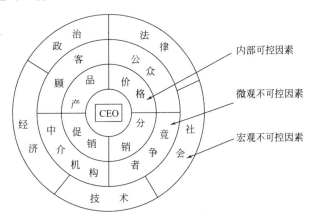

图 2-1　市场营销环境的构成

对较长，对反应装置、仪表、设备状况要求严格。对于原料的依赖性较强，副产品较多，使得成本核算较为复杂，同时，产品价格受原材料价格的波动影响较大。对生产过程中的技术指标、经济指标管理要求也较高，还有周期性的检修或临时停工使得各种物料的存量和状态难以准确掌握。另外，某些化工原料和产品有易燃易爆的危险，对安全管理的要求也较高。以上各种因素导致化工企业的内部组织管理相对于其他行业要复杂得多。

2. 生产计划管理

化工行业对市场需求量大而且稳定的产品，一般采用大批量生产方式来降低成本，提高企业的规模竞争优势。制定企业的生产计划主要依据销售部门接收的订单以及对市场的预测，年度销售和生产计划决定了企业的物料进出平衡，即原材料采购计划与生产计划相互对接，确保物料和资金周转均衡，避免造成短缺或积压。

3. 企业内部资金流与物流的管理

在生产计划的指导下，对于原材料的需求、采购也要制定计划，适时下达订单；货物到达后要进行计量、质量检验，各方面符合要求后才准予入库；生产时再由车间办理领料、消耗定额管理、中间产品的质量控制、最终产品的采样检验，合格产品转入成品库；按照销售计划订单进行计量、提货、发运和结算；并做好客户跟踪服务。

在资金流控制方面，从货物类别、仓库号、货位、批次件数、规格等级等不同角度对库存物料进行库存成本和资金占用情况的管理，特别要关注那些大宗原材料和产品的库存管理，合理控制库存，降低仓储漏洞和风险，加快资金周转，提高资金利用率。

4. 化工产品的营销管理

化工产品的营销管理主要包括对产品的市场定位、目标市场的确定、产品发展策略、定价与营销策略的制定等内容,也就是根据企业自身的技术与营销特色、资本及融资能力确立生产产品的目标市场和技术水平定位,制定产品线和产品组合形式,依据企业赢利和发展目标以及管理与成本水平核定产品售价和营销策略。即使是同一型号规格的产品,也要根据不同地区、不同的客户类别、销售渠道的长短、销售批量大小、货款回笼时限等不同情况实行多种差异性的售价。化工产品的日常营销管理工作则是对各类分销商、销售人员业绩与效益的考核,杜绝呆账、死账的发生。

三、化工产品市场营销的微观环境

化工企业的微观营销环境主要由其原辅材料供应商、营销中间商、顾客、竞争对手、社会公众等组成,其中顾客和竞争者又处于核心的地位。

1. 顾客

企业的一切营销活动都是以满足顾客的需要为中心的,顾客是企业服务的对象,也是企业的终极目标市场。因此,顾客是企业最重要的环境因素。按照对化工产品的购买动机和类别来分类,化工产品的顾客市场可以分为生产者市场和消费者市场,即为赚取利润或达到其他目的而购买商品和服务来生产其他产品或服务的市场和为满足个人或家庭需要而购买商品或服务的市场。当然也还有中间商市场、政府集团市场、国际市场,等等。

上述每一种市场都有其独特的顾客。而市场上不同顾客变化着的需求,必定要求企业以不同的服务方式提供不同的产品(包括服务),从而制约着企业营销决策的制定和服务能力的形成。因此,企业要认真研究为之服务的不同顾客群,研究其类别、需求特点、购买动机等,使企业的营销活动能针对顾客的需要,符合顾客的愿望。

化工产品的生产者市场和消费者市场在购买行为、购买决策过程、影响购买行为的主要因素等方面是有所不同的,在进行营销环境分析时务必要有所区分。具体的细节详见本书第三章。

2. 竞争者

竞争是商品经济的基本特性,只要存在着商品生产和商品交换,就必然存在着竞争。任何一个化工企业在其营销活动的目标市场中,不可避免地会遇到竞争者或竞争对手的挑战。即使某个企业已经垄断了整个目标市场,其他竞争对手或者其他行业的企业仍然有可能想参与进来。随着科学技术日新月异的发展进步,任何一个化工产品都可能被新的产品所替代,对既有产品的需求会向其替代品发生转移,就会出现新的竞争对手。

竞争者的营销战略及营销活动的变化都会影响到本企业的营销,最为明显的是竞争对手的价格、广告宣传、促销手段的变化、新产品的开发、售前售后服务的加强等都将直接对企业原有的营销业务造成威胁。因此,企业必须密切注视竞争者的任何细微变化,并做出相应的对策。

根据化工产品和服务的可替代观念,我们需要区分以下四个层次的竞争者:愿望竞争者、平行竞争者、产品形式竞争者、品牌竞争者。同时,我们还要善于判定我们所面临的竞争者的目标、辨别竞争者的战略、评估竞争者的优势与劣势,对竞争者的反应模式做出防范预案。因此,当代化工企业的市场营销既要注意顾客更要注意竞争者。

3. 供应商

供应商是影响企业营销微观环境的重要因素之一。化工企业需要供应商提供的资源包括生产用原材料、设备、配件、能源、劳务、资金等等。如果没有这些资源作保障,企业就无法正常运转,也就不能向市场提供所需要的商品。供应商对企业营销活动的影响主要表现在:供货的稳定性与及时性、供货的质量水平、供货的价格变动。

针对上述影响,企业在寻找和选择供应商时,应特别注意两点:第一,企业必须充分考虑供应商的资信状况。要选择那些能够提供品质优良、价格合理的资源,交货及时,有良好信用,在质量和效率方面都信得过的供应商,并且要与主要供应商建立长期稳定的合作关系,保证企业生产资源供应的稳定性。第二，企业必须使自己的供应商多样化。企业过分依赖一家或少数几家供应商，受到供应变化的影响和打击的可能性就大。为了减少对企业的影响和制约，企业就要尽可能多地联系供货人，向多个供应商采购，避免过于依靠单一的供应商，以免当与供应商的关系发生变化时，企业陷入困境。

为了适应全球市场的竞争，降低成本，提高产品质量，选择供应商的观念也在更新。以前企业对待供应商以及客户之间的关系时总是持有一种敌对的态度，现代化工企业逐渐认识到与供应商建立战略性伙伴关系的重要性了。

传统思想总是认为供应商之间的竞争对于客户是有利的，认为这样可以从供应商处获得更低的价格，所以供应商选择越多也就越有利。同时和多个供应商保持着往来关系，不仅能获得价格的好处，也能保证供应的连续，这就使得供应商之间的竞争达到最大化。在这种传统思想的指导下，供应商与客户之间的关系也就只能是交易关系。这种关系是一种对立的关系，非个人的关系。就同一项产品而言，有多个供应商在供货，他们在客户的采购总量中所占的份额也就完全取决于他们的价格高低了。一个大公司在采购环节拥有上千家供应商也就不足为奇了。在这种情况下，供货的质量低在所难免了，由于不同的供应商之间的供货可能不是完全兼容的，而且买卖双方都较少关注把质量控制作为一个维持协作关系的手段，要发展和维持与多家供应商这种复杂的关系，公司的采购成本就会大幅增加，也会导致采购产品质量的下降。

20世纪80年代前期，具有社会营销观念的化工企业的采购管理工作重心逐渐转到质量和顾客满意上来，质量的标准也改为从顾客的角度来制定。企业对订货制定了更为复杂的标准，不仅包括产品本身，也包括交货、技术服务、销售支持等。企业开始依靠较少的供应商，但是对供应商提出了更高的要求，要求供应商在最快的时间里、合适的地点，以合适的方式为他们提供符合要求的产品。在一定程度上，这种供应商与客户之间的关系仍然是对立的，各个同类竞争性供应商之间更是对立的关系。客户所制定的产品规格、技术标准越来越复杂，但是供应商却很少能介入其制定过程中。20世纪80年代后期，战略伙伴型的供应商与客户之间的关系（也称为"实时供应"关系）迅速发展起来。它强调少数的，甚至唯一的供应商与客户进行合作，合作途径涉及经济活动的诸多方面，如生产、工程技术、设计、采购、营销等，供应商积极参与了客户的产品设计和规格的制定过程。这种合作的形式也在不断更新变化。一揽子采购协议，或者是其他更为灵活、更加非正式化的一些订购协议日益普及。每次的订购数量越来越少，装运的次数更加频繁，其目的就是为了降低库存成本。这些新型的伙伴关系的重要特征就是对更少的供应商的更多的依赖、零次品率、供应商参与产品的设计、实时供货系统、企业间计算机联网、服务的比重增加，同时形成了包括各自多个部门、多个管理层的更为复杂的采购过程。

4. 中介机构

营销中介机构是市场营销不可缺少的环节，化工企业的营销活动都必须通过它们的协助才能顺利进行，例如固定资产投资、原材料的采购需要大量资金时需要求助于银行或信托机构，生产的相对集中与需求客户相对分散的矛盾需要中间分销商来延伸解决等。营销中介机构是协助公司推广、销售和分配产品给最终买主的那些企业。它们包括中间商、实体分配公司、营销服务机构及金融机构等。

（1）中间商　中间商是协助公司寻找顾客或直接与顾客进行交易的商业企业。中间商分两类：代理中间商和经销中间商。代理中间商（代理人、经纪人、制造商代表）专门介绍客户或与客户磋商交易合同，但并不拥有商品持有权。经销中间商（如批发商、零售商和其他再售商）购买产品，先拥有商品持有权，再售商品。中间商对企业产品从生产领域流向消费领域具有极其重要的意义。与中间商建立合作关系后，要随时了解和掌握其经营活动，并需采取一些激励性合作措施，推动其业务活动的开展，而一旦中间商不能履行其职责或市场环境变化时，企业应及时解除与中间商的关系。

(2) 实体分配公司　实体分配公司协助公司储存产品和把产品从原产地运往销售目的地。仓储公司是把货物运往下一个目的地之前专门储存和保管商品的机构。由于化工产品本身具有酸性、碱性、氧化性、还原性、臭味、腐蚀性、危害性等特征，每个公司都需确定自己应该建造多少仓位，向存储公司租用多少仓位，以确保储运上的安全。运输公司包括从事铁路运输、汽车运输、航空运输、驳船运输以及其他搬运货物的公司，它们负责把货物从一地运往另一地。公司需要从成本、运送速度、安全性和交货方便性等因素进行综合考虑，确定选用那种成本最低而效益更高的运输方式。

(3) 市场营销服务机构　市场营销服务机构指市场调研公司、广告公司、各种广告媒介及市场营销咨询公司，他们协助企业选择最恰当的市场，并帮助企业向选定的市场推销产品。有些大公司，如杜邦公司和老人牌麦片公司，他们都有自己的广告代理人和市场调研部门。但是，大多数公司都与专业公司以合同方式委托办理这些事务。一个企业决定委托专业公司办理这些事务时，需谨慎地选择，因为各个公司都各有自己的特色，所提供的服务内容不同，服务质量不同，要价也不同。企业还得定期检查他们的工作，倘若发现某个专业公司不能胜任，则须另找其他专业公司来代替。

(4) 金融机构　金融机构包括银行、信贷公司、保险公司以及其他对货物购销提供融资或保险的各种公司。公司的营销活动会因贷款成本的上升或信贷来源的限制而受到严重的影响。

随着市场经济的发展，社会分工愈来愈细，也更加经济。中介机构对于企业营销的影响和作用也愈来愈大。

5. 各种公众

公众就是对一个组织完成其目标的能力有着实际或潜在兴趣或影响的群体。公众可能有助于增强一个企业实现自己目标的能力，也可能妨碍这种能力。鉴于公众会对企业的命运产生巨大的影响，精明的企业就会采取具体的措施，去成功地处理与主要公众的关系，而不是不采取行动和等待。大多数化工企业都建立了公共关系部门，专门筹划与各类公众的建设性关系。公共关系部门负责收集与企业有关的公众的意见和态度，发布消息、沟通信息，以建立信誉。如果出现不利于公司的反面宣传，公共关系部门就会成为排解纠纷者。对一个企业来说，如果把公共关系事务完全交给公共关系部门处理，那将是一种错误。一个企业的全部雇员，从负责接待一般公众的高级职员到向媒体发表讲话的发言人、走访客户的推销代表，都应该参与公共关系事务。

每个企业的周围有七类公众。

(1) 金融公众　金融界对企业的融资能力有重要的影响。金融界主要包括银行、投资公司、证券经纪行、股东等。

(2) 媒介公众　媒介公众指那些刊载、播送新闻、特写和社论的机构，特别是报纸、杂志、电台、电视台等机构。

(3) 政府机构　企业管理部门在制定营销计划时，必须认真研究与考虑政府政策与措施的发展变化。

(4) 群众团体　化工企业的营销活动可能会受到环境保护组织、消费者组织、少数民族团体等的质询。

(5) 地方公众　化工生产及其产品具有一定的臭味，对周围的环境多少会产生一些影响，企业都需要同当地的公众团体，如邻里居民和社区组织保持和谐的关系。

(6) 一般公众　化工企业需要关注一般公众对企业产品及经营活动的态度。虽然一般公众并不是有组织地对企业采取行动，然而一般公众对企业的印象却影响着消费者对该企业及其产品的看法。

(7) 内部公众　企业内部的公众包括蓝领工人、白领工人、经理和董事会。大公司还通过发行业务通信和采用其他信息沟通方法，向企业内部公众通报信息并激励他们的积极性。当企业雇员对自己的企业感到满意的时候,他们的态度也就会感染企业以外的公众。

四、化工产品市场营销的宏观环境

化工产品的营销不同于其它机电、农林行业产品的营销,宏观环境因素对其影响的重要程度排序为:政策与法律环境、科技环境、经济环境、人口与收入。

化工产品作为生产资料时,主要是企业生产单位购买;而作为终端消费品时,主要是由个人、家庭消费者和社会集团购买。化工产品的发展方向、生产规模首先必须接受国家政策与法律的指导和制约;其生产成本、效率和应用功效则与同时期相关领域科技水平的高低密切相关;而整个国家或地区、行业的经济运行状态对化工产品的市场营销也构成相当重要的推进或牵制作用;市场是由那些想购买商品同时又具有购买力的人构成的,对终端性化工产品的消费水平是家庭(或团体)可自由支配收入份额的一种体现。

1. 政治法律环境

政治法律环境包括国际国内政治形势、政府的政策主张、国家政策的稳定性和长期性、政府干预程度和国家法律状况,效能体现在保护各个企业的正当利益和保护消费者利益免受不正当的企业行为的损害两个方面。

化工行业绝大部分生产的是战略性物资,如炸药、燃油、农药、化肥、医药、高新材料等,直接对国家的安全和经济发展构成重大影响。国际政治形势的任何变化,国家的方针政策对一个时期化学工业的发展方向和速度起决定作用,并直接影响到社会购买力的水平以及消费者需求的变化,从而间接地对企业的经营目标、经营决策和经营成果产生积极或消极的影响。中国政府对化工行业的干预程度比对其他行业更为强烈,因为这里牵涉到自然和社会资源的合理利用、开发和保护,消费者利益和国家安全的保障,短期与长期、局部和整体的环境保护等大政方针的实施。中国加入 WTO 后,政府对企业直接干预的程度已逐步降低,转变为通过立法及各种政策主张来间接实现对化工企业经营行为的调控。即使是终端化工消费品,国家也会通过税赋、立项审核、地域均衡布局、资金贷款调控等手段实行鼓励或者限制。

2. 科技环境

技术进步对化工产品市场营销的影响是直接而显著的,从三个方面展现出来:科学技术的发展促进产生了许多新兴的工业部门;为提高营销效率提供了更新更好的物质条件;降低能源和物质消耗,节约了成本。

新技术是"创造性的破坏力",化学化工以及其他行业新技术、新工艺的应用都会给化工产品的生产带来新效率、新市场机会,同时也给某些产品造成威胁。例如,组合化学研究理论与方法的应用大大提高了对新催化剂、新的反应工艺参数的筛选效率;化工装备自动化程度的提高有力推进化工产品的生产效率和质量稳定性;新结构单体的出现能够赋予聚合物新的功能和应用优势;新原料、新材料的开发拓展了化工产品生产工艺流程的多样化、高效性;新型填料、新结构的塔板、反应精馏、萃取精馏技术的应用显著提高了反应产物的转化率和后处理效率;等等。这些都是对化工产品市场营销产生重要影响的科技因素。

3. 经济环境

世界上存在着多种经济体制,不同的经济体制对企业营销活动的制约和影响各不相同。同时,企业的市场营销活动要受到一个国家或地区的整个经济发展水平的制约,经济发展阶段不同,居民的收入不同,顾客对产品的需求也不一样,从而会在一定程度上影响企业的营销。我国地区经济发展很不平衡,逐步形成了东高西低的发展态势。在不同的省市还呈现出多极化发展趋势。这种地区经济发展的不平衡,对企业的投资方向、目标市场以及营销战略的制定等都会带来巨大影响。我国行业与部门的发展也有差异,今后一段时间,我国将重点发展农业、原料和能源等基础产业。因此,化工企业一方面要处理好与有关部门的关系,加强联系;另一方面,则要根据与本企业联系紧密的行业或部门的发展状况,制定切实可行的营销措施。

化工产品的营销除了与当时的国民收入、个人收入、个人可支配收入、个人可任意支配收入、消费者支出模式、消费结构以及消费者储蓄和信贷的变化密切相关外,还与化学工业的另一个特点——资金密集有关。例如,一个300kt/a的乙烯工厂,投资多达百亿元以上,一座矿山,一次性投资也很多,但一旦建成,便可以运转数十年。而一条化工生产线由于技术更新速度快,一般寿命不超过15年,因而化学工业资金密集的另一个含义是每年投入的资金多。节约投资、提高资金利用效率,是化工企业进行市场营销研究的重点。

4. 人口环境

人口的数量和市场的容量有密切的关系。收入水平高低,表现在市场上就是实际购买力。特别是面向终端消费的化工产品,如洗涤剂、化妆品、时尚橡塑玩具等的消费量受这些因素影响更大。

中国人口众多,而且人口增加迅速,随着人们经济和生活水平的提高,人们对家电、汽车、装饰材料、日化用品、服装等生活必需品的需求不仅在数量上增加了,而且在质量和档次上提出更高的要求,而这一切都直接或间接用到化工产品,必将大力推动化工产品的消费增长。

中国地域广阔,各地风土人情和自然景观各具特色。全国各地有丰富的历史古迹和人文景观。随着中国经济的发展、交通条件的改善和服务水平的提高,将会吸引越来越多的游客来中国开会和观光旅游,这无疑增加了中国的流动人口,也会增加塑料器件、涂饰材料等化工产品的消费量。

"十二五"期间,中国的城镇人口每年将增加1000万人,实际城镇人口快速增加,必将带来各种生活必需品的大量需求,总之,城市化的进展也将增加化工产品的消费量。

其他的某些自然物质资源即将短缺、环境污染日益严重、政府和社会团体对自然资源的管理和干预日益加强,人们的教育状况、价值观念、审美观念、宗教信仰、风俗习惯的改变等自然和社会文化环境也是化工产品市场营销不可忽视的环境因素。

第三节 化工产品的市场营销战略

第二次世界大战以后,随着社会经济的发展,市场逐渐向买方市场过渡,在产销矛盾日益尖锐、市场竞争日趋激烈的市场环境下,企业逐步由传统的市场营销战略向目标市场营销战略转变。一个企业不可能在整个市场上为所有用户服务,应该有选择地把那些对本企业最有吸引力并能够有效占领的市场作为目标,并制定相应的产品计划和营销策略为其服务。目标市场营销就是企业根据不同客户的购买差异,有选择地确认一个或几个消费群体作为自己的目标市场,发挥自己的产品优势,满足其全部或部分的需要,这是工业企业最重要的决策。

目标市场营销是现代营销观念的产物,是市场营销理论的重大发展,已成为现代市场营销的核心战略。目标市场营销一般包括三个相互关联的步骤:市场细分(Segmenting)、目标市场选择(Targeting)、市场定位(Positioning),故又称之为STP营销。

一、化工产品的市场细分

目标市场战略主要由三部分内容组成:一是市场细分,即企业根据顾客所需要的自己可能提供的产品和市场营销组合理论将一个市场分为若干个不同的顾客群体。企业运用不同方法来细分市场,勾画出市场细分的整体轮廓,并且评定各个细分子市场及其吸引力。二是目标市场选择,即企业在细分市场的基础上,根据企业的实力和目标,判断和选定要进入的一个或多个市场。三是市场定位,即在目标市场上为产品和具体的营销组合确定一个富有竞争优势的地位。这三个部分关联密切,前后顺序不得颠倒。市场细分是目标市场选择和市场定位的必要前提,而目标市场选择和市场定位是市场细分的深化与继续。

工业品市场细分与产品形态——原材料、零部件、设备总成等有密切的关系。然而，作为配套或服务于下游产品及最终产品的化工产品，其市场细分与定位又绝不可能脱离下游产品及最终产品的市场状况而仅依靠专注于化工产品自身的竞争态势来确定。与一般消费品相似的是，企业开展化工产品营销也要在营销前进行精准定位，包括市场定位、价格定位、客户定位等，为提高市场营销业绩奠定基础。

任何企业的市场营销都是针对一定的目标市场而进行的。因为一个国家、一个地区的市场上消费者是众多的，消费者的需求也是千差万别的，某一企业设想为所有的消费者服务是不可能的，而只能服务于这个大市场的某个部分。因此，如何找到一个符合企业现有资源的市场份额，确定企业在行业市场中的位置，是企业管理者的一个重要决策问题。

1. 市场细分的概念

市场细分（Market Segmentation）的概念是美国市场学家 Wendell R. Smith 于 20 世纪 50 年代中期提出来的。市场细分是指营销者通过市场调研，依据消费者的需要和欲望、购买行为和购买习惯等方面的差异，把某一产品的市场整体划分为若干个子市场的市场分类过程。每一个消费者群就是一个细分市场，每一个细分市场都是具有类似需求倾向的消费者构成的群体，属于不同子市场的消费者之间具有明显的差别。这个过程通常由市场细分、目标市场选择、市场定位三个程序组成，其中市场细分是目标市场选择和市场定位的基础与前提，目标市场选择和市场定位则是市场细分的必然结果。没有细分的选择与定位必然是盲目的，而没有目标市场选择和定位，细分也就失去了意义。

市场细分的理论基础是消费需求的异质性。消费者或用户对某一产品的需求相同或相似，对企业的营销策略反应相同或相似，这种产品的市场称为同质市场。例如，所有消费者对普通食盐的消费需求、消费习惯和购买行为等都是大体相同的，普通食盐的市场就是同质市场。但是，只有极少一部分产品市场属于同质市场，绝大多数都是异质市场，即消费者或用户对某一产品的需求存在差异。比如，顾客对某种产品的质料、特性、规格、档次、花色、款式、质量、价格、包装等方面的需要与欲望是不相同的，或者在购买行为、购买习惯等方面存在着差异性，正是这些差异使市场细分成为可能。从消费需求的异质性出发，通过市场细分，可以把一个异质市场划分为若干个相对来说是同质的细分市场。然后对这些不同的细分市场，从产品计划、分销渠道、价格政策直至推销宣传，采取相应的整套市场营销策略，使企业生产或经营的商品更符合各个不同消费者阶层和集团的需要，从而在各个细分的小市场中提高竞争能力，增加销售，占有更大的市场份额。

市场细分是细分购买者，而不是细分商品。例如，有一群购买者有购买防晒用品的需求，而另一群购买者有购买保湿用品的需求，如此就有了两个细分市场，一个是防晒用品市场，一个是保湿用品市场，根据这些细分市场的需求，化工企业可以有针对性地生产防晒用品和保湿用品，以满足这两个市场的需求。

2. 化工产品市场细分的必要性和作用

细分市场不是根据产品品种、产品系列来进行的，而是从消费者（指生产者和终端消费者）的角度进行划分的，其理论基础即是消费者的需求、动机、购买行为的多元性和差异性。

（1）化工产品市场细分的必要性　化工产品市场细分的必要性首先是市场对化工产品的需求本身存在差异性。也就是说，在绝大多数情况下，消费者或用户对某种产品都有不同的要求，甚至差别很大。正是这些差异，市场细分不仅成为可能，而且成为必要。其次是随着市场经济体系的不断完善、物质生产的日渐丰富，化工产品的买方市场已全面形成，化工产品的卖方市场竞争日益激烈。在现代市场经济条件下，有厚利可图的市场越来越少，微利时代已经到来，这样使得衰弱的竞争者只有依靠市场细分化来发现未被满足的需求，寻找有利的营销机会，在激烈的竞争中求得生存和发展，这也就是市场细分化日益受到普遍重视的原因之所在。

再者，市场是商品交换关系的总和，本身是可以细分的。最后，同类型的企业在不同方面具备各自的优势。

（2）化工产品市场细分的作用　市场细分是一项很重要的市场营销战略，是现代企业从事市场营销的重要手段，各工商企业根据市场细分的原理，把市场营销力量集中到一小群购买者身上，就可更好地为顾客服务，有效地开展竞争，更有效地达到企业的赢利目标。具体来说，市场细分对企业的生产、营销所能起到的作用主要有以下几点：

① 有利于企业充分、合理利用现有资源，选择目标市场和制定市场营销策略，在竞争中选择有利的位置，增强竞争优势。市场细分后的子市场比较具体，比较容易了解消费者的需求，企业可以根据自己的经营思想、方针及生产技术和营销力量，确定自己的服务对象，即目标市场。同时，在细分的市场上，一旦消费者的需求发生变化，企业可迅速改变营销策略，制定相应的对策，以适应市场需求的变化，提高企业的应变能力和竞争力。

市场细分过程，不仅是区分消费者需求的过程，同时也是辨别竞争对手、寻求竞争优势的过程。它把一个整体市场划分成若干个子市场，使企业可以比较清楚地发现哪个子市场上存在竞争者，哪个子市场上竞争不是十分激烈或者没有竞争。这样，企业就可以根据自身状况与能力，合理地选择自己的目标市场和竞争策略，或避实就虚，或针锋相对，总能使企业立于不败之地。正是基于这一点，市场细分成为中小企业生存和发展具有重要意义的一种经营思路。中外企业发展史表明，在全球企业日趋大型化的时代，仍然有众多的中小企业得到生存和发展，其原因就在于这些中小企业通过细分市场，抓住了大企业所留下的市场空隙，发挥自己灵活的优势，根据自己有限的资源条件，实施其营销策略。市场细分总是在不断地发现市场不足或挖掘市场空白，使企业找到进入市场的突破口。例如，为使汽车装饰美观，一般在紧固螺丝上用一个小塑料帽罩住螺丝，由于东西小、耗工时、利润低，大塑料制品厂不愿意生产，即便附带着生产，生产的产品质量差、价格高。某小型塑料厂在市场细分中发现了这一市场不足，集中力量专做这种小塑料帽，由于是专业批量生产，产品质量好、价格低，售后服务跟得上，立刻获得了大量订单，这个小塑料厂在这个小小的细分市场取得了成功。

② 有利于企业了解和发现新的市场营销机会，针对市场开发适销对路的产品，开拓与占领新市场。通过市场细分，企业可以对每一个细分市场的购买潜力、满足程度、竞争情况等进行分析对比，探索出有利于本企业的市场机会，使企业及时作出投产、转产等营销决策或根据本企业的生产技术条件编制新产品开拓计划，进行必要的产品技术储备，把握产品更新换代的主动权，开拓新市场，以更好适应市场的需要。

通过市场细分过程，企业可以比较全面地了解构成某一产品整体市场的各消费者群之间在需求满足程度方面的差别，发现哪些需求已经有较好的产品或服务去满足，哪些需求满足的程度还不够，哪些需求根本未引起生产者的注意，无适销对路的产品去满足。而满足程度不够和根本未得到满足的那部分需求，往往就是企业的最佳市场机会。抓住这样的机会，选择需求未被满足或满足程度不够的消费者群为目标市场，可以大大提高营销活动成功的概率。天津利民食品厂成功地运用市场细分，挖掘了市场机会，使该厂的糖果食品由滞销变畅销，就是一个突出的例子。他们下工夫进行了调查研究，将巧克力糖的消费者分为工人、农民、儿童、老人、运动员，分别研究掌握其特点，设计出不同形状、分量、包装的巧克力糖。他们还设计生产了适合产妇分娩时食用的巧克力、增加运动员营养的强化巧克力、缓解老年人心脏病发作的老人舒心巧克力。他们借助于市场细分看准了市场机会，领先占有了这一部分市场。

③ 有利于促使企业针对目标市场制定适当的营销组合策略，集中人力、物力投入目标市场，满足消费者的需求，提高其竞争能力。任何一个企业的资源、人力、物力、资金都是有限的。通过细分市场，选择了适合自己的目标市场，企业可以集中人、财、物及资源，生产出适销对路的产品，既能满足市场需要，去争取局部市场上的优势，又可增加企业的收入；然后再

占领自己的目标市场。产品适销对路可以加速商品流转,加大生产批量,降低企业的生产销售成本,提高生产工人的劳动熟练程度,提高产品质量,全面提高企业的经济效益。

在市场经济条件下,企业的效益在于产品的销路,而产品是否适销对路则要看客观存在是否能满足消费者的需求。通过细分,企业可以发现消费者未能得到满足的需求,还可以掌握消费需求的发展趋势,以此来生产符合市场需求的产品,从而使企业取得更好的经济效益。

3. 市场细分的原则和依据

企业进行市场细分的目的是通过对顾客需求差异予以定位来取得较大的经济效益。但产品的差异化必然导致生产成本和推销费用的相应增加,所以,企业必须在市场细分所得收益与市场细分所增成本之间做出权衡。由此,可得出进行有效的市场细分的原则。

(1) 市场细分的原则

① 可衡量性 是指各个细分市场的购买力和规模可以被识别和衡量的程度,也即细分出来的市场不仅范围明确,而且对其容量大小也能大致做出判断。假如细分变数——规模和购买力的大小很难衡量的话,就无法界定市场。

② 可进入性 指所选定的细分市场必须与企业自身状况相匹配,企业应该能够有效地进入这一市场。考虑市场的可进入性并为之服务,实际上是研究其营销活动的可行性,具体表现在信息、产品和竞争的可进入性。

③ 可赢利性 指企业所选定的细分市场的容量或规模要足够大,或有发展潜力,足以让企业获得预期的赢利。如果某个市场的规模过小,容量很有限,发展前景也不够明显,以至于细分工作烦琐,成本耗费大,获利少,就不值得去细分市场。

④ 差异性 各细分市场的消费者对产品的需求有差异,在观念上能被区别,并对不同的营销组合因素和方案及其变动有差异性反应,企业也能对不同的细分市场制定出差别化的营销方案。一方面,如果不同细分市场消费者对产品需求差异不大,行为上的同质性远大于其异质性,此时,企业就不必费力对市场进行细分。另一方面,对于细分出来的市场,企业应当能够分别制定出独立的营销方案,如果无法制定出这样的方案,或其中某几个细分市场对是否采用不同的营销方案不会有大的差异性反应,也不必进行市场细分。

⑤ 相对稳定性 它指细分后的市场有相对的稳定时间。细分后的市场能否在一定时间内保持相对稳定,直接关系到企业生产营销的稳定性。

对化工产品进行市场细分,首先要分清生产者市场、消费者市场和组织者市场,即根据商品用途、质量标准、功能要求、客户的购买目的、时间要求、价格要求等进行细分;其次是根据客户的不同行业类别,如重化工、精细化工、中间商、政府机构等进行细分;也可根据客户的规模即购买批量、购买能力、购买周期、品种规格、采购制度、付款方式等进行细分;还可以根据客户所处的地理位置、行业特点、生产力布局、交通运输等进行细分。

(2) 市场细分的依据 市场细分的作用如此之大,我们如何进行市场细分,依据什么来细分市场呢?一般地,对整体市场可以从地理、人口、心理、行为四个方面进行细分,每一个细分市场还可以进一步根据购买者的需求再进行细分。由于购买者的需求千差万别,因此,市场细分也是一个包含许多变量的多元化过程。

① 地理细分 地理细分是根据购买者所处的地理位置、城乡环境、地形气候等作为细分的标准。

我国地域辽阔,按区域划分,可以分为沿海、内地,也可以分为东北、西北、西南、华中、华东、华北、华南、中南等。不同的地理位置具有不同的自然条件,也产生了不同的需求。如在北方,天然水源的硬度(钙、镁等金属离子的含量)高,工业水槽、锅炉内壁结垢严重,对处理水垢用的除垢剂需求大,除垢剂这一细分市场得以形成;而南方水质相对较软,除垢剂的市场相对较小,对普通用水客户没有吸引力。

城市与农村的经济条件、生活条件、工作环境大不相同，消费水平、消费结构、购买动机、购买行为也不相同。如农村以种植粮食或经济植物为主，化肥这一细分市场十分红火；但在城市里，除了城市绿化部门和少数养花、种菜爱好者外，其他居民对化肥则少有问津。

我国按地形可分为山区、平原、丘陵、盆地、高原，按气温可分为热带、温带、寒带，按湿度可分为干旱区、多雨区等。居住在山区和居住在平原的人，居住在热带和居住在寒带的人，他们对于驱蚊剂、杀虫剂、皮肤保湿剂的需求是不相同的，可以根据这些不同的需求划分出不同的细分市场。

地理因素是一种静态因素，依据清楚，辨别容易，地理细分通常是进行市场细分的第一步。由于处于同一地理位置的购买者仍然会存在不同的需求，如北京、上海的流动人口逾百万，这些流动人口本身就构成一个很大的市场，简单地以某一地理特征区分市场不一定能真实反映消费者的需求共性与差异，因此企业在选择目标市场时，还可以依据其他因素进一步细分市场。

② 人口细分　按人口统计因素来细分市场称为人口细分。这方面的变量很多，包括年龄、性别、职业、收入、教育、家庭人口、家庭生命周期、国籍、种族、宗教信仰、社会阶层等。以年龄变量为例，可以分为婴儿、幼儿、儿童、少年、青年、中年、老年等细分市场；以性别变量为例，可分为男性、女性细分市场；如果把年龄和性别综合起来，可分为女孩、男孩、少女、少男、女青年、男青年、中年女性、中年男性、老年女性、老年男性等细分市场。由此可见，人口细分因素中的每一个变量都可以细分出数个不同的细分市场，而两个或两个以上变量的组合，则可以细分出花样繁多的细分市场，这些市场的需求量、需求结构各不相同，企业可以从中找出最适合自己的细分市场。

人口统计因素也是构成市场最主要的因素，它与消费者的需求，与许多产品的销售有密切联系，其数据资料比较容易收集，而且其变数较容易辨认与衡量，因此用人口统计的资料作为细分市场的依据也是企业常用的方法之一。

③ 心理细分　心理细分可以按购买者的社会阶层、生活方式、个性特点和购买动机来划分。

社会阶层是指在某一社会中具有相对同质性和持久性的群体。处于同一阶层的成员具有类似的价值观、兴趣爱好和行为方式，不同阶层的成员则在上述方面存在较大的差异。如一些大款讲究高档豪华的消费品，白领阶层追求时髦和名牌，工薪阶层则更重视实惠。因此，识别不同社会阶层的消费者所具有的不同特点，将为很多化工消费品的市场细分提供重要的依据。

生活方式指个人对消费、生活、工作、娱乐的习惯方式。我国人民的生活方式大致可以分为朴素型、保守型、地位型、享受型、时尚型等。在国外，有人用"AIO"系数来划分人们的生活方式：A（Activity）是指消费者的工作、假期、娱乐、运动、购物、社交等活动；I（Interest）是指消费者对家庭、食品、服装、传媒、成就等方面的兴趣；O（Opinion）是指消费者对社会问题、政治、商业、经济、教育、文化等方面的意见。

个性特点指个人特性的组合，消费者的性格与对产品的情爱有很大的关系。一般用内向、外向、乐观、悲观、独立、依赖、急性、慢性、开放、保守等来描述。性格外向、容易感情冲动的消费者往往好表现自己，因而他们喜欢购买能表现自己个性的产品；性格内向的消费者则喜欢大众化，往往购买比较普通、寻常的产品；富于创造性和冒险心理的消费者，则对新奇、刺激性强的商品特别感兴趣。

购买动机来源于需求，对利益的追求促成购买行为。购买动机可分为生理购买动机和心理购买动机。生理购买动机来源于人们的生理需求，如饥、渴等；心理购买动机来源于人们的心理需求，如漂亮的服装、精致的化妆品等。消费者对所购产品追求的利益主要有求实、求廉、求新、求美、求名、求安等，这些都可作为细分的变量。例如，人们购买、使用化妆品，有的是为了防护风霜和紫外线对肌肤的损害，有人是为了追求美感、掩饰瑕疵，有人则为了体现自身的经济实力等。

④ 行为细分　行为细分是以购买者的行为因素为依据进行划分。购买者的行为因素包括购买时机、利益追求、产品使用率、品牌忠诚度、使用者状况、购买准备阶段和对产品的态度七个方面。

购买者购买商品的时机存在差异，以此差异为依据可以细分市场。如在炎热的夏季，南方人每天都要洗澡，产生大量购买沐浴露的需求，生产者要抢在夏季前备足产品，不要错过大好时机；日化厂在清明节前大量推出用于祭祀的香烛，显然也是为了抓住最佳的购买时机。其他许多产品的消费也具有时间性，烟花爆竹的消费主要在春节期间，月饼的销售主要在中秋节以前，旅游点在旅游旺季生意最兴隆。因此，企业可以根据消费者产生需要、购买或使用产品的时间进行市场细分。如航空公司、旅行社在寒暑假期间大做广告，实行优惠票价，吸引师生乘坐飞机外出旅游；商家在酷热的夏季大做空调广告，以有效增加销量。

根据购买者对利益追求的角度不同来细分市场。如在牙膏市场，除了通用的牙齿洁白功能外，购买者有的追求防止蛀牙，有的追求预防牙龈出血，还有的追求经济实惠等。根据不同的利益追求，可以把牙膏市场进一步细分为美白牙齿、防止蛀牙、保护牙龈、家庭大瓶装四个不同的细分市场。当然，购买者对利益的追求是多方位的，也是在不断变化的，企业要满足不断变化的需求，并通过适当的方式进行推销。

购买者对产品的使用率可按"从未用过"、"曾经用过"、"准备使用（潜在用户）"、"初次使用"、"经常使用"本公司产品五种类型，即五个子市场来细分。企业要特别注重大量使用的人群。如照相用的胶卷，摄影爱好者或专业摄影师的使用率很高，这一人群在总人口中所占的比例不大，但是他们购买的胶卷量占总胶卷量的比例却很大。胶卷的营销人员在广告宣传、销售渠道的选择上，要充分考虑这一人群的喜好，有针对性地投入，可以获得事半功倍的效果。通常大公司对潜在使用者感兴趣，而一些小企业则只能以经常使用者为服务对象，对不同的顾客的营销方式应有所不同。

另外，也可以按坚定忠诚者、多品牌忠诚者、转移的忠诚者、游离购买者四种类别来对产品品牌的忠诚度来细分。坚定忠诚者是指购买者自始至终都购买一种品牌的产品，对这个品牌忠贞不贰；多品牌忠诚者指忠诚于几种品牌的购买者；转移的忠诚者指从偏爱某一种品牌转移到偏爱另一种品牌的购买者；游离购买者指对任何一个品牌都不忠诚，有什么就买什么的购买者。企业特别注重绝对忠诚者，倾听他们对企业的意见，并按他们的意见对产品进行改进；对中度忠诚者和转移忠诚者，则采用优惠的手段和改进自己产品的不足以适应他们的需求，使他们对自己的品牌更加青睐，或从其他品牌转移成为自己品牌的忠诚者；对游离者，则通过建立、提高企业品牌的信誉度，吸引他们购买自己品牌的产品。目前比较流行的做法是通过发放VIP会员证、金卡等方式以鼓励、吸引后三类消费者成为企业的永久客户，也可以采用"多品牌"策略，并设法改进营销工作来吸引他们。

购买者对产品的购买和使用情况可以按未购买者、潜在购买者、首次购买者、曾经购买者、经常购买者来细分。市场占有率高的大型公司总是利用宣传攻势，希望把更多的潜在购买者、未购买者转变为本公司品牌的实际使用者；小型公司则注重于保持现有使用者，并利用价格优势吸引使用竞争对手产品的使用者转变成自己品牌的使用者。

购买者的购买准备阶段可以按无准备购买、有准备购买、准备购买三个阶段来细分。无准备购买阶段，购买者对产品不了解，或根本不知道，这时应给购买者传输简明扼要、易于接受的产品信息，使购买者产生初步的认识与需求；有准备购买阶段，购买者已认识产品，对产品或了解不多或了解较多，这时应给购买者传输产品的购买地点、产品的详细特点等信息，使购买者看到、摸到、感觉到、全面认识到真实的产品，产生购买欲望；准备购买阶段，购买者已经准备购买，这时应向购买者传输产品的价格、售后服务情况和购买产品后的好处等信息，使购买者最终实现购买。

购买者对产品的态度可以按热爱、肯定、冷淡、否定、拒绝和仇视来细分。企业应针对持不同态度的消费者群体，在广告、促销等方面采取不同的营销对策，如对抱有拒绝和仇视态度者，不必浪费时间来改变他们的态度；对态度冷淡者应加大产品宣传力度，设法提高他们的兴趣，尽力争取；对于热爱和肯定者，要予以热情回报，使他们感到温暖和感激，继续持肯定态度。有的企业为了更长远的市场份额，对否定或仇视者还用心找出引起他们对产品否定或仇视的原因，如果是由产品质量引起的，应该对产品的质量进行认真分析，给予实事求是的回答，如果是由营销服务引起的，应该赔礼道歉，如果是由误会引起的，则应该进行温和的解释，尽量降低他们对产品否定或仇视的程度。

总之，消费者市场细分的依据大致有以上几种，但究竟以哪个变量为主，还要根据具体情况灵活运用，以便获得最好的营销机会。

（3）化工产品市场的细分　化工产品市场细分的变数很多，除引用消费品市场使用的区划变数外，还有其自己的特点。成功的化工产品市场细分的方法不仅要有独创性，而且还要能对具体的市场做出具体判断，由于化工产品市场细分可以落脚到一些具体的变量，使得市场细分可以以具体的目标为研究变量。下面介绍化工产品市场按具体变量的细分变数。

① 最终使用者　化工产品市场常常按照最终使用者的需要来进行细分。化工产品在销售时，尤其是经过批发商销售，如果企业对最终用户的情况不清楚，即不了解自己真正的服务对象，往往会造成损失。划分最终使用者的最简单的方法，是以产业作为细分的标准，以此划分出子市场。

② 产品用途　由于一种化工产品常常有若干不同的用途，产品用途细分就是按照产品的不同用途细分市场。化工产品一般可以分为原料、助剂、材料和终端消费品四种，不同种类的产品其购买客户也不一样。

③ 客户的规模　客户购买批量的大小是企业作为细分工业品市场的一个重要变数。对于不同规模的客户很多企业往往采用不同的接待方式，大客户主要由业务负责人接待，一般中小客户主要由推销员接待。

④ 采购对象　在某一目标产业与顾客规模之下，企业还可以根据采购对象来细分市场。首先，不同的顾客会追求不同的利益，有的注重价格，有的注重服务，有的更加重视质量，还有的则注重化工产品应用时的技术指导、人员培训和跟踪服务。

程序性购买者并不认为所购买的产品对他们的经营很重要，他们购买产品只是一种例行公事，通常会支付全价，并且接受低于平均水平的服务。一般这种细分市场的利润很高。

关系购买者认为所购买的产品重要性一般，并且清楚竞争厂商的产品。只要产品的价格合理、便宜，他们就会购买。如果有小折扣和一般性服务，产品的销售会更好。这种市场的利润来源于大量的购买，需要企业维持持续的客户关系。

交易购买者认为所购买的产品对他们的经营性非常重要。他们对价格和服务很敏感，一般接受约10%的折扣和高于平均水平的服务。购买者还知道竞争厂商的产品，并且只要竞争厂商出更低的价格，他们就会购买竞争厂商的产品，使得企业不得不高度关注这类购买者的情绪变化，时刻在折扣和服务之间做出权衡。

讨价还价的购买者认为所购买的产品非常重要，并且要求享有最大的折扣和最好的服务，由于了解其他可替代的产品，有意愿作寸步不让地讨价还价，并且稍有不满意就转而求购他方产品。这部分购买者是销量增加的主要力量，但是，所带来的利润并不高，并且不得不随时考虑付出适当的折扣代价。

通常情况下，化工产品市场不是使用单一的变数来细分的，而是用几个变数综合来细分。不同企业的侧重点也有很大的不同。由于市场竞争、技术进步、企业兼并等都会改变市场占有份额,工业品市场细分必定是动态的。企业有必要定期地评价细分标准,考虑是否采用新的或者是不同的细分变数。

市场细分的方法有单一标准法、主导因素排列法、综合标准法、系列因素法等。受篇幅所限,它们各自的条文本书编者未将其列入本书内容,请参阅其他专业书籍。

4. 市场细分的步骤

美国市场营销学家麦卡锡提出了市场细分的七个步骤,对于正确有效细分市场具有普遍指导意义。按照对市场进行细分的工作时序,一般将其分为三个阶段:调查阶段、分析阶段、细分阶段。具体来说,包括以下步骤:

(1) 选择与确定营销目标及产品的市场范围 首先,企业要求初步拟订自己的营销目标,明确自己在某个行业中拟开拓、发展的产品范围,即拟订从事何种产品的生产经营,或从事何种劳务服务,这是细分市场的前提,然后企业应当作好市场调查与预测,分析市场对该产品消费需求的现状及其他发展趋势,以此作为制定市场拓展战略的依据。

(2) 分析潜在消费者的基本需要 企业向市场提供的任何产品,对于消费者来说,首先表现为满足其某种基本需要。细分市场时,企业需要了解产品能满足消费者的哪些需要,对市场的需要类型作初步的认定。如三合一洗发香波就是在对早期洗发液产品消费者需要洗发、护发和养发功能的分析后提出的,并以此需要为出发点研制出来的。

(3) 分析、归纳潜在消费者中的不同需要 确定消费者对产品的基本需要仅解决了一般性需要,还不能作为企业选定目标市场的依据。进行市场细分前应对不同的潜在顾客进行抽样调查,对所列出的需求变数进行评价,了解顾客的共同需求。企业还需要进一步了解消费者对该产品有哪些不同的要求和想法,从产品用途、功能要求、客户的购买目的、地理、购买心理、生产力布局、交通运输等方面列出影响产品市场需求和顾客购买行为的各项变数,这就是寻找可能作为细分市场的所有因素。

(4) 抽掉潜在消费者的共同需要 共同的需要是设计开发某种产品的基本要求,这只是产品的最低要求。从中抽掉这些共同的需要后,企业就可以发现具有相互区别的需要类型。如纺织印染助剂对纤维的亲和性是必需的,但根据染整目的的不同,对印染助剂的渗透性和在纤维上的附着力等有不同的要求,这就是不同的需要差别;这些差别就是设计渗透剂产品和确定其营销组合的依据。

(5) 初步为细分市场定名 在还没有进行市场检验之前,还不能确定哪些细分因素是适当的。企业为了便于对市场的细分因素加以确认,需要为可利用的细分因素而细分出的各细分市场暂时取名,如"柔软功能性"、"着色均匀性"等,这样就有了细分市场的基本轮廓。

(6) 确认细分市场的特点 接下来企业需要对可能采用的细分因素所能得到的细分结果进行市场的调查确认。通过访问消费者、统计分析历史的资料,运用其他市场分析方法可以发现应该采用哪些因素才能最恰当地细分市场,这些市场具有什么特点,可否进行营销组合设计。

(7) 确定目标市场 企业在调查的基础上,调查、分析、评估各细分市场,初步确定每个子市场的购买量和在一定时期可能形成的需求量的大小,进而根据企业的资源、实力、市场的竞争情况,最终确定可进入的细分市场(选择目标市场),并制定相应的营销策略。

二、化工产品的市场定位

企业在选定目标市场之后,还需要明确自己的产品在目标市场中将要占领的确切位置,确立本企业在目标市场中的竞争地位,这就是目标市场产品定位。市场定位是企业营销机会选择过程的一个重要组成部分,也是制定营销组合策略的一个必要前提。产品的市场定位是否准确,直接关系到营销过程的成败。尤其是在竞争比较激烈的市场上,市场定位几乎成为产品能否为更多的顾客所接受、企业能否击败竞争对手的关键问题。

市场定位是在 20 世纪 70 年代由美国营销学家 AL Ries 和 Jack Trout 提出的,其含义是指企业根据竞争者现有产品在市场上所处的位置。因为，在现代市场上，同一种类的商品品种日益增多，为了使自己的产品在众多的商品中得到顾客的偏爱，企业必须努力通过各种方式培养和塑造符合消费者愿望和要求的经营特色，树立特定的市场形象。针对顾客对该类产品某些特征或属性的重视程度，为本企业产品塑造与众不同的、给人印象鲜明的形象，并将这种形象生动地传递给顾客，从而使该产品在市场上确定适当的位置。

现代市场营销学认为市场定位就是根据市场的竞争情况和本企业的条件，确定本企业产品在目标市场上的地位，具体来说，就是要在目标顾客的心目中为产品创造一定的特色，赋予一定的形象，以适应顾客一定的需要和偏好。产品特色和形象可以是实物方面的，也可以是心理方面的，通常是两方面兼而有之。比如"价廉"、"质优"、"服务周到"、"豪华高贵"、"技术先进"等，都可以作为定位的概念，实际上定位就是要设法建立一种竞争优势，以便在目标市场上吸引更多的顾客。因此，市场定位，实际上是营销企业为自己准备营销或改进营销的产品设定相应的"个性"，并使消费者喜欢或者是迎合消费者对产品的特定要求，在一定的细分市场中占据有利地位。

了解行业市场的客户需求，并基于客户的需求进行市场细分和定位，是达成销售的基本前提。只有这样，营销活动才能从散乱走向科学，交易的达成才能从偶然走向必然，提高销售活动的成功率。市场定位是企业为自己的产品确定在目标市场的位置，确定自己产品在目标市场上的竞争地位，也叫"竞争性定位"。市场定位并不是企业对产品本身做些什么，而是企业在潜在消费者的心目中做些什么。市场定位的实质是使本企业与其他企业严格区分开来，使顾客明显感觉和认识到这种差别，从而在顾客心目中占有特殊的位置。例如云南白药集团公司利用云南白药主治外伤出血这个概念进行延伸，在功能牙膏这个细分市场中瞄准牙龈出血这一确切位置，推出云南白药牙膏产品，将其定位为防止牙龈出血的牙膏。

市场定位可分为对现有产品的再定位和对潜在产品的预定位。对现有产品的再定位可能导致产品名称、价格和包装的改变，但是这些外表变化的目的是为了保证产品在消费者的心目中留下值得购买的形象。对潜在产品的预定位，要求营销者必须从零开始，使产品特色确实符合所选择的目标市场。公司在进行市场定位时，一方面要了解竞争对手的产品具有何种特色，另一方面要研究消费者对该产品的各种属性的重视程度，然后根据这两方面进行分析，再选定本公司产品的特色和独特形象。

1. 市场定位的重要性

企业根据目标市场上同类产品的竞争情况，针对客户对该类产品的某些特征或属性的重视程度，为本企业的产品塑造出强有力的、与众不同的个性，并将其生动地传递给客户，求得客户认同的过程。市场定位的实质就是建立产品的特色，求得客户的认同。

市场定位有利于建立企业及产品的市场特色，限定竞争对手，提高竞争能力；市场定位决策是企业制定市场营销组合策略的基础。企业形象识别系统（CIS）是通过理念识别（MI）、行为识别（BI）和视觉识别（VI）来进行企业形象定位的。

没有恰当而有效的市场定位，就不能实现差异化经营，这不仅不利于消费者充分地行使选择权，满足多样化的需求，而且还导致其他雷同的产品或服务对同一市场有限顾客的追逐，使得市场分流、达不到规模经济效益。关注工业品市场定位，最基本的问题就是市场定位的效用，即为什么要进行市场定位。工业品市场定位是工业品竞争的产物，它标志着工业品竞争由原始的、无意识状态（这种无意识是指对竞争的认识状态）开始向有意识的、有序的状态发展，应该说是一种工业品市场发展进步的标志。从产业竞争的理论来看，工业品市场定位的效用包括两个方面：一是提高利益；二是降低竞争成本。从效用最大化的原则来看，成功的工业品市场定位就是要使得工业品获得最大的利益，同时付出的竞争成本最小。这就需要找到一个专属于这个工业品的市场空间，这个空间要具有较大的市场需求，而且竞争尽可能地少。

市场定位的作用主要在于借助确定产品或品牌的竞争优势，着重推出与竞争产品和品牌不同的产品以满足消费者的需求，以便于更有效地吸引该细分市场中的消费者，使他们迅速作出购买决策，重复购买本公司的产品。由于消费者都被过量的产品和服务信息所困惑，他们不可能在作每项购买决策时都对产品作重新评价，为简化购买决策，消费者往往会将产品予以归类，即将产品和公司在他们心中"定个位置"。产品进行了有效的定位，就可使消费者产生深刻、独特的印象和好感，对该产品和品牌形成习惯性购买，从而使公司的市场不断巩固和发展。

2. 市场定位的原则和策略

各企业经营的产品不同，面对的顾客不同，所处的竞争环境也不尽相同，因而市场定位所采取的方法也不同。

（1）市场定位的原则　总的来讲，市场定位所依据的原则有以下四点：

① 根据具体的产品特色定位　构成产品内在特色的许多因素都可以作为市场定位所依据的原则。企业一般利用新发明或新技术生产出新产品并率先进入市场。产品具有较明显的特色或优于同类产品的性能，比如所含成分、材料、质量、价格等。企业可通过刻意宣传产品中最有特色的方面，舍弃与竞争品的共性，弱化不如竞争品的地方，使自己的产品与竞争品拉大差距，给消费者留下较深刻的印象。例如"七喜"汽水的定位是"非可乐"，强调它是不含咖啡因的饮料，与可乐类饮料不同；"泰宁诺"止痛药的定位是"非阿司匹林的止痛药"，显示药物成分与以往的止痛药有本质的差异。一件仿皮皮衣与一件真正的水貂皮衣的市场定位自然不会一样；同样，不锈钢餐具若与纯银餐具定位相同，也是难以令人置信的。

② 根据特定的使用场合及用途定位　企业可以将自己产品的某些特点同对人们有深远影响的事物或事件联系起来，或者为老产品找到一种新用途，也是为产品创造新的市场定位的好方法。小苏打曾一度被广泛地用作家庭的刷牙剂、除臭剂和烘焙配料，现在已有不少的新产品代替了小苏打的上述功能。因而有企业将小苏打定位为冰箱除臭剂展开营销，另外还有家公司把它当作调味汁和肉卤的配料，甚至还有一家公司发现它可以作为冬季流行性感冒患者的饮料。

③ 根据顾客可获得的利益定位　产品提供给顾客的利益是顾客最能切实体验到的，也可以用作定位的依据。如企业根据消费者的利益追求或便利性的需求，针对某类产品的在顾客利益或便利性方面的不足加以改进，从而赋予原产品新的顾客利益或便利，利用这一特色使产品自然而然地在消费者心目中定位。例如，新型全自动"傻瓜"相机，解决了一般相机操作上的"专业性"，便利了顾客。

④ 根据使用者类别定位　企业常常试图将其产品指向某一类特定的使用者，根据不同类型使用者的需求，生产不同用途或性能的产品，使之定位于不同的消费者群体。如运动鞋市场，根据运动的不同特点生产出适合不同运动的专用运动鞋，包括各种田径鞋、球鞋、旅游鞋、登山鞋等。

事实上，许多企业进行市场定位的依据的原则往往不止一个，而是多个原则同时使用。因为要体现企业及其产品的形象，市场定位必须是多维度、多侧面的。例如，还有庇护或避开竞争者定位、游离于传统产品类别的定位等。

（2）市场定位的策略　在进行市场定位时，除了要依据上述原则外，还必须讲究一些策略，如避强定位、对峙定位、初次定位、重新定位等。

① 避强定位　避强定位也称差异定位，是指企业力图避免与实力最强的或较强的其他企业直接发生竞争，而将自己的产品定位于另一市场区域内，使自己的产品在某些特征或属性方面与最强或较强的对手有比较显著的区别。如前述的云南白药牙膏，就避开了佳洁士、高露洁等强势品牌占据的市场位置，推出具有差异性功能的牙膏。避强定位的方式能够使企业较快速地在市场上站稳脚跟，并能在消费者或用户心目中树立起一种形象，市场竞争风险较小，成功

率较高，是多数企业采用的方法。其缺点是避强往往意味着必须放弃某个最佳的市场位置。

② 对峙定位　对峙定位也叫迎头定位，指企业根据自身的实力，选择市场中的某个主流位置，不惜与市场上占支配地位的、实力最强或较强的竞争对手发生正面竞争，推出与竞争对手完全一样的产品，从而使自己的产品进入与对手相同的市场位置。这种对峙定位不是与强手硬碰硬、对着干，而是发挥自身在产品功能、价格、营销方式上的特色。敢于采用迎头定位策略的企业，一般经过市场分析，认为自己的资源、实力和特长比市场中原来的竞争者更强，可以与其一拼高下，而且这个位置具有较好的利润空间和发展潜力，一旦占据，利益多多。

迎头定位可能引发激烈的市场竞争，因此具有较大的风险性。但另一方面，由于竞争对手是最强大的，因此竞争过程往往相当惹人注意甚至产生所谓"轰动效应"。对峙定位要求企业必须是与竞争对手有不相上下的竞争实力，一般不应以彻底打垮对方为目标，只要能够与其平分秋色就是巨大的成功。

③ 初次定位　初次定位是企业试图生产市场上没有的、具备某种特色的产品而寻找新的尚未被占领但有潜在市场需求的位置、填补市场上的空缺。采用这种定位方式时，公司应明确创新定位的产品在技术上、经济上是否可行，有无足够的市场容量，能否为公司带来合理而持续的赢利。初次定位有时候也采取追随定位，即追随行业领袖，生产销售物美价廉的产品，特别是在市场上出现新产品时立即仿造或改进原产品。具体做法有：利用市场的产品规格，如型号、颜色、尺码等的空当，迅速补缺，填补产品规格的空白；利用市场价格空当，或优质高价，或低质低价，或仿造并改进原产品。

④ 重新定位　重新定位也称转移定位。公司选定了市场定位目标一段时间后发觉定位不准确，或虽然开始定位得当，但遇到竞争者定位与本公司接近，侵占了本公司部分市场，或由于某种原因消费者或用户的偏好发生变化而转移到竞争者方面，或者企业原来选定的产品定位与消费者心目中的该产品印象即知觉定位不相符时，就应考虑重新定位。重新定位策略是以退为进的策略，目的是为了突出产品特色，改变目标顾客群对其原有的印象，给予更恰当的定位。如某款化妆品，原来定位是为青年女性设计的，推出后发现青年女性不喜欢，而中年女性却非常喜欢，才知原来定位不准确，于是重新定位为中年女性的化妆品。

产品重新定位时，企业首先应找出导致需重新定位的主要原因，制定出有效的补救办法，利用重新定位来解决出现的问题。如果是出现了新的竞争者，则企业可以通过增加产品的差异性等来与竞争者相抗衡或与竞争者拉开距离；如果是与消费者的知觉定位不符，则可改变产品来迎合消费者的知觉定位等。

市场定位是设计公司产品和形象的行为，以使公司明确在目标市场中相对于竞争对手的位置。公司在进行市场定位时，要通过反复比较和调查研究，找出最合理的突破口，避免出现定位混乱、定位过度、定位过宽或定位过窄的情况。而一旦确立了理想的定位，公司必须通过一致的表现与沟通来维持此定位，并经常监测以随时适应目标顾客和竞争者策略的改变。

3. 市场定位的内容

市场定位事关一个企业的成败。企业的资源总是有限的，如果贪大求全，什么都想做，最后肯定是什么都做不好。

（1）产品定位　产品定位是指确定本企业的实体产品在目标市场上的位置及产品特征的行为过程。具体地讲，确定产品的市场位置，就是找出本企业满足消费群需求的最显著特征，从而确定产品在目标市场上的地位，即产品在成本、质量、功能、体积、颜色、包装、价格、稳定性及使用性等方面的基本特点和差异。

（2）企业定位　所谓企业定位，就是企业根据市场的竞争情况和企业自身条件，确定企业在目标市场上处于何种地位的过程。企业要树立自己的社会形象，在确保产品高品质的同时，必须规范企业职工在与外界接触时的言表，树立企业形象，塑造品牌。美国著名营销学家菲利普·科特勒将市场上的企业分为四类，即市场领先者、市场挑战者、市场跟随者和市场补缺者。

(3) 竞争定位　竞争定位，是指企业根据企业定位和产品定位的内容，确定企业相对于竞争者的市场位置，企业要准确分析产品与竞争对手产品在成本及品质上的优势，以优势对劣势打击竞争者，占领市场。

(4) 消费者定位　消费者定位是指对产品潜在的消费群体进行定位。对消费对象的定位也是多方面的，比如从年龄上，有儿童、青年、老年；从性别上，有男人、女人；根据收入和消费层次，有学生、白领、工薪阶层；根据职业，有医生、工人、学生；等等。

(5) 形象定位　企业形象是消费者和社会公众对企业、企业行为以及企业的各种活动成果所给予的整体评价与一般认定，良好的企业形象是企业的重要无形资产和宝贵精神财富。形象定位就是指根据企业定位和竞争定位的内容，设计和塑造本企业独特而富有竞争力的形象的过程。

企业形象识别系统（Corporate Identity System，CIS）是企业形象定位较为系统有效的方法。CIS 主要分成三大部分，即理念识别（Mind Identity，MI）、行为识别（Behavior Identity，BI）和视觉识别（Vision Identity，VI）。

4. 市场定位的步骤

市场定位的关键是企业要设法在自己的产品上找出比竞争者更具有竞争优势的特性。竞争优势一般有两种基本类型：一是价格竞争优势，就是在同样的条件下比竞争者定出更低的价格。这就要求企业采取一切努力来降低单位成本。二是偏好竞争优势，即能提供确定的特色来满足顾客的特定偏好。这就要求企业在产品特色上下工夫。因此，企业市场定位的全过程可以通过以下三大步骤来完成。

(1) 分析目标市场的现状，确认本企业潜在的竞争优势　这一步骤的中心任务是要回答以下三个问题：一是目标市场上竞争对手的产品定位和成本及经营情况如何？二是目标市场上足够量的顾客需要什么？欲望满足程度如何？三是针对竞争者的市场定位和潜在顾客的真正需要的利益要求企业应该及能够做什么？要回答这三个问题，企业市场营销人员必须通过一切调研手段，系统地设计、搜索、分析并报告有关上述问题的资料和研究结果。通过回答上述三个问题，企业就可以从中把握和确定自己的潜在竞争优势在哪里。

(2) 准确选择相对竞争优势，对目标市场初步定位　竞争优势表明企业具有胜过竞争对手的能力。这种能力既可以是现有的，也可以是潜在的。选择竞争优势实际上就是一个企业与竞争者各方面实力相比较的过程。比较的指标应是一个完整的体系，只有这样，才能准确地选择相对竞争优势。通常的方法是分析、比较企业与竞争者在经营管理、技术、成本、产品质量、市场营销和服务等六个方面究竟哪些是强项，哪些是弱项。借此选出最适合本企业的优势项目，以初步确定企业在目标市场上所处的位置。

(3) 有效传递和明确显示市场定位信息　市场定位是一个连续的过程，它不应仅停留在为某种产品设计和塑造个性与形象阶段，更重要的是如何通过一系列营销活动把这种个性与形象传达给顾客。这一步骤的主要任务是通过一系列的宣传促销活动，把企业的定位信息准确传递给产品的潜在顾客，使潜在顾客觉察、认同企业所塑造的形象，从而培养其对产品的偏好并引发其购买行为。为此，企业首先应使目标顾客了解、知道、熟悉、认同、喜欢和偏爱本企业的市场定位，在顾客心目中建立与该定位相一致的形象。其次，企业通过各种努力强化形象，保持对目标顾客的了解，稳定目标顾客的态度和加深目标顾客的感情，巩固与市场相一致的形象。最后，企业应注意目标顾客对其市场定位理解出现偏差或由于企业市场定位宣传上的失误而造成的目标顾客对本企业在认识上的模糊、混乱和误会，及时矫正与自身市场定位不一致的形象。

企业的产品在市场上的初始定位即使很恰当，但在下列情况下，还应考虑重新定位：一是竞争者推出的新产品定位于本企业产品附近，侵占了本企业产品的部分市场，使本企业产品的市场占有率下降。二是消费者的需求或偏好发生了变化，使本企业产品销售量骤减。

重新定位是指企业为已在某市场销售的产品重新确定某种形象，以改变消费者原有的认识，争取有利的市场地位的活动。如某日化厂生产婴儿洗发剂，以强调该洗发剂不刺激眼睛来吸引有婴儿的家庭。但随着出生率的下降，销售量减少。为了增加销售量，该企业将产品重新定位，强调使用该洗发剂能使头发松软有光泽，以吸引更多、更广泛的购买者。重新定位对于企业适应市场环境、调整市场营销战略是必不可少的，可以视为企业的战略转移。重新定位可能导致产品的名称、价格、包装和品牌的更改，也可能导致产品用途和功能上的变动，企业必须考虑定位转移的成本和新定位的收益问题。

三、化工产品目标市场的选择

企业进行市场细分和市场定位的最终目的是为了选择经营的方向——目标市场。任何企业经过对市场细分、定位后，都要从众多的细分市场中选择那些有营销价值的、符合企业经营目标的子市场作为企业的目标市场，然后根据目标市场的特点与企业的资源，实施企业的营销战略与策略。

目标市场是企业经过比较、选择，决定作为服务对象的相应的子市场。目标市场可以是一个、多个或全部的子市场。如果说市场细分是依据顾客的特征来进行的话，那么目标市场的选择则是依据企业特征来进行。所谓目标营销，是指企业在市场细分的基础上，通过评估分析，选定一个或几个细分的消费者群作为目标市场，并相应地制定营销策略的过程。目标市场选择是否恰当有效是企业市场营销战略制定与实现的首要问题。

目标市场是市场营销学的重要概念之一。随着社会生产力的提高和科学技术的进步，消费者的需要和欲望得以满足的需求程度也越来越高，市场需求也表现为多样性和复杂性。一个企业受其资源和能力的限制，不可能满足消费者多方面的要求，或为一个市场的所有消费者提供使其满意的服务。所以，企业营销必须将市场进行相应的细分，并从中选择能充分发挥自己的资源和经营优势的细分市场作为自己的目标市场。也就是说，企业营销只将一组或几组特定的消费者群作为自己的服务对象，这就需要进行目标市场的选择决策。

1. 目标市场的选择标准

选择好目标市场，对于企业营销来说具有重要的意义。因为，企业只有在具有资源和经营优势的市场上才最有竞争力，才能最具有保证地实现营销战略任务和目标。一般而言，企业考虑进入的目标市场，应符合以下标准或要求和条件。

(1) 目标市场要有一定的规模和发展潜力　市场规模主要由消费者的数量和购买力所决定，同时也受当地的消费习惯及消费者对企业市场营销策略的反应敏感程度的影响。分析市场规模既要考虑现有的水平，更要考虑其潜在的发展趋势，如果细分市场现有规模虽然较大，但没有发展潜力，企业进入一段时间后就会缺乏发展的后劲，从而影响企业的长期利益。

企业进入某一市场是期望有利可图，如果市场规模狭小或者趋于萎缩状态，企业进入后难以获得发展，此时应审慎考虑，不宜轻易进入。当然，企业也不宜以市场吸引力作为唯一取舍，特别是应力求避免"多数谬误"，即与竞争企业遵循同一思维逻辑，将规模最大、吸引力最大的市场作为目标市场。大家共同争夺同一个顾客群的结果是造成过度竞争和社会资源的无端浪费，同时使消费者的一些本应得到满足的需求遭受冷落和忽视。现在国内很多企业动辄将城市尤其是大中城市作为其首选市场，而对小城镇和农村市场不屑一顾，这就很可能步入误区，如果转换一下思维角度，一些目前经营尚不理想的企业说不定会出现"柳暗花明"的局面。其实，在目前条件下，我国农村市场大有可为，一些具有远见卓识的企业家，早已把广阔的农村市场作为自己的目标市场了。

除了目标市场的需求量与潜力要足够大外，还要求这种需求量在一段时间内相对稳定。

(2) 细分市场的竞争程度低　如果细分市场上竞争对手很少，而且进入障碍不多，对企业而言就是进入该市场的一个好机会；如果市场上已有了竞争者，但相对实力较弱，竞争不激烈，企业也可以选择该市场作为目标市场。需要注意的是竞争非常激烈，且对手实力十分雄厚的细分市场，企业要想进入并获得发展就要付出一定的代价。当然，如果企业本身具有一定的实力，而且该市场的前景及规模十分看好，也不妨放手一搏，毕竟一旦成功，这种市场是很诱人的，但企业必须作好充分的准备。

从赢利的观点来看，具备理想的规模和发展特征的细分市场未必就具有吸引力。哈佛大学商学院的 Michael E. Porter 教授的"五力理论"认为有五种力量决定整个市场或其中任何一个细分市场的长期的内在吸引力。这五种力量是：同业者激烈竞争的威胁、新竞争者的威胁、替代产品的威胁、购买者讨价还价能力加强的威胁，供应商讨价还价能力加强的威胁。

① 同业者激烈竞争的威胁 如果某个细分市场已经有了众多的、强大的或者竞争意识强烈的竞争者，那么该细分市场就会失去吸引力。如果再出现诸如该细分市场处于稳定或者衰退、生产能力不断大幅度扩大、固定成本过高、撤出市场的壁垒过高、竞争者投资很大等问题，那么情况就会更糟。这些情况常常会导致价格战、广告争夺战，新产品要推出并参与其竞争就必须付出高昂的代价。

② 新竞争者的威胁 如果某个细分市场能够吸引为其增加新的生产能力和大量资源并争夺市场份额的新的竞争者，那么该细分市场就会没有吸引力。根据行业利润的观点，最有吸引力的细分市场应该是进入的壁垒高、退出的壁垒低。在这样的细分市场里，新的公司很难打入，但经营不善的公司可以安然撤退。如果细分市场进入和退出的壁垒都高，那里的利润潜量就大，但也往往伴随较大的风险，因为经营不善的公司难以撤退，必须坚持到底。如果细分市场进入和退出的壁垒都较低，公司便可以进退自如，然而获得的报酬虽然稳定，但不高。最坏的情况是进入细分市场的壁垒较低，而退出的壁垒却很高。于是在经济良好时，大家蜂拥而入，但在经济萧条时，却很难退出。其结果是大家都生产能力过剩，收入都在下降。

③ 替代产品的威胁 如果某个细分市场存在着替代产品或者有潜在替代产品，那么该细分市场就失去吸引力。替代产品会限制细分市场内价格和利润的增长。公司应密切注意替代产品的价格趋向。如果在这些替代产品行业中技术有所发展，或者竞争日趋激烈，这个细分市场的价格和利润就可能会下降。

④ 购买者讨价还价能力加强的威胁 如果某个细分市场中购买者的讨价还价能力很强或正在加强，该细分市场就没有吸引力。在这样的细分市场中，购买者会设法压低价格，对产品质量和服务提出更高的要求，并且使竞争者互相斗争，所有这些都会使销售商的利润受到损失。如果购买者比较集中或者有组织，或者该产品在购买者的成本中占较大比重，或者产品无法实行差别化，或者顾客的转换成本较低，或者由于购买者的利益较低而对价格敏感，或者顾客能够向后实行联合，购买者的讨价还价能力就会加强。销售商为了保护自己，可选择议价能力最弱或者转换销售商能力最弱的购买者。较好的防卫方法是提供顾客无法拒绝的优质产品供应市场。

⑤ 供应商讨价还价能力加强的威胁 如果公司的供应商、公用事业、银行、广告商等，能够提价或者降低产品和服务的质量，或减少供应数量，那么该公司所在的细分市场就会没有吸引力。如果供应商集中或有组织，或者替代产品少，或者供应的产品是重要的投入要素，或转换成本高，或者供应商可以向前实行联合，那么供应商的讨价还价能力就会较强大。因此，与供应商建立良好关系和开拓多种供应渠道才是防御上策。

(3) 符合企业目标和能力 某些细分市场虽然有较大吸引力，但与本企业的发展目标存在偏离，或者会分散企业的精力，使之无法完成其主要目标，这样的市场应考虑放弃。企业不能一味追求"大而全"，过分强调"多元化经营"，否则，将有可能造成企业的"副业"不但没有拓展开来，反而极大地影响了"主业"的正常发展。另一方面，还应考虑企业的资源条件是否适合在某一细分市场经营。只有选择那些企业有条件进入、能充分发挥其资源优势的市场作为目标市场，企业才会立于不败之地。

2. 选择目标市场时应考虑的因素

选择目标市场，就是明确企业应为哪些类型的用户服务，满足他们的哪些需求，是企业在营销活动中的一项重要策略。

（1）**本企业的实力** 企业在市场上的竞争实力包括人力、物力、财力、技术力量、创新能力、营销能力等方面。如果企业实力雄厚，资源充裕，具有较多的高素质的生产技术人员和经营管理人员，就可以选择较大的市场作为服务对象，采用无差异或差异性市场策略。相反，如果企业资源有限，人力、物力、财力不足，则较适宜于选择密集性市场策略，集中使用有限的资源。

（2）**市场集中化** 企业选择一个细分市场，集中力量为之服务。较小的企业一般这样专门填补市场的某一部分。集中营销使企业深刻了解该细分市场的需求特点，采用针对的产品、价格、渠道和促销策略，从而获得强有力的市场地位和良好的声誉，但同时隐含较小的经营风险。例如，地域性的日用化工厂、涂料厂、金属加工切削液厂等，他们大多把目标市场定为企业所在地附近区域的下游用户，一方面企业间、经营者之间有着很好的联络关系，再者物流运输、信息交流更直接、更及时，服务方面更容易获得用户的认可和满意。

（3）**产品专门化** 企业集中生产一种产品，并向所有顾客销售这种产品。例如表面活性剂厂商专业生产某一类或者几类表面活性剂产品，面向洗涤剂厂、涂料厂、切削液厂、印染助剂、皮革助剂厂销售活性剂、乳化剂、防锈剂、渗透剂、匀染剂等，较少花费精力和资金去生产涂料、树脂、颜料、涂饰剂等其他产品。这样，企业在表面活性剂产品领域容易建立起良好的声誉，取得市场份额。一旦出现其他品牌的替代品或使用者的偏好转移，企业也能及时响应，做出调整。

（4）**市场专门化** 企业专门服务于某一特定顾客群，尽力满足他们的各种需求。例如涂料厂专门为汽车制造厂提供各种档次的腻子、底漆、中涂漆、各色面漆等。企业专门为这个顾客群服务，不仅免除汽车厂购买涂料产品时的东奔西跑、系列配套等问题，而且对于汽车生产各个环节的材料保护、制造工艺有更深入的研究，有助于提供技术上更专业、功能上更贴切的涂饰用产品。

（5）**完全市场覆盖** 企业力图用各种产品满足各种顾客群体的需求，即把所有的细分市场都作为自己的目标市场。一般只有实力强大的综合型企业才能采用这种策略。例如德国BASF公司、BAYER公司、美国Dow Chemical公司、DuPont公司等在通用型化工产品、精细化学品各种化工产品市场开发、生产众多的产品，满足各种消费者的需求。我国的中石化公司也在朝这方面努力，力图全面覆盖国内的化工产品市场，中石油、中海油、中国化工原料集团等公司则有所偏倚。

3. 市场定位与目标市场选择的区别

从概念上来说，产品的市场定位关乎企业的整体定位，决定着企业形象、品牌档次，应该包括目标市场的选择；而目标市场的选择则是市场定位中一个很重要的方面。

从各自的内容来看，市场定位涵盖企业的定位、产品的定位、竞争地位的定位和服务对象的定位。分别来说，企业定位就是对塑造企业品牌形象的预期，包括全员职工的知识水平、业务与技术能力、对外接触交流时所呈现的形象、言谈举止表现、产品及服务质量、企业品牌美誉的可信度等；产品的定位则侧重于实体产品质量、成本、性能特征、可靠性、实用性、款式、包装等的定位；竞争定位是确定本企业相对于市场竞争者在市场中的地位，立志于做市场的引领者、挑战者，抑或是市场追随者、补缺者；消费者定位就是确定企业的目标顾客群，以顾客的消费水平、整体档次、需求趋势来规划企业的发展愿景。而目标市场选择则是企业在对整个市场进行细分之后，对各细分市场作评估，分析各个细分市场的市场潜力、竞争状况、本企业资源条件等多种因素，再决定把哪一个或哪几个细分市场作为本企业要进入的市场。

四、化工产品的目标市场营销战略

化工产品的营销不同于电器、机械、家私、衣服等产品,其大多数用户是集团性的,只有少量终端产品如洗涤剂、涂料、胶黏剂、化妆品等是面向家庭及个人使用的,因而营销策略有其特点:特别注重其功能指标,买卖双方严格按照产品质量标准进行交接验收,强化售后的技术服务,对使用过程必须给予及时有效的跟踪指导。

市场营销战略是企业市场营销部门根据战略规划,在综合考虑外部市场机会及内部资源状况等因素的基础上,确定目标市场,选择相应的市场营销策略组合,并予以有效实施和控制的过程。市场营销战略可以细分为产品策略、价格策略、渠道策略、促销策略等,详见本书后续的第四、五、七章的内容。我国的化学工业整体水平相对其他技术发达国家落后,即使是国内一流的中石化公司也难以与国外大的化工公司相抗衡。

在化工产品的市场营销过程中,对目标市场的策略不外乎三种形式:无差异市场营销、差异市场营销、密集性市场营销或者叫集中市场营销。

1. 无差异市场策略

这是一种针对市场共性的求同存异的营销策略,旨在通过大规模的生产和经营,产生规模经济效益,降低生产和营销成本。无差异市场策略,就是单一型号的产品,单一的营销组合(统一的包装、固定的价格,采取同一内容的广告宣传)。企业把整个市场作为自己的目标市场,只考虑市场需求的共性,而不考虑其差异,运用一种产品、一种价格、一种推销方法,吸引尽可能多的消费者。美国可口可乐公司从1886年问世以来,一直采用无差异市场策略,生产一种口味、一种配方、一种包装的产品满足世界156个国家和地区的需要,称作"世界性的清凉饮料",资产达74亿美元。由于百事可乐等饮料的竞争,1985年4月,可口可乐公司宣布要改变配方,不料在美国市场掀起轩然大波,许多电话打到公司,对公司改变可口可乐的配方表示不满和反对,公司不得不继续大批量生产传统配方的可口可乐。可见,采用无差异市场策略,产品在内在质量和外在形体上必须有独特风格,才能得到多数消费者的认可,从而保持相对的稳定性。这种策略的优点是产品单一,容易保证质量,能大批量生产,降低生产和销售成本。但如果同类企业也采用这种策略时,必然要形成激烈竞争。闻名世界的肯德基炸鸡,在全世界有800多个分公司,都是同样的烹饪方法、同样的制作程序、同样的质量指标、同样的服务水平,采取无差异策略,生产很红火。1992年,肯德基在上海开业不久,上海荣华鸡快餐店开业,且把分店开到肯德基对面,形成"斗鸡"场面。因荣华鸡快餐把原来洋人用面包作主食改为蛋炒饭为主食,西式沙拉土豆改成酸辣菜、西葫芦条,更取悦于中国消费者。所以,面对竞争强手时,无差异策略也有其局限性。

采用无差异营销策略,主要是适合于那些需求广泛、市场同质性高,能大批量生产、大量销售的产品,如自来水、电、煤气、火柴、大米等。由于这类产品的需求差异性小,因此,可以采取标准化、批量化生产,以降低生产的成本。因为产品的单一化促销的方式,如广告、推销手段有相同之处,大大节省了促销开支,从而降低了总成本。

对于大多数产品来说,无差异营销策略并不一定适用,因为这种营销策略忽略了不同国家、不同顾客需求的多样化、个性化,单一的营销策略很难吸引大部分的消费者,可能会使产品丧失一些市场机会。如果有许多企业针对同一类产品同时采用这一策略,则容易引发较大部分市场的激烈竞争,而较小部分的市场需求被忽视,从而导致市场机会的丧失,这对企业和消费者都是不利的。正是基于上述原因,世界上一些曾经长期实行无差异营销策略的大企业最后也不得不改弦更张,转而实行差异性营销策略,如被视为实行无差异营销策略典范的可口可乐公司面对百事可乐、七喜等企业的强劲攻势,也不得不改变原来的策略,一方面向非可乐饮料市场进军,针对消费者的不同需求推出多种口味的新可乐。

2. 差异市场策略

差异市场策略就是把整个市场细分为若干子市场，针对不同的子市场，设计不同的产品，制定不同的营销策略，满足不同的消费需求。差异市场策略包括：①产品差异化战略，即是从产品质量，产品款式等方面实现差别，寻求产品特征是产品差异化战略经常使用的手段；②服务差异化战略，即是向目标市场提供与竞争者不同的优异服务，企业的竞争力越好地体现在对顾客的服务上，市场差异化就越容易实现；③人员差异化战略，即通过聘用和培训比竞争者更为优秀的人员以获取差异优势；④形象差异化战略，即在产品的核心部分与竞争者雷同的情况下塑造不同的产品形象以获取差异优势。

如世界最大的化妆品公司之一、世界化妆品行业的领先者欧莱雅公司2003年收购了低端品牌"小护士"和中端品牌"羽西"，将其美容化妆品依照经营、销售与服务特色的不同而分为专业线与日化线两大类。专业线俗称美容院线，是指产品专走美容院、美发店、浴足及美容保健店销售渠道，这一类产品的涵盖面宽而广、大而全，有美容、美发、美体、浴足及保健类产品系列，一个品牌通常有上百个品种，由企业提供从销售、技术指导到全面的售后服务。而日化线则是指专走商场、超市、专卖店、便利店等大众化销售渠道，产品结构与体系比较单一，缺乏售后服务，但销售量大。再比如，可口可乐公司除继续生产经典口味的可乐外，还推出了新配方的可乐，同时为不喜欢可乐型饮料的消费者生产了雪碧、芬达等各种口味的饮料，商品形式有各种容量的瓶装及罐装的，采用各种促销方式进行销售，以迎合不同消费者的需求。

这种策略的优点是使企业能满足不同消费者的不同要求，往往可以获得较大的销售量，有利于扩大销售、占领市场、提高企业声誉，增强企业在市场上的竞争力。同时，企业在多个细分市场经营，可有效地分散营销风险，不会因一个或几个细分市场的购买量的变化而发生经营危机。

当然，采用差异营销策略也有一些不足之处：由于产品差异化、促销方式差异化，产品品种多，增加了管理难度，提高了生产和销售费用；差异营销还可能使企业的资源配置不能有效集中，顾此失彼，甚至会导致企业内部出现彼此争夺资源的现象，使拳头产品难以形成优势。

3. 集中性市场策略

集中性市场策略就是在细分后的市场上，集中全部力量抢占某（几）个细分市场实行专业化生产和销售，在个别、少数市场上发挥优势，提高市场占有率。采用这种策略的企业对目标市场有较深的了解，这是大部分中小型企业采用的策略。广东美涂士化工集团专业从事内外墙乳胶漆、聚酯装修漆、家具漆、质感涂料、工业涂料、万能胶等产品的研发、生产和销售，其乳胶漆营销的一个显著特征就是集中性较强，往往是一个城市的板材市场、建材市场或油漆市场，这样比较方便消费者和用户购买。其经销商往往具有相当的下游客户量或者手头掌握着某个建筑工程的材料供应，零售额占的比例反而不是很大。这些经销商一方面作为批发商，向其他经销商供货，另一方面，又和建委、建筑公司有着千丝万缕的联系，销售渠道的畅通给他们带来了无穷的效益。集中优势力量，有利于产品适销对路，降低成本，提高企业和产品的知名度，但有较大的经营风险，因为它的目标市场范围小，品种单一。如果目标市场的消费者需求和爱好发生变化，企业就可能因应变不及时而陷入困境。同时，当强有力的竞争者打入目标市场时，企业就要受到严重影响。

集中性营销策略的优点是：可深入了解特定目标市场的需求，实行专业化经营，在目标市场上建立稳定的市场地位，从而节省费用，增加赢利，并强化企业及其产品的形象。这种策略的风险主要在于企业的目标市场范围较小，企业回旋的余地不大，如果目标市场情况发生变化，如某一竞争者可能决定进入同一细分市场、出现强大的竞争对手、价格下跌、消费者偏好转移等，从而导致该细分市场的效益恶化，企业就可能陷入困境。因此，采用这种策略的企业，必须密切注意目标市场的动态变化，早作对策，以减少经营中的风险。

4. 影响目标市场营销策略选择的因素

上述三种目标市场营销策略各有利弊。在实际营销活动中，企业究竟选择何种市场营销策略，必须考虑企业面临的各种因素和条件，如企业规模和原料的供应、产品类似性、市场类似性、产品寿命周期、竞争者的市场策略等。目标市场策略应有相对的稳定性，但这并不意味着目标市场策略一经确立就不能改变，当企业的内、外条件发生重大变化时，目标市场策略也需进行调整和转变。企业采取何种目标市场策略，往往要视竞争对手的情况而定。选择适合于本企业的目标市场营销策略是一项复杂的、随时间变化的、有高度艺术性的工作。

（1）企业资源 资源雄厚的企业，如拥有大规模的生产能力、广泛的分销渠道、程度很高产品标准化、好的内在质量和品牌信誉等，可以考虑实行无差异市场营销策略；如果企业拥有雄厚的设计能力和优秀的管理素质，则可以考虑实行差异市场营销策略；而对实力较弱的中小企业来说，适于集中力量进行集中营销策略。企业初次进入市场时，往往采用集中市场营销策略，在积累了一定的成功经验后再采用差异市场营销策略或无差异市场营销策略，扩大市场份额。

企业本身的内部环境，如研究开发能力、技术力量、设备能力、产品的组合、资金是在逐步变化的；影响企业的外部环境因素也是千变万化的。企业要不断通过市场调查和预测，掌握和分析这些变化的趋势，与竞争者各项条件进行对比，扬长避短，把握时机，采用恰当的、灵活的策略，去争取较大的利益。

（2）产品特点 对于具有不同特性的产品，应采取不同的策略。对于同质性商品，虽然由于原材料和加工不同而使产品质量存在差别，但这些差别并不明显，只要价格适宜，消费者一般无特别的选择，无过分的要求，因而可以采用无差别营销策略。而异质性商品，如药品的剂型、晶型、复方等对其疗效影响很大，特别是滋补类药品其成分、配方、含量差别很大，价格也有显著差别，消费者对产品的质量、价格、包装等，常常要反复评价比较，然后决定购买，这类产品就必须采用差别营销策略。

（3）市场特点 当消费者对产品的需求欲望、偏爱等较为接近，购买数量和使用频率大致相同，对销售渠道或促销方式的要求也没有大的差异时，就显示出市场的同质性，可以采用无差别营销策略。如果各消费者群体的需求、偏好相差甚远，则必须采用差别营销策略或集中营销策略，使不同消费者群体的需求得到更好的满足。如果消费者的需求比较接近或者爱好大致相同，购买习惯比较类似，对产品供应和销售的要求差别不大，对市场营销刺激的反应较一致，就是说市场是同质的或相似的，那么在这种情况下，企业可以选择无差异市场策略，反之，则应采用差异性或密集性市场策略。

（4）产品寿命周期 产品所处的寿命周期不同，采用的营销策略也是不同的。企业应根据产品在寿命周期中的不同阶段，采用不同的市场营销策略。导入期内的新产品刚投入市场，消费者对它的了解还停留在较粗浅的层次，品种不多，竞争也不激烈，企业这时的营销重点是挖掘市场对产品的基本需求，往往采用无差异市场营销策略，也可以采用集中性营销策略，先占领一个市场，再伺机扩展；在成长期和成熟期，消费者已经熟悉产品的特性，需求向深层次发展，表现出多样性和不同的个性，竞争空前地激烈，企业应适时地转变策略为差异市场营销或集中市场营销策略，以满足不同消费者的需求；而在衰退期，企业要收缩市场，往往可以考虑采用集中性营销策略。

（5）竞争对手的营销策略 企业处于激烈竞争的市场环境中，如不考虑竞争者的状况及其所采用的营销策略，就难以生存和发展。一般说来，企业的目标市场策略应该与竞争者的战略有所区别，反其道而行之。

如果对手是强有力的竞争者，实行的是无差异营销，则本企业实行差异营销往往能取得良好效果；如果对手已经实行差异营销，本企业就应进一步细分市场，实行更为有效的差异营销或集中营销。但若竞争对手力量较弱，也可考虑采用无差异营销。

选择适合本企业的目标市场策略是一个复杂多变的工作。企业内部条件和外部环境在不断发展变化，经营者要不断通过市场调查和预测，掌握和分析市场变化趋势与竞争对手的条件，扬长避短，发挥优势，把握时机，采取灵活的适应市场态势的策略，去争取较大的利益。

课外阅读与思考
医药市场营销环境的案例分析

一、医药产品的市场营销特点

（1）专业性　医药产品营销需要非常熟悉专业知识的营销人员，要求这些营销人员对于药品的适应症、配伍禁忌、不良反应、药代动力学、半衰期、体内分布、用法用量等专业知识能够牢牢地掌握。它不像一般消费品营销，任何人只要掌握一定的营销知识、营销技能便可开展，医药市场营销人员必须是专业人士，这是由对消费者的社会责任感和人的生命价值所决定的。人命关天，医药市场营销的专业性是一项重要的要求。

（2）复杂性　医药市场面对的需求对象包含以下几种：处方医生、药店店员和一般消费者。由于医药产品类别不同、处方医生的处方习惯不同、消费者消费习惯的差异和患者病情的差异，医药市场营销的设计思路也就各不相同；另外，越来越多的新产品上市，加剧了市场的竞争性，营销需要多层次、多角度考虑；再者，随着社会化营销的不断发展，医药市场营销也不断推出新的营销模式和新的思路。因此，医药市场营销的设计与实施变得越来越复杂。

（3）特殊性　医药市场营销的特殊性表现在：患者的消费需求大多是通过处方医生开出的处方实现的，处方医生是消费的载体，患者的医药消费是一种被动消费，这与一般的主动消费是完全不一样的。随着社会经济水平的不断提高，人们的医药消费意识不断增强，需求也在不断提升，无论在消费意识、消费数量方面，还是在消费质量方面都有很大的改变。全国现阶段医药消费总量为 8000 亿元，比 30 年前增加了几十倍。过去人们在接受处方的时候不论是何种产品、哪个厂家的只要治疗某种疾病便按方购买，现在的消费意识已有明显改变，人们不仅要看什么产地、什么生产商、什么价格、什么包装、有效期等消费细节，还要注意产品的品牌价值度如何。这是医药市场消费需求进步的重要表现，因此医药市场营销要随着消费需求的变化而不断调整，充分了解熟悉人们对需求的理性态度，不断改变盲目依赖处方的习惯，促进医药市场需求的进步，为广大患者提供优质服务。

（4）差异性　医药市场营销的差异性主要受以下因素影响：消费者的年龄、文化与消费层次，城乡区域的消费差别，产品的附加值高低与品牌价值度等。由于中国实行计划生育以来，出生率下降，老年人比例不断上升，医药市场消费的结构主要以老年患者为主。文化层次、消费层次高的消费者更加注重疗效好、安全性高的产品需求。城市与农村的消费需求差别很大，营销的设计与组织需要严加区别。高附加值、高品牌度的产品需求大，产品周期长，消费者忠诚度高，市场营销的延伸度长。医药市场营销由过去的单纯事件营销慢慢过渡到关系营销、网络营销，并逐渐向绿色营销方向发展。因此，医药市场营销的差异性大是又一特点。

（5）综合性　医药市场营销研究的对象是药品，因为药品的特殊性，导致进行医药市场营销时需要更多方面的知识，这些知识除了常规的营销管理知识外，还包括患者心理学知识、药品法规知识、常规的药学知识和医学知识，即在一般管理学知识的基础上，还要学习很多医学、药学、心理学等方面的知识。

二、医药市场营销环境的特点

(1) 客观性　医药市场营销环境不以营销者意志为转移而客观存在着,有着自己的运行规律和发展趋势。医药企业的营销活动要主动适应和利用客观环境,不能违背环境的运行规律。主观臆断营销环境及其发展趋势,必然会导致营销决策的盲目与失误,造成营销活动的失败。

(2) 动态性　医药市场营销环境各因素经常处于变化之中,尽管各因素的变化程度不同,但变化是绝对的。从中国的现状来看,由于经济体制改革不断深入,对外开放进一步扩大,经济建设和科学技术的迅猛发展,医药市场营销环境的变化速度呈加快趋势。每一个医药企业都与营销环境的各种因素保持一种动态的平衡关系。一旦环境发生变化,医药企业必须迅速做出反应,适应变化,建立新平衡。

(3) 相关性　医药市场营销环境不是孤立地受某一个或某几个环境因素的影响,而是受一系列相关因素的相互影响,例如药材的价格,不但受市场供求关系影响,还受气候(自然环境)、科学技术(细胞组织培养或新替代药品)以及税收政策等多种因素的影响。这些因素各自都对医药企业产生影响,同时又相互发生影响。这些影响有的可以评估预测,有的则难以做出判断。

(4) 复杂性　医药企业面临的市场营销环境的复杂性,一方面表现为医药企业的外部环境因素是企业所不能控制的;另一方面表现为各环境因素之间经常存在着矛盾的关系。例如企业要生产出好的药品去满足消费者治疗与预防的需要,又要遵守政府有关保护野生动植物的法律和规定。

(5) 不可控制性和企业的能动性　医药市场营销环境作为一个复杂多变的整体,单个企业不能控制它,只能适应它;然而,某些企业通过自身能动性的发挥,如调整营销策略、进行科学预测或联合多个企业等,可以冲破环境的制约或改变某些环境因素,取得成功。

三、医药市场的微观环境

营销部门的工作是通过满足顾客需求使其满意来吸引顾客,并建立与顾客的联系,但是,营销部门仅靠自己的力量是不能完成这项任务的。它们的成功依赖于公司微观环境中的其他因素——本企业的其他部门、供应商、营销中介、顾客、竞争对手和各种公众因素。这些因素共同构成了医药企业的价值传递系统。

(1) 企业内部　企业的营销活动并不仅仅只是由营销部门独立参与和完成的。在制订营销计划时,营销部门应兼顾企业的其他部门,如财务、人事、采购、生产、管理等部门,所有这些相互关联的部门构成了公司的内部环境。

在医药市场微观环境中,企业内部环境是完成营销工作的基础,对企业的生存和发展起着决定性作用。高层管理部门负责制定公司的使命、目标、总战略和政策,营销部门则依据高层管理部门的规划来作决策,而营销计划必须经最高管理部门的同意方可实施;财务部门负责寻找和使用实施营销计划所需的资金、核算收入与成本,以便管理部门了解是否实现了预期目标;研发部门负责研制安全而吸引病人的产品;采购部门负责供给原材料;生产部门负责生产品质与数量都合格的产品。这些部门都对营销部门的计划和行动产生影响。用营销概念来说,就是所有这些部门都必须"想顾客所想",并协调一致地提供上乘的顾客价值和满意。

(2) 供应商　供应商是整个顾客价值传递系统中重要的一环,指的是能够提供医药企业生产所需的各种资源的个人或企业。尤其作为药品生产企业,原材料的质量直接决定了药品的质量,供应商的变化对营销有重要影响。营销部门必须关注供应商的供应能力——供应短缺或延迟、工人罢工或其他因素。这些因素短期会影响销售,长期会影响顾客的满意程度,所以医药企业要与供应商保持良好的合作关系,但也不能过分依赖于某个或某几个供应商。

营销部门也必须关注企业主要原料的价格趋势,防止因供应成本上升而使企业产品价格上升,从而影响企业的销售额。

(3) 营销中介 营销中介是帮助医药企业将其产品促销、销售、分销给最终消费者的组织。常见的营销中介包括以下几种：药品经销商、货物储运商、营销服务机构、金融机构。

制药商的药品销售渠道曾经笼罩着浓重的"计划经济色彩"，药品销售渠道所依靠的医药商业企业呈现如下特征：实行全国统一规划，省以下统一管理，药品计划调拨，经济统一核算，渠道销售实行"三级批发、一级零售"，层层调拨，通过医院最终到达消费者手中。20世纪90年代左右，最早一批民营医药商业公司开始出现，药品销售渠道开始被整合，医院、药店、诊所都有可能成为同一家医药公司的客户。伴随着中国药品零售市场开放，单体药店涌现，但对药品销售渠道并未形成威胁，通过药品零售市场销售的药品比例也比较小。而连锁药店一出现，则立即成长为一股不可忽视的力量，至1998年步入发展高峰，连锁药店数量达到7万家，2000年连锁药店获批可以跨省连锁，其渠道力量再度增强。随后，伴随着GSP认证的实施，至2004年底连锁药达到了18万家，出现了拥有2667家门店的重庆桐君阁大药房这样的大型连锁药店。

药品经销商能帮助医药企业找到顾客或把产品卖给顾客。他们处在企业和消费者之间，参与商品流通，促进分销及买卖行为的发生，是连接药品生产企业和消费者之间的纽带。由于他们加入流通，使得营销过程趋于科学、合理，明显地促进了经济生活的发展。随着市场经济体制的改革，在中国寻找经销商并不是件容易的事。药品生产企业不能像从前那样从很多独立的小型经销商中任意选择，而必须面对大型且不断发展的销售机构，尤其是许多新近崛起的大药店。由于这些大型的销售机构或大型药店具有门店多、销售量大、覆盖面广、价格低的优势，常常可以操纵交易条件，甚至能将某个药品生产商拒之市场的大门外。

货物储运公司帮助药品生产企业将药品从原产地运到目的地，这一过程包括存储和移送货物。在与仓库、运输公司打交道的过程中，药品生产企业必须综合考虑成本、运输方式、速度和安全性的问题，从而决定运输和储存的最佳方式。

营销服务机构包括市场调查公司、广告公司、传媒机构和营销咨询公司，它们帮助药品生产企业正确地定位和促销产品。由于这些机构在可信度、质量、服务、价格等方面差异较大，在选择时要慎重。

金融机构包括银行、信贷公司、保险公司和其他机构。它们能够为交易提供金融支持或对货物买卖中的风险进行保险。大多数企业都需要借助金融机构来为交易提供资金。

医药企业不仅要使自己的业绩最好，还要与各类营销中介建立和保持有效的伙伴关系，以使整个系统取得最佳业绩。

(4) 顾客 医药企业应当仔细研究其顾客市场。根据购买目的和方式的不同进行划分，市场主要包括以下五种：①消费者市场，由个人和家庭组成，仅为了自身消费而购买药品和服务；②产业市场，购买产品和服务是为了进一步深加工，或在生产过程中使用，如药厂购买中药材或中药饮片，将其深加工成药品；③中间商市场，购买产品和服务是为了转卖，以获取利润；④政府市场，由政府机构组成，购买产品和服务用以服务公众，或作为救济发放；⑤国际市场，由其他国家的购买者组成，包括消费者、生产者、中间商和政府。

药品作为一种治病救人的产品，具有和普通产品不同的特点，其顾客也和普通产品不同，通常认为药品市场的顾客即为患者，亦即药品的购买者和使用者。患者的范围十分广泛，营销人员应该根据购买目的和需求不同，遵照"患者至上、按需供应"的原则，制定不同的营销策略，把满足患者的需求作为医药企业经营的准则，只有这样才能在激烈的市场竞争中获胜。

特别需要指出的是：药品市场和普通商品市场相比，具有"决策权与使用权分离"的特点。这一点也是与普通商品市场有着本质区别的地方，特别是处方药市场的终端销售，表现为消费者需要什么药、什么品牌、购买数量等问题的决策权不是在买方消费者手中，而是在卖方医生的手里，消费者对药品品种的取舍，在多数情况下，只能服从医生的意愿进行选择，无法主宰自己的消费行为,尤其是药品的销售主要集中在医院和处于公费医疗的状况下,医生具有更大的决策权。这也就要求医药企业在药品销售过程中关注医生这样一个特殊群体,充分考虑他们在销售渠道中的独特地位,从而制定合理的营销策略,提高营销效率。

(5) 竞争者 从营销学的观点看,一个企业要想获得成功,就必须比竞争对手做得更好,让顾客更满意,所以说,竞争可以带给企业动力,并不一定是坏事。按照竞争程度由弱到强,可以将企业的竞争对手分为:①愿望竞争者(提供不同产品满足不同需求的竞争者,如抗感冒药制造商和胃药制造商);②普通竞争者(提供能够满足同一种需求的不同产品的竞争者,如生产青霉素类、头孢类、大环内酯类产品的企业);③产品形式竞争者(生产同种产品但不同规格、型号、式样的制造商);④品牌竞争者(产品相同,规格、型号也相同,但品牌不同的制造商)。

据国家有关部门分析,"十一五"期间,中国药品市场总体上的竞争态势是:大、中、小企业并存,以中、小企业为主;进口产品市场份额不断扩大;三资企业市场趋于稳定;竞争日趋激烈。

从整个药品行业来看,首先,虽然近几年中国医药企业规模不断扩大,"十一五"时期将形成一批具有国际竞争力的大型医药企业集团,加上中国对医药生产企业和医药流通企业分别实施 GMP 和 GSP 认证,将有大量的企业因为不能通过质量认证而被淘汰出局或者被其他企业兼并,但在短时间内,以前形成的、以中小企业为主的竞争格局还是难以改变。其次,近几年来跨国医药企业已经纷纷采取合资或者独资的方式进入国内市场,国内药品生产企业将面临进口产品、外资企业产品和国内企业产品之间的竞争。再者,20 世纪中后期开始,非医药企业纷纷进军医药产业,如海尔集团。而进入 21 世纪以来,非医药企业进军医药产业的趋势更为明显,如香港李嘉诚的和记黄埔集团,从 2001 年以保健食品为切入点进军内地医药领域开始,2003 年和同仁堂联手组建了北京同仁堂和记医药投资有限公司,专门从事中医药事业项目投资等。

从药品经营的领域来看,在化学原料药领域,外资企业所占比重大概为 10% 左右,而内资企业的生产力水平与外资企业的差距较小,可以说,在"十一五"时期,原料药主要还是在国内企业之间进行竞争。而且,由于中国主要以中低档化学原料药生产为主,进入难度小,产品过剩现象严重,企业之间竞争激烈,价格战愈演愈烈。在中药领域,近几年来,一些植物药消费量大、生产比较先进的西欧国家(如德国、法国等)的制药公司开始仿制中国传统的中成药,并逐步打入中国中药市场,有的外国企业甚至从中国进口中药材,加工成中成药之后大量返销中国,中国企业应做好准备,应对来自"洋中成药"的市场冲击。在生物制药领域,中国国内生物制药企业还是以仿制为主,随着知识产权的保护,中国生物制药的范围将被迫缩小到为数不多的产品和品种上,国外生物药品的新产品和新品种将大量进入,以致占领国内市场,中国企业应加强自身的研发实力,努力开发具有自主知识产权的新药。

在与竞争者的较量中,根本不存在对所有企业都适用的、战无不胜的营销战略。每个医药企业都要考虑与竞争对手相比自己独特的市场规模和市场定位。尤其是中国以生产仿制药为主的许多中小企业,只有寻找到独特的差异化优势才能在竞争中立足和发展。

(6) 公众 医药企业的微观营销环境还包括各种公众因素。公众是指对一个企业实现其目标的能力有兴趣或有影响的任何团体。主要包括:① 金融公众,影响一个企业获得资金的能力,主要的金融公众包括银行、投资公司和股东。② 媒体公众,由发表新闻、特写和社论的机构组成,主要包括报纸、杂志、电台和电视台等。③ 政府公众,管理层必须考虑政府动态,关注政府部门,尤其是对企业经营起直接指导作用的工商、税务、药品监管等部门。④ "市民行动"公众,一个企业的营销战略可能会受到消费者组织、环境组织、少数民族组织等的质询,企业的公关部门负责搞好企业与消费者和市民组织的关系。⑤ 当地公众,每个企业都有像附近居民和社区组织这样的当地公众，大型企业通常都会指定一个专门的社区关系负责人来与社区打交道，如参加会议、回答质询和给公益事业捐赠等。⑥ 一般公众，企业需要关心一般公众对其产品和活动的态度，企业的公众形象影响其产品的销售。⑦ 内部公众，一个企业的内部公众包括它的员工、经理和董事会等。大企业往往采用内部通信和其他手段给内部公众传递信息，鼓舞士气。当雇员对自己的企业感觉良好时，他们的积极态度也会影响到外部公众。

一个企业在制订针对顾客的营销计划的同时，也应制定针对其主要公众因素的营销计划，若企业希望从每个特定公众那里得到特别的回应，如信任、赞扬、时间或金钱的帮助，就要针对这个公众因素制定一个具有吸引力的营销计划，以实现其目标。

(7) 医药企业发展与法律环境　近年来，国外医药巨头纷纷瞄准中国进行药物实验，"非法违规试药"屡见不鲜。据有关方面统计，中国每年有800多种新药进行人体试验，其中基本是以国外新药为主。目前有60多家跨国企业在中国进行着近1000个项目的 I 期临床试验，直接参与人员数万人，如果算上大面积的采样对象，至少在50万人以上。国外的医药巨头纷纷瞄准中国的原因在于：一是国外试药风险极高。以美国为例，甚至可以追溯20年以前的临床试验事故，赔偿可以达到数千万美元。而北京地坛医院来自河南的艾滋病试药者的"要求"只是10元人民币一天的误工补助，甚至只是一只母鸡或一斤鸡蛋。二是中国病人许多都是贫困者，体内没有其他药物成分，可以取得最理想的试药效果。

事实上，为了规范试药，早在20世纪90年代初，世界卫生组织就制定了《药品临床试验规范指导原则》。1998年3月中国参照这一原则制定了《药品临床试验管理规范》并于1999年底正式公布，2003年9月1日又重新改版，更名为《药物临床试验质量管理规范》（简称GCP）。专家认为：GCP实施以来，一个最主要的趋势就是越来越注重对受试者权益的保护。但临床试验在实际操作中尚不能保证百分之百规范，问题的关键在于中国新药临床试验缺乏第三方的强有力监督。现在缺少的不是规范，而是规范的执行。严格按照法律法规来做，既是对受试者的保护，也是对医生和企业的保护。

四、医药环境分析的基本方法与策略

医药市场营销环境的动态性，使医药企业在不同时期面临着不同的市场营销环境。高明的管理者总是严密地监视和及时预测相关环境的发展变化，善于分析和鉴别由于环境变化所带来的机会与威胁，以便采取相应的态度和行为，提高营销决策的科学性。

(1) 基本方法　SWOT分析法又称为态势分析法，它是由旧金山大学的管理学教授于20世纪80年代初提出来的，是一种能够较客观而准确地分析和研究一个企业现实情况的方法。SWOT四个英文字母分别代表：优势（Strengths）、劣势（Weaknesses）、机会（Opportunities）、威胁（Threats）。SWOT分析法常常被用于制定集团发展战略和分析竞争对手情况，在战略分析中，它是最常用的方法之一。进行SWOT分析时，主要有以下几个方面的内容。

① 分析环境因素　运用各种调查研究方法，分析出企业所处的各种环境因素，即外部环境因素和内部能力因素。从整体上看，SWOT可以分为两部分：第一部分为SW，主要用来分析内部条件；第二部分为OT，主要用来分析外部环境。利用这种方法可以从中找出对自己有利的、值得利用的因素以及对自己不利的、要避开的因素，发现存在的问题，找出解决办法，并明确以后的发展方向。外部环境因素包括机会因素和威胁因素，它们是外部环境对企业发展直接有影响的、有利的和不利的因素，属于客观因素；内部环境因素包括优势因素和弱点因素，它们是企业在其发展中自身存在的积极和消极因素，属主观因素。在调查分析这些因素时，不仅要考虑到历史与现状，而且更要考虑到未来发展的问题。

② 构造SWOT矩阵　将调查得出的各种因素根据轻重缓急或影响程度等进行排序，构造SWOT矩阵。在此过程中，将那些对企业发展有直接的、重要的、大量的、迫切的、久远的

影响因素优先排列出来，而将那些间接的、次要的、少许的、不急的、短暂的影响因素排列在后面。

③ 制订行动计划　在完成环境因素分析和SWOT矩阵的构造后，便可以制定出相应的行动计划。制订计划的基本思路是：发挥优势因素，克服弱点因素，利用机会因素，化解威胁因素，考虑过去，立足当前，着眼未来。运用系统分析的综合分析方法，将排列与考虑的各种环境因素相互匹配起来加以组合，得出一系列企业未来发展的可选择对策。

（2）基本策略　在医药企业与环境的对立统一中，如果医药企业被动等待，只是跟随环境的变化去改变自身，往往只会"追着环境走"。因此，在营销中，医药企业不仅要遵从环境变化发展的客观规律，同时要能够主动地认识、适应和创造环境。营销者积极主动地适应环境，主要应表现在以下三个方面：一是加强对环境的预测，定期给出预测报告，保持对环境各因素发展变化高度的敏感度，为医药企业营销决策提供依据；二是加强营销计划体系的弹性和对资源的控制，建立一套高效、灵活的应变体系，使企业在不断变化的营销环境中，能够应付来自各方面的严峻挑战；三是通过各种宣传手段，如广告、公共关系等，来创造需求，引导需求，以扭转不利环境，创造有利环境，促使某些环境因素向有利于企业实现其营销目标的方向发展。

思 考 题

1. 医药市场营销环境的案例中反映出来了哪些重要的营销理念？
2. 市场营销微观环境包括哪些因素？市场营销的宏观环境包括哪些因素？
3. 竞争者一般可分为哪几种？每一种的特点是什么？
4. 为什么说市场营销宏观环境是企业无法控制的因素？
5. 试举例论述市场营销环境因素改变，对某些企业可能是机会，而对另一些企业可能是威胁。
6. 化工产品的主要特点有哪些？
7. 什么是化工产品的质量标准体系？
8. 写出三种化学品的化学名、商品名及主要性质，并查找出它们的产品标准。
9. 化工产品的商品性体现在哪些方面？用事例说明化工产品的关联性。
10. 简述工业品市场细分变量与消费品市场细分变量的区别与联系。
11. 什么是市场细分？市场细分的作用是什么？市场细分的依据是什么？
12. 阐述工业品定位的主要依据。
13. 按市场的供求关系划分，可以把市场分为哪几类？
14. 产品市场生命周期四个阶段的市场特征分别是什么？
15. 营销环境有什么特点？分析营销环境有什么意义？
16. 微观营销环境和宏观营销环境各指什么？
17. 为什么人口环境是创造新机会和新市场的动力？
18. 自然环境和科学技术对企业的营销有何影响？
19. 营销活动应注意哪些政治法律因素？
20. 社会文化环境由哪些方式构成？试举出其中一个因素，分析它是如何影响企业的营销行为的？
21. 请用SWOT分析法分析任意一个行业的其中一个企业的发展战略。
22. 市场细分变量组合中的主要变量有哪些？
23. 企业选择目标市场一般要进行哪些分析？
24. 市场定位的策略有哪些？
25. 企业的三种发展战略分别是什么？三种发展战略分别适于什么类型的企业采用？
26. 如何开展市场问卷调查？
27. 什么是市场细分和目标市场？
28. 大市场营销战略的提出有何意义？
29. 比较分析"4P"、"4C"与4R的异同。
30. 结合当前我国市场环境，请你列举我国还有哪些行业存在较大市场机会？

第三章　化工产品用户购买行为分析

化工产品属于典型的工业品，其消费市场又分为生产者市场（产业市场）和消费者市场，两者在营销对象、交易内容、营销渠道、促销策略等营销因素上有非常大的区别。

第一节　化工产品生产者的购买行为

化工产品中绝大部分属于生产资料，它们主要是面向工业客户，其经营战略必然与面向个体消费者或家庭的消费品市场的经营战略不同。化工产品生产者采购化工产品的目的非常明确，事先会作大量的信息收集和比较处理，以期达到购销信息的对等，参与购买决策的人包含使用者、影响者、决策者和采购者等很多人员。在工业品市场经营中，由于买主和卖主关系的复杂性和产品的变动性使得其经营战略更具挑战性，必须考虑用户的购买目的、购买的决策过程和购买行为等影响因素。

一、化工产品产业市场的分类及其特征

1. 化工产品产业市场的分类

现代市场学将市场分为组织者市场和消费者市场。组织者市场是指一切为了自身生产、转售或转租或者用于组织消费而采购的一切组织构成的市场，主要包括生产者市场、中间商市场和政府市场。生产者市场也叫产业市场，是指购买的目的是为了再生产而采购的组织形成的市场。中间商市场则是指为了转售而采购的组织形成的市场，中间商市场主要包括批发商、零售商、代理商和经销商。政府市场是指因为政府采购而形成的市场。消费者市场是指为满足自身需要而购买的一切个人和家庭构成的市场。

工业品的购买者大致有五类：制造商、批发商、零售商、各类政府机构、非赢利组织。按照对某种商品的购买方式，化工产品生产者购买的类型可分为三种，即增新购买、修正重购和直接重购。

（1）化工产品的增新购买　化工产品的增新购买是指企业为新增的生产项目和产品而第一次购买某种化工产品或化工技术服务的购买行为，化工产品中新产品、新品种和新的购买者都是这种情况。由于是第一次购买，买方对新购产品心中无数，因而在购买决策前要收集大量的信息，制定决策所花时间也较长。首次购买的成本越大，风险就越大，参加购买决策人员也越多。"增新购买"是化工产品营销人员开拓市场的最好机会，是一种最大的挑战，营销人员应积极采取措施，向客户提供信息和帮助，以影响有决策权的中心人物；通过实事求是的广告宣传，及时派专人用简明扼要、易于接受的语言使购买者了解自己的产品。为了达到这一目标，企业应将最优秀的推销人员组成一支庞大的营销队伍，以赢得采购者的信任并促成其购买，尽力争取这部分市场。

（2）化工产品的修正购买　修正购买是指采购者为了更好地完成采购任务，想适当改变原料规格、价格、交货地点等其他条件的购买行为，或想改变供应商，需要调整或修订采购方案，包括增加或调整决策人数等。这类购买情况较复杂，参与购买决策过程的人数较多。对于这样的购买类型，营销人员必须做好市场预测工作，掌握用户需求变化的趋势，及时建议本企业开发新的规格和品种。对原有的供应者要清醒认识面临的挑战，积极改进产品规格和服务质量,大力提高生产率,降低成本,调低销售价格以保持现有的客户;对于新的供应者要抓住机遇,积极开拓,争取更多的业务。

(3) 化工产品的直接购买 化工产品的直接购买是一种在供应者、购买对象、购买方式都不变的情况下购买以前曾经购买过的商品的购买类型。这种类型所购买的多是生产原料、化工助剂或者消耗材料,无须联合采购,花费的人力较少。面对这种采购类型,原有的供应者不必重复推销,而应努力使产品的质量和服务保持一致的水平,减少购买者时间,争取稳定的客户关系。

2. 化工产品生产者购买的特点

生产者购买目的是为了进行再生产并取得利润。因此,生产者购买与消费者购买有很大的差别。生产者购买具有以下特征。

(1) 市场数量少,交易对象数量少,但成交额大 在生产者市场上,购买者是企业单位,购买者的数量必然比消费者市场少得多,但每个购买者的购买量都较大。在现代经济条件下,化工行业的生产集中在少数大公司,所需原料、助剂和材料的采购相对集中。如 2007 年聚丙烯均价为 11500 元/吨,每一个客户的成交额平均为几百万元,有时甚至达几千万元。而在超市,100 万元消费品的成交额可能是几千个甚至上万个消费者的消费累积的总和。因此,在化工工业品市场中,就某一个品种而言,大客户多,客户数量相对较少,可供应的客户数量会更少,但成交额大,购买次数较少。化工设备一经购买便可使用多年,原辅材料按企业预先制定的经济订购批量和采购次数进行采购或一次合同分批分期交货。小量的原材料及次要的小设备、标准件一般通过批发商、零售商购买。

(2) 交易以直销为主,地理位置相对集中 化工工业品的销售通常是工厂之间直接交易,当一个用户工厂从网络、专业杂志或新产品发布会等信息中获得某工厂生产它们所需要的原料的信息,一般都会直接联系购买,互相走访、洽谈,最后成交。化工工业品也有一些交易市场,但这些交易市场更多的是信息市场、虚拟市场,很少有像超市、商场那样的实物市场,某些产品交易会也只能选择性地摆放少量产品的样品。

购买者在地域上的相对集中是由产业布局的区域结构决定的。由于历史和地域资源的原因,产业布局结构各不相同。我国目前已建成天津经济技术开发区化学工业区、辽宁省鞍山市东北化工建材城、太原化工市场、江苏长江塑料化工交易市场、山东省临沂市鲁南化工市场、宁波中国液体化工产品交易市场六大化工类专业市场,形成了生产者购买较为集中的目标市场。购买者多数希望直接与供给者打交道,一方面,供给商能够保证按照自己的要求提供产品,另一方面又能与供给商密切关系,保证在交货期和技术规格上符合自己的需求。

(3) 化工产品的产业需求大多数属于消费者直接需求的衍生需求 化工企业对生产资料的需求,常常取决于消费品市场对其产品的需求,被称为"衍生需求",就是生产者购买需求归根结底是从消费者对消费品的需求中衍生出来的。目前世界上轻型汽车、轿车的保险杠、仪表盘等通常都是工程塑料制品,轮胎是橡胶制品,轻型汽车、轿车的生产量越大,工程塑料和橡胶的需求量也越大。在这里,属于化学工业品的工程塑料和橡胶就成了汽车工业的派生需求。

(4) 化工产业市场的总需求受价格变动的影响并不大,在一定条件下,产业市场的需求波动性较大 首先,化工原料供应稳定,重复购买,需求弹性和变化较少。例如,一个制造尼龙袜的工厂可以生产出花样繁多的尼龙袜,但它的原料都是尼龙丝(聚己内酰胺合成纤维,俗称锦纶、尼龙),这个工厂只要生产尼龙袜,就需要购买尼龙丝,它的需求缺乏弹性和变化。其次,生产者对于生产资料的需求比消费者对消费品的需求更易发生波动。消费者需求的少量增加能导致生产者购买的大大增加,这种现象被称为"加速原理"。企业营销往往实行多元化经营,以减少风险,增强应变能力,因而生产者的购买变化很大。再者,在生产者市场上,在工艺、设备、产品结构相对稳定的情况下,生产资料的需求在短期内缺乏弹性,购买者对产品的需求受价格变化的影响不大。例如，皮鞋制造商既不会因皮革价格上涨而减少对皮革的需求量，也不会因为价格下降而增加需求量。

（5）购买人员专业化，个人难作决定，成交周期长　由于化工产品生产者购买的批量都较大，采购者个人或某个经理无法做出决定，需要根据计划提出的品种、规格、型号、材质、数量和期限购买物资，有关技术要求、货款的支付会同主管领导、工程技术人员、财会人员和厂长商榷之后才能确定，具体购买形式和批量需要经过专家组进行评估，或者由决策班子讨论后才能决定，初次成交所花费的时间长。如新上一个化工项目，生产工艺确定后，购买什么型号的设备，购买哪一家的设备，采用哪一家生产的某一种原料都要仔细考究。生产者购买必须符合企业再生产的需要，对产品的质量、规格、型号、性能等方面都有严格的要求和系统的计划，通常需由专业知识丰富、技能有素的专业采购人员负责采购。要求营销企业向采购员提供详细的技术资料和贴切的产品服务，密切供购关系。

在工业品的质量和供应时间上有一定的要求。工业品的质量直接影响着生产者产品的质量，工业品的质量要符合化学的、物理的性能要求。供应时间是保证生产者进行正常生产经营的条件，既不能推迟，也不能过早。

3. 生产者市场与消费者市场的特征比较

化工产品市场的特点使其具有独特的营销方式，化工产品生产者市场与消费者市场存在明显区别，要点的比较列示见表3-1。

表 3-1　化工产品生产者市场与消费者市场的特征比较

特征分类	生产者市场（化学工业品）	消费者市场（化工日用品）
购买的目的性	为了生产出市场需要的产品，要以销定产，决定所需购买的数量，既不能多，也不能少	家庭或者个人日常消费所需，适当预备，用完再买
购买的理智性	是技术性很强的理智性活动，购买化学工业品必须考虑质量、品种、规格、价格、供货期及售后服务。	受电视、报纸等媒体广告，亲友的推荐，自己以往的经验、嗜好倾向引导
购买的组织性	根据每个购买组织自己的目标、政策、程序、组织结构及组织系统的要求而进行。	一般缺乏组织性。大额购买时有家庭成员讨论或组团购买
购买的环境性	受当时的经济、技术、政治环境及文化、竞争环境的影响	很少受购买环境影响，偶尔会受展销会、博览会气氛的影响
个人动机性	参加购买决策的每一个人的年龄、收入、受教育程度、职业、个性及对风险的态度不同，导致每个人的购买动机不同	无
成交额	成交额大、成交周期长	成交额小、当场成交、个人可作决定
营销渠道	通常是工厂与工厂间直接交易，以直销为主	通过批发市场、超市、商场销售；以渠道销售为主
营销对象	工厂或单位	消费者个人或团购
营销方式	关系营销、人员推销	品牌促销、价格促销
交易内容	生产资料	消费资料、生活资料
广告宣传	以专家论证会、技术研讨会、产品订货会、专业杂志等传播为主	以广播、电视、报纸等大众传媒为主

4. 化工产品生产者市场的开发

工业品的营销除了收集反馈市场信息、商务谈判外，还必须承担技术指导工作和售前、售后的服务工作，必须与用户的各个不同职能部门打交道，比消费品的营销复杂得多、困难得多，同时营销金额也大得多。

市场开发是工业品生产企业营销活动最重要的环节,是实现工业品进入市场"惊险一跳"的关键,因此更值得认真研究和深入探讨。市场开发不仅包括如何将产品打入市场,而且还包括如何根据市场需求及其特征设计和开发新产品。所以,市场开发是指发现市场需求、寻求满足方式和促使市场接受等方面工作的组合。

(1) 化工产品市场开发的方式 按照市场与产品两个方面的差异,化工产品市场开发的方式可以从两个维度,按四种模式展开,见表3-2。

表3-2 工业品生产企业市场开发形式

产 品	原有市场	新市场
原产品	市场渗透	市场转移
新产品	产品开发	多元化经营

市场渗透是以原有的产品组合在原有的市场进行挤占或拓展销售。产品开发是针对现有市场的需求开发某种新产品,仍通过原有市场销售,这时能够充分利用与原有客户的良好合作关系。市场转移是把已有的产品投入或转移到新的细分市场上,扩大产品的市场应用。多元化经营是指企业将所开发的新产品推向新的目标市场,力争在多种产品、多个细分市场上全面发展。

(2) 化工产品市场开发的内容和程序

① 市场预测和营销调研 市场预测是根据过去和现在的已知信息,运用已有的知识、经验和科学方法,对市场的未来发展趋势做出估计和判断。有关化工产品市场开发的内容和程序在本书第一章已有介绍,在此不予赘述,只将其中用到的原理和涉及的内容罗列如下。

化工产品市场预测和调研常用的基本原理有惯性原理、类推原理、相关原理等。内容涉及市场潜量预测、销售预测、产品预测等。

化工产品市场开发的调研一般要经过以下几个步骤:确定调研目标、确定调研项目、调研前的准备、组织实施调研、资料分类整理、资料分析和总结等。

② 市场开发策划 经过市场预测和营销调研,确定该产品的市场对企业还有机会(利润发展空间)后,就应该进行市场开发的策划。

市场开发策划是指通过机会及风险问题的分析,确定开发行动方案,并制定控制体系以监控行动方案的执行,最终实现营销目标。

a. 机会与风险分析。分析开发出的产品在市场上能达到相似性能、相似成本的产品的数量及其市场占有率,各自的优势与劣势,各自的营销能力和技术实力。比较自己产品的市场机会和竞争能力、自己产品及相关资源的不足之处,以便采取相应的对策,制定适用可靠的营销方案。

b. 确定目标。确定市场营销目标和财务目标。市场营销目标是指该种产品每年的销售额和增长率、市场占有率、利润率等。财务目标即是公司所追求的长期投资收益率、投资回收期、利润及必须控制的应收账款和呆账等。

③ 制定产品开发计划 如果不是原有产品的渗透和转移市场开发,则应制定产品开发与组合计划,包括新产品开发、新产品试销和试用、信息反馈及产品改良、商业化生产计划等。

有关化工新产品开发计划的内容和程序将在本书第四章的章节中介绍,在此不做赘述。

④ 商业化生产与营销 将拟推向市场的产品经过现场试用、市场试销并改良后,接下来就是以标准化的方式进行正常生产和营销。化工产品市场开发的行动方案一般包含以下内容。

a. 确定由哪些人员组成该产品的营销小组,对技术专家、销售骨干、市场服务人员进行合理搭配。

b. 选择在哪些地域进行市场开发，如国外市场，或者国内工业相对较发达、经济运行良好的东南沿海城市上海、深圳、广州或者是市场欠发达、竞争相对平缓的中西部地区等。

c. 确定在哪些行业、哪些企业进行营销活动，如涂料、胶黏剂、洗化用品、汽车制造、冶金行业等。

d. 确定入市的最佳时间，如年中或年底（初）、重要节日期间、专业产品展销会、订货会等。

e. 入市前的促销方式，如广告、展销、宣传及其他促销手段等，并对以上活动进行资金预算以控制产品进入市场的成本。

f. 准备销售工具，如产品说明书、使用手册、性能对比资料、使用成本比较等。

g. 制定控制体系，监控和调整行动方案的执行情况、营销目标和财务目标的实现状况。

二、影响生产者购买决策的因素

化工产品产业市场是指购买化工产品用于生产其他商品或服务而取得利润的所有组织机构。与直接消费品的购买活动相比，产业购买者的次均交易额更大，涉及的品种更多，决策过程更复杂。生产者对化工产品的购买包含从购买原料直到分销产品的所有职能，这就是所谓的"原料管理"概念，包括购买、库存控制、运输、进货和生产控制，其目标是使公司所有材料成本降到最低。公司的购买决策是采购组织中许多成员所从事的一整套复杂的活动，是一个有组织的决策过程。

1. 生产者购买行为分析及类型

生产者购买行为是指一切购买产品或服务，并将之用于生产其他产品或服务，以供销售、出租或供给他人消费的一种决策过程。生产者购买行为分析是提供生产资料产品企业营销的研究重点，只有了解了生产者购买行为特点，把握生产者购买行为的规律性，才能制定相适应的市场营销组合策略，在满足生产者需求的同时，实现企业自身的营销目标。

（1）购买对象　化工工业品市场的购买对象主要有原材料、加工过的材料、零部件、消耗品、生产设备和无形产品。其中，原材料包括各种天然开采或种植的化工资源。天然开采的化工资源如各种化学矿、煤矿、石油原油、天然气等，种植的化工资源如橡胶树（天然橡胶的原料）、麻风树（生物柴油的原料）等。加工过的材料指经过一次或数次加工的中间体，如有机化工原料、无机化工原料、高分子聚合物等。同一种加工过的材料会有多个生产商，而这类材料不可能像终端商品那样在规格、款式上变换花样。零部件是已加工好的产品，但这种产品只是终端商品的一部分，如电话机壳、小轿车保险杠、塑料眼镜架等。消耗品指日常维修、办公所需要的，但又不进入到所生产的产品实体中去的用品，如润滑油、玻璃清洗剂、水性笔、复印机用的墨粉，等等。生产设备指生产过程用的设备、机械、建筑物等，如反应塔、反应容器、各种化工泵、厂房等。无形产品指服务和劳务，如工艺技术、专利权、运输、安装、调试、人员培训、保修等。

（2）客户需求　了解与挖掘客户需求是寻求化学工业品营销的敲门砖。但怎样才能找到客户，怎样才能知道客户有什么需求，在了解了客户需求之后如何与客户建立关系，以下是寻求客户需求、建立客户关系的三个步骤。

① 确定寻找哪一类客户　假如你是销售汽油、柴油、液化气的推销员，当前油价飞涨、供不应求，不用你找，别人会找上门来。假如你是销售有机化工原料、高分子材料、食品或饲料添加剂等其他类型化工产品的推销员，则要从朋友、广告、电话簿黄页、公众媒体等方面收集信息，并按门类分别找到使用这些产品的生产者单位。

② 了解客户需求　了解客户需求最直接的方法是开展客户调查。客户调查方法较多，最常用的是"6W3H"调查方法。"6W3H"调查方法是自问式调查，在对自己产品的性能与应用范围熟知的基础上，针对市场上的每一个潜在购买者提出以下九个问题，并通过对客户的走

访和自我思考，就能清楚地了解购买者是谁（Who）、在哪里购买（Where）、为什么要购买（Why）、购去做什么的（What）、做得怎样（How）、将购买多少（How much）、什么时候买（When）、购买过程多长（How long）、有哪些需求（Which）等。了解客户，使客户的需求明确化，才有可能从众多的客户中找到你想要的客户。

③ 建立客户关系　营销人员仅仅做到了解客户需求还不够，其最终目的是与客户建立关系，使客户接受你，成为你产品的接受者。建立良好客户关系的技巧有四条：

a. 对客户给予充分的认同与肯定。每个人都有一个共同的心理，那就是希望别人认同或肯定自己。肯定客户的人，肯定客户的思想，你和客户的距离才能拉近。肯定别人时通常说的五句话是："您这个问题问得很好"；"我理解您的心情"；"您讲得很有道理"；"我明白您的意思"；"我完全同意您的观点"。

b. 赞美与表扬。赞美与表扬是更高层次的认同与肯定。切记在赞美与表扬时应注意语调要热诚、由衷、生动，不要像念经一样；表达要简单、顺畅、富有亲和力；赞美的内容要有新意，赞美别人想不到的地方；赞美的内容最好与客户的公司、家庭、同事、亲人有关，让对方有亲切感。如果对方接受你的赞美而不反感，你建立客户关系的任务就算完成一半了。

c. 倾听与重复。倾听让人感觉受到尊重。有时，客户所说的内容你已经听清楚了，你也可以客气地说："对不起，能把您刚才的话再重复一遍吗？这个问题我觉得非常重要。"让客户感觉到你在认真地倾听，显示出他在你心目中的位置十分重要，表达你对他的尊重、关切和认同，你与客户的沟通将得到进一步加深，关系将进一步融洽。

d. 总结与评价。在谈话结束时，把对方的话总结一下，同时加上自己的评价。例如："李经理，您刚才说的三点：一、聚丙烯的价格问题；二、聚丙烯的颗粒大小问题；三、聚丙烯的分子量分布问题。其中第一、二个问题别人也经常提起，我们会加以考虑，而第三个问题一般人没有您考虑得那么专业，您真说在点子上啦！"总结与评价的目的是让客户感觉你理会的与他讲的是一致的，建立起一种亲和感，同时你也不要忘记赞美他两句，认同他的观点。

在与客户建立关系方面，中国工业品实战营销创始人丁兴良提出的"同流不合污"原则也十分形象：不能同流，怎能交流；不能交流，怎能交心；不能交心，怎能交易；不能交易，怎能交钱。

(3) 购买行为

① 购买的类型　有关化工产品生产者购买的类型已在本章第一节第一个问题中做过叙述，分为增新购买、修正重购和直接重购三种。在市场竞争激烈的今天，生产厂商必须在产品质量、产品价格、服务态度几个方面同时努力，才能使原有的客户保持直接重购，维持老关系，也才能利用客户修正重购和增新购买时产生的机会拓展新客户。

② 购买决策的参与者　不同企业参与购买决策的人数大不相同。小企业一般只有1~2人；大型企业可能由一名企业高级主管（如营销副总）带领一批人组成采购团队。

购买决策的参与者一般包括五种人：a. 实际使用者，实际使用欲购买的某种产品的人员往往首先提出购买某种所需产品的建议，并提出购买产品的品种、规格和数量。b. 影响者，一般是企业内部和外部直接或间接影响购买决策的相关部门的技术人员、设计人员和工艺管理人员，他们通常协助决策者决定购买产品的品牌、品种、规格。c. 采购者，在企业中负责采购工作的专业人员，在较为复杂的采购类型中，采购者还包括那些参与谈判的公司公关人员。d. 决定者，按采购权限，小件低值品的采购员可以决策，部门经理可以决策中等价值的采购，大型采购一般需要公司的营销副总决策，再大额的可能要召开公司董事会才能决策；在标准品的例行采购中采购者经常是决定者；而在较复杂的采购中，企业领导人经常是决定者。e. 信息控制者，在企业外部和内部能控制市场信息流到决定者和使用者那里的人员，如企业的采购代理商、技术人员和秘书等，这些人起着隔断生产厂商和购买者之间信息沟通的作用，而把双方的信息控制在自己手中。

同样的产品可能会有完全不同的购买模式，不同的组织在购买时拥有不同的购买经验和信息。因此营销人员在具体的营销过程中注意力的重点应放在顾客而非产品上。从决策的角度分析，直接重购属于常规型决策，决策过程简单，决策项目少，容易掌握其规律。增新购买最复杂，影响采购的因素多，参与决策人数多，决策项目多，客户要围绕许多项目拟订若干采购方案，从中择优实施。但是，无论哪种方案都存在着风险。因此供货商应充分了解并尽量满足客户的各项决策要求，采取有效措施减少风险，赢得用户的信赖。修正重购的情况和决策复杂程度介于直接重购和增新购买之间，供货企业也应了解其各种要求，采取相应的营销策略。

营销人员要熟悉各类业务单位购买的决策参与者，了解谁是决策人、明了参与者中每一类人员的作用，以便有的放矢，制定出有效的营销策略，影响有影响力的重要人物。

2. 化工产品生产者市场的购买过程

采购决策过程直接影响最终的采购选择。通过对采购决策过程的研究，可以帮助销售人员更能恰如其分、有针对性地为客户提供服务，提高销售成效。一般来说，工业品客户的采购决策过程由发现需求、内部酝酿、采购规划、评估比较、购买承诺、签约实施六个环节构成。作为优秀的销售人员，需要准确把握客户在采购决策过程中的心理活动与行为，采取适当措施，唤起并强化客户的需要，给客户提供采购参考资料，辅助其进行系统规划、评估比较等。这样，既可以比竞争对手获得更有利的位置，又可以及时促成客户作出采购决策，尽早实施采购行为。

产业购买者购买过程阶段的长短取决于其购买情况的复杂程度。在直接重购这种最简单的购买类型下，其购买过程的阶段最短；修正重购情况下，购买过程的阶段多一些；而最为复杂的增新购买形式，其购买过程的阶段最多，要经过如图 3-1 所示的六个阶段。

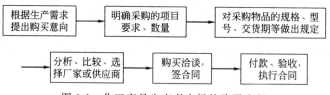

图 3-1　化工产品生产者市场的购买流程

(1) 根据市场需求，提出购买意向　客户的购买过程以发现需求为起点。需求的提出，既可以由内部的需要引起，也可以由外部的刺激引起。内部需要指因为企业组织根据生产、经营活动的需要，决定生产新产品，需要新设备和原材料；或因存货水平开始下降，需要补充生产原料；或因发现过去采购的原料质量不好、不符合要求，需更换品种，产生某种以购买方式解决问题的意图（包括自制解决），进而形成采购需求。外部刺激指组织受新技术、新产品的吸引或受同业先进产品的影响而产生的需求冲动。如商品广告、营销人员的上门推销等使技术人员或采购人员发现了质量更好、价格更低的商品，促使他们提出采购需求。

化工产品营销人员应该注意并发现引起客户兴趣的内外部因素，充分体察相关问题，如是什么原因驱使客户做出采购决定，采购中客户最关心什么，客户想解决什么样的问题等。而且，采购需求强度会随着时间、内外部诱因而发生变化，如季度交替、经营状况、环境变化等。虽然参与工业品采购的人员一般都比较复杂，包括决策者、管理者、财务、技术、使用者、维修者等，但真正发现需求的一般是使用者。

(2) 明确采购项目的要求和数量　企业基层提出的采购需求报到上层，上层考虑是否需要采购，如确实需要采购，数量是多少，需要多少经费预算等。这一阶段的工作主要是收集内部与外部信息并予以对比、评估，比如当前问题（或需求）是否需要由采购解决，是否可由自制完成，如果需要采购，应该选用哪一类产品及服务，产品或服务市场状况及大体价格，各种解决方案的效果预测以及财务预算，甚至采购时机、采购方式、采购地点等。简单的采购由采购人员直接决定，而复杂的采购，则须由企业内部的使用者和工程技术人员共同决定。在这个阶段，客户内部相关人员一般都会参与其中，先由使用部门提出请求，再由技术部门评估，财务部门提出可行性报告，最后由决策者决定，各部门都会起作用。采购单位的专家小组要对所需品种进行价值分析，并写出文字精练的技术说明，作为采购人员取舍的标准。最后，购买者还要把各种物品的技术特性要求、规格和数量的详尽的明细表格交由主管部门审核，并报营销副总或采购例会讨论批准。这里最关键的是要不要采购，预算是多少，关键角色在决策层。

供货企业的市场营销人员要运用价值分析技术向顾客说明其产品所具有的良好性能。

(3) 对采购物品的规格、型号、交货期等做出规定　明确采购项目后，接下来就是对采购物品的规格、型号、交货期等做出规定，采购规划阶段是客户采购决策过程中非常重要的环节。通常，在采购规划阶段客户会全面了解、平衡、评价产品属性（即产品的特性、使用性能等能否满足需要），属性权重（即对产品属性的关注程度），企业实力及品牌（即对行业品牌的综合看法）等，拟订采购明细单（规格型号、数量、价格、价值等），寻找合格的潜在货源（查询工商名录、网络资料、行业刊物广告等），取得并分析采购方案（询价并索取样板、约见销售代表、审查报价单）。其中，采购组织最关心的问题和需求在此阶段会更加具体细化，进而转化成采购指标。

由于化工产品的采购多数具有较高技术含量，这一阶段客户需要销售人员、专业人士的帮助。因此，销售人员要非常清楚潜在客户对产品或服务会从哪些方面进行评价选择。一般来说，客户的信息来自三个方面：首先是经验或阅历，即从产品的使用、体验中得到经验、教训，这类信息较为直接、真实、可靠，是客户做出采购决策的基本点；其次是第三方信息，即通过同业伙伴、设计院、亲朋好友、熟人途径得到信息，具有评价作用，这类信息对决策影响较大；再次是商业信息，即通过供应商广告、中间商、销售人员、展示会等途径得到信息，这类信息比较广泛，信息量充足，能起到提醒、强化品牌印象等作用。

(4) 分析、比较、选择厂家或供应商　采购方经过上述三个步骤的工作，即可将具体的采购指标（或标书）对外发布。在采购意图向采购决定转变的过程中，规避风险意识占有较大比重，而对风险的感知多数来自外部的信息。客户修正、推迟或者回避某一采购决定，往往是感知某种风险的存在。任何人（当然包括采购组织成员）在处理问题时总是希望降低事物的不确定性和风险，因此，采购人员才会选择沿袭过去的、传统的规矩做法，宁愿选择熟悉的、已有过合作的（或同行普遍选择的）供应商，回避修正重购带来的风险，同时也会将一些较大的订单分到两个或更多的供应商，或者采用参观供应商工厂、与同行研讨、向上级领导咨询请示等降低风险的方法。采购指标的形成与发布，预示着分析、比较过程的开始。

准备投标的厂家拿到采购指标（标书）后开始制作方案。这个阶段，不管销售人员如何推荐产品的其他优势，客户都不会轻易改变采购指标，所以，沟通与交流、推荐产品特征必须在评估比较阶段之前完成。

在收到多个供应商的"投标"资料后，采购者应根据资料选择比较满意的供应商。不仅要考虑其技术能力，还要考虑其能否及时供货，能否提供必要的服务。遴选的主要参数是：产品质量、产品价格、交货快慢、企业信誉、产品品种、技术能力和生产设备、服务质量、付款结算方式、财务状况、地理位置。在最后确定供应商之前，还要与供应商面谈，争取更优惠的条件。不少企业为了避免受制于人，同时又使供应商之间有所竞争，最后可能会确定几个供应商。当然，在所确定的几个供应商中，必定以一个为主，其他几个为辅（如采取 6∶2∶2 的比例构成）。

因此，供应商的营销人员应根据市场情况，写出实事求是而又别出心裁，能打动人心的产品说明和"投标"文件,力求全面而形象地表达所推销产品的优点和特性,力争取得交易成功。

(5) 购买洽谈,签合同 根据采购立项中选定的品种、数量、金额,采购部门制定出采购标准(有时也称"标底")确定订货条款(技术规格、数量、交货时间、验收与退货办法、保障要约等)。

为了得到更优惠的商务条件,客户一般会同时与两家以上的供应商进行竞争性谈判,进一步评估比较,以获得更优惠承诺。在讨价还价过程中,买卖双方的地位并不是完全平等的,供应商会稍微处于不利的地位。所以,销售人员只有通过谈判来保护自己的利益,并争取获得订单。

(6) 付款、验收,执行合同 签约实施是客户采购过程中最为重要和关键的环节。在此之前的环节,都是铺垫和基础,并没有导致交易行为的发生。前五个阶段都是销售人员努力说服客户购买自己的产品,但到了这个阶段,则变成客户"求"供应商按合同认真履行承诺,准时交货。作为优秀的销售人员,要非常重视客户的签约实施这一环节。有人认为,经过艰难的讨价还价,在签约实施阶段可以轻松一下。实际上,这一阶段一定要谨慎,在客户付款前放弃交易的例子不胜枚举。究其原因,大多是销售人员在签约实施阶段的一些细节问题处理不当造成的,如销售人员态度的转变等。签约实施阶段存在买卖双方角色地位的细微变化,销售人员切不可放松大意,这是最能体现供应商服务水平的时候,也是最能打动客户、建立长久合作关系的时机,特别是当客户出现困难时更应主动关心、帮助,以此获得信赖,赢得重复采购的机会,也为竞争对手进入设置了较高屏障。

3. 生产者购买行为的影响因素

在化工产品的生产者购买中,由于采购主体是工厂组织,参与采购的人员相对较多,采购过程相对较长,也比较复杂,因此影响采购决策的因素相对也较多。所以,有必要对影响工业品顾客采购行为的主要因素进行分析,以了解和掌握采购过程中影响决策的关键点,使营销工作做到有的放矢、事半功倍。如前所述,客户的采购决策过程是一个动态的、交互式的过程,而且采购决策行为会因客户的特点及其所处的情境有所差异。美国的 Frederick E. Webster 将影响工业品购买行为的影响因素概括为四类:环境因素,如宏观经济的运行状况;组织因素,如组组织的规模大小等;人际因素,如成员的组成和角色等;个人因素,如个人的偏好等(如图 3-2 所示)。一个优秀的营销人员总能正确地分析这四个方面的因素,从而在产品、价格、

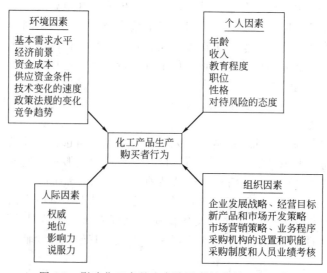

图 3-2 影响化工产品生产购买者行为的四类因素

分销渠道和促销的策略上做出及时准确的响应。

(1) 环境因素　工业品购买者的需求并不是孤立的，他们总是受到一系列外部环境力量的影响。有关立法的变动、科技的革新进步或者经营条件的改变都有可能大大改变企业的采购计划。企业的一切买卖活动都是在一个宏观的大环境下进行的。一般来说，有四种主要的环境力量影响着生产者购买的行为，包括政治与法律、经济、科技、人口与收入等，这些影响的表现形式和途径在前面第二章里已经介绍过，此处不再重复。

环境因素是企业的外部因素，指国家经济状况、市场需求状况、通货膨胀、资源供给状况、技术发展状况、国家政策法规改变等。在影响化工产品生产购买者行为的诸多因素中，经济环境是最主要的。生产资料购买者受当前经济状况和预期经济状况的严重影响，当经济不景气，或前景不佳时，工业品投资就会缩减，企业就会减少采购，压缩原材料的库存和采购。例如当石油产品汽油、柴油价格涨得太高时，购买者就会去寻求其他低价的替代品如生物柴油、乙醇或减少购买。此外，生产资料购买者也受科技、政治和竞争发展的影响。

需要注意的是，当环境因素的不确定性很高时，购买者所需的信息也就越多，也就需要有更多的人参与到购买过程中去。营销者要密切注意这些环境因素的影响，力争将问题变成机遇。

(2) 组织因素　每个企业的采购部门都会有自己的目标、政策、工作程序和组织结构。组织因素指生产者用户自身的有关因素，包括企业目标、企业政策、采购程序、组织结构和制度体系等。在组织机构中，营销人员要注意的是企业采购组织的内部分工、采购组织具有的决策权力。另外还要了解企业是实行集中采购还是分散采购。营销人员必须了解的问题有：生产者用户的经营目标和战略是什么；为了实现这些目标和战略，他们需要什么产品；他们的采购程序是什么；有哪些人参与采购或对采购发生影响；他们的评价标准是什么；该公司对采购人员有哪些政策与限制；等等。比如，以追求总成本降低为目标的企业，会对低价产品更感兴趣；以追求市场领先为目标的企业，会对优质高效的产品更感兴趣。有的公司建立采购激励制度，奖励那些工作突出的采购人员，将导致采购人员为争取最佳交易条件而对卖方施加压力。有的公司实行集中采购制度，设立统一的采购部门，将原先由各事业部分别进行的采购工作集中起来，以保证产品质量、扩大采购批量和降低采购成本；这种改变意味着供应商将同人数更少但素质更高的采购人员打交道。有的公司提高了采购部门的层次并起用高学历人员，供应商也应当提高销售部门的层次，派出高级别和高学历的销售人员，以便与买方的采购人员相称。

(3) 人际因素　人际关系指企业中采购系统内部人员之间的关系、与采购系统相关人员之间的关系。这是一种非常复杂、非常微妙、非常隐蔽又只可意会、不可言传的关系。营销人员要小心处理这种关系，否则一着不慎，满盘皆输。人际因素指生产者内部参与购买过程的各种角色（使用者、影响者、决策者、批准者、采购者和信息控制者）的职务、地位、态度和相互关系对购买行为的影响。

采购经理的购买决策总是会受到组织内各种团体或个人力量的影响，而这种团体力量的影响在不同的购买类型中又各不相同。在直接重购时，采购经理可能只会稍稍考虑到这些团体和个人的偏好，然而在增新购买中，这些团体在购买决策程序中则起着非常重要的作用。对于销售人员来说，必须弄清有关购买组织的这样三个问题：一是哪些组织成员参与了购买过程？二是参与购买过程的组织成员所产生的影响相对重要程度是怎样的？三是对每一个参与购买的组织成员来说，哪些是评价供应商的重要标准？如果一个销售人员能准确回答以上三个问题，并能很好地满足购买组织的要求，那么这位销售员获得该客户订单的把握就十分大了。

化工产品营销人员必须了解客户购买决策的主要人员、他们的决策方式和评价标准、决策中心成员间相互影响的程度等，以便采取有效的营销措施促成交易的执行。

(4) 个人因素　工业品市场的购买行为虽为理性活动，但参加采购决策的仍然是一个个具体的人，而每个人在做出决定和采取行动时，都不可避免地受其年龄、收入、所受教育、职位和个人特性以及对风险态度的影响。个人因素指生产者用户内部参与购买过程的有关人员的年龄、学识、个性、职务、爱好、风险意识等因素对拟采购产品或生产厂商的感觉、看法和倾向，进而影响他们的采购决策与采购行为。参与购买过程的每一位成员都会有独特的个人性格，都有个人特殊的经历和特定的组织职能，对于如何实现组织目标和个人目标，每个人也会有不同的看法。比如，有些采购人员是受过良好教育的理智型购买者，选择供应商之前经过周密的竞争性方案的比较；有些采购人员个性强硬，总是同供应商反复较量。

具体地说，个人因素对化工产品购买行为的影响主要体现在以下三个方面：

① 评价尺度　评价尺度是指购买者用来比较同类产品和服务的标准。这些评价尺度有可能会是相互冲突的。产品的使用者强调及时交货和使用简便，技术人员则注重产品质量和标准化程度，采购人员则更关心价格优惠和装运的有利条款。

个人对于产品的理解和评价尺度的差异源于个人不同的教育背景、面对的信息类型和来源，以及对有关信息的解释和记忆，也源于以往采购经历的满意程度。工程师和采购经理、采购员有着不同的教育背景，阅读不同的杂志，参加不同的会议，拥有不同的职业目标和价值观，所以销售商的低报价可能会对采购经理产生很大的吸引力，但对于使用者和技术人员的吸引力则弱化很多。

② 降低风险的策略　每一个采购人员都希望能降低采购决策的风险。这种风险来源于两个部分：一是决策结果的不确定性，二是错误决策所产生的严重后果。一般来说，购买者决策者有四种降低风险的策略：降低外部不确定性（如访问参观供应商的工厂）；降低内部不确定性（如与其他采购人员协商、探讨）；防止不良后果的外部处理（如供应来源多元化）；防止不良后果的内部处理（如事先向上级主管咨询、汇报）。

③ 个人决策与集体决策　购买行为的决策究竟是个人还是集体，取决于具体的公司结构以及购买风险：一般来说大公司倾向于集体决策，越是分散化的企业，越有可能采用集体决策；购买行为风险的预期值越高，集体决策的可能性越大；如果是增新购买，集体决策的可能性大；时间压力越小，集体决策则显得更从容、更合理。

对做生产资料供应的营销人员来说，开展营销活动的关键是了解目标企业采购环节的组成人员，他们各自所具有的相对决定权以及决策方式，以便采取富有针对性的营销措施影响最有影响力的重要人物。

4. 大宗化工原材料的购买流程及招投标采购

对于工业企业来说，大宗原材料类物资占用了约 60% 的流动资金，主要包括生产使用的直接原材料如钢铁企业的矿石类原料、化工行业的化工原料、烟草行业的烟叶、机械行业的钢材、纺织行业的原棉等，以及生产辅助性的材料和一些燃料如煤、汽油、包装物、添加剂等。大宗原材料物资采购的特点是：一般种类较少，数量级在千种以内；每批次的采购数量多，金额较大；通常按合同采购；备货式采购；供应商通常为企业的主要关系供应商；采购通常需要准确计量；有些物资需要质检分级，实行优质优价结算。

(1) 大宗化工原材料的购买流程　大宗化工原材料的购买流程如图 3-3 所示。

具体运作步骤如下所述。

① 首先由企业质检部门根据该类物资的质量控制与检验项目，制定优质优价标准。定义哪些检验项目与结算数量和价格相关。

② 大宗化工原料的采购，供应部计划员通常要给采购部下达采购订单，由采购员与供应商签订购销合同，合同中具体定义该类物资的品名、型号规格、质量验收标准、交货地点、结算方式、质量承诺、售后服务和违约责任等条款，对某些具有不同品级和含量要求的商品往往

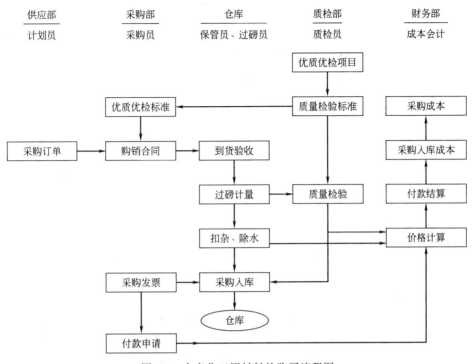

图 3-3 大宗化工原材料的购买流程图

还要写明优质优价的评议标准,以便执行优质优价的货款结算。

③ 生产厂家或供货商遵照购销合同按时、按质、按量办理商品的发运,确保满足需求方的生产和工艺要求。

④ 大宗物资通常由火车或汽车运输。货物到达后,需要进行点件计数,过磅称量。如发生品目不符、件数不对、包装损坏、短斤少两、外观污损等情况,应立即通知供货方派人前来验证,此批次货物暂不予验收入库。

⑤ 验收、过磅计量通过后,通知采购方质检部门根据合同议定的质量检验标准进行抽样、检验。具体的抽样方法和取样数量可以参照国家或行业的相关标准执行,也可由双方逐批次议定。

⑥ 质检合格后,仓库即可验收入库,根据过磅结果进行扣吨计算,主要是除水、除杂,得到真正的结算入库数量。

⑦ 采购部门依据质检情况通知对方收货方确认的入库结算数量,供应商依据确认的数量和价格开具增值税发票寄交给采购员,采购员收到符合要求的售货发票后向财务部提交付款申请。

⑧ 财务部依据采购发票、采购入库单(主要是除杂、除水后的数量)和质检部门提供的质量检验结果进行价格计算(复核),再依据应付情况进行付款结算。

⑨ 最后由财务部门根据货款,企业管理费分摊,财务费用(流动资金周转率、银行利息贴现等)确认采购入库成本和采购成本。

(2) 大宗化工原材料的招投标采购 除了直接重购类型的购买行为外,对于大宗化工原材料的增新购买、修正重购,生产者更乐意采用招、投标的形式进行交易,一方面可以获得更优惠的价格与服务,另一方面也能体现对众多供货商的公允,增加对方的竞争和忧患意识。

化工产品的招标方式基本分为三类：选型招标、独家明标和独家暗标。目前大多数企业采用选型招标的方式。选型招标的做法是：通过资料查询比较，先选定几个生产厂商，向他们发出招标采购邀请书，要求他们在一定时间内返回招标应答书；然后，根据生产厂商的招标应答书、生产实力、信誉以及参投标过程中评委专家的意见等进行综合评价；最后，确定中标单位。物资采购的招标投标的基本程序是：编制招标文件、资格预审、投标、开标、评标、定标、签订合同等，其具体的招投标采购流程见图3-4。

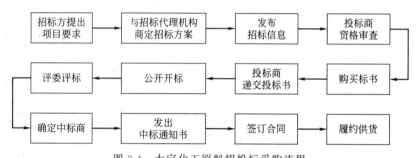

图3-4　大宗化工原料招投标采购流程

① 招标　招标采购是指采购方根据已经确定的采购需求，提出招标采购项目的条件，向潜在的供应商或承包商发出投标邀请的行为。公开招标应当发布招标通告，招标公告应当通过报刊或其他媒介（如政府采购网）发布。招标通告应当载明下列事项：招标人的名称和地址；招标项目的性质、数量；招标项目的地点和时间要求；获取招标文件的办法、地点和时间；对招标文件收取的费用；需要公告的其他事项。在这一阶段，采购机构应该完成的工作主要有：确定招标代理机构和采购需求，编制招标文件，确定标底，发布采购公告或发出投标邀请，进行投标资格预审，通知投标商参加投标并向其出售标书，组织召开标前会议等，这些工作需要招标代理机构协助进行。

② 投标　投标是指投标人接到招标通知后，根据招标通知的要求填写招标文件，并将其送交采购机构的行为。在这一阶段，投标商所进行的工作主要有：申请投标资格，购买标书，考察现场，办理投标保函，算标，编制和投送标书等。

③ 开标　开标是招标代理机构在预先规定的时间和地点将投标人的投标文件正式启封揭晓的行为。开标由招标代理机构组织进行，但需邀请投标商代表参加。在这一阶段，招标代理机构官员要按照有关要求，逐一揭开每份标书的封套，开标结束后，还应由开标组织者编写一份开标会纪要。

④ 评标　评标是招标代理机构根据招标文件的要求，对所有的标书进行审查和评比的行为。评标是招标代理机构组织进行的单独行为。在这一阶段，采购员要进行的工作主要有：审查标书是否符合招标文件的要求和有关规定，组织人员对所有的标书按照一定方法进行比较和评审，就初评阶段被选出的几份标书中存在的某种问题要求投标人加以澄清，最终评定并写出评标报告等。

⑤ 定标　是招标代理机构决定中标人的行为，也是招标代理机构的单独行为，但需由使用机构或其他人一起进行裁决。在这一阶段，招标代理机构所要进行的工作有：决定中标人，通知中标人其投标已经被接受，向中标人发现授标意向书，通知所有未中标的投标，并向他们退还投标保函等。

⑥ 签订合同　合同是由招标人将其授予中标人，并由双方签署的。在这一阶段，通常双方对标书的内容进行确认，并依据标书签订正式合同。为保证合同履行，签订合同后，中标的供应商或承包商还应向招标代理机构或采购业主提交一定形式的担保书或担保金。

第二节　化工产品消费者市场的购买行为

与生产者购买相对应，还有一个消费者购买的概念，如绝大部分洗涤用品、化妆品和家用胶黏剂等精细化学品最终为消费者购买，称之为消费者市场。

一、消费者市场及其特点

1. 消费者市场的含义

消费者市场是指消费者个人或家庭为个人消费而购买货物和劳务的营销场所和领域。市场营销观念认为一切生产企业的活动必须以顾客为中心，以市场为导向。如果没有了顾客，失去了市场，所有企业都不可能生存下去。消费者市场是一切市场的基础，是最终产品市场。生产者生产是为消费者市场服务的。

消费者市场的购买对象是多种多样的，按不同的分类标准可以分为不同的类型。

（1）如果按消费者的购买习惯为标准，消费者的购买对象一般分为三类，即便利品、选购品、特殊品。

① 便利品　又称日用品，是指消费者日常生活所需、需重复购买的商品，诸如饮料、肥皂、洗衣粉等。消费者在购买这类商品时，一般不愿花很多的时间比较价格和质量，愿意接受其他任何代用品。

② 选购品　指价格比便利品要贵，消费者购买时愿花较多时间对许多家商品进行比较后才决定购买的商品，如服装、家电等。消费者在购买前，对这类商品了解不多，因而在决定购买前总是要对同一类型的产品从价格、款式、质量等方面进行比较。

③ 特殊品　指消费者对其有特殊偏好并愿意花较多时间去购买的商品，如电视机、电冰箱、化妆品等。消费者在购买前对这些商品有了一定的认识，偏爱特定的厂牌和商标，不愿接受代用品。

（2）按商品的耐用程度和使用频率分类，消费者的购买对象可分为耐用品和非耐用品。耐用品指能多次使用、寿命较长的商品，如电视机、电冰箱、音响、电脑等。消费者购买这类商品时，决策较为慎重。生产这类商品的企业，要注重技术创新，提高产品质量，同时要做好售后服务，满足消费者的购后需求。非耐用品指使用次数较少、消费者需经常购买的商品，如食品、文化娱乐品等。生产这类产品的企业，除应保证产品质量外，要特别注意销售点的设置，以方便消费者的购买。

2. 消费者市场的特点

从交易的商品看，进入消费者市场的产品花色多样、品种复杂，产品的生命周期短，商品的专业技术性不很强，替代品较多，交易过程以产品为导向，重货不重人，因而商品的价格需求弹性较大，即价格变动对需求量的影响较大。从交易的规模和方式看，消费者市场购买者众多，市场分散，成交次数频繁，成交货币值较小。从购买行为看，消费者的购买行为属于一次过程完成，具有很大的可诱导性。由于消费者的需求复杂，购销矛盾频繁。

消费者在购买什么商品以及何时、何地、如何购买等方面具有较大的选择性和灵活性，容易受企业营销活动及其他外部环境因素的影响，这是因为消费者在决定采取购买行为时，不像生产者市场的购买决策那样，常常受到生产特征的限制及国家政策和计划的影响，而是具有自发性、感情冲动性；消费品市场的购买者大多缺乏相应的商品知识和市场知识，其购买行为属非专业性购买，他们对商品的选择受广告、宣传的影响较大。由于消费者购买行为的可诱导性，生产和经营部门应注意做好商品的宣传广告，指导消费，一方面当好消费者的参谋，另一方面也能有效地引导消费者的购买行为。但从总体上看，各种需求又有着某些共性，构成了消费者市场的特点：

(1) 非赢利性　消费者购买商品一般是为了获得某种使用价值，满足自身生活消费的需要，而不是为了赢利去转手销售。消费者购买的商品通常直接进入消费过程，一般不会再回流到流通领域，这些商品将对消费者个人及其家庭的基本生活、身心健康等方面产生直接的影响，因而各国政府一般都制定较为严格的法律对消费者权益进行保护。

(2) 非专业性　消费品花色、品种、品牌繁多，质量、性能各异，消费者一般缺乏专门的商品知识和充分的市场信息，在购买商品时，往往容易受厂家、商家广告宣传、促销方式、商品包装和服务态度的影响。因而他们在购买商品时常常需要卖方的宣传、介绍和帮助。多数情况下消费者的购买行为受个人的感情和印象所支配，广告宣传等促销手段对其购买行为往往起决定性的作用。部分化工日用品是经常消耗的（如洗衣粉），人们对它们非常熟悉，购买前不需要作计划或花费更多的时间去比较、选择，家里缺了，到超市中看到就买，很少需要商量讨论，基本上当场决定，当场成交。

(3) 层次性与复杂多变性　消费者的收入水平不同，所处的社会阶层不同，消费者的需求会表现出一定的层次性。一般来说，消费者总是先满足最基本的生存需要和安全需要，购买衣、食、住、行等生活必需品，而后才能视情况逐步满足较高层次的需要，购买享受型和发展型商品。消费者的差异性很大，对于不同商品或同类商品的不同品种、规格、性能、式样、服务、价格等方面会有多种多样的需求。同时，消费者对商品的需求是苛刻的，也是千变万化的，有对花色、样式的不同需求，有对各种功能的不同需求，有使用方便与否的不同需求。在总量、结构和层次上也不断发展，表现出复杂多变性。随着社会经济的发展、消费水平的提高、消费观念的更新以及消费生活的交互影响，消费需求不仅在总量上不断扩大，结构上也在不断地发生着变化。

(4) 替代性和可扩展性　消费品中除了少数商品不可替代外，大多数商品都可找到替代品或可以互换使用的商品，如肥皂、洗衣粉和洗衣液，润肤霜与营养霜。消费者市场中的商品有较强的替代性，消费者对商品的规格、品质等方面的要求也不如生产者市场的购买者那样严格。人们的需求是无止境的，不会停留在一个水平上，某一种需求满足了，又会产生出新的需求，循环往复，以至无穷，因此，对消费品的购买具有扩展性。

(5) 广泛性、分散性和流动性　凡是有人生存的地方，就需要消费品，消费品市场具有广泛性，从城市到乡村，从国内到国外，消费者市场无处不在。不仅购买者人数众多，而且购买者地域分布广，时间又较分散。消费品市场还具有一定的流动性。随着旅游业的发展，异地购买现象将更加突出。

化工日用品涉及人们的日常生活、办公学习、身体健康、食品、休闲娱乐以及种植、养殖等方面，范围很广。如日常生活常用的肥皂、洗衣粉、护肤品；办公学习用到的墨水、文具、办公用品；保护人们身体健康的各种药类；增加食品色香味的各种食品添加剂；休闲娱乐用的麻将牌、乒乓球、塑胶跑道；种植业用到的各种农药、杀虫剂；养殖业用到的动物生长促进剂、繁殖调节剂等。因此化工日用品市场非常庞大，但又十分分散。相对于化工生产者市场而言，化工产品消费者市场具有购买者众多，每次成交额小的特征。例如超市中购买者众多，但每个购买者仅为其个人或家庭购买，每次在超市购化工日用品的成交额大多数为几十元或几百元。另外，在一个城市中，家庭的户数要远多于该城市企业数。因此化工产品的消费品购买者要多于化工生产者市场的购买者，而每次成交额要小得多。

(6) 渠道销售为主　与化工生产品以直销为主的模式不同，化工消费品的购买很少有人直接找生产厂家的，也很少有人通过网络购物去购买一块香皂、一瓶洗发水。通常，生产厂家也不会为一两支牙刷、一块香皂或一瓶洗发水单独发货。这些商品一般会在批发市场、超市、商场等各种批发、零售渠道中就近购买。

(7) 自发性、流行性和受诱导性　消费者一般是自发、分散地做出购买决策的,不像工业品市场的购买者那样,购买决策与购买行为受组织等方面因素的影响大。但其对化工日用品的需求不仅受消费目标内在因素的影响,还会受环境、时尚、价值观等外在因素的影响。时代不同,消费者的需求也会不同,消费者市场中的商品具有一定的流行性。另外,在化工日用品市场中,消费者的购买行为受企业广告宣传和品牌影响的诱导性较大,购买时更多地掺杂有感情因素或冲动因素。因此,企业的广告宣传和品牌影响力能够左右他们的购买思想,通常广告宣传到位、品牌影响力强的商品易于成交。

3. 消费者购买行为的特征

消费者的购买行为,指的是消费者为满足自己的生活需要,在一定购买动机的驱使下为购买商品所进行的一系列有意识的活动。这一购买过程从引起需要开始,经过形成购买动机、评价选择、决定购买到购买后的评价行为等。研究影响消费者购买行为的主要因素及其购买决策过程,对于开展有效的市场营销活动至关重要。

消费者的购买行为是在消费者特性因素(包括心理特性、个人特性、社会文化特性因素等)的直接作用下发展的,同时也受到一系列外部环境因素,特别是企业市场营销活动的影响。研究消费者的购买行为,要注意了解支配和影响消费者购买行为的各种因素,并将这些因素与消费者在购买过程中的各种活动结合起来进行分析。有人对消费者购买行为进行了系统归纳,认为每一次购买都包括以下七个因素:谁是购买者(Occupants)、购买什么(Objects)、为何购买(Objectives)、如何购买(Operations)、何时购买(Occasions)、何地购买(Outlets)、谁参与购买(Organizations),简称"7O"要素。

(1) 消费者购买行为模式　消费者购买行为的模式,实际上就是外界刺激与消费者购买行为之间的关系。购买者的外界刺激可以看作是一种输入,它涉及两个基本方面:一类是工商企业所安排的市场营销刺激,另一类是其他环境因素的刺激。购买者反应可以看作是一种输出。购买行为模式是连接输入与输出的中间环节,它包括两个部分:一是购买者特性,它决定着购买者如何理解他所面对的需求问题、购买问题以及外界刺激,影响着购买者如何对外界刺激做出反应;二是购买者的购买决策过程,它直接导致购买者的最终选择。

(2) 消费者的购买行为类型　当营销刺激和环境刺激发生时,不同特征的购买者心理发生各种各样的反应,这些反应支配着购买者做出购买决策,并发生相应的购买行为。

① 按消费者购买时的心理特点,可分为习惯性购买、寻求多样化购买、化解不协调购买和复杂购买四种。

对于价格低廉、经常购买、品牌差异小的产品,消费者选择过程简单,不需进行购后评价,只是出于熟悉而购买,是习惯性购买行为。这类产品的市场营销者可以用价格优惠、电视广告、独特包装、销售促进等方式鼓励消费者试用、购买和续购其产品。

对于品牌差异明显的产品,消费者并不愿意花费过多时间和精力来选择与评估,而是不断变换所购产品的品牌,不是因为对产品不满意,而是为了寻求多样化,属于寻求多样化购买行为。针对这种购买行为,可采用销售促进和占据有利货架位置等办法,保障供应,鼓励购买。

有些产品品牌差异不大,消费者不经常购买,而购买时又有一定风险,消费者一般要比较、看货,觉得价格公道、购买方便、机会合适就会购买。购买过后,消费者也许会感到有些不踏实、有些不协调或不够满意,在使用过程中会试图了解更多信息,并寻求理由来减轻不踏实感、化解这种不协调,以证明自己的购买决定是正确的,这属于寻求化解不协调购买行为。对营销企业来说,选择最佳销售地点,提供产品评价信息,使消费者在其购买后相信自己做出了正确的决定十分重要。

当消费者购买贵重、不常买、有风险而又非常有意义的产品时,由于产品差异大,消费者又缺乏了解,因而需要一个学习过程——广泛了解产品性能、特点,从而对产品产生某种看法，最后决定购买，这属于复杂购买行为。采取有效措施帮助消费者了解产品性能及其相对重要性，并介绍产品优势及其带来的利益，能够促使消费者做出最终选择。

② 按购买目标可分为全确定型、半确定型和不确定型三种。

购买者在进入商场时已有明确的购买目标，进入商场后会毫不犹豫地买下目标商品，这是全确定型购买。

购买者在进入商场时已有大致的购买目标，如需要购买洗发露，但没确定购买哪个牌子，进入商场后经过比较才确定具体的商品，这属于半确定型购买。

购买者在进入商场时没有明确的购买目标，碰到感兴趣的商品可能会购买则为不确定型购买。

③ 按购买习惯分类，也分成三种：习惯型购买、慎重型购买和价格型购买。

购买者根据过去的购买经验和使用习惯，长期固定购买一种品牌的商品，购买具有稳定性和习惯性，这是习惯型购买。

购买者理智性强，通常在了解市场行情的基础上，经过周密思考分析后做出购买决定，这属于慎重型购买。

购买者对价格非常敏感，什么产品打黄牌价格（即打折）就买什么，什么东西便宜就买什么，这是价格型购买。

④ 按购买情感分类，有四种：沉稳型、温顺型、疑虑型和冲动型。

沉稳型的购买者态度稳重沉着，不容易被促销人员的介绍说动，通常沉默寡言，以自己的判断和感觉做出购买决定。

温顺型的购买者容易被促销人员的介绍和服务态度打动，会按促销人员的推荐购买某种商品。

疑虑型的购买者性格一般比较内向，观察细微，选购商品时从不仓促做出决定，对促销人员的介绍小心谨慎、疑虑重重，购买时犹豫不决，购买后依然疑虑重重。

冲动型的购买者以直观感觉为主，对新产品、时尚产品十分有兴趣，不管是否需要，凭着一时心血来潮立即做出购买决定。

4. 消费者购买的决策过程

购买者的决策过程是一个以购买为中心，包括购前、购中、购后一系列复杂活动的行为过程。购买者的决策过程如图 3-5 所示。

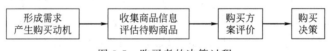

图 3-5 购买者的决策过程

（1）形成需求、产生购买动机 需求的产生是购买行为的起点。购买者感觉到有一种需要，并准备购买某种商品来满足这种需要时，购买决策过程开始了。需要的产生通常由两种刺激引起：一种是人体内部刺激，如饥饿、冷、渴，会刺激人们想购买食品、衣服、饮料（产生生理的、物质性需要）；另一种是外部刺激，如广告宣传、产品外观，它刺激人们想购买某种商品的欲望，有时看到别人拥有某种商品，自己也会想拥有（产生社会性的、精神性需要）。需要产生后不一定能驱使人们付诸行动，只有当需要强烈到超过一定限度时，行动才会开始。营销人员在消费者购买过程的这一阶段应不失时机地采取适当的措施，唤起或强化消费者的需要，通过强有力的市场营销组合策略，帮助消费者确认需要，创造需求。

消费者的具体需要虽然不同但有其共同的特点，主要表现在：① 对象性。消费者的任何需要，包括物质需要和精神需要，都要指向各种具体的对象，如吃、穿、用、住、玩等都有具体的对象。②多重与多样性。消费者的需要往往有多重目的，一套家具、一盏台灯不仅是为了存放衣服、照明，还要考虑用来装饰家庭、增加生活情趣。③选择性。消费者由于经济条件、个人气质、生活方式等原因，对需求是有多种多样的选择的，家庭、社会群体、社会文化等社会因素，也使消费者对商品的爱好与选择有所不同。④发展性。消费者的需要不会停留在一个水平上，随着社会生产力的发展，消费者的需要也会发展变化，消费者原有的需要满足以后，又会产生新的需要。

当消费者因某种缺少而产生的紧张感经过其内在生理因素、外界的社会、经济因素以一定的强度刺激后，便会产生购买的心理冲动，产生购买动机。购买动机的类型有求实型、求美型、求新型、求名型、求廉型、求奇型、求同型。

产生购买动机的过程又可分为三个阶段：对目标商品的注意阶段、中意阶段和购买意志的形成阶段。

(2) 收集商品信息、评估待购商品　当人们准备购买某种商品时，会渴望获得关于这种商品的信息，这是一个信息收集的过程。目标商品信息的来源通常有四种：①个人来源，从家人、朋友、邻居、熟人那里获得信息；②商业来源，通过广告宣传、商品陈列、商品包装、商品说明书、销售人员介绍等途径获得信息；③公共来源，通过报纸、杂志、广播、电视等媒体获得信息；④经验来源，通过自己观察、检验、试用、使用获得经验。

上述四种信息来源中，一般来说，商业和公共信息最为重要，因为从消费者的角度来看，商业信息具有较强的针对性，且较可靠，而个人来源和经验来源只能在评价信息可靠性时起验证作用。这就要求生产企业必须重视商业信息，通过商业和公共途径传播信息，使本企业的产品被消费者所熟知。

经过收集商品信息，消费者逐渐在头脑中形成了一个备选品牌的"单子"。接下来就是对这些备选品牌进行选择评比，为下一步的决策奠定基础。评估内容包括产品属性、价格、效用函数。评估活动的心理过程大致是这样：消费者首先考虑每种商品有哪些属性（例如牙膏的主要属性有防蛀、洁齿、味道、香型等），特别是有哪些令他感兴趣的属性；其次，确定自己关心的每种属性在自己心目中的重要程度，用定量化的语言来说就是给每种自己所关心的属性一个权数，从中选出总分最高者为最优。不过，有时候消费者会认为商品某方面的属性高于一切。

(3) 购买方案评价　购买者获得系统的信息后，会对这些信息进行分析比较、综合评价，最后做出选择。购买方案评价主要从三个角度进行。①对商品的品牌、质量、性能、款式、价格进行评价。②从自己的购买能力角度进行评价。③从自己对功能需要角度进行评价。

在这一评价过程中，大多数的购买者总是把现实中的商品与自己理想中的商品进行比较，最接近理想商品的品牌就是消费者选中的品牌。

(4) 购买决策　这是购买者决策过程中最关键的一个环节，因为只有做出购买决定以后，才会产生实际的购买行动。消费者通过需求产生、信息收集、方案评价几个过程形成了购买意图。但在决定购买前，除了消费者自身的喜好外，还有两种因素会影响购买行为：一是他人态度，消费者的购买意图，会因他人的态度而增强或减弱。他人态度对消费意图影响力度的强弱，取决于他人态度的强弱及其与消费者的关系。一般说来，他人的态度越强，他与消费者的关系越密切，其影响就越大。如果与购买者关系非常亲密的人坚决反对购买，购买者可能会改变购买意图。二是一些未预料的情况，这个因素也会影响消费者的购买意图。消费者购买意向的形成，总是与预期收入、预期价格和期望从产品中得到的好处等因素密切相关。如果当他想采取购买行为时发生了一些意外情况，诸如因失业而减少收入，因产品涨价而无力购买，因家中发生一些特殊偶发事件，或者有其他更需要购买的东西等，这些都会使他改变或放弃原有的购买意图。

与工业品采购不同，消费者购买决策的参与者要依不同商品而定。在家庭中，有些商品的购买决策者、使用者和实际购买者往往是不一致的。在一个家庭的购买决策中家庭成员各自扮演的角色不同，发挥的作用也不同，一般分为五类：①倡议者，即最初提出购买某种商品的人；②影响者，即直接或间接影响最后决策的人；③决策者，即对部分或整个购买决策有权做出最后决定的人；④购买者，即实际执行购买决策的人；⑤使用者，实际使用和消费该商品的人。决定购买前，还会对一些具体问题做出决策：是否购买、买哪种品牌及型号、买多少、在哪儿买、何时买以及如何付款等。

消费者的购买决策也会受多种因素的影响和制约。例如，有关商品行情、购物环境、营业员的态度等一些细微变化都可能使消费者改变原来的购买决策，如更换品牌、改变地点、减少数量或推迟采购等。营销者在这一阶段，一方面要向消费者提供更多详细的商品信息，使消费者消除各种疑虑；另一方面要通过提供各种销售服务，方便消费者选购，促使消费者做出购买本企业产品的决策。

（5）购后评价 严格地说，购后评价不属于消费者的购买决策过程，它是实现商品购买后对购买行为的评判。

消费者购买商品之后，往往会通过自己使用或他人的评判，对其购买选择进行检验。如发现商品性能超出自己的预期，就会感到非常满意；如发现商品性能与自己的预期相符合，就会感到基本满意；如发现商品性能达不到自己的预期，就会感到不满意。购买者是否满意，将影响购买者今后的购买行为。如果满意，他下次还会购买这个品牌，并向他人称赞这个品牌，这种称赞往往比广告宣传更为有效；如果不满意，他会通过退货、投诉、向他人作反面宣传来发泄自己的不满，这对企业信誉和形象的破坏非常大。因此，购后评价的好坏，影响到消费者是否重复购买，并将影响到他人的购买问题，对企业信誉和形象关系很大。这就是西方企业家所信奉的格言："一个满意的顾客就是我们最好的广告"。此格言形象地反映了消费者购后评价的重要性。企业应采取各种措施，做好售后服务，尽可能使消费者购买商品后感到满意，这是企业保持长久、稳定顾客群的最好方法。

二、影响消费者购买行为的主要因素

消费者的购买行为主要取决于消费者需求，而消费者需求又受许多因素的影响，这些因素主要有产品因素、文化因素、社会因素、个人因素和心理因素五大类。分析影响消费者购买行为的因素，对于企业正确把握消费者行为，有针对性地开展市场营销活动，具有极其重要的意义。

1. 产品因素

消费者购买商品是为了获得产品所提供的基本效用或利益，如果不能获得所期望的效用和利益，顾客就不会产生购买动机，更谈不上有购买行为。

影响消费者购买行为的产品因素是指目标商品的基本功效与购买者期望功效的吻合或接近的程度。如家用衣物防皱整理剂，经其整理后的织物是否具有良好的形态记忆和耐洗涤性，有无游离甲醛，是否防缩防皱、外观挺括且手感丰满柔软，有没有色变现象，其整理操作是否简单易行，售价是否在可接受的范围内等。如果产品的性能能让人满意，但价格太高，或者性能满意，价格也能接受，但整理操作相当麻烦，需要另外购买专用装置，等等，产品本身的这些瑕疵都会严重影响消费者的购买行为。

2. 文化因素

文化是影响人们的欲望和行为的最根本的决定因素。文化对消费者行为的影响表现为价值、观念、习俗、习惯等因素的影响。如中老年人为使自己显得年轻，东方人通常采用将头发染黑的方式，表现得比较含蓄，而西方人则用化妆品进行浓妆艳抹，表现十分夸张。文化由多种亚文化构成。在一个较大的文化群体中，具有更为具体的认同感和社会化等共同特色的较小群体称为亚文化群。人类社会的亚文化群体可分为国籍群体、民族群体、宗教群体、种族群体和地域群体等。不同国家或地区有其不同的历史、政治法律制度、占统治地位的意识形态等，因而形成了不同国家或地区民众的不同信念群体、宗教群体和地域群体等。不同的民族在饮食、服饰、建筑、礼仪、道德观念上往往大相径庭；各种宗教无不具有独特的清规戒律，对教徒的生活方式和习俗加以规范，提倡或抑制某种消费行为；不同地域的居民，因居住地的自然地理条件不同，形成不同的生活方式、爱好和风俗习惯；等等。亚文化具有变易性、渗透性、交汇性。因此，价值、观念、习俗和习惯对消费者行为的影响也具有易变性、渗透性和交汇性。

几乎所有的人类社会中都存在某种形式的社会层次结构。社会阶层是社会中按照等级排列的、比较同质而且持久的群体。它是社会分层的一种基本表现形式。现代社会更为常见的社会分层结构是以社会阶层形式出现的。社会阶层对消费者行为的影响表现为：影响到消费的产品和服务；影响到选购行为；影响到对促销方式的反应；影响到与价格有关的行为。

我国社会中没有等级之分，但每个人的收入不同，工作职位不同，阶层的差异是实际存在的。营销人员了解社会阶层的目的是了解不同阶层的人数比例和他们的购买能力，针对一定阶层的人群设计出自己的产品组合和价格方案。

3. 社会因素

人生活在社会之中，消费者作为社会一员，在日常生活中要经常与家庭、学校、工作单位、左邻右舍、社会团体等发生各种各样的联系。因而消费者的购买行为将受到诸多社会因素的影响。影响消费者行为的社会因素大体上包括参照群体、家庭和社会角色与地位等。

参照群体是指那些直接或间接影响人的看法和行为的群体。其中影响最大的群体，如家庭、亲戚、好友、邻居等，称为主要群体；影响较次的群体，如个人参加的社会团体、职业团体等，称为次要群体；一些社会名流、影视明星、体育明星的衣着行为常常被一个很大的群体模仿、崇拜，这样的群体称为崇拜性群体，崇拜性群体的购买行为受名流、明星们影响极大。经常接触的同事、同学、战友、亲人及公众化的名人等人群和工作单位、宗教组织、专业协会等，他们的消费看法或消费行动都会在一定程度上影响消费者的决策。

家庭是消费者最基本的参照群体，对消费者的购买决策有着重要的影响。现在大多数市场营销人员很注意研究家庭不同成员，如丈夫、妻子、子女在商品购买中所起的作用和影响。一般来说，夫妻购买的参与程度大都因产品的不同而有所区别。家庭主妇通常是一家的采购者，特别是在食物、家常衣着和日用杂品方面的购买，传统上主要由妻子承担。但随着知识女性事业心的增强，男子参与家庭和家务劳动风气逐步兴起，现在生产基本生活消费品的企业如果仍然认为妇女是他们产品唯一的或主要的购买者，那将在市场营销决策中造成很大的失误。当然在家庭的购买活动中，其决策并不总是由丈夫或妻子单方面做出，实际上有些价值昂贵或是不常购头的产品，往往是由夫妻双方包括已长大的孩子共同做出购买决定。一般对化工日用品（各种洗涤剂、化妆品）而言，丈夫决定型的家庭购买比较粗放，购买决策较快，使用品牌相对固定；而妻子决定型的家庭购买比较仔细，购买决策较慢，在品牌与价格之间会权衡利弊、兼顾考虑。根据美国学者 Wells（威尔斯）和 Patrik（帕特里克）的研究，家庭的生命周期九个阶段各自的消费重点倾向如下：①单身期（独居青年），有独立收入，无其他经济负担。购买重点是满足自己的需要。②新婚期（年轻夫妻，无子女），购买重点以组建家庭为主，主要购买各种家庭用品，购买频率很高。③满巢Ⅰ期（刚生育孩子，孩子在6岁以下），家庭经济负担重，购买重点是婴幼儿用品。④满巢Ⅱ期（孩子6岁以上，但还不具备独立生存能力），购买重点以孩子的培养教育用品为主，包括大量食品、青少年用品。⑤满巢Ⅲ期（孩子已长大，但还需要家庭抚养），家庭经济有所好转，购买转向较为高档的家庭用品或休闲娱乐用品。⑥空巢Ⅰ期（孩子已具备独立生活能力，已结婚独立居住，夫妻仍在工作），家庭经济明显好转，购买重点是休闲旅游或成人奢侈品。⑦空巢Ⅱ期（已退休的老年夫妻），收入减少，身体状况下降，购买重点是医药保健品。⑧鳏寡就业期（独居中老年人，尚有工作能力）。⑨鳏寡退休期（独居老年人，已退休）。鳏寡期的家庭购买需求大大减少，重点也是医药保健品。

不同的社会角色其经济地位往往不同，而且有时即使收入水平相同，不同社会地位的人们的生活方式和消费行为也仍然有明显差别。例如，同样收入的农民工家庭和城市律师家庭，前者可能是富裕户，后者可能是贫困户。后者要购买一些显示与城里人身份地位相符的物品，可能有各种必要的文化和社交开支，结果"可随意支配的收入"可能比农民家庭要少。研究社会角色对购买行为的影响，对进行市场细分和制定有针对性的市场营销策略具有重要意义。

亲戚、朋友、同学、同事、邻居等也是影响消费者购买行为的重要相关群体。这些相关群体是消费者经常接触，关系较为密切的一些人。由于经常在一起学习、工作、聊天等，消费者在购买商品时，往往受到这些人对商品评价的影响，有时甚至是决定性的影响。

4. 消费者自身因素

在文化因素、社会因素相近的情况下，每个购买者的购买行为还会因为年龄、性别、职业、经济状况、生活方式不同而有很大差别。如儿童和成年人的需求不同，教授与农民的需求不同，城市人和农村人的生活方式不同，因而需求也不同等。

（1）年龄　人们对产品与服务的需求随年龄的增长而变化，衣、食、住、行、娱乐，在生命周期的不同阶段，其兴趣爱好不同，需要使用的化工日用品也大不相同。如在幼年与儿童时期最喜欢的是塑料玩具、布娃娃等；青少年时期是学习和娱乐阶段，各种文具、足球、篮球、乒乓球则成为他们的陪伴者；中年人成家立业，购车买房，在外驾车需要汽油、柴油，在内居家需要液化气、塑料桶、盆、碗、碟，中年女人更需要美容化妆品来保持自己青春常驻；而在老年期，则更多地需要休闲、保健和延年益寿产品，如麻将牌、钓鱼的渔具、药品等。

（2）性别、职业和教育程度　性别也是影响购买行为的因素之一，不同性别的消费者，其购买倾向也有很大差异。男人多嗜好烟酒、新潮手机、手包等，女人则普遍乐意购买使用化妆品、减肥品、手提袋等。职业不同购买行为也不尽相同，一个从事教师职业的消费者，一般会较多地购买书报杂志等文化商品；而对于时装模特儿来说，漂亮的服饰和高雅的化妆品则更为需要。消费者的地位不同也影响着其对商品的购买。身在高位的消费者，将会购买能够显示其身份与地位的高档商品。

（3）经济状况　消费者的经济状况会强烈影响消费者的消费水平和消费范围，并决定着消费者的需求层次和购买能力。消费者经济状况较好，就可能产生较高层次的需求，购买较高档次的商品，享受较为高级的消费。相反，消费者经济状况较差，通常只能优先满足衣食住行等基本生活需求。也就是说，经济状况决定个人和家庭的购买能力。价值观也有大众化与个性化、多样化之分，市场上很难有一种价值观占统治地位。如过去口红只有红色，染发剂只有黑色，而现在口红和染发剂色彩斑斓、多姿多彩，你涂红的，我则涂上紫的，你染金黄，我就染玫红，个性突出，与众不同。

（4）生活方式　生活方式是人们根据自己的价值观念等安排生活的模式。不同生活方式的人，其购买行为大相径庭。如一个具有"化工学者型"生活方式的人，他注重的是工作、科研、学习，购买重点是相关的化工书籍、化学试剂、试验仪器等；而一个具有"居家归属型"生活方式的人，他注重的是家庭、妻子、孩子，购买重点可能是各种化工日用品，如洗发露、沐浴露、化妆品、各种塑料制品等。在实际生活中，也有很多属于"家庭事业兼顾型"生活方式的人，他们的购买行为呈现多元化。不同性格的消费者具也有不同的购买行为。刚强的消费者在购买中表现出大胆自信，而懦弱的消费者在挑选商品中往往缩手缩脚。

5. 心理因素

消费者购买行为要受需要（动机形成）、认知、经验、信念和态度等主要心理因素的影响。

（1）需求　人的行为是由动机支配的，而动机是由需求引起的。所谓需求就是客观刺激通过人体感官作用于人脑所引起的某种缺乏状态。当人们产生某种需要而又未能得到满足时，人体内便出现一种紧张状态，形成一种内在动力，促使他（或她）采取满足需求的行动。并不是每一种动机都能引起行动，只有最强烈的动机，即"优势动机"才能导致行为。

（2）认知　人们的需要变为动机以后，动机能不能变成购买行为，变成什么样的购买行为，受认知过程的影响。认知是对各种信息感觉、知觉、理解的心理过程。购买者对一个商品的认知，一般经历了商品的形状、大小、颜色、声响、气味以及广告宣传，刺激了人的视、听、触、嗅、味等器官的感性认识和对各种感觉到的信息在头脑中进行综合分析并得出一定结论的理性认识两个阶段，感性认识上升为理性认识，完成了对商品的认知。两个具有相同购买动机、处于完全相同客观环境之下的购买者，由于他们的认知不同，会发生完全不同的购买行为。例如，甲、乙两个购买者都想买化妆品，当她们看到同一款化妆品时，甲可能认为香气宜人、油性适中，决定购买；乙则可能认为味道难闻、不够柔润，不值得购买。

（3）经验　经验是指消费者在购买和使用商品的实践中，逐步获得和积累的经验。经验是人们经历的内化。当人们采取某些行动后，会经历各种各样的结果，这些结果成为他们的经验。人类的行为大部分是由经验决定的，只有小部分不由经验决定，如本能反应、自身成长等。经验可以来自自身的经历，也可以是前人的总结，它可以是直接的，也可以是间接的。经验会影响人们以后的行为。如某顾客购买某品牌洗发露后，如果使用感觉满意，他有了这个购买经验，今后还会继续使用这个品牌。经验还具有推广性。如上述洗发露的购买者遇到朋友，或与他人再次到商场购买洗发露时，他会主动推荐这个品牌，把他的经验告诉别人。

（4）信念和态度　信念是人们对某种事物的看法，态度是人们对某种事物或观念的是非观、好恶观。购买者一旦对某种产品或某个品牌形成信念和态度后，通常不愿再费心去比较、分析和判断，而是直接肯定或否定这个产品或品牌。例如，当某购买者对"大宝"SOD蜜形成了信念和态度，认为这个产品物美价廉，以后拿其他类似产品给他时，都非常难动摇他的信念和态度，甚至试都不愿意试其他产品。因此，获得肯定态度的产品会长期畅销，而获得否定态度的产品会不屑一顾。

人们对商品的信念和态度有时建立在科学的基础上，但有时也会建立在某种偏见上。营销人员要非常重视人们对自己产品的信念和态度。某个产品如果被大多数人持否定态度，最好的办法是让这个产品消亡，因为重新推出一款产品要比改变人们的态度容易得多。

总之，上述影响购买行为的文化因素、社会因素、个人因素和心理因素，营销人员必须认真研究，以达到更好地掌握购买者心理、找对目标市场、取得更大营销业绩的目的。

三、消费者购买行为的变化趋势

消费者行为是商品经济条件下影响市场运行的基本因素。随着社会经济的发展和人们生活水平的提高，买方市场已经形成，消费者的消费观念、价值导向、行为方式等发生了重大变化，不仅使消费热点此起彼伏，消费者的购买行为也呈现显著变化。最能影响中国消费者市场和消费者购买行为的几大环境因素包括：①互联网和其他移动通信工具使用次数的增加，对中国消费者影响至深；②随着对外界的接触迅速增多，中国消费者的消费期望值也随之变化；③人口的增长和家庭结构的变化将影响中国人的消费习惯；④交通等基础建设领域的大发展将使得诸如消费方式、消费时间、消费地点及消费原因等一系列消费行为随之发生变化；⑤中国国内交通系统逐渐改善，大大增加了中国消费者的流动性；⑥随着收入的增加，中国新兴中产阶层对生活和休闲活动质量的追求也将影响中国消费市场。

1. 追求消费的文化品位

随着人均收入和消费水平的提高，消费者的需要结构将逐步趋于高级化、讲究文化品位。

在物质匮乏的时代，人们购买商品主要是为了物质本身的消费，满足生理需要，如充饥、御寒等。而在当代物质丰富的条件下，人们的需求已上升到更高的阶段，人们购买商品更主要是为了获得心理上或精神上的满足，而品牌或更进一步讲名牌商品可以满足消费者的精神需要。衣食等一般性消费在总消费中的比重将进一步下降，住、行以及通信、电脑、教育、旅游等服务、享受类消费将大幅度增加，消费者将更加注重对品牌的追求。购买或消费品牌化产品或名牌商品既可以满足消费者追求高品质产品的需求，又能让消费者去自我表现，显示个性，提升自己的品位。特别是新一代的消费者有强烈的品牌意识，他们的求名心理往往表现在对轿车、服饰、烟酒等品牌的追求。由于品牌能跨越语言文化的障碍而进行交流，能代表优秀的国际标准形象，因而在网络世界中的作用会更大。

2. 追求消费的自主独立、个性化，表现自我

在当今市场中，购买者的行为模式往往表现得比产品种类更多、更复杂。消费者购买商品愈来愈重视商品的象征意义，更加注重通过消费来获取个性的满足，精神的愉悦、舒适及优越感。这种消费个性化趋势的出现，标志着感性消费时代的到来。在感性消费时代，"新新人类"的年轻人想方设法丰富和展现自己的个性，尽情展示自身的存在价值，在消费活动中遵循自己独有的生活方式，标新立异、张扬个性、追求与众不同成为他们选择消费品的首要标准。他们的消费方式所注重的不是消费的数量和质量，而是其与自己关系的密切程度，购买的往往是由心理需要共鸣引起的感性商品。其购买行为的准则是"我喜欢的就是最好的"，其所购商品在注重现代化的基础上又极具个性化。消费者所购买的商品与其品味、个性、价值观相吻合，因而，消费上的雷同现象渐趋消失，从众心理大为弱化。

在市场经济社会里，人们普遍感到来自于工作和生活上的压力大，因而娱乐性消费日见增加。电影、电视剧、动漫、网络游戏等都成为消解压力的出口。在这些娱乐活动中，人们能够尽情享受到自主独立，也能够毫无忌惮地表现自我。

3. 追求消费的时尚

随着商业广告规模的扩大，各种媒体的增加，尤其是网络技术的普及，消费者信息弱势的地位得到巨大改善。消费者获取商品信息不仅途径多，如消费者报刊、商业电台、网络园地，各种"企业形象指数"、"商品质量、销售量排名"，等等，而且时间快、信息量大、可靠性强。多样化的信息渠道给消费者提供了更多的追求时尚的机会。与此相对应，产品的生命周期却相对缩短，流行趋势大大加快，过去一种产品流行十几年的现象早已不存在了。

另外，人们在充分享受高度发达的物质文明所带来高层次物质享受的同时，也逐渐意识到高消费并不意味着生活的快乐和幸福，因为人的需要是社会性的，其快乐源于多个方面，仅靠物质享受难以使人得到真正的满足。决定生活快乐的最主要的因素是对家庭生活的满足，其次是有满意的工作，能自由自在地发挥才干和建立融洽的友谊关系。因而，现代消费者越来越倾向于把消费与生活方式的其他方面相统一和协调：

① 消费与家庭生活方式相统一　与传统家庭生活方式相比，现代家庭正在向规模小型化、结构核心化的趋势发展，单身家庭、单亲家庭、无子女家庭等非传统化家庭形式的比重逐步上升，家庭管理方式也更加趋向民主化。例如，小型家庭的娱乐、旅游、教育消费支出明显增加；独生子女家庭中儿童对消费决策的影响作用越来越大。

② 消费与劳动生活方式相统一　劳动生活方式是整体生活方式的基础，对其他生活方式起着决定性的作用。消费与劳动生活方式的统一表现为人们在消费观念和消费态度上会体现出自身劳动生活方式的特点，呈现与所从事劳动职业相互协调一致的消费方式。

③ 消费与闲暇生活方式相统一　随着工作效率的提高和劳动工时的普遍缩短，人们享有的闲暇时间日益增多，我国每年的法定休息日有114天，职工有1/3的时间都在休假，闲暇生活在社会生活方式中占有越来越重要的地位。人们一方面努力提高自身的收入水平，增加旅

游、娱乐、教育、社交等非商品性消费的支出,以丰富和改善闲暇生活的内容与质量;另一方面,人们也在不断寻求新的消费方式,以求创造和占有更多的闲暇时间。近年来,电话购物、电视购物、电脑购物、邮购等快捷便利的现代购物方式受到越来越多的消费者的青睐;批量购买日常生活用品正在成为大多数家庭的购买行为模式;礼品直送、查询、咨询、搬家、家庭教育、保健、家庭服务等在消费支出中的比重迅速上升;空调、家庭卡拉OK机、音响、个人电脑、健身器材以及室内装修、家用卫生设备迅速普及;以电话为代表的通信设备大规模进入家庭;美容美发、化妆品、歌舞厅、交响乐、书报杂志等高级文化性时尚消费日趋走俏。

4. 追求消费的物美价廉和方便快捷

互联网的兴起造就出新的消费者群体。而互联网营销时代的到来能向潜在的顾客提供利益。网络技术的出现使传统营销方式面临着巨大挑战,直销将成为流行的渠道方式。人们通过互联网络能够接受世界各地任何一种产品和服务的信息,可以要求商品生产者在满足需求的同时提供快捷的服务,顾客不必排队等候,人们越来越没有等待的耐心,"现在就要"成为社会主流消费心理。支配商品货架的权力已从生产者和零售商向消费者转移,配送渠道变得越来越短,最新最好的直销方式是互联网。

物美价廉和方便快捷消费趋势的主要表现有:①新节俭主义流行,削减开支的"百元消费周"活动受到越来越多的消费者关注;②崇尚简约生活,摒弃那些包装过度、功能多余的商品,寻求性价比最优的消费方案;③"DIY"生活方式受追捧,如在家里做饭请客、住宅装修自行设计和粉刷、自己修理电器等;④"口红效应"(化妆品中的口红不是生活必需品,但其价格低廉又有明显的修饰作用,在经济不景气的时期其销量会大增)初现,折扣店、"买二赠一"、"家庭优惠包装"、网络购物、直销受人青睐;⑤越来越多的年轻人更多地尝试"宅生活",减少出门消费的机会,"一站式消费"推动购买行为的方便快捷。

5. 消费决策更趋理性化、维权意识不断增强

市场经济熏陶出的消费者视野开阔了,他们已走出盲目消费阶段,开始了较为成熟的理性消费阶段。消费者决策理性化,其具体表现为十分重视消费质量与服务质量,要求所购商品不仅符合相应的质量及卫生标准,具有适用性,同时还要坚固耐用,结构合理,而且功能多样,呈现出求实、求新、求稳、求廉的趋势。"租赁"商业模式与生活方式重新回归,对于消费者来讲,与其永久拥有商品并对其负有责任,不如短暂地、随时随地地持有和使用,这样就能以最少量的金钱和时间投入去享受更多的体验。于是商家在不遗余力地拓展"租生活"的商业模式——汽车出租自驾、奢侈品租赁、儿童玩具租赁正在兴起。

现代社会中消费者的利益遭受损失是一种普遍现象,无论采取什么措施都不可能避免消费者受害。消费者权利包括得知商品信息、诉讼索赔、评价和监督企业产品和服务质量等方面要求的权利。《中华人民共和国消费者权益保护法》已颁布近20年,各地消费者协会的维权活动使得消费者权利得到有效保护,同时,消费者自身的维权意识也在不断增强,更加注重行使自己的消费者权利。

6. 提倡"绿色消费"、"责任消费"

所谓绿色消费,有两方面的内涵:一是消费无污染、有利于健康的产品,二是消费行为有利于节约能源、保护生态环境。"绿色消费"首先是在食品领域倡导起来的,如今已经成为所有消费领域的一种行为。当前,人类社会面临着自然资源日益匮乏和环境过度破坏的严重困扰。在环境问题的压力下,现代消费者的环保意识日趋增强,越来越多的消费者开始认识到,地球的资源是有限的,过度消费留下的不仅是成堆的垃圾和对环境的破坏,还将导致人类生存状况的不断恶化。因此,许多消费者提出"做一个绿色消费者"的口号,要求尽可能地节约资源,维护生态环境,对所消费商品尽可能做到节约使用、循环利用。在安全环保方面也有更高的要求,绿色消费已成时尚,消费者已经认识到,保护自然资源和生态环境是责无旁贷的事

情,自觉地把个人消费需求和消费行为纳入环境保护的规范之中,寻求购买无公害、无污染、不含添加剂、包装易处理的绿色商品,参与和支持抵制吸烟、禁止放射性污染等运动。

还有一种全新的"责任消费"观念也在悄然改变着人们的消费行为。"责任消费"是指消费者在挑选商品的时候,不仅仅只像以前那样将商品的性能、价格等作为衡量的标准,也逐步将产品和生产厂家的"社会性",如产品是否环保、生产厂家是否担当社会责任等作为决定购买的因素。这种新观念表现出消费者对负社会责任公司的回报和对不负社会责任公司的惩罚。例如"国货热"的兴起,大部分消费者认为中国本土品牌具有与国外品牌相当的质量,而售价却便宜很多;当某一国家发生某些侵害中国领土完整、伤害我国尊严和国民民族情感事件时,消费者就会在消费商品时抵制该国产品,释放自己的爱国主义热情,支持本国企业和经济的发展。

第三节 创新营销理念 提高顾客忠诚度

所谓营销理念是指在市场营销活动中所形成,并指导营销活动的价值认同和思维的模式,它随着营销实践的深入而不断更新、充实和发展。维持市场营销活动长盛不衰的源泉是:延长消费者生命存在的时间;扩大消费者生活活动的空间;赋予消费者人生意义的美好。时间进入21世纪,化工市场的营销理念除了第一章所述的七种模式外,还朝着战略营销、文化营销、合作营销、整合营销及网络营销等分支方向发展。不同的企业具有不同的营销理念,概括地说,企业营销理念的发展经历了营销产品、营销品牌、营销企业文化、营销企业哲学四个阶段。营销目标由扩大销售量(市场占有率)、让顾客满意向提高顾客对企业(产品)的忠诚度转变。

一、创新营销理念 关注顾客终生价值

1. 顾客终生价值的概念

顾客价值指的是顾客从拥有和使用某种产品中所获得的价值与为取得该产品所付出的成本之差,它是从顾客的角度来衡量的,可以用以下的数学公式来表示:

顾客价值=顾客总价值-顾客总成本
=(产品价值+服务价值+人员价值+形象价值)-(货币成本+时间成本+体力成本+精神成本)

顾客终生价值(Customer Lifetime Value,CLV)又称顾客让渡价值,则是指企业与客户在整个交易关系维持的生命周期里,减除吸引客户、销售以及服务成本并考虑资金的时间价值,即企业从该客户持续购买中所获得的利润流的现值。它是由美国学者 Frederick F. Reichheld(雷奇汉)于 1990 年提出的。Reichheld 的研究表明来自忠诚顾客的利润随着时间的延续而增加。这种利润增加来源于五个方面:基本利润、收入增长、成本节约、口碑效应和价值溢价。其中成本的节约又表现在吸引新顾客的营销成本减少,交易成本减少等方面。该概念的提出,提醒企业对客户当前价值和未来价值的关注,避免短期、狭隘的视角。研究表明,如同某种产品的市场寿命一样,顾客对于企业利润的贡献也可以分为导入期、快速增长期、成熟期和衰退期。

2. 顾客终生价值的构成

每个客户的价值都由三部分构成:历史价值(到目前为止已经实现了的顾客价值)、当前价值(如果顾客当前行为模式不发生改变的话,将来会给公司带来的顾客价值)和潜在价值(如果公司通过有效的交叉销售可以调动顾客购买积极性,或促使顾客向别人推荐产品和服务等,从而可能增加的顾客价值)。

事实上，顾客终生价值不是一个单维的矢量。它是一个立体的概念，具有三维结构。一是顾客维持时间维度。企业通过维持与顾客的长期关系，建立高的顾客维持率，从而获得较高的顾客终生价值。二是顾客份额维度，是指一个企业所提供的产品或服务占某个顾客总消费支出的百分比。要获得最大的顾客终生价值，不仅需要有高的顾客维持率，更要有高的顾客份额。顾客份额是衡量顾客终生价值的一个重要指标。三是顾客范围维度。显然企业总的顾客终生价值的大小与它的顾客范围直接相关。从顾客范围维度出发，要求企业必须清楚它的现有顾客是谁，同时注意开拓潜在顾客。

Reichheld 对顾客终生价值的研究还发现，顾客维持率和平均顾客维持时间是相关的。当企业减少它的流失率，平均顾客维持时间延长，顾客终生价值增加。在各种顾客生涯价值构成项目中，边际收益的大小与基本利润、收入增长、成本节约、口碑效应和价值溢价有密切的关系。顾客终生价值是顾客边际效益在时间上的累计效果。然而，绝大部分企业在考虑顾客终生价值时往往只注重维持顾客，即从时间维数的角度来认识。实际上，要创造最大的顾客终生价值需要从多个方面来考虑，需要对顾客终生价值概念进行扩展。

日本金泽工业大学 Mitani Koji（三谷宏治）教授强调，应该从顾客的需要出发来看待顾客终生价值的概念。他指出有四种容易流失的巨大需要，即事件需要（Event Need）、更新需要（Grade-up selling need）、关联购买需要（Close-selling need）和后市场需要（After-market need）。① 事件需要是指顾客在人生不同阶段表现出来的需要。对一般消费者而言，在人生的不同阶段，如出生、升学、就业、结婚、生孩子、购买住房、退休后等一系列阶段存在人生重大事件。这些重大事件本身造就了一个又一个巨大规模的市场。② 更新需要是指，对消费者来说，严格意义上的"购买预算"其实是没有的。正如营销人员所感受到的，如果销售的是顾客所需要的产品，并且价格合理的话，即使超过顾客平时的总预算，顾客也会进行购买。这样，如果仔细了解顾客的购买习惯、理由和背景，顾客定会接受企业合适的更新型、上档次的购买提案。③ 关联购买是指，对消费者来说，能在同一个地方购买到所需要的全部商品和服务（Onestop Purchase）是一种现实的需求，对这种便利性需求的满足为企业提供了维持顾客的工具和利润来源。④ 后市场需要指，要当顾客购买汽车后，检修、维护、备品以及汽车娱乐信息、通信工具等方面就是一个巨大的后市场需要。对于汽车经销商来说，必须满足这些后市场需要。对 Mitani 给出的四种类型需要作进一步的分析，可以发现，事件需要和更新需要与顾客维持时间有直接的联系，是一种时间上的延伸。而关联需要和后市场需要则涉及顾客的商品种类和品种的宽度需要，是一种横向的商品范围的延伸。无疑，对这些需要的满足，不仅可以增加顾客忠诚度，而且能提高顾客终生价值。

3. 顾客终生价值的分析

美国学者 Jill Griffin（吉尔·格里芬）针对企业追求市场份额的做法提出了顾客份额的概念。根据一般的定义，市场份额（或市场占有率）是指在一定的期间内一个企业的销售额占全行业销售额的百分比。在传统的市场营销（大量营销）时代，许多企业以短期的市场份额的变化来衡量企业的绩效水平。相对地，所谓顾客份额（Customer Share）是指一个企业所提供的产品或服务占某个顾客总消费支出的百分比。他们认为，应该用顾客份额所带来的长期收益即顾客生涯价值来衡量企业的绩效水平。另一方面，许多企业认识到顾客维持与顾客终生价值的关系，因而注重提高顾客维持率指标。所谓顾客维持率是指在一定的期间内进行反复购买的顾客占该企业全部顾客的百分比。这些企业把保持的顾客简单地理解为当然的忠诚顾客，因此他们把提高顾客维持率当作一件首要任务。然而要获得顾客忠诚，获得最大的顾客终生价值，不仅需要有高的顾客维持率，更要有高的顾客份额。所以，顾客份额应该是划分顾客忠诚度的一个重要指标。既然顾客份额是指一个企业所提供的商品或服务占某个顾客总消费支出的百分比，那么提高单个顾客份额的途径主要有两条：一是让顾客增加对现有商品或服务的购买；二是提供顾客所需要的其他商品或服务,如提供满足他的关联需要和后市场需要的商品等,扩大能满足顾客需要的商品范围,从而增加顾客份额,结合顾客维持来创造最大的顾客终生价值。

市场营销的基本任务是吸引顾客和维持顾客。由于现代市场日趋成熟和竞争日趋激烈,用传统营销模式吸引新顾客的难度和成本越来越大,据统计,吸引一个新顾客的成本是维持一个老顾客成本的5倍。因此,越来越多的企业采用关系营销的模式,注重维持顾客,保持顾客忠诚,实现顾客生涯价值最大化。但是,这并不意味着关系营销不关心顾客吸引。实际上,关系营销模式也关心顾客吸引,只是吸引的方式不同。传统营销模式主张靠大量的广告和促销手段来吸引顾客,关系营销主张利用忠诚顾客的口碑效应和学习效应来吸引顾客,扩大顾客范围,增加企业今后的顾客终生价值。一个对欧洲7个国家的7000名消费者的调查报告表明,60%的被调查者认为,他们购买新产品或新品牌是受到家庭成员或朋友的影响。忠诚顾客对产品或服务的良好评价以及向周边的群体传播能影响其他潜在顾客的购买行为。特别在商品没有差异,或者即使存在差异但消费者在使用之前不清楚这些差异的情况下,口碑效应能发挥极大的威力和效果。另外,忠诚顾客使用产品所显示出的示范效应和意见带头作用也给其他潜在顾客提供了一种学习效应。来自忠诚顾客的学习效应使市场扩大的现象常常出现。顾客的口碑效应和学习效应给企业带来的效益是间接的,因为它不像购买商品或服务那样能给企业直接带来效益。但是企业可以通过忠诚顾客的口碑效应和学习效应来实现顾客延伸,使现在的潜在顾客演变成将来的现实顾客,从而扩大顾客的范围,进而增加企业将来的顾客终生价值。

分析顾客终生价值的主要步骤有:

(1) 收集顾客资料和数据 公司需要收集的基本数据包括个人信息(年龄、婚姻、性别、收入、职业等),住址信息(区号、房屋类型、拥有者等),生活方式(爱好、产品使用情况等),态度(对风险、产品和服务的态度,将来购买或推荐的可能),地区(经济、气候、风俗、历史等),客户行为方式(购买渠道、更新、交易等),需求(未来产品和服务需求等)、关系(家庭、朋友等)。这些数据以及数据随着时间推移的变化都将直接影响顾客的终生价值测算。

(2) 定义和计算终生价值 影响终生价值的主要因素是:所有来自顾客初始购买的收益流;所有与顾客购买有关的直接可变成本;顾客购买的频率;顾客购买的时间长度;顾客购买其他产品的喜好及其收益流;顾客推荐给朋友、同事及其他人的可能、适当的贴现率。

(3) 顾客投资与利润分析 可以直接基于交易成本或资金投入进行计算,或者根据过去类似客户的行为模式,利用成熟的统计技术预测客户将来的利润。国外的汽车业这样计算顾客的终生价值:他们把每位上门顾客一生所可能购买的汽车数,乘上汽车的平均售价,再加上顾客可能需要的零件和维修服务而得出这个数字。他们甚至更精确地计算出加上购车贷款所带给公司的利息收入。

(4) 顾客分组 从第三个步骤中,企业可以看出如何在顾客终生价值中赢得最大的利润,随后企业可以根据这些数据将顾客分成具有不同特征、不同行为模式和不同需求的组。比如说企业可以用聚类分析法将顾客分成苛刻的顾客、犹豫不决的顾客、节俭的顾客和久经世故的顾客,根据每个组制定相应的措施。

(5) 开发相应的营销战略 衡量"顾客终生价值"的目的不仅仅是确定目标市场和认知消费者,而是要设计出能吸引他们的交叉销售方法(Cross-Selling)、向上销售方法(Up-Selling)、附带销售方法(Add-on Selling)、多渠道营销(Multi-Channel Marketing)和其他手段。这些手段都能够帮助企业运用RFM模式来提高客户的价值,尽可能地将客户的潜力开发出来。

4. 测量顾客终生价值的方法

顾客终生价值的复杂性和变化性,使得采用何种方法准确地测量和计算成为了企业面临的最大挑战之一。目前，比较流行和具有代表性的顾客终生价值预测方法为 DWYER 方法和顾客事件预测法。

（1）DWYER 方法　该方法将客户分为两大类：永久流失型和暂时流失型。

永久流失型客户要么把其业务全部给予现在的供应商，要么完全流失给予另一供应商。原因或者是其业务无法分割，只能给予一个供应商；或者其业务转移成本很高，一旦将业务给予某供应商则很难转向其他供应商。这种客户一旦流失，便很难再回来。暂时流失型指的是这样一类客户，他们将其业务同时给予多个供应商，每个供应商得到的只是其总业务量的一部分（一份）。这类客户的业务转移成本低，他们可以容易地在多个供应商之间转移业务份额，有时可能将某供应商的份额削减到零，但对该供应商来说不一定意味着已经失去了这个客户，客户也许只是暂时中断购买，沉寂若干时间后，有可能突然恢复购买，甚至给予更多的业务份额。

DWYER 方法的缺陷是，它只能预测一组客户的终生价值或每个客户的平均终生价值，无法具体评估某个客户对于公司的终生价值。

（2）顾客事件预测法　这种方法主要是针对每一个客户，预测一系列事件发生的时间，并向每个事件分摊收益和成本，从而为每位顾客建立一个详细的利润和费用预测表。

顾客事件预测可以说是为每一个顾客建立了一个盈亏账号，顾客事件档案越详细，与事件相关的收益和成本分摊就越精确，预测的准确度就越高。但是，顾客未来事件预测的精准度并不能完全保证，主要有两个原因。

其一，预测依据的基础数据不确定性很大，顾客以后的变数、企业预计的资源投入和顾客保持策略，以及环境变数等都具有很多不确定性。

其二，预测的过程不确定性很大，整个预测过程是一个启发式的推理过程，涉及大量的判断，需要预测人员具有丰富的经验，所以预测过程和预测结果因人而异。

5. 客户终生价值计算方法

① 计算平均销售额和每笔销售的利润。
② 通过认定一个客户重复订购的次数来计算出他或她能带来的额外利润是多少。
③ 把营销支出预算用新增客户数目来摊分，便能准确地计算出一个客户的销售成本。
④ 用同样的方法计算出准客户的销售成本。
⑤ 计算出这些准客户的销售额——准客户变成客户的百分比。
⑥ 从预算的这个客户将带来的利润中扣除营销支出，计算出一个客户的边际净值。

6. 营销理论以及细节的改变

（1）以追求消费者满意为目标的 4C 理论　4C 理论是由美国营销专家 Robert F. Lauterborn（罗伯特·劳特朋）教授提出的，它以消费者需求为导向，设定了市场营销组合的四个基本要素：

① 瞄准消费者的需求和期望（Customer）　首先要了解、研究、分析消费者的需要与欲求，而不是先考虑企业能生产什么产品。

② 消费者所愿意支付的成本（Cost）　首先了解消费者满足需要与欲求愿意付出多少钱（成本），而不是先给产品定价，即向消费者要多少钱。

③ 消费者购买的方便性（Convenience）　首先考虑消费者购物等交易过程如何给消费者方便，而不是先考虑销售渠道的选择和策略。

④ 与消费者沟通（Communication）　以消费者为中心实施营销沟通是十分重要的，通过互动、沟通等方式，将企业内外营销不断进行整合，把消费者和企业双方的利益无形地整合在一起。

（2）建立消费者忠诚为目标的 4R 理论　本世纪初，美国纽约"消费者关系全球策略公司"主席 Elliott Ettenberg（艾略特·艾登伯格）根据他长年市场营销咨询的经验积累及对世界特别是美国市场的彻悟，提出 4R 营销理论。4R 理论以关系营销为核心，重在建立消费者忠诚。它阐述了四个全新的营销组合要素：

① 与消费者建立关联（Relativity） 在竞争性市场中，消费者具有动态性。消费者忠诚度是变化的，他们会转移到其他企业。要提高消费者的忠诚度，赢得长期而稳定的市场，重要的营销策略是通过某些有效的方式在业务、需求等方面与消费者建立关联，形成一种互助、互求、互需的关系，把消费者与企业联系在一起，这样就大大减少了消费者流失的可能性。

② 提高市场反应（Reaction）速度 面对迅速变化的市场，要满足消费者的需求，建立关联关系，企业必须建立快速反应机制，提高反应速度和回应力。

③ 关系（Relation）营销越来越重要了 a. 现代市场营销的一个重要思想和发展趋势是从交易营销转向关系营销：不仅强调赢得用户，而且强调长期地拥有用户；b. 从着眼于短期利益转向重视长期利益；c. 从单一销售转向建立友好合作关系；d. 从以产品性能为核心转向以产品或服务给客户带来的利益为核心；e. 从不重视客户服务转向高度承诺。所有这一切其核心是处理好与消费者的关系，把服务、质量和营销有机地结合起来，通过与消费者建立长期稳定的关系实现长期拥有客户的目标。

④ 回报（Retribution）是营销的源泉 对企业来说，市场营销的真正价值在于其为企业带来短期或长期的收入和利润的能力。一方面，追求回报是营销发展的动力；另一方面，回报是维持市场关系的必要条件。企业要满足客户需求，为客户创造价值。因此，一切营销活动都必须以为消费者及股东创造价值为目的。

(3) 化工产品营销细节的改变 化工产品的营销细节必须注意到营销环境由相对简单转向复杂多变：①竞争方式由传统的对立型竞争转向合作型竞争；②注重与大自然和睦共处，保护生态环境，要求可持续发展；③全球经济一体化使化工产品市场营销必须应对国际大企业的竞争。营销方式也要从"有形"向"有形＋无形"转变，营销对象从大众化向个性化转变，营销人员从手勤舌巧向知识密集型转变，营销理念从让"顾客满意"到让"顾客成功"，由常规向"绿色、社会化"转变。

二、顾客满意度的含义

1. 从 PIMS 理论到 CS 理论

在市场经济不断完善、企业竞争日趋激烈的市场上，顾客的地位已上升到前所未有的高度。"顾客就是上帝"已成为企业的共识。只有使"上帝"满意，企业才能获得生存与发展的空间。

早在 1972 年，美国战略规划研究所通过对 3000 个企业单位进行当年的追踪研究，形成了 PIMS（Profit Impact of Market Share）的研究报告，该研究报告通过对采集的一些企业样本和数据的分析，提出了市场份额与利润有着直接和重要的关系，即市场份额影响（决定）企业利润，市场份额的扩张必然带来利润的增长，而市场份额的缩小必然带来利润的萎缩。作为一项十分有影响的研究报告，PIMS 从理论和实践上为企业经营战略指明了方向：在竞争的市场上，企业欲立于不败之地，必须确立"顾客永远是对的"经营理念，通过大力的促销（主要是依靠大量的广告投入）来争夺顾客，从而实现企业扩张市场份额的战略目标。但企业也不可认为不论在任何时候、任何情况下，市场占有率的提高都意味着利润的增长。利润的增长取决于为提高市场占有率所采取的营销策略是什么，有时提高市场占有率所付出的代价往往高于它所获得的收益。过高的拓展新顾客的费用往往会无情吞噬掉企业的利润，而且当企业的市场份额已达到一定水平时，再进一步提高，其边际费用非常高，结果使企业得不偿失。另外，过高的市场份额还会引起反垄断诉讼，无端增加企业的交易成本。

在 PIMS 出台十余年之后，美国哈佛大学商学院两位教授 Riochheld（瑞查德）与 Sasser（塞斯）采用当年美国战略规划研究所的方法采集了大量的样本，对市场份额与利润的关系进行重新探究。他们发现，20 世纪 80 年代市场份额与利润的相关度已大大降低。相反，在对其他变量进行测定时,发现顾客的"满意"与"忠诚"已经成为决定利润的主要因素。这就动摇了支撑 PIMS 的理论基石。随后,大量的研究与实践使人们认识到,以顾客满意(Customer Satisfaction, CS)作为市场份额的内在要素,比市场份额的大小对利润有更大的影响。一味推行"顾客永远是对的"这一哲学应该被"顾客不全是满意的"理念所替代,营销过程中一味进行广告投入的做法应该被侧重于为顾客服务、使顾客满意的人际传播媒介所替代。与此相适应,企业经营的 PIMS 战略应该被 CS 战略("顾客满意")所替代。

在科学技术高速发展的 21 世纪,CS 之所以能够替代 30 年前的 PIMS,是基于以下三方面的因素:

(1) 留住老顾客　满意的老顾客能最大限度抵御竞争对手的降价诱惑,企业较易为满意的老顾客服务,相对于发展新顾客,其费用大大降低。

(2) 销售相关新产品和新服务　满意的老顾客对企业新推出的产品和服务最易接受,在产品寿命周期日益缩短的今天,此举尤显重要。任何企业只有不断推出新产品才能生存,而满意的老顾客往往是企业新产品的"第一个吃螃蟹的人"。他们的存在大大节省了企业开发新产品的营销费用。

(3) 用户宣传　在购买决策过程中,为了降低自己感觉中的购买风险,用户往往会向亲友收集信息,听取亲友的意见;同时,顾客购买、使用产品之后,总会情不自禁将自己的感受告之他人。"满意"与"不满意"的顾客对企业招徕或是阻滞新顾客影响重大,精明的企业家总会巧妙地利用"顾客满意"作为为自己企业进行"口碑宣传"的实例,从而带来大量的新顾客。

上述这三方面的因素都能大大降低企业的经营费用,从而提高企业的利润。

2. 顾客满意的含义

顾客满意是指一个人通过对一种产品或服务的可感知效果与他的期望值相比较后所形成的愉悦或失望的感觉状态,即满意水平是可感知效果和期望值之间的差异函数。能否实现顾客满意有三个重要因素:①顾客对产品的期望;②产品的实际表现;③产品表现与顾客期望的比较。如果效果低于期望,顾客就会不满意。如果可感知效果与期望相匹配,顾客就满意。如果可感知效果超过期望,顾客就会高度满意、高兴或欣喜。

顾客满意包括产品满意、服务满意和社会满意三个层次:①产品满意是指企业产品带给顾客的满足状态,包括产品的内在质量、价格、设计、包装、时效等方面的满意。产品的质量满意是构成顾客满意的基础因素。②服务满意是指产品售前、售中、售后以及产品生命周期的不同阶段采取的服务措施令顾客满意。这主要是在服务过程的每一个环节上都能设身处地地为顾客着想,做到有利于顾客、方便顾客。③社会满意是指顾客在对企业产品和服务的消费过程中所体验到的对社会利益的维护,主要指顾客整体社会满意,它要求企业的经营活动要有利于社会文明进步。对于企业来说,如果顾客对企业的产品和服务感到满意,顾客就会将他们的消费感受通过口碑传播给其他的顾客,扩大产品的知名度,提高企业的形象,为企业的长远发展不断地注入新的动力。

3. 顾客满意度

顾客满意度是量化了的顾客满意,指人们对所购买的产品或服务的满意程度,以及由此产生的决定他们今后是否继续购买的可能性。满意度的高低取决于购前期待与购后实际体验之间的关系,即

$$顾客满意度 = 购后实际体验 \div 购前期待$$

企业要实现高的顾客满意度,必须从表达出来的需求、真正的需求、未表达的需求、核心需求满足后的附加需求、秘密需求等几个方面来真正理解顾客需求。顾客需求的基本结构大致有以下几个方面。①品质需求:包括性能、适用性、使用寿命、可靠性、安全性、经济性和美

学（外观）等；②功能需求：包括主导功能、辅助功能和兼容功能等；③外延需求：包括服务需求和心理及文化需求等；④价格需求：包括价位、价质比、价格弹性等。

顾客满意度指标主要包含以下项目。①品质：包括产品的功能、使用寿命、安全性、经济性等；②设计：包括核心产品以及形式产品的色彩、包装、造型、体积、质感等；③数量：包括商品的计量容量、供求平衡等；④时间：包括购买过程的及时性、随时性等；⑤价格：包括与顾客心理价值的偏差、最低价位、最佳性价比等；⑥服务：即形式产品的完善性、响应及时性、配套性、服务态度等；⑦品位：指产品的名牌感、身份感、风格感、个性化、多样化等。

以顾客满意度为指挥棒的市场营销战略的指导思想是：企业的整个经营活动要以顾客满意度为指针，要从顾客角度、用顾客的观点来分析消费者需求。把顾客需求作为企业开发产品的源头，在产品功能、价格设定、分销促销环节建立以及完善售后服务系统等方面以利于顾客的原则，最大限度地使顾客感到满意，目的是提高公众对企业的满意程度，营造一种适合企业生存发展的良好内外部环境。顾客满意度下营销战略的内涵是通过综合客观的评价，测定顾客满意程度，从企业整体全面改善服务，提高产品质量，完善企业文化，使企业获得客户的信赖与支持。企业实施顾客满意战略，应是把顾客需求（包括潜在的需求）作为企业开发产品的源头，在产品的功能及价格的设定，各分销促销渠道、环节的建立以及完善的售后管理系统等方面，以便利顾客为原则，最大限度地使顾客感到满意。顾客满意度下营销战略一般使顾客达到的五个满意：理念满意、行为满意、视听满意、产品满意、服务满意。

顾客是企业生存、发展的资源和财富。根据美国调查表明，只要有一位顾客投诉对企业不满意，就会导致326人的不满意，可见顾客满意对企业的重要意义。成功的企业必然是创造顾客满意的企业，而要使顾客满意，并不仅仅是靠降低价格就可以达到的。只有在企业的发展战略上，充分重视和理解"顾客终生价值"理论，尽可能地提高顾客终生价值，企业才有竞争实力和持续发展的潜力。

三、从顾客满意到顾客忠诚

市场经济条件下企业与顾客的关系有五种类型：传统型、被动型、主动型、能动型、伙伴型。企业向顾客提供产品和服务，不仅要使顾客满意，更要帮助顾客在人生、事业和生活中获得成功。企业营销人员借助对顾客的重视，不断了解并满足顾客的需求，协助顾客取得成功，同时也成就了企业的成功。为了促使顾客成功，需要做以下努力：向顾客提供的是使其获利的行动；真正解决顾客提出的问题；维持对顾客的承诺；成为顾客成功历程中不可或缺的合作伙伴。

在很多情况下，企业往往将顾客满意视为信任，甚至是"顾客忠诚"。事实上，顾客满意只是顾客信任的前提，顾客信任才是结果。顾客满意是对某一产品、某项服务的肯定评价，即使顾客对某企业满意也只是基于他们所接受的产品和服务令他满意。如果某一次的产品和服务不完善，他对该企业也就不满意了，也就是说，它是一个感性评价指标。顾客信任是顾客对该品牌产品以及拥有该品牌企业的信任感，他们可以理性地面对品牌企业的成功与不利。美国贝恩公司的调查显示，在声称对产品和企业满意甚至十分满意的顾客中，有65%～85%的顾客会转向其他产品，只有30%～40%的顾客会再次购买相同的产品或相同产品的同一型号。只有顾客忠诚才是企业长盛不衰的力量源泉。

1. 顾客忠诚的含义

在营销实践中顾客忠诚被定义为顾客购买行为的连续性，它是指顾客在满意的基础上，坚持长期购买和使用该企业产品或服务所表现出来的、在思想上和情感上的一种高度信任和忠诚，这是顾客对企业产品或服务的依赖和认可，是顾客对企业产品在长期竞争中所表现出来的优势的综合评价。顾客忠诚主要通过情感忠诚、行为忠诚和意识忠诚表现出来。其中情感忠诚表现为顾客对企业的理念、行为和视觉形象的高度认同和满意。行为忠诚表现为顾客再次消费时对企业的产品和服务的重复购买行为。意识忠诚则表现为顾客做出的对企业的产品和服务的未来消费意向。顾客忠诚所表现的特征主要有以下四点：①再次或大量地购买同一企业该品牌的产品或服务；②主动向亲朋好友和周围的人员推荐该品牌产品或服务；③几乎没有选择其他品牌产品或服务的念头，能抵制其它品牌的促销诱惑；④发现该品牌产品或服务的某些缺陷，能以谅解的心情主动向企业反馈讯息，求得解决，而且不影响再次购买。

"老顾客是最好的顾客"。高度忠诚的顾客层是企业最宝贵的财富。建立顾客忠诚非常重要。强调顾客对企业做出贡献的有帕累托原理（Pareto Principle）：企业的80%利润来自20%的顾客（忠诚消费者）；客户保持率上升5%，利润可上升25%～80%。

（1）顾客忠诚的分类　按照顾客对企业产品或者服务忠诚的缘由进行分类，有以下六种：垄断忠诚、惰性忠诚、方便忠诚、价格忠诚、价值忠诚、激励忠诚。

（2）什么是顾客忠诚度　顾客忠诚度指顾客忠诚的程度，是一个量化概念。顾客忠诚度是指由于质量、价格、服务等诸多因素的影响，使顾客对某一企业的产品或服务产生感情，形成偏爱并长期重复购买该企业产品或服务的程度。美国资深营销专家Jill Griffin认为，顾客忠诚度是指顾客出于对企业或品牌的偏好而经常性重复购买的程度。

真正的顾客忠诚度是一种行为，而顾客满意度只是一种态度。忠诚的顾客是企业竞争优势的主要源泉。

（3）顾客忠诚度的衡量指标　顾客忠诚度是顾客忠诚的量化指数，一般可用三个主要指标来衡量顾客忠诚度，它们分别是：

① 整体的顾客满意度（可分为很满意、比较满意、满意、不满意、很不满意）。

② 重复购买的概率（可分为70%以上，70%～30%，30%以下）。

③ 推荐给他人的可能性（很大可能、有可能、不可能）。

2. 顾客忠诚的层次

依据客户忠诚程度的深浅，可以将顾客忠诚划分为四个不同的层次，如图3-6所示。

第一层次的顾客忠诚位于金字塔的底部，这类顾客对企业没有丝毫忠诚感。他们对企业漠不关心，仅凭价格、方便性等因素购买商品。

第二层次是认知和情感忠诚。其中认知忠诚指由某个亲友、同事的一两次提及或者媒体广告宣传在头脑里留下了信息，认为该产品优于其他产品而形成的忠诚，这是最浅层次的忠诚。如果在此基础上，经过使用产品，并获得满意之后形成了对该产品或服务购买的习惯，达到情感忠诚，这时顾客的购买行为会受

图3-6　顾客忠诚层次的金字塔

到习惯力量的驱使，这是缘于他们一方面怕没有时间和精力去选择其他企业的产品或服务，另一方面转换品牌可能会让他们付出转移成本。

第三层次是意向忠诚，顾客对某一企业产生了偏好情绪，这种偏好是建立在与其他竞争企业相比较的基础之上的，顾客十分向往再次购买产品，不时有重复购买的冲动，但是这种冲动还没有转化为行动。这种偏好的产生与企业形象、企业产品和服务体现的高质量以及顾客的消费经验等因素相关，从而使顾客与企业之间有了感情联系。因此，营销人员应及时告知客户新产品的情况及重复购买所享受的优惠。

顾客忠诚的最高层次是行为忠诚，忠诚的意向转化为实际行动，顾客对企业的产品或服务忠贞不贰，持有强烈的偏好与情感寄托，甚至愿意克服某些障碍实现购买。对于这一层次的顾客，为其重复购买提供增值服务很重要。

从顾客忠诚各个层次的含义可以看出，基于对产品品质的评价才能打开通向忠诚的大门。

前面三个层次的忠诚，易受环境因素的影响而产生变化，如当企业的竞争对手采用降低产品（服务）的价格等促销手段以吸引更多的客户时，一部分客户会转向购买竞争对手的产品（服务），而行为忠诚者则不易受这些因素的影响，是真正意义上的忠诚。因此，企业要培育的正是这一层次的客户忠诚。

忠诚客户就是重复购买同一品牌，只考虑这种品牌并且不再进行相关品牌的信息搜索。只有当客户同时具备以下五点特质的行为时，才是真正的"忠诚客户"：①周期性重复购买该品牌的产品或服务；②同时使用该品牌的多个产品或服务；③乐于向他人推荐该品牌的产品；④对于竞争对手的促销手段视而不见；⑤对该品牌企业有着良好的信任，能够在服务中容忍企业的一些偶然失误。

3. 顾客满意与顾客忠诚

"满意"与"忠诚"是两个完全不同的概念，满意度不断增加并不代表顾客对你的忠诚度也在增加。顾客满意度与顾客忠诚度之不同在于，顾客满意度是衡量过去的交易中满足顾客事先期望的程度，而顾客忠诚度则是评估顾客再购买及参与活动意愿。

满意本身具有多个层次，声称"满意"的人们，其满意的水平和原因可能是大相径庭的：其中有些顾客会对产品产生高度的满意，如惊喜的感受，并再次购买，从而表现出忠诚行为；而大部分顾客所经历的满意程度则不足以产生这种效果。因此，顾客满意先于顾客忠诚并且有可能直接引起忠诚。但又非必然如此。调查显示，65%~85%的表示"满意"的顾客会毫不犹豫地选择竞争对手的产品。所以让顾客满意的最高目标是提升顾客的忠诚度，而不是满意度。

按照满意与忠诚的匹配程度，可以将顾客分为四种类型，用直角坐标图上的四个象限来划分，如图3-7所示。

图3-7中把那些低忠诚度与低满意度的顾客称之为"破坏者"，他们会利用每一次机会来表达对以前产品或服务的不满，并转向其他供应商；满意度不高却具有高忠诚度的顾客称之为"囚禁者"，他们对于产品或服务极不满意，但却没有或很少有其他选择机会，这种情况多在顾客无法做出选择的垄断行业出现；而满意度很高，忠诚度却较低的顾客称之为"图利者"，这是一些会为谋求低价格而转换服务供应商的人；最后，那些满意度和忠诚度都很高的顾客称为"传道者"，这样的顾客不仅忠诚地经常性购买，并致力于向他人推荐。

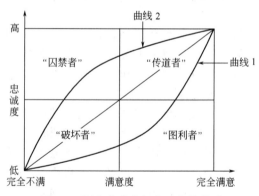

图3-7 顾客满意度与忠诚度的关系

由图3-7可知，顾客满意与忠诚的关系表现在以下几个方面：①随着企业外部市场的发展，将必然导致垄断行业的顾客由"囚禁者"向其他类型转变，因此依靠行业或者技术的垄断强制顾客忠诚是不现实的；②对多数行业和产品的顾客满意度与忠诚度关系曲线的研究表明，顾客满意度与顾客忠诚度是正相关的；③各个行业的顾客满意度与忠诚度曲线由"破坏者"发展到"传道者"的速度并不一致；④顾客满意度持续大于1。

美国学者Thomas O. Jones（琼斯）和W. Earl Sasser（萨瑟）对顾客忠诚和顾客满意的关系受行业竞争状况影响的情况进行了研究，结果表明，竞争状况的影响因素主要包括以下四种：①国家法律法规中有关产业发展规划和布局中"限制竞争"的条款；②顾客购买途径发生改变的高昂代价；③企业各自拥有的专有技术（如专利等）；④有效的对忠诚顾客的奖励计划（如VIP折扣、消费积分等）。

在图3-7中，对角线的左上方表示低度竞争区，右下方表示高度竞争区，曲线1和曲线2

分别表示高度竞争的行业和低度竞争的行业中顾客满意程度与顾客忠诚可能性的关系。在高度竞争的行业中，完全满意的顾客远比满意的顾客忠诚。在曲线 1 右端，只要顾客满意程度稍稍下降一点，顾客忠诚的可能性就会急剧下降。这表明，要培育顾客忠诚，企业必须尽力使顾客完全满意。在低度竞争的行业中，曲线 2 描述的情况似乎表明顾客满意程度对顾客忠诚度的影响较小。但这是一种假象，限制竞争的障碍消除之后，曲线 2 很快就会变得和曲线 1 一样。因为在低度竞争情况下，顾客的选择空间有限，即使不满意，他们往往也会出于无奈继续使用本企业的产品和服务，表现为一种虚假忠诚。随着专有知识的扩散、规模效应的缩小、分销渠道的分享、常客奖励的普及，等等，顾客的不忠诚就会通过顾客大量流失表现出来。因此，处于低度竞争情况下的企业应居安思危，努力提高顾客满意程度，否则一旦竞争加剧，顾客大量跳槽，企业就会陷入困境。

上面的分析表明，顾客满意和顾客的行为忠诚之间并不总是强正相关关系。但有一点毋庸置疑，那就是无论在高度竞争的行业还是低度竞争的行业，顾客的高度满意都是形成顾客忠诚感的必要条件，而顾客忠诚感在顾客的购买行为中无疑会起到巨大的驱动作用。

4. 顾客满意对顾客忠诚的驱动作用

在有关满意水平与顾客行为的关系问题上大致存在两种不同的观点：一种观点认为满意水平下顾客行为受到"态度"的中介影响，不受满意水平的直接控制。例如，高水平的满意度可增加顾客对品牌的偏爱态度，从而间接增加对该品牌的重复购买意向。另一种观点则相反，认为满意水平下的顾客行为是独立的，即满意水平对顾客行为起直接作用。后来的学者对顾客忠诚的研究从某种程度上淡化了上述两种观点之间的分歧，因为顾客忠诚同时包含了态度成分和行为成分。

长期以来，人们普遍认为顾客满意与顾客忠诚之间的关系是简单的、近似于线性的关系，即顾客忠诚的可能性随着其满意程度的提高而增大。其实，顾客忠诚包含一个态度成分和一个行为成分，前者指顾客对企业的员工、产品和服务的喜欢和留恋，又称顾客忠诚感，行为成分受态度成分的影响。顾客忠诚感以顾客的多种行为方式表现出来，这些行为方式包括再次购买、大量购买、经常购买、长期购买，以及为企业的产品和服务作有利的宣传等。在市场竞争激烈，顾客改购容易的情况下，这种衡量方法可以较准确地反映顾客忠诚感，但在低度竞争情况下，它很难显示顾客内心的真正态度。这时顾客的再次购买意向主要是由外界因素决定的，一旦外界因素的影响减弱，顾客不忠诚的态度就会通过购买顾客的大量"跳槽"表现出来，在图 3-7 中就表现为曲线 2 很快向曲线 1 变化。这表明，无论竞争情况如何，顾客忠诚感与顾客满意程度的关系都十分密切（如曲线 1 描述那样）。只有顾客完全满意，他们的忠诚感才会比较强烈。

另有研究者认为仅有顾客满意是不够的，顾客需要创造"惊喜"，"一般满意"的顾客的忠诚比率为 23%，"比较满意"的顾客的忠诚比率为 31%，当顾客感到"完全满意"时，忠诚比率达到 75%。

四、顾客忠诚的营销价值与提高顾客忠诚度的营销策略

顾客忠诚对于企业生存和发展的经济意义是非常重要的。众所周知，获得新顾客需要付出成本，特别是在供过于求的市场态势下，这种成本将会越来越昂贵。但新顾客对于企业的贡献却是非常微薄的，在有些行业，新顾客在短期内甚至无法向企业提供利润。相比之下，老顾客对于企业的贡献却是令人瞩目的：当顾客忠诚度上升 5% 时，利润上升的幅度将达到 25%～85%。同时，企业为老顾客提供服务的成本是逐年下降的，更为重要的是，忠诚的顾客成为"传道者"，努力向其他人推荐企业的服务，并愿意为其所接受的服务支付较高的价格。可以说，创造有效的顾客忠诚度是企业竞争力重要的决定因素，更是企业长期利润最重要的源泉。

1. 顾客忠诚的营销价值

随着市场竞争的日益加剧，顾客忠诚已成为影响企业长期利润高低的决定性因素。以顾客忠诚为标志的市场份额，比以顾客多少来衡量的市场份额更有意义，企业管理者将营销管理的重点转向提高顾客忠诚度方面来，以使企业在激烈的竞争中获得关键性的竞争优势。

（1）顾客忠诚有利于企业巩固现有市场和降低营销成本　高顾客忠诚度企业的目标市场对于竞争对手来说意味着有着较高的进入壁垒，要吸引原有顾客，竞争对手必须投入大量的资金，这种努力通常要经历一个延续阶段，并且伴有特殊风险。这往往会使竞争对手望而却步，从而有效地保护了现有市场。

顾客忠诚带来重复购买，增加企业的收入，而且老顾客保持的时间越长，购买量就越大；因招揽顾客费用减少，使企业成本降低。在成熟的竞争性强的市场中，企业争取到新顾客的困难非常大，争取一位新顾客的成本约比维持一位老顾客的成本高出数倍；由于"口碑效应"，老顾客会推荐他人购买从而增加新顾客，因此形成一种"企业赢利、顾客忠诚"的良性循环效应。对待忠诚顾客，企业只需经常关心老顾客的利益与需求，在售后服务等环节上做得更加出色就可留住忠诚顾客，既无需投入巨大的初始成本，又可节约大量的交易成本和沟通成本。

（2）顾客忠诚使企业在竞争中得到更好的保护，获得更高的长期赢利能力　忠诚顾客愿意为所钟爱的品牌做出适当的额外付出，他们不大可能仅仅因为低价格的诱惑而转向新的企业和低价格产品。顾客之所以忠诚一个企业，不仅因为该企业能提供顾客所需要的产品，更重要的是企业能通过优质服务为顾客提供更多的附加价值。因此，忠诚度高的顾客不会立即选择新服务，有利于企业获得更高的长期赢利能力。

不过，当价格相差太大时，顾客也不会永远保持对某个企业的忠诚。

（3）顾客忠诚有利于推动社会的"诚信"建设　以顾客满意为起点，以顾客忠诚为经营活动的目标，可以促进各个企业不断地追求更高的目标，为社会创造更多的令公众满意的物质财富。同时，企业以顾客为中心理念的贯彻，可以带动企业建立起诚实守信的经营机制，增强全体员工的服务意识和道德意识，从而杜绝各种制假售假、欺瞒诈骗的违法行为，为促进社会风气的好转发挥积极的作用。

2. 顾客忠诚度的培育和提高

企业如何留住客户，维持客户的忠诚度，降低客户（尤其是忠诚客户）的流失率，提高市场份额的质量，与客户建立、保持和发展长期的合作关系，确保企业自身和顾客的双赢，已成为当务之急。

不论是生产者还是终端消费者，他们对于所购买的产品的期望值越来越高，市场全球化带来了更多的竞争对手，无处不在的大众媒介信息传播和购买的便利性助推了客户的不忠诚。因此，现阶段需从以下几个方面努力来培养顾客的忠诚度。

（1）确定客户的价值取向　顾客取向通常取决于价值、系统和人三个方面。当客户感觉到产品或者服务在质量、数量、可靠性或者"适合性"方面有不足的时候，他们通常会侧重于价值取向。期望值受商品或者服务的成本影响，对低成本和较高成本商品的期望值是不同的。但当核心产品的质量低于期望值时，他们便会对照价格来进行考虑。期望值受商品或者服务的成本影响，对低成本和较高成本商品的期望值是不同的。但当核心产品的质量低于期望值时，他们便会对照价格来进行考虑。

只有保持稳定的客源，才能为品牌赢得丰厚的利润率。但是，当商家把"打折"、"促销"作为追求客源的唯一手段时，"降价"只会使企业和品牌失去它们最忠实的"客户群"。促销、降价的手段不可能提高客户的忠诚度，"价格战"只能为品牌带来越来越多的"毫无忠诚可言"的客户；而当商家、企业要寻求自身发展和高利润增长时，这部分客户必将流失。培养忠诚的客户群，不能仅做到"价廉物美"，更要让客户明白这个商品是"物有所值"的。由于"经营同质化"，企业只有细分产品定位、寻求差异化经营、找准目标客户的价值取向和消费能力，才能真正培养出属于自己的"忠诚客户群"。

(2) 提高客户的转换成本　转换成本的概念最早是由迈克·波特提出来的，指的是当消费者从一个产品或服务的提供者转向另一个提供者时所产生的一次性成本。这种成本不仅是经济上的，也是时间、精力和情感上的。它是构成企业竞争壁垒的重要因素。如果客户从一个企业转向另一个企业，可能会损失大量的时间、精力、金钱和关系，那么即使他们对企业的服务不是完全满意，也会三思而后行。

(3) 树立"以客户为中心"的服务意识　良好的客户服务是建立客户忠诚度的最佳方法，包括服务态度、回应客户需求或申诉的速度、退换货服务等，让顾客清楚了解服务的内容以及获得服务的途径。当今的客户变得越来越挑剔，并且在购买了产品后会非常"敏感"，他们在与公司交易时希望能够获得足够的愉悦，并且能够尽量减少麻烦。因此，企业要想提升客户忠诚度，必须要把与产品相关的服务做到家，然后才是真正的产品销售。

做好客户服务，提高顾客忠诚度有十大原则：控制产品质量和价格；了解企业的产品；了解企业的顾客；提高服务质量；提高顾客满意度；超越顾客期待；满足顾客个性化要求；正确处理顾客问题；让购买程序变得简单；服务内部顾客。企业只有把握好了这些原则，才能真正地获得服务为产品带来的附加价值。

3. 提高顾客忠诚度的策略

为了提高顾客的忠诚度，企业在经营过程中可以采取以下策略：

(1) 建立顾客数据库　企业运用顾客数据库，可以使每一个服务人员在为顾客提供产品和服务的时候，明了顾客的偏好和习惯购买行为，从而提供更具针对性的个性化服务。为提高顾客忠诚而建立的数据库应具备以下特征：①一个动态的、整合的顾客管理和查询系统；②一个忠诚顾客识别系统；③一个顾客流失显示系统；④一个顾客购买行为参考系统。

(2) 识别企业的核心顾客　建立和管理顾客数据库本身只是一种手段，而不是目的。企业的目的是将顾客资料转变为支持营销决策有效的信息和顾客知识，进而转化为竞争优势。企业利润的80%来自于其20%的顾客。只有与核心顾客建立关系，企业稀缺的营销资源才会得到最有效的配置和利用，从而明显提高企业的获利能力。

识别核心顾客最实用的方法是回答三个互相交叠的问题：①你的哪一部分顾客最有利可图，最忠诚（注意那些价格不敏感、付款较迅速、服务要求少、偏好稳定、经常购买的顾客）？②哪些顾客将最大购买份额放在你所提供的产品或服务上？③你的哪些顾客对你比你的竞争对手更有价值？通过对这三个问题的回答可以得到一个清晰的核心顾客名单，而这些核心顾客就是企业实行顾客忠诚营销的重点管理对象。

(3) 超越顾客期望，提高顾客满意度　顾客的期望是指顾客希望企业提供的产品和服务能满足其需要的水平，达到了这一期望，顾客会感到满意，否则，顾客就会不满。所谓超越顾客期望，是指企业不仅能够达到顾客的期望，而且还能提供更完美、更关心顾客的产品和服务，超过顾客预期的要求，使之得到意想不到的，甚至感到惊喜的服务和好处，获得更高层次上的满足，从而对企业产生一种情感上的满意，发展成稳定的忠诚顾客群。

(4) 正确对待顾客投诉　要与顾客建立长期的相互信任的伙伴关系，就要善于处理顾客抱怨。有些企业的员工在顾客投诉时常常表现出不耐烦、不欢迎，甚至流露出一种反感，其实这是一种非常危险的做法，往往会使企业丧失宝贵的顾客资源。

(5) 提高顾客转换成本　一般来说，顾客转换品牌或转换卖主会面临一系列有形或无形的转换成本。对单个顾客而言，转换购买对象需要花费时间和精力重新寻找、了解和接触新产品，放弃原产品所能享受的折扣优惠，改变使用习惯，同时还可能面临一些经济、社会或精神上的风险；对机构购买者，更换使用另一种产品设备则意味着人员再培训和产品重置成本。提高转换成本就是要研究顾客的转换成本，并采取有效措施人为增加其转换成本，以减少顾客退出，保证顾客对本企业产品或服务的重复购买。

（6）提高内部服务质量，重视员工忠诚的培养　哈佛商学院的教授认为，顾客保持率与员工保持率是相互促进的。这是因为企业为顾客提供的产品和服务都是由内部员工完成的，他们的行为及行为结果是顾客评价服务质量的直接来源。一个忠诚的员工会主动关心顾客，热心为顾客提供服务，并为顾客问题得到解决感到高兴。因此，企业在培养顾客忠诚的过程中，除了做好外部市场营销工作外，还要重视内部员工的管理，努力提高员工的满意度和忠诚度。

（7）强退出管理，减少顾客流失　退出，指顾客不再购买企业的产品或服务，终止与企业的业务关系。对此，营销企业正确的做法是及时做好顾客的退出管理工作，认真分析顾客退出的原因，总结经验教训，利用这些信息改进产品和服务，最终与这些顾客重新建立起正常的业务关系。分析顾客退出的原因，是一项非常复杂的工作。顾客退出可能是单一因素引起的，也可能是多种因素共同作用的结果。

课外阅读与思考
我国新新人类的购买行为分析

一、"80后"购买行为的分析
1. 80后购买者认识

现在社会上经常流行一些名词，如"80后"、"80后现象"、"80后论谈"、"80后电台"、"80后服饰"等。"80后"到底指的是什么呢？"80后"字面意思是指在1980~1989年出生的人群。但其实包含着一种文化现象，其实质意义远远超过"80后"文字简单的含义。

狭义的"80后"指1980~1989年出生的人，另一种说法："80后"本质是指计划生育政策出台后产生的一代人。与"50后"、"60后"、"70后"相比，这一代人身上有其较独特的标志，同时，未来几年内将是整个市场消费的主力军。据有关资料显示，25~34岁占整个消费比例的33.4%，是绝对的消费主力，这其中有80%是"80后"。

2. 影响"80后"购买行为的因素

消费者的购买行为是指个人或家庭为了生活消费的需要而购买商品的购买行为。消费者的消费行为是如何形成和发展的？表面上的观察是很复杂的，其实，隐藏在购买行为背后的影响因素是可以追寻的。总的来说，消费者购买行为的形成要经历一个引起需要、产生动机然后再去购买的过程。在这一过程中，有许多因素影响着消费者的购买决策和购买行为。这些因素归纳起来主要有四种：消费者自身因素、社会因素、企业因素和产品因素。"80后"的购买行为也主要是这些因素共同作用的结果。

（1）消费者自身因素

① 消费者的经济状况　消费者的经济状况，即消费者的收入、存款与资产、借贷能力等。消费者的经济状况会强烈影响消费者的消费水平和消费范围，并决定着消费者的需求层次和购买能力。

"80后"的消费信心来于两个方面：第一，自己的工资。第二，家庭的支持，已经工作了，父母还每月给钱的比例可以达到13.3%。"80后"有强大的消费保障：父母是后盾。第三，"80后"信贷消费比例高。未来2亿的"80后"消费市场将会有强大的购买力。

② 消费者的性格与自我观念　性格是指人与其他人不同的心理特征。"80后"从小处于家庭核心，形成了独立、自我的个性，不满足于标准化、模式化，有独立的思考方式和价值观，追求个性彰显、与众不同。我们经常可以听到一些专门针对"80后"的广告语。如，美特斯邦威："每个人都有自己的舞台。""不走寻常路！"中国移动的动感地带："我的地盘听我的！"

这些广告词句句都体现出了当前年轻人的心声。他们在消费上更喜欢个性化的东西。

(2) 社会因素　人是生活在社会之中的，因而消费者的购买行为将受到诸多社会因素的影响。人的需求与消费观念受其社会文化、受教育程度与职业等因素的影响越来越大，从社会因素的角度出发，现从以下两个方面来分析消费者的购买行为。

① 社会文化因素　当前的"80后"较少受传统文化的影响，他们学历高，可以通过书本、报纸杂志、电视电话、网络等各方接收到太多太多的信息。加之，交通及通信技术的发达，相对缩短了地理上的距离，促进了文化交流。因此，来自不同地区、不同民族、不同种族、不同国家的文化因素他们都可以接收到，同时这些文化因素也影响着他们的思想，从而影响着他们的行为。a. 西方文化的影响。如他们喜欢穿牛仔裤，喜欢穿韩版的服装、看韩国的电视剧。b. 中西方文化交融。又如周杰伦的中西方曲风的《双节棍》深受大家喜爱和传唱；加入了西方元素的各式旗袍；中西方口味同时经营的餐馆；喜欢中西式并用的室内装潢。

② 相关群体　相关群体是指对消费者的态度和购买行为具有直接或间接影响的组织、团体和人群等。80后较少受家庭因素的影响，由于他们追求时尚、喜欢个性化的东西，加之"80后"接收信息的速度比较快，所以较容易受影视明星，体育明星的影响。他们有较强的效仿欲望。如代言可口可乐的刘翔、代言清华紫光的诸宸等，各种产品借助体育明星的知名度和影响力树立品牌形象。以上的例子可以体现出"80后"对他们的向往群体付出得更多。

(3) 企业和产品

① 产品设计上　为了迎合"80后"消费者的心，企业在产品的设计上也花了不少的工夫。现在产品的生命周期越来越短了，科学技术的进步也越来越快了，消费者的观念更新速度也越来越快了，市场竞争越来越大了，企业只有不断更新产品才会有好的发展前景。在我们的生活中，每年有超过25000个新产品上市。据有关资源：为满足不同用户的个性化需求，现在海尔空调共有6368种新产品，每隔50天就有2款新产品问世，你需要什么样的空调海尔就能满足你的需要。海尔的个性化产品如：健康金超人、节能世纪超人、变频太空金元帅、直流数码变频空调、网络空调等八大系列产品，让你的个性化需求得到个性化的满足。

② 广告宣传上　经常听到"百事可乐，年轻一代的选择"。移动的动感地带"我的地盘听我的"。真的是百事可乐一定只有年轻人可以喝吗？用移动的动感地带你就一定会动感起来吗？仔细看来百事可乐不过是一种再普通不过的饮料罢了。动感地带只是移动公司的其中一种业务罢了！为什么会取得这么好的效果呢？关键是广告的宣传效果，满足了年轻人的心理需要。

除以上因素外，"80后"购买行为还受家庭因素，个人的职业、生活方式，个人的动机、知觉、学习等心理因素的影响。在市场营销活动中，要全面地分析各种影响消费者购买行为的因素，根据目标市场的具体情况，调动营销策略，有针对性地引导"80后"消费者的购买行为，才能使企业在市场竞争中永远立于不败之地。

二、大学生购买行为的分析

1. 大学生购买行为的特征分析

(1) 消费具有示范效应　从众行为和冲动性明显示范效应是大学生购买行为的一个显著特征。比如如果同宿舍的室友都有 MP3，那么自己也有强烈的购买愿望。作为年轻人，大学生追求个性的释放，他们希望自己成为有独特风格的人，也喜欢有独特风格的产品与品牌，但是这种独特是群体的独特。大学生每天都和同学、朋友进行密切接触，因此他们又具有高度的一致性，他们希望并主动与群体保持一致，并以这种一致获得群体的认同。大学生们群体生活的方式和现代的网络、通信设备，使得任何一个小小的火种都可能在大学生中迅速引爆流行。

购买行为的冲动性表现在消费上的连续性。如果消费一次后感觉很满意，他很可能会连续消费同企业的相同或不同产品，并且还会推荐自己的朋友消费；若不满意他很可能不再消费，而且这样的感觉会因为大学生之间信息的迅速交流而感染到周围的同学。同时冲动性的另一面是冲动消费,大学生容易受广告等宣传的影响和商家宣传和促销方式的引导(尤其在黄金周等时期),消费具有冲动的特点。

(2) 消费观念超前,消费产品集中,追求时尚和个性张扬　大学生站在先进文化的最前端,容易接触到,也容易接受新事物,消费观念超前且变化比较快,比如对网上购物容易接受,对"花今天的钱圆明天的梦"的新兴消费方式也比较容易接受。随着大学生消费观念的变化和时尚物品花样的发展,受大学生群体间示范效应的影响,消费逐渐向多元化发展,但目前来讲仍然处于一个集中的水平,消费产品的种类主要集中停留在时尚、电子、影像、文化、娱乐、交友、旅游、培训上,但具体物品变化较快,比如在IT消费产品上,可能在一段时期内流行的是CD机,而另一段时期可能就是MP4了。

另外,大学生消费最大的特点还在于追求时尚化,追求时尚的东西,喜欢新奇的和浪漫的事物,消费品追求个性的张扬。追求时尚也是大学生消费具有盲目示范效应的原因,这对于企业来说比较容易把握大学生产品的发展方向。大学生消费有一个趋势就是从实用化向时尚化过渡,消费的大头已经不再是学习用品、书籍之类的东西,已经转变成了电脑网络、手机、旅游等比较前卫的带有时尚气息的产品。

(3) 品牌化消费　名牌对大学生的吸引力很大,通常大学生在购买东西时,非常看重品牌。没有牌子的东西一般不会去关注。在大学生的心目中,品牌既是一种质量的保证,也是一种品位的象征。他们认为一个品牌的建设需要很长时间,"一个品牌能生存下来,就表示市场肯定,有相对可信度,同时建立一个品牌,产品质量是保证。另外,良好优质的售后服务也是非常关键的"。同时大学生有很高的品牌忠诚度。一旦尝试了某个品牌,觉得很好用,一直都会使用这个品牌。当然,对于类似于服装之类的时尚商品,大部分学生表示,毕业之后不会再买现在喜欢的品牌。而且,大部分大学生是上了大学之后,才开始关注一些品牌,对一些品牌的忠诚度也是在之后才慢慢形成的。可见,大学阶段对于大学生的品牌意识和忠诚度的培育是非常重要的一个阶段。

2. 大学生购买行为对校园营销的启示

从大学生购买行为的特征看,大学生市场具有独特的商业价值,呈现出大规模、低成本、高质量的特点,使得校园营销极具商业价值。

简要地说,企业开展产品和品牌推广,近期可以影响甚至改变大学生的购买行为,产生实际的营销结果,远期可以长期地改变大学生的消费观念,意义非常重大。

(1) 利用张贴海报,礼品赠送的方式展开校园营销　针对大学生购买集中、从众、冲动性的特点,在促销策略上采取DM派发、POP张贴、其他礼品及赠品的发放的方式开展校园营销。

DM的派发具体到执行上,取决于执行工作的细节和质量。第一个细节是DM要新颖独特,不可为节约成本草草而就,否则没人看直接扔进纸篓,这样,节约成本却变成了浪费成本。第二个细节是派发的数量和形式的选择。第三个细节是派发的时机和派发员的培训与监督。对于集中派发,最好的时机当然是中午和傍晚,在校园主干道、食堂等人流集中的场所进行派送。对于宿舍派发,最好的时机是在中午和晚上,学生都在寝室的时候。贴POP海报要做到全面、频繁、好看。学校可以贴海报的地方其实很多,包括公众宣传栏、食堂宣传栏、宿舍宣传栏,考虑到海报的被覆盖问题,在人流高峰时段,在各大海报栏出现的海报越多、覆盖得越全面,海报的效果越好。除了DM和海报外,像礼品派发、实物派发,也是常用的营销手段。

(2) 利用校园媒体开展校园营销　具体来说就是使用网络媒体、立体媒体、传统媒体及平面媒体传播企业信息,刺激学生的购买欲望。

① 网络媒体　不受校园在分布上的地域限制的网络媒体,可以说是目前对校园推广最具

实效的大众媒介。高校网络媒体中，大致分为两种：一种是专业的运营商；另一种是由各学校或学生自己开办、用来作为学生生活和交流平台的BBS。在网络应用上，被某些管理机构斥之为"不务正业"的社交和娱乐，恰恰是构成大学生网络应用主体的内容。这也是为什么众多的即时通信平台和网络服务提供商纷纷进驻校园、开展校园市场营销的重要原因。

② 立体媒体　主要是视频媒体、灯箱和展板。近年来，视频媒体和户外媒体在高校内也开始发展，高校是块宝地，所以也有相当的资本进入建设媒体平台，主要的形式是户外灯箱和广告栏，效果当然比海报要好，但是费用要高得多，所以相对来说，发展也还是缓慢的。

③ 传统媒体及平面媒体　主要是校电视台及广播台、校报、校刊。校园广播的有效时段就两个，中午和傍晚，其他时间学生都上课，广播扰民。这两个时段恰恰是学校里人流最多、噪声最大的时候，如果说在食堂播放的电视，还有人看上一两眼的话，广播可以说是根本没有学生听的。可以算得上校内"平面媒体"的，大概只有校报校刊了，现在也有很多大学的在校学生自己创办的社团，专门运作一些自己创办的校园刊物，其中不乏有思想有文化的东西，但大部分学校官方刊物比较死板，发行不固定，数量和影响都有限，社团刊物就更加短命，真正做成了气候的还是少数。就企业的校园推广来说，校报校刊是一块鸡肋，除非是长期的推广，一般没有必要进行广告投放。

（3）通过产品体验激发学生立即采取购买行为　产品体验主要是现场展示试用，在进行现场展示时主要是场地的选择，场地的选择没什么特别需要注意的地方，每个学校都会有人流最多、最合适做路演的场地，但通常配套的设施甚至包括电源接入等都是不完备的，在一些学校过于商业化的宣传和布展是受到限制的，因此在考虑路演的规模和形式上需要综合这些特殊的因素。

（4）利用主题活动拉近和大学生间的距离，树立企业形象　具体来说可以开讲座，举办晚会、比赛、秀等。讲座的话题自然可以天马行空，重要的是要有吸引力，针对大学生关心的话题或社会的热点，比如打国产牌、国货牌、招聘牌。还可以与学校教学活动相结合，讲到学生的课堂上去。演讲人一定要有足够个人魅力，诙谐生动、深刻睿智兼而有之，否则学生可不给你面子，讲着讲着可能就剩下看场子的人了。晚会、比赛、走秀这些活动与音乐和体育结合在一起。在操作上与学校的自身活动相结合，把一次活动当一次升级版的路演来做。同时，深入挖掘校园音乐娱乐流行元素。街舞之所以能成为赛事，是因为已经有众多的学生在跳，周杰伦之所以能为动感地带代言，是因为在青少年中已经有强大的号召力。最后，整合更多的资源和外部元素把校园营销活动做得丰富多彩，从而有力地占据这个市场。

思 考 题

1. 化工工业品市场的主要特征是什么？
2. 化工工业品市场与化工日用品市场特征的区别是什么？
3. 什么是"绿色营销"？
4. 信任营销中客户对生产厂商三个层次的信任是什么？
5. 化工工业品市场的购买对象是什么？
6. 了解客户需求、建立客户关系的三个步骤怎样实施？
7. 影响化工工业品购买决策和购买行为的因素一般分为哪几类？如何针对这些因素设计营销对策？
8. 大型化工工业品的采购流程包括哪些内容？
9. 如何圆满完成一项投标任务？
10. 化工日用品市场主要特征是什么？
11. 什么是"7O"因素？
12. 影响购买化工日用品的主要因素有哪些？
13. 试根据上述影响因素设计出有效的市场营销活动。

14. 马斯洛的需要层次理论的主要内容是什么？
15. 购买者的决策过程包括什么内容？
16. 市场购买模式在消费者市场和组织市场的表现上有何异同？
17. 组织购买的影响因素与消费者购买的影响因素相比有哪些主要差别？
18. 组织市场有哪些特点？
19. 你认为在产业购买行为中，哪个阶段对成功影响最大？为什么？
20. 在政府的购买决策中，书上所说的七种人员哪种人的作用最关键？为什么？
21. 有关消费者行为的主要理论及其内容是什么？
22. 典型的消费行为模式及其内容是什么？
23. 影响消费者购买行为的因素有哪些？举例说明这些因素对购买决策行为的影响。
24. 消费者需求的特点是什么？
25. 消费者具体的购买动机有哪些？
26. 什么是消费者购买行为？消费者购买行为的类型有哪些？
27. 消费者的一般购买过程是怎样的？为什么说消费者购买商品以后，购买行为并没有结束？
28. 商品效用与需要的关系是什么？
29. 请谈一谈边际效用理论的启示与实际应用。
30. 为何CS战略成为企业营销战略的首选？
31. 举一例子，说明企业如何增加顾客的跳槽成本？
32. 内部顾客满意度提升的意义有哪些？
33. 请设计一张顾客满意度调查问卷。
34. 简要阐述和比较消费者市场和组织者市场的细分变量的异同及其理由。
35. 假设你正在为一个服装企业做市场规划，请问：其市场细分应怎样进行？主要细分变量有哪些？次要的细分变数有哪些？
36. 阐述工业品市场细分变量与消费品市场细分变量的区别与联系。
37. 阐述工业品定位的主要依据。
38. 阐述工业品服务对象的市场选择方法。
39. 阐述工业品服务领域的市场选择途径。
40. 如何创造顾客价值？
41. 目前我国商品大多供过于求，市场竞争日益激烈，金嗓子制药厂成功发展的实践带给我们哪些启示？
42. 加入WTO以后，我国医药业竞争更加激烈，冲击也相当巨大，结合本案例的学习，我国医药界应如何应对？
43. 工业品顾客采购类型有哪些？其特点是什么？
44. 购买中心在工业品购买过程中的主要作用是什么？
45. 企业与组织类顾客的关系有什么特殊性？
46. 简述工业品客户关系管理过程及其特点。
47. 工业品客户服务文化有什么特点？

第四章 化工产品的发展战略

产品是企业市场营销的首要因素。一个企业在制定营销策略时,首先要回答的问题就是以什么样的产品(或服务)来满足目标市场的需要。企业只有在产品上不断创新,使之富有特点和个性,不断满足消费者的需要,才能在激烈的市场竞争中立于不败之地。没有适合消费者需要和具有竞争力的产品,企业的定价、分销、促销等策略就会成为无源之水。所以,产品的发展战略是整个营销组合策略的基础。

第一节 化工产品的生命周期及其营销策略

一、产品生命周期的含义及其各阶段的特点

与人有生命周期一样,产品也有生命周期。产品的生命周期指产品从投入市场开始到退出市场为止的全过程,也称为产品的市场寿命。产品生命周期包括导入期、成长期、成熟期和衰退期四个阶段。

1. 产品生命周期理论的意义

在现代市场经济条件下,产品生命周期理论对于企业的营销工作具有十分重要的意义。

(1) 企业需要不断开发新产品 产品生命周期理论告诉我们,任何产品都有一定的生命期,没有哪一种产品能在市场中长盛不衰,特别是随着科学技术的进步和竞争的不断加剧,产品的生命周期也在不断缩短。因此,企业必须时刻注意市场上的产品寿命状况,经常对产品进行分析研究,及时地推出新产品,淘汰老产品,做到"生产一代、储存一代、构思一代",使企业始终保持良好的赢利态势。

(2) 企业应根据产品生命周期不同阶段的特点,采用相应的策略 产品在不同生命周期阶段具有不同的特点,企业应根据产品的销售表现,判定产品所处的寿命周期阶段,并结合企业实际情况,采取相应的营销策略,维持企业在市场上的地位,特别要注意对产品衰退期的判定,应尽量避免营销近视症,即避免因产品一时的销售状况不佳而误认为已到了衰退期,从而把一个好产品淘汰。同时,企业也要采取各种措施,延长老产品的寿命,或使之出现新的循环。

(3) 企业应根据产品在不同地区的寿命采取不同的营销策略 产品生命周期具有地域性,同一产品在不同区域的市场上,其寿命周期也不一样,在甲地市场,产品可能已进入成熟期,但在乙地市场,这种产品也许刚投入市场,还处在导入期阶段,这一点在相互隔绝的地区之间特别是国际营销方面尤为明显。因此,企业要善于利用产品寿命周期的这种地区性差异,采用不同的营销策略,尽量使现有产品多次获利。

2. 产品生命周期的含义

任何一种产品在市场上的经历,如同人的生命一样,也有一个由出生、成长、成熟,直至衰亡的过程。企业的营销策略也应随着这种周期性的变化作相应的改变,以维持并伺机延长产品在市场上的寿命。概括地说,产品从投入市场到最终被市场淘汰的全过程称为产品的生命周期,该过程一般包括产品的导入期、成长期、成熟期和衰退期四个阶段。这里需要指出的是,产品生命周期与产品使用寿命是两个不同的概念。前者是指产品的市场寿命,即产品在市场上

存在的时间,它的长短主要受市场因素的影响,如消费者需要偏好的变化、技术进步和产品更新换代的速度、市场竞争及其强度等;后者是指产品从投入使用到损坏报废所经历的时间,其长短受产品自然属性、使用频率、使用方式等因素的影响。

产品生命周期形态可分为典型性和非典型性。典型的产品生命周期要经过导入期、成长期、成熟期和衰退期,呈S形曲线。非典型形态有"循环-再循环"形、"扇形"、"非循环形"等。研究产品生命周期对企业营销活动具有十分重要的启发意义。在产品生命周期的不同阶段,产品的市场占有率、销售额、利润额是不一样的。导入期产品销售量增长较慢,利润额多为负数。当销售量迅速增长,利润由负变正并迅速上升时,产品进入了成长期。经过快速增长的销售量逐渐趋于稳定,利润增长处于停滞,说明产品成熟期来临。在成熟期的后一阶段,产品销售量缓慢下降利润开始下滑。当销售量加速递减,利润也较快下降时,产品便步入了衰退期。

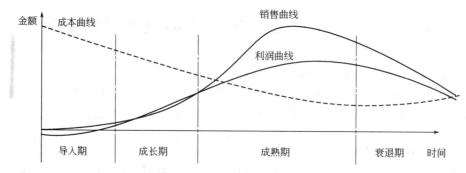

图 4-1　化工产品的生命周期及其成本-利润情况

图 4-1 为化工产品的生命周期及成本-利润情况,图中,销售曲线表示产品在导入期销售额较低,成长期销售额迅速增长,成熟期销售额逐渐增长,达到顶峰并能保持一段时间,衰退期销售额逐渐下降;成本曲线表示产品在导入期成本最高,随销售额(销售量)增加,产品生产形成规模,成本降到最低,当进入衰退期时,销售额下滑,成本又逐渐增加;利润曲线表示,产品在引入期,由于广告、开发产品和开发市场的费用大,加之销售额也很低,这时产品无利润或负利润,在成长末期和成熟初期利润有一最大值,之后由于竞争者加入,市场竞争变得激烈,为维持产品销售要加大促销、折扣的力度,这时销售额上升,但利润不上升,甚至下降,在产品衰退期利润更薄甚至是保本。

3. 产品生命周期各阶段的特点

现代市场营销学认为,不同的产品在不同的市场和不同的市场生命周期阶段都有各自的特点,这些不同的特点极大地影响着企业的市场营销活动,企业的营销策略必须随之进行改变。根据产品的市场生命周期来制定不同的营销策略时,一般遵循下列原则:第一,在市场投入期应尽快地使自己的产品为消费者所认识和接受,尽量缩短投入期的时间,减少经营费用和宣传费用。第二,运用一切营销手段保持和延长产品的市场成熟期和成长期。第三,在新的产品未进入成长期之前,在综合考虑的前提下使产品以较慢的速度被淘汰。总之,企业经营的管理者要根据产品在市场上所处的生命周期的特点采用适当的营销策略,以使企业获得最大的利润。

(1) 产品导入期的特点　产品导入期是指新产品投入市场的最初阶段,其特点是产品刚进入市场,消费者还不了解。新产品在经过开发过程后开始投入市场销售,这时是新产品能否在市场上站稳脚跟的关键时期。如果该产品在投入期即被消费者拒绝,那么,企业为此做出的努力将前功尽弃。产品只有顺利度过艰难的投入期才能茁壮成长。产品在投入期的市场特点是:产品技术不够稳定,消费者由于对新产品缺乏了解,购买不活跃;由于销售量少,制造成本、推销费用大；经销商不愿多进货，销售渠道少，产品的分销渠道还不够畅通和固定，销售增长缓慢，产品通常处于亏损或微利状态。此阶段新产品销售缓慢的原因：首先，新产品虽然在开发过程中经历各种试验，但由于缺乏经验，产品还存在着一些技术问题有待解决。其次，消费者从使用、接受到再扩散总要经历一个过程，即使有些产品在技术问题解决后，销售仍然很缓慢。产品越新颖，经历的期间越长，企业需要做出更大的市场营销努力。对全新的新产品来说，一般没有直接的竞争者，生产同类产品的厂家不多，甚至是独家生产，竞争不激烈。

（2）成长期的特点　成长期的标志是产品在市场上的销售量迅速增长。这一阶段的主要特点是：产品基本定型，性能趋于稳定；消费者对产品已经熟悉，有越来越多的人愿意购买和使用这种产品，生产形成规模，成本降低，销售量和利润迅速上升，竞争者开始跟进。对于非耐用消费品来说，具有创新精神的初试者由于使用产品的满足开始重复购买，并通过消费者交叉影响使新产品迅速向市场扩散。

由于有大规模的生产和利润的机会的吸引，新的竞争者进入市场，同时，分销网点数目增加，产品价格维持不变或略有下降。销售的高速上升，使促销费用与销售额的比率不断下降，随着促销成本被大量的销货额所分摊，利润增加，而单位制造成本比价格下降得更快。

产品经历了投入期，经过市场考验，已进入扩大销售或供不应求阶段。此时产品基本定型，大批量生产能力形成，销售渠道已经通畅，市场局面已经打开，销售量增长较快，能为企业提供较大利润。同时市场上同类产品的竞争企业相继加入，市场竞争趋向激烈。

（3）成熟期的特点　一个产品的销售增长率在到达某一点后将放慢步伐，并进入相对的成熟阶段。这个阶段的持续期一般长于前两个阶段，大多数产品都处于生命周期的成熟阶段。

成熟阶段又可以分为三个期间。第一期间是成长中的成熟，此时由于分销饱和而造成销售增长率开始下降，虽然一些落后的购买者还会进入市场，但已没有新的分销渠道可开辟了。第二期间是稳定中的成熟，由于市场已经饱和，销售量增长和人口增长呈同一水平，大多数消费者已使用过该产品，未来的销售受到人口增长和重置需求的抑制。第三期间是衰退中的成熟，此时销售的绝对水平开始下降，顾客也开始向其他产品和替代品转移。这一阶段的主要特点是：产品已被大多数消费者所熟悉和接受，产量多，销售额大，生产发挥最大效率，成本降到最低，产品在市场上基本饱和，虽然普及率继续有所提高，而销售量则趋于基本稳定，销售增长速度减慢，后期利润也从最高点开始下滑，竞争十分激烈，特别是出现价格竞争，使产品差异化加剧、市场更加细分，顾客对品牌的忠实感开始建立，产品市场占有率主要取决于重复购买率的高低。维护市场占有率所需的费用仍然很高，销售费用不断增加，部分经营不佳者开始被迫退出市场。

（4）衰退期的特点　由于竞争势态、消费偏好、产品技术及其他环境因素的变化，导致产品销售量减少而进入衰退期，从而诱发出更新的产品问世。产品衰退期是指产品销售量在市场上不断下降，产品呈老化阶段，企业已有的生产能力与日益减少的销售量之间矛盾十分突出，产品最终被市场淘汰而停止生产或转产。其主要特点是：消费者的需求与兴趣已发生转移，产品逐渐被新产品取代，降价和促销已不能引起消费者的兴趣，销售额急剧下降，成本回升，分销环节转向营销新品，产品销售量迅速下降，利润大幅度下降甚至为零，不少企业由于无利可图被迫退出市场。

衰退期的主要特征是：

① 产品销量和利润急剧下降，企业生产能力过剩日益突出。
② 价格下滑，获取的利润也很微薄。
③ 一些竞争者的同类产品纷纷退出市场，产品声誉对消费者的影响很微弱。
④ 市场上以价格竞争作为主要手段，努力降低售价，回收资金。

⑤ 一些企业纷纷退出市场，转而研制开发新产品，一些企业的新产品已上市。其主要原因是原有产品老化，陷于被市场淘汰的境地。

二、产品生命周期各阶段的营销策略

1. 产品导入期的营销策略

这一阶段公司的营销策略重点在于如何使产品早日打开销路，并被消费者接受。销售的目标是那些最迫切的购买者，营销策略的指导思想是把销售力量直接投向最有可能的购买者，即新产品的创新者和早期采用者，让这两类具有领袖作用的消费者加快新产品的扩散速度，缩短导入期的时间。促销的重点在于介绍产品特点，刺激消费需求，制定产品的收益目标。具体可选择的营销策略有：快速撇脂策略、缓慢撇脂策略、快速渗透策略、缓慢渗透策略。

(1) 快速撇脂策略 即采用高价和高促销方式推出新产品。实行高价格是为了在每一单位产品销售额中获取最大的利润，以快速收回开发投资；实行高促销方式，则是先声夺人地尽快扩大产品影响和产品市场占有率。其具体做法是：制定较高的价格，促销上使用大量的资金进行广告的狂轰滥炸，在商场大量做堆头促销，以求消费者尽快了解并接受新产品。实施快速撇脂策略必须具备一定的市场条件：大部分潜在顾客不了解新产品，市场对产品确实有较大的需求潜力，需要开展大规模的广告促销宣传；目标顾客求新心切，急于购买新产品，而该产品的价格需求弹性不大，有制定较高价格的可能；该产品潜在的竞争威胁大，科技含量不高，竞争对手很容易模仿，为了尽早树立品牌，稳定销售，需尽快建立消费者对新产品的偏好，树立名牌。这种战略的适用范围是：产品确有特点，有吸引力，但知名度不高；市场潜力很大，并且目标顾客有较高的支付能力；面对潜在竞争者的威胁，急需建立品牌形象。

(2) 缓慢撇脂战略 即以高价格和低促销方式推出新产品。这样做可以获得更多毛利并降低营销费用，可望从市场上获取最大利润。其具体操作是给产品制定较高的价格，但只花费少量的资金作适当的广告宣传。这种策略适用的市场条件为：

① 产品的市场规模较小，大部分潜在的消费者已经通过其他各种信息管道了解到新产品的数据，不必要做大规模的广告宣传。

② 该产品潜在的竞争威胁不大或者竞争并不激烈。

③ 大多数的用户已知晓这种产品，对该产品没有过多疑虑，且市场容量相对有限。

④ 该产品的需求弹性不大，适当的高价格能为市场接受。

(3) 快速渗透战略 即以低价格和高促销水平的方式推出新产品，这是一种风险很大，但可以迅速占领市场、获得较高市场占有率的策略。这里所说的"渗透"是指利用低价格去渗透购买者的心理。这一策略可以给企业带来最快的市场渗透率和最高的市场占有率。其具体做法是：给产品制定较低的价格，但宣传广告照样大笔投入，迅速提高产品知名度，提高销售额，大面积占领市场，着眼于利润的长期获得。快速渗透策略的市场条件是：

① 潜在消费者对产品不了解，且对价格十分敏感；但该产品的价格需求弹性较大。因此，既要大规模地宣传，又要谨慎地制定价格。

② 市场容量相当大，应当做大规模的推销，以便吸引更多的潜在的消费者来购买。

③ 产品的单位制造成本可随生产规模和销售量的扩大迅速下降，这为制定低价格提供了条件。

④ 潜在的市场竞争将十分激烈，必须进行大规模的推销。

采用这一战略产品在投入市场之初，利润很低甚至亏本，当完成市场覆盖、获得较大的市场份额之后，才是收获利润的季节。

(4) 缓慢渗透战略 即企业以低价格和低促销水平推出新产品。低价格使市场迅速接受产品；同时低促销费用可实现较多的净利润。其具体做法是采用低价格，只花费少量的资金进行推销活动，着眼于长期的最大限度的市场占有率，从低价中获取最大利润。与这种策略相适应的市场条件是：

① 市场容量很大，在短时间内不易被消费者接受或短期内市场不会饱和，须着眼于长期策略的实施。如果市场容量在短期内饱和，采用缓慢渗透策略便得不到预期的效果。

② 购买者对新产品已基本了解，所促销产品通常只是改进型新产品之类，所以不必进行大规模地推销。

③ 该产品的价格需求弹性较大，高价格容易引起销售量急剧减少。

企业坚信该市场需求的价格弹性较高，而促销弹性较小。采用这一战略的假设条件是：市场容量是相当大的；市场上该产品的知名度较高；市场对价格相当敏感；有一些潜在的竞争。

上述策略主要根据产品在市场导入期的特点，从收益（表现为制定价格）和费用（表现为推销规模的大小）两个方面来考虑，选择与产品特点相符的营销策略。在产品导入期整个策略思想是让消费者尽快接受新产品，因此，除考虑上述两个主要因素外，在市场上还要利用其他一些特别的推销手段：一是利用现有畅销产品提携销售，如随同现有的相关产品免费赠送；将新产品与现有产品合并出售，利用现有产品的商标、数据或广告附带宣传新产品；将新老产品合并陈列等。二是利用特殊手段鼓励消费试用。如在一段时间内向消费者提供免费退换或提供价格优惠等。三是利用一定的手段诱使中间商经销。如采取寄售或其他手段，减少中间商进货的风险；给经销商独家经销权；提供合作广告津贴；派员协助推销；培训经销人员等。

导入期是产品成长的关键阶段，决定着产品的市场前景，在这一阶段要突出"短"和"准"字。"短"即尽可能缩短导入期的时间，使产品在短期内迅速进入市场；"准"即看准市场机会，正确选择新产品投入市场的时机，确定适宜的产品价格。以上策略应当作为整个产品生命周期计划营销战略规则的一个组成部分来加以选择和进行调整，不能为了短期利益而牺牲长远利益。

2. 成长期的营销策略

这个时期市场营销策略的重点是：保持产品质量优良，把使用过该产品的消费者变成回头客，同时让他们成为口碑宣传者，吸引更多的消费者；拓宽销售管道，获得更大的市场份额；广告宣传的重点一方面是继续宣传产品特色，另一方面是宣传品牌形象，强化消费者对品牌的信任程度，使其建立不断购买的信心。在这一阶段，原则上不轻易提价或涨价，保持相对平稳的价格。

成长期的产品，其性能基本稳定，大部分消费者对产品已熟悉，销售量快速增长，竞争者不断进入，市场竞争加剧。成长期是企业上升时期，无论是销售收入还是利润都处在快速增长的时期，产品美誉度和知名度持续上升，因此尽可能维持高速的市场增长率，延长成长期时间是企业在成长期市场营销的主要目的。企业在产品成长期的营销策略要着重解决：①建立良好的分销管道，这不仅意味着适当扩大分销点，还必须处理好同批发商和零售商的伙伴关系，使他们优先分销本企业品牌产品。②促销重点从"产品"转向质量。成长期的营销策略主要有如下几点。

（1）产品策略　改进产品质量，增加产品的功能，完善质量保证体系，并不断增加花色品种、新型号、样式、包装等，争创优质名牌产品，采取提高质量的方式增加产品与同类品牌竞争力。

（2）管道策略　通过市场细分，寻找新的、尚未得到满足的子市场；巩固原有管道，增设销售机构和销售网点，进一步向市场渗透，开拓新的产品销售管道，适应和满足广大客户的需要，促进市场份额的再度提高；根据其需要组织生产，迅速进入市场，比竞争对手先一步获取商机。根据产品的发展情况，找到相适应的市场和目标消费群体。

（3）促销策略　广告宣传目标的重点从介绍产品转向树立企业和产品的形象，采用说服性广告，着重宣传产品的质量、性能、服务及维护方法，针对本产品的特点和销售者关心的问题，通过与同类产品的对比，显示其优势，同时要加大产品推广力度，加强售后服务，强化销售者的购买信心，目标是不断提高品牌知名度，树立强有力的产品形象。

(4) 价格策略　结合生产成本和市场价格的变动趋势，分析竞争者的价格策略，保持原价或适当调整价格。企业可采取适当降低价格或略低于市场同类产品来提高竞争能力和吸引新的顾客，以价格优势占领市场。一般说来，如果企业产品有垄断性，可以采用高价销售，如申报了专利、具有自主知识产权的产品；而一般竞争性产品则可采用低价招徕顾客。如生产成本开始下降，初期采用了高价格，此时便可以大幅度降价，以吸引更多的购买者，排挤竞争对手，牺牲目前的短期利润来争取市场占有率的扩大，从而为长期获利打下基础。

成长期是产品生命周期中的关键时刻，企业应当通过各种方式全力推广产品，包括提升产品质量、充分市场细分、加大宣传力度、价格优势策略、管道扩展等营销手段的合力应用，这一阶段是销售额大幅度攀升时期，也是产品生命周期中的黄金赢利时期，恰当的营销策略会给企业带来丰厚的回报。

在成长阶段，企业往往面临着高市场占有率抑或高利润率的选择。一般来说，实施市场扩张策略会减少眼前利润，但加强了企业的市场地位和竞争能力，有利于维持和扩大企业的市场占有率。从长期利润观点来看，这样做有利于企业发展。

3. 成熟期的营销策略

这个时期的市场营销策略重点是：适当降价并加强促销，以打击竞争者，维护自己的市场份额；转移、扩大市场范围，在更广泛的市场中寻找消费者。

在产品成熟期，企业营销的主要目的是千方百计维持甚至扩大原有的市场份额，尽量延长产品的市场寿命。为了维持企业的市场地位，产品成熟期的营销策略应该是主动出击，采取进攻性的策略，积极增加具有新的竞争力的因素。因此，成熟期市场策略的重点是要突出一个"改"字，即对原有的产品市场和营销组合进行改进，营销策略以改良性为特征，主要有：

(1) 市场改良策略　市场改良策略，即通过开发产品的新用途和寻找新用户来扩大产品的销售量。市场改良的主要方式有：一是通过挖掘现有产品的新用途，将产品打入新的细分市场。如美国杜邦公司生产的尼龙产品，最初只用于军用市场，用作降落伞、尼龙绳等，第二次世界大战以后，产品转入民用市场，企业开始生产尼龙衣料、窗纱、蚊帐等日用消费品，以后又继续扩展到轮胎、包装材料等市场。每次进入不同的市场，都使尼龙由市场饱和期重新进入市场畅销期，为企业赢得了长期稳定的效益。二是刺激现有顾客，增加使用频率。比如，洗发用品的生产厂家在产品中引入调理、滋润等成分，并通过"洗发→护发→润发"的广告宣传，改变了消费者原先以为洗发香波产品只有去污功效的观念，从而增加了洗发香波的消费量。三是重新树立产品形象，寻求主顾。如美国某化妆品公司把二战之后生育高峰诞生的一代人作为自己的目标市场，先是生产婴儿洗发膏；当其生育高峰过去，婴儿洗发膏产品由畅销转为饱和时，再次改善产品功能，追随他们主攻青年妇女消费市场，陆续推出具有染发、焗油、乌发功能的香波产品，使销售量再次呈现高峰。

(2) 产品改良策略　产品改良策略，即通过提高产品的质量，增加产品的使用功能、改进产品的款式、包装，提供新的服务等来吸引消费者。产品整体概念的任何一个层次的改进，都可以视之为产品改良。一般主要有以下四个方面：一是质量改进，主要侧重于增加产品的功能、效用，使使用者直接受益；二是性能改进，即通过增加产品新的特性，尤其是扩大产品的可靠性、适用性、高效性，为消费者带来方便；三是外观改进，这是基于人们美学观念而进行的产品款式、色调等外观上的改进，使产品具有更高的美学欣赏价值；四是服务改进，对于许多耐用消费品和工业品来说，增设服务项目会大大促进消费者的购买欲望，如为用户提供运输、上门安装、维修等都会带动产品的销售。这一时期不断改进产品，使产品具有更多的功能、更新颖的特性，做到人无我有、人有我优、人优我廉、人廉我新、人新我转，步步领先，提高产品在市场的竞争地位。

(3) 营销组合改良策略　营销组合改良策略是指通过改进营销组合的一个或几个因素来刺激或扩大消费者的购买，延长产品的成长期和成熟期，并保持长期知名度、美誉度和忠诚度。主要包括价格、分销、广告、销售促进、人员推销、服务等内容。如通过使用各种价格策略（降价或提价、特价、折扣等），增加新的销售管道，提出新的广告主题，开展各种促销活动等，以扩大产品的销售量。例如可保持产品质量不变，通过降价从竞争者那里吸引一部分顾客；也可通过扩大销售管道，增加销售网点，调整广告媒体等达到同样目的，但这种改进一般很容易为竞争者所模仿。

在产品的成熟期，如何选择一个正确的战略来维持和扩大市场份额是较困难的。很多公司倾向于使用大量广告作为促销手段，也有不少公司认为应该采取品牌管理的办法来维系顾客。

4. 衰退期的营销策略

对处于衰退期的产品，大多数企业应当机立断，弃旧从新，及时实现产品的更新换代。因此，这个时期的市场营销策略重点是"收"和"转"。"收"是指收掉一些已经不赢利的市场，保留部分还可以赢利的市场，取消广告促销费用，榨取产品最后的利润，为停产做准备，并在适当时机停止生产，退出市场。"转"是积极开发新产品，取代老产品，使企业在市场上所占的份额不因为老产品的退出而减少。因为当竞争者纷纷撤离市场时，市场处于一种真空状态，如果企业能够处变不惊，认真开拓新市场，发掘新服务，终点又将成为起点。衰退期市场营销的主要目的：采取各种营销手段让衰退期尽可能晚的到来或重新走向成长期，榨取衰退期剩余产品的最后一点油，让它发挥余热，或采取快速撤离市场的模式，转移精力开发新的产品，采用新的模式。值得注意的是，通过"大甩卖"以加速产品退出市场不是唯一策略，措施得当的企业应该是有计划地"撤"，有预见地"转"，有目标地"攻"。因此，营销的策略应有计划地逐步缩短以及撤出生产线，处理存货，考虑设备工具的再利用。主要包括：维持策略、转移策略、收缩策略、放弃策略等。

(1) 维持策略　产品衰退阶段，竞争者相继退出市场，而市场上对此产品还有一定需求，成本较低的企业可继续保持细分市场，沿用过去营销组合策略，将销售量维持在一定水平上，待到时机合适，再退出市场。采用这一策略的具体方法是维持原状。有的产品看起来好像是到了衰退、淘汰的阶段，但一旦条件发生变化，仍有机会东山再起，重获发展。但是，新循环的出现，往往要求市场有相当大的改变，而市场是瞬息万变的，因此，应用此策略风险较大，必须对消费者的爱好细分市场，把人力、物力集中到最有利的细分市场和销售管道上，削减生产品种类和数量，满足小范围的需要，从最有利的市场管道上获得赢利。

(2) 转移策略　转移策略是企业将大部分的能力和资源集中在最有利的于市场和分销管道上，从中获取更多的利润的营销策略。这样有利于延长产品退出市场的时间，让衰退期产品发挥更多余热，为企业创造更多的利润。

(3) 收缩策略　收缩策略是大幅度降低促销水平，尽量降低促销费用，尽可能减少成本，以增加利润的市场营销策略。这样可能导致产品在市场上的衰退加速，但也能从忠实于这种产品的顾客中得到利润。

(4) 放弃策略　放弃策略是对于衰退比较迅速的产品，应当机立断，放弃经营的市场营销策略。可以采取快速、完全放弃的形式，如把处于衰退期的老产品完全转移出去或立即停止生产，将企业的资源转到新产品的开发和推广上去，以新产品取代已衰退的老产品，有计划地把原有的消费者引导至企业的新产品或其他产品上去；也可采取逐步放弃的方式，即逐渐减少衰退期的产品的生产，使企业的资源有秩序地转向新的经营项目。

综上所述，衰退期企业营销管理还应分析产品所处市场情况、竞争者情况及顾客对该产品的忠诚度等做出相应的策略调整，此时企业应当面对现实，衰退期产品应用最少的投入，获取最大的利润，做到见好就收，寻找新的产品和项目，将主要精力放在新产品的开发中，找到企业新的利润来源。也可细分为：①产品策略，即缩减产品生产量，逐步有计划地撤出市场，淘汰老产品，根据新的目标市场需要，组织新产品开发和生产，力争占领新市场；②价格策略，老产品进入新的目标市场和新产品投入市场时，可根据具体情况定价，适当降低售价，但不宜不顾一切地降价，应力争取得边际利润；③管道策略，即减少销售网点，注意加强与新目标市场的中间商的联系，以便顺利开拓新市场；④促销策略，在即将退出的市场中，不宜大做广告宣传，应努力降低销售费用，节省开支。

第二节　化工产品的组合策略

产品策略是市场营销4P组合的核心，是价格策略、分销策略和促销策略的基础。从社会经济发展看，产品的交换是社会分工的必要前提，企业生产与社会需要的统一是通过产品来实现的，企业与市场的关系也主要是通过产品或服务来联系的，从企业内部而言，产品是企业生产活动的中心。因此，产品策略是企业市场营销活动的支柱和基石。

一、产品组合的含义

化工产品最基本的层次是核心利益，即向消费者提供的产品基本效用和利益，也是消费者真正要购买的利益和服务。消费者购买某种产品并非是为了拥有该产品实体，而是为了获得能满足自身某种需要的效用和利益。如洗涤用品的核心利益体现在它能让消费者方便、省力、省时地清洗衣物。产品核心利益须依附一定的实体来实现，产品实体称一般产品，即产品的基本形式，主要包括产品的构造外型等。期望产品是消费者购买产品时期望的一整套属性和条件，如对于购买洗衣机的人来说，期望该机器能省时省力地清洗衣物，同时不损坏衣物，洗衣时噪声小，方便进排水，外形美观，使用安全可靠等。附加产品是产品的第四个层次，即产品包含的附加服务和利益，主要包括运送、安装、调试、维修、产品保证、零配件供应、技术人员培训等。附加产品来源于对消费者需求的综合性和多层次性的深入研究，要求营销人员必须正视消费者的整体消费体系，但同时必须注意因附加产品的增加而增加的成本消费者是否愿意承担。产品的第五个层次是潜在产品，潜在产品预示着该产品最终可能的所有增加和改变。

产品的外延也从其核心产品（基本功能）向一般产品（产品的基本形式）、期望产品（期望的产品属性和条件）、附加产品（附加利益和服务）和潜在产品（产品的未来发展）拓展，即从核心产品发展到产品的五个层次。现代企业产品外延的不断拓展缘于消费者需求的复杂化和竞争的白热化。在产品的核心功能趋同的情况下，谁能更快、更多、更好地满足消费者的复杂利益整合的需要，谁就能拥有消费者，占有市场，取得竞争优势。不断地拓展产品的外延部分已成为现代企业产品竞争的焦点，消费者对产品的期望价值越来越多地包含了其所能提供的服务、企业人员的素质及企业整体形象的"综合价值"。目前发达国家企业的产品竞争多集中在附加产品层次，而发展中国家企业的产品竞争则主要集中在期望产品层次。若产品在核心利益上相同，但附加产品所提供的服务不同，则可能被消费者看成是两种不同的产品，因此也会造成两种截然不同的销售状况。美国著名管理学家H. J. Leavitt（利维特）曾说过："新的竞争不在于工厂里制造出来的产品，而在于工厂外能够给产品加上包装、服务、广告、咨询、融资、送货或顾客认为有价值的其他东西。"

1. 化工企业发展战略

任何一个化工企业，无论它的规模有多大，抑或有多小，都不可能只生产和销售一种规格和型号的产品,也不可能囊括所有类别和型号的化工产品,都存在"有所为,有所不为"。这就是企业对于产品的种类和系列性的发展战略问题。

(1) 一体化发展战略　企业沿着自己供、产、销的路子进行纵向发展,称为一体化发展战略。

① 向前一体化发展　企业往上游发展,通过自建、收购、兼并、控股等形式,把原材料供应部分收归己有,实现自供自产,避免原材料短缺、生产成本受原材料供货商制约的危险,同时原来原材料供货商所赚取的利润也成了自己的利润,这种一体化发展称为向前一体化发展。例如,硫酸锰生产厂的主要原材料是锰矿和硫酸,如果硫酸锰厂自行开采锰矿,再兼并一个硫酸厂,就可实现原材料自供自产。

② 向后一体化发展　企业往下游发展,通过自建、收购、兼并、控股等形式,把产品销售部分收归己有,实现自产自销,这种一体化发展称为向后一体化发展。例如,石油炼制厂生产汽油、柴油供给加油站,再由加油站卖出,如果炼油厂自己开设加油站,便可实现自己生产的油自己卖。

③ 水平一体化发展　企业在产品序列的同一层次上沿水平方向发展,通过收购、兼并、控股同类型的企业,或与同类型的企业合资经营,这种一体化发展称为水平(横向)一体化发展。例如,琼森公司在化妆品方面原来主要生产儿童护肤、润肤系列产品,北京大宝化妆品有限公司主要生产成人护肤、润肤系列产品,琼森公司 2008 年 7 月完成对北京大宝公司的收购,在化妆品方面的实力大大提升,完善了从婴儿到成人的全系列产品。

(2) 密集性发展战略　企业在现有产品的基础上,一是加大产品宣传力度,挖掘更多的潜在顾客,吸引更多竞争对手的顾客成为自己的顾客,扩大自己的顾客群;二是拓展多种营销管道,开辟新市场,增加产品的销售量;三是增加产品的花色品种、型号规格等,以适应各种不同的需求。这种围绕着现有产品,把销售做大,提高市场占有率的发展战略称为密集性发展战略。

(3) 多元化发展战略　多元化发展战略指企业发展与自己原来行业毫不相干的产品,跨行业经营。多元化发展可以分为三类。

① 横向多元化发展　横向多元化发展指企业针对原有市场顾客的不同需求,生产出其他的产品,以扩大经营范围,寻求新的增长。如化肥厂生产的化肥主要卖给农民,农民除了使用化肥也使用农业机械,化肥厂根据农民的这一需求增加农业机械的生产,它的顾客没有变,但生产的产品化肥和农业机械则是两个完全不相干的产品。

② 同心多元化发展　企业利用与自己原产品相似的原材料、生产技术和设备,开发新产品或生产新品种,犹如从同一圆心向外扩大经营范围,寻求新增长,称为同心多元化发展。在同心多元化发展中,新产品和老产品的基本用途不同,但使用的原材料、生产技术、设备等相同或相似。如一个生产电话机壳的塑料制品厂,现在增加生产计算机机壳、电视机壳等。

③ 集团多元化发展　企业通过投资、兼并、收购方式,跨行业、跨市场多元化发展,称为集团多元化发展。在集团多元化发展中,原有技术、原有产品、原有市场与新技术、新产品、新市场毫不相干。如美国柯达公司,原来以生产胶卷、摄影器材为主,但由于数码相机的出现,胶卷市场大大萎缩,美国柯达公司即跳出原有经营圈子,进入石油、化工、食品、保险几个领域开展经营活动。

2. 产品系列

(1) 产品系列的概念　产品系列的基本概念是由美国波士顿咨询集团公司的创始人 Bruce Henderson(布鲁斯·亨德逊)在 1970 年提出的。他把企业的产品或业务看作是一种经营组合,这些产品、业务之间是相互作用、相互影响的,这种相互作用和相互影响主要集中在为应对市场竞争的威胁而使用和开发资源的过程中。

产品系列是企业提供的各种产品和各项服务的总称,其概念内涵要比产品组合广得多。产品系列中的每一种产品或服务被看作是一个经营战略单位,这些经营战略单位中的大多数是单独的利润中心,有自己的管理机构、明确的市场和竞争对手以及营销策略。企业的产品系列通常包括那些相关的能被分成经营战略单位的产品(或服务),这些产品(或服务)基本上是同质的,以便于企业能有效地控制影响其经营状况的众多因素。企业的资源按照经营战略单位对企业整体的成长和赢利能力目标的贡献大小加以分配。

(2) 产品系列策略　产品系列这一概念强调了不应把产品视为个体而应视为整体的一部分的重要性,这样可以促使产品营销者必须定期审查本企业的产品系列,为现有的每一种产品、每一项业务和可能出现的新业务制定可供选择的策略方案,并做出相应的资源分配的决策。

产品系列概念为营销人员提供了在分析经营战略单位经历产品生命周期各阶段时所需的综合分析判断方法,并向营销人员提供了风险性的战略选择方案。营销人员必须记住战略是指决定应该做什么,而战术是指决定如何正确做这些事。营销策划人员必须认真考虑每一产品线经营战略单位在现行的战略和替代策略下可能出现的情况,由此可使他们能够决定每一经营战略单位应该具有的目标、实现这些目标应采用的策略和战术以及应分配给每一战略单位什么资源。

(3) 产品系列的评估　最早也是最普遍采用的产品系列评估方法是由波士顿咨询集团公司创立的市场成长-市场份额矩阵图法,分析判断产品系列是否合理,如图 4-2 所示。绝大部分企业的产品系列均可分为四个大类,每一类的经营情况都显示出不同的财务特征,因而要选择不同的策略。

在图中,横轴表示相对市场占有率,即本企业某产品的市场占有率与同行业中最大竞争对手的市场占有率之比,纵轴表示市场增长率,即企业产品的年销售增长率。根据不同产品经营效益和市场业绩在图中四个区域的不同位置,可将产品系列分为明星类、金牛类、问题类和瘦狗类四个类别。

图 4-2　产品系列的分类

① 明星类　这是那些市场增长率和相对市场占有率都较高的产品线。它们往往是市场中的领先者,因而所产生的现金流和所需要的现金数量都很大。企业要投入大量的现金来维持高的市场增长率和市场占有率,因此它们不一定能给企业带来大量利润,但它们有可能成为未来的金牛类产品。

② 金牛类　这是那些较低市场增长率和较高市场占有率的产品线。较高的市场占有率能给企业带来高额利润和高额现金,而较低的市场增长率意味着只需要少量的投资,而且,作为市场领先者,能取得规模经济效益。所以金牛类的经营战略单位能给企业带来大量的利润,满足企业的现金需要。

③ 问题类　这是那些相对市场占有率较低而市场增长率较高的产品线。这些产品线可能有发展前途,但需要投入大量的资金才能满足迅速增长的市场要求。企业产品的发展往往从问题类开始。因此,企业应选择有前途的问题类产品线,予以大量投资,使其向明星类转变,待其增长率降低,就有可能成为金牛类的产品线,否则应予以放弃。

④ 瘦狗类　这是指那些市场增长率和市场占有率都较低的产品线。这类产品线在竞争中往往处于劣势,一般说来,应采用收缩或淘汰的经营方案。

在典型的企业营销中,产品都能被分为上述的四个大类。当然,企业的基本目标不应只是确保金牛类产品的地位,还要防止对金牛类产品进行过度的再投资的倾向。金牛类产品所产生的现金可被用来支持明星类产品的发展,使其在市场上占主导地位,因为明星类产品尚不能自我维持发展。而那些不能获得资金及其他方面支持的明星类产品应果断放弃。瘦狗类的产品可以通过选择恰当的细分市场而保留，也即将这类产品的经营活动理性地集中在某一小市场上。在该市场中，企业的这类产品能占据主导地位。如果这一方法不可行，企业将考虑停止向这类业务投资，保持企业资金的流动性，到市场机会出现时再进行新的投资。

二、产品组合策略

现代市场营销学认为，产品决策的第一个要务就是要对其现在所经营的全部产品进行营销改进，以使产品更适合市场的需要，使所经营的产品有利于实现营销战略目标。产品组合是销售者售给购买者的一组产品，它包括所有产品项目和产品线。产品项目即产品大类中各种不同品种、规格、质量的特定产品，企业产品目录中列出的每一个具体的品种就是一个产品项目。产品线是许多产品项目的集合，这些产品项目之所以组成一条产品线，是因为这些产品项目具有功能相似、用户相同、分销管道同一、消费上相连带等特点。在探讨产品组合策略之前，应该先明确几个有关的概念：产品组合、产品线、产品项目、产品组合的测量尺度。

1. 产品组合的概念

（1）产品组合　产品组合是企业产品管理的重要内容。产品组合的有关问题包括确定影响产品组合的各种基本因素，制定合理的产品组合深度和宽度。产品组合是指一个企业生产经营的各种产品及其品种、规格的组合或相互搭配，它通常由产品线和产品项目构成。在现代市场经济条件下，由于发展需要，生产经营的产品往往不止一种，而这些产品在市场的相对地位以及对企业的贡献有大有小，随着外部环境和企业自身资源条件的变化，各种产品会呈现出新的发展态势。因此，企业如何根据市场需要和自身能力，确定经营哪些产品，明确产品之间的配合关系，对企业兴衰有重大影响。即使对于那些经营单一产品的企业，也有品种、规格、型号、花色的搭配问题，同样需要确定产品的组合。

产品组合的宽度和深度是产品组合中的两个重要概念，它们用来衡量产品组合的规模大小。产品组合的宽度是指企业的不同产品线的数量。宽度越大，说明企业的产品线越多；反之，宽度窄，则产品线少。产品组合的深度是指每条产品线内不同规格的产品项目的数量。深度越大，企业产品的规格、品种也就越多；反之，深度浅，则产品项目就越少。对于工业品供货商，产品组合有时还可能意味着为客户提供一揽子解决方案。企业应根据自身的资源状况尽可能灵活地调整各部门的工作，并沿着能带来未来成长和利润的产品组合路径前行。

（2）产品线　产品线是指产品在技术上和结构上密切相关、具有相同使用功能、规格不同而满足同类需求的一组产品。雅芳化妆品公司的产品线有化妆品、珠宝首饰和家庭用品三条。通常每条产品线都设专人管理，称为产品线经理。每条产品线内又包含若干产品项目。

（3）产品项目　产品项目是指能与企业生产经营的其他产品相区分，列入生产和销售目录中的任何产品，是构成产品组合和产品线的最小产品单位，它与别的产品相区别的特征可能是性能、规格或式样的不同。因而，一个产品项目往往具有一个特定的名称、型号或编号，如灭蚊产品大类，有蚊香、喷雾剂、液体蚊香、电热蚊香片等，这些产品采用相同或类似的灭蚊药剂，都有灭蚊的功能，并且走相同的销售管道，在商场相同的陈列铺位。

企业产品目录上列出的每一种产品项目也可以是一个品牌，它们以品种、型号、规格、外观、价格等作为区别的标志。如李字牌蚊香的品种有黑蚊香、绿蚊香，规格有十双盘装、五双盘装等。

（4）产品组合的测量尺度　产品组合，通常需要对之度量，以掌握其特征。产品组合一般用以下尺度测量。

① 产品组合广度，也称产品组合宽度，即在产品组合中包括有多少条产品线。企业的产品组合中包括的产品线越多，其产品组合的广度就越宽。如宝洁（中国）公司拥有 5 条日用化工产品线，分别是洗发露、护肤用品、洗衣粉、香皂、牙膏 5 大类。

② 产品组合长度，是指企业所有产品线中的产品项目的总和。为了在不同的企业之间进行比较，也用平均线长度来表示产品组合的长度。表 4-1 显示宝洁（中国）公司的日用化工产品组合的长度为：总长度＝5＋3＋2＋1＋1＝12，即 12 个产品项目；平均长度＝12/5＝2.4，即平均每条生产线有 2.4 个产品项目。

表 4-1　宝洁（中国）公司部分日用化工产品系列的产品组合

项目	产品宽度				
	洗发露	护肤用品	洗衣粉	香皂	牙膏
产品长度	飘柔	玉兰油	汰渍	舒肤佳	佳洁士
	潘婷	SK-Ⅱ	碧浪		
	沙宣	伊奈美			
	海飞丝				
	伊卡璐				

③ 产品组合深度，是用来测定产品组合中的每条产品线的长度，即指每个产品项目（品牌）中有多少个品种、规格数。如海飞丝品牌洗发露中有"顺、爽、润、净"四个系列产品，"顺"系列有四种产品，"爽"系列有四种产品，"润"系列有五种产品，"净"系列有一种产品，假设每种产品还有两个规格（如 200mL 装和 400mL 装），则该品牌的深度＝（4＋4＋5＋1）×2＝28。按此方法，可以算出产品组合的平均深度。

④ 产品组合的相关性，产品组合的相关性也称产品组合的一致性，它是指各个产品线在最终效用、生产条件、分销管道或其他方面相关联的程度。比如，清洁剂、洗衣粉、洗发膏、香皂这几条产品线都与洗涤去污有关，这几大类产品的产品组合就有较强的相关性。产品组合的相关性大，企业的营销管理的难度就小，但其经营范围也就越窄，经营的风险相对要大些；反之，企业产品组合的相关性差，其营销难度大，经营的范围广，经营的风险相对要小一些。

上述产品组合的四个测量尺度，对企业的营销活动产生重要的影响。企业通过增加产品组合的广度，充分发挥企业的特长，使企业的资源得到合理的利用，从而减少企业经营中的风险，提高企业的经营效益；通过延长其现有的产品组合的长度，即增加产品线中产品项目，以更多的花色品种来满足顾客的需求差别；通过增加产品组合的深度，更好地满足广大消费者的不同爱好和需求，以吸引更多的消费者；增加产品组合的相关性，有利于企业的经营管理，提高企业在某一地区、某一行业的声誉。

2. 产品组合策略

产品组合要根据企业的资源、财力及市场的实际情况确定，不一定要一味地追求越宽越长。宝洁公司旗下的香皂品牌有 7 个，但在中国目前只推出"舒肤佳"1 个，这是宝洁公司根据企业和市场两个方面的实际情况做出的慎重选择。根据产品线分析，针对市场的变化，调整现有产品结构，从而寻求和保持产品结构最优化，这就是产品组合策略。企业进行产品组合的基本方法是对产品组合的四个维度进行优化，即增减产品线的宽度、长度、深度或产品线的关联度。要使得企业产品组合达到最佳状态，即各种产品项目之间质的组合和量的比例既能适应市场需要，又能使企业赢利最大，需采用一定的评价方法进行选择。

评价和选择最佳产品组合并非易事，评价的标准有许多选择。从市场营销的角度出发，按产品销售增长率、利润率、市场占有率等几个主要指标进行分析。常用的方法有 ABC 分析法、波士顿咨询集团法、通用电气公司法、产品获利能力评价法及临界收益评价法。

企业在调整产品组合时，可以针对具体情况选用以下产品组合策略：

（1）扩大产品组合　扩大产品组合策略是开拓产品组合的广度和加强产品组合的深度。开拓产品组合广度是指增添一条或几条产品线,扩展产品经营范围;加强产品组合深度是指在原有的产品线内增加新的产品项目。具体方式有:①在维持原产品质量和价格的前提下,增加同一产品的规格、型号和款式;②增加不同质量和不同价格的同一种产品;③增加与原产品相类似的产品;④增加与原产品毫不相关的产品。

扩大产品组合的优点是:①满足不同的偏好的消费者多方面需求,提高产品的市场占有率;②充分利用企业信誉和商标知名度,完善产品系列,扩大经营规模;③充分利用企业资源和剩余生产能力,提高经济效益;④减小市场需求变动性的影响,分散市场风险,降低损失程度。

(2) 缩减产品组合　缩减产品组合策略是削减产品线或产品项目,特别是要取消那些获利小的产品,以便集中力量经营获利大的产品线和产品项目。缩减产品组合的方式有:①减少产品线数量,实现专业化生产经营;②保留原产品线,削减产品项目,停止生产某类产品,外购同类产品继续销售。

缩减产品组合的优点有:①集中资源和技术力量改进保留产品的质量,提高产品商标的知名度;②生产经营专业化,提高生产效率,降低生产成本;③有利于企业向市场的纵深发展,寻求合适的目标市场;④减少资金占用,加速资金周转。

(3) 产品线延伸　为了开拓新的市场,增加顾客,为了适应顾客需求的变化,配齐该产品线的所有规格、品种,使之成为完全产品线,这就是所谓的产品线延伸,是指企业把产品线延长,使其超出目前经营范围的一种行动。产品线延伸主要有三种形式:向下延伸、向上延伸和双向延伸。

① 向上延伸　这种策略也叫高档产品策略,就是在原有的产品线内增加高档次、高价格的产品项目。实行高档产品策略主要有这样一些益处:a. 高档产品的生产经营容易为企业带来丰厚的利润;b. 可以提高企业现有产品声望,提高企业产品的市场地位;c. 有利于带动企业生产技术水准和管理水平的提高。

一般来说,高档产品市场利润丰厚,如果市场潜力比较大,而且企业又具备进入条件,则应抓住机遇,开拓高档产品市场。当然,采用这一策略也有一定的风险和困难。因为,企业一贯以生产廉价产品的形象在消费者的心目中不可能立即转变,消费者可能怀疑其高档产品的质量水平,使得高档产品不容易很快打开销路,从而影响新产品项目研制费用的迅速回收。高档产品市场的竞争者也会不惜一切坚守阵地,还会以进入低档产品市场,向下延伸进行反击;采用这一策略还需培训或物色新的销售人员。

② 向下延伸　这种策略也叫低档产品策略,即企业在原有的产品线中增加低档次、低价格的产品项目。实行低档产品策略的好处是:a. 借高档名牌产品的声誉,吸引消费水平较低的顾客慕名购买该产品线中的低档廉价产品;b. 充分利用企业现有生产能力,补充产品项目空白,形成产品系列,使企业资源得到更充分利用和进一步分散经营风险;c. 增加销售总额,扩大市场占有率。

与高档产品策略一样,低档产品策略的实行能够迅速为企业寻求新的市场机会,同时也会带来一定的风险。如果处理不当,可能会影响企业原有产品的市场声誉和名牌产品的市场形象。此外,这一策略的实施需要有一套相应的营销系统和促销手段与之配合,这些必然会加大企业营销费用的支出。

③ 双向延伸　是指原定位于中档产品市场的企业,掌握了市场优势后决定向产品线的上下两个方向延伸,一是增加高档产品,二是增加低档产品,扩大市场阵容。

(4) 产品现代化策略　产品现代化策略就是强调把科学技术应用到生产过程中去。因为在某种情况下,虽然产品组合的广度、长度都非常适合,但产品线的生产过程、技术以及产品形式上可能已经过时,这就必须对产品线实施现代化的改造。产品线的现代化可采取两种方式:

一是逐项更新，二是全面更新。逐项更新是在整条产品线全面更新前，测试消费者及中间商的反应，了解市场动向，同时可节省投资，但缺点是使竞争者洞悉本企业的意图；全面更新则可避免上述缺点，出奇制胜，但所需投资较大。

企业在进行产品组合时，涉及三个层次的问题需要做出抉择，即：①是否增加、修改或剔除产品项目；②是否扩展、填充和删除产品线；③哪些产品线需要增设、加强、简化或淘汰。三个层次问题的抉择应该遵循既有利于促进销售，又有利于增加企业的总利润这个基本原则。产品组合的四个因素和促进销售、增加利润都有密切的关系。一般来说，拓宽、增加产品线有利于发挥企业的潜力、开拓新的市场；延长或加深产品线可以适合更多的特殊需要；加强产品线之间的一致性，可以增强企业的市场地位，发挥和提高企业在有关专业上的能力。

3. 产品组合的评价方法

一种分析产品组合是否健全、平衡的方法称为三维分析图。在三维空间坐标上，以 x、y、z 三个坐标轴分别表示市场占有率、销售成长率以及利润率，每一个坐标轴又有高、低两段，这样就能得到八种可能的位置，如图4-3所示：

如果企业的大多数产品项目或产品线处于5、6、7、8号位置上，就可以认为产品组合已达到最佳状态。因为任何一个产品项目或产品线的利润率、成长率和占有率都有一个由低到高又转为低的变化过程，不能要求所有的产品项目同时达到最好的状态，即使同时达到也是不能持久的。因此企业所能

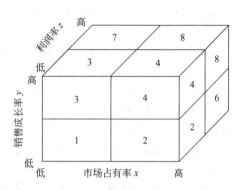

图4-3 产品组合的三维分析图

要求的最佳产品组合，必然包括：①目前虽不能获利但有良好发展前途、预期成为未来主要产品的新产品；②目前已达到高利润率、高成长率和高占有率的主要产品；③目前虽仍有较高利润率而销售成长率已趋降低的维持性产品；④已决定淘汰、逐步收缩其投资以减少企业损失的衰退产品。

第三节 化工新产品的开发策略

随着科学技术的进步，经济的全球化融合，市场机会不断转移，竞争日益激烈，产品的生命周期日趋缩短。在20世纪中期，一代产品通常的生命周期为20年左右，而到了90年代，一代产品的概念不超过7年。企业要想持久地占领市场，必须不断适应市场潮流变化，推陈出新。不但产品生命周期理论要求企业不断开发新产品，而且企业为获取利润，甚至是为了生存，也必须不断开发新产品以应对市场需求的快速变化。如果企业不开发新产品，则当产品走向衰退时，企业也同样走到了生命周期的终点。

一、化工产品的发展趋势

化工行业作为国家的支柱产业之一，在国民经济中起着重要作用，直接关系到人们日常生活的衣食住行等问题。世界化学工业的发展速度很快，在各主要工业国中均高于整个工业平均速度，其增长率是国民生产总值增长率的两倍。随着中国经济的持续增长，对化工产品的需求将稳步增长。

对于全球化工行业来说，2008年9月的国际金融危机与传统化工行业能力过剩导致的资产循环下行期同步发生，使得这次行业循环周期低谷会经历更长的时间，这种需求低迷状况在世界化工历史上也比较少见。而全球化工行业面临的主要问题除了需求萎缩外，还有产能过剩。

以乙烯及其衍生产品为例，瑞士著名咨询企业 Maack 预测，2009～2013 年，全球将有约 1500 万吨乙烯、1000 万吨聚乙烯和 500 万吨聚丙烯产能过剩，包括中东地区和中国在内的一些乙烯装置将长期处于低开工率状态。

由于石油等原材料成本在化工行业成本中所占比例较大，国际油价温和上涨有利于拉动化工产品价格回升。但在世界经济仍比较脆弱的情况下，如果油价大幅上涨，消费国承受力将大为削弱，并对世界经济复苏不利。当前多数化工产品价格还在低位徘徊，原油价格过快上涨将拉高化工产品成本，而在下游需求尚未完全恢复的情况下，价格传导机制必定受挫，导致增加的成本无法顺利传递，进而对化工产品价格和企业利润造成负面影响。

化工行业的进一步复苏更依赖国内相关下游市场需求的驱动。又由于化工行业各子行业受危机影响的程度和经济回暖时期的恢复能力不尽相同，加之能源和原材料价格预期上涨以及部分子行业产能严重过剩，预计行业整体恢复到较为理想的景气状况仍需要一定的时间。现阶段化工市场总体发展的四大趋势是：①结构深度调整；②低碳经济引领产业未来；③寻找新兴产业作为化工行业新的增长点；④中国很有可能取代美国成为全球最大的化工市场，引起全世界的各个化工巨头来华群雄逐鹿。

从国内化工行业来看，我国化工行业的多个下游行业复苏势头日益明显。国内汽车销量大增带动了对轮胎、炭黑、改性塑料等化工子行业的需求回暖；房地产市场景气回升、投资增加改善了纯碱、有机硅和 PVC 等产品的需求；纺织行业的复苏则启动了上游的合成纤维产业链，对染料、助剂等化工品的需求也在增加。因此，相对世界化工行业来说，我国化工行业下行周期触底回升的迹象更为明显。

1. 基础化工原料制造业向好趋势不稳定

产能过剩是我国基础化工行业面临的重大问题之一。虽然目前整个化工行业仍在低位运行，而且基础化工原料行业中的部分产品产能相对过剩，需要依靠国际市场平衡需求，但资本对化工行业的投资冲动却依然不减。2009 年以来，山东、山西、江苏等十来个省陆续将石化产业列为重要支柱产业，并制定了本地区的行业振兴规划。在这些振兴规划中，乙烯、甲醇、纯碱、电石等过剩产能的规划重复出现，如果这些规划得以实施，那么部分产品产能相对过剩的问题不但无法解决，还将进一步加剧。这无疑会给行业产业机构调整带来严重压力，也将使未来行业的复苏步伐变得迟缓。

作为最基础的化工原料，纯碱广泛应用于化工、建材、冶金等行业。正是由于其应用广泛，使得纯碱的下游需求与国民经济的发展关系密切。随着国内经济的持续高速增长，尤其是玻璃、氧化铝等行业的高速发展，国内纯碱需求增长强劲，下游需求增长使纯碱子行业经营趋于好转。

2. 合成材料制造业总体继续回暖

金融危机对我国合成材料行业的影响十分明显，造成需求下降、价格高位下挫、市场行情低迷的严峻局面。从后市来看，世界主要经济体相继复苏、美元贬值和石油行情震荡向上，将成为合成材料价格继续上行的三大推动力量。随着经济复苏程度的逐步加深，我国多数合成材料的终端需求有望进一步增长。

对于合成橡胶来说，由于其最重要的下游产品轮胎是我国的大宗出口产品，美国轮胎特保案将严重阻碍我国轮胎出口回暖，进而对其上游橡胶行业造成负面影响。虽然轮胎出口受影响较大，但得益于国内需求回升的支撑，合成橡胶行情持续大幅下挫的可能性也不大。综合来看，2010 年，我国合成橡胶行业的总体态势仍然向好。

随着化纤产品出口的不断扩大和消费升级的需求，化纤产品结构开始向高质量方向发展，主要是围绕芳纶、碳纤维等高技术纤维以及各类高性能、差别化、功能化纤维及高附加值产品等方向进行优化调整。在密度大、应用广的聚酯、涤纶行业加大技术投入，开发高新技术产品，对于黏胶等则通过发展差别化、功能化的同时，加强节能环保技术的应用。差别化复合纤维品种虽小，但由于其特殊的性能，应用前景广阔。在众多化纤当中，氨纶以其强度高、密度小、制品柔软且富有弹性、贴身又无约束的特性，广泛应用于多种纺织面料。近年来世界氨纶应用领域不断扩大，需求量以平均每年15%~18%的速度增长。我国氨纶的需求增长更是迅速，人均年氨纶消费量已经从20世纪末的几克上升到目前的近30克，不过与欧美国家人均100~200克的年消费量还有较大差距。随着人们收入水平的进一步提高，对氨纶的需求将持续增长，这将极大推进氨纶弹性针织面料和服装的发展。

黏胶纤维作为一种天然纤维再生纤维，不仅具有棉纤维的特性，还具有棉纤维所不具备的蚕丝的部分优点，加之随着技术水准的提高，拓展了黏胶纤维的用途。随着人们消费水平的提高，对黏胶的需求显著增长，最近几年其表观消费平均增长率达到16%。国内黏胶纤维的产量也迅速扩大，内外需求增长促使黏胶价格上涨，呈现出供销两旺的局面。

3. 对化肥制造业的需求长期看好

2008年下半年至今，随着国际金融危机的蔓延，国内化肥行业也惨遭重创，需求低迷，价格大幅下滑，企业利润空间较大幅度萎缩，部分企业出现亏损。短期负面因素逐渐消除，而长期支持农作物产量和化肥需求增长的动力并未改变：世界人口持续增长，各国政府大力发展生物能源，全球新增耕地有限，必须提升化肥施用水平。而粮农组织和USDA均预测未来两年全球粮食库存消费比处于近30年最低点，这也是我们看好化肥长期需求的重要因素。

从具体品种来看，我国氮肥尤其是尿素仍然面临供大于求的困境。目前国内钾肥市场虽然仍将延续低迷态势，但农业用肥需求有一定刚性，而且2009年钾肥进口量下降较多，国际生产商实际减产量已超过年产量的32%，并将继续保持低开工率，加之近期农产品价格上升预期已经形成，有力地刺激着今后国内外钾肥需求出现反弹。长期来看，由于我国缺钾土壤面积不断扩大，农业部门已认识到缺钾的严重性，并在全国推广"补钾工程"，钾肥需求量将保持增长，这给钾肥行业提供了良好的发展机遇。

4. 发展精细化工产业已成世界性趋势

由于精细化工产品具有附加值高、污染少、能耗低、批量小等特点，目前已成为世界各国和各大化工企业巨头的重点发展对象。近年来，能源短缺问题日益凸显，发达国家为了本国经济发展的需要，不断地调整其化学工业产品结构，将化工行业的发展重点逐渐转向发展精细化工产品。一些国际型的化工大企业都在不断地进行产业整合，朝精细化工方面转型。例如，美国的DuPont、德国的BASF、Bayer等企业近年来纷纷出售其基本化工原料产品产业，转向医药、农药、聚合物等精细化工产业发展。

美国DuPont公司自20世纪80年代以来将公司的发展重点从石油化工转向农药、医药、特种聚合物、复合材料、抗癌和抗衰老等药物、保健品、仿生医疗品等精细化工产品的生产。而德国的BASF、Bayer等企业也在重点开发农用化学品、电子化学品、保健医药用品、医疗诊断用品、信息影像用品、宇航用化学品等精细化工产品，像医药保健品、电子化学品、特种聚合物、复合材料等精细化工产品的发展十分迅速，使得世界精细化工的增长速度大大快于整个化学工业的发展。

5. 特殊化学品仍是中国化工行业投资的持续亮点

中国现阶段投资的最主要逻辑是技术进步和消费升级，而特殊化学品行业恰恰是化工行业里最符合这两大逻辑的子行业。在技术进步和消费升级背景下，中国的特殊化学品行业将获得超越化工行业与GDP的高增长水平。特殊化学品行业主要是指区别于大宗原材料化学品、行业壁垒较高、有一定技术含量的化工子行业，其主要领域包括化工新材料和精细化工。如改性塑料、增强复合材料、有机硅、MDI（二苯基甲烷二异氰酸酯）以及特殊纤维制造等行业的发展很大程度上取决于工业生产部门和建筑行业对于材料质量要求的提高，而染料助剂等的发展则取决于人们对于纺织品升级换代的要求。以技术进步为基本特征是特殊化学品制造业实现可持续发展的核心竞争力。

改性塑料广泛用于汽车、电动工具、办公用品、家电、玩具、电子等领域以及国防、航空航天等高端领域。目前我国塑料制品年产量在2500万吨左右，其中改性塑料大约占10%的比例，远低于国外20%的比例，发展的空间和潜力巨大。沿着石油向下的产业链中，改性塑料是需求增长最快、投资收益率最高的化工产品之一。

有机硅产业链越往下，越接近消费，发展前景越宽广。全球有机硅下游产品多达上万种，其中在化妆品、汽车、建筑外墙涂料、电子电器等方面的应用均与我们的日常生活密切相关，其需求增长具有持续性和稳定性。近5年，全球有机硅材料需求的平均增长率在10%以上，其中中国近3年来的消费增长率达到29%，目前我国有机硅单体需求仍将保持20%以上的增长。目前全球有机硅单体的平均售价在4万元左右，而我国目前还只有1.3万元，差距较大。

增强复合材料是指由两种或两种以上不同柔性腻子物质以不同方式组合而成的材料，它可以发挥各种材料的优点，克服单一材料的缺陷，扩大材料的应用范围。由于复合材料具有重量轻、强度高、加工成型方便、弹性优良、耐化学腐蚀和耐候性好等特点，已逐步取代木材及金属合金，广泛应用于航空航天、汽车、电子电气、建筑、健身器材等领域，在近几年更是得到了飞速发展。最常见的增强复合形式有树脂基增强、纤维增强（包括玻璃纤维、碳纤维、芳纶纤维、超高分子量聚乙烯纤维等）、各种无机纳米粒子增强、金属基增强、陶瓷基增强和水泥基增强等。

在建筑用硬质泡沫物、器具、黏合剂和密封胶的需求增长的推动下，全球MDI需求仍将保持6%～7%的年增长速度。虽然国际MDI巨头均有扩产计划，但未来几年全球MDI的供应仍然偏紧；另外随着部分小装置由于环保安全等原因开始关停、新的应用领域的开拓以及需求的增长等原因，全球MDI的产能不会出现过剩。MDI下一步的发展空间在于在建筑节能领域以及板材领域的应用拓展。建筑节能市场对于MDI的需求量约有80万～100万吨/年。

随着全球纺织工业中心向中国转移，世界纺织助剂的中心也开始向我国转移，目前全球纺织助剂行业的市场容量在170亿美元以上，我国国内市场在200亿人民币以上。国内对助剂的需求还将以每年15%～20%的速度增长，广阔的市场空间为助剂龙头的发展提供了良好机遇。

依托汽车行业高速增长，炭黑行业进入扩张期。炭黑主要用于橡胶，橡胶用炭黑耗用量占炭黑总量的89.5%，其中轮胎占67.5%，非轮胎汽车橡胶制品用9.5%，其他橡胶制品用占12.5%，因此，炭黑行业的发展与轮胎橡胶行业、汽车行业密切相关。汽车行业的快速发展给下游炭黑行业带来广阔的发展空间。目前全球炭黑需求呈现增长趋势，亚洲特别是中国经济和汽车工业的快速增长，以及日本和韩国汽车与轮胎的高速发展，使亚太地区已成为当今世界炭黑需求增长最快、最具潜力的市场。其中，中国将成为增长最快的炭黑生产国。据中国橡胶协会预测，我国炭黑需求量将达到240万吨，年均增速高达8%。

二、化工新产品的开发

化学工业是对国民经济以及日常生活渗透程度最高的行业之一，其增长既依赖于经济的长期发展，更依赖于机遇需求判断基础之上新产品的推出。回顾国外先进化工企业的发展历程，除了通过行业整合扩大生产规模和市场占有率之外，积极跟踪市场，通过研发推出满足市场需求的新产品更是主要的增长方式。

1. 化工新产品的概念及其开发的必要性

(1) 新产品的含义　市场营销中的新产品概念与科学技术研究中新产品的概念不同，市场营销意义上的新产品含义很广，除包含因科学技术在某一领域的重大发现所产生的新产品外，还包括：在生产销售方面，只要产品在功能或形态上发生改变，与原来的产品产生差异，甚至只是产品从原有市场进入新的市场，都可视为新产品；在消费者方面，则是指能进入市场给消费者提供新的利益或新的效用而被消费者认可的产品。按产品研究开发过程，新产品可分为全新产品、模仿型新产品、改进型新产品、形成系列型新产品、降低成本型新产品和重新定位型新产品。

① 全新产品是指应用新原理、新技术、新材料，具有新结构、新功能的产品。该新产品在全世界首先开发，能开创全新的市场。它占新产品的比例为10%左右。

② 改进型新产品是指在原有老产品的基础上进行改进，使产品在结构、功能、质量、花色、款式及包装上具有新的特点和新的突破，改进后的新产品，其结构更加合理，功能更加齐全，质量更加优质，能更多地满足消费者不断变化的需要。它占新产品的26%左右。

③ 模仿型新产品是企业对国内外市场上已有的产品进行模仿生产，称为本企业的新产品。模仿型新产品约占新产品的20%左右。

④ 形成系列型新产品是指在原有的产品大类中开发出新的品种、花色、规格等，从而与企业原有产品形成系列，扩大产品的目标市场。该类型新产品占新产品的26%左右。

⑤ 降低成本型新产品是以较低的成本提供同样性能的新产品，主要是指企业利用新科技，改进生产工艺或提高生产效率，削减原产品的成本，但保持原有功能不变的新产品。这种新产品的比重为11%左右。

⑥ 重新定位型新产品指企业的老产品进入新的市场而被称为该市场的新产品。这类新产品约占全部新产品的7%左右。

由于顾客品位、技术和竞争的快速变化，企业必须持续开发新产品和服务，从研发阶段就应该注重顾客的需求。

（2）开发新产品的必要性　任何产品在市场上都是有其寿命的，现在赚钱的产品不会永远赚钱，再赚钱的产品迟早有一天也会退出市场。企业要保持或不断增长自己的销售额和利润，就要不断开发新产品，不断用新产品取代老产品。在现代市场经济条件下，不断开发新产品具有十分重要的意义：

① 新产品开发是企业生存和发展的需要　产品生命周期理论告诉我们，没有一种产品可以永无止境地增长，一味依靠一成不变的老产品在市场中生存和发展是不可能的，因此，企业要获得发展和赢得竞争优势，就必须开发新产品，用新产品弥补因老产品进入衰退期而带来的产品销售量的下降，以新产品的特点和差异化抵御竞争者的攻击。

② 开发新产品是科学技术发展的必然要求　现代科学技术日新月异，突飞猛进，使产品的生命周期日益缩短，产品更新换代的速度越来越快，开发新产品对于企业来说，就更为迫在眉睫。从有关的研究统计资料看，现在绝大部分新产品能在市场维持三年左右的时间已是较长的了。

③ 开发新产品是提高企业竞争实力的主要手段　市场经济是竞争经济，在竞争激烈的市场环境中，企业要满足顾客不断变化的需求，一个重要的办法就是不断提供新产品和服务。如我国印染行业十分重视创新适应低碳经济要求的新型高性能纺织印染助剂，当前急切需要"一低二高一多"即低温节约型助剂、高功能节约型助剂、高专用性节约型助剂、多功能节约型助剂，如高效渗透剂、高效乳化剂、高效洗涤剂（适用于高牢度要求的面料洗涤）、防黄变助剂、酶制剂尤其是新一代酶制剂等，还有用于染色织物后整理以提高产品功能性的助剂如三防（防水、防油、防污）整理剂、易去污整理剂、耐久性抗静电剂、杀菌整理剂、耐久性阻燃剂、防紫外线整理剂等。生产企业只有不断推出新产品，才能占领市场，才能在竞争中立于不败之地。

④ 开发新产品是企业创新的重要表现　创新是企业生机与活力不竭的源泉，只有不断创新，企业生命之树才能常青。企业创新包括很多方面，如组织创新、技术创新、产品创新、市场营销创新、管理创新等，产品创新涉及组织、技术、市场等各个方面，它既是企业创新的内

容之一,也是企业创新的落脚点,同时也能带动其他方面的创新。

⑤ 开发新产品是不断适应消费者需求变化的需要　随着人类社会的进步和经济的不断发展,人们的生活水平正在不断提高,消费者的需求、趣味变化异常迅速,对花色、品种、型号、规格方面的要求越来越高,"吃要讲营养、穿要讲漂亮、用要讲高档、住要讲宽敞"成为大多数人追逐的时尚。因此,企业只有适时推出适应消费者需求的新产品,才能赢得消费者。

总之,开发新产品是企业具有活力的重要表现,那种一贯生产销售陈旧产品的企业,不仅在人们的心目中留下萎缩落伍的形象,事实上也必然要走上自我窒息的绝路,即使是那些"名品"、"精品"、"老字号"也都需要创新,才能保持旺盛的生命力。

2. 新产品开发的策略

制定新产品开发策略应注意要与企业总体战略协调配套;一定要符合企业的实际情况;要注意战略分析,内容包括社会、政治、经济、技术、竞争对手以及企业自身的条件等;要注意技术和市场的连续性,即产品开发要循序渐进地从简单技术到复杂技术,从小范围的市场逐步扩大到大范围的市场;要注意发掘客户的潜在需求。

新产品开发的策略很多,采用何种策略要根据企业实际情况,根据市场环境以及每种策略的实用性、可操作性等进行认真、慎重的选择。

策略一——模仿式新产品开发策略:模仿式新产品开发是等别的企业推出新产品后,立即加以仿制和改进,然后推出自己的产品。模仿式新产品开发策略要求企业必须具有快速反应能力,不能失去尾随创新的机会。模仿式新产品开发策略适合于研发能力不强的企业采用。

策略二——抢占市场先机策略:抢占市场先机又叫先发制人策略,指企业利用新产品独特优点,占据市场上有利地位。抢占市场先机策略适用于对市场有深度的研究,具备超强的市场预测能力及较强的研发能力的企业。

策略三——模拟式新产品开发策略:模拟式新产品开发指将某一领域的原理、方法、技术或构思移植到另一领域从而形成研究新事物的方法。采用该策略开发新产品时,需要运用模拟思维,举一反三,触类旁通,由已有技术、工艺原材料产品去类推另外的新产品。

策略四——系列式新产品开发策略:系列式新产品开发即围绕产品向上下延伸,开发出一系列类似产品,形成不同类型和档次的产品系列。采用该策略开发新产品,需要企业具备相当生产规模,具备一定研发能力,对产品线和顾客心理有深入的研究。

策略五——定制式新产品开发:定制式新产品开发根据顾客个性化需求研制满足每位顾客需要的产品,体现消费者需要为中心的理念。采用这种策略的企业须树立"全心全意为顾客"的经营理念,建立数据库,以便及时收集分析顾客的各种需求信息。

策略六——差异化的新产品开发策略:产品开发贵在创新,树立"人无我有则新,人新我精则妙,人妙我奇则智"的理念。采用该策略的企业应具有很强的新产品自主开发能力,善于创造精奇。

综上所述,可供企业选择的新产品开发策略有很多,每种策略都有其优缺点和适用范围,企业可根据自身情况选择相适应的新产品开发策略,为产品进入市场做好前期准备。

3. 新产品开发的基本要求

一个稳定发展的企业,在产品规划上应该是生产销售第一代,规划研制第二代,酝酿策划第三代。

新产品的概念,除了有技术创新性(全新的、换代的和改进型)的区分外,还有产品的时效性(市场生命周期)和地域性(国际、国内和地方或企业)之分。新产品开发的基本要求是瞄准世界先进水平,有独创,占领技术制高点,保障开发的产品具有足够的获益周期。"新"的内涵不外乎以下三点:①技术创新性,产品具有新的分子结构,或是采用了新配方,扩展了老产品的功能和使用方式;②使用了新的资源,环境和社会效益显著;③效益性,生产成本和售价大幅降低,经济效益明显。

总体来说,化工新产品开发的原则是:技术先进性与实用性的统一;使用效益与投资能力的统一;满足特定需要与社会效益的统一。

4. 新产品的创意

任何一个新产品开发都始于构思。企业应尽可能多地收集新产品构思方案,它们可能来自于企业内部的营销人员、工程技术人员、领导者或普通员工,也可能来自企业外部,如顾客、竞争对手、销售商、供货商、专业创意公司等。接下来是邀请有关专家对收集到的构思方案中提出的产品性能、质量、技术先进性、市场需求、市场竞争能力、原材料供应、生产设备、开发费用、制造成本、经济效益等方面进行认真评估,做出筛选。

筛选出来的构思方案要进一步发展成为具体明确的产品概念。产品概念要用文字、图像和模型给予清楚描述。如琼森婴儿牛奶润肤露的产品概念包括:含天然牛奶成分,令肌肤润滑嫩白;含维生素A、E,双重养护,娇嫩肌肤;样品需通过严格的医学测试,原料纯正温和、无刺激,适合婴幼儿使用。

产品概念形成后,顾客对这些概念是否认可,该产品是否具有市场竞争力,这就需要进行产品概念测试。产品概念测试通常把产品的三维设计图片,产品的功能、特点、款式、规格、包装、预计销售价、预期目标市场、销售管道等印制成说明书,分发给部分潜在的顾客,请他们提出意见和建议,进一步完善产品概念。

5. 新产品开发的方式

化工新产品开发是指生产企业从新产品的创意构思到最终上市的整个管理过程,是化工企业经营活动的重要组成部分。随着市场竞争的加剧,从某种程度上来说,企业的产品开发能力决定企业在市场上的竞争能力,进而影响化工生产企业的生存与发展。

(1) 从资源利用角度区分　可分为以下三种方式。

① 自行研制　这是指企业在已有基础理论和应用技术研究成果的基础上,自己独立研究开发新产品。通过这种途径开发的新产品,一般都是更新换代型新产品或全新产品。自行研制又分三种情况:a. 从基础研究到应用研究以至产品开发研究,全部过程都依靠自己的力量进行,这种方式一般只有科研技术力量非常雄厚的企业才采用;b. 利用社会上基础理论研究的成果,自己只进行应用技术研究和产品开发研究,这种方式也只适宜于科研开发能力强的企业;c. 利用社会上应用技术的研究成果,自己只进行产品开发研究,这种方式特别适宜于中、小型企业采用。

② 技术引进　这是指利用国内外已有的成熟技术从事产品开发。技术引进的主要形式是技术转让和许可证生产。技术引进的优越性有以下几方面:a. 通过引进国内外先进技术,可以加速企业的技术发展,迅速提高企业的技术水准,使产品占据市场优势;b. 引进成熟技术,可以在很短的时间内掌握这种产品的制造技术,使产品迅速面市;c. 通过对引进技术消化吸收,可以在此基础上提高、发展,有利于提高企业自身的产品开发能力;d. 在技术引进的同时,往往伴随着管理方法的引入,企业可以从中学习别人先进的管理经验。

③ 联合研制　这是指企业与其他单位,包括大专院校、科研设计部门以及其他企业联合研制新产品,也就是采取"产学研"联合的方式。这种方式既可以利用大学、研究所雄厚的科研力量,也可利用企业方便的试验场所和生产能力,充分发挥各自的优势,弥补各自的不足。采用这种方式开发新产品,具有成本低、速度快、成功率高的突出优点,最适宜于开发能力不足的中、小型企业。

(2) 从技术继承性角度区分　可分为测绘仿制、改进提高和全新研制三种方式。

① 测绘仿制,即对市场上出现的适销新产品进行模仿开发。这是作为市场追随者的中、小型企业常常采用的新产品开发方式。

② 改进提高，即对企业自己现有的产品或市场上成熟的产品进行改进，使其性能更好、质量更高、成本更低、品种更齐全，使消费者（用户）更满意。这是新产品开发最为常见的一种方式。

③ 全新研制，即在基础研究、应用研究的基础上开发更新换代产品，以填补市场空白。采用这种方式的一般只是作为市场领导者的企业。

（3）新产品开发方式的选择

① 自主研制　它是指依靠本企业的力量，自己独立地进行基础研究、应用研究和开发研究，独创地开发新产品。自主研制策略的优点为：可以充分发挥本企业的技术、设备和科研力量；开发出的独创产品可独占市场，申请专利和输出技术；可以提高企业声誉。其缺点为需要较多的资金、人力、设备的投入；研制时间比较长；风险比较大。

② 技术引进、消化改进　它是指利用国内外已有的成熟技术进行产品开发，例如以许可证贸易、补偿贸易、合作生产、加工装配、合资经营等形式引进专利或专有技术以及引进技术设备、引进技术软件和购买国内外先进样品等。技术引进策略的优点为投资少，节省开发费用；开发周期短；有成熟的经验可利用，成功率高；有成功的营销经验可以借鉴，风险小；有利于缩小技术差距，可以在消化吸收的基础上提高自身的开发实力。技术引进策略的缺点为：可占领的市场范围小；难以充分发挥本企业的技术长处；会受到技术供方限制的影响。

6. 新产品开发的程序

一个化工新产品开发一般包含以下内容：产品技术条件的开发，即生产原料的开发，生产工艺技术的开发，生产过程装备条件的开发，产品标准化（质量、检验指针）的开发；产品市场营销的开发，它们是产品商标、包装、剂量的开发，应用性能、使用方式的开发，销售管道及服务的开发，宣传、广告的开发。

一个新产品开发的完整过程需要经历八个阶段：构思产生、构思筛选、概念发展和测试、营销规划、商业分析、产品实体开发、试销、商业化。如图4-4所示。

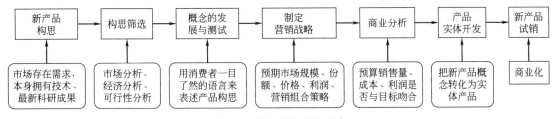

图 4-4　新产品的开发程序

（1）新产品构思的产生　进行新产品构思是新产品开发的首要阶段。构思是创造性思维，即对新产品进行设想或创意的过程。缺乏好的新产品构思已成为许多行业新产品开发的瓶颈。一个好的新产品构思是新产品开发成功关键。企业通常可从企业内部和企业外部寻找新产品构思的来源。公司内部人员包括：研究开发人员、市场营销人员、高层管理者及其他部门人员。这些人员与产品的直接接触程度各不相同，但他们总的共同点便是都熟悉公司业务的某一或某几方面。对公司提供的产品比外人有更多的了解与关注，因而往往能针对产品的优缺点提出改进或创新产品的构思。企业可寻找的外部构思来源有：顾客、中间商、竞争对手、企业外的研究和发明人员、咨询公司、营销调研公司等。

寻找和搜集新产品构思的常用方法有：产品属性列举法、引申关系法、结构分析法、征集意见法、聚会激励创新法等。

（2）构思筛选　新产品构思筛选是采用适当的评价系统及科学的评价方法对各种构思进行

分析比较，从中把最有希望的设想挑选出来的一个过滤过程。在这个过程中，力争做到除去亏损最大和必定亏损的新产品构思，选出潜在赢利大的新产品构思。构思筛选的主要方法是建立一系列评价模型。评价模型一般包括：评价因素、评价等级、权重和评价人员。其中确定合理的评价因素和给每个因素确定适当的权重是评价模型是否科学的关键。

在评价筛选时一般应考虑以下十个方面的因素：①新产品与企业营销目标是否一致；②新产品销量如何，有无发展前途；③新产品的获利情况；④新产品特点如何，是否比现有产品好；⑤新产品的成本与企业的技术设备能力能否相衔接；⑥新产品的原材料供应有无保证；⑦新产品上市后可能出现的竞争情况，即新产品的竞争地位；⑧新产品的潜在需求情况；⑨新产品上市后对老产品可能带来的影响；⑩新产品有没有其他生产或发展上的矛盾。

(3) 新产品概念的发展和测试　新产品构思是企业创新者希望提供给市场的一些可能新产品的设想，新产品设想只是为新产品开发指明了方向，必须把新产品构思转化为新产品概念才能真正指导新产品的开发。新产品概念是企业从消费者的角度对产品构思进行的详尽描述，即将新产品构思具体化，描述出产品的性能、具体用途、形状、优点、外形、价格、名称、提供给消费者的利益等，让消费者能一目了然地识别出新产品的特征。因为消费者不是购买新产品构思，而是购买新产品概念。新产品概念形成的过程亦即把粗略的产品构思转化为详细的产品概念。任何一种产品构思都可转化为几种产品概念。新产品概念的形成来源于针对新产品构思提出问题的回答，一般通过对以下三个问题的回答，即谁使用该产品，该产品提供的主要利益是什么，该产品适用于什么场合"，可形成不同的新产品概念。

例如，一家生物医药企业获得了一个补药的产品构思，如何将这这一构思发展成具体的产品概念呢？首先，应明确谁使用这种补药，是中年人、老年还是年轻人，是男性还是女性；其次，应明确何时何处使用，是早晨、中午还是晚上，是只限于家中使用还是在任何其他地点均可使用；再次，应明确这种补药的益处是什么，是延年益寿、健脑提神还是增强记忆、强身健体，消费者是喜欢针剂、片剂、丸剂、粉剂还是水剂。根据这些问题，企业可以形成许多不同的产品概念。

(4) 制定营销战略计划　对已经形成的新产品概念制定营销战略计划是新产品开发过程的一个重要阶段。该计划将在以后的开发阶段中不断完善。营销战略计划包括三个部分：第一部分是描述目标市场的规模、结构和消费者行为，新产品在目标市场上的定位，市场占有率及前几年的销售额和利润目标等。第二部分是对新产品的价格策略、分销策略和第一年的营销预算进行规划。第三部分则描述预期的长期销售量和利润目标以及不同时期的营销组合。

(5) 商业分析　商业分析的主要内容是对新产品概念进行财务方面的分析，即估计销售量、成本和利润，判断它是否满足企业开发新产品的目标。常用的商业分析的方法有很多，如盈亏平衡分析法、投资回收率分析法、资金利润率分析法、内部收益率分析法等。

(6) 产品实体开发　新产品实体开发主要解决产品构思能否转化为在技术上和商业上可行的产品这一问题。这是一个非常重要的阶段，因为前面几个阶段的工作都是"纸上谈兵"，而这时则要投入资金、设备和劳动力，把一个抽象的设想变成一件实体产品。试制产品的同时要进行产品商标和包装的设计及产品说明书的编制，从而使产品模型或样品具备产品整体概念所规定的全部特征。最后还要通过严格的测试和检查，测试包括功能测试和消费者测试。根据美国科学基金会调查，新产品开发过程中的产品实体开发阶段所需的投资和时间分别占总开发费用的30%、总时间的40%，且技术要求很高，是最具挑战性的一个阶段。

(7) 新产品试销　新产品市场试销的目的是对新产品正式上市前所做的最后一次测试，该次测试是以消费者的货币为选票。通过市场试销将新产品投放到有代表性地区的小范围的目标市场进行测试，企业才能真正了解该新产品的市场前景。市场试销是对新产品的全面检验，可为新产品是否全面上市提供全面、系统的决策依据，也为新产品的改进和市场营销策略的完善提供启示，有许多新产品是通过试销改进后才取得成功的。

新产品市场试销的首要问题是决定是否试销，并非所有的新产品都要经过试销，可根据新产品的特点及试销对新产品的利弊分析来决定。其次，如果决定要试销，则新产品试销前必须对如下问题做出决策：①确定试销的地区范围和地点；②确定试销时间，试销时间的长短一般应根据产品的市场再购期、试销费用、竞争状况等因素而定；③试销所要取得的资料，包括试用率、再购率、市场普及率、试销的推广费用，用户对产品质量、性能、规格、款式、包装等方面的意见等；④试销所需要的费用开支；⑤试销的营销战略及试销成功后应进一步采取的战略行动等。对试销市场的选择，所选择的试销市场在广告、分销、竞争和产品使用等方面要尽可能地接近新产品最终要进入的目标市场。第三步是对试销技术的选择，常用的新产品试销技术有：销售波测试、模拟测试、控制性试销及试验市场试销。对新产品试销过程进行控制是第四步，对促销宣传效果、试销成本、试销计划的目标和试销时间的控制是试销人员必须把握的重点。最后是对试销信息数据的收集和分析。如消费者的试用率与重购率，竞争者对新产品的反应，消费者对新产品性能、包装、价格、分销管道、促销等发生的反应。

（8）商业化　新产品的商业化阶段的营销运作，企业应在以下几方面慎重决策：

① 何时推出新产品，针对竞争者的产品而言，有三种时机选择，即首先进入、平行进入和后期进入。

② 何地推出新产品。

如何推出新产品，企业必须制定详细的新产品上市的营销计划，包括营销组合策略、营销预算、营销活动的组织和控制等。

7. 新产品开发的组织

创新需要激情，避免纯理性；需要分权，否定集中；需要更多的激励和容忍，抛弃限制和惩罚；需要竞争，避免按章行事。创新的特点决定了新产品开发组织与一般管理组织相比具有其突出的特点，新产品开发组织具有高度的灵活性，新产品开发组织要具备简单的人际关系、高效、快速的信息传递系统，较高的管理权力，充分的决策自主权等。总的原则是使新产品开发能快速、高效地进行。

新产品开发组织的特征使新产品开发组织的形式多种多样。一般常见的新产品开发组织有新产品委员会、新产品部、产品经理、新产品经理、项目团队、项目小组五种形式。

8. 新产品的采用与推广

新产品的采用过程是潜在消费者认识、试用、采用或拒绝新产品的过程。从潜在消费者发展到采用者要经历五个阶段：知晓、兴趣、评价、试用、正式采用。营销人员应仔细研究各个阶段的不同特点，采取相应的营销策略，引导消费者尽快完成采用过程的中间阶段。新产品的采用者分为五种类型：创新者、早期采用者、早期多数、晚期多数和落伍者。新产品推广速度快慢的主要原因取决于目标市场消费者和新产品特征。五种类型采用者价值导向的不同，导致他们对新产品采用有不同的态度，他们对新产品的采用和推广速度快慢起着重要作用。新产品的相对优势、兼容性、复杂性、可试用性及可传播性将会在很大程度上影响新产品的采用和推广。

三、新产品开发的经济分析

1. 新产品开发的选题

（1）新产品技术选题工作要点

① 了解当今化工技术的发展趋势；

② 了解相关产品的技术进步情况；

③ 了解该产品目前的市场生命周期；

④ 向科研院校咨询最新的技术动态；

⑤ 向行业管理机构咨询相关产品发展规划与政策；
⑥ 加强与同行业企业间的交流。
（2）信息来源的主要途径
① 公开出版的中外科技文献与报刊资料；
② 专利及产品标准文献；
③ 参加各种技术性会议，向外咨询。
2. 新产品开发的技术经济评价要点
① 投资额和单位生产能力投资额；
② 投资收益率（ROI）；
③ 投资回收期；
④ 利税分析；
⑤ 盈亏平衡点（BEP）；
⑥ 现金流通图；
⑦ 风险分析。
3. 技术经济评价的若干基本概念
（1）投资、固定资产、流动资金
① 投资　建设和经营一个项目所需资金的总和。
② 固定资产　工艺装置、生产及非生产性辅助设施，土地款等，安装工程费等。
③ 流动资金　提供项目运行所需周转物资和现金的总和。
（2）折旧、成本、税金、利润
① 折旧　固定资产及无形资产逐年分摊到产品上的费用。
② 成本　单位产品所耗生产费用和市场营销全部费用的总和，又分为固定成本和可变成本。
③ 税金　纳税人按税法向国家缴纳各种税收的金额。
④ 利润　利润＝销售收入－总成本－税金。
（3）成本的层次　产品成本的层次与项目见表4-2所示。

表4-2　产品成本的层次与项目

成本层次			成本项目
总成本即销售成本	工厂成本	车间成本	原料、辅料及包装费用
			燃料、动力和公用工程费
			工资及附加工资
			车间经费：折旧、设备维修、管理人员费用
			停工损失
		管理费用	厂房、运输、车间外围资产折旧、办公、检测、管理、福利、技术费等
		财务费用	银行贷款利息、保险等
	销售费用		产品运输、广告促销等费用

在产品成本项目中，<u>生产单位重量或体积产品必须消耗的成本</u>，如原料、辅料及包装的费用是固定成本。除此以外的费用都与生产、销售的规模密切相关，可以通过扩大批量、精简机构、强化管理等措施予以降低，因而被称为可变成本。
4. 新产品开发技术经济评价的内容
新产品开发技术经济评价的内容包括社会评价（与政策法规的一致性、对社会的影响），技术评价（可靠性、先进性、适用性），经济评价（投资、成本、利税、投资回收期）和环境评价（环境质量、对环境的影响）。它一般以技术经济评价报告的形式完成，其行文提纲一般如下：

概　　述

项目名称_____
开发单位_____
评价性质（初步、中间、最终）
成本核算人_____

第一部分　项目说明

1. 项目背景及主要目标
2. 工艺技术路线、生产流程
3. 评价数据来源（原材料和产品的规格和价格）
4. 生产规模选定（按三种不同规模估算投资、收益分析、评价后选定）
5. 物料衡算、能量衡算
6. 主要设备清单

第二部分　技术经济分析

1. 投资估算
2. 生产成本估算
3. 利税分析、详细核算表
4. 投资回收率、盈亏平衡点
5. 现金流通图
6. 市场预测情况、风险分析

第三部分　工业化预测

1. 主要技术说明
2. 开发程度进展

第四部分　开发研究经费预算
第五部分　评价结论

说明是否具有可行性、优越性，对项目继续开发或终止做出结论。

第六部分　对开发项目的其他意见

5. 新产品开发项目各个阶段所耗费的时间

根据美国科学基金会和日本国家统计局的统计，各项研究开发过程在整个科研工作中的时间百分比大致如表4-3所示。

表4-3　各项研究开发过程在整个科研工作中的时间百分比

研究过程	占用时间/%	研究过程	占用时间/%
开展思考计划	7.7	进行科学实验	32.1
查阅科技文献	50.9	编写科研报告	9.3

第四节　化工产品的品牌与包装

随着社会主义市场经济的不断建立和完善，我国商品经济得到了迅猛发展，很多商品处于供大于求的状况，买方市场日益显现，企业竞争日趋激烈，消费者购买商品时不仅仅追求商品的使用价值,而且还要注重商品的品牌、包装和服务。因此,品牌、包装与服务越来越成为企业竞争的有力武器。在产品日趋同质化的今天,如何使企业的产品区别于其他企业的同类产品,品牌就成了重要的标志。购买功能相似、价格相近的牙膏,你是选择购买佳洁士、高露洁,还是选择购买两面针、田七,品牌就成了购买行为的关键因素。

一、化工产品的品牌策略

1. 品牌的基本概念、特征和在市场营销中的作用

(1) 品牌的基本概念 所谓品牌,也就是产品的牌子。它是销售者给自己的产品规定的商业名称,通常由文字、标记、符号、图案和颜色等要素或它们的组合构成,作为一个销售者或销售集团的标志,以便同竞争者的产品相区别。品牌是一个集合概念,包括品牌名称、品牌标志、商标。品牌名称是指品牌中可以用语言称呼,即能发出声音的那一部分,如"大宝"、"纳爱斯"、"天工"牌烧碱等。品牌标志是指品牌中可以被辨别,但不能用言语称呼的部分,通常是一些符号、图案、颜色、字体的组合,如中国石化、中国石油、吉川制胶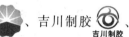、三禾化工等标示图案。商标是指企业通过向国家有关管理机构提出申请,登记注册之后,受到法律保护的整个品牌或品牌中的某一部分。企业一旦获得注册商标的专用权,其他单位或个人要使用则需要征得商标权所有人的同意,否则就构成了侵权。

品牌的整体含义代表着卖者对交付给买者的产品特征、利益和服务的一贯性的承诺,它可分为六个层次:产品属性、产品利益、产品价值、产品生产企业的文化、产品的质量个性、购买或使用产品的消费者类型。所有这些都说明品牌是一个复杂的符号。品牌最持久的含义是其价值、文化和个性,他们构成了品牌的实质。需要强调的是,品牌和商标不是同一个概念,它们是有严格区别的:品牌中不属于商标的部分是没有专用权的,别人可以随意使用;商标可以申请独有而不使用,但品牌一定是在使用着的。如广西柳州牙膏厂在申请注册"两面针"商标时,而且还注册了"针面两"、"两针面"、"两两针"、"双面针"、"单面针"、"面面针"等11个保护性商标,以免竞争者在本企业的商标驰名后,以相近的商标注册来坐享其成,这被称作是"保护性"的商标注册,既合法,又构成一道无隙可乘的"火力保护网",使不法之徒无法假冒。

品牌可以按照企业的创意要求进行设计和创造,简单复杂都可以,但商标必须经国家机关登记注册,不允许过于复杂。

一般来说,一个好的商标名称,从形式上应具有如下特性:①独特性,是指容易辨识并能够与其他企业或商品的名称相区别。②简洁性,简洁明快的名称可降低商品标记的成本,并便于写成醒目的文字做广告宣传。③便利性,指商标名称应易拼、易读、易记。从内容上说,商标命名不但要符合销售地点的法律法规的要求,还要符合当地的风俗习惯,以赢得目标市场中消费群体的喜爱,所以,注册商标之前,还需了解一下目标市场的民俗。例如,日本人忌讳用荷花作为商标图案;意大利人最忌用菊花作为商品的商标;英国人忌讳用人像作为商品商标装饰;北非一些国家忌讳用狗作为商标;国际上都把三角形作为警告性标志,捷克人认为红三角是有毒的标志;仙鹤在法国人眼里是蠢汉的象征,核桃则为不祥之物。

(2) 品牌的市场特征 在现代市场经济条件下,很多成功的企业为了获得市场,都在花费大量的精力和财力塑造、强化自身的品牌形象和产品形象,将企业的各种要素化作一个简单的视觉符号——商标、品牌标志,或者一种色彩基调、一句口号、一首歌曲,等等,然后,通过各种媒介反复地宣传其美好的形象,从而给消费者造成巨大的冲击力,让消费者熟悉它、认识它,使他们在发生购买行为时产生条件反射。一个企业是否拥有知名品牌是企业营销能否成功的关键。产品品牌在市场营销中蕴含着十分重要的商业特征。

① 识别产品　品牌的独享性可减少消费者在选购商品时花费的时间和精力。消费者购买产品，首先要知道该产品的产地和企业名称。品牌就可以回答这个问题，因为企业名称一般都很长，不易记忆，而品牌一般都比较简单、扼要、清晰，容易被消费者记住。因此，品牌可以帮助消费者识别产品，使其在众多的产品中挑选符合自己要求的产品。企业则可以通过各种方式，建立消费者对本企业产品的品牌偏好，同时赋予产品品牌鲜明的标志、独特的形象，以给消费者留下深刻的记忆。

② 保证质量　品牌代表着质量，消费者之所以要购买某个品牌的产品，往往是因为这种产品有着较高的质量和良好的服务。对于生产企业来说，就要通过提供优质的产品和服务来维持和提高品牌的形象和声誉。

③ 维护权益　由于品牌具有排他性的特征，品牌中的注册商标受到法律保护，禁止他人使用。一旦发现假冒品牌或产品，则可依法追究索赔，保护企业的利益。消费者也可以利用产品的品牌来保护自己的权益，商品一旦发生质量问题，消费者有据可查，通过品牌来追查有关厂家和经营者的责任。

④ 促进销售　品牌的促销功能主要表现在以下两个方面：一是由于品牌是产品质量的标志，消费者常常按照品牌选择产品，因此，品牌有利于引起消费者的注意，满足他们的欲望和需求，实现生产企业扩大产品销售的目的；二是由于消费者往往依照品牌选购产品，这就促使生产经营者更加关心品牌的声誉，不断开发新的产品，加强质量管理，树立良好的企业形象，使品牌经营走上良性循环的轨道。

⑤ 增值资产　品牌是企业的一种无形资产，它本身可以作为商品被买卖，谁拥有了著名品牌，谁就等于掌握了"点金术"。作为无形资产，品牌的价值超过企业有形资产的价值的例子并不鲜见。如2011年5月华通明略发布的BrandZ全球最具价值品牌100强排行榜中，Pampers（帮宝适）以193.5亿美元的品牌价值荣列第34位，L'Oréal（欧莱雅）以157.19亿美元名列第46位，中国石油以112.91亿美元的品牌价值跻身第78位。因此，品牌是一种无形资产，能使企业价值增值。

⑥ 竞争武器　市场经济是竞争经济，而品牌竞争是获得市场竞争胜利的一个重要法宝。因为品牌代表着质量、代表着信誉，有了品牌，就有可能赢得市场，拥有较高的市场占有率。一个再好的产品如果没有品牌和商标，它将永远是一个无名小卒，成不了大器。随着市场经济的发展，人们生活水平的不断提高，消费观念也在变，名牌意识日益增强，从衣食住行到日用消费品无处不洋溢着名牌的魅力，无论是"高端消费者"，还是普通老百姓，在购买商品时都会讲究品牌，"高端消费者"追求的是世界名牌，而普通老百姓追求的是货真价实的品牌。谁的品牌知名度高，什么品牌的商品质量可靠，其商品就成为消费者追求的热点。所以我们说，品牌是市场竞争的有力武器。

(3) 品牌的作用　创建一个品牌，企业要付出高昂的成本和艰苦的努力，并要冒不被市场认可的风险。而品牌一旦创建成功，也会给企业带来很多的好处：

① 品牌可使企业的产品特色得到法律保护，防止被竞争者仿制、假冒。

② 品牌有利于为企业创造品牌忠诚者，增加重复购买的消费者。

③ 品牌有助于企业细分市场和控制市场，有利于产品组合的扩展。

④ 强有力的品牌有利于树立企业形象，获得经销商和消费者的信任，更易于推出新产品。

2. 品牌资产

品牌是一种资产，美国财务学者J. Dean（迪安）早在1966年就曾提出：广告是一种品牌投资，应该纳入长期资本预算。美国加利福尼亚大学营销学教授David A. Aaker（戴维·艾克）对品牌资产作了权威定义：品牌资产是指品牌的名字与其相联系的象征资产（或负债）的集合，它能够通过产品或服务提供给顾客（用户）的价值增大（或减少）。从消费者的角度来看,品牌资产是指随着购买品牌商品而带给购买者的附加利益;从企业的角度来看,品牌资产则是产品的市场竞争力。

构成品牌资产的五大元素是:品牌忠诚、品牌知名度、感知质量、品牌联想和其他独有资产。

3. 化工产品品牌的创立

一个读起来朗朗上口、看起来简单明快的品牌,无疑更容易被消费者所认知、记忆,进而获取消费者的信赖并激发消费者的购买欲望,促进企业产品的销售。因此,很多企业为确定一个好的品牌名称,设计一个与众不同的品牌标志而煞费苦心,并不惜耗费巨资。例如,美国Mobil Oil Corporation耗资40万美元,经历6年之久,对55个国家进行了调查,最终在1万件投标设计草案中选出"Exxon"(埃克森)这一誉满全球的商标。

(1)品牌名称的设计　品牌名称是品牌的核心要素,是形成品牌概念的基础。品牌名称对产品的销售有着直接的影响。如日本的胶卷市场,市场占有率最大的原本有富士公司和樱花公司两家。20世纪50年代,富士公司在胶卷市场上的占有率超过了50%,随后富士公司的市场占有率逐渐上升,最终战胜"樱花公司"而成为市场霸主。根据调查分析,"樱花公司"失败的原因并不是产品质量问题,而是品牌名称问题。因为在日文里,"樱花"一词代表软性的、模糊的、桃色的形象,相反,"富士"一词则与日本的圣山——富士山联系在一起。樱花牌胶卷受制于这一不雅形象,各种广告宣传均无济于事,只好节节败退,把市场让给富士公司。

纵观一些著名的世界性品牌,它们的名称设计既各具特色,又遵循着共同的规律和一些基本原则:

① 简洁、易读易记　简洁、易读易记原则是对品牌名称的最基本的要求。品牌名称只有简洁、易读易记,才能高效地发挥它的识别功能和传播功能。名称简洁明快,易于和消费者进行信息交流,而且名字越短,就越有可能引起顾客的遐想,含义更丰富。绝大多数知名品牌都是非常简洁的,这些名称多为2~3个音节,如Sony、Kodak等。具有独特个性的名称,可以避免与其他品牌名称相混淆。另外品牌名称要有新鲜感,迎合时代潮流,创造新概念。发音还要易于上口,难发音或音韵不好的字,都不宜用作品牌名称。

② 能暗示产品属性和特色　现在的商品品种繁多、复杂,如果取名不把商品的性能、质地表达清楚,这种品牌名称就难以被人理解、接受。因此,品牌名称应该能暗示产品某种性能和用途。比如,"999胃泰",它暗示该产品在医治胃病上的专长;"草珊瑚含片",它暗示该产品清凉、能润喉;再比如"黑又亮"鞋油、"强力胶"胶水,等等,都可说明该产品的属性和特色。

③ 能启发品牌联想　一个构思独特、具有一定寓意的品牌能启发愉快的联想,引起消费者的兴趣,从而激发消费者的购买欲望。现在很多商场里卖的香皂Safeguard中译名为"舒肤佳",舒肤之佳品人们当然是乐意用了。Colgate牙膏的中译名为"高露洁",给人以清新洁净之感,保护牙齿真是非他莫属了;洗发水Rejoice的中译名为"飘柔",给人以飘逸之感;Pantene的中译名是"潘婷",很像一位少女亭亭玉立,有哪个青春少女不盼着实现这样的梦想呢?

④ 注意各国禁忌,适应市场环境　随着国际间交往的增多,化工产品的营销范围在不断扩大,品牌名称要符合不同的民族习惯和不同的宗教信仰。不同的国家、民族,其文化的差异、宗教信仰的不同构成了生活方式、消费习惯差异,并且对同样的植物或动物认识差异极大。比如,熊猫在我国乃至多数国家和地区均颇受欢迎,是"和平"、"友谊"的象征,但是在伊斯兰国家或信奉伊斯兰教的地区,消费昔则非常忌讳熊猫,因为它形似肥猪;仙鹤在我国与日本都被视为长寿的象征,但在法国则被看成是蠢汉或淫妇的代表;"大象"在我国含有稳重、

踏实、吉祥（"象"与"祥"同音）的意味，被广泛用于产品的品牌，但在英国，大象还有"愚蠢"、"笨拙"的含义，往往不受欢迎；"山羊"在中国人眼里象征着快捷与灵敏，而在英国，"Goat"（山羊）这个字则是人见人烦，因为它被喻为"不正经的男人"、"淫乱的人"、"恶人"等；菊花在意大利被奉为国花，但在拉丁美洲，有的国家则视菊花为妖花，只有在送葬时才会用菊花供奉死者，法国人也认为菊花是不吉利的象征，因此，我国的菊花牌油漆、小菊花牌粉嫩霜如果出口到这些国家，销售前景必然黯淡。

（2）品牌标志的设计　品牌标志是指品牌中可以被识别，但不能用语言表达的部分，也就是说，品牌标志是一种"视觉语言"，它通过一定的图案、颜色来向消费者传输某种信息，以达到识别品牌、促进销售的目的。如帮宝适品牌 Pampers 中的心形图案代表我们爱心，下边的线如同地平线一样寓意新生儿，上面的三条散射光线象征阳光，充满朝气，黄色表示很温馨的感觉。嘉宝莉漆 CARPOLY 品牌图案中红蓝两色寓意涂料的多姿多彩、颜色丰富，红色的外圈是大写的字母"C"，蓝色的六角形代表非苯类的化工产品。联合利华 U 的"U"中的每一个小图案都代表了业务重点，如衬衫（在右下，心的下面）表示"服装"，代表干净洗涤与穿着整洁。

一个好的品牌标志，它的设计一般应遵循以下几个原则：①简洁鲜明、独特新颖；②标志的寓意要准确，名称与标志要相符；③长期使用，相对稳定。

（3）化工产品品牌的创立　前已述及，化工产品不完全是纯粹的工业品，如其中的洗涤剂、化妆品、胶黏剂、涂料等许多品种也拥有大量的家庭或个人消费者。虽然传统观点认为工业品是标准化的同质产品，购买对象是组织或者机构，购买方式主要是集团购买，在营销过程中，针对少量群体的公关往往可以获得明显的效果，许多工业品即使没有品牌支撑仍然能够获得较好的销售业绩，所以很多企业认为工业品不需要品牌。但是，随着市场竞争的进一步规范，品牌在工业品营销中将发挥越来越大的作用，其品牌价值就凸显出来了。化工日用品的营销更是离不开品牌塑造，在各种媒体播发的广告信息中，化工日用品类别的信息量差不多占到了40%以上。

创立一个被市场认可的产品品牌，并不是设计一个好的名称和标识就能实现的，好的品牌名称和标识只是创立品牌的必要条件，其充分条件则是依靠技术、产品、管道、广告传播等各个方面的支持，是这些方面资源力量的整合体现。所谓品牌培育，就是将产品品牌塑造成为能使企业持续为顾客创造价值的一个信誉符号，其工作内容应该包含以下几个方面，基本模式如图 4-5 所示。

在这四个力中，品牌的价值力是核心和关键，对于品牌的创立至关重要，毕竟对产品而言，传递给目标顾客的价值才是最关键的；品牌的维持力是进行品牌培育的重要支撑力量，可以使品牌保持长久的竞争力；品牌的推力和拉力是进行品牌培育的重要外部条件，是不可缺少的。

4. 名牌的保护

名牌即著名品牌，是指那些具有很高知名度，受广大消费者喜爱的能给企业带来巨大经济利益的品牌。名牌产品象征着企业的信誉和质量，象征着企业的市场拥有和发展后劲。名牌是企业的无形资产，创名牌是企业最高层次的经营活动。名牌应具备的必要条件：①经过正式登记和注册；②质量与服务有足够的保证；③为消费者和公众所熟知；④具有超常的市场占有率（时间上长，占有率在前 10 位）；⑤具有超常的产权价值（资产评估）；⑥具有公众肯定的客观依据；⑦有权威机构客观公正的正式认定。因此，名牌是稳定的产品质量、完善的服务和全方位的品牌宣传造就出来的。

由于名牌是一种无形资产，一般都拥有巨大的经济效益，因此，某一品牌产品只要稍有名

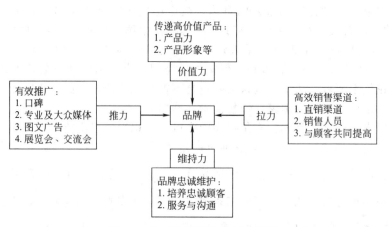

图 4-5 化工产品品牌的创立模式

气,就不可避免地被人仿冒,有的品牌的仿冒数量甚至超过正品。如何保护自己的品牌不受侵犯已经成为一个世界性的难题。根据国内外的经验,保护名牌应从以下几方面开展工作。

(1) 品牌的经营保护 品牌经营者在具体的营销活动中应该开展一系列维护品牌形象、保持品牌市场地位的活动。其保护措施有:一是以市场为中心,迎合消费者的需求。几乎每一个世界性品牌都在不断地变化以迎合消费者的兴趣偏好。二是维持高质量的品牌形象。创立品牌初期,提高品牌的知晓度,需要依靠高质量;维护品牌形象、保持品牌的市场地位时也需要高质量。在市场上消失的品牌中,有些是因为假冒伪劣产品太多而受害,有些则是品牌企业自身存在"皇帝的女儿不愁嫁"的思想,导致产品质量下降而造成。三是进行品牌再定位。一种品牌无论在市场上最初定位是如何的适宜,但到后来品牌经营者都可能不得不对它重新定位。竞争者可能是继该品牌之后推出新的品牌,以削减该品牌的市场占有率。此外消费者的兴趣偏好也许已经转移,使该品牌的需求减少。因此,只有重新定位,才能保持该品牌。

(2) 品牌的自我保护 品牌经营者除了在日常经营活动需要保护品牌外,还应注意品牌的自我保护。一是让消费者识别品牌。如广泛利用新闻媒介、公关等形式向消费者宣传有关本产品的专业知识,让消费者了解产品,掌握一定的商品知识,明白真假之间的区别,只有这样,假冒伪劣产品才能成为无本之源;利用高科技防伪手段,使不法分子不容易仿制;协助有关部门严厉打假,使制假、售假者成为瓮中之鳖。二是保守品牌秘密。商战就是信息战,谁掌握了信息,谁就掌握了主动权,谁就可以因时造势,发展品牌,创造品牌。因此,品牌经营者应树立信息观念,高度警惕,保护自己的专有技术以防失窃。三是避免与竞争品牌两败俱伤。竞争是市场经济的必然产物,但品牌之间两败俱伤、相互搏杀的竞争却是应该避免的,品牌知晓度越高,其竞争能力也就越强,相互搏杀时两败俱伤的可能性也就越大。有相当一部分品牌就是由于在竞争中的相互残杀,而最终退出市场的。因此,品牌经营者在保护品牌时,就应尽量避免品牌之间两败俱伤式的相互残杀。比如,切忌竞相降价、相互攻击诋毁等。

(3) 品牌的法律保护 对于品牌保护,最有效、最直接的保护就是利用法律保护,其中,与名牌关系最密切的法律就是商标法。企业品牌应及时申请注册,取得商标的专用权,以形成封闭的保护屏障,减少他人冒用的机会。

创立和保护名牌不是企业能独自完成的,需要政府和社会各方面的大力扶持和帮助,而且,消费需求是不断发展变化的,相应地企业的产品也应不断更新,使之能满足消费者的需求,这样才能永葆名牌的魅力。

5. 化工产品品牌的营销策略

化工产品是否使用品牌是品牌决策者首先需要回答的问题。品牌对企业有很多好处，但建立品牌的成本和责任也不容忽视，因此，不是所有的化工产品都要使用品牌。如市场上很难区分的原料产品、地产地销的小商品或消费者不是凭产品品牌决定购买的产品可以不使用品牌：①当产品的同构型较好时，如铁、钢、煤等，一般都无需实行品牌化；②大多数未经加工的原料产品，如棉花、大豆、矿砂，大多是作为原料使用的，无需使用品牌；③消费者已习惯不用品牌的产品，如大米、面粉、食油等；④某些生产比较简单，选择性不大的小商品；⑤临时性一次性出售的商品。

如果企业决定使用品牌，则面临着使用自己的品牌还是别人品牌的问题；如使用特许品牌或中间商品牌。对于实力雄厚、生产技术和经营管理水平俱佳的企业，一般都使用自己的品牌。另外，使用品牌时是使用一个品牌还是多个品牌也需要根据企业经营目标和产品特征来确定。对于不同产品线或同一产品线下的不同产品品牌的选择，有四种策略：个别品牌策略（即企业在不同的产品在线使用不同的品牌），单一品牌策略（企业所有的产品采用同一品牌），同类统一品牌策略（即对同一产品线的产品采用同一品牌，不同的产品线品牌不同），企业名称与个别品牌并行制策略（在不同的产品上使用不同的品牌，但每一品牌之前冠以企业的名称）。还有品牌创立初期的品牌定位策略，从品牌系列化考虑的品牌延伸策略，当品牌经营状况发生重要改变时的品牌重新定位策略等。

（1）品牌定位策略　品牌定位就是勾画企业品牌产品在目标顾客心目中的形象，使企业所提供的产品具有一定的特色，适应一定顾客的需要，并与竞争者的产品有所区别。品牌定位策略可以根据以下几个方面考虑。

① 产品特色定位，即依据品牌形象个性化需求，品牌定位应重点放在产品特殊功能、附加功能上。

② 质量定位，即通过广告说明产品的良好质量，塑造品牌优质形象。

③ 序列定位，表明品牌在同类商品中的实力，企业常用"同行业名列第一"、"国内首创"等广告宣传语，序列定位一定要实事求是，第一当然好，第二也无妨。

④ 抗衡型定位。人脑对产品信息的记忆是有限的，在此情形下，如将自己的产品与名牌产品联系起来，采取抗衡型定位则能讨巧，使本品牌处于创新的领先地位，同时又能借助老产品的声誉扩大影响。

⑤ 以使用者形象定位，即消费者按性别、年龄、职业、收入等标准可划分为不同的群体，按消费者个性，又可分为坚强与懦弱、外向与内向、独立与依赖、竞争性与非竞争性、显耀性与沉默性等，企业应努力建立品牌个性吸引相应个性的消费者，反之，也可以用消费者形象进一步强化品牌个性。

⑥ 按消费者生活场面定位，即消费者在不同的生活场景下，有不同的商品需求，从而形成不同生活场景市场，如果每当消费者面临某个生活场面，就能立即想到某品牌的产品，那么它就是在该场景中最成功的品牌。

（2）个别品牌策略　个性品牌是指企业的每一种产品分别使用不同的品牌。其好处主要是：

① 可以分散产品营销的市场风险，企业不会因某一品牌信誉下降而全盘皆输，可把个别产品的成败同企业形象分开，不至于因个别产品的失败而败坏整个企业形象。

② 同时也有利于企业发展不同档次的产品，满足不同层次消费者的需要。如某企业原来一直生产某种高档产品，后来推出较低档的产品，如果这种新产品使用个别品牌，就不会影响这家企业名牌产品的声誉。个别品牌策略的最大缺点是要增加品牌设计和品牌促销方面的投入，加大产品的销售费用，且较难树立企业形象。

(3) 单一品牌策略　企业生产的不同种类、规格、质量的产品全部采用统一的品牌，称为单一品牌策略。单一品牌的好处是在广告宣传时可以集中力量宣传一个品牌，资源不浪费，企业内部没有品牌相互竞争，容易建立起品牌信誉，在消费者心目中更好地树立企业形象，带动许多产品，尤其有助于新产品进入目标市场，节约广告费用。缺点是不利于企业产品质量、价格的区分。假如某企业是以廉价销售创建品牌的，人们会对这个品牌形成一种"廉价"的固定概念，当企业想推出优质高价格产品时，人们往往会不接受。

(4) 同类统一策略　同类统一策略，即企业所经营的各类产品分别使用不同品牌，同一类产品使用一个品牌。分类品牌可以把需求具有显著差异的产品区别开来，比如化妆品和农药，以免相互混淆，造成误解。采用这一策略的企业主要是考虑：

① 企业生活或销售许多不同类型的产品，如果都统一使用一个品牌，这些不同类型的产品就容易互相混淆。例如，美国斯维夫特公司同时生产火腿和化肥，这是两种截然不同的产品，需要使用不同的品牌名称，以免互相混淆。

② 有些企业虽然生产或销售同一类型的产品，但是，为了区别不同质量水平的产品，往往也分别使用不同的品牌名称。

(5) 企业名称与品牌并行策略　企业名称加个别品牌策略，即在每一品牌名称之前均冠以公司名称，以公司名称表明产品出处，以品牌名称表明产品的特点。这样做可以降低对每个品牌的市场促销费用，可以利用企业的形象和声誉来对新产品品牌进行促销，可以有效防止偶尔某个品牌出了问题对其他的产品项目发生连带影响。一些市场形象较好、知名度较高的企业，都采用这种品牌策略。对于有些企业来说，这样做还产生一个明显的好处是，利用已经知名的品牌来树立企业良好形象或宣传企业本身。

(6) 品牌延伸策略　品牌延伸策略，也称品牌扩展策略，是指企业利用已出名的品牌推出新产品或改良的产品。品牌延伸既可大大降低广告宣传等促销费用，又可使新产品更容易被消费者接受，这一策略运用得当，有助于企业的发展。但品牌延伸的风险较大，品牌延伸不当还会影响原品牌的形象。此外，还有一种品牌扩展，即企业在其耐用品类的低档产品中增加一种式样非常简单的产品，以宣传其品牌中各种产品的基价很低。

(7) 多品牌策略　企业对同一种产品设立两个或两个以上相互竞争的品牌，称为多品牌策略。例如美国宝洁公司的洗发露产品，同时采用了"飘柔"、"潘婷"、"海飞丝"、"沙宣"、"伊卡璐"几个品牌。多品牌策略虽然会使原有品牌的销量略减，但几个品牌加起来的总销量却比原来一个品牌时要多。因此其优点一是可以在商场中占据更大的货架位置，因为经销商在经销产品时，是按不同的品牌为单位而不是按生产厂家为单位来分配商品所占的货架面积的，因此，同一个产品项目使用多个品牌，其获得的货架面积的总和就比使用单个品牌的要大，能够吸引消费者更多的注意，具有更多的选择余地，同时增加零售商对其品牌的依赖。二是可以多争取有好奇求新心理的"品牌转换者"，许多消费者喜好试用新产品，抓住这类消费者的最好办法就是多推出几个品牌。三是多品牌可使企业多拥有几个不同的细分市场，即使各品牌之间的差别不大，也能各自吸引一群消费者。四是多品牌可把竞争机制引入制造商的组织机构中，各品牌之间相互竞争，有利于提高产品质量和经济效益，如"海飞丝"主要定位为去屑，"潘婷"定位为营养护理，有利于价格定位，如"沙宣"定位价格较高，"飘柔"定位为大众价格。多品牌策略的缺点是品牌分散、资源和广告力度不集中，难以集中优势力量做好获利较高的品牌产品销售。

此外，在国际营销中，由于国家、民族、宗教信仰等的不同，为了避免品牌命名不当而引起的市场抵触，适应不同市场的消费习惯，多品牌也是一种适用策略。当然多品牌策略也会造成一定的问题，即品牌之间的竞争在企业的同一个产品项目之间发生，而不是与竞争者之间，所以，企业需要进行分析，使用多品牌后，由于单个品牌的销量减少，而总的销量是否增加，只要总的销量增加，单个品牌的销量减少也是值得的，否则就是得不偿失。

（8）品牌重新定位策略　企业为了确立一个品牌，需要投入很多人力、物力和财力，因此，一个品牌一旦确定，一般不会轻易更改。但某一个品牌在市场上的最初定位即使很好，随着时间推移也必须重新定位。这主要是因为以下情况发生了变化：①竞争者推出一个品牌，其定位与本企业的品牌相似，侵占了本企业品牌的一部分市场定位，使本企业的品牌的市场占有率下降，这种情况要求企业进行品牌重新定位。②有些消费者的偏好发生了变化，他们原来喜欢本企业的品牌，现在喜欢其他企业的品牌，因而市场对本企业的品牌的需求减少了，这种市场情况变化也要求企业进行品牌的重新定位。企业在制定品牌重新定位策略时，要全面考虑两方面的因素：一方面，要全面考虑自己的品牌从一个市场部分转移到另一个市场部分的成本费用。一般来讲，重新定位距离越远，其成本费用就超高。另一方面，还要考虑把自己的品牌定在新的位置上能获得多少收入。

针对上述情况，品牌更新通常有两种选择：一是全部更新，即企业重新设计全新的品牌，抛弃原品牌，这种方法能充分显示企业的新特色，但耗费及风险均较大；二是部分更新，即在原品牌基础上进行部分的改进，这样既可以保留原品牌的影响力，又能纠正原品牌设计上的不足，特别是自 CIS 导入企业管理后，许多企业在保留品牌名称的基础上对品牌标记、商标设计等进行改进，既保持了品牌名称的一致性，又使新的标记更引人入胜，取得了良好的营销效果。

品牌的重新定位一般需要改进产品性能，或改变产品的外观，或改变产品的广告宣传。企业在进行重新定位抉择时，必须权衡重新定位所需的成本及重新定位后可得到的收益，并据此来决定品牌重新定位方案。

6. 企业形象识别系统策略

所谓 CI 战略，亦称企业识别战略或企业形象战略，一般认为是在调研和分析基础上，通过策划和设计企业识别系统（CIS），对企业形象的有关要素（理念、行为、视觉）进行全面系统的策划、规范，并通过全方位、多媒体的统一传播，塑造出独特的、一贯的优良形象，体现本公司区别于其他公司的标志和特征，塑造公司在社会公众心目中的特定位置和形象的战略。企业形象识别系统将企业经营理念与精神文化，运用整体传播系统（特别是视觉传播设计）传播给企业周围的关系或团体（包括企业内部与社会大众），并使其对企业产生一致的认同与价值观，以展现企业个性，突出企业精神，使消费者产生深刻的认同感，从而达到促销目的的一种设计。它由以下三个方面的因素构成：经营理念识别（Mind Identity，MI），经营行为识别（Behavior Identity，BI）和整体视觉识别（Visual Identity，VI）。企业 CI 战略不是一般的管理工程，也不仅仅是视觉传达设计，更不是仅仅为企业装潢门面，是企业总体战略的重要组成部分。企业形象识别系统对于树立企业形象、创立品牌、搞好品牌定位具有重要意义。

企业理念是指企业在长期生产经营过程中所形成的企业共同认可和遵守的价值准则和文化观念，以及由企业价值准则和文化观念决定的企业经营方向、经营思想和经营战略目标。企业的理念识别是企业的思想和灵魂，即企业的想法，属于企业的最高决策层次。MI 是整个 CI 战略的核心，是 CI 战略运作的原动力和实施基础。它是在企业经营管理过程中形成的，并为员工所认同和接受的企业经营理念、发展战略、企业哲学、行为道德准则、企业精神、企业文化、经营方针、策略等。

企业行为识别是企业理念的行为表现，包括在理念指导下的企业员工对内和对外的各种行为，以及企业的各种生产经营行为。企业的行为识别是在理念指导下的企业一切经营管理行为，即企业的做法，是动态的识别形式，一般分为对内和对外两个方面。对内包括：保证正常生产运作的内部管理规范（岗位职责、行为规范等），先进技术的研究开发，提高干部员工素质和工作能力的教育、培训（技术水准、职业道德、服务态度、技巧、礼貌等），以及改善工作环境和条件等。对外包括：市场调研、市场营销、公共关系活动、广告宣传，还有公益性社会活动等。

企业视觉识别是企业理念的可视化，通过企业形象广告、标识、商标、品牌、产品包装、企业内部环境布局和厂容厂貌等媒体及方式向大众表现、传达企业理念。CI的核心目的是通过企业行为识别和企业视觉识别传达企业理念，树立企业形象。企业的视觉识别是企业理念的具体化、可视化，亦称为企业的脸面，是静态的识别符号，由基本要素和应用要素两部分组成。基本要素是视觉系统基本构成要素，又可分为主要的和辅助的，包括：（主要的）企业标志、企业标准字、企业标准色；（辅助的）象征物、专业图案和版面编排统一设计。应用要素是基本要素的应（图）用媒体，包括：办公和事务性用品、招牌、标识牌和旗帜，员工制服、交通工具、建筑和环境、商品和包装、广告用品和展示陈列等。

理念识别MI、行为识别BI和视觉识别VI是一个统一的、不可分割的整体，它们有各自的特点和体系，形成完整的企业识别系统（CIS）。企业理念是企业存在和发展的指导思想，是企业形象定位和目标的依据，CI战略能否成功，很大程度上取决于企业的思想理念和总体战略。企业的识别行为是理念的具体表现，只有在理念的指导下才能有方向，才能达到预期的目的，否则就会使行为陷入麻木无序的状态。VI可以用生动具体的视觉形象来表现抽象的企业理念和个性，在整个识别系统中VI的传播力量和感染力最为具体直接。但即使是很美的视觉符号系统，如不能表现企业理念和个性形象，不考虑企业应用媒体的实际情况，也只不过是没有价值的艺术品而已。如果一味追求哗众取宠的表面包装、美丽动人的视觉传达形式，但缺乏企业的精神支柱，向社会和公众传达企业的虚假情报，名不副实，终究会被社会大众和广大消费者认识其真面目，对企业的经营和发展，只会造成负面的影响，有的甚至危及企业的命运。

企业形象识别系统战略的主要功能有识别功能、管理功能、传播功能、应变功能、协调能力、文化教育功能。

企业形象识别系统战略的作用概括起来有五个方面：改善企业体质；统一和提升企业形象；加强内部凝聚力；创造消费信心；创造适宜的外部经营环境。

按照CI战略理论和操作技法的要求，实施企业形象识别系统战略时必须坚持的四项基本原则是：①战略性原则；②民族性的原则；③个性化的原则；④整体性的原则。

二、化工产品的包装策略

1. 产品包装的含义与作用

中国有句俗语"人要衣装，佛要金装"，商品也要讲究包装。包装是产品整体概念中的一个重要组成部分，包装是企业竞争策略中的一个要素，没有包装就没有品牌，没有品牌也就无法开展市场竞争。大多数商品从生产领域流转到消费领域的过程中，都需要有适当的包装。在现代市场营销中，除了讲究产品的内在质量，还要讲究产品的外在质量包括包装。包装工作是整个商品生产的一个重要组成部分。包装是指为保护产品、方便储运、促进销售而采用的容器、材料和辅助物，或者还包括用一定的技术方法进行包装的过程。体现品牌个性，成为可感知、识别的载体。产品包装一般包括以下三个层次：

① 内包装，也叫首要包装，是指直接接触产品的包裹物，如牙膏皮、香水瓶、化学试剂瓶等就属于这种包装，没有这类包装，产品就无法使用或消费。

② 中包装，也叫次要包装，即保护内包装的包裹物，如牙膏管、香水瓶外的纸盒，化学试剂瓶之间的间隔纸板，当产品开始使用时，它就被丢弃。

③ 外包装，也叫装运包装，即为了便于储运、装卸和防止产品破损的外包装，通过外包装在储运、装卸过程中能识别产品类别和种类，如包装一定数量的牙膏、香水瓶、化学试剂瓶

的纸板箱,一般来说它的体积较大,包装物材质结实,具有耐碰撞、便于搬运等特点。此外,在产品包装上还有标签,它属于包装的一部分,可能单独附在包装物上,也可能与包装物融为一体,以标记产品的品牌、文字、图案、生产厂家、制造日期、产品的主要成分、质量等级、使用说明、有效期等信息,以促进产品的销售。

有些通过超市销售的日用品,还有专门用于促销的销售包装,它是指便于顾客携带、使用、陈列的产品包装,这类包装应美观大方,同样要注明厂名、厂址、品名规格、容量、用途、用法等,以方便消费者选购和使用。

传统包装的概念是在产品外部增加一个保护层,使产品在运输、储存、销售过程中免遭损坏。现代营销学中包装的概念已远远超出了这一范畴,它包括以下几方面的内容和作用。

① 保护产品　包装对产品的保护作用是其最基本、最原始的功能。保证产品从生产厂到消费者之间在储运、销售等各个流通环节质量完好,包装是必不可少的。良好的包装可以使产品在营销管理过程中、在消费者保存期间不致损坏、变质、散落,保护产品的使用价值。

② 美化产品　设计和制作精美的包装,可以使产品具有令人赏心悦目的外观,比不加包装的"裸体"产品更令消费者喜爱或激发顾客的购买欲望。包装是否好看,在一定意义上也能反映出产品生产制造者的经营管理水平。

③ 提供便利　包装有利于消费者对产品进行识别、购买、携带或使用。不少化工产品没有固定的形状或形状特殊,不包装则难以进行储存和运输。某些化工产品则有一定的危险性,如易燃、易爆、有毒等,必须有密封性能良好的包装才能储运。独具匠心的包装设计,能够使消费者从购买、携带、保存到使用处处感到实用方便,如小包装牙膏、小塑袋洗发露、带喷雾机构的香水、灭蚊虫喷雾剂等。同时,包装是产品差异化的外部表现,独特的包装可以使本企业产品有别于其他同类产品,以便消费者区分和挑选。包装的这种区分作用与商标的识别作用极为类似,包装设计专利权同样受到法律的保护,包装设计通过商标文字、图案和色调的搭配,会使产品形象更加鲜明、独特,方便消费者识别和使用。

此外整齐的包装可以方便储运时的清点、盘存等管理工作。

④ 促进销售　精美的包装、有特色的包装可以引起消费者的注意和喜爱,提高消费者的购买欲望和购买行为。特别是在超市实行顾客自我服务的情况下,众多的同类商品排列在货架上,没有销售人员的特别推销,此时,产品的包装就成了"无声的推销员"。因此,产品需要利用包装来向广大顾客宣传介绍,以吸引顾客请注意力。商品包装装潢已成为提高营销绩效的一个重要手段。

⑤ 增加利润　由于收入水平和生活水平的提高,消费者一般愿意为良好包装带来的方便、美感、可靠性和声望多付些钱。特别是一些礼品装的商品,其产品的质量、规格与普通装的一样,但却可以卖出高价格,因为它满足了消费者在送礼时的需求。这种由包装不同产生的价差提高了产品附加价值,增加了企业的利润。

2. 化工产品的包装设计

化工产品包装设计的内容有结构设计、造型设计、装潢设计、标志设计、广告设计等。化工产品的包装设计一般有如下要求:

(1) 保护产品是包装设计首先必须要注重的问题　化工产品的包装不仅要保护产品的外观不受损失,还要显示出商品的特点与风格,与产品的相态、剂型、腐蚀性或渗漏性相适应,保护产品的内在质量不受破坏。产品的内在质量是指产品的物理、化学性质,其中有些是用肉眼看不到的。有的包装物不符合保护产品的要求,从外观上看起来产品完好无损,但其内在质量已发生了变化。如我国的水泥包装,长期采用牛皮纸袋包装,很容易发生破损、受潮现象,产品的浪费是相当惊人的,高峰时曾达到过年产量的1/3;目前市场上还有简单包装的片碱产品在销售,其包装用的牛皮纸内衬塑或塑膜袋内装外套编织袋,也很容易破损,不仅容易使产品造成浪费和事故，而且对生产企业的形象也大为不利。

（2）包装要与产品的价值接近，经济实用　不要搞"金玉其外，败絮其中"的过度包装，也不要不注重包装，搞成"一流产品，三流包装"。包装的装潢、色彩搭配应得当，既要符合广大消费者的审美观念，又不能与一些民族习惯、宗教信仰发生冲突。造型美观大方、新颖别致，图案生动形象、活泼可爱。包装文字说明应简明易懂，增加消费者的信任感，指导消费者正确使用商品。

（3）包装形式要适宜购买、携带和方便使用　这也是对包装设计的一个基本要求。每个包装的容量要与通常的使用剂量相适应，这一点对于工业品以及老人、儿童使用的日常品尤为重要。比如，过去我国有些罐头食品大多采用封闭式铁皮包装，开启时非常困难，严重影响了顾客的购买欲望。相反，可口可乐、雪碧、罐装健力宝等饮料采用拉开式开启包装，饮用时轻轻一拉即可，非常方便，这在无形中就增加了这些品牌的竞争力。再比如，20世纪80年代初期，我国出口到美国的渤海对虾采用25公斤的纸箱包装，既不美观也不利于销售，一般美国家庭不会一次就购买一箱对虾，美国商人乘机以较低的价格将大批对虾购进，然后，用透明的玻璃纸盒将对虾两个一盒或四个一盒地进行包装，并在对虾身上系一条红丝带，分别起名为"情侣虾"和"家庭虾"。改换包装后的对虾价格是原包装等量对虾价格的几十倍，但在美国市场上仍然很快就被抢购一空。

（4）符合国家的相关法规规定　包装设计应按照法律规定在包装上标明厂名、厂址；对于食品、化妆品等与人们身体健康密切相关的产品，应标明生产日期、保质期；对于药品，还要印制其所含成分、注意事项等；标签上有关文字说明不得弄虚作假、夸大其词等；有的还要印刷条形码和防伪图案。包装材料应符合环境保护的要求。

3. 化工产品包装的营销策略

为了使包装在现代市场营销中发挥更大的作用，企业除了认真做好包装设计之外，还需要运用适当的包装策略，使包装的设计与策略的运用相得益彰。良好的包装只有同包装策略结合起来才能发挥应有的作用。

包装的形式类别有：①适于陈列的包装（堆栈式、悬挂式、POP包装）；②便于展示、识别的包装（透明的、开窗式的）；③便于携带、使用的包装（便携式、易开式、一次用量式、配套包装、喷雾包装）；④树立企业、产品形象的包装（类似包装、系列包装、华贵礼品包装）；⑤促进销售的包装（习惯包装、多用包装、附赠品包装）。

可供企业选择的包装策略有以下几种：

（1）相似包装策略　相似包装策略是指企业生产的各种产品，在包装上采用相似的图案、色彩，体现共同的特征。相似包装策略一方面可以节省包装设计费用，降低包装箱的成本；另一方面，通过一系列格调一致的包装，使消费者受到反复的视觉冲击，从而形成对企业产品的深刻印象，壮大企业声势与影响。此策略特别适合于那些生产的产品品类相近、质量相近的企业。如果企业各类产品质量过于悬殊，则不宜采用这一策略，否则会危及产品和企业声誉。

（2）等级包装策略　等级包装策略，有时也称之为差异包装策略。与相似包装策略相反，企业的各种产品包装根据产品的品类、质量的等级，以不同形式进行包装，在设计上采用不同的风格、色调和材料。同类产品，包装式样相同；不同类产品，包装不同；相关产品采用系列包装；等级不同的产品，包装物的等级也不一样；对同一种商品采用不同等级的包装，以适应不同的购买力水平，如送礼商品和自用商品采用不同档次的包装。采取这种包装策略可以满足不同消费层次的顾客在不同使用环境中的消费需求，也不至于因为某一种产品销路不畅而影响其他产品的声誉。

虽然等级包装策略的包装成本比较贵，但高档产品由于其质量上乘、包装精美，价格可以卖得较高，企业反而可以获得较高的利润。

(3) 配套组合包装策略　它是指将多种不同类型和规格但有相互联系的产品配套放在同一包装物内出售。根据消费者的购买和消费习惯，在包装主产品时，配套包装一些次要产品。如在化妆品的包装中配套一个化妆品盒或一面小镜子，在牙膏的包装中配套一支牙刷，在洗洁精的包装中配套一块洗碗布，将口红、香水、粉底霜、描眉笔、小镜子等置于同一化妆盒中销售等。为消费者的购买和使用带来方便，这种包装策略有利于带动多种产品的销售，特别是有利于新产品的推销，使顾客不知不觉地习惯了新产品的使用，接受了新观念，也节省了包装费用。但是，该策略实施存在一定局限性，只有那些购买频率高、配套性强的小商品才能采用这一策略。

(4) 附赠品包装策略　在配套包装策略中配套的小物品不另计价格，作为赠品送给消费者使用。附赠品包装中的赠品可以是实物，也可以是一些小玩具、象征吉祥如意的小装饰品、卡通图片，当积攒够一套卡通图片时可以兑换奖品，这种形式对儿童或家庭使用的商品比较适宜。

(5) 复用包装策略或多用途包装策略　当原包装的商品用完后，包装物还具有其他用途，如有些涂料用一个有盖、有提手的塑料桶包装，涂料用完后，涂料桶还可以用作水桶；咖啡、酱菜瓶用完后可用作茶杯，盛装洗涤剂（粉）的袋子可用作手提袋，将化妆品瓶子设计成茶壶或花瓶状等，这样可以利用顾客一物多用的心理，使顾客得到额外的使用价值，同时，在包装物的再使用过程中还能起到广告宣传作用。

(6) 更新包装策略　是指当某种产品长期使用一种包装时销路不畅，企业可以改变包装设计、包装材料，使用新的包装。一种形象和设计的包装用久了，消费者就没有新鲜感了，某些消费者会感到厌倦而改换购买其他生产者的商品。因此必要时应更新、改换产品包装，让消费者保持新鲜感。更新包装策略的另一层意义是，当发现市场出现新的消费需求时，要对原产品包装进行某些改进或改换，及时推出新的包装，以开拓新市场，吸引新顾客。如旅游者喜欢携带小规格的牙膏、洗发露、沐浴露，在一些旅游地区，可以推出这些小规格的产品。

另外，当某种产品声誉受损、销售量下降时，也可以通过变更包装来制止销量下降，保持市场占有率。

对于过度包装、包装成本大大增加的情况，也有人反其道而行之，实行简装策略。经测算，一瓶数百元的化妆品，真正的内容物（可用部分）成本仅占总价格的 10%。一些企业为减少包装费用，采用简单包装甚至裸装的策略，使产品成本下降，以较低的价格销售产品，也获得了较大成功。如天津郁美净公司的超市专卖小纸盒 5 塑袋包装的儿童霜。

课外阅读与思考
产品发展策略在兴隆化工公司的应用

一、兴隆化工概况

1984 年，唐建强先生投资 7.6 万元成立了株洲水玻璃厂——一个作坊式的小厂，利用硅砂生产水玻璃。1990 年投建白炭黑生产线，并把公司改造为股份制公司，定名为株洲兴隆化工实业有限公司（简称兴隆化工）。经过 10 多年的发展，白炭黑年产量达 6 万吨，水玻璃 30 万吨，位居全国同行业第一位。

白炭黑是一种超细微、具有活性的二氧化硅粒子，化学名称为胶体二氧化硅或水合二氧化硅，是一种重要的无机精细化工产品，其应用范围十分广泛，已经成为橡胶、塑料、涂料等许多领域中不可缺少的助剂。

二、市场对白炭黑产品提出了新的要求

兴隆化工的营销策略是在其高速发展的过程中逐渐形成并保留下来的，在其市场开发的初

期（1986年），兴隆公司抓住机遇，及时生产制鞋的橡胶化工原料——白炭黑，并以低售价开拓市场。随着制鞋业的高速发展，产品得到了台商的接受，出现供不应求的局面。兴隆公司开始时只关注加大产能，追求规模效应，但产品单一，仅生产用于橡胶鞋底的普通沉淀法白炭黑，不断地扩建生产线，其产能和产量不断增加，而对于客户的白炭黑产品的其他需求置之不理。

到1995年以后，白炭黑需求的市场重心转移到了亚洲，欧美企业在本土的生产能力提高非常有限，因此他们一方面研究和开发新品并开拓新的用途，另一方面在中国设立工厂，加大了对中国市场开拓的力度，出现了白炭黑产业向中国转移的趋势。例如，法国的罗地亚公司成立罗地亚（青岛）有限公司、德国的德固赛公司收购了中国最大的白炭黑企业之一南平嘉联化工，这些国际化工巨头都向中国市场提供多达几十个牌号的白炭黑产品，严重地威胁中国的白炭黑生产企业。

由于欧美的白炭黑工业起步较早，并且注重规模效益（白炭黑生产的规模经济性突出，规模要求是万吨级），因此发展速度非常快，在市场上占据了领先地位，主要体现在以下几点：

① 具有规模优势，如德国德固赛公司一家企业的年产量就达到了18万吨。
② 少数几家公司掌握气相法生产技术，气相法产品一般用于航空等特殊领域，其价格和利润比普通白炭黑要高出数十倍，我国目前尚未掌握该项技术。
③ 产品品种多，国外已有约40个牌号的产品，能满足各种不同领域的使用要求。
④ 生产企业具备较强的研究力量，多数的欧美企业不但能开发新品，而且能开拓产品的新用途，并且为客户提供技术支持，指导用户使用其产品。

面对外国化工巨头的逼人攻势，兴隆化工的客户抱怨不断增加，对兴隆化工提供的产品也提出了更多的新的需求，市场的情况要求兴隆化工重新审视其产品策略。

三、兴隆化工的白炭黑产品分析

产品的定义是指能够提供给市场以满足需要和欲望的任何东西。任何企业在进行产品销售时必须认真地分析其产品的五个层次：即核心利益、基础产品、期望产品、附加产品、潜在产品，以形成适合自己的产品策略，满足顾客的需求。

1. 产品的核心利益

核心利益系产品的最基本层次，是指顾客真正购买的基本服务和利益。顾客购买白炭黑时，其真正的目的有以下几点：

① 补强性，即通过在橡胶中添加白炭黑让橡胶得到更好的硬度和抗撕裂性、耐磨性。
② 填充性，即通过添加白炭黑降低橡胶制品的成本。因为纯橡胶价格为13000多元/t，而白炭黑价格仅为380元/t左右，因此，白炭黑的添加比例越高，成本便越低。
③ 美观性，有些橡胶制品要求透明的或是彩色的，而传统的炭黑是黑色的，根本无法使用。

以上这些就构成了白炭黑产品的核心利益，不同的客户也要求提供不同性能的白炭黑，因此白炭黑产品的系列化成为了一个重要的课题。而产品品种的多样性与白炭黑生产的流程化、大规模化是相矛盾的。

2. 基础产品

基础产品即产品的基本形式。顾客的核心利益是为了获得低成本且又有高物理性能的橡胶制品，符合国家化工部标准并适合客户使用的高质量产品，也就是提供给客户的有形的交付物。对于白炭黑产品来讲，基础产品的指针评价主要通过物理检测做出判断，检测项目有比表面积、DBP吸油值等。

3. 期望产品

期望产品是指购买者购买产品时通常希望和默认的一组属性和条件。

① 附加产品 附加产品指区别于其他公司产品和竞争者产品的附加服务和利益。通过产品分析，兴隆化工的附加产品应当包括：准时交货、包装良好、账务往来适应外资企业运作程序（绝大多数白炭黑客户为台资企业）、具备技术支持能力等。

② 潜在产品 即该产品最终可能会实现的全部附加部分和新转换部分。它是产品在未来可发展的任何扩增和转型的利益。在市场竞争日趋激烈的今天，企业唯一的出路就是积极探求新利益来满足顾客，以凸显其产品的与众不同。

四、兴隆化工产品策略

1. 实现产品系列化

通过分析客户的核心利益，兴隆化工致力于开发更多的基础产品。随着消费品市场对橡胶制品提出更多样化的要求，橡胶生产厂家也要求白炭黑供货商提供新型的白炭黑，然而兴隆的生产是大规模的流程化生产，从这一点讲，是不太可能因为客户的要求而频繁地调整产品参数的。因此，在分析客户需求的基础上，兴隆化工以各细分市场为导向设立产品型号，利用兴隆的两条 5000t/a 的生产线（1、2号生产线）进行批量生产，一方面减低产品转型的浪费，另一方面更好地满足客户的要求，在产品在线延深，以打破产品单一的不利局面。兴隆化工经过详细的市场调查，根据白炭黑产品的用途将其市场进行细分，制定了产品系列化策略，以满足不同的细分市场，见表1。

表1 兴隆化工产品系列表

指标＼牌号	ZQ356	ZQ336	ZQ356GJ	ZQ356TP	ZQ356FT	ZQ356FT	ZQ601	ZQ178K
比表面积/(m²/g)	170～190	150～180	160～190	160～190	220～240	100～130	205～220	170～190
二氧化硅含量/%	≥97.0	≥97.0	≥97.0	≥96.0	≥97.0	60～90	≥97.0	≥97.0
加热减量/%	6.0～6.8	6.0～6.5	5.0～6.0	6.0～6.8	7.0～9.0	1.5～3.0	5.0～6.0	6.0～6.8
灼烧减量/%	4.2～4.8	4.2～4.8	4.2～4.8	4.2～4.8	4.2～4.8	10～25	4.2～4.8	4.2～4.8
DBP吸收值/(cm²/g)	2.2～2.6	2.2～2.6	2.3～2.7	2.3～2.7	2.3～2.7	1.5～2.0	2.3～2.7	2.4～2.8
pH	6.8～7.1	6.8～7.1	6.8～7.1	6.8～7.2	6.8～7.1	8.0～9.5	6.6～7.1	6.5～6.9
平均粒径/mm	13～16	18～20	8～11	8～11	8～11	18～20	8～11	18～20
细分市场(用途)	橡胶鞋底	轮胎类	硅橡胶类	TPR鞋底类	牙膏类	非透明橡胶	超细白烟	环保颗粒型
备注	现产	现产	开发	开发	开发	开发	开发	开发

2. 稳定的质量

兴隆化工在过去的生产过程中，一直以低成本为目标，不断地采用十分便宜的材料，有时甚至采用在原料中掺加劣质原料的方法，使产品的理化指针一直不是很稳定，生产部门和营销部门之间对此问题的认识也不一致，生产的导向问题没有得到很好的解决。

客户在使用供货商提供的样品经过打样之后，得到了橡胶产品的性能，如果试用得到了满意的结果，客户就会将这一配方稳定下来，以后同类订单一直会以这个配方生产，也就是说，如果供货商提供的白炭黑理化指标发生了变化，那么必然会影响橡胶制成品的性能。因此理化性能的稳定是白炭黑质量最为重要的指针，是市场竞争的关键因素。兴隆公司确立的营销导向是在生产中必须优先保证产品质量的稳定，再考虑成本的问题，他们在2万吨/年生产线（3、4号生产线）上分别安排生产销量最大的 ZQ336、ZQ356 产品，其自动化控制、流程化生产、新技术的应用为兴隆化工产品质量的稳定提供了保障,而对于其他产品系列,则用旧的1号线2号线进行小规模生产,以实现产品系列化。

3. 加强包装工艺,改善包装质量

在工业品中,包装质量在很大程度上被生产厂家忽视,而没有认识到包装的重要性。白炭黑是一种细微的白色粉末,且干燥,密度小,很容易造成粉尘飞扬。

大多数的白炭黑一般采用塑料编织袋包装,密封性能不是很好,在搬运的过程中很容易泄露,既造成粉尘污染,又造成重量减少。兴隆化工通过对客户的调查、研究、分析,发现随着客户对环境的关注、对员工健康的关注,包装也是客户考虑的重要因素之一,因此公司采用了更好的牛皮纸袋,并采用稍厚的薄膜内袋,以减少运输损失、减少粉尘污染,从产品包装的角度做到让客户更满意。

4. 加强售后的技术支持

从产品分析可知,客户需要的是白炭黑的性能完全满足于客户本身的生产,而不仅仅是一个合格的白炭黑产品,也就是说,评价白炭黑产品的标准是客户好不好用。橡胶化工是一个非常复杂的化学过程,各种化工原料在一起发生反应,最终成为了我们熟悉的橡胶制品。而在这一反应过程中,各种原料的指标发生微小的变化都会造成橡胶制品不合格。以前兴隆化工认为,产品交付给客户后,业务即算完成,而调研表明,缺乏售后的技术支持,客户出现生产问题后,公司不能有效地协助客户解决是造成客户流失的重要原因,兴隆化工为此在销售部门成立了售后技术支持小组,聘请橡胶化工技术专家,一旦客户在使用白炭黑的过程中出现问题,技术人员便赶到现场,与客户共同分析原因,解决问题。

通过分析可以看出,产品只是4P营销组合中的一个因素,仅仅从产品的角度不一定能彻底地获得竞争优势,但是从企业的角度来说,兴隆化工将产品理论运用于营销实践,对于其本身的成长具有十分重要的意义。目前的市场销售情况也表明,兴隆化工的产品策略是成功的,新产品得到了客户的认可,产品的销售也有很大的提升。兴隆化工产品策略的应用对于其他白炭黑生产企业思考其产品策略具有重要的参考价值。

思 考 题

1. 营销学上所指的新产品包含哪些类型?它们对企业有哪些不同的意义?
2. 是否每一种新产品开发都经历同样的步骤?为什么?
3. 新产品采用者的不同对企业的营销策略是否有影响?为什么?
4. 请举例说明产品生命周期各个阶段营销策略的差别,并阐述其理由。
5. 企业主导产品的生命周期对其新产品开发是否有影响?表现在哪些方面?为什么?
6. 自行研制与技术引进的开发模式各有什么优缺点?
7. 产品开发策略的选择依据是什么?
8. 工业品品牌与企业竞争能力有什么关系?
9. 举例说明什么是产品组合与产品系列。
10. 矩阵组织如何协调职能部门与产品开发小组之间的关系?
11. 生产企业尤其是名牌产品生产企业应该如何保护自己的品牌?
12. 冠生园不愿花钱买"米老鼠"使用权,而宁愿花钱把"大白兔"注册到全世界,你认为此举是否明智?有何利弊?
13. 随着企业自主权的不断扩大,价格对企业生产和经营的调节作用越来越显著,企业商品的价格是否适当,对商品的销路、市场占有率以及经济效益有较大的影响,因此每个企业都有必要认真研究价格策略。当前,企业之间竞争更加激烈,价格大战随处可见,价格竞争被认为是一种较好的竞争手段,你认为这种观点是否正确?结合本案例,请你谈谈联想集团价格策略的依据是什么?它能给我国目前市场上的价格大战带来什么借鉴意义?
14. 企业如何利用灵活的市场营销组合策略来取得市场竞争优势?

15. 企业树立现代市场营销观念的理由和必要性是什么？
16. 完整的市场营销过程应该包括哪些内容及步骤？
17. 阐述工业品市场细分变量与消费品市场细分变量的区别与联系。
18. 阐述工业品定位的主要依据。
19. 阐述工业品服务领域的市场选择途径。
20. 影响工业品定价的因素有哪些？
21. 工业品定价的方法有哪些？
22. 在工业品不同的寿命周期阶段应该如何定价？
23. 价格调整策略有哪些？
24. 竞争投标定价有些什么特点？
25. 采用随行就市定价方法应该注意些什么事项？

第五章 化工产品的营销策略

营销策略与营销战略是有区别的，不能把两者相混淆。市场营销战略是大面上的东西，其范围更加广泛；策略更为具体，是细节上的东西，是为战略服务的。简单点的理解就是战略和策略解决不同层面的问题：市场营销战略解决的问题是"市场上需要什么？我们需要往哪个方向努力？"策略解决的问题是："如何满足这些需求？这些做法如何落实？"产品的市场营销策略包括四个子系统，即产品（Product）策略、价格（Price）策略、渠道（Place）策略和促销（Promotion）策略。1960年，美国E.J.Mccarthy（伊·杰·麦卡锡）教授将其简称为"4P"理论。

市场营销策略是企业以顾客需要为出发点，根据经验获得顾客需求量以及购买力的信息、商业界的期望值，有计划地组织各项经营活动，通过相互协调一致的产品策略、价格策略、渠道策略和促销策略，为顾客提供满意的商品和服务，实现企业的目标。产品策略包括产品组合、产品寿命周期、产品包装、品牌等；价格策略包括决定定价导向、做出调整价格的反应、设计价格的风险评价；分销渠道策略包括渠道模式和中间商的选择、调整协调管理、实体分配；促销策略包括推销、广告、营业推广等。

第一节 化工产品的市场竞争

一、市场竞争的概念、类型及其主要形式

1. 市场竞争的概念

化工产品是一类同质性很强的商品，受到国家或行业技术标准的严格限制，在市场营销中竞争十分激烈。

市场竞争是市场经济中，同类经济行为主体出于自身利益的考虑，以增强自己的经济实力，排斥同类经济行为主体的相同行为的表现。市场竞争的内在动因在于各个经济行为主体自身的物质利益驱动，以及为丧失自己的物质利益被市场中同类经济行为主体所排挤的担心。市场竞争是市场经济的基本特征。在市场经济条件下，企业从各自的利益出发，为取得较好的产销条件、获得更多的市场资源而竞争。通过竞争，实现企业的优胜劣汰，进而实现生产要素的优化配置。

随着化工产品应用领域的延伸和生产厂家的增加，化工产品的市场营销与其他商品一样，正在经历着一场大的变革，营销手段各种各样：自主营销、关系营销、合作营销、网络营销、数据库营销、定制营销，等等。这些营销手段提供了大量先进的新型营销理念，同时也提出了极大的挑战，如何应对新形势把化工产品的发展与其营销有机结合起来，需要针对实际情况，深入地研究市场营销策略。

2. 市场竞争的类型

市场竞争的方式可以有多种多样，比如，产品质量竞争、广告营销竞争、价格竞争、产品式样和花色品种竞争等，这也就是市场竞争策略。通常我们按市场竞争的程度把市场竞争划分为如下两种类型：①完全竞争，指一种没有任何外在力量阻止和干扰的市场情况。②不完全竞争，一般是指除完全竞争以外，有外在力量控制的市场情况。它又分为以下三种类型：完全垄断、垄断竞争、寡头垄断。哈佛大学商学院的 Michael E. Porter（迈克尔·波特）教授对市场上的各种竞争因素进行了分析，用图 5-1 的模型说明它们相互间的影响。

3. **市场竞争的主要形式与手段**

化工产品市场竞争的主要形式有价格竞争和非价格竞争两类。价格竞争是生产经营同种商品的企业为获得超额利润而进行的竞争，竞争的制胜因素是成本的降低，主要手段就是降价。非价格竞争是通过产品差异化进行的竞争，非价格竞争手段的采用必然导致企业生产经营成本增加。化工产品的市场竞争细致分来有下面四种手段：

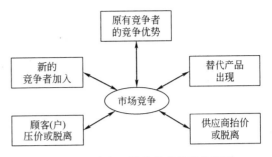

图 5-1 迈克尔·波特的市场竞争模型

（1）**高质量竞争手段** 高质量竞争手段指企业致力于树立高质量的企业形象，并希望在竞争中以高质量超越竞争对手。实施这一战略时需要解决的主要问题是怎样认识和塑造高质量。

① 高质量要求要注重产品的性能质量，包括产品的功能、耐用性、牢固性、可靠性、经济性、安全性等。

② 高质量要以顾客的需求为出发点，性能质量的"高"是相对的，要适度。

③ 高质量要反映在企业的各项活动和创造价值的全过程中。

④ 高质量要在比较中不断进取。

高质量在产品市场中的优势是明显的：它是一切竞争手段的前提和基础，也是树立良好企业形象的基础。

（2）**低成本竞争手段** 低成本竞争手段是指企业试图使自己的产品在成本方面比其他企业占有优势。实现低成本战略的关键是发挥规模经济的作用，使生产规模扩大、产量增加，使单位产品固定和可变成本同时下降。企业生产同一种产品，要保证产品的质量与同行业相同，而成本又要低于同行业，这对企业提出了很高的要求。在扩大生产规模过程中，争取做到：

① 以较低的价格取得生产所需的原辅材料和劳动力；

② 使用先进的机器设备，增加产量，提高设备利用率、劳动效率和产品合格率；

③ 加强成本与管理费用的控制，如精确定位而又不同凡响的广告、有效的营销手段等。

实现低成本战略，可以低于竞争者的价格销售产品，提高市场占有率；也可以与竞争者同价销售产品，取得较高利润。当市场产品价格稳定时，成本较低的企业可以赚到更多的利润；当市场竞争激烈，产品价格下跌严重时，成本较高的企业可能出现亏损，无法继续经营，成本较低的企业则可以维持较薄的利润继续经营。

（3）**差异优势竞争手段** 企业以表现自己在某些方面的独到之处为竞争手段，希望在与竞争对手的差异比较中占有优势。差异的表现方式可以是品牌形象、产品型号、产品性能档次、产品色彩、款式，生产产品所采用的技术、工艺、原材料以及售前售后服务、销售网点等方面的差异。如洗发露在性能方面的差异可以分为去屑型、滋润型、清凉型、防脱发型等，包装瓶方面可以分为扁形瓶、圆形瓶、异形瓶等。

差异优势竞争手段是在各个企业大批量生产同一种无差异产品并出现销售困难时提出来的一种策略。在上述情况下，解决问题的出路是使企业在技术、创新能力、原材料、经营经验等方面的优势，成功地转化为产品、服务、宣传、网点等方面独具特色的差异优势。减少与竞争对手的正面冲突，并在某一领域取得竞争的优势地位。

在行业内，顾客对具有特色的产品可能不会计较价格或无法进行价格比较，从而可以高于竞争者的价格销售产品，取得更多利润。在行业外，具有特色的产品可以阻碍替代者和潜在加入者进入和提高与购买者、供应商讨价还价的能力。但实施这一战略可能要付出较高的成本代价，当较多的顾客没有能力或不愿高价购买特色产品时，提高市场占有率是较困难的。

（4）集中优势的竞争手段　集中优势竞争手段要求企业把人、财、物全部致力于为某一类或少数几类消费者群体提供服务，力争在局部市场中比竞争者更专业、更有效地为一群需求相近的购买者服务，取得竞争优势。所谓集中，不是在大市场中谋求市场份额，而是在一个较小的细分市场中获得较高的信誉度和较大的市场份额，使其他竞争者难以进入这一细分市场。

集中精力于局部市场，仅需少量投资，这对中型企业特别是小企业来说，正是一个在激烈竞争中能够生存与发展的空间。同时这一战略既能满足某些消费者群体的特殊需要，具有与差异战略相同的优势；又能在较窄的领域里以较低的成本进行经营，兼有与低成本战略相同的优势。但它也有一定的风险：当所面对的局部市场的供求、价格、竞争等因素发生变化时，就可能使企业遭受重大损失。

二、市场竞争的一般战略

1. 化工行业竞争分析

对于一个化工企业来说，狭义的竞争者是那些与本企业提供的产品或服务相类似，并且所服务的目标顾客也相似的其他企业，广义的竞争者则是来自于多方面的，企业与自己的顾客、供应商之间都存在着某种意义上的竞争关系。

（1）识别化工产品的竞争者　化工产品的竞争者是指那些与本企业提供的产品或服务相类似，并且所服务的目标顾客也相似的其他企业。通常可从产业和市场两个方面来识别企业的竞争者。识别竞争者的关键是将产品细分和市场细分结合起来，观察竞争者从市场目标、战略、优势和劣势方面对于降价、促销、推出新产品等市场竞争战略的反应。

① 愿望竞争者　愿望竞争者指提供不同的产品以满足不同需求的竞争者。例如某公司要选择一种一项化工行业的投资，它所面临的选择有无机化工、有机原料、生物化工、高分子材料等产业，这时无机化工、有机原料、生物化工、高分子材料的产品生产技术之间就存在着竞争关系，他们之间就是愿望竞争者。

② 普通竞争者　普通竞争者指提供不同的产品以满足相同需求的竞争者。如涂料、金属镀、喷塑（橡）、搪瓷（搪玻璃）、化学转化膜等都能够为金属材料提供防腐保护的相同功效，在满足该需求方面时，它们的相关产品就是普通竞争者。

③ 产品形式竞争者　产品形式竞争者指生产同类但规格、型号、款式不同产品的竞争者。如家用洗涤剂中的肥皂、洗衣粉与洗衣液，洗发水与洗发膏就构成产品形式竞争者。

④ 品牌竞争者　品牌竞争者指生产相同规格、型号、款式的产品，但品牌不同的竞争者。以牙膏为例，中华、佳洁士、高露洁、蓝天等众多品牌之间就互为品牌竞争者。

（2）判断竞争者对市场变化的反应　竞争者的市场目标、战略、优势和劣势决定了它对降价、促销、推出新产品等市场竞争战略的反应。当企业采取某些措施和行动后，竞争者会有不同的反应。

① 从容不迫型竞争者，反应不强烈，行动迟缓。

② 选择型竞争者，在某些方面反应强烈，但对其他方面却不予理会。

③ 强劲型竞争者，一些竞争者对任何方面的进攻都迅速强烈地做出反应。

④ 随机型竞争者，有些企业的反应模式难以捉摸，它们在待定场合可能采取也可能不采取行动，并且无法预料它们将会采取什么行动。

（3）根据竞争者优势及劣势选择应对策略　企业制定应对竞争者策略时需考虑的三个因素：

① 竞争者的强弱。

② 竞争者与本企业的相似的程度。

③ 竞争者表现的好坏。表现良好的竞争者按行业规则行动，按合理的成本定价，有利于

行业的稳定和健康发展；他们激励其他企业降低成本或增加产品差异性；接受合理的市场占有率与利润水平。具有破坏性的竞争者则不遵守行业规则，他们常常不顾一切地冒险或用不正当的手段扩大市场占有率等，从而扰乱了行业的秩序和均衡。

2. 制定市场营销战略的原则

（1）公众原则　公众原则指市场营销战略必须符合国家利益和消费者利益。如一部分化工企业不同程度地存在易燃、易爆、有毒、有害问题，企业在废水、废渣、废气的排放上一定要按照国家环保要求，经处理合格后方可排放。

（2）趋利原则　趋利原则指市场营销战略应使企业获得最大利润。市场营销的目的就是占领市场、获取利润。趋利原则与公众原则是对立统一的有机组合。如果违背了公众原则，市场营销战略就失去了赖以实施的基础和条件；如果违背了趋利原则，市场营销战略就失去了存在的价值和意义。但当公众原则与趋利原则发生冲突时，我们应放弃眼前的和局部的利益，使趋利原则服从公众原则。

（3）长期原则　长期原则指市场营销战略应立足现实、长期规划。市场营销战略是实现企业发展战略的重要保证，因此不能只追求一时一事之利，应该科学地预测分析未来，制定符合环境变化的长期营销战略，保障企业处于主动和领先的地位。

（4）危机原则　危机原则指市场营销战略必须建立风险意识和危机意识。激烈的市场竞争使任何一个企业都有被淘汰出局的危险。只有保持强烈的进取、开拓精神，建立风险意识和危机意识，才能使企业立于不败之地。

3. 目标市场的覆盖模式

当企业决定要进入某一个或几个目标市场后，应当采用什么的模式去覆盖、占领目标市场呢？一般可采用以下五种覆盖模式：

（1）市场集中化　市场集中化指企业只选择目标市场中的一个细分市场，只生产一种产品，只满足一类购买者的需求。较小的企业由于资金、能力方面较弱，采取这种市场覆盖战略比较合适。

（2）产品专业化　产品专业化指企业只生产一类产品。如美国高露洁的主打产品牙膏，就是一类产品满足各类购买者需求的例子，无论高端消费者、低消费群、防蛀护齿、护龈防出血需求都能在高露洁系列牙膏中找到合适的品种。

（3）市场专业化　市场专业化指企业只针对某一类购买者，生产各类产品以满足他们的需求。如强生洗护用品，专门针对婴儿这一年龄范围，为其量身定做各种婴儿专用洗发露、沐浴露、护肤品、柔湿巾、防蚊、防痱子等系列产品。

（4）选择性专业化　选择性专业化指企业同时选择几个不同的细分市场，生产几类不同的产品，同时满足几类购买者的需求。这是一种多元化的经营模式，几类不同的产品、市场之间只有很少的联系或者完全没有什么联系。这种经营方式的风险在于资金分散、营销分散，不利于集中管理；而它的好处则是当某个市场出现危机时，不影响其他市场继续赢利。

（5）全面覆盖　全面覆盖指企业全方位进入所有细分市场，生产各种类型的产品，满足所有购买者的需求。如美国宝洁公司在家庭洗涤用品市场上就采用全面覆盖的战略，其洗发露产品有飘柔、潘婷、海飞丝、沙宣，牙膏有佳洁士，香皂有舒肤佳，洗衣粉有汰渍、碧浪，护肤品有玉兰油等品牌。

4. 市场地位与竞争战略

企业在竞争市场上由于各自实力、规模、资源的不同而处于不同的市场地位。一般分为市场主导者、市场挑战者、市场追随者和市场补缺者。那些实力雄厚、规模庞大、资源丰富的企业，多为市场主导者。在我国，中国石化和中国石油两大企业几乎垄断了我国的石油化工资源，大型炼油厂、大型化工厂几乎全部集中在这两个企业手中，它们是石化行业的主导者，也是石化市场的主导者。其它一些中小型企业，可能是市场追随者或市场补缺者。

（1）市场主导者的竞争战略　市场主导者是指行业中在同类产品市场上占有率最高的企业。它们在价格变动、新产品开发、分销网络和促销力量等方面处于支配地位被同行业者所公认。其市场营销的优势是：消费者对其品牌的忠诚度高，营销渠道稳固、高效，营销经验积累丰富。市场主导者的竞争战略有三类：

① 保持市场占有率的六种防御策略

a. 阵地防御，营销的阵地防御类似于军事上的阵地防御战，是依靠产品的市场信誉度、合适的销售价格、良好的营销网络、得力的促销政策来构筑防御工事，面对竞争者的汹涌攻势，坚守自己的阵地。

b. 侧翼防御，当竞争者正面进攻遭到强有力的阵地防御，或竞争者认为正面进攻会得不偿失时而采取侧翼进攻。这时市场主导者应展开侧翼防御，以防竞争者从侧翼逐步蚕食自己的市场。如宝洁公司的系列洗发露在我国一线城市有难以动摇的地位，拉芳公司的洗发露产品就避开一线城市，在二、三线城市和县、镇展开攻势，宝洁公司立即从飘柔洗发露中分出一支低价飘柔洗发露，在一、二、三线城市和县、镇展开全线的侧翼防御。

c. 以攻为守，与其等别人攻上来再防守，还不如在未形成攻势之前先行发起攻击，将竞争者封杀，这是一种先发制人的防御。市场主导者往往在尚未察觉到竞争者在某方面准备向自己发动进攻之前，抢先用自己的一个支线品牌，生产与竞争者相同品种的产品，采用略低于竞争者的市场价格大量投放市场，或采用大张旗鼓的市场宣传、强有力的促销手段促销产品，使竞争者还来不及发动进攻就已遭封杀。

d. 反攻防御，当竞争者的攻势已经展开，除进行阵地防御外，还可以进行反击防御。竞争者在市场上采用大幅度降价、大规模促销时，市场主导者立即同时采取大幅度降价、大规模促销的方式以牙还牙，这是正面的反攻防御；当竞争者风头正劲时，市场主导者避其锋芒，待其风头过去后，再发动一场强势反击，收复失地，这是以退为进的反击防御；竞争者在市场主导者的某一细分市场发动进攻时，市场主导者到竞争者的细分市场发动更猛烈的进攻，逼迫竞争者撤回自己的目标细分市场，这是"围魏救赵"的反击防御。

e. 运动防御，市场主导者不局限于竞争者在某时某地向自己发动进攻，而是集中自己的优势兵力，寻找竞争者的薄弱环节，在某几处给竞争者以重创，使其再无进攻之力。这是军事上集中优势兵力打歼灭战，伤其十指不如断其一指的运动战。运动防御的另一种形式是跳出原有的市场圈子，避开竞争者的猛烈攻击，寻找新的市场，重新打造自己的统治地位。

f. 收缩防御，市场主导者退出一些相对薄弱的区域，集中力量稳固自己强势区域的地位。如按省划分，市场主导者可能在某一两个省势力相对薄弱，可以考虑暂时放弃在这一两个省的防御，集中资源在强势省稳守自己的市场。

② 扩大市场需求量的策略　市场主导者在打好主动防御战的同时，还要注意不间断地挖掘新的使用者、寻找产品的新用途、设法提高购买者的使用量等，扩大市场的需求总量，使产品的使用人群更加广泛，用量更大。这里有三种策略：不断发现新的购买者和使用者；开辟产品的新用途；增加产品的使用量。

③ 提高市场占有率策略　即市场领先者设法通过提高企业的市场占有率的途径来增加收益、保持自身的成长和主导地位。实施提高市场占有率策略应考虑的三个因素：引起反垄断活动的可能性；为提高市场占有率所付出的成本；争夺市场占有率时所采用的市场营销组合战略。

市场主导者应该清楚地认识到市场份额不是越高越好。市场份额在某一限度以下时，随市场份额增加企业的利润增加，但超过这一限度，随着市场份额的增加利润反而下降。这是因为竞争者也在努力维护自己的市场份额。要想从别人手中抢到更多的市场份额，将要付出更高的经营成本，从而使企业利润下降。另外，国家的反垄断法对企业的市场份额也有一定的限度要求，当某一企业市场份额超过一定限度时，国家会依据反垄断法将其强行拆解。

(2) 市场挑战者的竞争战略　市场挑战者和市场跟随者是指那些在市场上处于第二、第三甚至更低地位的企业。市场挑战者为了达到市场主导地位，需要经常地向市场主导者发起挑战。市场挑战者的竞争战略也有四种。

① 确定策略目标和挑战对象：攻击市场主导者；攻击与自己实力相当的市场挑战者或追随者；攻击地区性小企业。

② 选择竞争策略

a. 正面进攻。当市场挑战者获得的点滴胜利累积到可以与市场主导者决战的时刻，还是要靠正面进攻取得最后的胜利。正面进攻是向市场主导者的主要市场发起攻击，打击的是市场主导者的强项，因此这是一场实力之战，也是一场耐力之战。挑战者在决战之前，要充分做好广告宣传、产品质量、市场价格、资源测算等方方面面的准备工作，毕其功于一役，一定要一战打赢，否则落得两败俱伤，甚至功亏一篑，挑战将以失败告终。另一种价格挑战的策略是挑战者通过巨额投入以实现更低的生产成本，然后以此来向对手发起价格攻击。降低价格向对手进攻，这是持续实行正面进攻战略最可靠的措施之一。

b. 侧翼进攻。与侧翼防御正好是同一战争的两个方面，就是集中优势力量攻击对手的弱点，有时可采取"声东击西"的战略，佯攻正面，实际进攻侧翼或背面。侧翼进攻可以采用地理性侧翼进攻，即在市场主导者力量相对薄弱地域展开攻势；也可以采用细分市场性的侧翼进攻，即找到市场主导者未能很好满足的细分市场，迅速使自己在细分市场上的占有率超过市场主导者，侧翼进攻还可以佯装攻其一点，其实主力是要攻击另外一点，出其不意，攻其不备。

c. 游击进攻。挑战者开始进攻时，实力不如市场主导者，因此适宜游击进攻。游击进攻规模小，宜速战速决，小胜即停。游击进攻采用的策略是某单品突然大幅度降价，或在某卖场有针对性地突然开展一次促销行动，两三天之内产品销量有一个大幅提升，立即停止。之后可能会在其他城市，甚至其他省份的某一卖场再次突然袭击，这样使市场主导者摸不清目的，搞不清方向，可以用较小的开支赢得一些局部的胜利。

d. 迂回进攻。这是一种最间接的进攻战略，完全避开对手的现有阵地而迂回进攻。其具体办法有三种：一是发展无关的产品，实行产品多角化；二是以现有产品进入新地区的市场，实行市场多角化；三是发展新技术、新产品，取代现有产品。这种竞争策略主要适用于规模小、力量较弱的企业。

(3) 市场跟随者的竞争战略　市场跟随者是指安于次要地位，参与竞争但不扰乱市场局面、力争在和平共处的状态下求得尽可能多的利益的企业。市场追随者有两种：一种是其实力与市场挑战者相当，但他们不想冒挑战失败的风险，以一种稳守市场的心态，甘愿做市场追随者；另一种不具备挑战者的实力，他们只能顺应市场，随波逐流。市场跟随者的特点是不冒风险，不主动开发新产品，总是模仿市场领导者推向市场并获得成功的产品；避免承受向市场主导者挑战可能带来的重大损失。他们奉行的是"人不犯我，我不犯人"的中立追随政策。按其追随方式不同，市场跟随者策略有三种：

① 紧密跟随　这些企业在产品品种、价格、广告、渠道等方面完全紧追、模仿市场主导者，没有自己的任何创新。由于他们省去了产品开发和市场开发的大量付出，成本会较低，但其市场知名度、信誉度远低于市场主导者，购买者由于担心其产品质量方面的问题而较少选择他们的产品。

② 距离跟随　这些企业的产品基本还是模仿市场领导者，但在包装、外形、广告上略有不同。这些企业不向市场主导者发起挑战，甚至价格、服务也与市场主导者保持一致，市场主导者一般也不会向他们发起攻击，大家在市场上相安无事，保持相对稳定的市场份额。

③ 选择跟随　这类市场追随者的产品品种、价格、广告、渠道等部分模仿市场主导者，某些部分他们认为可以改进提高的就自己进行改进提高。其产品的性能可能在某些方面会超出市场主导者。这类市场追随者还会选择一些与市场主导者不完全相同的细分市场销售产品，这样做的目的是避免与市场主导者发生正面冲突。

（4）市场补缺者的竞争战略　市场补缺者是指精心服务于总体市场中的某些细分市场，避开与占主导地位的企业竞争，只是通过发展独有的专业化经营来寻找生存与发展空间的企业。理想的"补缺者"应具有以下特征：①有足够的市场潜量和购买力；②有利润增长的潜力；③对主要竞争者不具有吸引力；④企业具有占据该补缺基点所必需的资源和能力；⑤企业善于发现和尽快占领自己的补缺市场，并不断扩大和保护自己的补缺市场，其既有的信誉足以对抗竞争者。

对于市场补缺者来说，具有多重补缺基点比单一补缺基点更能减少风险，增加保险系数。市场补缺者可以选择十种专业化方案来增加补缺基点：①最终用户专业化，专门致力于为某类最终用户服务；②垂直层面专业化，专门致力于分销渠道中的某些层面；③顾客规模专业化，专门为某一种规模的客户服务；④特定顾客专业化，只为一个或几个主要客户服务；⑤地理区域专业化，专为国内外某一地区或地点服务；⑥产品或产品线专业化，只生产一大类产品；⑦客户订单专业化，专门按客户订单生产预订的产品；⑧质量和价格专业化，专门生产经营某种质量和价格的产品；⑨服务项目专业化，专门提供某一种或几种其他企业没有的服务项目；⑩分销渠道专业化，专门服务于某一类分销渠道。

值得注意的是，企业在市场上的地位是在竞争中形成的，它不是一成不变的。大型企业如果经营不善，在市场竞争中败落下来，有可能由市场主导者变成市场追随者，甚至消失；小型企业如果市场竞争策略得当，管理有方，也可能由市场的追随者变成市场主导者。影响市场营销策略的因素有宏观环境因素和微观环境因素，这些因素已在第二章做过叙述。

第二节　市场营销中的价格策略

企业是以赢利为目的的经济实体，而价格是企业赢利的必要手段，是产品在市场上实现其价值的唯一途径。"价格是价值的货币表现"，"是商品与货币的交换比例"。"价格既可以表现商品的价值量，也可以是比它大或小的量。在一定的条件下，商品就是按这种较大或较小的量来让渡的，价格和价值量之间不一致的可能性、或者价格偏离价值量的可能性已经包含在价格形式本身中。"

价格的意义，狭义上是指每种商品具体单位的货币价值。广义上是指获得商品所需的条件。对价格意义的广义和灵活的理解，是经营者构造价格策略的基点。

市场营销由四个基本要素组成，即产品、促销、渠道和定价。企业通过前三个要素在市场中创造价值，通过定价从创造的价值中获取收益。在营销组合中，价格是唯一能产生收益的因素，其他因素都表现为成本。价格也是营销组合中最灵活的因素，它与产品特征和分销渠道不同，它的变化是异常迅速的。因此，价格策略是企业营销组合的重要因素之一，它直接地决定着企业市场份额的大小和赢利率的高低。价格是市场营销策略中十分复杂、十分敏感而又难以控制的因素，它直接影响着消费者的购买行为，也关系到企业的市场份额和赢利率。

在目前市场销售的4万多种产品中，我们国家近阶段给予企业的定价权限是：对生产资料有90%的定价权，消费资料有95%的定价权。在规范型的超市或市场展示台上，习惯以标签颜色来区分定价等级：红色为政府定价，绿色为基准价，蓝色为企业自定价。

化工产品的市场非常复杂。一种产品可能会有几种不同的用途,目标客户可能会分散在不同的地域及具有不同的购买量,产品对购买者的重要性也会改变。化工产品的报价往往不一定是客户最后实际能得到的价格,它涉及诸多的折扣和特定协议价格安排。通常这些价格折扣和协议是高度保密的商业机密,而通过正式的市场调查渠道得到的商品价格信息是非常有限的,这就更增加了工业品定价的难度。

对于某一化工产品来说,一个不恰当的定价往往会引发危害企业市场地位、渠道关系、产品策略以及人员推广的一系列事件。企业在制定定价方案时,必须全面考虑企业的营销战略,考虑价格目标、需求、成本、竞争状况、对产品线的影响以及相应的法律因素,根据自己的实际情况制定价格策略,在产品生命周期的不同阶段也应制定不同的定价策略。对于拥有多条产品线的企业,可以同时采用多种定价策略,但这些定价策略必须能够相互协调并与营销战略相一致。

一、企业定价目标

企业定价要遵循市场规律,讲究定价策略,而定价策略又以企业的营销目标为转移。企业定价目标是指企业在其产品定价时预先确定所要达到的经营目标,是企业定价决策的指导思想,它是企业营销目标在价格决策上的反映。企业定价时,应根据营销总目标、面临的市场环境、产品特点等多种因素来选择定价目标。有的是追求利润最大化,有的是追求市场占有率,有的是追求保持营业额等。化工产品定价的多目标选择可用图5-2来示意。

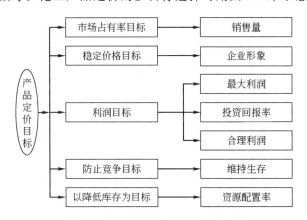

图5-2 化工产品定价的多目标选择

1. 利润目标

(1) 获取最大利润目标 指企业在一定时期内综合考虑各种因素后,以总收入减去总成本的最大差额为基点,确定单位产品的价格,以获得最大利润总额。

最大利润有长期和短期之分,还有单一产品最大利润和企业全部产品综合最大利润之别。

最大利润目标并不意味着抬高价格。价格太高,会导致销售量下降,企业并不能获得最大利润。欲获得最大利润,定价要同时考虑市场行情和销售数量,合理的价格使产品实现大量销售,企业才可能获得最大利润。因此,有时高额利润是通过低价策略,待占领市场后再逐步提价来获得的;有时企业可以通过对部分产品定低价,甚至亏本销售,以招徕顾客,带动其他产品的销售,进而谋取最大的整体利益。

(2) 获取投资报酬率目标 投资报酬率是衡量企业经营实力和经营成果的重要标志,它等于净利润与总投资之比。它一般以一年为计算期,其值越高,企业的经营状况就越好。

企业对于所投入的资金,都期望在预期时间内分批收回。因此,在定价时,一般在总成本费用之外加上一定比例的预期赢利,以预期收益为定价目标。企业有时以快速收回投资为目标,实行高价厚利策略,特别是针对那些时效性很强的新产品,以求尽快收回投资。企业以投资报酬率为定价目标时，通常是以预期利润加上产品的完全成本制定产品的价格。

在实际操作中，确定投资收益率应该掌握两条原则：一是要规定投资收益率的最低限度，以保证企业在预定的时间内分期分批地收回投资；二是应限定投资收益率的最高水平，以免过高的收益率引起价格偏高，销售量减少，影响投资收益率的实现。

（3）获取合理利润目标　企业在摊销某种产品社会平均成本的基础上，适当地加上一定量的利润作为产品价格，以获取正常情况下合理利润的一种定价目标。企业自身力量不足，不能实现最大利润目标或预期投资报酬率目标时，往往采取这一定价目标。

2. 市场占有率目标

市场占有率，又称市场份额，是指企业的销售额占整个行业销售额的百分比，或者是指某企业的某产品在某市场上的销量占同类产品在该市场销售总量的比重。市场占有率是企业经营状况和企业产品竞争力的直接反映。有些企业把取得控制市场地位，使市场占有率最大化作为目标。这些企业确信赢得最高的市场占有率之后将享有最低的成本和最高的长期利润，所以，企业制定尽可能低的价格来追求市场占有率的领先地位。作为定价目标，市场占有率与利润的相关性很强，从长期来看，较高的市场占有率必然带来高利润。

具有高市场占有率的企业，其产品销路稳定，并对市场和价格具有控制力。同样的产品，总是低价的卖得快、卖得多，有利于提高市场占有率。因此，以提高市场占有率为定价目标的产品价格宜定得比市场行情低一点。低定价要预先进行测算，应保留一定的利润空间，以薄利多销的形式换取产品的长期利润。

3. 稳定价格目标

稳定的价格通常是大多数企业获得一定目标收益的必要条件，市场价格越稳定，经营风险也就越小。在当今激烈的企业竞争条件下，愈演愈烈的价格竞争通常会使竞争双方两败俱伤，有些企业为了牢固地占有市场，保证正常的生产经营，往往都期望维持市场价格的相对稳定。同时，一个企业的产品价格相对稳定，这样的企业容易赢得消费者的信赖，有利于提高企业形象。稳定价格目标的实质是通过本企业产品的定价来左右整个市场价格，避免不必要的价格波动。按这种目标定价，可以使市场价格在一个较长的时期内相对稳定，减少企业之间因价格竞争的损失。采取维持价格稳定定价目标的企业必须有充足的后备资源，有长期经营打算并处于比较正常的市场竞争和供求关系条件下。

4. 防止竞争目标

在产品的市场竞争中，价格竞争是最敏感、最有效的手段。实力较弱的中小企业为了防止价格竞争的发生，顺应市场主导企业的价格水平而制定产品的销售价格，以此避免因价格竞争带来的风险。一般有以下几种做法：实力雄厚的大企业以低于竞争对手的价格排挤竞争者，借此提高其市场占有率；实力弱小的企业追随主导竞争者价格或以略低于市场通行价格的方法挤入市场；在产品工艺、技术、质量或服务等方面占据优势的企业，则以高于竞争者的价格进行企业和产品的市场定位，由此提高产品的知名度。

为打击竞争者，有的大型企业会有针对性地拿出个别产品或品牌低价倾销，宁愿这个产品亏本，也要把竞争者击败，以达到自己高居市场首位甚至独霸市场的目的。这时产品的定价是超低的、非理性的，当竞争者被击败甚至退出市场后，产品价格将恢复正常。

5. 以降低库存为目标

当企业产品积压、库存较大时，为降低库存，企业可以考虑仅把产品的固定成本和可变成本收回，用最低的价格抛售，使资金尽快回笼。对于那些已经完全过时的积压产品，甚至要不计成本地甩卖，收回资金用于其他用途。

如果产能过剩或产品大量积压、资金周转不灵时，企业要维持生存、避免破产，这时应尽量偏低定价，以能够迅速减少存货、收回现金、克服财务困难。

二、影响化工产品定价的因素

商品价格的制定应以购买者是否愿意接受为出发点,既要使产品能被消费者接受,具有竞争能力,又要能给企业带来尽可能多的利润。价格一方面要以产品的价值量为基础,另一方面又受到市场供求变化及其他环境因素的影响。影响产品定价的因素很多,有企业内部因素,也有企业外部因素;有主观的因素,也有客观的因素。概括起来,大体上可以分为以下几个方面:

1. 企业自身因素

企业根据自己的经营理念、定价目标、企业形象和产品形象的设计要求,需要对产品价格做出某些限制。

由于企业各自资源的约束、企业规模和管理方法的差异,企业可能从不同的角度选择自己的定价目标。不同行业的企业有不同的定价目标,例如,为了形成高贵的企业形象,企业会有意将某些产品价格定得较高。一般而言,声誉好、知名度高的企业在定价时具有较为主动的地位,一般采取高价策略。同一行业的不同企业可能有不同的定价目标,同一企业在不同的时期、不同的市场条件下也可能有不同的定价目标,即使采用同一种定价目标,其价格策略、定价方法和技巧也可能不同。

2. 产品自身因素

(1) 产品价值　产品价值量是产品定价的理论依据,其大小决定价格的高低。马克思的价值理论告诉我们,价值反映社会的必要劳动消耗,而社会必要劳动消耗是由生产资料消耗价值(C)、活劳动消耗价值的补偿价值(V)、剩余产品价值(M)所构成,即价值$=C+V+M$。因此,企业在制定营销价格时必须首先考虑产品价值的三个组成部分。

价格由价值决定,但价格并不一定与价值完全一致,由于市场供求变化、竞争状况及政府干预等诸多因素的影响,在市场交换活动中不可避免地出现产品价格背离价值的现象。但若从一个较长时期的价格运动轨迹来看,价格总是以价值为中心,围绕价值上下波动,这就是价值规律的表现。

(2) 产品成本　成本是价格构成中最基本、最重要的因素,也是制定价格的最低经济界限。产品价格只有高于成本,企业才能补偿生产上的耗费,从而获得一定赢利。但这并不排斥在某个时间段内在个别产品上,价格低于成本。

产品成本因素主要包括工厂成本、销售费用和机会成本。有统计资料显示,目前我国化工产品的平均工厂成本约为出厂价格的60%,精细化学品在50%以下。很显然,产品生产(销售)成本的高低,对价格起着决定作用。在进行定价决策时不能只考虑产品的成本,而要综合考虑。营销商可能会为了扩大销售量、提高市场占有率、应对竞争者而削价,或由于要加速现金回收等原因而使其产品的售价低于成本。但没有一家厂商能长期将其产品价格定于成本之下而能维持生存与成长。每个企业都希望制定的价格能够弥补生产、分销和销售等成本,并且能获得一定的利润。

(3) 产品线的结构　绝大部分化工厂的生产不可能只是一种产品,而是一条产品线,甚至是几条产品线。如果一种产品的销售和其他产品无关,那么这种产品的价格就不会影响其他产品的价格。然而,通常的情况是,企业的一系列产品之间是相互影响的。如果希望获取最大的利润,则对一种产品的定价必须考虑它对其他产品的影响,即要处理产品组合定价的平衡问题。

如果单个产品线的项目之间在市场需求和成本之间是相互关联的,那么产品线中任一产品项目的生产和营销决策都不可避免地影响到其他产品的收益和成本。一种产品的销售对其他产品会产生一定的影响:如果两种产品互为替代品,则相互间会产生不利影响;而如果两种产品在性能功效上互为补充,则一种产品的销售会对另一种产品的销售起促进作用。

3. 市场因素

化工产品的价格除受成本和价值因素的影响外，在很大程度上还受市场供求状况、市场竞争状况等市场因素的影响。

(1) 市场供求状况

① 市场供求与价格的双向影响　供求规律是商品经济的内在规律，市场供求的变化与产品价格的变动是相互影响、相互制约的。在市场经济条件下，市场供求决定市场价格，市场价格又决定市场供求。

供求关系一般包括供求平衡、供小于求、供大于求三种情况。供求平衡是指某种产品的供给与需求在一定时期内持平。在供求平衡状态下产品的市场价格称为均衡价格。当商品供不应求时，形成卖方市场，产生消费者之间的争购，使商品价格上涨；当商品供大于求时，形成买方市场，同类产品生产者之间的竞销，使商品价格下跌。反过来，价格对供求也起着调节作用，当价格上涨时，会刺激生产者的生产积极性，增加商品供应量；而价格的上涨，会抑制消费者的购买欲望，减少需求量。当价格下降时，会抑制生产者的生产积极性，减少生产量，使商品供应减少；而价格下跌，会刺激消费者的购买欲望，增加市场需求量。

价格的制定，应当实现价格与销售量的最佳组合，以利于实现最高赢利。在这里应注意的是：就单个商品而言，如果成本费用不变，则价格越高，赢利越大，但企业赢利总额并不是单位商品赢利之和，单位商品包含的赢利水平高并不意味企业总赢利水平必然就高。计算企业赢利的正确公式应是：

企业赢利＝销售收入－成本费用＝商品销售量×（单位商品价格－平均成本费用）

从上式可以看出，企业赢利是单位商品实现的赢利与销售数量两者的乘积。但这两个因素是相关的，由于价格对需求存在反作用，价格过高可能导致需求量及销售量的缩减，进而减少企业收入及赢利水平。因此，其他条件既定，企业赢利状况最终取决于价格与销售量之间的不同组合。

② 需求价格弹性　所谓需求价格弹性（简称需求弹性），是指由于价格的相对变动而引起的对该产品需求的相对变动程度。通常用需求弹性系数表示。

$$需求弹性系数 = \frac{需求量变动百分比}{价格变动百分比}$$

需求弹性的变化一般有三种情况：

a. 当需求弹性系数＞1时，称为富有弹性，表示市场需求对产品价格十分敏感。产品价格降低一点点，市场需求会有一个大幅的增加；反之，产品价格调高一点点，市场需求会有一个大幅的下降。这类产品一般是非生活必需品，或是有较多替代品的产品。

b. 当需求弹性系数＝1时，称为单一弹性或不变弹性，表示市场需求与产品价格等比例变化。即产品价格每降低一个百分点，市场需求增长一个百分点；反之产品则降低一个百分点。

c. 当需求弹性系数＜1时，称为缺乏弹性，表示市场需求对产品价格不敏感。即产品价格调高或调低都不会引起市场需求的大幅度变化。这类产品一般是生活必需品，或是没有替代品的产品。

理论上，还有一种需求弹性系数为0的状态，表示市场需求与产品价格无关。即不管产品价格如何变化，市场需求都可以保持不变。这种状态在现实社会中是不存在的。

在化工产品市场，价格弹性一般受以下一些因素的影响：客户的转换成本、产品在客户产品成本结构中的比重、产品为客户带来的价值。

一般情况下，当产品需求富有弹性时，企业在降低成本，保证质量的前提下，可采用低价策略扩大销售，争取较多利润。当产品需求缺乏弹性时，企业如采用降价策略，则效果不佳，可适当提高价格以增加利润。

③ 机会成本　市场营销理论和实践都表明，高价会带来高利润，但却会延缓资金周转速度而丧失一部分本已得到的赢利；低价促销会加速资金周转，但却会损失销售环节的一部分利益。加速资金周转是企业的长远利益所在，定价则关系到眼前利益，所以正确的抉择只能是合理定价，通过选择较低的机会成本来确定定价方案。所谓机会成本就是指利用一定资源获得某种收入时放弃的另一种收入。机会成本低意味着放弃的收入低于获取的收入。当企业面临高价厚利、低价促周转这两种选择时，比较定价所带来的机会成本差有可能给企业带来更多的赢利。

(2) 市场竞争状况　市场竞争也是影响价格制定的重要因素。根据竞争程度的不同，企业定价策略应有所不同。按照市场竞争程度，可以分为完全竞争、不完全竞争与完全垄断三种情况。在完全竞争市场中，任何企业均难以控制市场价格，价格一般仿照竞争导向和成本导向方法定价，价格完全由市场确定；在独家垄断市场中，价格由政府或垄断企业确定，垄断企业一般仿照需求导向定价方法定价。企业要了解、分析本企业在竞争中的地位，关注竞争对手的价格策略以及竞争对手的实力。如果博弈的结果是行业整体降价，只会导致行业利润的整体下降。毫无疑问，现有的和潜在的竞争者行为会影响到企业的定价决策，它为产品的价格确定了上限。产品的最高价格取决于市场需求，最低价格取决于产品成本。产品在最高价格和最低价格之间定价与竞争者同种产品的定价有关。一般采用同种产品价格相近的原则。但如果企业的品牌是独一无二的，没有竞争者或竞争者望尘莫及，企业可以采用溢价策略超高价定价；如果企业的品牌在行业中占绝对优势，竞争者难以追赶，企业可以采用高价策略。值得注意的是，某个产品价格高、利润大，会吸引很多的竞争者竞相生产这个产品，进入这个市场；而某个产品价格很低、利润极薄，竞争者不会去生产这个产品，也不想进入这个市场，甚至原来在场内的竞争者也会退出这个市场。

在一个高度竞争环境的市场中，产品价格由市场控制，企业难以定高价，产品的价格和利润透明化；在一个适度竞争环境的市场中，企业可以控制产品价格，可以根据需要对产品定高价、中价或低价；在一个由政府控制价格的产品市场中，企业的利润取决于政府定价。

工业品价格的范围很大程度上取决于在组织购买者眼里它与竞争品的差异程度。企业从以下几个方面获得这种差异性：产品的物理属性、企业信誉、技术能力、送货及时性、赋予产品的价值观理念等。也就是说，即使两种竞争产品性能及质量相似，企业也可以通过服务如减少运送的时间、提高交货速度等获得差异性。

在销售时机上，如果产品正处于畅销时期，价格可以定高一些；反之，如果产品正处于滞销时期，价格就应该定低一些。产品所附带的物质条件、服务项目、交易额的多少、大宗交易或一揽子交易与那些小笔买卖或零担交易价格一般都会有差异。另外，不同的货款支付方式也会影响价格的高低。

企业的定价决策除受成本、需求以及竞争状况的影响外，还受到其他多种因素的影响。这些因素包括政府或行业组织的干预、消费者习惯和心理，等等。

政府为了维护正常的市场经济秩序，或为了引导产业发展导向、节约能源或资源的消耗、保障人与自然的长期和谐共存、可持续化发展等目的，可能通过立法或者其他途径对化工产品的价格策略进行干预。政府的干预措施包括规定毛利率、产品的增值税、最高与最低限价，限制价格的浮动幅度或者规定价格变动的审批手续，实行价格补贴等。世界各国对市场物价都有相应的规定，有监督性的，有保护性的，也有限制性的。如在通货膨胀时，政府甚至会对商品的价格进行全面冻结，以减缓通货膨胀。进入国际市场的产品定价更应了解所在国对输出输入货物的管制。

产品价格的制定和变动在消费者心理上的反映也是价格策略必须考虑的因素，这一点对于化工日用品尤为明显。在现实生活中,无论哪一类消费者,在其发生购买行为时必然会产生各种复杂的心理活动,形成自己的消费习惯。消费者心理和习惯上对价格的反应是很复杂的,某些情况下会出现完全相反的反应。因此,在研究消费者心理和习惯对定价的影响时,要持谨慎态度,要仔细了解消费者心理及其变化规律。

三、企业定价的基本策略

企业定价策略是指企业为实现企业定价目标,根据市场中影响产品价格的不同因素,在制定价格时灵活采取的各种定价手段和定价技巧。

1. 新产品的定价策略

新产品定价关系到新产品能否顺利进入市场、能否站稳脚跟,企业能否取得较大的经济效益。常见的新产品定价策略主要有三种,即撇脂定价策略、渗透定价策略和满意定价策略,其与影响因素间的关系见表 5-1。

表 5-1 新产品常用定价策略与影响因素间的关系

定价策略 影响因素	撇脂定价策略	满意定价策略	渗透定价策略
市场需求量	高	———	低
产品特点突出程度	大	———	小
产品的价格弹性	小	———	大
产品的可替代性	低	———	高
投资的回收速度	快	———	慢

(1) 撇脂定价策略 指新产品上市之初,将新产品价格定得较高,在短期内获取厚利,尽快收回投资。这一定价策略就像从牛奶中撇取其中所含的奶油一样,取其精华,所以称为"撇脂定价"策略。一般而言,对于全新产品、受专利保护的产品、需求价格弹性小的产品、流行产品、未来市场形势难以预计的产品等可以采用撇脂定价策略。利用高价所产生的优厚利润能够使企业在新产品上市之初即能迅速收回投资,减少了投资风险,这是使用撇脂策略的根本好处。

撇脂定价有如下几个优点:①在全新产品上市之初,顾客对其尚无理性的认识,此时的购买动机多属于求新求奇。利用这一心理,企业通过制定较高的价格,以提高产品身份,创造高价、优质、名牌的印象。②先制定较高的价格,在其新产品进入成熟期后可以拥有较大的调价余地,不仅可以通过逐步降价保持企业的竞争力,而且可以从现有的目标市场上吸引潜在需求者,甚至可以争取到低收入阶层和对价格比较敏感的顾客。③在新产品开发之初,由于资金、技术、资源、人力等条件的限制,企业很难以现有的规模满足所有的需求,利用高价可以限制需求的过快增长,缓解产品供不应求状况,并且可以利用高价获取的高额利润进行技术改造,逐步扩大生产规模,使之与需求状况相适应。

撇脂定价策略也存在着某些缺点:①高价产品的需求规模毕竟有限,过高的价格不利于市场开拓、增加销量,也不利于占领和稳定市场,容易导致新产品开发失败。②高价高利会导致竞争者的大量涌入,仿制品、替代品迅速出现,从而迫使价格急剧下降。此时若无其他有效策略相配合,则企业苦心营造的高价优质形象可能会受到损害,并失去一部分消费者。③价格远远高于价值,在某种程度上损害了消费者利益,容易招致公众的反对和消费者抵制,甚至会被当作暴利来加以取缔,诱发公共关系问题。

(2) 渗透定价策略 这是与撇脂定价相反的一种定价策略,即在新产品上市之初将价格定得较低,吸引大量的购买者,扩大市场占有率,待产品进入成长期或成熟期,已为广大消费者所接受时,再逐步提高价格,最终高于或等于同类产品的价格。

利用渗透定价的前提条件有:①新产品的需求价格弹性较大;②新产品存在着规模经济效益。

采用渗透价格的产品只能获取微利,产品价格需要较长一段时间才能逐步到位,投资回收较慢,这是渗透定价的薄弱之处。但是,由低价产生的两个好处是:①低价可以使产品尽快为市场所接受,并借助大批量销售来降低成本,获得长期稳定的市场地位;②微利阻止了竞争者的进入,增强了自身的市场竞争力。

(3) 满意定价策略　满意定价策略既不是利用价格来获取高额利润,也不是让价格制约来占领市场。此策略尽量降低价格在营销手段中的地位,重视其他在产品市场上更有力或更有效率的手段。当不存在适合于采用撇脂定价或渗透定价的环境时,企业一般采取满意定价。

与撇脂定价或渗透定价相比,满意定价策略虽然缺乏进攻的主动性,但并不是说正确执行它就非常容易。满意定价没有必要将价格定得与竞争者一样或者接近平均水平。与撇脂价格和渗透价格类似,满意价格也是参考产品的经济价值决定的。当大多数潜在的购买者认为产品的价值与价格相当时,纵使价格很高也属于合适的价格。

2. 根据消费者的消费心理定价

社会文化环境的差异以及价值观的不同,使购买者对同一价格的心理感受是不同的。心理定价策略是针对消费者的不同心理,制定相应的产品价格,以满足不同类型消费者的心理需求。常用的心理定价策略有数字定价、声望定价、招徕定价、习惯定价等。

(1) 尾数定价策略　尾数定价又称"零数定价"、"非整数定价",指企业利用消费者求廉的心理,制定非整数价格,而且常常以零头数结尾,并且尾数最好是奇数。

使用尾数定价,可以使价格在消费者心中产生两种特殊的效应:一是便宜。二是此价格经过精确计算,可靠。

尾数定价策略一般适应于日常消费品等价格低廉的产品。

(2) 声望(整数)定价策略　声望(整数)定价与尾数定价恰恰相反,针对的是消费者追求声望、自豪的心理,将产品价格有意定为整数。对于那些无法明确显示其内在质量的商品,消费者往往通过其价格的高低来判断其质量的好坏。但是,在整数定价方法下,价格的高并不是绝对的高,而只是凭借整数价格来给消费者造成高价、有声望的印象。整数定价常常以偶数,特别是"0"作尾数。

整数定价的好处,一是可以满足购买者炫耀富有、显示地位、崇尚名牌、购买精品的虚荣心;二是省却了找零钱的麻烦,方便企业和顾客的价格结算;三是对于花色品种繁多、价格总体水平较高的商品,利用高价效应,在消费者心目中树立高档、高价、优质的产品形象。

整数定价策略适用于需求价格弹性小、价格高低不会对需求产生较大影响的商品,如流行品、时尚品、奢侈品、礼品、星级宾馆用品、高级文化娱乐城用品等。

(3) 招徕(愿望数字)定价策略　零售商故意将所经营的少数几种商品价格定得很低,甚至低于成本,并大肆对消费者进行宣传以招徕顾客,这是大型零售商常用的一种策略。大批消费者前往购买低价商品时可能购买其他非低价产品,从而以少数产品的薄利或无利来促进其他产品销售,实现总体获利。

受某些民族习惯、社会风俗、文化传统和价值观念的影响,某些数字常常会被赋予一些独特的含义,企业在定价时如能加以巧用,其产品则会招徕消费者的偏爱。当然,某些为消费者所忌讳的数字,如西方国家的"13"、日本国的"4",企业在定价时则应有意识地避开,以免引起消费者的厌恶和反感。

(4) 习惯定价策略　指根据消费市场长期形成的习惯性价格定价的策略。对于经常性、重复性购买的商品,尤其是家庭生活日用化学品,在消费者心理上已经"定格",其价格已成为习惯性价格,并且消费者只愿付出这么大的代价,充分考虑消费者的习惯性倾向,不随意变动价格,以免导致购买的转移。

3. 差别定价

差别性定价主要是指产品在定价时留有一定的利润空间,在促销或与竞争对手争夺顾客时,可以按照商品销售的时间、回款方式以及数量的多少分别给予一定的优惠折扣,对基本定价做出的一定让步,直接或间接降低价格以争取顾客,扩大销量。其中,直接折扣的形式有数量折扣、现金折扣、功能折扣、季节折扣,间接折扣的形式有回扣和津贴。

(1) 数量折扣策略　指按购买数量的多少,分别给予不同的折扣,购买数量愈多,折扣愈大。其目的是鼓励大量购买,或集中向本企业购买以及增加客户忠诚度。数量折扣包括累计数量折扣和一次性数量折扣两种形式。

累计数量折扣规定顾客在一定时间内(通常为一年),购买商品若达到一定数量或金额,则按其总量给予一定折扣,其目的是鼓励顾客经常向本企业购买,成为可信赖的长期客户。超市实行的积分卡优惠就是这种策略。

一次性数量折扣规定一次购买某种产品达到一定数量或购买多种产品达到一定金额,则给予折扣优惠,其目的是鼓励顾客大批量购买,促进产品多销、快销。

数量折扣的促销作用非常明显,企业因单位产品利润减少而产生的损失完全可以从销量的增加中得到补偿。此外,销售速度的加快,使企业资金周转次数增加,流通费用下降,财务费用成本降低,从而导致企业总体赢利水平上升。

运用数量折扣策略的难点是如何确定合适的折扣标准和折扣比例。如果享受折扣的数量标准定得太高,而比例太低,则只有很少的客户才能获得优待,绝大多数客户将感到失望;购买数量标准过低,而比例不合理,又起不到鼓励客户购买和促进企业销售的作用,企业应结合产品特点、销售目标、成本水平、资金利润率、通常的购买规模、购买频率、竞争者手段以及传统的商业惯例等因素来制定科学的折扣标准和比例。

组合折扣也属于此列,把两种或两种以上的产品组合成套装商品,套装商品的价格比单个商品价格之和低。有时也可用这种方法推销滞销产品,或推销新产品,如用畅销产品组合滞销产品或新产品,以畅销产品带动滞销产品或新产品的销售。

(2) 现金折扣策略　现金折扣是对在规定的时间内提前付款或用现金付款者所给予的一种价格折扣,其目的是鼓励顾客尽早付款,加速资金周转,降低销售费用,减少财务风险。采用现金折扣一般要考虑三个因素:折扣比例,给予折扣的时间限制,付清全部货款的期限。

这种价格折扣策略主要适用于生产者购买的工业品的定价。因为工业品的购买者是工商企业,购买批量大、金额高,大多数情况下不是当场支付货款或现钱交易,而是在购买产品后一定期限内才能支付货款。企业采取现金折扣的定价策略,就是对即时和提前支付货款的用户给予优惠待遇,促使用户为获取这种待遇而以最快的速度付清货款。这一点对于日用化学品在超市的营销、资金回笼也是必不可少的。

(3) 功能折扣策略　又称贸易折扣或商业折扣。中间商在产品分销过程中所处的环节不同,其所承担的功能、责任和风险也不同,企业据此给予不同的折扣称为功能折扣。功能折扣的比例,主要考虑中间商在分销渠道中的地位、对生产企业产品销售的重要性、购买批量、完成的促销功能、承担的风险、服务水平、履行的商业责任、商品在分销中所经历的层次以及在市场上的最终售价,等等。

功能折扣的结果是形成购销差价和批零差价。鼓励中间商大批量订货,扩大销售,争取顾客,并与生产企业建立长期、稳定、良好的合作关系是实行功能折扣的一个主要目标。功能折扣的另一个目的是对中间商经营的有关产品的成本和费用进行补偿,并让中间商有一定的赢利。

（4）季节折扣策略 有些商品的生产是连续的，而其消费却具有明显的季节性。为了调节供需矛盾，生产企业对在淡季购买这些商品的顾客给予一定的优惠，即季节折扣，使企业的生产和销售在一年四季能保持相对稳定。季节折扣有利于减轻库存，加速商品流通，迅速收回资金，促进企业均衡生产，充分发挥生产和销售潜力，避免因季节需求变化所带来的市场风险。例如，驱蚊露、痱子粉、防晒霜、男用香水的生产厂家对在冬季进货的商业单位给予大幅度让利，对于护肤品、防止皮肤皲裂的膏霜产品则为夏季购买的客户提供折扣优惠。同样，季节折扣比例的确定应考虑成本、储存费用、基价和资金利息等因素。

（5）回扣和津贴 回扣是间接折扣的一种形式，它是指购买者在按价格目录将货款全部付给销售者以后，销售者再按一定比例将货款的一部分返还给购买者。津贴是企业为特殊目的，对特殊顾客以特定形式所给予的价格补贴或其他补贴。例如，当中间商为企业产品提供了刊登地方性广告、设置样品陈列窗等各种促销活动时，生产企业给予中间商一定数额的资助或补贴；对于有一定忠诚度的客户，开展耐久性商品的以旧换新业务，将旧货折算成一定的价格在新产品的售价中扣除，以刺激消费，促进产品的更新换代，扩大新一代产品的销售。

上述各种折扣价格策略增强了企业定价的灵活性，对于提高企业收益和利润具有重要作用。但在使用折扣定价策略时，必须注意国家的法律限制，保证对所有客户使用同一标准。美国1936年制定的罗宾逊-巴特曼法案规定，折扣率的计算应以卖方实现的成本节约数为基础，并且卖方必须对所有客户提供同等的折扣优惠条件，不然就是犯了价格歧视罪。

4. 按产品生命周期阶段性定价

（1）导入期定价策略 导入期定价策略即新产品的定价策略，一般采用撇脂定价、满意定价、渗透定价三种。详见本章新产品定价策略内容。

（2）成长期定价策略 产品进入成长期后，销量迅速增加，成本不断下降，质量逐步提高，是实现企业目标利润的最佳时机，企业应采用目标利润价格策略。

（3）成熟期定价策略 产品竞争日趋激烈，市场需求接近饱和，因此，必须根据市场条件的变化，采用竞争定价策略。竞争定价策略有：低价竞争策略、高价竞争策略、垄断定价策略、流行价格策略。

（4）衰退期定价策略 此阶段定价策略主要有两种：维持价格策略和驱逐价格策略。

按照产品生命周期阶段性定价的策略与保持产品价格的相对稳定性是不相符的，同时，它也不能长时间突破市场所能接受的最高价和产品工厂成本的最低价约束，因而其变化范围和调整次数都是有限的。

5. 促销性定价

促销定价即企业以促销为目的，将产品价格定得很低，甚至低于成本。促销定价也有好几种形式：

① 牺牲品定价 如前述招徕定价策略。

② 大特卖定价 销售者在某个特定的时间和场合、某种特别的节日，或某些重要的社会活动日，将价格作较大幅度的削减，以吸引大量的顾客。

③ 低息融资 这也是一种不必降价而能扩大销售的方法。如汽车销售商可采取给予顾客以很低利息，甚至不收利息的短期融资，以招徕顾客。

④ 额外服务承诺 企业以长期保修或免费维修来降低消费者"价格"。

⑤ 赠送附加物品 企业将自己不一定好销，而对顾客有一定用处的物品，附加送给顾客，达到类似现金折扣的促销目的，并能在刺激销售的同时减少存货。

四、化工产品定价的基本方法

企业产品价格的高低主要受市场需求、成本费用和竞争情况的影响。企业制定价格时应全面考虑这些因素。一般来说，企业定价主要有三种导向，即成本导向定价法、市场导向定价法和竞争导向定价法。

1. 成本导向定价法

成本是企业生产经营过程中所发生的实际耗费，客观上要求通过产品的销售得到补偿，并且要获得大于其支出的收入，超出的部分表现为企业利润。成本导向定价法是指企业制定价格时主要以成本为依据，同时考虑企业目标、政府法令、需求情况、竞争格局、预期利润等因素来确定价格，是中外企业最常用、最基本的定价方法。成本导向定价法又衍生出了总成本加成定价法、目标收益定价法、边际成本定价法、盈亏平衡定价法等几种具体的定价方法。

(1) 总成本加成定价法　实行这种定价方法，是把所有为生产某种产品而发生的耗费均计入成本的范围，计算单位产品的变动成本，合理分摊相应的固定成本，再按一定的成本利润率来决定价格。其计算公式为：

$$单位产品价格 = 单位产品总成本 \times (1 + 成本利润率)$$

$$= \frac{变动成本 + 固定成本 + 机会成本}{销售量} \times (1 + 成本利润率)$$

采用成本加成定价法，确定合理的成本利润率是一个关键，不同时间、不同地区、不同市场环境及不同行业，成本利润率差别很大。而成本利润率的确定，必须考虑市场环境、行业特点等多种因素，还应考虑需求弹性大小，需求弹性大的产品，成本利润率应低一些，而需求弹性小的产品，成本利润率宜高一些。

这种方法的优点：简化了定价工作，便于经济核算；若某个行业内的所有企业对同种产品都使用这种定价方法，他们的价格就会趋于相似，价格竞争就会减到最少；在成本加成的基础上制定出来的价格对买方和卖方来说都比较公平，卖方能得到正常的利润，买方也不会觉得受到了额外的剥削。成本加成定价法在工业品的出厂价格制定中得到了广泛应用，许多企业即使不用这种方法定价，也多把用此法制定的价格作为参考价格。

其缺点是：成本利润率是预先确定的，产销量越大，固定成本分摊额就越低，从而价格越低，由此可能丧失一部分应得利润；反之，产销量越小，固定成本分摊额越高，价格越高，反而加剧了销售的困难。

(2) 目标收益定价法　目标收益定价法又称投资收益率定价法，是根据企业的投资总额、预期销量和投资回收期等因素，在定价时主要考虑实现目标利润的一种方法。然后根据产品的需求弹性分析各种价格对于销售量的影响，最后将价格定在能够使企业实现目标利润的水平上。其计算公式为：

$$单位产品价格 = 单位产品总成本 \times (1 + 目标利润率)$$

$$= \frac{变动成本 + 固定成本 + 机会成本}{销售量} \times (1 + 目标利润率)$$

与成本加成定价法相类似，目标收益定价法也是一种生产者导向的产物，很少考虑到市场竞争和需求的实际情况，只是以保证生产者的利益为出发点制定价格。另外，先确定产品销量，再计算产品价格的做法完全颠倒了价格与销量的因果关系，把销量看成是价格的决定因素，实际很难行得通。尤其是对于那些价格弹性较大的产品，用这种方法制定出来的价格，无法保证销量的必然实现，那么，预期的投资回收期、目标收益等也就只能成为一句空话。

(3) 边际成本定价法　边际成本是指每增加或减少单位产品所引起的总成本的变化量。由于边际成本与变动成本比较接近，而变动成本的计算更容易一些，所以在定价实务中多用变动成本代替边际成本，而将边际成本定价法称为变动成本定价法。边际成本定价法主要是用来调整价格的，当企业在一定的销售量基础上再扩大销量时，就可以用以下公式进行计算：

$$单位产品现定价格 = \frac{原销价 \times 原销量 + 边际成本}{现定产量}$$

采用边际成本定价法时是以单位产品变动成本作为定价依据和可接受价格的最低界限,以预期的边际贡献适当补偿固定成本。在价格高于变动成本的情况下,企业出售产品的收入除完全补偿变动成本外,尚可用来补偿一部分固定成本,甚至可能提供利润。如果以低于变动成本来定价,企业就应该停产,因为此时的销售收入不仅不能补偿固定成本,连变动成本也不能补偿,生产越多,亏损也越多,企业的生产活动便变得毫无意义。

边际成本的理论根据是:当全部固定成本与变动成本由现有销售量收回后,再增加的产品成本只是它的可变成本(固定成本不会随产量的增加改变),因此,任何超过可变成本的定价均属对利润的贡献。边际成本定价法改变了售价低于总成本便拒绝交易的传统做法,在竞争激烈的市场条件下具有极大的定价灵活性,对于有效地对付竞争者、开拓新市场、调节需求的季节差异、形成最优产品组合等起到巨大的作用。假如企业将产品的增量按原价格销售,那么,新增的销售收入扣除可变成本以后,便全部成为企业的利润。如果从企业营销角度来考虑,边际成本定价的实际意义还有:在固定成本不变、企业总收益不减少的前提下,可以通过增加产品销售量的办法降低产品的价格,以低价格策略增强产品的市场竞争能力。

但是,过低的定价有可能被指控为从事不正当竞争,并招致竞争者的报复,在国际市场则易被进口国认定为"倾销",产品价格会因"反倾销税"的征收而畸形上升,失去低价格策略的意义。

(4) 盈亏平衡定价法　在销量既定的条件下,企业产品的价格必须达到一定的水平才能做到盈亏平衡、收支相抵。既定的销量就称为盈亏平衡点,这种制定价格的方法就称为盈亏平衡定价法。科学地预测销量和已知固定成本、变动成本是盈亏平衡定价的前提。

在此方法下,为了确定价格可利用如下公式:

$$盈亏平衡点价格 = \frac{固定总成本}{销售量} + 单位变动成本$$

以盈亏平衡点确定价格只能使企业的生产耗费得以补偿,而不能得到收益。因此,在实际中均将盈亏平衡点价格作为价格的最低限度,通常在加上单位产品目标利润后才作为最终市场价格。有时,为了开展价格竞争或应对供过于求的市场格局,企业采用这种定价方式以取得市场竞争的主动权。

通过上述四种定价方法的分析,我们可以看出,成本导向定价法本质上是一种卖方定价导向。它忽视了市场需求、竞争和价格水平的变化,在有些时候与定价目标相脱节,不能与之很好地结合,此外,运用这一方法制定的价格都是建立在对销量主观预测的基础上,从而降低了价格制定的科学性。因此,在采用成本导向定价法时,还需要充分考虑需求和竞争状况,以确定最终的市场价格水平。

2. 需求导向定价法

现代市场营销理论认为,企业的一切生产经营必须以消费者需求为中心,并在产品、价格、分销和促销等方面予以充分体现,那种只考虑产品成本,而不考虑市场需求状况及顾客需求的定价是不符合现代营销观念的。根据市场需求状况和消费者对产品的感觉差异来确定价格的方法叫做需求导向定价法,又称市场导向定价法、顾客导向定价法。其特点是灵活有效地运用价格差异,对平均成本相同的产品,价格随市场需求的变化而变化,不与成本因素发生直接关联。需求导向定价法主要包括逆向定价法、理解价值定价法和需求差异定价法。

(1) 逆向定价法　逆向定价法也称市场可销价格倒推法,这种定价方法不是主要考虑产品成本,而是依据市场购买者能够接受的最终销售价格,逆向推算出中间商的批发价和生产企业的出厂价。

$$批发价格 = 市场可销价格 \times (1 - 批零差价率)$$
$$出厂价格 = 批发价格 \times (1 - 销进价差率)$$

$$=市场可销价格×(1-销进价差率)×(1-批零价差率)$$

逆向定价法的特点是：定价能反映市场需求情况，有利于融洽与中间商的关系，保证中间商的正常利润，使产品迅速向市场渗透，并可根据市场供求情况及时调整，定价比较灵活。

（2）理解价值定价法　　所谓"理解价值"，也称"感受价值"，"认知价值"，是指消费者对某种产品价值的主观评判。理解价值定价法是指企业以消费者对产品价值的理解度为定价依据，运用各种营销策略和手段，影响消费者对产品价值的认知，形成对企业有利的价值观念，再根据产品在消费者心目中的价值来制定价格。例如国际名牌化妆品价格可以卖到几百元，而国内名牌化妆品价格可能卖到100元左右，杂牌的化妆品价格只能卖到几十元或十几元。价格上的这种差异，并不是产品的成本有这么大差异，而是消费者对产品价值的理解存在这么大的差异，消费者认为国际名牌产品值这个价，他们愿意为此买单。

理解价值定价法的关键和难点是如何准确估计消费者对该产品理解价值。准确定价有助于提高企业的声誉和形象，过高或过低的定价则会影响企业的利润，损坏企业的声誉和形象。

（3）需求差异定价法　　所谓需求差异定价法，是指产品价格的确定以需求为依据，首先强调适应消费者需求的不同特性，而将成本补偿放在次要的地位。这种定价方法对同一产品在同一市场上制定两个或两个以上的价格，如自用品和礼品、送普通朋友的礼品和送尊贵朋友的礼品，仅需要在外包装上适当处理，价格便有较大的差异；或使不同产品价格之间的差额大于其成本之间的差额，例如逢年过节或旅游黄金周，旅客对火车票、汽车票的需求程度大大提高，这时车票价格可以适当上浮，在夜总会，消费者对酒类产品的需求程度较高，夜总会里酒的价格会比超市高一些。其好处是可以使企业定价最大限度地符合市场需求，促进产品销售，有利于企业获取最佳的经济效益。

根据需求特性的不同，需求差异定价法通常有以下几种形式：以用户为基础的差别定价；以地点为基础的差别定价；以时间为基础的差别定价；以产品为基础的差别定价；以流转环节为基础的差别定价；以交易条件为基础的差别定价。

需要强调的是，实行差异需求定价必须具备一定的条件，否则，不仅达不到差别定价的目的，甚至会产生负作用。这些条件包括：第一，市场必须是可以细分的，且各个细分市场的需求强度不同，能明确区分需求的差异；第二，商品不可能从低价市场流向高价市场，这种现象可能是由于交通运输状况造成的，也可能是由于产品本身特点而造成的；第三，高价市场上不可能有竞争者削价竞销，这可能是因为本企业已垄断市场，竞争者极难进入，可能是产品需求弹性小，低价不会对消费者需求产生较大的影响，还可能是消费者对本企业产品已产生偏好；第四，不会因为价格的不同引起消费者的不满而失去消费者。

3. 竞争导向定价法

在考虑自己产品的成本、市场需求的情况下，依据竞争对手产品的价格确定自己产品的价格，进行价格博弈的方法叫竞争导向定价法。其特点是：产品价格与其成本和需求没有直接关联，即使产品的成本或市场需求变化了，但竞争者的价格未变，本企业也就维持原价；反之，虽然成本或需求都没有变动，但竞争者的价格变动了，则相应地调整其产品价格。当然，为实现企业的定价目标和总体经营战略目标，企业可以在其他营销手段的配合下，将价格定得稍高于或低于竞争者的价格，并不一定要求和竞争对手的产品价格保持完全一致。该定价法一般有以下几种：

（1）随行就市定价法　　这是竞争导向定价法中较为流行的一种。在垄断竞争和完全竞争的市场结构条件下，任何一家企业都无法凭借自己的实力而在市场上取得绝对的优势，为了避免价格竞争带来的损失，大多数企业都采用随行就市定价法，即将本企业某产品价格保持在市场平均价格水平上，利用这样的价格来获得社会的平均报酬。在产品成本难于计算、竞争者不确定时，企业认为随行就市定价法是一种有效的定价方法。此外，采用随行就市定价法，企业不必去全面了解消费者对不同价差的反应，从而为营销、定价人员节约了很多时间。一般小型企业适于采用这种定价方法。

采用随行就市定价法，最重要的就是确定市场的"行市"。"行市"的形成有两种途径：第一种途径是在完全竞争的环境里，各个企业都无法决定价格，通过对市场的无数次试探，相互之间取得一种默契而将价格保持在一定的水准上。第二种途径是在垄断竞争的市场条件下，由某一部门或行业的少数几个大企业首先定价，其他企业参考定价或追随定价。

(2) 主动竞争定价　主动竞争定价与随行就市定价正好相反，企业根据自己产品的成本、特点、质量和竞争要求定价。通常企业在主动竞争定价之前，已把同类产品的市场价格了解清楚，找出自己产品与同类市场产品的差异，同时根据企业在市场竞争中的地位把产品的价格定在高于或等于或低于市场同类产品价格水平上。一般实力雄厚的大型企业适于采用这种定价方法。

(3) 产品差别定价法　随行就市定价法是一种防御性的定价方法，产品差别定价法则反其道而行之，它是指企业通过不同的营销努力，使同种同质产品在消费者心目中树立起不同的产品形象，进而根据自身特点，选取低于或高于竞争者的价格作为本企业产品价格。因此，产品差别定价法是一种进攻性的定价方法。

产品差别定价法的运用，要求企业必须具备一定的实力，在某一行业或某一区域市场占有较高的市场份额，消费者能够将企业产品与企业本身联系起来。其次，在质量大体相同的条件下实行差别定价是有一定限度的，尤其对于定位为"质优价高"形象的企业来说，必须支付较高的广告、包装和售后服务方面的费用。从长远来看，企业只有通过提高产品质量，才能真正赢得消费者的信任。

(4) 密封投标定价法　国内外，许多大宗商品、原材料、成套设备和建筑工程项目的买卖和承包，以及征召经营协作单位，出租出售小型企业等，往往采用发包人招标、承包人投标的方式来选择承包者，确定最终承包价格。一般说来，招标方只有一个，处于相对主导地位，而投标方有多个，处于相互竞争地位。标的物的价格由参与投标的各个企业在相互独立的条件下来确定。在买方招标的所有投标者中，报价最低的投标者通常中标，它的报价就是承包价格。这样一种竞争性的定价方法就称为密封投标定价法。密封投标定价主要用于投标贸易。

企业参加投标的目的是希望中标，投标书的报价很重要。报价高，利润高，但中标概率小，如因报价高导致不中标，利润则为零。报价低，中标机会大，但利润低。因此，报价时，既要考虑企业利润，又要考虑中标概率。

投标报价的成功有三个指标：①竞标成功；②投标价格很好地反映产品的市场定位；③保持相对于主要竞争对手价格的微弱优势。即使企业中标了，假如没有满足上述②和③的指标，那么投标报价也是不成功的。一般而言，投标价格是一路走低的，企业每一次招标报出的价格都应该是新低，否则就没有中标的希望。但是如果降价太快，某一次的报价相对于主要竞争对手的优势太明显，就会使企业的利润蒙受很大的损失，同时也为下一次招标报价留下困难。所以最理想的招标报价应该是保持相对于主要竞争对手价格的持续微弱优势，这需要丰富的市场信息资源和娴熟的操作技巧。

(5) 拍卖品定价法　由卖方预先展示拍卖物品，买方看货，到规定时间公开拍卖，买方竞争出价。当不再有人竞争时的最后一个价格即为成交价格，卖方按此价拍板成交。

五、化工产品定价的程序

化工产品的定价程序至少要经过八个步骤：设定策略定价目标；需求评估；成本评估；竞争者价格及成本分析；选择定价方式；制定价格策略；确定产品价格；市场调整及修正。其程序可用下面的图 5-3 表示。

成功的定价并不是最终结果，而是一个持续不断的过程。

① 设定策略定价目标反映的是公司在目标市场中的产品定位及企图，包括最高销售成长、产品差异化、最大短期利润、生存竞争、社会性目标五种类型的定价目标。根据企业经营总目标及企业定价的环境因素，选择、确定企业的定价目标。

② 需求评估是指公司在既定定价目标下，根据消费者所能接受的产品价格变动范围，确定最佳的产品定位及其与销售量的关系。需求评估常用的方法是需求曲线及其弹性分析。对企业定价的内、外部环境的有关信息进行收集、整理、分析，以利于科学的定价决策。

③ 成本评估是指分析不同销售量下的成本变化关系。

④ 通过竞争者价格及成本的分析，营销人员可以估计对手的竞争能力及行动，从而发展公司最有效的营销策略。

⑤ 决定定价方式即公司决定采取成本导向法或竞争导向法还是顾客导向法。根据对产品成本、利润、产量、质量、供求、竞争等一系列因素的考察，在定价目标的指导下，对产品价格进行计算。

⑥ 所谓企业定价策略是指企业为实现战略总目标和企业定价目标所采取的具体行动。公司需要根据不同的市场竞争环境来制定相应的价格策略，如新产品价格策略、产品组合价格策略或者价格调整策略。

⑦ 确定产品价格是为了进行销售，除了考虑消费者的反应外，还应照顾各种分销商的需求。是将企业定价目标、定价策略、定价方法付诸实施的最终结果，是产品价格决策过程的结晶。

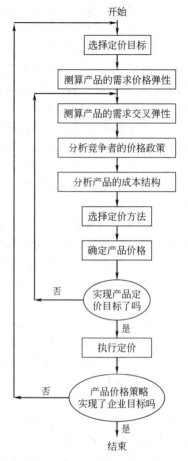

图 5-3　化工产品定价程序

⑧ 在产品销售价格实践过程中，公司必须针对市场的实际情况变化不断对市价进行及时调整及修正。

六、产品价格的调整策略

产品价格制定后，如果宏观环境或市场供求发生重大变化，产品的价格就需要调整。价格调整的形式不外乎削价或者提价，一般有两种情况：一种是价格调整的动力既可能来自于内部，企业利用自身的产品或成本优势，主动地对价格予以调整，将调整价格作为竞争武器，这是主动调整价格，即产品变价的发动。另一种是调价的压力来自于外部，由于竞争对手价格的变动，出于应对竞争的需要，企业相应地被动调整价格，即产品变价的应对。

1. 产品变价的发动

从稳定市场和销售的角度而言，生产企业一般不会轻易发起产品价格的变动。但在下列三种情况下会主动进行价格调整。

(1) 产品的生命周期阶段发生改变　本章本节前面已经介绍过，在产品生命周期的各个阶段，企业的定价策略是不完全相同的。因此，企业有可能根据产品的市场生命周期主动调整其价格。

(2) 企业的内部环境发生重要变化　当企业的生产能力显著扩大，或者采用了更先进的生产技术，使产品成本大大低于竞争对手，企业可以考虑主动降价；当产品性能有所提高，品级、包装款式大幅改进时则有可能发起涨价。

(3) 企业的外部环境发生重要变化　市场竞争十分激烈，企业的市场份额急剧下降；或者生产原材料大幅涨价导致产品成本大幅升高;产品销售走俏,发生供不应求的现象;企业为了保住适当的市场份额,稳定产品的供求关系,可以考虑发动价格变异。

2. 产品变价的应对

被动调整价格是由于竞争对手价格变动,企业不得不调整自己产品的价格,以适应市场竞争的形势。

在同质市场中,各个企业的产品性能、质量相同,一家企业降价,其他企业只能跟着降价。但一家企业涨价,其他企业可视情况采取跟或不跟的策略:如果原来产品利润太薄甚至只能保本,可以考虑跟风涨价;如果原来产品还有一定利润,可以不跟风涨价,迫使率先涨价者取消涨价。在异质市场中,各家企业产品的性能、质量不完全相同,一家企业发动变价,其他企业可视情况采取如下的对策:如果觉得变价的产品对自己的产品构不成威胁,企业可以保持自己产品的价格不变,其他营销策略也不变;如果变价的产品对自己的产品有一定的威胁,企业可保持自己产品的价格不变,但应适当调整其他营销策略,以弥补对手价格变化给自己带来的损失;如果变价的产品对自己的产品有严重的威胁,企业可以采用跟随变价的方法,保持与竞争对手之间原有的竞争格局。

面对竞争者的产品价格变动,企业在做出反应前,一般应做如下调查和分析研究:①为什么竞争者会调价;②竞争者的调价是长期的还是临时的措施;③如果本企业对此不做出反应,会对企业的市场占有率和利润产生什么样的影响;④其他企业对竞争者的调价是否会做出反应,这又会对企业产生什么影响;⑤对企业可能做出的每一种反应,竞争者和其他企业又会有什么反应。

企业总是经常受到其他企业以争夺市场占有率为目的而发动的挑衅性降价行为的攻击。在同质产品市场上,竞争者产品的低价有利于其市场份额的扩大。在这种情况下,企业可以选择的主要对策是:①维持原价不作反应。前提是企业顾客有足够的忠诚度,使竞争者市场份额的增加极为有限,企业为避免降价导致利润的大量减少,可以采取这一策略。②维持原价并采取非价格手段进行反击。③追随降价并维持产品所提供的价值不变。如果降价带来销量增加,产生规模经济效应促使成本下降,企业可采用这一策略。对于需求价格弹性很大的产品,不降价会导致市场份额大幅度下降,企业更应采取这一策略。④提价并推出新产品来围攻竞争对手的降价产品,达到贬损竞争对手品牌的市场定位、提升企业原有品牌的定位的效果。⑤推出更廉价的产品进行竞争。

产品降价的形式有时候不一定是单位产品售价的降低,而是采用以下变相的削价形式:赠送样品和优惠券,实行有奖销售;给中间商提取推销奖金;允许客户分期付款、赊销;免费或优惠送货上门、技术培训、维修咨询;提高产品质量、改进产品性能、增加产品用途等。由于这些方式具有较强的灵活性,通常也不会引起市场(包括竞争者)的强烈反响。在市场环境变化的时候,即使取消也不会引起客户太大的反感,同时又是一种促销策略,因此在现代经营活动中运用越来越广泛。

3. 防止价格体系混乱

销售过程中价格体系混乱是目前我国生产企业普遍存在的一个问题。如果价格体系混乱,就可能扰乱整个市场秩序,影响产品的市场竞争力。谁都知道价格体系混乱有百害而无一利,可为什么还会出现价格混乱的局面?

(1) 价格体系混乱的原因 造成企业价格体系混乱的原因有的来自企业,有的来自经销商。

① 企业自身 由企业造成的价格混乱的原因在于:

a. 企业在不同的目标市场上采取了不同的价格政策。不少企业在制定价格政策时,考虑到不同目标市场消费者购买力的差异、竞争程度的差异、企业投入的促销费用的差异、运输费用等方面的差异,因而在不同的目标市场上采取不同的价格策略。这种价格策略如果得当,就会增强产品在各个目标市场上的竞争能力,但如果使用不当,则可能对市场秩序产生重大影响。有些经销商可能利用这些不同地区的价格差,将产品从低价格地区转移到高价格地区销售,进行"窜货"。当存在多种价格时,经销商和消费者可能提出要求平等享受最低价格的权利,对这项要求,厂家很难提出强有力的理由加以拒绝。

针对不同的目标市场制定不同的价格是必要的,但必须要掌握的一个原则是,不同地区的价格差异不足以对市场价格体系造成混乱。价格差异的幅度应该控制在不能让经销商利用这种价格差在不同地区市场上窜货的范围内。

b. 企业对不同经销商的价格政策混乱。一个完善的价格体系应包括对不同的经销商(如代理商、批发商、零售商)制定不同价格政策,使每一个经销商都愿意经营本企业的产品。对任何一个经销商的差别对待,都可能引起其他经销商的不满。如某涂料厂,公司所在地的商业机构都不愿意经销其产品,原因是该公司经常以批发价甚至以出厂价向最终消费者出售商品,使得经销商的价格根本就没有竞争力,最终不得不放弃经营该产品。另如某纺织品公司经常以优惠价格向本厂职工出售产品,结果大量产品流向市场,严重影响了经销商的利益,导致经销商不愿意再销售其产品。

c. 企业对经销商的奖励政策幅度太大。有些企业不是以利润来调动经销商的积极性,而是对经销商施以重奖和年终返利。厂家这样做的本意是鼓励经销商多销售其产品。由于奖励和返利多少是根据销售量多少而定,如果奖励幅度太大,很容易造成经销商为多得返利和奖励,千方百计地多销售产品,他们不惜以低价将产品销售出去,甚至把奖励和年终返利中的一部分拿出来让给下游经销商。这样你让我让大家让,其结果必定要导致价格体系混乱。

② 经销商的原因 由经销商造成价格混乱的原因是:

a. 经销商将本厂产品用作带货。有经验的经销商不是从每一个产品(个)上去赚钱,而是从每一批产品(量)上去赚钱,因此,他们将产品分为两类:一类是赚钱的,另一类是走量的。即用好销的产品或是将一部分产品的价格定得很低、不赚钱来吸引批发商进货,以带动其他产品的销售。

b. 另一种情况是,企业在某一个市场上有几个批发商,大家为了争夺客户,纷纷降价,最后降得无利可图,都不愿再销售这一产品,把市场做死了。

c. 维持客户。一些经销商把价格降得很低,无利经营,甚至将厂家给予的扣点给客户,目的是为了维持客户,吸引客户继续从他手中进货。

(2) 稳定价格体系的方法 企业要稳定价格体系,保证不乱价,必须做到:

① 企业不能急功近利,彻底杜绝各种不良现象,不能为眼前的利益而自乱阵脚。如有的公司实行全国统一报价制,距离远的由公司补贴运费,防止产品在区域间窜货。为了保证经销商的利益不受损害,公司规定非经销商客户到公司拿货的价格比在当地向经销商直接拿货的价格还要高。

② 制定政策。企业在和经销商签订合同时就要明确规定稳定价格的条款。对不履行价格义务的,要取消其经销资格。

③ 通过"眼线"的业务活动对经销商进行监督。通过企业自己的业务员或者在当地招聘"价格监察员"监督经销商是否遵守公司的价格政策,及时掌握价格状况,发现经销商违犯价格行为就立即处理。

第三节 化工产品的渠道策略

产品在流通领域通过一系列的转移所有权活动才能最终从企业到达消费者手中,而这一过程必须通过营销渠道来实现。营销渠道的选择和确定，是企业面临的复杂而富有挑战性的决策之一，不同的营销渠道会给企业带来不同的销售成本水平，从而影响企业营销组合的其他方面。

分销就是使产品和服务以适当的数量和地域分布来适时地满足目标市场的顾客需要。分销策略是市场营销组合策略之一。它同产品策略、定价策略、促销策略一样，也是企业成功地将产品打入市场、扩大销售、实现企业经营目标的重要手段。分销渠道策略主要包括分销策略的选择、分销渠道及其结构、批发商与零售商的管理、实体分配等。

一、分销策略的选择

选择合理的分销渠道，关键是要制定正确的分销策略。国内市场营销的实践表明，企业可以选择的分销策略主要有以下三种。

1. 普遍性分销策略

普遍性分销策略又称广泛分销，西方国家营销学者称其为密集型分销，它是指通过尽可能多的中间商或分销点来销售产品。消费品中的日常用品和工业品中的一般原材料，通常采用这种分销方式。这类产品市场需求面广，顾客要求购买方便，一般较少重视品牌。因此，扩大销售的关键是将产品尽可能分销到顾客可能达到的所有商店。因此，牙膏厂、制皂厂总是希望各家杂货商店都销售自己的产品，考虑的是经销网点越多越好。

2. 选择性分销策略

选择性分销策略是指在同一目标市场有选择地使用一个或几个中间商。这种分销策略适用于耐用消费品、高档消费品、工业生产资料等商品。一些声誉卓著的老制造商或前景好的新制造商，往往借助选择分销策略，吸引一批中间商，同他们建立密切的业务关系。相比之下，选择性分销策略具有以下几个优点：

① 有利于厂商之间相互配合和监督，共同对消费者负责。对于经销商来说，如果经营效率不高，就有可能被制造商淘汰，这对他们是一种压力和督促。而对于制造商来说，由于产品经营集中于某几家中间商，每一家购进数量都相当可观，如果产品和服务质量下降，中间商可能停止进货，这对制造商也是一种督促。

② 由于经销商数目较少，制造商和中间商之间可以配合得更加默契，建立起密切的业务关系。

③ 由于生产企业与中间商相对固定，因而有利于增强市场竞争能力。

国内外的实践经验表明，一些制造商常常在起初采取广泛分销路线，以后根据实际需要逐步调整，淘汰不理想的中间商，剩下较少的理想的中间商，这样做，销售额不但不会降低，而且会有所提高。

3. 独家分销策略

独家分销策略是指制造商在某一地区市场只选择一家批发商或零售商销售其产品。独家分销的双方一般都订有书面协议，规定在这个地区内制造商只对选定的中间商供货，而中间商也不能再经营其他竞争性产品。独家分销一般被特殊品制造商采用，尤其是消费者特别看重品牌、需要提供特殊服务的商品。

独家分销有以下几个优点：产销双方能密切配合、协作；购销手续简化，经销成本降低；渠道控制容易，减轻同类产品的竞争威胁；有助于提高产品的形象，得到更多利润。其缺点是经销面窄，可能因此失去更多消费者，引起销售额下降；同时，如果生产企业过分依赖单一的中间商，市场风险增大，假如中间商经营失误或效率下降，就有可能失去某一地区市场；另外也较难找到愿意合作而又合适的中间商。

二、化工产品的销售渠道

在产品策略中，我们确定了产品（或劳务）的品种；在价格策略中，我们确定了产品（或劳务）的价格。下一步就该讨论产品怎样从企业流转到消费者的手中了。在市场营销学里把产品从生产企业流转到消费者手中所经过的通道称为渠道。分销渠道是指某种货物或劳务从生产者向消费者移动时取得这种货物或劳务的所有权或帮助转移其所有权的所有企业和个人。它主要包括商人中间商、代理中间商，以及处于渠道起点和终点的生产者与消费者。在商品经济条件下，产品必须通过交换，发生价值形式的运动，使产品从一个所有者转移到另一个所有者，直至消费者手中，这称为商流；伴随着商流，同时还有产品实体的空间移动，称之为物流。商流与物流相结合，使产品从生产者到达消费者手中，便是分销渠道或分配途径。

我国市场上普遍流行的商品流通模式有直销和分销两种。一般来讲，下列情况适合采取直销模式：①市场集中，销售范围小；②技术性强或者制造成本高的商品、易变质或者易破损的产品以及定制品等；③企业自身有市场营销技术，管理能力较强，经验丰富，财力雄厚，或者需要高度控制营销状况的产品。直销方式有：人员直销、直接邮售、目录售货、电话直销、电视直销、网络直销等。而以下情况下则适宜采取分销模式：①市场分散、销售范围广，如化工生产用的工业原料或辅料等；②非技术性或者制造成本小的商品、不易变质及非易碎商品；③企业自身缺乏市场营销的技术、财力及管理经验，对其产品的营销控制要求不高。

1. 分销渠道的概念

分销渠道也称分配渠道或配销通路，指产品从制造者流转至消费者所经过的过程中，取得这种商品的所有权或者帮助所有权转移的企业和个人。大多数情况是生产企业并不直接把产品销售给最终用户或消费者，而要借助于一系列中间商的转卖活动。商品的转移包括由商品交易活动完成的商品所有权转移和由储存、运输等完成的商品实体转移两个方面。商品实体转移的动向和经过的环节并不一定与商品所有权转移的动向和环节完全一样。例如，商品从生产到零售可能经过了两道批发商参与的商品交易活动，但这些批发商实际上并没有运送或保管过该商品；另一方面，即使有若干专业的运输公司或仓储公司参与了商品实体转移活动，但他们却从未介入任何商品的买卖交易活动，而只是提供了储运服务。因此，在定义分销渠道时，都只限于参与商品所有权转移或商品买卖交易活动的中间商组成的商流通道。分销渠道的起点是生产者，终点是消费者，中间环节包括参与商品交易活动的批发商、零售商、代理商和经纪人。严格地说，后两类中间商并不具有商品的所有权，但他们帮助达成了商品的买卖交易活动，因此也可作为分销渠道的一员或一个环节。

2. 分销渠道的职能与类型

（1）产品分销渠道的职能　为了顺利将产品流转到终端使用者手中，产品分销渠道实际上完成了五种流转过程，即货物的实体流程、商品所有权的转移、货款交割流程、供需信息流程以及促销引导流程。分销渠道的主要职能如下：①实现商品实物和所有权的转移；②商品的储存与运输；③商品信息与消费信息的收集与传播；④生意的洽谈与订货；⑤货款回笼；⑥资金的融通与风险的分担。这些职能由渠道中的不同成员分担。如实现商品货款回笼由中间商和零售商承担，商品的储存与运输由物流公司承担等。

分销渠道对于繁荣市场经济、实现商品的消费和再生产具有重要意义：第一，它是实现产品销售的重要途径。第二，有效的分销渠道是保证企业再生产顺利进行的前提条件。第三，合理的分销渠道是加速商品流通和资金周转、节约销售费用、提高经济效益的重要手段。第四，分销渠道的决策直接影响其他市场营销策略的实施效果。第五，分销渠道也是企业了解和掌握市场需求的一个重要渠道。因此，分销渠道在企业整个营销组合策略中占有重要的地位。

（2）分销渠道的类型　按产品流通环节的多少，可将分销渠道划分为直接渠道与间接渠道两种类型，直接渠道与间接渠道的区别在于有无中间商。直接渠道指产品生产企业不通过中间商环节，直接将产品销售给消费者。直接渠道是化工产品分销的主要类型，例如化工设备、高价值的分析检测仪器、化工生产过程中使用的大宗原料以及配方与使用技术复杂、需要生产厂家提供技术服务的精细化学品都采用直接分销，某些特种日化消费品也采用直接分销。间接渠道指生产企业通过中间商环节把产品传送到消费者手中。间接分销渠道是消费品分销的主要类型，工业品中有许多产品诸如化妆品等采用间接分销类型。

3. 产品分销渠道的层次、长度和宽度

分销渠道的结构层次如图 5-4 所示。

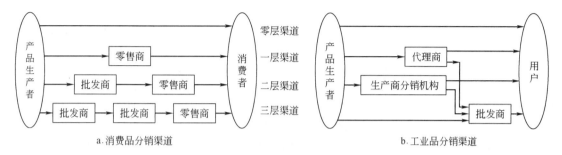

图 5-4　产品分销渠道的结构层次

(1) 长渠道和短渠道　企业决定采用分销策略后还要对适用渠道的长短做出选择。分销渠道按其长度可以分为长渠道和短渠道。商品从生产领域转移到用户的过程中经过的环节越多，销售渠道就越长，反之就越短。从节省商品流通费用、加速社会再生产过程的要求出发，应当尽量减少中间环节，选择短渠道。但是，在多数情况下，代理商的作用是生产者和经销商无法替代的，中间环节并非越少越好。因此采用长渠道还是短渠道，必须综合考虑产品特点、市场特点、企业本身条件以及策略实施的效果等。

(2) 宽渠道和窄渠道　分销渠道的宽窄就是企业确定横向由多少中间商来经营某种商品，即决定营销渠道的每个层次（环节）选用同种类型的中间商的数目。企业使用的同类中间商多，产品在市场上的分销面广，称为宽渠道。企业使用的同类中间商少，分销渠道窄，称为窄渠道，它一般适用于专业性强的产品，或贵重耐用消费品，由一家中间商统包，几家经销。它使生产企业容易控制分销，但市场分销面受到限制。

(3) 单渠道和多渠道　当企业全部产品都由自己直接所设门市部销售，或全部交给批发商经销，称之为单渠道。多渠道则可能是在本地区采用直接渠道，在外地则采用间接渠道；在有些地区独家经销，在另一些地区多家分销；对消费品市场用长渠道，对生产资料市场则采用短渠道。

分销渠道的长短、宽窄都是相对的，没有绝对的、固定的模式，都要依具体情况而定。

(4) 现代新型分销渠道　20 世纪 80 年代以来，分销渠道系统突破了由生产者、批发商、零售商和消费者组成的传统模式和类型，有了新的发展，如垂直渠道系统、水平渠道系统、多渠道营销系统等。现代新型分销渠道的典型代表就是垂直营销系统，或称纵向营销系统（Vertical Marketing System，即 "VMS"）。又可细分为统一垂直营销系统、契约垂直营销系统、管理垂直营销系统。垂直营销系统是由制造商、批发商和零售商形成的统一整体，他们统一规划、协调行动，服从于一个领导者，或是制造商，或是批发商，或是零售商，取决于谁的能量和实力最强。最强的一方或者拥有其他各方，或者给其他各方以特许权，或者直接领导这种营销系统的合作。

现代新型分销渠道的形式还有：横向营销系统，即同一层次的两个或两个以上的企业联合起来，利用各自在资金、技术、资源等方面的优势，共同开发和利用市场机会；多渠道营销系统，即一家企业同时通过两种或两种以上渠道分销其产品。多渠道营销系统更需精心设计和管理，注意避免两种渠道之间可能发生的冲突。

4. 分销渠道的基本成员

(1) 中间商　中间商是指介于生产者和消费者之间、专门从事商品由生产领域向消费领域转移业务的经济组织和个人。中间商作为一种行业是独立于生产之外的、专门从事商品从生产领域向消费领域转移的流通产业，也就是商业。中间商的出现和存在是社会分工和商品经济发展的产物。生产者要成功地利用中间商向消费者出售商品，就必须要了解中间商的功能、类型等。

① 中间商的职能与作用　在现代经济条件下，中间商的地位与作用日益显著，是经济发展不可或缺的一个重要因素。它的作用具体表现为：a. 简化交易联系，有利于实现商品交换的经济、便利原则。b. 中间商的介入，可"为许多生产者缩短买卖时间"，生产者因此"可以把出售商品的时间节省下来用于监督生产过程"，这样，更有利于发展社会生产。c. 中间商承担着采购、运输、储存和销售商品的实际业务，具有集中、平衡和扩散商品的功能，在商品交换过程中，可发挥时间效用、地点效用和占有效用。d. 中间商一般都具有较丰富的市场营销经验，与顾客有着广泛的联系，因而能在社会商品流通过程中起到良好的促销作用。

中间商的作用是通过在购销活动中履行它的基本职能而发挥出来的，这些职能主要包括购买、销售、仓储运输、分类分级、分装、融资、提供市场信息和承担风险等。

② 中间商的分类　对于中间商，可以从不同角度进行分类，按是否拥有商品所有权可分为代理商和经销商。

代理商是指接受生产者委托从事销售业务，但不拥有商品所有权的中间商。按其与生产者业务联系的特点又可分为厂家代理商、销售代理商、寄售代理商和商品经纪人等。

经销商是指从事商品流通业务，并拥有商品所有权的中间商。经销商按其销售对象的不同分为批发商和零售商。

(2) 分销渠道决策　化工产品分销渠道的决策是指生产者对其产品分销渠道的层次、长短和宽窄的确定。这种确定取决于对产品的终端销售点类型和在目标市场上的分布密度的选择。

① 终端销售点选择　终端销售点是指商品离开流通领域所进入的消费领域发生地。对于消费品而言，它是零售地点；对于生产资料而言，它是送货站。终端销售点是企业实现自己经营目的的前沿阵地，作为分销管理的第一步就是选择最符合企业产品或服务特点的终端销售点，然后通过有效管理实现销售目标。

对终端销售点的选择主要取决于：a. 根据销售方式来选择，满足最方便顾客购买的要求；b. 根据消费者收入和购买力水平等来选择；c. 根据目标顾客出现的位置来选择，在顾客最乐意光顾并购买的场所设立；d. 根据顾客购买心理来选择，树立商品形象对地点的要求；e. 根据竞争需要来选择，最充分展现商品、让更多的人认知。

② 终端销售点密度决策　终端销售点密度的大小直接关系着企业市场的整体布局的均衡状况，如果布点太稀，不利于充分占领市场；如太密，则可能加大销售成本，而且销售效率可能大大下降，并加剧各销售点的冲突与矛盾。

终端销售点密度决策的基本任务就是确定企业在目标市场利用多少渠道成员来销售产品，从而最大限度地提高产品分销的效率。评价一个企业终端销售点密度决策是否正确的主要依据就是企业产品的市场覆盖率与分销效率。具体说来，终端销售点密度决策的任务有以下三点：a. 保持企业各终端销售点的均衡发展；b. 促使各终端销售点的协调，减少各销售点的冲突；c. 推动企业产品市场的有序扩张和可持续发展。

企业根据终端销售点密度决策的任务，根据自身和市场环境的现状和变化趋势，可采取不同的密度方案有密集分销策略、选择分销策略、独家分销策略。

一个企业在进行密度决策时，可参照的主要参数有如下几点：分销成本、市场覆盖率、控制能力。

（3）选择分销渠道成员应考虑的因素　优秀的渠道成员是营销渠道发挥效率、产生效益的最关键因素。确定了渠道类型之后，就要挑选适合公司渠道结构的、能有效帮助完成公司营销目标的营销合作伙伴，即选择中间商。除直营销售外，其他渠道模式都需要对渠道成员进行选择。然而对渠道成员的选择未必只在渠道设计时需要，在渠道结构没发生变化、不需要新的渠道设计时也常常需要选择渠道成员。这里主要存在以下两种情况：①现有的渠道成员流失或渠道成员不能胜任营销工作时。②公司的营销市场区域扩大，需要更多的渠道成员去覆盖市场面、完成营销任务。

渠道成员的选择同渠道类型设计一样与市场密度有关。市场密度是指单位面积上的目标用户，工业品市场的市场密度相对消费品市场要小很多，一般情况下市场密度越小，采用直销渠道或短渠道方式就越适宜。

任何一家制造企业在选择渠道成员之前，都应明确它的选择条件或标准。这些条件包括中间商的经营资格应合法，具有足够的开业年限，其经营范围要涵盖本企业产品，企业形象好且管理水平高，财务状况良好，销售网络及售后服务能力上乘，商业声誉好，营业地点地理位置合适、便利，储运能力优良。同时还要考查其以往客户的类型、队伍素质与技术素养高低、经营成效、偿付能力及发展潜力等。

三、化工产品分销渠道的设计及管理

1. 分销渠道的设计

（1）选择分销渠道模式的原则　分销渠道管理人员在选择具体的分销渠道模式时，无论出于何种考虑，从何处着手，一般都要遵循以下原则：

① 畅通高效的原则　任何正确的渠道决策都应符合物畅其流、经济高效的要求。商品的流通时间、流通速度、流通费用是衡量分销效率的重要标志。畅通的分销渠道应以消费者需求为导向，将产品尽快、尽好、尽早地通过最短的路线，以尽可能优惠的价格送达消费者方便购买的地点。畅通高效的分销渠道模式，不仅能让消费者在适当的地点、时间，以合理的价格买到满意的商品，而且能提高企业的分销效率，降低企业的分销费用，使企业以尽可能低的分销成本，获得最大的经济效益，赢得竞争的时间和价格优势。

② 覆盖适度的原则　企业在选择分销渠道模式时，仅仅考虑加快速度、降低费用是不够的，还应考虑及时准确送达的商品能不能销售出去，是否有较高的市场占有率来覆盖目标市场。因此，不能一味强调降低分销成本，成本的降低应是规模和速度效应产生的。在分销渠道模式的选择中，也要避免扩张过度、分布范围过宽过广，以免造成沟通和服务的困难，导致无法控制和管理目标市场。

③ 稳定可控的原则　企业的分销渠道模式一经确定，便需花费相当大的人力、物力、财力去建立和巩固，整个过程往往是复杂而缓慢的。所以，企业一般轻易不会更换渠道成员，更不会随意转换渠道模式。只有保持渠道的相对稳定，才能进一步提高渠道的效益。

畅通有序、覆盖适度是分销渠道稳固的基础。由于影响分销渠道的各个因素总是在不断变化，一些原有的分销渠道难免会出现某些不合理的情况，这时，就需要对分销渠道作一定的调整，以适应市场的新变化，保持渠道的适应力和生命力。

④ 协调平衡的原则　企业在选择、管理分销渠道时，不能只追求自身的效益最大化而忽略渠道成员的局部利益，应合理分配各个成员间的利益。渠道成员之间的合作、冲突、竞争的关系，要求渠道的领导者对此有一定的控制能力，统一、协调、有效地引导渠道成员充分合作，鼓励渠道成员之间有序竞争，减少冲突的发生，确保总体目标的实现。

⑤ 发挥优势的原则　企业在选择分销渠道模式时，为了争取在竞争中处于优势地位，要注意发挥自己各个方面的优势，将分销渠道模式的设计与企业的产品策略、价格策略、促销策略结合起来，增强营销组合的整体优势。

(2) 影响分销渠道选择的因素　影响分销渠道选择的因素有很多，化工企业在选择分销渠道时，必须对下列几方面的因素进行系统的分析和判断。

① 产品因素　影响分销渠道选择的产品因素有产品价格，市场的需求特性，产品的体积和重量，产品的易毁性或易腐性，产品的季节性、技术性，是定制品还是通行的标准品抑或是公司的新产品。具有不同性质或不同特点的产品，需要采用不同的分销渠道类型。

② 产品销售的市场因素　影响分销渠道选择的市场因素有产品销售的目标市场范围，购买批量的大小，消费者的数量和分布，潜在顾客的数量，顾客的购买习惯，竞争状况，等等。

③ 生产企业本身的因素　生产企业本身的因素包括资金能力，产品销售能力，可能提供的服务水平，发货限额，经济收益目标，如销售费用，价格分析，对各级、各个中间商的利益分配原则等。

(3) 分销渠道设计步骤　分销渠道的设计虽没有固定的程序，但总结起来可以分"三大步"走：

第一步，确定营销目标。在进行营销渠道设计之前就必须有明确的营销目标，有了目标才会有的放矢，才不会漫无目的地制定渠道结构与策略。确定营销目标要遵循以下原则：①所制定的营销目标必须与公司其他战略目标相协调、互相配合促进，绝不能相互违背、抵触。②营销目标要科学、合理，既不能过高、难以达成，也不能过低。过高会导致营销人员的畏难情绪，过低则不利于促使营销人员更加努力，两者都不能给公司带来更好的效益。③营销目标要具体、明确，不要含含糊糊、模棱两可。④目标设定最好要上下参与、共同讨论后再定。只有公司的决策层和基层营销人员都参加了目标设定，所决策的营销目标才会更为科学、合适，才会成为激励和鞭策营销人员的重要工具。

第二步，选择渠道类型，即确立为直营销售还是分销。

第三步，选择渠道成员，见本节上述内容。

在规定中间商的权力和责任的同时，企业也要做出明确的承诺，包括保证供货、保证产品质量、保证退换货、保证合同规定的价格折扣、保证促销协助等。中间商的权力与责任一般包括执行统一的价格策略、配合执行企业的促销策略、及时提供市场信息、按时回款、提供良好的售后服务，在企业不执行承诺时可以提出抗诉并要求补偿等。

2. 分销渠道的管理

分销渠道建成之后，企业还需对中间商的日常营销活动进行激励、监督和管理，以促进其出色地完成分销任务。生产企业必须认识到作为独立企业的中间商有自身考虑问题的角度。制造企业要想得到中间商的合作，就要真正了解中间商的需要与愿望，提出切实可行的减少矛盾、加强合作的途径或条件，关注并重视中间商的利益。

(1) 激励渠道成员　在企业与渠道成员的合同中虽然已明确了双方的权力和责任，但是在平时，企业还要不断地监督和鼓励渠道成员，使这些权力与责任得以落实。企业的促销费用一部分用于促进消费者购买商品，另一部分则用于鼓励中间商购买商品。通行的激励措施有：向中间商提供适销对路、物美价廉的产品，使中间商有一定利润空间；开展促销活动，给予广告支持；协助做好营销管理；协助好人员培训；协助拓展销售市场；适当放宽中间商独立经营的条件等。

(2) 评估渠道成员　在激励的同时要加强对渠道成员的管理、约束和评价。由于渠道成员不是企业的下属，因此在管理和约束方面不能采用强制命令的方式，只能采用协商的方式。评价渠道成员主要包括以下几个方面：销售目标的完成情况；销售额的增长情况；市场拓展情况；市场份额；库存水平；向顾客提供的售后服务是否完善；回款是否及时；价格是否稳定等。

评价渠道成员的目的是把渠道成员分为优、中、差几个等级。企业要奖励优秀渠道成员；

鼓励、帮助中等渠道成员；对于表现差的渠道成员，企业应该对其进行分析诊断，分别对待，确实是不可救药的渠道成员应该撤换。

（3）协调渠道成员之间的关系　渠道成员之间在执行产品价格、市场覆盖范围、相互竞争方面难免会出现矛盾与冲突。如某中间商为增长销售额，不执行企业原来规定的统一市场价格，降价促销，伤害了其他中间商的利益，产生冲突；又如某中间商把产品输入到其他中间商的市场范围进行销售，引起利益冲突等。企业应该及时协调解决这些冲突。通常的方法是：以原始合同为标准，结合市场的实际情况，批评错误的一方，表扬正确的一方，适当地有奖有罚；当某一方虽然违背了原始合同，但符合市场当时的实际情况，可考虑给遵守合同的一方适当补偿；经常拜访客户，及时发现问题，把问题解决在萌芽状态，减少渠道成员之间的矛盾；每年定期召开渠道成员会议，增进成员之间的交流和友谊。

对中间商的工作成果，包括销售定额完成情况、平均库存、为顾客服务情况、与本公司合作情况等进行评估，是渠道管理的最后一项工作，据此确定是否应对现有渠道成员进行适当调整或奖励。在购买者行为发生变化、市场扩大、产品进入生命周期不同阶段或新的强有力竞争对手兴起、新的分销策略出现时，对渠道的调整就更为必要。

（4）渠道的调整　当市场营销环境改变、企业调整产品结构或个别渠道成员表现太差时，企业需要调整渠道。调整渠道分为个别调整和系统调整两种。

个别调整是由于个别渠道成员表现太差，或企业调整某些产品结构后，一些渠道成员已不适应时，对个别渠道成员的调整。个别调整只涉及个别渠道成员的更换，一般应注意好调整交接，实现和平过渡。

系统调整是由于市场营销环境改变，或企业产品结构大调整，原有的渠道模式、产品组合、价格策略、渠道成员已不适应时，对整个渠道进行的调整。系统调整是伤筋动骨的事，因此必须小心谨慎，否则一着不慎，满盘皆输。

3. 化工产品营销中的实体分配

市场营销中的实体分配指对原料和最终产品从起始点向使用点转移，并从中获利的实物流通的计划、实施和控制，也称为实体流或物流，即实体物品通过从生产者手中运到消费者手中的空间移动，在需要的地点、需要的时间里达到消费者手中。实体分配总成本的主要构成大约是运输46%、仓储26%、存货管理10%、接受和运送6%、包装5%、管理费4%以及订单处理3%。

广义的物流概念包括：从原料供应处到生产厂的"采购物流"；从半成品生产厂到成品生产厂的"生产物流"；从成品生产厂到中间商、从中间商到消费者的"销售物流"。本书阐述的仅限于"销售物流"。

物流活动包括运输、仓储、存货控制、搬运装卸、保护包装、订单处理等内容。物流的任务可以概括为：以最少的成本，在正确的时间、正确的地点，用正确的条件把正确的货物送给正确的顾客。

（1）运输　我国目前主要的运输方式有五种，即管道、水运、铁路、公路、空运。管道运输一般只有天然气、石油采用，运输成本很低，但管道安装投入非常大；水运的成本低、运量大，但时间长，受河道和地理位置限制，多用于砂石、煤炭、进出口外贸货物的运输；铁路运输成本高于水运，但低于公路和空运，运输时间比水运快，交通方便性也优于水运，但运输时间长于公路和空运；公路运输成本高于铁路，运量受限制，与铁路运输相比，交通方便性和运输时间长短各有长处，像液碱、各种低沸点的有机溶剂、散装水泥等化工物资必须使用专用槽车进行运输，对于各种加压储存的氯气、氮气、氧气、液化石油气（或天然气）等则要使用耐压钢瓶实行公路包车运输，其费用更高；空运是最快的运输方法，但也是运费最昂贵的，限制性也最大。

企业要根据运输成本、运输时间、运量、可靠性、可用性来选择物流公司，可以同时采用几种运输方式完成货物的转移。如某公司总部位于广东省广州市，产品在湖南省的销售市场主要集中在长沙、娄底、湘潭、株洲、益阳、常德等城市，运输方式可以采用铁路、公路配合的方法，从广州到长沙采用铁路运输，在长沙设一个中转仓库，从长沙到周边各个城市则采用公路运输，这样既节约了运输费用，也保证了货物能够及时送到各城市的销售点。

（2）仓储　仓储包括仓库地点和仓库类型。仓储货物多，可以及时满足消费者的需求，但仓储费用增加；反之则仓储费用降低，但却不能及时满足消费者需求。因此选择仓库地点十分重要，用尽量少的仓库满足更多地点的货物供应。仓库类型可以选择普通仓库或现代仓库，也可以考虑自备仓库或租赁仓库，企业可以根据产品的特性、成本的高低等做出决策。

（3）存货控制　存货控制是指控制仓库的存货量。仓库存货量过大，虽然可以保证及时发货，不会发生缺货现象，但资金占用量大，仓库面积占用大，因此增加了仓储费用；仓库存货量太小，虽然仓储费用降低了，但由于缺货造成销售额下降，企业损失更大。所以适当的存货控制非常必要。做好存货控制的关键是采用定期订货方法或经济批量订货方法。

（4）订单处理　订单处理主要包括订单的接收、核查、传递、通知几个方面。订单传递的速度与物流的速度有直接关系。如客户下订单的当天，生产企业即接收到通知，并把货物送到物流部门，物流部门立即安排装车、运输，货物将迅速到达客户指定地点。目前大多数企业采用计算机处理系统，大大提高了工作效率。计算机将按程序核查客户的信用、传递订单信息、发出运输指令、通知客户接收货物等事项。

四、化工产品的期货贸易

期货交易是贸易形式发展的自然结果。在商品的生产经营中，生产者和经营者从生产到销售、从订货到使用、从贷款到还债都需经历一段时间。在市场经济条件下，由于实行自由价格、自由利率和自由汇率机制，价格、利率和汇率都可能发生不利变化，使交易者遭受不同程度的损失。为了减少这种损失，商品生产者和经营者在实际交易中发明了许多有效的方法，期货交易便是其中的一种，其他方法包括：远期合约交易，实行价格补贴政策或限制价格、汇率和利率波动的政策等。期货交易是这些方法发展成熟后的产物，也是它们的代表。

1. 什么是期货贸易

期货交易是市场经济发展到一定阶段的必然产物，它与现货交易在交易方式和交易目的上截然不同。现货交易是根据合同商定的付款方式买卖商品，在一定时期内进行实物交割，从而实现商品所有权的转移。而商品期货交易只需交纳少量保证金，通过在商品交易所公开竞价买卖期货合约，并在合约到期前通过对冲，即先买进后卖出或先卖出后买进，以及进行实物交割来完成交易。期货交易的主要目的在于转移现货交易中的风险，包括价格风险、利润风险和汇率风险等，或猎取风险利润，因此在交易中进行实物交割的数量很少，通常仅占交易量的 $1\% \sim 2\%$。

期货交易是从现货交易中的远期合同交易发展而来的。在远期合同交易中，交易者集中到商品交易所交流市场行情，寻找交易伙伴，通过拍卖或双方协商的方式来签订远期合同，等合同到期时，交易双方以实物交割来了结义务。交易者在频繁的远期合同交易中发现，由于价格、利率或汇率的波动，合同本身就具有价差或利益差，因此完全可以通过买卖合同来获利，而不必等到实物交割时再获利。为适合这种业务的发展，期货交易应运而生。期货交易虽然是从现货交易中发展而来，但它已脱胎换骨，形成了自己独特的风格。

2. 期货交易的基本特征

期货交易不同于现货市场的实买实卖，其最终目的并不是商品所有权的转移。期货交易是对期货合约的买卖，一部分人想投机获利，另一部分人则想回避价格风险。对于那些希望从市场价格波动中牟利的投资者，或希望未雨绸缪、保障自己不受价格急剧变化影响的生产经营者来说极具吸引力。

（1）合约标准化　期货交易是通过买卖期货合约进行的，而期货合约是标准化的远期合约。期货合约标准化指的是除价格外，期货合约的所有条款都是预先规定好的，具有标准化的特点。例如，交易商品的品种、等级、数量、交割时间，等等，都有严格的限定，合约中只有价格一项是通过市场竞价交易形成的自由价格。期货合约的标准化条款一般包括：

① 交易数量和单位条款，每种商品的期货合约规定了统一的、标准化的数量和数量单位，统称"交易单位"。

② 质量和等级条款，商品期货合约规定了统一的、标准化的质量等级，一般采用国家制定的商品质量等级标准。

③ 交割地点条款，期货合约为期货交易的实物交割指定了标准化的、统一的实物商品的交割仓库，以保证实物交割的正常进行。

④ 交割期条款，商品期货合约对进行实物交割的月份作了规定，刚开始商品期货交易时，你最先注意到的是：每种商品有几个不同的合约，每个合约标示着一定的月份，如1999年11月大豆合约与2000年5月大豆合约。

⑤ 最小变动价位条款，指期货交易时买卖双方报价所允许的最小变动幅度，每次报价时价格的变动必须是这个最小变动价位的整数倍。

⑥ 涨跌停板幅度条款，指交易日期货合约的成交价格不能高于或低于该合约上一交易日结算价的一定幅度。

⑦ 最后交易日条款，指期货合约停止买卖的最后截止日期。每种期货合约都有一定的月份限制，到了合约月份的一定日期，就要停止合约的买卖，准备进行实物交割。期货交易的标准化合约参考文本见表5-2，其中交割等级的内容"大连商品交易所大豆期货的交割标准"系采用国标。

表5-2　期货贸易的标准化合约

大连商品交易所黄大豆1号期货合约	
交易品种	黄大豆1号
交易单位	10吨/手
报价单位	人民币
最小变动价位	1元/吨
涨跌停板幅度	上一交易日结算价的3%
合约交割月份	1,3,5,7,9,11
交易时间	每周一至周五上午9:00～11:30，下午13:30～15:00
最后交易日	合约月份第十个交易日
最后交割日	最后交易日后七日（遇法定节假日顺延）
交割等级	具体内容见附表
交割地点	大连商品交易所指定交割仓库
交易保证金	合约价值的5%
交易手续费	4元/手
交割方式	集中交割
交易代码	A
上市交易所	大连商品交易所

(2) 交易集中化　期货市场是一个高度组织化的市场，并且实行严格的管理制度。期货交易必须在期货交易所内进行。期货交易所实行会员制，只有会员方能进场交易。那些处在场外的广大客户若想参与期货交易，只能委托期货经纪公司代理交易。

(3) 双向交易和对冲机制　期货交易者可以在价格低时先买入期货合约，待价格上涨后卖出对冲平仓，也可以在价格高时先卖出，然后待价格下跌后买入对冲平仓。

刚刚进入期货市场的投资者往往会问：我怎么能出售自己没有的东西呢？要理解其中的原因，须记住期货合约的定义，期货合约是在将来某时买卖特定数量和质量的商品的一项"协议"，并不是作某种实物商品的实买实卖。因此，出售期货合约即意味着签订在将来某时交割标的物的一项协议。因为期货合约是标准化的，所以，绝大部分交易可通过反向对冲操作解除履约责任。

(4) 每日无负债结算制度　期货交易的结算实行分级结算，即交易所对其会员进行结算，期货经纪公司对其客户结算。每日交易结束后，对所有合约的盈亏，交易保证金及手续费，应收应付的款项同时划转，相应增加或减少结算准备金，以做到"每日无负债"。由此现代期货市场普遍建立了一套完整的风险保障体系。

(5) 杠杆机制　与高风险相对应，期货市场也是一个高收益的市场。众多交易者参与期货投机的重要原因是进行期货交易只需要缴纳少量的保证金，一般为成交合约价值的5%～10%，就能完成数倍的合约交易，这就是期货市场具有的杠杆作用。杠杆作用是期货市场吸引投机者的原因之一，保证金制度在放大赢利比例的同时，也把风险放大了。

3. 期货交易的特点

(1) 以小搏大　期货交易只需交纳比率很低的履约保证金，通常占交易额的5%～10%，从而使交易者可以用少量资金进行大宗买卖，节省大量的流动资金，资金回报率高。

(2) 交易便利　期货市场中买卖的是标准化的合同，只有价格是可变因素。这种标准合同既作为"抽象商品"代表实物商品，又作为一种交易单位，商品本身并不进入市场。

合同的标准化提高了合同的互换性和流通性，使采用对冲方式了结义务十分方便，因此交易者可以频繁地进行交易，创造了许多赢利机会。

(3) 履约无风险　所有期货交易都通过期货结算所进行结算，且结算所为任何一个买者或卖者的每笔交易担保。因为结算所会员都是大证券商、大银行和大公司，所以交易者不必担心履约风险问题。

(4) 市场透明　交易采取公开竞价方式进行，且交易信息完全公开，使交易者可在平等的条件下公开竞争。

(5) 组织严密，效率高　期货交易是一种规范化的交易，有固定的交易程序和规则，一环扣一环，环环高效运作，一笔交易不论在交易所当地或异地均可以很快完成。

4. 现货交易与期货交易的比较

以下对现货交易与期货交易的有关项目做一比较，详见表5-3。

5. 参与期货交易的主体

参与期货交易者可以分为两大类，一类称为套期保值者，另一类称为风险投资者。套期保值者主要是利用期货交易来转移现货交易风险，从而达到减少成本，稳定利润的目的，在时机较好时也会利用实物商品买卖作为"后盾"进行投资获利。风险投资者则主要利用期货交易作为一种类似股票的投资手段，以追求高利润。

套期保值的参与者可以是农业、制造业、商业、金融业等行业中的商品生产者、加工者、营销者、进出口商、金融机构。通过期货交易，可以很大程度地减少经济活动中时时存在的风险。

(1) 生产者　商品生产需要一个周期，此间价格的变动会影响生产者的利润。在生产周期

表 5-3　现货交易与期货交易的比较

比较项目	现货即期交易	远期合同	期货交易
交易目的	取得实物	取得实物或转让合同获利	转移现货市场价格风险或进行风险投资
交割时间	即时成交	按合同约定的时间	从成交到货物收付存在时间差
交易对象	商品实物	非标准合同	标准合同
交易方式	双方讨价还价	拍卖或双方协商	期货交易所内公开竞价交易
履约问题	不担心	担心	不担心
转让	不可以	背书方式,不方便	对冲方式,十分便利
付款	交易额的 100%	押金占交易额的 20%~30%	保证金,占交易额 5%~10%
交易场地	无限制	无限制	商品交易所
实物交割	一手交钱一手交货	现在确定价格和交割方式,将来交割	实物交割仅占 1%~2%,有固定的交割方式

内参与期货交易,可以将利润事先固定,若时机选择得当,不仅可以稳定利润,还可以获得一笔额外收入。

(2) 营销者　商品从购入到售出需要一段时间,进行期货交易既可灵活地选择购入和售出时机,减少仓储费用,又可为库存商品进行保值。

(3) 进出口商　从订货到提货需要一段时间,且付款一般发生币种间兑换问题。货价或汇率的不利变动都会带来不必要的损失。虽然在国际贸易中制定了许多回避风险的措施,如离岸价、到岸价等。但都难以完全达到目的,且需要反复谈判,费时费力,而参加货物和外汇套期保值,既可以稳定利润,也可少费口舌。

(4) 金融机构　利率、汇率的变动都会给金融机构的经营带来一定的风险,通过在期货市场做套期保值,能有效地规避相应风险。

(5) 风险投资者　任何一个具备一定资金而又想追求高回报率者都可参与期货交易的风险投资,实力雄厚者可直接参与,资金较少者可通过参加某项基金来间接参与。

6. 我国期货市场组织结构

我国期货市场基本由以下部分组成:

(1) 期货监管者　中国证券监督管理委员会是我国的行政管理机构,负责制定宏观管理政策,监控市场风险,审批期货交易所、期货经纪公司、期货交易所的交易规则和上市品种,任命期货交易所高级管理人员。

(2) 期货交易所　是一个非赢利性会员制组织,只提供期货交易的场所,本身并不参与买卖,也不参与价格的决定。它的作用仅在于提供便利的期货交易设施,制定并执行确保期货交易顺利进行的法规和条例,搜集各类经济消息并公布市场信息等,只有交易所会员才能进场交易。

(3) 期货结算所　其作用在于为每笔交易进行结算,征缴和维持交易保证金,管理市场账户和实物交割,报告交易数据等。它是任何一个买方的卖方,也是任何一个卖方的买方,通过严密的结算制度和保证金制度来为所有期货的参与者进行履约担保。

(4) 期货经纪商　负责代理非会员交易者进行期货交易,并提供相应设施与人力为客户服务,包括信息咨询和交易建议等。

(5) 期货交易者　期货交易者包括风险投资者和套期保值者,见上述"参与期货交易的主体"。

期货市场的运行由以上几个部分的有机联系所组成,其核心是标准化期货合约,建立联系的基础是保证金制度和结算制度,联系渠道是各种交易指令的发出、传递和答复。

7. 我国目前获批交易的期货商品及其交易所

商品期货是期货交易的起源物种。国际商品期货交易的品种随货交易发展而不断变化,交易品种不断增加。从传统的农产品期货,发展到经济作物、畜产品、有色金属和能源等大宗初级产品。我国目前获批允许交易的商品期货及交易所见表5-4。

表5-4 我国目前获批交易的商品期货及其交易所

期货物种		上海期货交易所	郑州商品交易所	大连商品交易所
农产品	大豆			√
	豆粕			√
	小麦		√	
	强筋小麦		√	
	玉米			√
	白糖		√	
	豆油			√
	菜籽油		√	
	棉花		√	
	早籼稻		√	
经济作物	天然橡胶	√		
	棕榈油			√
有色金属	铜	√		
	铝	√		
	锌	√		
	螺纹钢	√		
	线材	√		
	黄金	√		
能源、化工	LLDPE(聚乙烯)			√
	PVC(聚氯乙烯)			√
	燃料油	√		
	精对苯二甲酸		√	
	甲醇		√	

从表中可以看出,属于广义的化工过程(包括冶金、石油化工)生产的商品已有铜、铝、锌、黄金、LLDPE、PVC、燃料油、线材、精对苯二甲酸和甲醇(2011年10月13日获准)等十多个产品获准进行期货交易,国家后续也将会批准更多的化工产品进入期货市场,因此化工产品营销的期货贸易渠道值得业内人员关注。

由于篇幅和课时所限,如何参与期货交易以及期货贸易的操作流程事项此处从略,有兴趣的读者可以参阅各个期货交易所网站或其他书刊资料的详细介绍。

第四节 化工产品的关系营销与价值营销

工业品市场经营与消费品市场经营的主要区别在于买主-卖主关系的性质上,工业品的市场经营和销售策略通常必须面对个别的客户组织或较小的客户群体,而不是面向有"代表性的"客户或广大市场。所以化工产品市场营销策略的焦点不应放在产品或市场上,而应该放在买主-卖主的关系上。

一、化工产品的关系营销

所谓关系营销,是把营销活动看成是一个企业与消费者、供应商、分销商、竞争者、政府机构及其他公众发生互动作用的过程,其核心是建立和发展与这些公众的良好关系。得克萨斯州 A & M 大学的 Leonard L. Berry(伦纳德·L. 贝瑞)教授于 1983 年在美国市场营销学会的一份报告中最早对关系营销做出了如下的定义:"关系营销是吸引、维持和增强客户关系。"在 1996 年又给出更为全面的定义:"关系营销是为了满足企业和相关利益者的目标而进行的识别、建立、维持、促进同消费者的关系并在必要时终止关系的过程,这只有通过交换和承诺才能实现。"工业市场营销专家 Jackson B.B(巴巴拉·B·杰克逊)于 1985 年从工业营销的角度将关系营销描述为"关系营销关注于吸引、发展和保留客户关系"。化工产品是目标指征性很强的商品,其性能用途相当明确,因而更需要讲究能形成长久买卖联系的关系营销。

关系营销的结构包括外部消费者市场、内在市场、竞争者市场、分销商市场等,核心是和自己有直接或间接营销关系的个人或集体保持良好的关系。关系营销是作为与交易营销的相对称提出的,提出原因是单靠交易营销建立的品牌忠诚度不高,回头客太少;而现实营销中企业的生意不断,有些企业则是一次性交易。究其根源是企业与顾客的关系不够紧密。为了扩大回头客的比例,提出关系营销概念,图 5-5 分析了客户类型及其递迁变化。

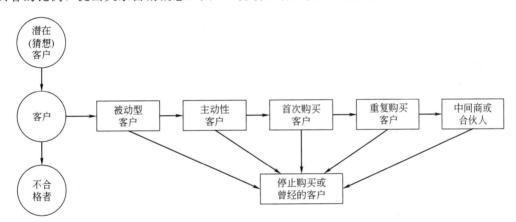

图 5-5 客户类型及其递迁变化

1. 关系营销的本质特征

关系营销的本质特征可以概括为以下几个方面。

(1) 双向沟通 关系营销是企业与顾客、企业与企业间的双向的信息交流。只有广泛的信息交流和信息共享,才可能使企业赢得各个利益相关者的支持与合作。

(2) 合作 关系营销是以企业与顾客、企业与企业间的相互协作为基础的战略过程。一般而言,关系有两种基本状态,即对立和合作。只有通过合作才能实现协同,因此合作是实现"双赢"的基础。

(3) 双赢 关系营销是关系双方以互利互惠为目标的营销活动,即关系营销旨在通过合作增加关系各方的利益,而不是通过损害其中一方或多方的利益来增加其他各方的利益。关系营销的目的是企业与客户、利益相关者建立起双赢的关系,而且让处于关系链上的各方共同创造价值。

(4) 亲密 关系能否得到稳定和发展,情感因素也起着重要作用。因此关系营销不仅要实现物质利益的互惠，还必须让参与各方能从关系中获得情感的需求满足。

（5）控制　关系营销是利用控制反馈的手段不断完善产品和服务的管理系统。关系营销要求建立专门的部门，跟踪顾客、分销商、供应商及营销系统中其他参与者的态度，由此了解关系的动态变化，及时采取措施消除关系中的不稳定因素和不利于各方利益共同增长的因素。此外，通过有效的信息反馈，也有利于企业及时改进产品和服务，更好地满足市场的需求。

2. 关系营销与交易营销的区别

关系营销是相对于以往的交易营销提出来的，是交易营销适应新时代要求的进化形态。交易营销关注单个交易行为，以及如何使客户在交易过程中增加购买量以获取更多的利润。交易营销的方法建立在大量营销基础之上，依据这种营销理念，消费者的个性被忽略了。营销所要做的就是促使客户购买本企业（而不是竞争对手）的产品，企业为客户提供（而不是与客户一起创造）产品和价值。而关系营销是建立在价值创造基础之上的，而这种价值创造有时是通过客户与企业的互动关系来实现的，实现价值创造的前提是双方的合作。

交易营销的主要内容是"4PS"，而关系营销则突破了"4PS"的框架，把企业的营销活动扩展到一个更广、更深的领域。关系营销与交易营销两者的区别主要表现在：

① 交易营销的核心是交易，企业诱使对方发生交易活动从中获利；而关系营销的核心是关系，企业通过建立双方良好的合作关系从中获利。

② 交易营销把其视野局限于目标市场上，即各种顾客群；而关系营销所涉及的范围则广得多，包括顾客、供应商、分销商、竞争对手、银行、政府及内部员工等。

③ 交易营销围绕着如何获得顾客；而关系营销更为强调保持顾客。

④ 交易营销不太强调顾客服务；而关系营销高度强调顾客服务。

⑤ 交易营销是有限的顾客参与和适度的顾客联系；而关系营销却强调高度的顾客参与和紧密的顾客联系。

3. 实施关系营销务必遵循的原则

关系营销的实质是在市场营销中与各关系方建立长期稳定的相互依存的营销关系，以求彼此协调发展，因而必须遵循以下原则：

（1）主动沟通原则　在关系营销中，各关系方都应主动与其他关系方接触和联系，相互沟通信息，了解情况，形成制度或以合同形式定期或不定期碰头，相互交流各关系方需求变化情况，主动为关系方服务或为关系方解决困难和问题，增强伙伴合作关系。

（2）承诺信任原则　在关系营销中各关系方相互之间都应作出一系列书面或口头承诺，并以自己的行为履行诺言，才能赢得关系方的信任。承诺的实质是一种自信的表现，履行承诺就是将誓言变成行动，是维护和尊重关系方利益的体现，也是获得关系方信任的关键，是公司（企业）与关系方保持融洽伙伴关系的基础。

（3）互惠原则　在与关系方交往过程中必须做到相互满足关系方的经济利益，并通过在公平、公正、公开的条件下进行成熟、高质量的产品或价值交换使关系方都能得到实惠。

4. 关系营销的五种形态

关系营销是在人与人之间的交往过程中实现的，而人与人之间的关系绚丽多彩，关系复杂。归纳起来大体有以下五种形态：

（1）亲缘关系营销形态　指依靠家庭血缘关系维系的市场营销，如父子、兄弟、姐妹等亲缘为基础进行的营销活动。这种关系营销的各关系方盘根错节，根基深厚，关系稳定，时间长久，利益关系容易协调，但应用范围有一定的局限性。

（2）地缘关系营销形态　指以公司（企业）营销人员所处地域空间为界维系的营销活动，如利用同省同县的老乡关系或同一地区企业关系进行的营销活动。这种关系营销在经济不发达，交通邮电落后，物流、商流、信息流不畅的地区作用较大。在我国社会主义初级阶段的市场经济发展中，这种关系营销形态仍不可忽视。

(3) 业缘关系营销形态　指以同一职业或同一行业之间的关系为基础进行的营销活动，如同事、同行、同学、校友之间的关系，由于接受相同的文化熏陶，彼此具有相同的志趣，在感情上容易紧密结合为一个"整体"，可以在较长时间内相互帮助，相互协作。这一点对于用于生产资料的化工产品意义更加明显。

(4) 文化习俗关系营销形态　指公司（企业）及其人员之间具有共同的文化、信仰、风俗习俗为基础进行的营销活动。由于公司（企业）之间和人员之间有共同的理念、信仰和习惯，在营销活动的相互接触交往中易于心领神会，对产品或服务的品牌、包装、性能等有相似需求，容易建立长期的伙伴营销关系。

(5) 偶发性关系营销形态　指在特定的时间和空间条件下发生突然的机遇形成的一种关系营销，如营销人员在车上与同坐旅客闲谈中可能使某项产品成交。这种营销具有突发性、短暂性、不确定性特点，往往与前几种形态相联系，但这种偶发性机遇又会成为企业扩大市场占有率、开发新产品的契机，如能抓住机遇，可能成为一个公司（企业）兴盛的关键。

5. 关系营销的基本模式与关系层次

在关系营销中，怎样才能获得顾客忠诚呢？发现正当需求→满足需求并保证顾客满意→营造顾客忠诚，构成了关系营销中的三部曲。①发现正当需求：企业要分析顾客需求、衡量标准是顾客满意程度。满意的顾客会对企业带来有形的好处（如重复购买该企业产品）和无形产品（如宣传企业形象）。有营销学者提出了导致顾客全面满意的七个因素及其相互间的关系：欲望、感知绩效、期望、欲望一致、期望一致、属性满意、信息满意；欲望和感知绩效生成欲望一致，期望和感知绩效生成期望一致，然后生成属性满意和信息满意，最后导致全面满意。②满足需求并保证顾客满意：从关系营销的三部曲中可以看出，期望和欲望与感知绩效的差异程度是产生满意感的来源，所以，企业可采取下面的方法来取得顾客满意：提供满意的产品和服务；提供附加利益；提供信息通道。③维系顾客，创造顾客忠诚：市场竞争的实质是争夺顾客资源，维系原有顾客，减少顾客的叛离，要比争取新顾客更为有效。维系顾客不仅仅需要维持顾客的满意程度，还必须分析顾客产生满意感的最终原因，从而有针对性地采取措施来维系顾客。

根据建立的利益关系，销售人员和客户的关系可以分为如下四种类型：①外部人：不能满足客户的个人利益，也不能满足客户的机构利益。②朋友：能满足客户的个人利益，不能满足客户的机构利益。任何人都喜欢与志趣相投的人打交道，这是人的本能。这种朋友关系对销售产品极其有利。③供应商：不能满足客户的个人利益，但能满足客户的机构利益。作为供应商，赢得订单的依据是产品的性价比优势，也就是能够提供其他厂家无法提供的对客户更有利的产品。除非你的产品处于整个市场的垄断地位，否则这种供应商的角色是很难维持长久的。④合作伙伴：既能满足客户的个人利益，又能满足客户的机构利益。对销售人员来说，建立了合作伙伴关系就等于找到了固定的销售渠道和稳定的销售额。由此可以得出，销售人员需要既关注客户机构的利益，又关注客户个人的利益。

Parasuraman（帕拉休拉曼）和Berry（贝瑞）归纳了三种建立顾客价值的方法：一级关系营销（频繁市场营销或频率营销）；二级关系营销；三级关系营销。也就是关系营销的三级关系层次。

(1) 一级关系营销　通常，维持人与人，或者企业与企业关系的重要手段是利用价格刺激对目标公众增加财务利益。一级关系营销指企业通过价格和其他财务上的价值让渡吸引顾客与企业建立长期交易关系。如对那些频繁购买以及按稳定数量进行购买的顾客给予财务奖励的营销计划。

(2) 二级关系营销　二级关系营销指企业不仅用财务上的价值让渡吸引顾客，而且尽量了解各个顾客的需要和愿望,并使服务个性化和人性化,以此来增强公司和顾客的社会联系。它在建立关系方面优于价格刺激,能增加社会利益,同时也附加财务利益,主要表现形式是建立顾客组织,包括顾客档案,和正式的、非正式的俱乐部以及顾客协会等。

(3) 三级关系营销　三级关系营销指企业和顾客相互依赖对方的结构发生变化,双方成为合作伙伴关系,增加结构纽带,同时附加财务利益和社会利益。与客户间结构性关系的建立,对关系客户有价值,又不能通过其他来源得到,可以提高客户转向竞争者的机会成本,同时也将增加客户脱离竞争者而转向本企业的收益。在存在专用性资产和重复交易的条件下,如果一方放弃关系将会付出转移成本,关系的维持具有价值,从而形成"双边锁定"。

6. 实施关系营销的具体措施

(1) 关系营销的组织设计　为了对内协调部门之间、员工之间的关系,对外向公众发布消息、处理意见等,通过有效的关系营销活动,使得企业目标能顺利实现,企业必须根据正规性原则、适应性原则、针对性原则、整体性原则、协调性原则和效益性原则建立企业关系管理机构。该机构除协调内外部关系外,还将担负着收集信息资料、参与企业的决策预谋的责任。

(2) 关系营销的资源配置　面对当代的顾客、变革和外部竞争,企业的全体人员必须通过有效的资源配置和利用,同心协力地实现企业的经营目标。企业资源配置主要包括人力资源和信息资源。

人力资源配置主要是通过部门间的人员转化,内部提升和跨业务单元的论坛和会议等进行。信息资源共享方式主要是:利用电脑网络、制定政策或提供帮助削减信息超载、建立"知识库"或"回复网络"以及组建"虚拟小组"。

(3) 关系营销的效率提升　与外部企业建立合作关系,必然会与之分享某些利益,增强对手的实力,另一方面,企业各部门之间也存在着不同利益,这两方面形成了关系协调的障碍。具体的原因包括:利益不对称、担心失去自主权和控制权、片面的激励体系、担心损害分权。

关系各方环境的差异会影响关系的建立以及双方的交流。跨文化间的人们交流时,必须克服文化所带来的障碍。对于具有不同企业文化的企业来说,文化的整合,对于双方能否真正协调运作有重要的影响。关系营销是在传统营销的基础上,融合多个社会学科的思想而发展起来的。吸收了系统论、协同学、传播学等思想。关系营销学认为,对于一个现代企业来说,除了要处理好企业内部关系,还要与其他企业结成联盟,企业营销过程的核心是建立并发展与消费者、供应商、分销商、竞争者、政府机构及其其他公众的良好关系。无论在哪一个市场上,关系具有很重要作用,甚至成为企业市场营销活动成败的关键。所以,关系营销日益受到企业的关注和重视。

7. 关系营销的实施步骤

(1) 筛选合作伙伴　企业首先从所有的客户中筛选出值得和必须建立关系的合作伙伴,并进一步确认要建立关系营销的重要客户。选择重要客户的原则不仅仅是目前的赢利能力,还包括未来的发展前景。企业可以首先选择五个或十个最大的客户进行关系营销,如果其他客户的业务有意外增长也可入选。

筛选合作伙伴的程序有:

① 了解客户内部的采购流程,一般化工产品产业客户的采购流程可以分为:发现需求→内部酝酿阶段→标准准备阶段→评估阶段→购买承诺→安装使用。

② 建立客户内部的组织架构图,旨在对客户的决策层、管理层、基层等内部组织构架有个清晰的概念。

③ 分析客户内部的角色与分工,客户内部的角色可以划分为:决策者、使用者、影响者、内部战略同盟者(SPY)等,他们在采购过程中的作用是不同的。

④ 明确客户关系的比重,在不同的采购阶段,每个参与的角色的作用是不同的,因此,

相应阶段客户关系的比重也是有侧重点的。在发现问题阶段,发展与使用部门的关系就是此阶段的重点,而到了项目评标阶段,发展客户关系的重点就是转到了决策层方面。

⑤ 制定差异化的客户关系发展表,差异化的客户关系表是相对于竞争对手来说的。建立和发展与客户的关系,要在了解竞争对手的策略基础上,制定差异化的客户关系策略,突出本产品和服务的优势。

在化工产品的关系营销过程中,找对人比说对话更重要,如果不能有效地找到关键决策人,甚至客户的需求也没有解决,而只是一味找关系,靠吃、拿、卡、要、送等灰色营销的手段,长远来看是非常危险的。所以,有人针对市场化运作的机制,提出了在关系营销中务必执行"找对人,说对话,做对事"九字诀。

① 找对人就是在了解客户采购流程的基础上,在客户采购时找到每个阶段的关键人。优秀的销售人员能够在与采购方人员进行接触的有限时间内,迅速地识别出那些对推进销售进程具有影响力的关键人物,并努力与之建立良好的业务与个人关系。例如,在发现需求阶段,此时的关键人是使用者,而不是高层决策者;而在技术标准确定阶段,关键人就是技术人员;高层决策者在购买承诺阶段才起到决定作用,是这个阶段的关键人。

② 说对话是建立客户关系的基础,从开始的寒暄到观念认同,再到价值观达成一致,这些都需要销售人员说对话。没话题找话题;找到话题聊话题;聊完话题没问题,这是销售人员说对话的最高境界。

③ 做对事就是指了解客户的需求,有针对性制作方案或标书,关系固然重要,但是方案与标书也要不比竞争对手差才行。在实际项目销售的过程中,不可能只是在乎关系,而忽略你产品的性能。所以,人要做好,事情也要做对。

了解客户内部采购流程,是化工产品营销中说对话、找对人、做对事的前提。

(2) 指派关系经理　对筛选出的合作伙伴指派关系经理专人负责,这是建立关系营销的关键。企业要为每个重要客户选派干练的关系经理,每个关系经理一般只管理一家或少数几家客户,并派一名总经理管理关系经理。关系经理对客户负责,是有关客户所有信息的汇集点,是公司为客户服务的动员者,对服务客户的销售人员应当进行关系营销的训练。总经理负责制定关系经理的工作职责、评价标准、资源支持,以提高关系经理的工作质量和工作效率。

(3) 制订工作计划　为了能够经常地与关系对象进行联络和沟通,企业必须分别制订长期的和年度的工作计划。计划中要确定关系经理职责,明确他们的报告关系、目标、责任和评价标准。每个关系经理也必须制订长期和年度的客户关系管理计划,年度计划要确定目标、策略、具体行动方案和所需要的资源。

(4) 了解关系变化　企业要通过建立专门的部门,用以跟踪顾客、分销商、供应商及营销系统中其他参与者的态度,由此了解关系的动态变化。同时,企业通过客户关系的信息反馈和追踪,测定他们的长期需求,密切关注合作伙伴的变化,了解他们的兴趣。企业在此基础上,一方面要调整和改善关系营销策略,进一步巩固相互依赖的伙伴关系;另一方面要及时采取措施,消除关系中的不稳定因素,增加有利于关系各方利益共同增长的因素。此外,通过有效的信息反馈,企业将会改进产品和服务,更好地满足市场的需要。

二、化工产品的价值营销

价值营销,也称基于价值的营销,是企业对抗价格战的出路,也是企业真正成功的关键所在。价值营销是相对于价格营销提出的,它通过向顾客提供最有价值的产品与服务,创造出新的竞争优势取胜。

价值营销其实是从"营销"的定义发展和延伸出来的,它并不是对营销定义的颠覆和重构,而是从价值的管理的视角出发而形成的。我们认为,价值营销本质上就是"营销",营销实质上也就是对价值的"营销",价值交换是营销和营销管理的逻辑起点,也是终点。

现在的市场中，产品一滞销，大多数企业就认为是产品已经缺乏竞争力，急忙加大广告投入、提高促销力度、升级或淘汰产品等，最常用的方法就是降价。降价的确可以促进销售，但同时也失掉了利润，并且有可能对品牌的形象造成损害。而且，在今天这个同质化竞争十分激烈的市场中，你降价，竞争对手也跟着降价，甚至降幅更大时，价格这个有人称作"市场终极武器"的手段将失去作用，接下来你还拿什么武器出来？单纯的降价在今天的市场环境下已经显得低级且无力，那么，有什么方法可以在不降价的情况下达到促进销售的目的呢？

西方管理学中有一个"让渡理论"，这一点在本书第三章有过叙述，是指企业与客户在整个交易关系维持的生命周期里，减除吸引客户、销售以及服务成本并考虑资金的时间价值，即企业从该客户持续购买中所获得的利润流的现值。这就是价值营销的基本出发点，只是两者的供给关系发生了倒置，是指由生产企业提供给产品购买客户的价值。

价值营销强调企业能够满足顾客价值最大化的核心竞争力，这种竞争力来自于四个方面：①企业首先要有发现并选择顾客欲望与偏好的能力；②企业创造和赋予顾客价值的能力；③企业沟通和传递顾客价值的能力；④企业管理和实现顾客价值的能力。

企业需要确认能带来最大利润的顾客需求：①顾客不具有同等的价值；②顾客和市场应细分；③确认顾客与潜在顾客；④将需求类似的个人划分到同一细分市场。

1. 商品价值与购买成本的平衡

商品的整体顾客价值是指顾客在购买及消费过程中可以从某件商品上获得的包括物理属性与精神感受的全部利益。但是，某件商品中虽然有消费者想要的利益，可是其并不一定会去购买，因为还有一个重要的影响因素，那就是购买成本。消费者在决定购买并把商品放在"购物车"上之前，是要先在心中这个无形的天平上进行衡量的，天平的两端分别是购买成本与商品价值，当天平中购买成本一侧加重时，则很难达成交易；而天平倾向于商品价值时，交易则可以顺利达成。因此，只有商品价值与购买成本在消费者心中达到一种平衡或拥有更高的商品价值认定，消费者才可能购买。

消费者在购买选择时是围绕两种利益展开的，一是产品本身的核心利益，二是购买时间、地点、数量及品牌所带来的附加利益。整体顾客成本除了顾客所支出的货币成本，还包括购买者的预期时间、体力和精神成本。顾客让渡价值从数学意义上说，即是整体顾客价值和整体顾客成本之差。价值营销的核心就是增加顾客的让渡价值。这时我们可以绘制一张消费心理天平图，天平的一侧列出消费者购买商品可以获得的各种价值，另一侧则是顾客购买商品所要付出的各种成本。只要增加天平上商品价值一侧的筹码，同时减少各项顾客的购买成本，商品就会很容易销售出去。但是，增加商品价值与降低消费者的购买成本都会提高企业的经营成本。那么，如何在不提高经营成本或尽可能少提高经营成本的同时，提升商品价值并降低消费者的购买成本呢？

(1) 减少顾客购买成本　虽然由于行业的不同，消费者购买成本的构成也有所不同，但都包括下列四种：时间成本、体力成本、风险成本及选择成本。我们可以通过许多方法来降低或消弭这些成本，从而促进消费者的购买意愿。做好其中任何一项都可以抵消为顾客让出的那点货币上的购买成本，如果以上四点做得到位，即使提高销售价格，商品都会有好的销路。当然，如果遇到身经百战，唯"利"是图的顾客，对于这些价值上的让渡无动于衷的话，我们还需要提高另一项要素——商品价值。

(2) 提高商品价值　一件商品的价值不完全是由其物理属性决定的，更多的是由消费者的心理因素决定的，不管这个商品实际价值是多少，关键要看消费者心中对这个商品的价值认知是多少。

当一件商品的物理属性价值无法提升时，我们可以增加顾客对商品的心理价值筹码，使交易天平向商品价值一方倾斜，从而提高成交率。对于不同的行业，根据行业特点与自身情况，在市场营销中有六种基本的通用方法来提高商品心理价值：①塑造产品及品牌文化；②提升商品品位；③为商品注入感情；④巧设终端；⑤将价值说出去；⑥巧妙打折。

在价值营销中，营销者自己，并通过营销者的努力让顾客记住价值，忘记价格，那么价格对供需双方的纠结也将远去。

2. 价值营销的实际操作

价值营销就是给抽象的品牌赋予顾客可感知的价值，让品牌具有明确而实在的价值基础，并把价值表达出来，达成现实销售。所谓品牌，就是给消费者价值的承诺。

价值营销实际操作主要有四个步骤：价值发现、价值重估、价值匹配和价值点睛，这四个步骤各有侧重，又相辅相成。

（1）价值发现　价值营销的第一步就是对品牌价值作一个全面梳理，明确品牌的价值基础。首先，这需要对公司能力、品牌背景等都有透彻的了解，不能仅仅停留在表面的价值层面，还应该深入发掘，发现核心价值。

俗话说巧妇难为无米之炊，没有价值基础支撑的品牌，仅仅靠高明的营销手段是无法发展壮大的。所以树立品牌的价值体系，明确品牌的核心价值，是价值营销的第一步。也只有夯实品牌的价值基础，品牌的创建才能有据可依，势如破竹。

（2）价值重估　企业的价值从来都不是一成不变的，时代在变，环境在变，企业品牌价值发现的过程必然也伴随着一个价值重估的过程。在不同的时代和不同的"全球品牌网"环境中，对企业品牌价值衡量的侧重点也不相同，有时甚至有天壤之别。这就需要企业结合现实环境，甄别企业当前的核心价值，如实衡量品牌的价值存量。

重估的过程也是一个对企业自身观念和价值体系重估的过程。抛开企业旧有观念，一切以企业未来的发展出发，只有具有前瞻性的眼光才能真正地实现价值重估。

（3）价值匹配　企业的价值都是相对于顾客而言的，产品或品牌的价值就在于它能满足目标消费者的需求，所以企业在对自身价值有了全面的了解和掌握后，下一步就要了解并明确自己的目标消费者，有针对性地将品牌价值与目标消费者的真实需求相匹配。

价值匹配首要的就是建立以目标消费者中心的观念，一切以满足目标顾客出发，寻找顾客最需要的"突出价值"，将品牌价值与顾客需求相匹配，才能顺利连通品牌价值链。

（4）价值点睛　做好后台工作后，还需画龙点睛。将品牌价值与顾客的真实需求相匹配后，接着就要将价值表达出来，成为顾客可感知的价值。价值自己不会说话，价值点睛的作用就是用一句最简短的话点出品牌价值，并且能让消费者感知到，一语中的！

价值营销是系统性的工程，最后的点睛之笔事关整个工程能否实现惊险一跃，实现营销效果的最大化。价值点睛不是单纯的神来之笔，更多的是基于对品牌自身价值的熟稔和对目标消费者需求的洞察。

价值营销一直坚持认为：所有的顾客都是聪明的，价值营销就是倡导尽可能抛开一切包装炒作，以实实在在的价值赢取消费者。价值是品牌永恒的魅力，也是品牌发展的终极动力。价值营销就是要铸就铁打的品牌。

3. 价值营销的营销组合

企业实施价值营销，应在有形竞争和无形竞争上下工夫。有形竞争即实物（产品）含量竞争；无形竞争即环境、品牌和服务等竞争。企业要在产品质量、产品功能、开发能力、品牌形象等方面进行创新和提高，优化价值竞争的群体组合，实现创造价值经营，拉开与竞争对手的差异，不断创出新的竞争活力。围绕顾客价值的最大化，价值营销有以下营销组合：产品价值、服务价值、品牌价值、终端价值、形象价值。

（1）产品价值　价格战的起因之一是因为产品同质化太过严重，因此重整产品对顾客的价值，对产品进行差异化创新，是应对价格战的有效利器。通过产品创新，重整产品价值，摆脱产品同质化引起的价格竞争。其主要方法有：采用新技术，改进产品的质量、性能、包装和外观式样等。

（2）服务价值 通过服务增加产品的附加价值，在同类产品竞争中取得优势。在企业行为上作出严格要求，无论在什么地方，产品一到，服务就到了。

（3）品牌价值 从以产品为中心的营销转变为以品牌为中心的营销，有效避免以产品为中心的价格战。品牌不仅是企业的品牌，同时也是消费者的品牌，消费者往往从品牌的体验中感受到产品的附加价值，从而从感性上淡化产品的价格。

（4）终端价值 终端价值强调的是差异化的终端建设，通过超值的购买体验，强化客户终端价值，从而淡化价格对客户购买的影响。

（5）形象价值 在消费社会中，相对于商品的使用价值，其符号价值即形象价值越来越突出。一个商品的形象价值与它的实际使用价值往往并不成正比。从使用价值和交换价值的角度看，一个商品的价值中所包含的劳动价值可能很少，但当它作为某种符号、某种形象被消费时，最终体现为价格的价值就可能远远超过其使用价值和劳动交换价值，也就是说商品的符号价值、形象价值常常不受使用价值和劳动价值的约束。一些外观、涂覆效果都很相近的指甲油，有的几元钱，有的几十元，有的数百元的现象在化妆品市场常常可见。因此，在消费社会，商品的形象价值的创立、被认可、接受乃至流行，对于消费生产与消费活动来说都是至关重要的。

第五节　市场营销的科学管理

一、市场营销组织

市场营销管理是为了实现企业目标，创造、建立和保持与目标市场之间的互利交换关系，对设计方案实行分析、计划、执行和控制。市场营销管理的本质是需求管理。

市场营销管理过程是指企业为实现自身的任务和目标而发现、分析、选择和利用市场机会的管理过程（见图 5-6）。

市场营销组织是指企业内部涉及营销活动的各个职位及其结构。在理解其含义时应注意：并非所有的市场营销活动都发生在同一组织岗位；不同企业对其经营管理活动的划分也是有所不同的。市场营销组织的目标大体有三个方面：对市场需求做出快速反应；使营销效率最大化；代表并维护消费者利益。企业的市场营销部门随着市场营销管理哲学的不断发展有所变化，大致经历了单纯的销售部门、兼有附属职能的销售部门、独立的市场营销部门、现代市场营销部门、现代市场营销企业五个阶段。

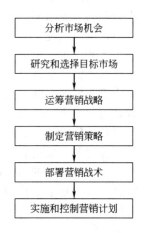

图 5-6　市场营销的管理过程

1. 市场营销组织的概念

市场营销组织是指企业内部涉及市场营销活动的各个职位及其结构。从事市场营销活动的机构都属于市场营销组织的管理框架内，但并非所有的市场营销活动都发生在市场营销组织的管理框架内。例如，在拥有很多产品大类的大公司中，每个产品经理下面都有一支销售队伍，而运输则由一位生产经理集中管辖。不仅如此，有的活动甚至还发生在不同的国家或地区。市场营销组织的范围是难以明确界定的，不同企业对其经营管理活动的划分也是不同的。例如，信贷对某个企业来说是市场营销活动，对另一个企业来说则可能是将其归属于会计活动。即使企业在其组织结构中设有正式的市场部门，但企业的所有市场营销活动也不一定全部是由该部门来完成的。

市场营销组织也被理解为各个市场营销职位中人的集合。由于企业的各项活动总是由人来承担,所以,对企业而言,人的管理比实施营销策略更为重要。从这种意义上来说,判断市场营销组织的好坏主要是指人的素质,而不单单是组织结构的设计,这就要求市场营销管理者既能有效地制定市场营销计划和战略,又能使下级正确地贯彻执行这些计划和战略。

2. 市场营销组织类型

为了实现企业目标,市场营销管理者必须选择合适的市场营销组织。一般地,市场营销组织可分为专业化组织和结构性组织两大类型。专业化的营销组织框架一般有以下四种类型:职能型组织、产品型组织、市场型组织、地理型组织。结构性组织的类型主要有金字塔型和矩阵型。

(1) 市场营销组织的结构形式

① 专业化营销组织类型　各类市场营销组织类型的框架结构虽然有所不同,但其构建目标都是为了有效地执行市场营销计划,实现企业发展目标。此处仅以框架图的形式简述如下。

a. 职能导向型组织是最古老也最常见的营销组织形式(见图 5-7)。它强调市场营销各种职能的重要性,把销售职能当成市场营销的重点,而广告、产品管理和调研职能则处于次要地位。其优点是当企业只有一种或很少几种产品,或者企业产品的市场营销方式大体相同时,按照市场营销职能设置组织结构比较有效。缺点是随着产品品种的增多和市场的扩大,这种组织形式会暴露出发展不平衡和难以协调的问题。

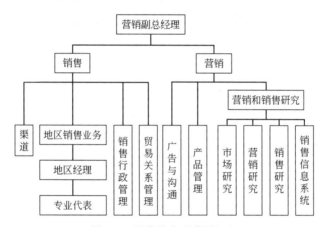

图 5-7　职能导向型营销组织

b. 产品导向型组织是在企业内部建立产品经理组织制度,以协调职能型组织中的部门冲突。在企业所生产的产品差异大、品种多,按职能设置的市场营销组织无法处理的情况下,建立产品经理组织制度是适宜的。基本做法是,由一名产品市场营销经理负责,下设几个产品大类经理,产品大类经理之下再设几个具体产品经理去负责各种具体的产品(见图 5-8)。这种组织形式的优点是产品市场营销经理能够有效地协调各种市场营销职能,并对市场变化做出积极反应。同时,由于有专门的产品经理,那些小品牌产品可能不会受到忽视。这种组织形式的缺陷是:多头领导,各个部门之间有可能存在冲突;缺乏整体观念。

c. 当企业所经营的是单一的产品大类,面对各种不同偏好的消费群体,以及使用不同的分销渠道时,建立市场导向型组织是可行的(见图 5-9)。它的优点是市场营销活动可以按照满足各类不同顾客的需求来组织和安排,有利于企业加强销售和市场开拓。其缺点与产品导向型组织类似:多头领导;责权不清。

d. 地域导向型营销组织见图 5-10。

企业的专业化营销组织只是从不同角度确立了市场营销组织中各个职位的形态,至于如何安排这些职位,还要分析组织结构与职位之间的相互关系。企业设计营销组织结构不是最终目

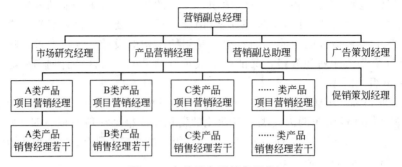

图 5-8　产品导向型销售组织

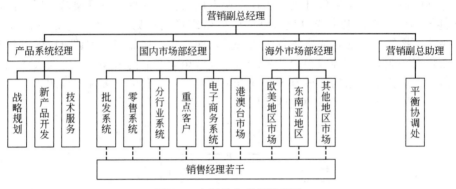

图 5-9　市场导向型营销组织

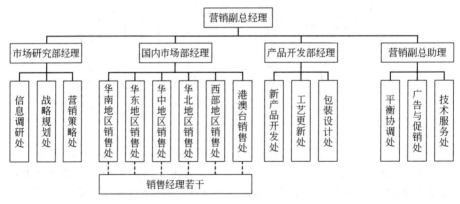

图 5-10　地域导向型营销组织

的,只是实现市场营销目标的一种手段。既然各个企业有着不同的目标、战略、目标市场、竞争环境和资源条件,因而就可以建立起不同类型的组织结构。

② 结构性组织类型

a. 在结构性的营销组织类型中金字塔是一种较为常见的组织结构形式。它由经理至一般员工自上而下建立垂直的领导关系,管理幅度逐步加宽,下级只向自己的上级直接负责。按职能专业化设置的组织结构大都是金字塔型。其特点是上下级权责明确,沟通迅速,管理效率较高。不过,由于每个员工(尤其是下层员工)权责范围有限,往往缺乏对总体市场营销状况的了解,因而,不利于他们的晋升。

b. 矩阵型组织是职能型组织与产品型组织相结合的产物,它以直线指挥系统为职能部门组成的垂直领导系统为基础,又建立一种横向的领导系统,两者结合起来就组成了一个矩阵。

在市场营销管理实践中，矩阵型组织大体分两种情形：

其一，企业为完成某个跨部门的一次性任务（如新产品开发），从各部门抽调人员组成由经理直接领导的工作小组来执行该任务，小组的有关人员一般受本部门和小组负责人的共同领导，任务完成后，小组撤销，其成员回到各自的岗位。这种临时性的矩阵型组织又叫小组制。

其二，企业要求个人对于维持某个产品或品牌的利润负责，把产品经理的位置从职能部门中分离出来并加以固定，同时，由于经济和技术因素的影响，产品经理还要借助于各职能部门实施管理，这就构成了矩阵。

c. 矩阵型组织加强了企业内部门间的协作，能集中各种专业人员的知识技能，同时又不增加编制，组建方便，适应性强，有利于提高工作效率。但是，双重领导、过于分权、稳定性差和管理成本较高的缺陷又多少抵消了一部分效率。

（2）市场营销部门与企业中其他部门的协调　为确保企业整体目标的实现，企业内部各职能部门应当密切配合。但实际上，各部门之间的关系常常表现为激烈的竞争和明显的不信任，其中有些冲突是由于对企业最高利益的不同理解而引起的，有些是由于部门之间的偏见造成的，还有一些则是由于部门利益与企业利益相冲突造成的。

在典型的组织结构中，所有职能部门对顾客的满意程度都有或多或少的影响。在市场营销观念下，所有部门都应以"满足消费者需求"这一原则为中心，市场营销部门更应在日常活动中向其他职能部门灌输这一原则。其他部门经常反对在工作中一切以顾客利益为中心。正如市场营销部门强调顾客满意这一点一样，其他部门也同样强调它们工作的重要性。显然，他们之间的冲突是不可避免的，市场营销经理有两大任务：一是协调企业内部市场营销活动；二是在顾客利益方面，协调市场营销与企业其他职能部门的关系。表 5-5 列举了市场营销部门与其他部门之间的可能发生分歧的主要偏差。

表 5-5　市场营销部门与其他部门可能发生的主要分歧

其他部门	其他部门的侧重点	市场营销部门的侧重点
技术开发部	基础研究：技术工艺先进	应用研究：适宜顾客使用
	内在质量：满足客户基本要求	直观质量：对使用有一定的容错性
	功能特点：符合定量检测的指标	销售特点：方便现场演示，立竿见影
	产品创新性：行业领先、填补空白	市场时尚性：性能标新立异、用户乐意接受
采购部门	产品线窄：供应渠道规范	产品线宽：市场流行什么就能销售什么
	原材料：批量采购、价格经济	原材料：质量稳定、大量采购以防断档、有时要即时采购适应顾客
	质量指标：有技术标准或能协议量化	质量指标：可能是笼统的（保障生产的产品达到样板性能）
生产部门	生产计划预置时间：长	预置时间：短
	长期生产有限的规格型号	短期生产多种型号且型号常变
	订货量：达到基本生产批量	依据客户需求，随订随产随供
	产品结构：简单	满足客户要求且造型美观
	质量控制：满足技术标准或协议要求，能快速检测判断	全面满足客户要求，质量"三包"甚至"多包"，尽善尽美
质检部门	质量检测标准或量化指标	达到样板性能（笼统）
	确保产品出厂时是合格	在用户使用终了前一直符合要求
会计财务部	支出：按计划严格控制	根据销售环节的需要确定支出
	预算：刚性	弹性
	定价：着眼于补偿成本，适当高利润	着眼于市场开拓和稳定，有利于扩大销售
	货款：严格控制托收，最好款到发货	针对不同客户，实行有差异性的货款回笼策略

二、市场营销计划及其执行

市场营销计划是指根据对市场变化趋势的分析判断，对企业未来市场营销行为进行的超前筹划。它具有明确的目的性、系统性、超前性、可操作性和调适性。其作用是强化营销目标，加强针对性，提高营销活动的计划性，降低营销费用。

1. 市场营销计划

市场营销计划是企业基于现有市场形势和机会的分析上，对未来一定时期市场营销活动所制定的方针及具体的行动策略方案。主要有八项内容。

① 计划概要：对拟订的计划给予扼要的综述。

② 当前营销状况分析：提供有关市场、产品、竞争、分销以及宏观环境的相关背景资料。

③ 机会与风险分析：明确本企业的市场营销目前所面临的问题和存在的机会。

④ 拟订营销目标：是企业营销计划的核心内容，在市场分析基础上对营销目标做出决策。计划中应建立财务目标和营销目标，包括销售量、利润和市场份额等目标要用数量化指标表达出来，要注重目标的实际性、合理性，并应有一定的开拓性。

⑤ 营销策略：包括目标市场选择和市场定位、营销组合策略等。明确企业营销的目标市场是什么市场，如何进行市场定位，确定何种市场形象；企业拟采用什么样的产品、渠道、定价和促销策略。

⑥ 行动方案：指出将要做什么，何时开始，何时完成，谁去做，费用多少，具体说明每一时期应执行和完成的活动时间安排、任务要求和费用开支等。

⑦ 营销预算：开列实质性的预计盈亏表，实施本计划的财务收支预期情况。

⑧ 控制措施：指明如何监控计划的实施，对营销计划执行进行检查和控制，用以监督计划的进程。

制订计划需要收集的资料有：企业概况、利润和成本、产品、市场结构、市场的倾向和趋势、市场份额、销售和推销、销售方法、包装和运输、价格、用户或消费者的态度、产品市场生命周期、竞争性活动、竞争性产品、市场需求状况、政府方面的因素。

企业营销计划的类型按计划时期的长短可划分为长期（5年以上）计划、中期（1~5年）计划和年度短期计划。按涉及的范围可划分为总体营销计划和专项营销计划。按计划程度可划分为战略计划、策略计划和作业计划。

2. 编制市场营销计划的步骤

编制市场营销计划的具体步骤见图5-11。

3. 市场营销计划的执行

市场营销计划执行是将市场营销计划转化为行动方案的过程，并保证计划的完成，实现计划的既定目标。

(1) 执行市场营销计划的步骤和技能　市场营销计划的执行过程大致有五个步骤：①制定行动方案；②建立组织结构；③设计决策和报酬制度；④开发人力资源；⑤建设企业文化和管理风格。

为了有效地执行市场营销方案，企业的每一层次（即市场营销职能、市场营销方案、市场营销政策等）都必须善于运用四种技能：①配置技能，指市场营销经理在职能、政策和方案三个层次上配置时间、资金和人员的能力；②调控技能，包括建立和管理对市场营销活动效果进行追踪的控制系统；③组织技能；④互动技能，指经理影响他人把事情办好的能力。

(2) 市场营销计划执行过程中容易出现问题的原因

① 营销计划缺乏制度保障　营销计划被当作是纸上的内容，实际过程中缺乏具体的要求。营销计划不仅是一种方法体系，同时也应该是一种制度体系，也就是说营销计划一旦执行，就必须按照相应的要求来加以保障。现实中很多企业在实施营销计划时并没有落实到具体的制度上，一方面营销人员找不到开展工作的规范，无法衡量自身业绩的好坏，另一方面部分人员只

是满足于现状，不能按照要求开展工作。

② 营销计划执行缺乏绩效考核的约束　在企业的实际运作过程中，绩效考核制度是企业的基本治理制度，其他职能性的治理制度都要在此基础上发挥作用。在营销计划执行过程中，都是营销治理职能在起作用，而要充分发挥这些职能，使营销计划有效执行，就必须将绩效考核制度与营销计划的完成效果结合起来，这样才能使营销人员可以对自己的绩效进行评估，否则营销计划的执行将缺乏规范性。

③ 营销计划缺乏过程治理　营销计划执行时只重视结果，而不重视达成结果的过程。在营销计划的执行过程中，往往最受关注的是一些硬指标，比如销售额、铺货率、知名度等，但是还有一些其他的软指标，比如市场价格体系、市场秩序、与竞争对手的对比等往往会受到忽视，也就是说在营销计划执行时，缺乏对执行过程进行系统地治理，就算达到了硬指标，软指标中存在的问题也会对企业造成根本性的伤害。

④ 营销计划执行过程中缺乏整合和协调　营销计划执行的各部门各自为战，主要表现在各个职能部门之间，如市场部门和销售部门、销售一线和销售后勤部门等，这在很大程度上依靠于营销组织架构的合理，假如组织架构落后于企业发展的要求，就会限制营销计划的有效执行。不同部门对营销计划的理解不同会造成企业内部的沟通渠道不通畅，对于营销计划实施效果的衡量标准不统一。执行过程中缺乏统一的协调，是指在营销计划执行过程中，缺乏一个领导部门来推动整个计划的进行，各部门的本位主义比较严重，

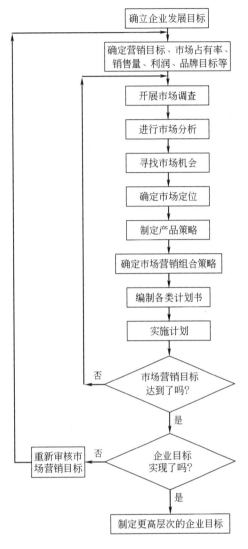

图 5-11　编制市场营销计划的步骤

职能性的部门结构影响到了企业整体业绩的实现，比如对于多产品结构的企业而言，对于不同种类的产品总是缺乏治理的，各个部门只是注重各自一块职能工作的完成，而对于一个产品的发展过程却缺乏一个综合的治理，从而造成各个部门的专业优势并没有转化为企业的整体优势，有可能还会造成企业资源的损耗和业绩的衰退。

⑤ 业务流程不合理　营销计划执行过程中，业务流程过于复杂，造成企业的反应速度降低，运作过程效率低下，使营销计划的时效性不能体现。执行过程中的审批环节过多，一方面造成对市场机会的丢失，另一方面影响了营销人员积极性的发挥，对营销计划执行的有效性也不能充分保证。执行过程中各部门的业务分配不合理，部门之间的职能分配模糊，没有贯彻提高效率的最大化原则，在营销计划执行过程中出现专业技能不够或者是承揽了过多职能的情况，使营销计划无法得以有效执行。

⑥ 企业分支机构对区域营销计划缺乏系统性　区域营销人员的专业技能有欠缺，对总部下达的营销计划无法进行进一步规划，对整个区域市场缺乏整体性的计划，对各个小区域之间也缺乏系统的拓展计划，造成整体营销计划一到下面就开始变形，无法真正落实。区域人员注

重结果而不注重过程,由于部分企业的销售政策导向是以销售量为核心,因此区域人员也会只注重结果而不关心过程,他们采取的措施都是短期内提高销量,是否能满足营销计划的战略要求则不在考虑之中。

(3) 营销计划的动态调整

① 滚动式的营销计划　营销计划制定后,并不意味着就一成不变,而要根据市场的变化主动对营销计划进行调整,这就需要对营销计划进行分解,包括月度分解和区域分解,这样才能既保证营销计划的稳定性,又能保证营销计划的适应性。滚动式营销计划需要从部门和制度上加以保障,要有专门的职能部门对营销计划的执行状况进行评估,并对各区域的营销计划进行综合平衡,这样才能使营销计划可以保持整体性的动态发展。滚动式营销计划执行的核心就是：先"由大到小",再"由小到大"。也就是先从年度计划、季度计划、月度计划到周计划,然后再从周计划、月度计划、季度计划到年度计划,前一个阶段是对营销计划的整体性进行掌控,后一个阶段就是通过富有层次的滚动执行和调整,来达到对整个营销计划在适应性方面的保障。

② 对市场态势的即时判断　对竞争环境判定,既包括整个大环境,又包括各区域的小环境,由于不同企业的市场重点不同,资源的投入也有差异,造成不同区域之间的竞争环境各有特点,因此营销计划的执行也不能一刀切,应该根据不同区域市场竞争环境的差异进行相应调整,使营销计划符合实际状况;对行业趋势的判定,某些行业的发展趋势变化很快,而各区域之间行业的发展是不平衡的,因此营销计划在执行过程中根据行业发展状况的分析,提出相应的应对措施,使营销计划能符合行业在不同发展阶段的特点;对消费趋势的判定,消费趋势指的是消费心理和消费行为模式的变化趋势,比如现在超市和卖场等现代零售业态的迅速发展,使消费者的行为模式发生了很大的变化,以前买东西是在批发市场、批发点和百货商场,现在买东西大多数都是在超市和卖场,因此一份加强批发通路建设的营销计划,就只能是用于传统行业为主的市场,在发达城市,就必须对这类营销计划做出调整,使之适应当地零售业发展的现状。

③ 对区域性营销计划的强化　企业的区域性组织是营销计划实施的基础部门,关系着营销计划能否真正执行到位,而且这又是最接近市场变化的层面,因此只有强化区域营销计划的执行效果,才能使营销计划真正达到动态地调整。强化区域营销计划的执行效果,也就是提高分支机构对营销计划实施的系统性,一定要规定区域做好营销计划的分解工作,真正发挥区域执行营销计划的能动性,使营销计划在实施过程中提高针对性。

④ 营销计划动态调整的稳定性　动态调整在不同层次上各有不同,营销计划强调适应性和针对性,并不是说可以任意对营销计划进行调整,应该在不同层次上进行不同程度的调整。对全国性计划、省级计划、地区计划而言,要分别体现各自层面上市场的共同特点。因此,动态调整是通过体现不同层次上的差异,是一种在共同性基础上的调整,既考虑了各区域市场的特点,又保持了统一的共性。动态调整是在稳定性基础上的调整,动态调整除了以上提到的层次性,还有时间性的问题,而时间性就构成了营销计划的稳定性,也就是说动态调整并不是可以随时对营销计划进行调整,同样,也要反映一年、一季、一月或一周的共性,同时还要兼顾各种共性之间的协调,从而在整体上保持一种动态、平衡的发展。

三、市场营销控制

市场营销控制是指市场营销管理者经常检查市场营销计划的执行情况,查看计划与实际是否一致,如果不一致或没有完成计划,就要找出原因所在,并采取适当措施,以保证市场营销计划的完成。在市场营销管理的"计划→实施→控制"三个过程中,控制是最后的一个环节,也是不可或缺的一个重要环节。控制的目的在于保证市场营销计划不走偏,使市场营销的结果与市场营销计划的预期相吻合。

市场营销控制有四种类型：年度计划控制、赢利能力控制、效率控制以及战略控制和市场营销审计。

1. 年度计划控制

年度计划控制指企业在本年度内采取控制步骤,检查实际绩效与计划之间是否有偏差,并采取改进措施,以确保市场营销计划的实现。

年度计划控制的主要目的是:①促使年度计划产生连续不断的推动力;②控制的结果可以作为年终绩效评估的依据;③发现企业潜在问题并及时予以妥善解决;④高层管理人员可借此有效地监督各部门的工作。

年度计划控制的四个主要步骤:①制定标准;②绩效测量;③因果分析;④改正行动。

年度计划控制的五种方法:①销售分析;②市场占有率分析;③市场营销费用对销售额比率分析;④财务分析;⑤顾客态度追踪。

2. 赢利能力控制

考察赢利能力的指标有以下几个:

$$销售利润率 = \frac{本期利润}{销售额} \times 100\%$$

$$资产收益率 = \frac{本期利润}{资产平均总额} \times 100\%$$

或

$$资产收益率 = \frac{税后息前利润}{资产平均总额} \times 100\%$$

$$净资产收益率 = \frac{税后利润}{净资产平均余额} \times 100\%$$

赢利能力控制是把企业实际获利分解到各销售区,考察每个销售区的获利能力,并根据各销售区的获利能力确定哪些地区应该扩大发展,哪些地区应该缩减,哪些地区应该放弃。

仅从获利能力分析,大力扩大发展获利能力最强的销售区,对于销售额低,获利能力最差,甚至出现亏损的销售区就做缩减或淘汰,这样也是不尽合理的。如果某销售区是新开发的区域,近两年虽然亏损,但其销售额在逐年增长,亏损逐年下降,也可以考虑继续做下去。

获利能力控制也可以把企业实际获利分解到各个产品,考察每个产品的获利能力,并根据每个产品的获利能力确定哪些产品应该扩大发展,哪些产品应该缩减,哪些产品应该放弃。

3. 效率控制

效率控制的主要方式包括:①销售人员效率控制;②广告效率控制;③促销效率控制;④分销效率控制。

4. 战略控制

战略控制是指市场营销管理者采取一系列行动,检查公司是否在市场、产品和渠道等方面找到最佳机会,使实际市场营销工作与原计划尽可能一致,在控制中通过不断评审和信息反馈,对战略不断修正。

战略控制的主要方式有:营销效率等级评核、营销审计、营销杰出表现与公司道德和社会责任评价、顾客哲学、整合营销组织、足够的营销信息、战略导向、工作效率。

课外阅读与思考

扬子石油化工股份有限公司精对苯二甲酸(PTA)产品市场营销策略研究

绪 论

一、公司概况

扬子石化股份有限公司属于中国石化集团公司的核心企业,是国家特大型企业,是中国六大石油化工基地之一。扬子石化公司主要从事石油炼制及烃类衍生物的生产加工和销售。拥有800万吨原油，180万吨重油年加工能力，65万吨乙烯，105万吨精对苯二甲酸（PTA），140万吨芳烃，47万吨聚乙烯，40万吨聚丙烯，30万吨乙二醇，9万吨醋酸的年生产能力。2006年末形成固定资产93亿元，总资产199亿元，年销售额418亿元，资产负债率38%。

二、PTA产品简介

扬子石化公司的诸多产品中，精对苯二甲酸（以下均简称PTA）产品起着举足轻重的作用，公司效益近1/4来源于该产品，对PTA产品市场营销策略的研究直接关系着扬子公司的发展，是十分必要也是非常重要的。PTA产品是生产聚酯、长短涤纶纤维等化纤产品的主要原料。PTA与二元醇经酯化、缩聚或酯交换缩聚而制成聚酯。由于聚酯具有优良的物理化学和机械性能，应用范围极为广泛，其制品不仅与日常生活中的吃、穿、用息息相关，而且关系到工业、农业、国防以及相关的现代科学技术发展。以前聚酯绝大多数用作纺织纤维，近年来非纤维产品的发展也十分迅速，其在聚酯产品中的比例逐年增大（如软饮料瓶、农用薄膜、啤酒瓶、胶片片基、工程用材等）。聚酯生产扩大的同时，加速了聚酯原料PTA生产的发展。

三、产业背景材料

我国聚酯原料生产始于20世纪50年代，80年代起有了较大的发展。在早期的聚酯生产过程中主要使用DMT为原料，但这样制成的聚酯产品成本较高，此方法现已逐步淘汰，而用PTA作为聚酯原料，生产成本低，而且工艺流程短，生产出的产品质量高，故目前聚酯的生产主要采用PTA作为原料。我国从20世纪80年代开始随着五大乙烯装置的引进，也相继引进三套PTA生产装置及相应的聚酯和聚酯纤维生产装置。随着我国国民经济的发展加快，人民生活水平的提高及出口纺织品的增加，市场对化纤原料的需求在迅猛增加。由于供需矛盾突出，使得PTA价格居高不下，生产企业可获得较好的利润，国内化纤原料PTA不能满足下游生产的需要，每年从国外进口大量的PTA原料，同时高利润促使该行业投资加大。90年代中期世界尤其是亚洲地区的韩国、中国大陆和中国台湾地区的化纤行业进入一个新的发展时期，供需矛盾得到缓解。当新增能力在1996年前后形成生产能力后，化纤产品和PTA的价格一路下滑，市场逐步由卖方向买方转变，竞争在逐步加剧。随着1996年亚洲金融危机的影响，韩国、日本、中国台湾等亚洲主要PTA和聚酯及其纤维生产国或地区内需求大幅度萎缩，以致供大于求，这些地区的厂家急于摆脱财务危机，开始向其他地区低价销售其产品，中国大陆市场是其主要目标。

我国是亚洲地区PTA、聚酯及其纤维的最大消费国，前些年我国下游装置比上游装置发展相对快一些，原料PTA显得不能满足国内聚酯行业的需求，按理说国内PTA市场应好一些，但由于现在市场经济全球化，国外PTA和聚酯厂家利用其价格优势和营销管理手段加上国内民营企业投资PTA行业，目前已形成产量对市场的冲击。我国国有企业的化工化纤生产企业由于受计划经济模式影响，企业的重点长期放在生产上，而不太关注市场，对市场缺乏研究、分析和预测，营销管理落后，当经营环境变化市场竞争趋于激烈时企业的生产经营出现危机，企业效益大幅下滑甚至亏损。

扬子石化股份有限公司的PTA装置和仪征化纤公司聚酯生产装置原先是配套引进的，由于历史原因，被人为分割开隶属于两个企业，以至于扬子公司现只有PTA生产装置而无聚酯生产装置，这在全国六家PTA生产厂家中是唯一的。扬子的105万吨PTA产品要全部对外销售，这在目前占有国内PTA销售60%以上市场份额（不含进口），整个国内35%市场份额。由于市场变化，尤其是进口PTA的冲击，加上扬子公司缺乏对市场的研究，扬子PTA在1996年初以后销售形势日趋严峻，多次出现产销不平衡，库存积压严重，最大时达10万吨，占据了大量流动资金，企业一度陷入困境。与此同时，PTA进口量每年都在几十万吨以上。面对激烈的市场竞争，尤其是国外PTA产品的进入，公司迫切需要制定一套能适应市场竞争的营销策略。

第一章 外部营销环境分析

PTA产品营销策略与外部环境有着密切的关系，外部环境的变化与发展必然会给PTA产品的营销带来机会或威胁，因此通过对PTA产品营销外部环境的分析与评价，可以清楚地了解外部正在发生或者可能发生的变化，从而保持充分的警觉性，随时做好迎接挑战、把握机会及回避威胁、降低风险的准备。

一、亚洲产需贸易比例上升

2006年世界PTA产能达3422.1万吨/年，表观消费量达3145万吨，同比分别增长8.5%和6.2%，由于当年新增产能较多，开工率由96%下降至94%。

目前，亚洲是全球PTA最主要的生产基地，而北美和西欧地区的生产能力远远低于亚洲，2006年上述三个地区PTA产能分别为2485万吨/年、529万吨/年和318万吨/年，分别占世界总产能的72.6%、15.5%和9.3%，亚洲所占比例较2005年提高约1个百分点，而北美及西欧的比例则均略低于2005年。亚洲地区PTA的高速发展主要来自中国大陆及中国台湾和韩国地区的增长，2001～2006年这三个地区产能分别增长了411万吨/年、163万吨/年及110万吨/年，分别占亚洲地区新增生产能力的49.0%、19.4%和13.1%。

在众多PTA生产企业中，全球排名前十位的生产企业产能合计约为2060万吨/年，约占世界产能的60%。BP公司排名第一位，其PTA产能较2005年增加32万吨/年，达到约737.6万吨/年，同比增长4.5%；中国石化集团的PTA产能达到258.4万吨/年，居第二位。随着中国石化下属企业一系列装置的扩建及新建，其PTA产能将继续有较大幅度的提高。另外，亚洲地区中国台湾、日本、印度及韩国等国家及地区PTA生产企业的产能位于世界前列。上述PTA生产企业多拥有自己的专利技术，如BP等，在世界较多地区建有独资或合资企业，且装置规模较大。

世界PTA的消费也集中在亚洲、北美及西欧地区，2006年上述三个地区消费量分别占世界总消费量的74.4%、14.0%和7.2%，亚洲消费所占比例较2005年提高1.3个百分点，而北美及西欧的比例则均略有下降。近年世界PTA需求的快速增长主要来自于聚酯的需求旺盛。

世界PTA主要贸易量集中在亚洲地区，2006年进出口量分别占世界总量的71.1%及65.9%；西欧地区则分别占14.6%及20.1%；北美地区分别占5.9%及11.3%。北美及西欧地区是世界PTA主要净出口地区，而亚洲、中南美、非洲和中东欧是主要净进口地区。从近几年世界PTA的贸易趋势来看，亚洲地区贸易量占世界总贸易量的比例逐年上升，西欧地区略有下滑，而北美地区呈下降的趋势。

目前，世界PTA主要用于生产聚酯，占PTA总消费量的98%以上，而PTT（聚对苯二甲酸丙二醇酯）与PBT（聚对苯二甲酸丁二醇酯）的工业化生产规模较小，目前PTA的需求量仅约40万吨。未来几年世界PTA工业仍将快速发展，预计2010年世界PTA产能将超过4952万吨/年，新增产能主要来自亚洲地区，尤其是中国、印度、泰国等国家的新增生产能力较多。中东、北美及西欧等地的新建计划不多，PTA生产能力增速相对较缓。而未来世界PTA的消费结构变化不明显，用于生产聚酯的比例仍将超过98%。

二、国内供需增长迅猛

1. 生产

随着厦门翔鹭石化企业有限公司、中国石化仪征化纤股份有限公司、珠海碧阳化工有限公司、浙江华联三鑫石化公司及浙江逸盛石化公司等企业PTA新建及扩能项目的投产，我国PTA行业迅猛发展，2006年总产能达到595.9万吨/年，产量约为556万吨，分别较2005年增长 32.3%和 25.7%。

我国 PTA 几乎全部用于生产聚酯。由于聚酯工业的迅猛发展，尤其是东南沿海地区民营企业的迅猛发展，使得我国 PTA 需求一直保持着快速增长的势头。2006 年我国聚酯产量约 1400 万吨，消费 PTA 约 1200 万吨，用于生产 PBT 等工程塑料的 PTA 消费量仅约 5.1 万吨。

2. 进口

虽然我国 PTA 产能迅猛增加，但由于下游聚酯需求旺盛，PTA 进口量逐年增加。据海关统计，2006 年我国 PTA 进口总量 649.1 万吨，较 2005 年增加约 77 万吨，进口约占国内表观消费量的 54%。

2006 年我国以一般贸易方式进口的 PTA 达到 512.5 万吨，约占进口总量的 79.0%，所占比例较 2005 年下降约 12 个百分点；来料加工贸易方式进口约为 82 万吨，约占进口总量的 12.6%，比例较 2005 年上升 8 个百分点；其他贸易方式如保税仓库货物及保税区转存的进口比例也提高约 4 个百分点。近年我国民营企业新建聚酯项目较多，对 PTA 的需求量大。由于这些民营聚酯企业基本都没有上游装置，其所需的原料 PTA 只能依靠进口，所以我国 PTA 的进口企业中大多为民营及合资企业，主要集中在东南沿海地区。

2006 年我国 PTA 的进口主要来源于周边国家及地区，其中韩国、中国台湾、日本、印尼、泰国和沙特的进口量合计占 PTA 进口总量的 95.9%，而近年我国从北美地区进口的 PTA 逐年减少。

近年来，我国 PTA 的进口主要集中在东南沿海地区，主要由于这些地区是我国的聚酯生产基地。2006 年我国进口 PTA 较多的省市主要为浙江省、江苏省、上海市和山东省，分别约占我国 PTA 进口总量的 40.1%、33.4%、13.5%及 3.1%，其中江苏省进口较 2005 年增加约 95 万吨，所占比例上升 12 个百分点。

3. 市场走势回顾

自 2004 年下半年开始，国际市场原油价格逐渐攀升，原料成本居高不下、下游需求较旺等因素都使得 PTA 产品价格呈现稳步上升的趋势，2004 年 10 月达到当年最高价格顶峰，而后在年末有所下滑。2005 年我国 PTA 产品价格呈现出稳步上升的趋势：1~10 月，受经济快速增长、原料供应紧张、下游需求旺盛及原油价格不断振荡攀升等因素的推动，我国 PTA 市场价格开始大幅上升，呈现明显的上扬趋势；随着 10 月底国际原油价格的开始下滑、石化景气周期逐步进入下降期、下游产品价格的回落等因素使得年底 PTA 市场价格也逐步下滑，但仍处于一个高位。2006 年我国 PTA 整体价位高位震荡，在 7 月份经历了价格低谷后逐步反弹，年底又略有下滑。2006 年我国 PTA 平均出厂价格为 8084 元/吨，与 2004 年 7709 元/吨的平均价格相比上涨 375 元/吨，同比增长 4.9%。

2007 年初，随着国际原油价格的波动，我国 PTA 市场价格也从 1 月份的 7500 元/吨，直线飙升至 8400 元/吨；进入 3 月份，国内 PTA 价格小跌至 8200 元/吨附近，并保持到 5 月份。

三、2008 年前市场仍偏紧

1. 自给率将大幅上升

未来几年，我国 PTA 行业仍将快速发展，预计 2006~2010 年我国将新增 PTA 产能 920 万吨/年，2010 年总产能将达 1510 万吨/年以上，表观消费量将达到 1670 万吨，当量消费量约 1650 万吨。随着我国 PTA 新增生产能力的投产，我国 PTA 的缺口将会逐渐缩小，预计 2010 年 PTA 缺口约 160 万吨，自给率将超过 90%。

2. 新建计划集中在东南沿海

2006~2010 年，根据已知新建、扩建计划，我国将新增 PTA 生产能力 920 万吨/年，新增的产能除中国石油辽阳石化分公司和济南正昊化纤新材料有限公司的 2 套装置外，其他都集中在东南沿海地区，如厦门翔鹭石化公司、仪征化纤股份有限公司、珠海碧阳化工公司、浙江华联三鑫石化公司、远纺工业（上海）有限公司、张家港三井化学公司、宁波三菱化学有限公司、重庆涪陵PTA项目、福建石狮市佳龙石化纺纤有限公司、大连逸盛大化石化公司及江苏江阴汉邦石化公司等。

3. 需求结构变化不大

预计2010年前，我国PTA主要用于生产聚酯的现状仍不能改变，而PBT对PTA的需求量仍较小。

4. 2008年前价格保持高位

PTA作为聚酯的原料，其价格变化主要受原料成本、下游需求及供应变化的影响，处在世界石化景气周期的不同阶段也表现出不同的市场特点。近几年，世界经济逐步向好，拉动了需求的迅速增长，国际市场原油及石脑油的价格大幅上扬，使得国际市场烯烃价格逐步上升，带动了各下游产品如环氧乙烷、PTA等产品价格的走高。预计今后1~2年，国际市场原油价格仍将处于较高价位，将支撑下游产品的价格。

2008年以前，全球聚酯行业仍将高速发展，尤其是亚洲的新建聚酯装置较多，将拉动世界PTA需求的快速增长。而PTA新增能力多数在2008年才能建成，因此2008年前PTA供应仍偏紧，PTA价格将处于偏高价位。但2008年后，随着新建装置集中投产，市场供应能力大幅提高，加上市场的景气程度可能下降，PTA价格走软的可能性较大。预计未来几年，随着石化景气周期的结束，下游石化产品价格将出现一定程度的下降并将带动PTA价格随之下调。

四、主要竞争对手分析

扬子公司PTA销售的主要对手来自于国外，而且主要是美国的阿莫柯公司和亚洲的韩国、日本和中国台湾，这可以从近年来世界PTA市场格局的变化和中国化纤市场的起落看出。

1. 美国阿莫柯公司

作为世界最早实现PTA工业化生产的企业，美国阿莫柯公司在其几十年的生产与发展中，不断创新和完善技术，成为PTA生产中拥有主要专利技术的公司。它通过技术专利的输出，来实现产能和市场份额的增长目的，在世界各地（主要是亚洲）建起了多家合资公司。如扬子、仪化、燕化及珠海的PTA专利技术皆为阿莫柯专利，在亚洲的韩国、印尼、马来西亚、印度，美洲的墨西哥、巴西，在欧洲的比利时等都建有阿莫柯公司的合资企业。目前，阿莫柯在美国国内拥有最大的PTA生产能力，为226.5万吨/年，占美国国内PTA总产能的64.3%，如包括其海外合资企业的产能，将近605万吨/年，占世界总产能的1/4，年出口量近百万吨。

1993年，正是由于阿莫柯公司的竞争，扬子PTA的主要用户拒绝接受扬子PTA而购买阿莫柯公司产品，迫使扬子PTA装置停产9天，造成1000多万元经济损失。1999年，也是由于阿莫柯公司的合资企业率先低价倾销，致使扬子PTA产品销售受阻，造成严重涨库，也造成很大经济损失。

美国阿莫柯公司的战略目标就是成为全球PTA生产和供应的领导企业，拥有全球的最大市场份额。其技术能力、人员素质、产品质量、生产成本均是世界PTA行业的领先者。因此，美国阿莫柯公司现在和将来均是扬子PTA生产和销售的强劲有力的竞争对手。

2. 台湾企业的全面竞争

从1992年起，台湾的聚酯纤维产量跃居世界第一位。其PTA的产量也随之同步增长，目前，台湾的PTA产能已达年270万吨，居世界第三位。

台湾岛内聚酯纤维需求有限，约15%的PTA和56%的纤维用于出口，因而很大程度上依赖海外市场。由于地域、文化等原因，台湾的PTA和聚酯纤维的出口对象主要就是大陆市场,南方沿海口岸的众多走私PTA多来自台湾。由于台湾企业具有规模优势、工艺技术优势、营销能力强、资金雄厚,产品在质量和成本上有较大竞争优势,所以其进入中国市场就迫使国内的化纤装置降低开工率,从而直接影响对PTA的需求,也就是说对扬子PTA销售形成了较大的间接影响。因此,在今后的国内PTA市场上,台湾的PTA和其下游聚酯纤维生产企业均是扬子PTA销售的主要竞争对手。

3. 日韩企业的竞争分析

韩国在20世纪90年代大力发展聚酯行业,1998年产量已达425万吨。和台湾相似,韩国国内需求也有限,约90万吨PTA用于出口,中国和韩国仅一海之隔,传统的经贸极多,所以中国的大市场成为其首选目标,竞争策略主要是采取低价倾销。日本PTA行业发展已处于成熟期,一直就是亚洲传统的PTA出口国,每年有50万吨出口。日本产业人士预测由于东南亚各国石化工业发展及韩国的挑战,将来日本PTA出口的市场只有中国。从1998年中国PTA进口国来看,日本仅次于韩国,占中国国内市场份额的15%,中国国内PTA市场价格在日韩两国产品的低价倾销下,不断走低,已严重损害了国内厂家的利益。所以韩国、日本的PTA生产厂家是目前和将来扬子公司PTA的主要竞争对手。

五、机会与威胁分析

外部环境分析的目的就是找出企业在市场中的机会和面临的威胁,这对制定进入市场的策略是十分重要也是必不可少的步骤。

1. 机会

石化工业是国家支柱产业,我国打击走私力度加强,反倾销法已颁布实施,当前我国的产业政策有利于PTA行业健康发展。

中国人口众多,仍是世界最大聚酯纤维消费国,中国国内正掀起新一轮聚酯扩建热,目前国内PTA需求仍不能满足下游聚酯的需要,近期看,需求仍呈明显上升趋势,非聚酯纤维用PTA需求也在快速增加,中国PTA市场在今后几年仍被看好。

中国正加大国企改革力度,扬子石化、仪化公司、上海石化、天津石化正并入中国石化工业产业重组行列,昔日的国内竞争对手有望成为合作伙伴,因而抵御国外竞争者的竞争力有望大大提高。中国加入WTO,加上扬子公司PTA取得ISO 9002证书,为今后扬子PTA站稳国内市场,进军国际市场创造了良好的机遇。

2. 威胁

周边国家和地区PTA产能过大,国外竞争对手时刻伺机进入中国市场。中国国内市场受到走私和低价倾销严重威胁。加入WTO后,关税进一步降低,产业保护有限甚至取消,为国外产品进入中国市场提供了机会,对国内企业却形成很大威胁。

原油涨价,带动原料涨价,从而增加了PTA制造成本,影响了PTA产品竞争力。未来几年,国内PTA产能发展可能过快,PTA需求状况有可能改变,影响今后PTA市场走势和竞争状况。

由于技术、资金原因,聚酯和纺织业技术落后、产品结构不合理现象短期内难有大的起色,下游装置走出困境有待时日,这影响了对PTA的需求。

第二章 内部营销环境分析

通过分析扬子石化公司PTA产品市场外部经营环境,可以发现公司所面临的市场特点、机会和威胁。但公司能否拥有在机会中成功所必需的竞争能力,就必须定期分析自己的优势与劣势,从而做到扬长避短与扬长补短,这对制定有效的营销策略是至关重要的。下面通过分析扬子公司企业内部的经营环境,从而找出扬子PTA产品相对于竞争对手的优势和劣势。

一、组织能力

1. 企业发展战略

扬子石化公司自1983年成立以来一直比较重视自身与外部环境的关系,有着较完备的发展战略。在计划经济为主体的时代,就制定了走"油、化、纤"一体化发展战略。在市场经济发展的时期,又做出迅速的反应,提出了"机制转换快、发展后劲足、竞争能力强、经济效益好"的经营指导思想,并提出要积极适应市场经济发展要求,走国内国际市场一体化的市场之路,以竞争求发展,以发展促竞争,在战略的制定上具有前瞻性和指导性。

2. 决策能力

扬子石化公司有一个能干、富有创新能力的决策机构。最近几年,一大批国有企业陷入亏损困境,而扬子公司却连年赢利,在石化集团首屈一指,1998年取得了赢利9亿元的骄人佳绩,1999年赢利6亿元。扬子公司决策层面对多变的外部市场环境,及时研究应变策略,着眼于挖掘内部潜力,以财务管理为中心,全面实施内紧外拓计划,对内精打细算压成本,对外面向市场要效益,狠抓供应销售两条链,控制生产转换环节,采取强制办法紧缩一切费用开支,千方百计挖潜增效。但由于受管理体制约束,公司决策尤其是投资决策反应速度还较慢,受制于集团公司和政府部门,往往好事多磨错过良机,这还不能完全适应今后市场发展的需要。

3. 管理体制

管理体制是企业生存与发展的一个决定因素。体制必须适应企业战略的要求,体制优化才能调动各方面积极性。根据扬子公司发展和竞争的需要,实施了三步走的战略:第一步,建厂初期为适应联合化大生产的要求,建立"一级法人、三级管理、六个统一"的集中管理体制,缩短管理链,为稳定生产打下了坚实的基础。第二步,实行一厂三制,1994年通过改组和资本运作,优化内部资源,调整产业结构,组建了包括12个集体企业的实业总公司,与德国巴斯夫公司合作成立了扬巴苯乙烯系列有限公司,实现国有、集体、中外合资三种经济成分共同发展,公司整体实力进一步壮大。第三步,以建立现代企业制度为目标,1998年将生产、供销等系统的优质资产重组、改制,创立了扬子石化股份有限公司,母体同时改制为有限责任公司,形成扬子有限责任公司和扬子股份有限公司母子公司协调运作的体制,呈现出产品经营、资产经营并举的格局。

4. 人力资源状况

扬子石化公司现有职工1万多人,其中专业技术人员约3000人,从事生产人员3800多人,人力资源较为丰富,人员素质较高。扬子公司也比较重视人力资源的综合开发,结合生产经营和企业发展实际,每年都有计划对职工和管理人员进行多方位多层次的教育和培训。近几年来,公司为培养高层次跨世纪专业和复合型人才,还选送了多名年轻生产和业务骨干进修工程和管理硕士学位。但是,和国外同类型大公司和竞争对手相比较,扬子公司的人员结构不太合理,年轻人较集中,缺乏梯度,专业人才过分集中,影响才能的发挥,人员内部流动性差,影响职工的积极性,也不利于人才的培养。再一个就是国企的共同问题,人员过多,人浮于事,人工成本过高,管理费用大,办事效率低下,这影响了企业的竞争力。

5. 企业文化

企业文化包含了企业的物质文化、制度文化和精神文化,其核心是精神文化。企业文化是一个企业的精神和灵魂,是全体职工共享的价值、思维、行为的体现,它渗透于企业的各个职能活动领域之中。扬子石化公司从成立之初就比较重视企业文化的建设,经过十几年的努力,公司物质基础已得到很大的发展和壮大,从当初固定资产60多亿元,发展到现在150多亿元,职工的生活水平有了很大提高。制度文化是一个企业物质文化和精神文化建设的纽带和保证。扬子公司在十几年的时间内,建立并健全了各项规章制度,并坚持每年两次岗位责任制大检查,极大地提高了企业经营管理水平。在精神文化建设上公司每年都根据公司发展的特点,在职工中深入开展主题教育活动,如1998年提出了"我为扬子增效益,我为扬子求发展"。1999年提出了"我和扬子闯市场"的主题教育,层层传递压力,把来自产品市场和资本市场的压力转变为全体职工自觉创新的动力,引导职工树立与企业同呼吸共命运的主人翁责任感。目前扬子公司已形成了具有自己特色的良好企业文化氛围。

二、资金能力

从扬子石化股份有限公司2006年提供的年度财务报告可看出,截至2006年12月31日,3个月以内的货币资金余额0.39亿元,应收票据25.39亿元。应收账款6.57亿元,其中中石化股份公司所属单位4.69亿元、关联单位1.32亿元。其他应收款19.69亿元,其中99.5%为中石化股份公司所属单位欠款。存货33.75亿元,其中51.2%为原材料。公司总资产高达199.37亿元。

2006年公司经济效益继续保持较高水平,全年实现主营业务收入459.15亿元,实现利润23.32亿元,效益继续排名中石化股份公司炼化企业首位,公司净资产收益率达到14.32%,流动比率2.52,速动比率1.54,公司资产负债率18.31%。

生产运行不断取得突破,聚乙烯、丁二烯、对二甲苯、PTA等产品产量创年度历史最高水平。针对商品量大、产品市场波动大的特点,公司按照"紧贴市场,全产全销,努力卖出当期最好价格"的策略,完善产品营销业务流程和价格机制,建立产销衔接例会制度,加大促销力度,提高产品直销率,基本实现了产品全产全销,完成了资金的快速周转。各项投资进展顺利,公司发展跨上新台阶,特别是公司二轮改造的全面完成、合资合作事业的蓬勃发展,为公司持续发展提供了保障。

三、生产能力

扬子公司PTA装置1987年引进,1989年投产时已进行了一次设计修改,投产时的技术水平达到20世纪80年代中期水平,1994年完成装置达标考核。1995~1997年完成了从45万吨到60万吨的扩容改造。2006年PTA3#线建成投产,产能达到105万吨/年。目前,装置生产技术水平和生产规模接近或达到20世纪90年代国际同类装置水平,扬子PTA装置拥有世界上最大的小包装包装能力。

经过十几年的生产实践和技术消化吸收,装置的生产技术管理、设备运行和维护保养及工人操作熟练程度都达到相当高的水平。技术、管理水平的提高,带来了产品成本的大幅下降,目前扬子公司的产品质量和成本在国内居领先地位,1998年PTA产品通过国际质量认证验收,取得ISO 9002证书,这无疑提高了产品在市场上的竞争力。

四、营销能力

1. 营销观念

营销观念是企业从事营销活动时用以解决各种营销问题的指导思想,它贯穿于企业营销活动的全过程。一个企业的营销观念是系统观念、市场观念、效益观念、竞争观念、创新观念、信息观念、人才观念、时间观念、合作观念的高度统一。一个企业营销思想正确与否,对一个企业的前途和命运起决定性作用。

在扬子石化公司PTA生产初期,由于产品全部送往仪化,营销观念表现为生产观念。一切按计划组织生产,销售靠国家安排。当1996年PTA市场出现滑坡时,营销人员由于平时不重视市场调研,信息不灵,面对突变的市场行情束手无策。决策层受上级下达的效益指标约束,不能果断做出降价决策,指望市场会反弹,结果一等再等,坐失良机,让国外PTA产品乘虚而入,大量挤进国内市场,而本公司产品大量积压,生产装置被迫减产,经营者不得不到处奔波拉客户,举行临时应急措施搞推销,在激烈竞争面前相当被动。

经过3年市场经济的锻炼,扬子公司决策层提出了"以用户为中心,以效益最大化为目标"的营销指导方针，着重在服务用户、扩大销售和占领市场上下工夫，把握市场主动权，以销定产，适时增产赢利产品，努力提高产销率和市场占有份额。公司营销观念已由生产观念转到市场观念上来。

2. 营销体系

扬子 PTA 销售是由其专业销售公司承担。PTA 生产厂产出合格产品转交供销公司，供销公司为客户安排运输或客户自己负责运输。生产、销售、运输是各管一方的独立平行单位，使得营销活动的规划、组织、控制等活动过程较长，影响了信息传递速度，给客户也带来了诸多不便，使得公司管理层花较多时间与精力从事各相关部分协调，从而使得企业的营销在适应市场上缺乏灵活性，生产销售活动也缺少活力，营销策略的制定与实施存在不少障碍。

在供销公司内部组织结构上，为适应市场撤消了原来的销售科，而按产品划分成几个产品部，每个部由一名副经理主管，PTA 和其相关产品对二甲苯、醋酸、乙二醇同属聚酯部。与此同时由 PTA 生产单位抽调 8 名工艺工程师充实 PTA 营销队伍，但以目前看，营销人员缺乏营销管理知识和技能，营销人员素质有待提高。

从最近几年的营销业绩来看，PTA 产品在国内外聚酯行业有较大的知名度。扬子公司 PTA 产品覆盖面广，市场份额占 50% 以上，几乎国内所有聚酯厂家都使用过扬子 PTA。扬子 PTA 产品质量稳定可靠，达到国际先进水平，受到客户一致称赞。

但是，扬子公司销售策略缺少灵活性，销售经常处于被动地位，尤其在产品定价效率上有待提高。另外对营销决策影响较大的市场信息的掌握和分析研究有待加强。

五、优势和劣势分析

1. 优势

（1）规模优势　扬子 PTA 目前在国内是最大的生产厂家，和国际上同类装置相比也势均力敌，规模优势明显。规模优势带来的是产品生产成本相对较低，从而提高了产品在市场上的竞争力和赢利能力。

（2）资源优势　作为扬子公司主产品的 PTA，依托公司现有配套设施，其生产用公用工程供应有保障，原料和辅助材料供应可靠，经营资金有保障，拥有各种专业人才，有一支技术过硬的机、电、仪维修队伍。

（3）品牌优势　扬子公司 PTA 产品 1998 年取得了 ISO 9002 证书，其产品多年来获得过江苏省名牌产品、部优产品称号。出厂产品达到 100% 优级品，在客户中有很高的知名度和信誉。近年来，其产品还有少量进入欧亚市场。

（4）地理、交通优势　扬子公司坐落在江苏省南京市大厂区，长江之畔，我国经济最发达的华东三角洲内。由此水陆交通十分方便，公司有自己的万吨级水运码头（码头设有海关）和运输船队及火车专线（和全国干线铁路网相连接），这使得扬子公司地势优越、交通便利，产品辐射能力强，与外界联系便捷、紧密。优越的地理条件、快捷的交通工具，使得扬子 PTA 产品外运成本低，从而更广泛地赢得客户。

2. 劣势

（1）垂直一体化不够　扬子公司 PTA 上游原料供应充足（自给），但没有下游配套聚酯装置，在国内是唯一的。当仪化发展了自己的 PTA 生产装置之后，扬子 PTA 面临的市场压力就凸显出来，因而存在着很大的后虑。纵观国内外的同类装置，几乎都拥有自己的聚酯装置，垂直一体化程度高，所以他们既可以通过产品的深度加工获取更高的利益，又可以通过一体化来回避市场的竞争。扬子 PTA 垂直一体化程度不够，使得扬子 PTA 不能充分发挥最佳规模经济效益，易受到市场的冲击。

（2）工艺技术水平不高　尽管扬子 PTA1989 年和 1995 年两度进行了大规模技术改造，现有技术水平只相当于国际 20 世纪 90 年代初的水平。由于装置关键部位受到限制，未做大的改动，只是扩大了生产规模，因而物耗、能耗和环保指标与当今世界先进水平相比还有不少差距，与最近几年国内刚刚引进的PTA装置相比技术水平也处于劣势。

(3) 成本相对较高　由于技术水平低于国际先进水平，加上组织结构不合理、管理水平落后，造成人工费用和管理费用偏高，尽管装置规模优势明显弥补了一些技术和管理上的不足，但总的来说和国际先进水平和国外大的竞争对手相比还有一些差距。

(4) 营销力度有待加强　由于扬子公司PTA的产、供、销各为一体，产品销售环节较多，给客户带来一定的困难和不便。PTA产品在售后技术服务环节上还欠缺，专业销售人员素质有待提高，以市场为导向、顾客第一的思想认识，公司上下还有待进一步提高。再者，在PTA产品市场管理上也缺乏必要的手段，尤其是市场的信息收集、整理和研究还不够。另外对主要竞争者的动向注意不够，也没有针对性对策，以致国外PTA产品在国内倾销时处于被动地位。

第三章　目标市场的选择

分析企业内外部环境是为了弄清企业所处的营销环节状况，找出市场机会、威胁，以及本企业相对于竞争对手的优势和劣势，也是为企业制定或选择适合自己的市场营销策略提供服务。选择合适的市场营销策略，需要对企业所处的市场进行进一步细分，从而选定目标市场，并为本企业及其产品在目标市场上确定其竞争策略，这是占领市场、战胜竞争对手、取得立足点和进一步发展的重要环节。

第一节　市场细分和目标市场的选择

企业的目标市场是指那些既能充分发挥本企业优势，又能满足消费者需求，并能取得良好经济效益的产品销售市场。一个企业目标市场的选择是否适当、准确，直接关系着企业的兴衰成败。企业在选择目标市场时，一般都采用市场细分的方法。

一、市场细分

市场细分就是根据消费者的需求、购买动机和习惯的差异，把市场划分成不同类型的消费群体的过程。由于扬子PTA产品属工业类的聚酯原料，尽管其可用作纤维、薄膜、制瓶、工程材料的原料，但其性能要求无大的差别。目前，世界上PTA行业只有单一品种，所以下面主要以地域和用户类型进行市场细分。

1. 按地域进行市场细分

由外部经营环境分析可知，我国国内PTA市场处于发展中，PTA仍不能满足国内需求，而国际市场尤其是亚洲市场相对过剩严重，所以扬子PTA产品销售主要是国内市场，国外市场只能伺机进入。国内PTA的销售市场地域性极强，江苏、上海、浙江一带和沿海地区由于其经济发达，化纤行业也较其他地区发展快，PTA、聚酯及其纤维消费量大。中西部地区则几乎没有大的用户。

2. 按产品用途进行细分

PTA按其用途分，国际上主要有四个方面的市场应用：聚酯纤维75%，瓶用15%，薄膜7%，工程用料3%。目前，PTA的非纤维化应用研究正处于发展阶段，应用范围越来越广泛，包装瓶用和薄膜用的比例增加较快，如日本的瓶用和薄膜用占聚酯用量的40%。我国的非纤维应用开发虽然较晚，但发展较快，目前占聚酯总产量12%，约35万吨/年。由此可见，在未来PTA需求中，聚酯纤维在我国仍将占主要地位，非纤维市场也具有较大的潜力。

3. 按用户大小、类型进行细分

在我国，聚酯工业起步于20世纪70年代，发展于80年代末90年代初，其装置规模大小不一，从一千吨到几十万吨均有，而且能形成规模的大型企业屈指可数，绝大多数为中小规模的企业，由此形成大用户数量极少、用量极大，中小用户数量很多、用量较少的特点。

按照用户实际需求量大小,将用户进行如下分类。特大用户:年需求PTA量在10万吨以上;大用户:年需求PTA量在1万~10万吨;中用户:年需求PTA量在3000吨以上1万吨以下;小用户:年需求PTA量在3000吨以下。

扬子PTA的特大用户,其年需求量约占扬子PTA年销售量的50%,大用户需求量约占30%的销售量,中用户占15%的销售量,小用户只占5%左右。

另外,从扬子PTA用户持续时间来细分,可分成两类:传统用户和临时用户。传统用户是从扬子PTA销售之始一直对扬子PTA有着品牌的忠诚度,不论市场行情如何,一直对扬子PTA情有独钟,保持长久的产需关系。临时用户则是因自身生产或流通获利的某些需要,或者是新建装置等,从而形成的临时需求。传统用户与扬子PTA一起经历了市场的考验,对稳定扬子PTA销售起到关键作用,临时用户中则存在着可发展成传统用户的潜在大用户。

二、目标市场选择

根据国内PTA存在较大缺口、竞争程度低于国际市场的特点,扬子石化公司PTA目标市场的选择策略是:站稳国内市场,重点发展同特大用户及大中用户之间的良好业务关系。站稳国内市场有三个层次:站稳并巩固江浙地区市场;巩固并发展南方沿海地区市场;发展北方市场。国内目标市场的选择主要依据如下:

1. 三大市场具有足够的市场容量

上述三大市场容量超过全国总容量的90%。江浙沪一带作为中国聚酯中心,也是扬子PTA的传统销售地区。该地区离扬子很近,交通网发达,公路,铁路运输时间不超过24小时,水路运输也不超过72小时,可以为客户进行最快捷服务。由于客户花费较少的运输等购买成本,扬子公司也可节省销售费用,所以买卖双方都将对方作为首选对象,扬子PTA的特大用户和大中用户多分布于此。南方沿海地区内没有PTA,以往相当一部分用户使用进口PTA。扬子PTA产品质量完全能与进口PTA媲美,甚至超过进口PTA,只要在销售上采取灵活应变策略,就可以击败进口PTA产品,从而巩固和发展该地区市场份额。

2. 三大市场发展潜力较大

我国将聚酯及其纤维产品列入今后10年重点发展对象,重点改造20个化纤基地,而这些基地基本上都在这三大市场内,今后几年每年需求增长率都在5%左右。

3. 扬子公司PTA在这三个市场中具有较大的竞争优势

由前面的分析可知,扬子公司从人力、物力、财力及管理上都具备进入这三个市场的能力,而且有较明显的竞争优势。

第二节 目标市场策略

企业在经过市场细分、评估各个细分市场、发现值得进入的细分市场,并选择了自己的目标市场后,就应该具体研究以什么样的策略和手段最大限度地满足目标市场的需求,以达到企业预期的经营目标。企业开拓目标市场策略主要有三种:无差异市场营销策略、差异性市场营销策略和密集性市场营销策略。

扬子PTA在国内市场存在多个地域性的细分市场,同时每个细分市场也存在不同规模和类型的客户,每个细分市场具有其自己的特点。因此,扬子石化公司PTA的市场策略应以差异性市场策略为主体来面对不同的市场和客户。

一、地域层次策略

扬子PTA在国内有三大地域性市场:江浙沪一带市场;南方沿海市场;北方市场。针对这三个市场,采用的策略有:

1. 江浙沪地区市场策略

作为扬子PTA核心营销市场,扬子公司应投入最大的营销人力、物力,摸清市场容量和客户需求,在营销策略上灵活运用,满足顾客尤其老客户的需求,从而稳定现有市场,力争进一步扩大用户使用扬子PTA的规模。

2. 南方沿海市场策略

这是扬子PTA今后市场发展的重点地区。该地区市场空白较多，容量较大，扬子公司应时刻把握进口市场行情，仔细研究国外竞争对手策略，及时制定相应对策，从进口市场中抢份额，力争使现有市场有大的发展，形成一批持久的、利益共享的老客户。

3. 北方地区市场策略

该地区由于新增产能的相继投产，市场发展潜力较大，扬子应加大促销服务力度，重点发展大中型用户，以抢占新兴市场的份额。

二、推行关系营销-客户规模策略

扬子石化公司现在每年有105万吨PTA进入市场，不远的将来还将扩容35万吨，如此多的PTA产品进入市场，如果没有稳定的市场和客户做保证，企业将面临巨大的市场风险。避免风险的最佳途径就是推行关系营销策略，形成相当数量的稳定的有较大规模的忠诚的老客户，尽最大可能发展新的稳定客户。关系营销是个人和群体通过创造及同其他个人和群体交换产品和价值的同时，创造双方更亲密的相互依赖关系，以满足社会需求和欲求的一种社会的和管理的过程。关系营销的实质是在市场营销中与各关系方建立长期稳定的相互依存的营销关系，以求彼此协调发展，因而必须遵循以下三个原则：

1. 主动沟通原则

在关系营销中，各关系方都应主动与其他关系方接触和联系，相互沟通信息，了解情况，形成制度或以合同形式定期或不定期碰头，相互交流各关系方需求变化情况，主动为关系方提供服务或为关系方解决困难和问题，增强伙伴合作关系。

2. 承诺信任原则

在关系营销中各关系方相互之间都应做出一系列书面或口头承诺，并以自己的行为履行诺言，这样才能取得关系方的信任。承诺的实质是一种自信的表现，是维护和尊重关系方利益的体现，也是获得关系方信任的关键，是公司保持与关系方融洽伙伴关系的基础。

3. 互惠原则

在与关系方交往过程中必须做到相互满足关系方的经济利益，因为各营销关系方都是经济利益的主体，在市场上地位平等，必须做到互惠。

依照上述三大原则，扬子公司应针对不同类型和规模的客户，有重点地推行关系营销策略。

特大用户策略：建立战略伙伴关系，具体讲目前就是针对仪化公司。两公司过去隶属两个系统，如今经过国家产业和资产重组，归属同一个系统，加上地理位置十分相近，这为建立战略联盟创造了十分有利的条件，在过去十几年里双方已建立了长期伙伴关系。扬子公司今后的策略就是加强服务和沟通，对双方敏感的价格采取协商办法，找到双方利益的平衡点，同时引入价格竞争机制，随行就市，实行优惠政策，让仪化公司感到扬子公司就是自己的原材料仓库，如果要改变供应商要花费高昂的成本。

大用户策略：建立核心联盟。具体讲就是在三个市场上和6万吨/年以上产能的较大聚酯生产厂家建立长期供货合同，并从价格到数量给予优惠和保证。定期走访用户，提供服务并倾听用户的意见，增强彼此的信赖和合作，从而形成联盟式的互惠关系，共同抗击市场风险。

中、小用户策略：建立松散联盟。具体讲就是严格选择可靠的能长期合作的中间商，通过中间商和中小用户建立一种长期的供货关系，扬子公司定期通过中间商了解客户的需求，有针对性提供服务，从而保持对中小用户的影响力，对有条件发展成大用户的客户，适时纳入核心联盟。

第四章 扬子PTA产品市场营销组合策略

企业在选择了目标市场并确定其位置后,针对目标市场的需求特点,怎样充分利用企业的资源,扬长避短,趋利避害,制定最佳营销方案,以达到预期的目的,这在很大程度上取决于市场营销组合策略的成功与否。

为贯彻执行扬子公司提出的"以用户为中心,以效益最大化为目标"的营销方针,积极扩大用户市场,把握长远主动权,努力提高产销率和市场份额,扬子PTA产品在市场中的定位应确立为市场领先者。为确立市场领先者地位,扬子PTA在产品上力求做到:质量稳定、一流;价位合理、有竞争力;交货方便、迅捷、安全。在代表公司形象的销售服务上,力求做到诚信、周到,体现顾客至上的服务宗旨。要达到这个市场定位目标也需要运用多方面的营销策略,有时甚至需要企业的整个营销组合策略来完成。

市场营销组合策略包括产品策略、价格策略、销售渠道策略、促销策略(具体见图1)。

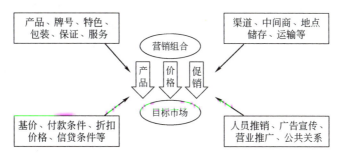

图1 市场营销组合示意图

第一节 产品策略

产品是市场营销组合因素中最重要的因素。产品策略其核心问题是要通过做出与产品有关的计划与决策,以适当的产品和服务来满足目标市场的需要。我国目前PTA产品市场处于产品生命周期中的成长期,改进和完善产品、树立产品形象在该阶段显得尤为重要。作为扬子,为确定其行业领先者地位,必须从产品整体概念出发,在产品策略上做好如下四个方面工作。

一、品牌

扬子石化公司的PTA在销售之初,按照要求进行了商标登记,拥有了自己的商品名称"扬子牌PTA",它的图案设计采用扬子石化的企业标记,六角形苯环和大江之上展翅的海鸥(扬子首写字母YZ的艺术化字体)。扬子公司对所有产品从一开始就采取统一品牌策略,即企业标记加产品名,这样一方面产品借助公司的信誉扩大影响,另一方面公司可以凭借产品提高企业知名度和形象。事实上,"扬子牌PTA"在已开拓的市场上享有很好的商誉,获得江苏省"知名商标"、中石化"部优"产品称号。

扬子PTA不满足现状,注意维护得来不易的名牌形象,并注意保护这一宝贵的企业无形资产,在品牌上继续推行"名牌"战略,具体讲就是全员树立质量意识,全方位、全过程按照ISO 9002质量体系标准,保证产品质量始终一流水平,并通过产品销售使之深入到客户思想中。同时注意国际注册,谨防国际竞争对手抢先注册,影响扬子PTA今后开拓国际市场。扬子近中期的目标是要成为国内首选品牌,中远期目标就是要在世界市场上树立起与美国阿莫柯具有抗衡能力的形象,成为世界PTA行业著名品牌。

二、包装

包装是整体产品中的有机组成部分,是直接影响产品质量和市场营销的重要因素。对PTA产品而言,包装的作用就是保护产品,便于运输、储存。PTA产品是一种粉末状的固体产品,对杂质含量要求极高,因而对产品的包装要求很高。为防止产品污染和受潮,包装过程要求在充氮密闭系统中进行,而且在运输、储存、卸料过程中包装不能破损。针对扬子PTA现有包装条件和市场及用户状况,扬子应采取如下策略:对于汽车能当天来回的建有长期供货合同的大客户(约250公里范围内),采取专用汽车槽车形式送货上门(大包装,每车20吨),每年约有40万吨大包装量,节约了大量包装袋费用。对于路途远的客户采取吨包装,吨包装要保证牢固、防潮(定点加工包装袋),便于卸料,品牌鲜目,写明注意事项,并在每个包装袋上注明批号(附系好标签),客户购买时,尽量发出同一批号包装,并附送该批号质量报告。

三、销售服务

市场营销理论强调服务是产品不可分割的组成部分,销售服务是伴随着产品一起提供给顾客的附加利益。销售服务是提高企业声誉和产品竞争能力的重要手段,独特的服务,可以形成产品差异,为树立企业形象和产品形象奠定基础。

扬子石化PTA用户分布较广,大、中、小用户均有,过去营销人员来自生产部门极少,对PTA的性能与用途了解不全面,对用户没有销售方面的服务,侧重于将产品销售出去。为此扬子公司PTA必须尽快建立起销售服务系统,采取"走出去、请进来"的方法,和用户间建立起最直接的网络、电话联系。

售前服务:公司销售部门广泛了解收集PTA生产、客户、行业发展等有关方面资料和信息,建立PTA产品规范的数据库,实行数据库营销管理。通过数据库给新客户提供技术咨询和技术资料,回答客户提出的各种有关销售方面的问题,促使客户放心购买扬子的PTA产品。

售中服务:销售部门应提供开票、装车、称重、发货一条龙服务,减少环节,以最省时、最快捷的方式将高质量PTA产品送到顾客手中。

售后服务:销售部门充分利用用户数据库,加大售后服务力度。根据用户的反馈,及时处理各类问题,减少用户损失,维护企业声誉。具体做法是:①定期走访用户。采取流动服务方式,通过设立专职销售工程师(人员来自PTA生产装置)定期访问用户,了解用户的要求和存在问题,及时反馈到有关部门,并输入用户数据库。②售后服务承诺。对用户碰到的问题,立即予以解决。③定期召开用户会。向用户介绍扬子PTA的发展和世界聚酯行业的动向,并讨论双方共同关心的问题。

四、产品组合

扬子公司产品系列中有三种产品和PTA产品相关,即客户在购买PTA的同时,很大程度上需要购买这些产品。这三种产品是乙二醇、对二甲苯、醋酸。特别是乙二醇产品,几乎所有PTA客户都用它(PTA和乙二醇缩聚反应生成聚酯),扬子乙二醇目前也是全国产能最大的生产装置,所以扬子公司销售部门应交由一个部门统一管理,销售这几种关联产品,从而互相促进销售,开拓新的市场,发挥产品组合优势。

第二节 价格策略

价格是营销组合中唯一能创造收入的因素。价格也是市场营销组合中最灵活的因素之一,它能适应市场需求的变化进行迅速的改变。对一个企业市场营销而言,定价和价格竞争是其面临的最重要的问题。

一、PTA价格构成要素

(1)制造成本 包括对二甲苯、醋酸、催化剂等一系列主辅原材料,公用工程消耗,环保、折旧及包括销售在内的各项管理等费用。

(2)流通费用 产品交付给客户流通过程中发生的一些环节费用,如运费、保险费、包装费等。

(3)税金。

(4) 利润　PTA 完税价格＝制造成本＋流通环节费＋税金＋利润

二、影响 PTA 定价的主要因素

(1) 成本因素　生产成本是价格的重要组成部分，是价格构成的主体，生产成本在价格中的地位，决定了成本变化对价格的制定有重大影响，制订价格必须以生产成本为经济界限。目前的 PTA 产品市场处于低迷阶段，多数企业处于保本点附近，由于价格是由市场决定的，成本高低是能否获利取得竞争优势的关键，所以 PTA 价格的制订，更要重视成本因素，也就是价格决策者要充分重视生产成本的管理工作，把不断降低成本作为经营管理的重要内容，长期不懈地抓下去。另外，当前 PTA 价格的制订要注意原材料价格的变化，尤其是原油价格上涨带来的成本上涨。

(2) 市场供求关系　价格与供求的关系非常密切：价格影响着供求，供求也影响价格。如果供求基本平衡，价格就能基本稳定；供不应求，价格必然上涨；供过于求，价格必然不降。1998 年，由于进口 PTA 产品冲击，我国国内 PTA 市场状况显现出严重供过于求，PTA 价格一路下滑，经过中国政府打击走私，限制进口及刺激内需等措施，目前及今后一段时期国内 PTA 的供求基本平衡，扬子 PTA 价格的制定应充分考虑这个因素，灵活定价。

(3) 市场竞争因素　市场竞争程度对产品价格有直接影响。市场竞争激烈，产品价格一般定得较低，以利于在竞争中取胜。市场竞争程度比较弱，即垄断程度较高时，价格一般定得比较高，以期获得超额利润。从国内 PTA 市场的竞争状况来看，目前仍然处于竞争比较激烈状态，只不过比 1998 年略有好转。竞争主要来自国外竞争对手，尤其是国外走私、低价倾销行为对国内 PTA 价格影响很大，所以扬子 PTA 在制订价格时要重视这些因素，制定相应对策。

三、扬子 PTA 产品的定价目标

科学地确定定价目标是选择定价方法和确定价格策略的前提和依据。企业的定价目标主要有如下四类：①利润导向，包括利润最大化目标、预期利润目标、适当利润目标；②销量导向，包括保持或扩大市场占有率、增加销售量（额）；③竞争导向，企业定价时关注竞争对手采取的定价政策；④生存导向，企业销路不畅，面临危机时，临时将维持生存作为企业定价目标。

上述四类定价目标实际上体现了企业不同的战略意图和出发点，在实际操作中，往往是结合当时的市场特点、供求关系、竞争状况的变化情况来灵活采用，是各种定价目标的有机统一。扬子公司 PTA 的长期定价目标就是要保持和提高市场占有率、增加销售量、发挥规模优势，其宗旨是以追求企业长期利润最大化为目标，可以说是利润和销量导向的有机组合，但也不排除短期定价采取竞争和生存导向。如 1996 年扬子 PTA 销售不畅，库存高达 10 万吨，公司出现财务危机时，为了生存需要就大幅降价销售，削减库存；又如，当 PTA 大量进口，市场竞争激烈时期，扬子 PTA 定价目标应以竞争为导向。

四、扬子 PTA 产品的定价方法

市场营销理论认为，产品的最高价格取决于产品的市场需求，产品的最低价格取决于该产品的成本费用，在最高价格和最低价格幅度内，企业对产品价格制订的高低，则取决于竞争对手同种产品的价格水平。定价的方法主要有三类：①成本导向；②需求导向；③竞争导向。

扬子石化公司为适应市场竞争的需要，成立了由公司领导、计划、财务、销售和生产等有关人员组合起来的价格领导小组，负责全公司产品的定价工作。由于各生产厂家生产的 PTA 产品几乎同质，而且生产商为数不多，彼此比较了解，客户对市场行情也十分熟悉，加上进口产品充斥国内市场，如果扬子 PTA 定价高于行业平均现行价格水平，客户就会涌向价位较低的企业和进口产品，从而失去原有的市场份额。因此，在当前 PTA 产品市场状况下，扬子石化公司 PTA 定价应以竞争为中心，采取随行就市定价方法。公司根据市场情况，以月为单位及时调整,PTA 的价格保持在同行业市场价格水平上,确保市场份额和销售量稳定。

五、扬子 PTA 产品的定价策略

1. 定价策略的确定

扬子公司在确定 PTA 基本价格时,认真研究了行业平均现行价格水平的主导因素。在现阶段的一般情况下,扬子 PTA 作为国内行业领先者对国内市场具有主导权,在制订基本价格时,要充分考虑到市场需求状况和成本因素,尤其是原材料变动的影响因素,使基本价格尽量保证公司效益最大化,同时又使顾客能够接受而且不影响市场份额;如果某一阶段,国外产品向国内倾销严重,市场以进口产品价格为主导,此时扬子 PTA 产品价格的确定应考虑到国际市场 PTA 产品同期到达中国港口的到岸价和 PTA 产品的关税及国内可能的环节费。就目前国内 PTA 市场而言,尽管我国限制进口,但 PTA 的价格仍受制于进口价格,这也反映了国内、国际两个市场一体化程度很高,所以,在今后的一段时期内,扬子 PTA 的基本价格将主要参照国际市场价格。

2. 价格调整策略

公司制订基本价格只是为了与用户达成合同价格提供依据,在具体签约、确定价格时,还需考虑运输与即时的生产成本、订购数量、付款条件、季节等因素的差异,在与客户签订合同时,应针对不同情况在基本价格基础上调整价格。

(1) 数量折扣 数量折扣要从长远和整体利益考虑,尽量采取以累计数量折扣方法。因为扬子 PTA 产品的特大和大客户是销售的基础,占公司 80% 左右的销量,公司给予客户以年为单位数量累计折扣,可以促使这些客户和扬子建立长期业务关系。对于中间商也可采取年累计数量折扣办法给予优惠。特殊时期,当 PTA 销售不畅、库存较大时,可采取一次性大量购买折扣。

(2) 付款条件折扣 这是企业为加速资金周转,减少财务风险而制定的一种优惠政策,是国际上通行的一种做法。扬子 PTA 也应灵活使用这种政策,可在合同中注明信用付款日期(通常为 30 天),然后规定提前付款所给予的折扣率。执行这个政策时要注意当时公司的资金状况和应收账款水平及产品销售情况,如资金困难、应收账款水平高应缩短信用付款日期加大折扣率,如果销售疲软则可放宽付款期限或增大折扣率。

(3) 季节折扣 国内 PTA 市场需求在每年一季度处于淡季,扬子公司 PTA 此时应给予客户一定季节折扣优惠。这样做可减轻淡季的 PTA 库存,确保 PTA 的均衡生产,同时也可以加快资金回笼。

(4) 运费折扣 根据签约时的 PTA 产品市场与运输距离状况,分别决定采取到岸价或产地价。对于到岸价,其运费是由客户负担还是免费(或部分免费)都要认真考虑。同样对出厂价也要考虑这个问题。总之,运费折扣的原则是运费与折扣后的总价格略低于客户在当地市场购买其他厂家的价格,买卖双方都有利可图,从而提高在远方市场的竞争能力。

六、反击国外 PTA 产品的低价倾销

对于按市场规律运行的公平竞争的规范市场,可以按前面所述内容进行产品销售规划和制定对策。而对于不公平竞争的市场行为,就必须采取法律手段。走私就必须反走私,低价倾销就必须拿起反倾销武器。

前面已对来自韩国、日本的 PTA 低价倾销行为作了详细分析,并得出结论:来自这两国 PTA 厂商的低价 PTA 产品在中国境内售价低于原产国的正常价格,使中国 PTA 产业受到伤害。扬子石化 PTA 作为国内 PTA 产业的领头羊,受到的伤害最大,应率先带头拿起反倾销武器,否则伤害还会进一步扩大。根据我国第一例反倾销案(中国进口新闻纸)的裁定情况,从反倾销申请的提出到最终裁定将经过五步:提出反倾销申请→国家审查立案→国家组织调查→初裁(临时反倾销措施→收取保证金)→终裁(征收有效期为五年的反倾销税)。

扬子公司 PTA 在 1999 年 6 月曾联合国内受到伤害的厂家，收集了韩、日倾销的充分证据，整理出一份有分量的反倾销申请书上报国家主管部门争取立案展开调查，同时聘请了国内专职的、有经验的律师事务所代理此案。从国家经济贸易委员会了解到，作为聚酯系列产品的聚酯切片，在 2000 年初国家正式开始立案进行反倾销调查，国家在 1999 年 12 月底正式裁决了原产于韩国的聚酯薄膜在中国倾销事实成立，这是我国石化产品第一例反倾销案裁定。这几年，随着我国对外开放和市场经济的深入发展，我国反倾销案件在逐年增多，国家处理该类案件的经验在不断丰富，审理时间不断加快，我国第一例反倾销案件审理历时 19 个月，而第一例石化产品反倾销案件审理只历时 8 个月。

由此也可看到，扬子 PTA 产品（也包括其他产品）在日常营销管理中要特别注意竞争者信息的收集整理归档和研究，在竞争者有不规范行为时，能及时拿出证据予以反击。

第三节　销售渠道策略

一、销售渠道的基本模式（略）

市场营销渠道决策是公司面临的重要决策，每个渠道系统都将产生不同的销售额和成本。并且选定了某条渠道，公司必须在相当长的时间内依靠这条渠道。同时这条渠道也将极大地影响市场营销组合中的其他要素并被其他要素所影响。

二、影响销售渠道选择的因素

1. 产品因素

扬子 PTA 产品单位价值较高，远距离用户都是采用吨包装，在销售过程中适宜采用较短的销售路线。若中间过程过多，流通费用大，产品质量也不能保证，不利于销售。

2. 市场因素

这是企业决定销售渠道的主要因素。从选择的目标市场来看，扬子 PTA 的销售市场比较集中，江浙沪地区是核心市场，南方沿海地区是重要市场，北方地区是发展市场，且这些市场大、中客户基本都是最终用户，许多都是核心联盟中的老客户，彼此建立了长期供货合同，所以扬子宜选择直接销售为主的渠道。

3. 企业本身的因素

从扬子 PTA 来看，扬子属于资金雄厚、信誉好、管理能力较强的企业，有自己开拓市场的能力，而且从市场导向来看，扬子有着强的控制渠道的愿望，对采取短渠道有强烈的要求。

三、扬子 PTA 产品的销售渠道策略

扬子石化 PTA 产品市场覆盖面较大，多年来已形成直接销售渠道与间接销售渠道并存、以直接销售渠道为主的销售模式。目前的销售渠道可以分为两种：

1. 直接销售渠道

直接销售渠道即"扬子公司→最终用户"。这种销售方式在扬子 PTA 的销售中发挥主导作用，约 80% 的 PTA 产品通过这种方式传递到用户手中。根据用户和目前市场状况，扬子公司 PTA 今后直接销售渠道应重点发展两种模式：①产销联合模式，即选择发展潜力大、信誉可靠、PTA 需求量较大的用户进行联合，形成松散的垂直一体化。对这些用户除了运用价格策略中的各种策略外，还对其按生产要求进行直供，结成长期合作关系，巩固已有的市场占有率。②终端销售模式，即对扬子 PTA 用户不论其规模大小，在条件许可或能够创造出的条件下，加大直销力度，将节约的中间流通环节成本让利给直接用户，从而吸引更多的用户，建立稳定的终端销售网络。

2. 间接销售渠道

建立间接销售渠道关键是选择中间商。中间商应具有接近生产者目标市场的能力；地理位置应有利于产品销售和运输；财力、管理能力较强，信誉良好。这种销售方式是扬子 PTA 销售的辅助渠道，在扬子 PTA 的销售和市场开拓方面同样起着积极的作用。

扬子公司选择间接销售渠道主要是负责开发中、小用户和目标市场外的一些潜在散户,为保证客户利益和有利于扩大用户市场,防止中间商随意抬价,扬子应尽量少用经销商而多用代理商。扬子公司多年前在全国各地已建立了自己的销售网络,这些网络相当一部分是独立自负盈亏的经济实体,如扬子经营开发公司、珠海公司,上海、北京、深圳都设有代理机构,这些机构因为特殊身份能保证信誉,资金和管理也有保证,更重要的是这些机构能真心实意地为扬子PTA销售开拓新的市场,而且可为扬子及时反馈重要的市场信息,所以扬子应首选这些机构为代理商。对选择的代理商应做好两项工作即管理和激励。管理主要是行为管理,规范其价格行为、服务行为,让其按扬子公司的要求去做。激励应事先签订代理协议,可根据销售量、销售额、返款情况、服务状况、客户投诉等综合考评给予奖励,对于违规行为提出警告,严重影响扬子公司PTA销售和声誉者应取消其代理资格。

第四节 促销策略

现代市场营销不仅要求企业不断推出适合顾客需要的精美产品,制订出有吸引力的价格,选择最佳销售渠道网络,使目标顾客易于买到,而且还要求企业及时把精美产品、最合适的价格、周到可靠的服务、良好的企业形象等各个方面的信息传递给现有的和潜在的顾客,即进行促销活动。促销是市场营销组合中不可缺少的部分。

促销策略从总的指导思想上,可以分为"推动"策略和"拉引"策略两类。前者就是运用人员推销和营业推广手段通过销售渠道把产品推销给用户。后者是企业把费用用于广告、公共关系和其他宣传措施等促销方法,激发消费需求,经过反复强烈的刺激,消费者就产生了在同类产品中选定购买该产品的要求。

从市场和产品的性质看,扬子PTA属于生产资料,它的用户分布虽然广,但用户数量有限,比较集中,且产品技术性强,购买批量大,所以宜于以"推动"式促销策略为主,并辅之以"拉引"式促销策略,也就是以人员促销为主,以广告宣传等非人员促销为辅。

1. "推动"式促销策略

在市场经济发展过程中,"推动"式促销策略,主要是人员促销起着举足轻重的作用,一直作为企业进行产品促销的主要方式之一。人员促销不是简单地说服和诱导顾客购买自己的产品,将企业的产品推销到顾客手中,而是综合运用现代市场营销的理论和方法,对顾客进行售前和售后的全面服务,是将企业的形象根植于顾客心中,培养顾客的忠诚和信赖,并和顾客形成利益分享的伙伴式关系。扬子公司从事PTA销售的人员,在市场经济的新形势下,要发挥出更大的作用,必须做好如下几个方面的工作。

(1) 转变人员促销的思想观念 人员促销是变"坐商"为"行商",转变经营作风,提高服务质量。推销人员要积极主动地去研究市场、研究用户,了解每个用户的真实情况和真实需求,针对每个用户的特征进行促销工作,担当起连接企业和市场的桥梁作用。销售人员要是仍然坐等用户上门开票、提货,坐等下游企业找上门来,就会坐失时机,失去用户,失去市场。促销人员要牢固树立服务第一、一切为了用户的意识。

(2) 加强营销人员的教育和培训 营销人员的教育和培训主要从以下几个方面强化:①组织营销人员进行营销理论的系统学习,强化他们的现代营销意识。②组织营销人员定期、不定期到生产装置和下游装置去了解生产工艺、产品性能、用途,提高营销人员技术服务水平。③对营销人员进行推销技巧的培训,提高其促销技能。④加强对营销人员廉洁自律的教育,规范营销人员的行为,树立良好的经营形象。

(3) 引进销售人员激励机制 目前销售人员的报酬采用固定薪金制,在人员促销方面是用行政手段和临时奖励措施来激励销售人员,从而形成虽有措施,人员积极性难以充分调动,推销效率不高的局面。激励机制的引进要有充分的研究和考虑。对扬子PTA来说,由于市场容量较大,只是在市场疲软和竞争激烈时 PTA 的销售难度才较大。因此,激励机制应与市场挂钩。即对促销人员保留基本工资,其余报酬则与其促销业绩(销售收入、销售费用、产销率、货款回笼等指标)挂钩,实行季度和年度相结合考核。

(4) 重视网络促销　21 世纪是知识经济时代,信息的传递借助互联网达到了令人吃惊的迅速,这为企业促销提供了极好的机会。扬子公司目前已形成了自己公司内部局域网,并与全国及国际互联网互联,应充分做好自己的网页,定期发布公司和产品信息,营销人员应掌握利用信息网络和客户沟通及寻找发布信息的技能,这是信息时代赋予营销人员的使命。

2. "拉引"式促销策略

(1) 广告策略　广告的作用是向目标顾客传递信息,沟通产需;激发需求欲望,增加销售;树立企业声誉,促进竞争;介绍知识,指导消费。扬子石化公司 PTA 是国内一流的产品,有一定的品牌知名度,但是在目标市场内外的产品推介都较少,目标顾客对扬子 PTA 产品的了解还不够,所以必须加大广告力度,对目标用户广而告之。也应该注意到,与消费品不同,作为生产资料的 PTA,若是采用一般形式的大众广告,将会费用高收效低,因而要有自己的广告形式。

① 专业广告　专业广告面向的是从事相关行业生产、研究等方面的人员,通过反复不断的广告将扬子 PTA 的信息传递给所有相关人员,花费不高,效用很大。这种广告形式就是在专业性刊物上进行集中性的、连续性的广告,它包含在刊物封页上登广告。对于 PTA 来说,影响较大的刊物主要有《聚酯工业》、《石油化工动态》、《石油化工化纤》、《化纤信息》等,另外行业和经济类报纸也是专业广告的重要媒介。

② 形象广告　它的目的是为了在社会公众中树立扬子公司的形象和信誉,提升企业的名望,从而间接地加强产品销售推广。这些形象广告可以利用行业电视网、重大比赛赛场广告牌、大型专业会议广告牌、重要道路和建筑物广告牌等媒介。

③ 网络广告　借助信息高速公路,将扬子公司及其产品介绍给国内外同行。一方面利用公司自己的网页发布广告信息,另一方面加盟国内外有影响的专业信息网中去,这方面国内有影响的主要有中国化工信息网 (www.cheminfo.gov.cn)、中国化纤经济信息网 (www.ccfei.net.cn)。

(2) 公共关系　在 PTA "拉引"式促销策略中,值得扬子石化重视的公共关系措施有:

① 激发新闻媒介宣传　向广播、电视、报纸、杂志等宣传机构,以及相关专家学者、享有名望的人士传递本企业的经营方针、政策信息和产品情况,或者不定期地邀请他们来公司参观访问,向他们介绍本企业的发展战略、经营状况等,争取通过他们进行宣传,制造舆论。特别是不能错过有关重大事件的宣传,如 PTA 装置全面达标、PTA 装置重大改造成功、PTA 取得 ISO 9002 证书等有较大影响的事件。

② 与政府和行业有关机构建立良好关系　与政府和行业有关机构建立良好关系,及叶得到其有关政策、行业、业务方面的指导。

③ 举办研讨会和用户交流会　发起和组织与扬子 PTA 产品及其应用研究、市场研究相关的国内、国际研讨会,与相关人员广泛交流,为扬子 PTA 全面造势。邀请国内外用户进行年会交流,共同探讨营销心得和市场动态,和所有用户建立良好的关系,树立扬子 PTA 的行业领先形象。

④ 积极调动本企业职工的社会影响力　扬子石化公司在建立企业文化、提高职工凝聚力方面有着较早的行动和策略,也取得了较大成效。今后还需加强职工对企业的宣传,让每一位职工都认识到:我就是公司,我就是扬子!

参考文献（略）

本文引自于网络,作者不详,本书编辑者略有删改。

思 考 题

1. 从营销战略的各项特征出发,思考为什么说营销战略决策是企业最根本的决策?
2. "企业使命的表述主要是为了向企业外部各相关方(如客户、公众、政府、社会组织等)体现企业对社会的价值所在和负责任的形象"。对以上说法,你认为是否正确,为什么?
3. 波士顿矩阵与GE矩阵这两个管理分析工具都用于帮助进行战略业务单位组合规划。两者之间有何异同?你认为这些工具较适用于哪些类型的企业?
4. 请分别列举我国本土企业和在我国经营的外资企业在运用迈克尔·波顿所阐述的三种类型的基本竞争战略即全面成本领先战略、差异化战略和聚焦战略中的成功例子。
5. 近年来,我国东南沿海省份的一些民营企业在小商品(如打火机、贺年卡、领带、袜子等)的生产和销售、出口方面取得瞩目业绩,虽然各家企业产品线都相当单一,但却能够占据全球产销量的大部分份额。请问,这些企业所运用的是何种竞争战略?其战略运用得以成功的原因有哪些?有何风险存在?你认为随着企业的进一步壮大和市场环境的变化,这些企业有无必要在将来改变其竞争战略?应该选用何种成长战略?
6. 市场竞争模型中的"五力分析"给你何种启示?
7. 成本领先战略有何意义?
8. 请用"囚徒困境模型"分析合作竞争问题。
9. 什么是整体产品?这一概念的提出对企业经营有何指导意义?
10. 试比较商标和品牌的异同。
11. 结合市场实际,思考和分析产品组合对企业的意义和影响。
12. 阐述包装在整体产品中的地位和作用。不同的产品对包装是否有不同的要求?
13. 公共关系促销与关系促销有何异同?
14. 整合营销传播与传统的促销组合(产品、人员推销、营业推广等的组合)有何区别?
15. 你认为成本导向定价法有何不足?
16. "总成本最低能使企业保持绝对优势"的提法是否合理?
17. 观察你熟悉的一种消费品,分析它的定价策略,以及该定价策略特点。
18. 试以例子说明交易型营销和关系型营销的本质区别。
19. 对于中国的工业品服务营销,你有什么看法?
20. 营销渠道的含义及作用。
21. 营销渠道级数分类及功能。
22. 营销渠道选择方法及管理要点。
23. 营销渠道系统分类及特点。
24. 渠道中介商的选择及管理。
25. 请举出一些零售商实施差异化经营的有效方法。
26. 比较超级市场与便利店的定位与经营方式有何不同?
27. 批发商在营销渠道中得以存在的原因是什么?
28. 现在零售业正通过多种方式直接与厂商建立联系,绕过批发商,以减少成本,提高竞争力,作为批发企业应该如何应对这种变化?
29. 一个季节性产品的生产企业,它的生产——存货决策主要有哪几种?
30. 大市场营销战略的提出有何意义?
31. 比较分析"4P"、"4C"与4R的异同。
32. 简述营销组合策略的基本原则。
33. 简述营销组织在企业组织中的职能及其发展。
34. 简要阐述营销计划执行的主要过程及其步骤。
35. 市场营销策略的四个策略子系统是什么?
36. 市场营销学中产品的整体概念是什么?
37. 在产品生命的四个周期中,销售额曲线、成本曲线、利润曲线分别发生什么变化?
38. 新产品开发管理程序有哪些内容?新产品开发一般采用哪些策略?

39. 什么企业适于采用单一品牌策略？什么企业适于采用多品牌策略？
40. 制定产品价格一般要经过哪几个步骤？
41. 主要的定价方法有哪几种？如何采用这些方法进行产品定价？
42. 一般渠道的结构有哪些？
43. 如何设计渠道和管理渠道？
44. 如何采用定期订货方法、经济批量订货方法进行订货？
45. 市场营销战略主要包括哪些内容？制定市场营销战略的原则是什么？
46. 市场覆盖有哪些模式？
47. 在市场上处于不同地位的企业应分别采用哪些竞争战略？
48. 矩阵组织如何协调职能部门与产品开发小组之间的关系？
49. 试述工业品营销发展背景。
50. 工业品渠道组成特点是什么？有哪些主要形式？
51. 工业品渠道设计的目标和原则是什么？
52. 简述工业品渠道创新模式。
53. 为什么要进行通路优化？优化的措施有哪些？
54. 试以例子说明交易型营销和关系型营销的本质区别。
55. 对于中国的工业品服务营销，你有什么看法？
56. 如何创造顾客价值？
57. 试述工业品制造商市场部的职能以及如何与销售部门配合。
58. 工业品制造商如何处理客户开发与维护的矛盾？
59. 如何正确看待工业品制造商的公关活动？
60. 试述合同履行过程管理的实施步骤及与营销风险控制的关系。
61. 营销控制在企业的整个营销活动中处于什么样的位置？
62. 企业营销活动中进行年度计划控制时有哪些主要方法？
63. 如何进行企业赢利能力的分析？
64. 什么是企业营销战略控制？企业应当如何进行营销战略控制？
65. 企业营销评估主要包括哪些内容？实施企业营销评估的主要步骤包括哪些？

第六章 化工产品的整合营销

整合营销是对各种营销工具和手段进行系统化结合,并根据环境进行即时性的动态修正,以使交换双方在交互中实现价值增值的营销理念与方法。整合营销就是为了建立、维护和传播品牌,以及加强客户关系而对品牌进行计划、实施和监督的一系列营销工作,是把各个独立的营销工作综合成一个整体,以产生协同效应。这些独立的营销工作包括广告、直接营销、销售促进、人员推销、包装、事件、赞助和客户服务等。

销售促进是营销活动的一个关键要素。长期以来,由于翻译的原因,销售促进有很多叫法,在国内早期市场营销及相关著述中,它被翻译成营业推广、促进销售、营业提升、促销推广、促销,等等。在市场营销理论中,促销与销售促进是有区别的。促销概念有广义和狭义之分。狭义的促销仅指销售促进,它是指那些不同于人员推销、广告和公共关系的销售活动,旨在激发消费者购买和促进经销商的效率,诸如陈列、展出与展览表演,许多非常规的、非经常性的销售尝试等。而广义的促销则包含销售促进、广告、人员推销和公共关系四大促销工具。广告提供购买的理由,而销售促进则提供购买的刺激。销售促进的工具有:消费者促销(样品、优惠券、现金返回、价格减免、赠品、奖金、光顾奖励、免费试用、产品保证、产品陈列和示范)、交易促销(购买折让、广告和展示折让、免费产品),以及销售业务员促销。

本章重点讨论广告推介、人员推销、营业推广以及客户服务。

第一节 化工产品整合营销的形式

化工产品本身的特性决定了其与一般消费品在营销实践中存在较大差异;工业品营销信息的需求内容比消费品大,用户对信息的加工处理过程也更复杂;工业品行业对供应商的售后服务要求更高;采购方对工业品提供商的选择一般具有相对完善的评价指标体系;从控制成本的采购量角度看,工业品行业比常规的企业在营运资源采购上更关注产品价格和质量;工业品和日常生活消费品企业针对营销沟通手段的投入存在极大差异,前者偏重于公关,相对看淡广告,后者刚好相反。

一、化工产品的推介形式

市场营销活动的目的是让消费者购买商品。促销是使消费者获得商品的信息,刺激消费者购买商品的欲望,最终使消费者实现购买。因此,促销也是决定市场营销活动是否成功的重要因素之一。

1. 促销的目标

促销的核心是信息沟通,首先要让消费者获得商品的信息,然后才有可能引起消费者的注意。促销的目的是引发、刺激消费者的购买欲望。促销主要有以下八个目标:

(1) 保持现有客户 一般企业都有一批稳定的客户群。竞争对手开展促销活动,目的就是抢夺这些客户,以扩大自己的客户群。这时企业必须有针对性地开展促销,以保住自己的客户群。同时,企业还应该主动开展促销,展示品牌的忠诚度,培养客户对企业品牌的感情,并且吸引更多的客户成为企业品牌的新客户。

(2) 增加销售量 短期促销一般都能增加销售量。当消费者大量购入自己品牌的产品后,一般一段时间内是不会购买其他品牌的同类产品的,因此短期促销能起到抑制其他品牌同类产品销售量的作用。短期促销如果采用优惠券、集奖等方式,还可以在今后的一段时间内增加销售量。

(3) 强化品牌　能够强化企业品牌的不仅仅是广告媒体,促销也有强化品牌的作用。消费者在超市或商场处处都能看到企业的品牌宣传和促销宣传,其品牌强化作用不亚于广告媒体。

(4) 拓宽用途　对于一种产品或服务,人们往往只利用其一种用途,而忽略其他。例如封包装箱用的黏胶带,可以用来粘毛衣、T恤衫的小毛球。可以在促销中介绍一种产品的多种用途,产品用途拓宽后,其销售量显然可以上升。

(5) 创造兴趣　采用新奇、幽默、个性化的促销活动,或利用节假日、邀请名人等开展促销活动,使人们对产品产生兴趣,从而产生尝试性购买的欲望。

(6) 创造认知　广告媒体宣传使人们对产品有一个感性认知,促销活动使人们对产品在零距离的位置产生认知。由于促销是看得见、摸得着的活动,因此,促销活动创造的认知更现实,更容易让人们接受。

(7) 转移对价格的注意力　打价格战的结果往往是使企业失去利润。当竞争对手开展价格战时,企业的促销策略要强调产品的质量、功能和附加价值,转移消费者对价格的注意力,也可以通过变相降价的形式,如"买一送一"、"加量不加价"等形式避开直接的价格战。

(8) 区别顾客群　由于顾客的喜好互不相同,对产品或服务的要求也不同。如一部分顾客喜欢高价优质的产品,一部分顾客则喜欢低价实惠的产品。促销要使那些愿付高价的顾客获得优质、美观、尊贵的产品或享受,使那些喜欢实惠的顾客获得最大的优惠。

2. 促销的作用

(1) 缩短产品进入市场的进程　使用促销手段对消费者或经销商提供短程激励,在一段时间内调动人们的购买热情,培养顾客的兴趣和使用爱好,使顾客尽快地了解产品。

(2) 激励消费者初次购买,达到使用目的　消费者一般对新产品具有抗拒心理,由于使用新产品的初次消费成本是使用老产品的一倍(对新产品一旦不满意,还要花同样的价钱去购买老产品,这等于花了两份的价钱才得到了一件满意的产品,所以许多消费者在心理上认为买新产品代价高),消费者就不愿冒风险对新产品进行尝试。但是,促销可以让消费者降低这种风险意识,降低初次消费成本,而去接受新产品。

(3) 激励使用者再次购买,建立消费习惯　当消费者试用了产品以后,如果是基本满意的,可能会产生重复使用的意愿。但这种消费意愿在初期一定是不强烈的、不可靠的。促销却可以帮助他实现这种意愿。如果有一个持续的促销计划,可以使消费群基本固定下来。

(4) 提高销售业绩　毫无疑问,促销是一种竞争,它可以改变一些消费者的使用习惯及品牌忠诚。因受利益驱动,经销商和消费者都可能大量进货与购买。因此,在促销阶段,常常会增加消费,提高销售量。

(5) 市场的侵略与反侵略竞争　无论是企业发动市场侵略,还是市场的先入者发动反侵略,促销都是有效的应用手段。市场的侵略者可以运用促销强化市场渗透,加速市场占有。市场的反侵略者也可以运用促销针锋相对,来达到阻止竞争者的目的。

(6) 带动相关产品市场　促销的第一目标是完成促销产品的销售。但是,在甲产品的促销过程中,却可以带动相关乙产品的销售。

(7) 节庆酬谢　促销可以使产品在节庆期间或企业庆日期间锦上添花。每当例行节日到来的时候,或是企业有重大喜庆的时候,以及开业上市的时候,开展促销可以表达市场主体对广大消费者的一种酬谢和联庆。

3. 两类促销策略

根据促销手段的出发点与作用的不同,促销策略可分为两类。

(1) 推式策略 推式策略,即以直接方式,运用人员推销手段,把产品推向销售渠道。其作用过程为,企业的推销员把产品或劳务推荐给批发商,再由批发商推荐给零售商,最后由零售商推荐给最终消费者。该策略适用于以下几种情况:

① 企业经营规模小,或无足够资金用以执行完善的广告计划。
② 市场较集中,分销渠道短,销售队伍大。
③ 产品具有很高的单位价值,如非凡品、选购品等。
④ 产品的使用、维修、保养方法需要进行示范。

(2) 拉式策略 它是指采取间接方式,通过广告和公共宣传等措施吸引最终消费者,使消费者对企业的产品或劳务产生爱好,从而刺激需求,主动去购买商品。其作用程序为,企业将消费者引向零售商,将零售商引向批发商,将批发商引向生产企业。这种策略适用于:

① 市场广大,产品多属便利品。
② 商品信息必须以最快速度告知广大消费者。
③ 对产品的初始需求已呈现出有利的趋势,市场需求日渐上升。
④ 产品具有独特性能,与其他产品的区别显而易见。
⑤ 能引起消费者某种非凡情感的产品。
⑥ 有充分的资金用于广告。

4. 化工产品营销中常用的推介方式

化工产品具有鲜明的应用技术特色,决定了对于它们的推介方式与其他工业品和消费品有很大的不同。在化工产品营销中常用的主要推介方式有以下四种:

① 在行业学术和技术会议上宣讲研究论文、产品开发报告,展示样品。
② 在专业报刊上发布产品广告,提供使用方法或配方,免费提供少量样品试用。
③ 召开新产品技术展示会、免费开办相关企业技术人员的应用技术培训班。
④ 组织专业人员上门推销,示范使用,进行新老产品的性能和使用成本对比,免除客户的疑虑。

处于产业链中间的化工产品的技术特征决定了在其营销时应把握以下特点:

① 以人员推销为核心,采取多层次、立体推销,争取进入分工体系。
② 突出专家型、顾问式销售,建立信赖关系,实施关系营销。
③ 强化服务营销和技术营销。
④ 注重培育产品品牌。
⑤ 开展工业品网络营销,重视合作营销。

二、化工产品的人员推销

人员推销是企业促销的重要方式之一,是一种最古老的促销方式,在现代经济社会中仍起着十分重要的作用。根据美国市场营销协会定义委员会的解释,所谓人员推销,是指企业通过派出推销人员,在一定的推销环境里,运用各种推销技巧和手段,与一个或一个以上可能成为购买者的人交谈,作口头陈述,以推销商品,促进和扩大销售。这种方法的特点是:灵活性强,针对性强,信息反馈快,是一种"量体裁衣"式的信息传递方式,因为它是面对面的交谈,推销人员可以与消费者进行双向式的沟通,保持密切联系,可对消费者的意见及时做出反应。但是人员推销的成本比较高,是一种最昂贵的促销方式。

人员推销的核心是说服,即说服用户,使其接受所推销的产品或劳务。人员推销具有双重目的性,既要满足用户需求又要实现扩大销售。现代销售是一种互惠互利的活动,必须同时满足企业和用户双方的利益,解决各自的问题,而不能仅考虑一方利益,一厢情愿就无法达成交易。

1. 人员推销的特点及方式

人员推销自古以来就是一种十分有效的促销方法，特别是在洽谈磋商、完成交易手续等方面，更是其他促销手段所不能代替的，只要购买的决策是人而不是机器做出的话，它将始终是一种有效的促销工具。这主要是因为人员推销有着以下一些特点：

① 能有效地发现并接近顾客　人员推销具有人与人直接接触的特点，因而能将目标顾客从广大消费者中甄别出来，把营销的努力集中在目标顾客身上，省去许多无效的工作。

② 针对性强　推销人员可以当场解答消费者提出的问题，解除消费者的疑虑，改变消费者的对立态度，取得消费者信任；也可以通过对其消费特性的了解，采用有针对性的推销方法，以促成消费者的购买。

③ 密切买卖双方关系　企业的推销人员通过与顾客的直接接触，可以增进双方的相互了解和理解，在企业与顾客之间建立起长期的良好关系，提高消费者忠诚度。

④ 反馈及时　推销人员运用各种推销手段，不仅推销企业产品，而且通过拜访顾客，容易取得第一手资料，并把它反馈到企业决策部门，为企业制定营销策略提供依据。

⑤ 服务及时　顾客在商品采购和使用过程中，会经常碰到产品如何使用、保护和维修等一系列问题，推销人员能及时地为他们提供咨询服务，使用户不仅能得到核心产品，而且能得到包括服务在内的整体产品，促使销售达成。

当然，人员推销也有其不足的一面。比如，人员推销的接触面比较窄，与其他促销方式相比，人员推销的平均费用水平比较高，因而在一定程度上减少了企业的利润或影响企业产品的竞争力；人员推销对销售人员的素质要求比较高，因此，理想的推销员很难找到。

人员推销的设计可以采取如下三种方式：

① 企业建立自己的销售队伍，使用自己的推销人员来推销产品　企业自己的推销人员又分为两类：一类是内部推销人员，他们一般在办公室内，用电话、传真机等进行联系、洽谈业务，并负责接待可能成为购买者的客户来访；另一类是外勤推销人员，他们做旅行推销，上门访问客户。

② 使用专业合同推销人员　企业可以使用专业合同推销人员，例如制造商的代理商、销售代理商、经纪人等，按照其代销额付给佣金。西方国家的大公司甚至雇用国内外退休的高级官员当推销员。

③ 雇用兼职的售点推销员　企业雇用的兼职推销员在各种零售营业场合用各种方式促销，按销售额比例提取佣金，其推销方式有产品操作演示、现场模特展示、咨询介绍等。

人员推销的实质是通过向客户销售产品，一方面向客户推销企业理念，另一方面是向客户推销业务员的人品。因此，要求在介绍产品时实事求是，在业务往来中遵守诺言；在客户中树立推销业务员的个人形象。常言说："商道即人道"，做企业首先是做人，推销产品首先是推销业务员自己的人格力量。

人员推销务必掌握的推销三原则：

① 了解所推销的产品，你的产品能给客户带来什么好处，与同类产品比较的特点，产品生产和应用的工艺参数，本产品在市场中的地位，产品的销售政策（发货、运输、付款、合同等）。

② 信赖自己的产品。

③ 满腔热情地推销自己的产品，包括对客户满腔热情，对自己的职业满腔热情。

2. 人员推销的任务及其工作步骤

一般说来，人员推销的目标在不同的营销导向下具有显著差异。传统营销观点认为：人员推销的目标就是追求最大的销售额，为此，推销员必须具有较高的推销艺术和技艺，推销员所完成的商品销售业绩被作为衡量推销员工作效益的唯一参数。而按照现代营销观念，人员推销的最终目标应是为企业带来最大的、长期的、稳定的利润及有利的市场，因此，强调推销人员不仅要懂得推销艺术，而且要懂得整体营销战略，并且将其运用于推销实践。

(1) 人员推销的任务　按照传统的观点认为，推销人员的唯一任务就是设法将产品卖出去，仅仅是销售。现在看来，这种观点是不全面的，因为，随着商品经济的不断发展，企业之间的竞争日益加剧，买卖双方之间的关系日益密切，因此，对推销人员的要求越来越高，其面临的任务不仅仅是销售，而且需要完成多方面的任务，一般认为主要包括以下几个任务：

① 探寻市场　推销人员应该寻求机会，发现潜在顾客，创造需求，开拓新的市场。

② 传递信息　推销人员经常地、有效地与顾客保持密切联系，要及时向现有的与潜在的顾客传递产品和劳务信息，为消费者提供与购买活动有关的参考资料。

③ 销售产品　销售产品是人员推销的中心任务，它要求推销人员精通推销技术，如接近顾客、介绍产品、处理顾客异议、达成交易。

④ 收集情报　推销人员在推销过程中还要收集和调研情报，定期向企业汇报，反馈信息。

⑤ 服务　开展售前、售中、售后服务。

⑥ 分配　在企业的某些产品出现短缺时，推销人员要能评估顾客的信誉，向企业提出合理分配短缺产品的方案，并需安抚未被满足客户的不满。

总之，推销人员的任务是多方面的，现代营销对推销人员的要求越来越高。

(2) 人员推销的工作步骤　现代市场营销认为，要发挥人员推销的特点，完成推销目标和任务。企业推销人员必须掌握一定的推销技术，把握好推销的进程。人员推销的进程有各种不同的划分方法，但总的来说，一个有效的人员推销过程至少应包括三个程序，即寻找顾客、进行推销和售后追踪。一般而言，推销商品包括六个步骤，分别是寻找顾客、顾客资格审查、接近准备、约见、面谈、成交。对于简单的推销行为，整个过程可能会有所简化。

① 寻找顾客　寻找顾客的目标是找到准顾客。准顾客指一个既可以获益于某种推销的商品，又有能力购买这种商品的个人或组织。只有有了特定的推销对象，推销人员才能开始实际的推销工作。潜在顾客必须具备五个条件：有需要；有能力；有购买决策权；有接近的可能性；有使用能力。

寻找顾客的方法和途径有很多，如市场调查法、查阅资料法、广告开拓法、连锁介绍法，还有地毯式访问法、中心开花法、个人观察法等。

a. 市场调查　推销人员可以利用市场调查的结果，从中寻找可能的顾客。市场调查可以由企业自己进行，也可以委托有关的市场咨询公司进行。

b. 查阅资料　推销人员可以通过查阅现有的信息资料来寻找顾客。如工商企业名目录、统计资料、各种年鉴、电话簿、有关的信息书报杂志等。

c. 广告开拓　推销人员可以利用各种广告媒介来寻找潜在的顾客，如报纸、杂志、电视、广播、直接邮寄等。

d. 连锁介绍　推销人员可以请亲朋好友或现有的客户推荐、介绍潜在的顾客。这种方法的关键在于推销人员首先要取得现有顾客的信任，然后利用现有顾客的社会关系寻找更多的新顾客。

② 顾客资格审查　顾客资格审查的目的是确认顾客。在接近某个潜在用户之前，推销人员要辨认出那些最有购买意向的企业和人们，制定推销面谈计划并开展积极主动的推销活动，保证较高的推销效率。

③ 接近顾客　接近顾客是指推销人员直接与顾客发生接触，以便成功地转入推销面谈。推销人员在接近顾客时既要自信，面带微笑，注重礼仪，又要不卑不亢，及时消除顾客的疑虑，还要善于控制接近时间，不失时机地转入正式面谈。国外推销人员平时非常注意微笑训练，甚至有人发明了所谓的"G字微笑练习法"，即每天早晨起床后对着镜子念英文字母"G"，以训练笑脸，把微笑变成一件十分自然的事情。

一般常用的接近顾客的策略有：通过朋友、自我介绍或利用产品接近顾客；利用顾客的求荣心理，采取搭讪、赞美、求教、聊天等方式接近顾客；利用顾客的求利心理，采用馈赠或说明某种利益接近顾客。以上策略的运用要视具体情况而定，但无论采用何种策略，必须使人感到诚实可信，同时注意不要诋毁竞争对手。

④ 约见　约见是指推销人员事先征得顾客同意接见的行动过程。一般来说，顾客通常都不大欢迎推销人员来访。在美国，有的机构门口甚至挂着这样的牌子："推销员、狗、小偷、闲人，请勿入内。"所以，外勤推销人员要做好被拒绝、被轰出门的思想准备。

⑤ 面谈　它是整个推销过程的关键性环节。

推销面谈是指推销人员运用各种话题和言语说服顾客购买的过程。推销过程中，面谈是关键环节，而面谈的关键又是说服。推销说服的策略一般有两种：a. 通过直接或间接、积极或消极的提示，将顾客的购买欲望与商品特性联系起来，由此促使顾客做出购买决策。b. 通过产品、文字、图片、音响、影视、证明等样品或资料去演示、说服、劝导顾客购买商品。

⑥ 成交　人员推销的重要环节是促使顾客做出购买决定，推销人员在认为时机已经成熟时，就应抓住时机，促使达成交易。业务一旦成交，就必须及时填写订单、安排发货，申明并且办好售后、跟踪和服务的相关手续。

促成成交的常用策略有：a. 优点汇集成交法。把顾客最感兴趣的商品的优点或从中可得到的利益汇集起来，在推销结束前，将其集中再现，促进购买；b. 假定成交法。假定顾客已准备购买，然后问其所关心的问题，或谈及使用某商品的计划，以此促进成交；c. 优惠成交法。利用顾客求实惠心理，通过提供优惠条件，促使顾客立即购买；d. 保证成交法，通过提供成交保证，如包修、定期检查等，消除顾客对使用的心理疑虑，促成购买。

产品售出以后，推销活动并未就此结束，推销人员还应该与顾客继续保持联系，以了解他们对商品的满意程度，及时处理顾客的意见，消除他们的不满。良好的售后服务，可以提高顾客的满意度，增加产品再销售的可能性。

（3）对面谈异议的处理　在推销员进行推销面谈时，顾客往往会提出各种各样的购买异议。这就要求推销员必须首先认真分析顾客异议的类型及其主要根源，然后有针对性地实施处理策略。

在推销面谈时，顾客可能提出的异议有：①需求异议，指顾客自以为不需要推销的商品。②财力异议；指顾客自以为无钱购买推销品。③权力异议，决策权力异议，指顾客自以为无权购买推销品。④产品异议，指顾客自以为不应该购买此种推销品。⑤价格异议，指顾客自以为推销品价格过高。另外，购买异议还有货源异议、推销人员异议、购买时间异议等。

对异议的处理的基本原则是：①事前做好准备，编制标准应答语；将每天遇到的异议记下来，分类统计；集体讨论，编制"标准"应答语；分门别类熟记，模拟练习，修订成册。②选择恰当的时机应对；在客户还没有提出异议时预先消除可能存在的异议；客户提出异议后立即回答；答应过一段时间后回答；最被动的一步就是不回答，但总比与对方争辩要好得多。③争辩是第一大忌，因为在争辩中你占的面子越大，你在交易中的损失也就越大。④要给顾客留足面子，不要让顾客有被贬低的感觉。

对异议的处理的基本步骤：①认真地听，让客户把话讲完，尤其是客户讲不中听的话、啰唆的话时，不要随意打断对方说话，要站在对方的立场上去听，要带着浓厚的兴趣去听，表现出对对方的重视和尊重。②回答问题之前要做短暂的停顿，要思考，负责任地回答，切忌随便乱侃、胡乱答复。③复述客户提出的问题，确认问题的准确性。④回答问题时要避免回到前一个问题，以免无谓扩大和加深印象。

在对异议的处理中，以对价格异议和对质量异议的处理最为普遍而又令人为难。这里介绍一般的处理技巧：

处理价格异议的技巧：①多讲产品的优点，帮助客户形成质优价廉的概念。②强调比较优势，用自己产品的优点比竞争产品的缺点。③强调顾客的受益。④抢在对方提出异议之前与同类产品中的高档、奢侈品比价格，避免对方与低档产品比。⑤分解价格，形成错位印象。⑥调整价格，让客户体会到你是在为对方考虑，同时也提出让对方也付出点什么（如降低服务频次或档次），不要对客户的每一次讨价都做出让步。⑦给客户制造一点小困难，比如先付货款之类的。⑧不要在电话里处理价格异议，这时往往有利于买方。⑨以"请示领导"，"平衡其他市场"等为由暂缓退避一下。

对质量异议的处理技巧：①锲而不舍地说明。②以礼相待。③有效类比。④举证劝诱，严忌争论。特别要明确的是，这里所说的不是产品本身的质量问题，而仅仅是双方在认识上的差异与偏见，因为真正的质量问题是要无条件退、换货的。

处理异议一般常用的语言技巧有：①肯定与否定法，推销人员首先附和对方的意见，承认其见解，然后抓住时机表明自己的看法，否定顾客的异议，说服顾客购买。②询问处理法，推销人员通过追问顾客，找出异议根源，并做出相应的答复与处理意见。③预防处理法，推销人员利用顾客异议以外的商品的其他优点来补偿或抵消有关异议，从而否定无效异议。④延期处理法，推销人员不直接回答顾客异议，而是进行冷处理，搁置一段时间以后再进行洽谈，效果可能会好些，不至于一下子就把两者关系搞僵，以致前功尽弃。

(4) 人员推销的一条黄金法则　人员推销工作的一条黄金法则是不与顾客争吵，顾客的任何理由都是正确的。

3. 人员推销的技巧

推销员在推销过程中应注意讲究技巧，特别是语言技巧，如汽车加油站的职员，与其说"您需要加多少油？"不如说"我为您把油加满吧！"饮食店招待员把"您喝点什么？"改为选择问句"您是喝咖啡，还是红酒？"这样的问话使顾客感到难以完全拒绝，而"来一杯咖啡吧"和"来点红酒吧"这样两个问句却达不到那样的效果。实际上，在面谈中促使顾客额外购买某些产品与问话有很大关系，"您看一看，想买些什么？"这样的问话毫无意义，很多顾客会不假思索地回答："什么也不买。"

(1) 准备工作　推销人员对每一次与顾客（包括准顾客）的接触都要十分重视，尽可能计划、准备周全。①基础准备：在服饰上要做到外表整洁、得体；言语谈吐要大方，严禁粗俗，调子不能太高，不能调侃他人，也不能太亲密；在他人的办公室不能太随便，谈话间不要左顾右盼、看钟表等；注意礼节，称谓合适。②资料准备：对客户的地理位置要打探清楚，估计好路程、耗时，准时（适当提前一点）到达；了解与客户成交的关键人物的职称、履历、兴趣爱好、目前涉足的项目等情况；明确拜访理由以及预期达到的目标，是结识、预谈、谈合同条款，还是结收货款等。③精神准备：并不是每一次都能如愿成功，要有被对方轰出来的精神准备。

(2) 接近客户　从见到客户起，到与正式谈到交易事项的过程，其主要目标为：①打开客户的心理防线，因为客户大多数属于防卫型的，思维上是主观的。打开其防线的方法是用贴心的寒暄或幽默的言语吸引客户的注意力，转移、引导到交易活动上来，引起客户的兴趣，让客户产生信任感。②说好接近用语，将下面几层意思表达到位。称呼对方的名字、职务（职称），表明你很在意对方，记住了对方；自我介绍，同时递上自己的名片；感谢对方安排时间接待；寒暄时，结合对方的心态，从准备的30个话题中挑选感兴趣的谈15～30分钟，适当地给予赞美和询问，并逐步接近专业和业务领域，表现自己的知识面；表达拜访的理由。

(3) 面谈原则

①消除竞争：不要自己引起竞争，只主动谈自己的产品；转移对方的注意力；不要与顾客发生争论，更不能驳斥对方。②示范推销：常用的推销工具有样品、模型、图片、证明材料、

录音录像资料、媒体的报道、电脑演示、价目表等。③让顾客参与交流,双向沟通,鼓励顾客多说、多动手。

更多的人员推销技巧参见本章的课外阅读与思考之二。

4. 推销员的素质

根据调查结果表明,优秀推销员比普通推销员的销售业绩要高10～20倍。这说明不同推销员之间的差别是很大的。造成这种差别的原因很大程度上取决于推销员自身的素质。美国的一位心理学家把推销员应具备的素质归纳为以下16个方面:对公司竭诚忠诚的服务;具备专业的产品知识;有良好的道德习惯;有识别人的能力;具有幽默感;有较强的公共能力;具有良好的判断力和常识;对顾客的要求、兴趣能予以满足并真诚地关心顾客;悟性甚优;具有能以动听语言说服顾客的能力;机警善变;忍耐力强、精力充足、勤勉过人;拥有独具慧眼的尖锐见地;富有创造性,经常乐观;具有记忆客人容貌和名字的能力;具有较高的处理、推销业务的能力。以上16点是对工业品推销员素质比较仔细、具体的描述。归纳起来,可以从"德"、"能"、"勤"三个方面对工业品推销员应具备的素质加以概括。

(1) 品德　工业品推销员是代表企业同顾客打交道的,因此,推销员道德水准的高低,不仅直接影响产品的销售,还直接影响企业在社会公众中的形象。所以,推销员必须是品德高尚的人。在实践中,由于推销员的品质不好、行为不端而给企业和客户带来巨大损失的例子比比皆是。因此,企业选拔和聘用推销员时,必须注重对推销员品德的考察。日本著名企业家松下幸之助曾说过:"推销员能力不够还能培养和训练,而品德不好的话,就会影响企业的信誉。"请企业管理者记住:道德常常能弥补智慧的缺陷,而智慧却永远也填补不了道德的缺陷。

(2) 能力　国外企业提出"3H1F"理论,认为推销员的工作是由三个H、一个F组成的。三个H首先是Head(头),其次是Heart(心),最后是Hand(手),而F是指Foot(脚),即优秀的推销员要有头、心、手和脚上的功夫。工业品推销员尤为如此。

首先,推销员要有科学家的头脑,深入了解市场、了解销售,分析和研究工业品顾客的价值观念和购买动机、购买行为等,从而能摸索出一套有关工业品销售的规律来,使自己的业务水平不断提高。

其次,推销员要有艺术家的心,善于观察周围的事物,有敏锐的洞察力。除此之外,还要有对人的理解心和深厚的爱心。推销工作不仅需要用智慧去做,还需要用感情去做,正如创吉尼斯世界纪录的推销员乔·吉拉德所言:"只要你真心实意地爱你的顾客,他们就不会让你失望。"

再次,推销员要有技术员的手,不能光说不干,推销员还应该是业务工程师,必须具有较强的动手能力,不仅要具备关于产品的构造、质量、性能、价格等方面的知识,更要具有关于产品的安装、使用、维修等方面的专业知识和操作能力。

最后,推销员要有健康的体魄。推销员的工作是脑力劳动加体力劳动,常常需要走访顾客,因此,身体健康很重要,如果动不动就休病假或体力不支,就无法及时满足顾客的需要。

(3) 勤奋　推销员的成功,除了要德才兼备之外,还必须勤奋。有人询问日本推销之神原一平"成功的秘诀"时,原一平脱掉鞋子和袜子,把脚掌让对方看,只见上面有厚厚的一层茧子。原一平说:"这就是我的成功秘诀。"

有一分耕耘才有一分收获。对工业品推销员来说,走出办公室推销的次数越多,销售业绩就越显著。懒惰、贪图安逸的推销员不可能有好的推销业绩。

5. 推销人员的管理

企业的营销人员直接对企业的销售收入负责,因此,在许多情况下,对销售队伍的管理效果直接关系到一个企业的成功与否,对企业营销人员的管理是企业整个管理中一个重要环节。一般来说,人员推销的管理包括以下几个方面:

(1) 推销人员的招聘与甄选　一个企业人员推销的效果如何，关键在于是否拥有一支有能力的优秀的推销人员队伍。一个杰出的推销人员，可以为企业带来非常可观的收入，但在现实生活中，推销人员的流动率非常高，而一个推销员的离职，给企业带来的损失可能也是相当大的。因此，企业营销部门能否留住或招聘到好的推销人员，是搞好人员推销工作的重要一环。

招聘推销人员的首项工作是要确定招聘标准。即确定招聘哪些人员才能符合企业的要求。对于一个优秀的推销员应该具备哪些素质，众说纷纭，莫衷一是，但一般认为，一个优秀的推销员至少具备以下几个条件：

① 思想素质　企业推销员要牢固树立"以顾客为中心"的思想，真心实意地为消费者谋福利，要有强烈的事业心、义不容辞的责任感、艰苦踏实的作风、持之以恒的热忱。同时，必须讲究职业道德，恪尽职守，有良好的价值观，能正确处理国家、企业、推销者和消费者之间的利益，遵纪守法，合法推销。

② 业务素质　推销人员必须具备丰富的业务技术知识。其中主要包括：a. 企业知识。推销人员应了解企业的过去、现在和未来，了解企业在同行业中的地位，对企业的经营特点、营销策略、交易方式、付款条件等都应有一个清楚的认识，做到心中有数。b. 产品知识。作为一个推销员，对产品的了解是最基本和最重要的，因此，他必须熟悉本企业产品的规格、型号、质量、性能、用途、价格、生产工艺以及产品的流向、渠道环节和费用，同时还要了解竞争对手同类产品的优劣情况，只有这样，才能在推销过程中处于主动地位，以便有根有据地说服顾客。c. 市场知识。它要求推销员能够了解市场、分析市场，掌握市场法则，掌握市场调查和市场预测的方法、预测产品的销售趋势。d. 顾客知识：推销人员要掌握、熟悉不同社会文化、不同经济条件的顾客所具有的不同购买心理和行为，能够快速抓住顾客的心理是推销成功的关键。e. 专业知识：推销员要熟练掌握与推销活动有关的各种专业理论和知识，比如市场营销学、消费者心理学、经济法、企业公关学等方面的知识。f. 良好的个性和气质。推销人员必须要有诚恳、热情待人的品质，开朗的性格，适度的举止，良好的风度，还要懂文明、讲礼貌，思维敏捷，谈吐自如，使顾客乐于与其交谈。

③ 业务能力　业务能力是推销人员业务素质的体现，它主要体现在以下几个方面：观察能力、综合判断能力、决策能力、应变能力、创新开拓能力、公关能力、理解他人的能力、说服他人的能力等。推销人员应具备的条件包括：知识面广，有一定的业务知识，文明经商，富于进取，反应灵敏，吃苦耐劳，仪态端庄，口齿清晰。

在明确和了解推销员的标准之后，就可以着手进行招聘和选拔。企业可以通过各种不同的方式来寻求应聘者，如刊登广告、利用职业介绍所、现有推销员的推荐、在大学生中寻找或从上门求职中挑选等。在众多的应聘者中，企业还需筛选出最优秀的人选，筛选的程序因企业而异，有简有繁。一般可分为初步面谈、填写申请表、测验、第二次面谈、学历或经历调查、体格检查、分派工作等程序。选拔推销人员可以有两种途径：一是从企业内部选拔，即把企业内部适合做推销工作的人员选拔到推销部门工作；二是从企业外部招聘，即在社会范围内物色推销人员，包括大中专院校的应届毕业生等。无论从哪种途径招聘推销人员，都需经过严格的考试，择优录用。

(2) 推销人员的培训

当推销人员被招聘、选拔出来之后，为使其能迅速而有效地投入工作，尽快成为一名合格的推销员，应对其进行培训。美国企业对新推销员的平均培训时间为：工业用品企业平均28周，服务性企业12周，消费品企业4周。有时培训对象不仅仅是面对新选拔上来的推销人员，还应面对老推销员，使他们不断接受新知识，进一步提高业务水平。工业品推销员的培训目标主要有以下几个方面：

① 增长知识　推销员肩负着与顾客沟通产品信息、提供产品技术咨询服务等任务，因此，

须具有一定的知识水平，这是培训的主要目标。

② 提高技能　技能是推销员运用知识进行实际操作的本领。对于推销员来说，技能的提高不仅仅在于具备一定的销售能力，如产品介绍、演示、洽谈、成交等方面技巧的提高，还包括市场调查与分析的能力、对客户提供技术援助的能力以及与顾客沟通信息的能力等。

③ 强化态度　态度是企业长期以来形成的经营理念、价值观念和文化环境的体现。通过培训，使企业的文化观念渗透到推销员的思想意识当中去，使推销员热爱企业、热爱推销工作，始终保持高涨的工作热情。

总的来说，企业培训推销员的内容一般包括以下几个方面。

① 熟悉企业情况　让新推销员了解和熟悉本企业的发展史，企业的经营目标、方针和策略，企业的组织结构和人事制度，企业的主要高级职员，企业的经营现状、利润目标以及企业的长远发展规划。总之，要使他们对企业的全貌做到基本熟悉，以此鼓励和激励他们热爱企业、决心为企业的发展贡献自己的力量。

② 熟悉企业产品　让新推销员了解和熟悉本企业产品的种类、结构、生产过程，产品的性能、用途、质量，产品的使用、保养和维修方法等，特别是产品的比较优势和劣势。

③ 熟悉与本企业相关的市场情况　市场情况通常包括三大内容：一是市场规则，包括市场管理规则、法律、税收等要求；二是客户分析，包括客户需求、购买决策模式，客户地域分布，客户信用、经营状况等情况；三是竞争者分析，包括竞争者历史、现状及发展分析，竞争机会与危机分析等。比如，有哪些顾客购买本企业的产品，他们为什么要购买这种产品，他们喜欢这种产品的哪些特点，购买者的习惯和动机，消费者的地区分布等，并且还要了解与本企业相关企业的策略与政策。只有这样，才能使他们继续保持同原有顾客的关系，并逐步发展新的顾客，以便下一步顺利开展工作，并且在市场竞争中处于有利地位。

④ 熟悉销售方法，掌握专业知识　对新推销员必须进行专业知识的培训。与推销相关的专业知识包括六个方面，即开拓新客户的能力；说服顾客的能力；消除顾客异议的能力；诱导顾客成交的能力；重复交易的能力；向顾客提供销售指导的能力。具体包括前面所谈到的如企业知识、产品知识、市场知识、顾客知识等。

⑤ 熟悉推销技巧　推销技巧方面的培训包括：如何安排销售计划和分配销售时间；如何保持同原有顾客的联系；如何寻找和发现新的潜在的顾客；如何让顾客了解本企业的产品是为了顾客的利益、为顾客着想；如何写好推销信函和备忘录；如何结束一项销售而又得到新的订货；如何分析顾客的购买动机；如何应对和处理销售工作中遇到的困难；如何收集顾客的意见和竞争者的情报资料；如何使用销售工具和器材；如何注意个人举止；同时还需要新推销员善于了解用户的难处；善于选择合适的时机，进行充分的生意洽谈；善于接近和说服用户，取得用户信任；敢于冲破价格的障碍，适时报价等。总之，这方面的内容很多，并且需要在实践中不断摸索。

⑥ 熟悉企业的相关规定和有关手续　新推销员必须学习和掌握本企业制定的各种制度和销售人员应履行的各种工作手续等，如在销售中直接涉及的销售政策、订货和退货规定、销售条件、运输方式政策、价格折扣和津贴制度、促销奖励规定、货款回笼规定、售后服务和零配件置换制度以及付款日期和保证制度等。还必须履行销售过程中和记录、传递、订货通知、填写各种报表以及写出市场情况的报告等。

在明确培训内容之后，还必须注意培训方法。培训推销人员有许多行之有效的方法，使用较多的主要有课堂讲授、现场实习及委托培训。既要进行专题讲授、辅导、案例分析、阅读讲义、角色扮演，又要进行分组讨论和考试，同时还有一定的实习。总之，通过培训，可以提高推销人员的业务水平，扩大知识面，增强推销的实效。

(3) 推销人员的组织　推销人员的组织结构可分为以下几种：

① 地区结构式　每个（组）推销人员负责一定地区的推销业务。
② 产品结构式　每个（组）推销人员负责一种或几种产品的推销业务。
③ 顾客结构式　根据顾客的行业、规模、分销渠道的不同而分别配备推销人员。
④ 综合结构式　以上几种结构方式的综合组织。

（4）推销人员的业绩评估　由于推销人员的工作具有极大的流动性和独立性，因此，对推销人员的考核是企业的一项重要工作。对企业营销人员进行全面而准确的考核，既有助于监督、激励等管理工作的开展，也有助于合理确定推销员的报酬。对营销人员的考核首先必须以准确的信息和翔实的数据为基础，因此，管理部门应建立一套考核指标体系，随时注意收集有关信息和资料、数据，这些资料、数据来自于推销人员的工作报告、推销实绩、主管人员的考察、顾客和其他推销人员的意见。其次，必须明确推销人员考核的内容，考核一般包括三个方面：一是横向考核，即在推销人员之间进行比较；二是纵向考核，即对推销人员现在的绩效与过去的绩效进行对比；三是工作评价，包括对企业、产品、顾客、竞争者、自身职责的了解程度，也包括对推销员的风度、仪表、言谈、气质等考核。考核方式除了通过用户反映等途径外，还可以通过一些定量的指标来考核。业绩评估的主要考核指标如下：① 销售数量指标及销售完成率；② 访问顾客的次数；③ 增加新用户的数量（或市场占有率的提高）；④ 推销费用率。

（5）推销人员的酬金　在考核的基础上，企业方可决定推销人员的报酬。报酬是按照推销人员的劳动数量和质量来发放的，必须体现按劳分配的原则，尽量避免因报酬不当而影响销售队伍的稳定。因此，要建立一支优秀的、稳定的推销员队伍，就必须建立一套科学的、行之有效的报酬制度。适当的报酬能激发推销人员对工作的积极性，使人员促销发挥更大的效力。推销人员的工作性质决定了推销人员的报酬具有较大的灵活性。一般来说，给推销人员的报酬可以采取以下三种形式：

① 固定工资制　固定工资制即每月按固定的工资标准支付报酬。采用这种形式有利于企业对推销员的工作在最大限度上加以管理与控制，同时，推销员的收入比较稳定，销售情况的好坏对薪水的多少影响不大，使其具有安全感，但这种形式造成销售人员的报酬与其推销业绩脱钩，缺乏对推销人员的激励作用，容易挫伤推销人员的积极性。

② 直接佣金制　直接佣金制即企业按推销人员的工作成绩（销售额）的一定百分比来支付报酬。采用这种制度能够把收入和成绩结合起来，克服了固定工资制的缺点，能够在一定程度上激发推销人员的工作热情，使收入水平和销售情况相吻合，比较适合推销工作的特点。但是，由于各种产品及购买者的特点不同，推销人员的工作难度也会有所差别，企业在工作分配上的平衡度不易把握。此外，推销人员还可能因为直接佣金的刺激，而采用不恰当手段推销产品，损害企业的声誉。同时，推销人员的安全感也大大降低。

③ 混合制　混合制即在支付固定工资的同时，把工作的实绩与适当的奖金形式结合起来，作为对推销人员的付酬形式。这种形式吸取了上述两种形式的优点，克服了其缺点，使企业既能对推销人员的工作加以有效的控制与监督，又能兼顾各项推销工作，保证推销人员的个人利益。其实，企业为了扩大产品的销路，牢牢占领市场，充分调动推销人员的积极性，常常需要运用各种激励手段，使推销人员体现出个人的工作价值，从而发挥最大的潜力。其关键是要确定固定薪水与佣金的合理比例。

（6）对推销人员的激励和监督　企业的营销人员在整个企业中具有十分重要的地位和作用，同时，要成为一个合格的、优秀的营销人员也很不容易。因此，要求企业领导人对营销人员要经常给予激励，充分调动他们的积极性，以使他们更有效地完成推销任务，为企业做出更大的贡献。用于激励推销人员的方法很多，主要可以归为两类：一类是物质激励，主要包括工资晋级、发放奖金、奖品以及提高福利待遇等；另一类是精神激励，主要包括给予表扬、上光荣榜、职位晋升、颁发奖状、奖章以及授予荣誉称号等，以增强推销人员的荣誉感和责任心。通常而言，行之有效的方法是将物质激励和精神激励结合起来，因为二者是相辅相成的。除此而外，还要关心推销人员的家庭生活，为这些走南闯北、大半时间奔波在外的推销人员制定一个合理的工作和休假制度。

在市场营销实践中，推销人员由于工作的需要，经常与商品、资金以及客户打交道，而且经常是单独的近距离或远距离的推销，营销人员自主性较大，企业难于管理，因此，这就要求企业实施有效的监督。一方面，督促推销员按计划完成各项推销任务；另一方面，严格执行各项规章制度，防止各种不正当行为的发生。

三、化工产品的广告推介

在现代社会，人们生活在广告的包围之中，广告无处不在、无时不有。广告不仅是企业普遍重视和广泛应用的一种促销形式，也是顾客接触最多、对社会生活影响最大的促销方式。广告，顾名思义，就是广而告之。中国大百科全书出版社出版的《简明不列颠百科全书》认为："广告是传播信息的一种方式，其目的在于推销商品、劳务，影响舆论，博得政治支持，推进一种事业，或引起刊登广告者所希望的其他反应。广告不同于其他传递信息形式，它必须由登广告者付给传播信息的媒介以一定的报酬。"美国市场营销协会认为："广告是由明确的广告主，将其创意、商品、劳务等，以付费的方式所进行的非人员提示、推荐活动。"广告的概念有广义和狭义之分。广义的广告是指借用一切传导媒体形式向社会公众传播信息的活动，它包括的内容非常广泛，不仅包括以赢利为目的的广告，还包括非赢利广告，如政府公告、政党、法律、教育、文化、宗教、社会救济和社会团体等方面的布告、声明、通知、海报、公告、说明、启事等；狭义的广告是指经济广告，也叫商业广告，即以广告主的名义，并由其支付一定费用，通过大众传播媒介向公众传递关于商品或劳务信息，并劝说其购买的一种促销活动。本节所讨论的是狭义的促销广告。

1. 广告的目的与作用

促销广告，是指直接向消费者推销产品或服务的广告形式。它是运用各种途径和方式，将产品的质量、性能、特点、给消费者的方便性等进行诉求，唤起消费者的消费欲望，从而达到广告目的。促进品牌产品的销售量是促销广告优先考虑的目的。品牌认知度的上升、品牌形象的改善、价格优势的强调等也是促销广告的目的。

广告促销策略是在一般营销策略的基础上，利用各种推销手段，在广告中突出消费者能在购买的商品之外得到其他利益，从而促进销售的广告方法和手段。

广告在现代经济生活中的重要性与作用，可以从市场、企业、消费者和整个社会四个层次进行分析。

（1）广告对市场经济发展的作用　广告最主要或最重要的作用是它已经成为促进商品生产和商品流通进一步发展的不可缺少的重要因素之一，这种作用随着社会化大生产的发展及商品经济的发展将越来越重要，因此，广告是推动整个市场经济发展的重要因素之一。当今世界是信息的时代，信息在推动社会进步中起着越来越重要的作用。广告作为传播市场商品信息的主要工具，它不断实现着生产与生产、生产与流通、生产与消费以及流通与消费之间的联系。市场上买卖双方的相互联系、相互作用及相互之间的沟通是通过商品流通来实现的。商品流通由三部分组成：商品交易流通、商品实物流通、商品信息流通。信息流是开拓市场的先锋，可以说没有信息传播，就不能沟通，也就无所谓交流。具有传播商品信息功能的行业或渠道很多，最主要的就是广告信息渠道。广告已成为现代社会再生产顺利进行的不可缺少的条件。社会生产的分工日益细密、消费个性化的发展、市场范围的迅速扩大等都构成了发挥信息广告业的客观基础。

（2）广告在企业生存与发展中的作用　从市场营销实践来看，在企业生存与发展中，广告是企业竞争的有力武器。"没有广告就没有市场,没有广告就没有名牌"。企业可以利用庞大的广告预算开支,实现多投入多产出;通过有效的广告策划制作,吸引受众,以尽可能少的投入获得尽可能多的产出;利用准确的广告定位,通过具有针对性的广告策略,为自己争取一定的市场份额,达到"放开大路,占领两厢"的市场目的;利用广告策略,树立企业文化。

① 广告是企业市场信息的重要来源。通过广告可以了解同行业生产与发展、价格情况、市场情况和竞争对手的多种信息以及市场资源情况等,为企业决策和计划提供依据。

② 广告对企业技术创新、产品更新、加强竞争意识等方面有着重要的作用,广告会使企业更深刻、更及时地感受到外部市场竞争的压力。

③ 广告对提高企业知名度,提高消费者对企业产品的了解、对企业商标的识别,以及创立企业形象、提高企业信誉等方面有着重要作用,这是扩大商品推销的一个重要条件。

④ 广告对企业维持现有市场占有率和扩大市场占有率起着重要作用。广告发展到今天,消费者一般都愿意购买哪怕是较高价格的知名商品,而不愿购买从未在广告上出现过的商品,普通的消费者认为广告会为商品好坏承担部分责任,而进行广告宣传的商家至少在某些方面表现出自信和经济实力。

⑤ 广告促进并支援了企业的人员促销。首先,广告可以弥补人员推销过程中个人信誉与威信的不足。广告有一个重要特点就是它可以借助媒介的威信来提高自身的威信,我们有时称之为"光环效应",比如,在中央电台做了广告,该商品的声誉也就提高了,人员推销可充分借助这一声誉。其次,在人员推销中,广告可以作为说明和说服客户的素材与佐证。此外,广告传播速度和范围远远超过人员推销,已成为人员推销的"先行官"。

总之,广告对企业的作用是多方面的。但是,过分夸大广告的作用也是不可取的,一个企业的商品能否最终获得长期、稳定的销售效果、获得利润,取决于商品本身的质量与信誉。在现代社会中,一个企业如果不在商品质量、服务质量上下工夫,把希望完全"寄托"在广告的作用上,最终只能是"头破血流",自取灭亡。当然,如果走另外一个极端,也不足取。比如,认为"酒好不怕巷子深"、"皇帝的女儿不愁嫁",商品质量好就不用做广告,忽视广告的作用,这种思想与商品经济市场格格不入,这种缺乏战略眼光的做法,会对企业的生存与发展会造成不可估量的损失。

现在也有人认为,广告在市场竞争中起的作用越来越大,必然造成中、小企业最终很容易被挤出市场,从而削弱了质量的竞争而增加了垄断。有很多中小企业认为自己即使倾家荡产做广告也不及大企业广告费的一个零头,广告对中小企业似乎已无作用。这种观点是缺少根据的。首先,广告并非费用越高就越成功,中小企业只要在广告活动中多动脑筋,是肯定能成功的;其次,没有一家大公司可以垄断所有媒介,中小企业由于市场面相对窄小,在局部地区取得广告量上的优势并不难;最后,一个企业要在竞争中取得优势,要靠整体营销战略和策略,广告在营销活动中占有重要位置,但它只是营销成功的一个因素,而非全部因素。

(3) 广告对消费者的作用 广告可以引导消费,刺激消费,甚至创造需求。丘吉尔说:"广告充实了人类的消费能力,也创造了追求较好生活水平的欲望。它为我们及家人建立了一个改善衣食住行的目标,也促进了个人向上奋发的意志和更努力的生产。广告使这些极丰硕的成果同时实现,没有一种活动能显示出这样的神奇力量。"

① 广告是消费者获得商品信息的一个重要来源。过去,消费者获得商品信息的主要来源是自己看到或听别人说的,随着商品经济的发展和市场的扩大,消费者的商品信息将更多地来源于广告,这已为很多市场营销实践所证实。

② 广告能引导消费、刺激消费,甚至能创造消费需求。消费者对某一产品的需求,往往是一种潜在的需求,这种潜在的需要与现实的购买行动有时是矛盾的。广告造成的视觉、感觉印象以及诱导往往会勾起消费者的现实购买欲望。有些价廉物美、适销对路的新产品,由于不

为消费者知晓,很难打开市场,而一旦进行了广告宣传,消费者就纷纷购买;另外,广告的反复渲染、反复刺激,也会扩大产品的知名度,甚至会引起一定的信任感,也会导致购买量的增加。此外,现代广告不仅能引导消费、刺激消费,还能创造消费,现代广告理论认为,"企业应参与消费者生活的设计",就是说企业不应跟在消费者后面去简单地"适应"需求,而应走在消费面前,去引导消费、创造消费。

③ 广告为消费提供了方便,是现代消费决策的一个重要组成部分。一个广告提供的信息是多方面的,比如,商品的特性、功能、用途、价格、使用范围、销售地点等,这些都为消费者购买决策和实际购买行为提供了方便。

(4) 广告对美化环境和陶冶人们情操的作用 广告是一种艺术,好的广告能给人以美的享受,并能美化市容、美化环境。同时,好的广告能陶冶人们的情操和丰富人们的生活,有利于树立消费的道德观、人生观和优良的社会风尚。比如,公益性广告就是劝告公众遵守社会公德、行为规范,如"为了您和他人的家庭幸福,请遵守交通规则"、"创建卫生城市、人人都是责任人"等。此外还有的广告是为公众切身利益着想的教育性广告,如所有的卷烟包装都印有"吸烟有害健康"。

2. 促销广告的要素与特点

从促销广告的内涵中我们可以看出,促销广告具有以下几个要素与特点:

(1) 任何广告都有明确的主体即广告主 发布广告行为的企业被称之为"广告主",它是企业为实现一定的营销目标而向现时或潜在的购买者传递商业信息所进行的活动。

(2) 广告内容是商品、劳务或观念 企业通过广告所要传递的信息一般主要有:商品信息,即有关商品品牌、特性、质量等方面的信息;劳务信息,即有关劳务种类、方式等信息;观念信息,即信誉、形象等信息。

(3) 广告是通过大众传播媒介进行传播 它与人员推销时的人际传播不同,广告是通过大众传播媒体进行的信息沟通,因此,它不以个人而是以群体作为传播对象。

(4) 广告需要支付费用 进行广告就要投入费用,这不同于新闻报道,比如广告在制作与发布过程中都需发生制作费用及媒体刊播费用。

(5) 广告是对特定目标市场的信息传播 广告必须根据企业或商品的目标市场来确定广告对象,传播的范围并非越广越好,时间并非越长越好,以免造成费用的浪费。这就决定了广告在媒介的选择上、在广告定位分析中、在表现创作中必须符合特定对象的特点及心理特征。正确确定广告对象是以尽可能小的广告支出,获得尽可能大的广告效应。

3. 广告的分类

广告可分为商品广告、企业广告、服务广告、商品(或服务)与企业综合广告、观念广告、商品(或服务)与观念结合的广告等。广告可以按不同的标准进行分类,一般来说主要有以下几种:

(1) 按照广播传播媒介分类 这是最常见的分类形式之一,我们通常所说的"电视广告"、"报纸广告"就是这种分类。广告根据媒介的不同自然属性,一般分为:

① 印刷品广告 主要包括报纸广告、杂志广告、招贴广告、传单广告、产品目录样本广告、车船票、飞机票、会展、参观券、游览券、电话簿广告、画册广告、火车时刻表广告等印刷品。

② 电波广告 主要有电视广告、广播广告、电影植入广告、电子显示大屏幕广告、网络网站、网页植入广告等。

③ 交通工具广告 主要是指在公交汽车、火车、轮船、飞机等公共交通工具上进行的广告。

④ 珍稀品广告 主要是指以有一定保留价值或赏玩价值的物品为载体的广告,如年历上

印的广告，利用一些小工艺品如各种磁卡、IC卡、有价券卡做成的广告等。

⑤ 户外广告　主要包括路牌广告、霓虹灯广告、牌楼广告、灯箱广告、交通车厢广告、招贴海报广告、旗帜广告、气球广告、墙体印刷（或悬挂）广告、橱窗广告等。

⑥ 邮寄广告　包括邮寄商品目录、商品说明书、宣传小册子、挂历广告以及样本、征订单、订货卡、业务通信明信片广告、信封广告等。

（2）按广告内容划分　按广告内容可以分为产品广告、企业形象广告、公益广告。产品广告是为了提高某种商品的知名度，促进它的销售，利用与销售直接有关的表现形式对显现消费者和潜在消费者进行说服的商品信息传播活动。商品广告重点宣传产品的性能及特色，能直接产生促销的效果，是企业所做的主要广告之一。企业形象广告是以树立和维持企业信誉，提高企业的知名度，从而达到扩大产品销售为目的的广告，这类广告能造成一种间接的，但较长久的蕴藏性效果。它通过对企业的历史、企业文化、企业精神、企业的规模实力及业绩等的介绍，增强消费者对企业的好感和信任。企业广告不仅适用于工业，同时也适用于商业、金融、服务（劳务）企业等。公益广告重点宣传公益事业，附带一点对赞助企业的宣传。

（3）按播放或受众的区域划分　按广告播放或受众的地域可以分为全国性广告和地区性广告。全国性广告是一般在中央电视台，全国性的广播、报纸、杂志等媒体做的广告；地区性广告一般是在省、市、县电视台，地区性的广播、报纸、杂志、路牌、霓虹灯、墙体等地方做的广告。依此也可将广告分为销售现场广告和非销售现场广告。凡是设置在商业街、购物中心及商店内及周边的广告叫做销售现场广告，主要如橱窗广告、货架陈列广告、商店内的灯箱广告、卡通式广告等。销售现场广告具有非常独特的功能和特点，在广告发展史上占有重要地位。除了销售现场广告以外的一切广告形式都统称为非销售现场广告。

（4）按广告在传播时间上的要求分　按广告传播时间上的差别可将广告划分为时机性广告、长期性广告和短期性广告。时机性广告包括新产品问世、展销会开幕、价格变动、企业开业，抓住某些对商品销售有利的时间和机会所进行的广告，它要求广告在尽可能短的时间内传达给消费者。长期广告主要包括与企业战略有关的、长时间对某一种商品的广告活动。而短期广告一般指只在短时间内进行播放、刊登或展示的广告。

（5）按广告的表现艺术形式分类　按表现艺术形式，可将广告分为图片广告、文字广告、表演性广告、演说广告、情节性广告等。图片广告主要包括摄影广告和绘画广告。它以诉诸于视觉的写实或创作为形式。从目前看，摄影广告的比重越来越大。一般认为摄影广告写实性和仿真程度相当于手绘，而且速度快，有日益发展的趋势。但也应看到，摄影广告不可能完全取代绘画广告。绘画广告有它自己的魅力和适用性。表演广告是用各种表演艺术形式来达到广告目的的。电视广告和销售现场广告较多采用这种形式。演说广告主要用语言艺术来推销商品，主要有广播广告和销售现场广告。一个广告通常同时采用几种艺术相结合形式来表现，以弥补单一艺术形式的不足。

除了产品销售广告，也还有对产品和某种服务的需求广告。

4. 广告媒体的选择

不同的广告媒体在覆盖面、广告效果、传递速度、制作费用等方面差异很大，表6-1列出了不同媒体的表现效果差异。

企业在选择媒体时要充分考虑产品的功能和用户所在领域、消费者接触媒体的习惯、媒体的覆盖范围、广告制作费用等因素后再做出选择。一般来说，主要应考虑以下几个方面：

（1）产品因素　一般消费品可用视听广告媒体。而对于使用过程中技术性较复杂的精细化学品、助剂、添加剂、检测仪器、机械产品等，应该采用样本广告，较详细地说明产品性能，或用实物表演增加用户的真实感，或者在相关工程技术人员经常翻阅、查看的专业杂志上刊登广告；如果像普通居民消费品一样在广播电视、一般报纸上花钱做广告，不利于技术人员保存其信息,其宣传效果就会大打折扣,雷声大、雨点小,导致其"产出"与投入极不相符。

表 6-1　不同媒体上广告的表现特点

媒体种类	覆盖面	效果	传递速度	寿命	保存价值	信息量	吸引力	制作费用
电视	广	好	快	短	差	少	强	很高
广播	广	好	快	短	差	少	较差	低
报纸	广	好	快	较短	好	较多	一般	较高
杂志	较窄	差	慢	长	好	较多	较强	较高
邮政	很窄	差	较快	较长	较好	较多	一般	较高
户外	较窄	较好	较快	较长	较好	少	较强	中等
网络	广	差	较快	短	差	较多	一般	较高

(2) 消费者接触媒体的习惯　如果产品属于大众消费,可以考虑在大众喜闻乐见的电视、广播、报纸、杂志、广告牌上做广告。如果产品属于高端享受产品,可以在高级俱乐部的内部杂志、时尚杂志上做精美的"图片+文字"传播。如果产品是面对大中专学生,则可以做一些网络广告、校内横幅广告、校内小型超市的 POP 广告等。如果是针对工程技术人员的广告,应选择专业杂志为媒介。如果是针对妇女和儿童的化妆品和玩具广告,则最好的媒体就是电视。

(3) 销售范围　广告宣传的范围要和商品推销的范围一致,化工产品的广告投放最好集中于企业目前主推和计划拓展的目标市场,对专业杂志的选择同样如此。

(4) 广告媒体的知名度和影响力　它包括广告媒体的市场信誉、发行量、发布频率和散布地区等。

(5) 广告主的经济承受能力　如果企业实力强,产品是在全国销售的,可以考虑在中央电视台上做广告,央视广告费用虽然很高,但覆盖面广、效果好、起点高,产品容易打开销路。假如企业实力不够,则应该有针对性地选择在重点销售的区域打广告,或在商场、超市做 POP 广告,打一些路牌广告、霓虹灯广告等,把广告费用花在刀刃上。

5. 广告的定位与策略

广告活动的核心不在于怎样规划广告,而在于把做广告产品投放在什么"位置"。广告定位就是指在与所宣传产品相类似的众多商品中,寻找到该商品有竞争力的特点和独特个性,在消费者心中树立该商品的一定地位。广告定位包括:①确定广告对象和宣传概念,强调的商品特点,信息传递方法、技巧和具体步骤等。②明确广告区域和宣传力度,针对广告区域的地方性、区域性、全国性、国际性的不同,选择不同广告覆盖方法,如全面覆盖、渐进覆盖或轮番覆盖。③确立广告目标,指在一个特定时期内对特定受众所要达到的宣传效果。一般来说,广告目标可分为三种类型:通知型,说服型,提醒型。通知型广告主要用于某种新产品的入市前期,目的在于强化品牌形象、推出新产品。说服型广告的目的是培养消费者对某种品牌的需求,说服消费者在同类商品中选择它。提醒型广告对产品进入旺销期后十分重要,目的是引起消费者对该种商品的记忆和连续购买。④选择广告媒体组合,根据商品和媒体的特性选择投入费用小而宣传效果好的媒体组合。

促销广告策略的运用是既要告知消费者购买商品所能得到的好处,又要给予消费者更多的附加利益,以激发消费者对商品的兴趣,在短时间内收到即效性广告的效果,从而推动商品销售。广告促销策略主要包括:馈赠型、直接型、示范型和集中型。

(1) 馈赠型广告促销策略　馈赠型广告大致可分为赠券广告、赠品广告、免费试用广告等。

① 赠券广告　利用报纸杂志向顾客赠送购物券。报刊登载商店赠券，赠券周围印有虚线，读者沿虚线将赠券剪下即可持券到商店购物。赠券一般优惠供应商品。赠券广告的作用可概括为三个方面：第一，薄利多销。第二，提高商店和品牌知名度。第三，赠券吸引顾客到商店来，从而带动其他商品的销售。

② 赠品广告　将富有创新意识与促销商品相关的广告小礼品，选择时机在较大范围内，赠送给消费者，从而引起轰动效应，促进商品销售。如现在市面上经常看到日化公司、医药公司制作一种印有某种产品如驱蚊露、止痒水、风油精字样的小型手摇广告扇，在入夏前期赠送给路人和柜台前的顾客，扩大影响，极大地促进了商品的销售，而每把手摇扇的成本只有0.15元人民币。

③ 免费试用广告　将商品免费提供给消费者，一般让消费者在公众场合试用，以促进商品宣传。例如化妆品公司针对大学生、年轻人集体外出户外活动之前，免费为他们提供防晒霜使用，同时赠送印有该产品字样的遮阳伞为企业做广告，产生了不同凡响的广告效应。

(2) 直接型广告促销策略　大致可分为上门促销广告和邮递广告两种。

① 上门促销广告　促销人员不在大众媒体或商店做广告，而是把商品直接送到用户门口，当面向用户做产品宣传，并给用户一定附加利益。例如，城市居民经常会遇到陌生的女大学生为某些企业兼职上门推销化妆品、洗涤剂、保健品等，这种广告式的促销能及时回答顾客的问题，解除顾客的疑虑，直接推销产品，但效果不能尽如人意，往往会被戒备心很强的住家所拒绝，甚至被逐出家门。

② 邮递促销广告　促销人员将印有"某商品折价优惠"或"请君试用"等字样、并备有图案和价目表之类的印刷品广告，通过邮局直接寄到用户家中或办公室。为了减少邮递促销广告的盲目性，企业平时要做经常性的资料收集工作，掌握用户的姓名、地址和偏好，双方保持一定形式的联系，提高用户对企业的信任感。

(3) 示范型广告促销策略　大致可分为名人示范广告和现场表演示范广告。

① 名人示范广告　让社会名人替商品做广告。例如上海蓓英时装店有一天挂出两条特大号牛仔裤，打出"欢迎试穿，合身者本店免费奉赠以作纪念"的广告词，消息传出，观者如潮。当天下午两位巨人光顾，试穿结果恰好合身，老板欣然奉赠。这两位巨人并非别人，乃是我国篮坛名将穆铁柱和郑海霞。这个精心设计的名人示范广告，产生了较好的轰动效应。

② 现场表演示范广告　选择特定时间和地点，结合人们的生活习惯，突出商品的时尚功效，作公开场合示范表演。例如日本索尼公司于1979年开发出带立体声耳机的超小型放音机的新产品，取名为"步行者"（Walkman）。当时日本盛行散步、穿旱冰鞋锻炼等室外健身活动。为了增强宣传效果，索尼公司利用这种流行的生活习惯，特地作现场表演。公司请来模特儿，每人发一台"步行者"。模特儿头戴耳机，脚蹬旱冰鞋，一边愉快地听着音乐，一边悠闲地在公园里往来穿行，模特儿的现场表演给公园里的游客留下了深刻的印象。此后"步行者"销售量直线上升，起到了特殊的广告效应。

(4) 集中型广告促销策略　利用大型庆典活动、赞助公益事业、展销会、订货会、文娱活动等人群集中的场合进行广告宣传，就是集中型促销广告，其广告形式多种多样。例如，1993年春，国际奥林匹克运动委员会检查团来北京考察申办奥运会情况，《人民政协报》有一则标题为"国际奥委会考察团今日到京"的广告，接着是"××公司预祝北京申办2000年奥运会成功"。这则广告给媒体受众留下了深刻印象。

对于需要使用技术指导的精细化学品的促销，还可以通过在相关的技术类刊物上发表具有隐形广告意义的科研论文达到类似的促销效果，本章第6.2.4节"技术营销"中有举例说明。

6. 广告费用预算与效果评估

企业在投入一定的广告费用之后，总希望能有比较理想的产出。但是，一个企业到底应该支出多少广告费用才能达到较好的宣传效果呢？广告费用的预算有许多种方法，计算的金额大小相去甚远，这里简单介绍几种常用的方法。

(1) 产品生命周期法　这种方法以产品的市场生命周期作为预算依据。在引入期，消费者不认识产品，这时需要投入巨额的广告费以拉动产品的销售；在成长期，由于前期广告效应的积累，产品销售逐渐增长，广告费的投入可以逐步减少；在成熟期前期，广告费用可以降到最低，只要能维持产品形象即可；而在成熟期后期，由于竞争品牌的加入，加剧了产品的竞争，这时则要相对提高广告费用，增强产品的宣传力度，以阻击竞争品牌的进攻，延长产品的生命周期；在衰退期，采用极少量的广告费用，偶尔出现一些广告，之后就可以停止做广告了。

(2) 销售额百分比法　这是一种稳妥的广告费用预算方法，它是根据过去的经验，按计划销售额的一定百分比确定广告费用。这种方法的好处是简便易行，通常把上一年的实际销售额与当年的计划销售额折中，乘以一定的比例系数，便得到当年的广告费用预算。比例系数的取值一般在5%～20%。它的缺点是颠倒了广告费用与销售收入的因果关系，忽视了广告对销售的促进作用，而且广告费用也难于确定合理的比例，实际操作中过于呆板，不能适应市场变化。

(3) 针对目标任务的"因果"法　这是一种冒险的广告费用的预算方法，这种方法把广告作为"因"，把销售额目标作为"果"，这种方法认为，广告费用投入越多，销售额就一定会增加得越多。于是，企业首先确定具体的广告目标，然后列出为完成目标所必须进行的广告工作，并估计完成各项广告工作所必需的费用，选定广告媒体，不顾一切地拼命投入广告，放手一搏。采用这种方法，成功了就一飞冲天，而失败了就一败涂地。盲目采用这种方法先成功后失败的案例非常多，如秦池酒、奥地利葡萄糖果味饮料等。理性采用这种方法成功的案例也非常多，如1990年时娃哈哈儿童营养口服液的"喝了娃哈哈，吃饭就是香"、2003年田七牙膏的"中药牙膏选田七！"等的奋力一搏。

(4) 竞争对抗法　这是指企业以竞争对手的广告宣传情况或行业的平均广告费用为标准来确定广告预算。采用这种方法的理由：一是竞争者或行业的费用支出一定有其道理，是企业或行业的经验与智慧之所在，二是与竞争对手保持同样的广告费用，可以防止企业间的广告战。但是，每个企业都有其不同的背景，广告目标、广告资源、企业声誉等也不尽相同，很难说竞争对手的预算也能适合于本企业，难保对手的预算就一定合理。

(5) 量力支出法　这种方法是根据企业有能力负担的广告费用来确定广告预算，企业量力而为，能担负多少广告费用就担负多少。这往往是新产品引入市场时和处于困境的企业被迫采用的方法。有的企业则采用这种方法来确定广告费用的最高限额。它的缺点是广告开支可能起伏不定，而且不一定符合市场发展计划的需要。

还有一种是倾力投掷法，它是指企业在不能测定广告目标和广告效果的情况下，采用有多少费用就做多少广告的办法，其风险比较大。

为了了解广告推广活动的成效，以便更经济地使用广告费用，就需要对广告实施的完整的效果进行测试评价。对广告效果的评估可以检验广告计划的实施结果，保证广告实现传递信息、创造需求、促进销售的目的。一般是评价它的直接经济效益和间接经济效益。广告费用和销售额的比值越小，产生的直接经济效益就越大；广告费用增长率低于销售额增长率，说明直接经济效益大，其方法主要是销售增长千元成本法。间接经济效益则不以销售额为指标，而是以收视率、记忆程度、理解程度、购买动机形成程度为指标。间接经济效益的数据可以通过对消费者进行问卷调查来获得，评价内容包括：①广告目标的设置是否恰当，是否容易达到？②广告对象的选择是否正确？③广告媒介选择是否得当？④广告是否有效地到达广告对象？对他们的态度发生改变的作用如何？⑤广告投资是否合理？⑥广告的发布是否按照广告战略的要求进行？这种发布方式是否正确恰当？

当然，影响产品销售的因素有很多，比如产品质量、包装、价格、人员推销、售后服务等。所以，广告费的付出与扩大销售之间并不一定存在着直接的因果关系，故以上评估方法只能作为参考。

7. 广告设计的原则与基本技巧

在同样的媒体上做广告会出现截然不同的效果，很重要的一个原因就是广告的设计创作上存在较大差异。因此，为提高广告的传播效果，必须认真对待广告设计。

广告是一门科学，也是一门艺术。通常广告设计交给专业公司进行，但企业首先要把广告需要表达的理念传达给广告设计公司，广告设计公司在此基础上进行创意和艺术设计。一则成功的广告，必须要有好的设计，而一个好的设计首先需要遵循一定的原则，并讲究一定的技巧。

(1) 广告设计的原则

① 真实性 广告的内容必须真实可靠，我国《广告法》中明文规定："广告内容必须清晰明白，实事求是。不得以任何形式弄虚作假，蒙蔽或者欺骗用户和消费者。"例如宣传去屑的洗发露产品必须经检测证实确实具有去屑的功能；宣传美白的护肤品则必须具有美白的功效。不真实的广告不仅是违法的、损害消费者的利益的，而且对企业的营销活动也是十分不利的。因为它损坏了企业的声誉，靠不实之词暂时蒙骗了一部分消费者，眼前可得一些利益，从长远看必定信誉丧尽，被市场淘汰。

② 思想性 广告频繁出现在各类广告媒体上，是人们天天都能看到的宣传品。广告不仅能促进产品销售，同时由于它的艺术表现形式和传播途径也对人们的社会意识产生重要影响。因此，广告必须符合社会生活、文化和思想道德标准，不得违背国家的法律、法令和制度。广告禁止用国徽、国旗、国歌做标志，不得发布反动、淫秽、迷信、荒诞的广告。要注重提倡思想健康、讲究精神文明、激励广告受众树立乐观向上的心态，千万不可有意识地迎合某些人的性格弱点、色情、吃喝玩乐、颓废的阴暗心理，以免污染社会风气。

③ 艺术性 一句好的广告词或一个好的广告画面，会给人们留下深刻的印象，能使人们牢牢地记住这个品牌。艺术性的本身是内容与形式的统一、构图与色彩的统一、绘画与陈列的统一。这就要求广告主题明确、布局合理、色彩协调、健康美观，给人以美的享受。广告的艺术性要与思想性、真实性有机结合起来，离开了思想性、真实性的艺术性，就成了形式主义；另一方面如果广告真实，反映了思想性，但呆板乏味，没有艺术效果，也不能引起注意，起不到应有的作用。

④ 民族性 我国是个幅员辽阔的国家，历史悠久，具有丰富的民族文化遗产，广告的民族风格就是要继承和发扬祖国的灿烂文化，取其精华，弃其糟粕。与我国的风俗习惯相结合，可以充分而恰当地运用诗词、流传的故事、神话、寓言，这些应在广告的设计、构图、造型、音响、色调等方面反映出来，使广告具有民族风格，但这不是一味地追求"复古"，要与广告的时代感结合起来。这样在国内做广告会使人感到亲切，喜闻乐见；对国外做广告则会因具有中国的民族特色而吸引消费者。

⑤ 创造性 广告的构思和设计是一门艺术，为了引人注目和引起共鸣，语言要生动、有趣、幽默、简明易懂，切忌简单抄袭和文字冗长；广告的形式要多种多样和不断更新，不可千篇一律；广告的图像应美观大方，富有吸引力、联想力，图文编排要匀称、色彩要鲜艳和谐，让消费者在美的享受中获得产品信息。

总之，企业在运用广告方式进行宣传推广时，必须将上述的广告设计原则有机地结合起来，才能正确发挥广告促进商品流通、引导消费需求的作用。

(2) 广告设计技巧 广告的预期目的是否能达到，在很大程度上取决于设计的技巧。广告的设计技巧从广告的构思、文字、语言、绘画、图案、色彩、照明、版面布局等各方面都能体现出来。它涉及文学艺术、美术、摄影、音乐、心理学众多学科的知识，所以说一则成功的广告就是一件综合艺术品。成功的广告在坚持设计原则基础上，必须研究广告设计的技巧。

① 概念明晰　一个好的广告一般只针对消费者的一个需求，在一个诉求点上做文章。一个广告诉求太多等于没有诉求，因为消费者一个诉求也没有记住。广告的中心思想要明确，能给广告接受者以明确的概念。广告的内容不能模棱两可，含混不清。如日本丰田汽车在我国的一则广告，以醒目的标题写着："车到山前必有路，有路必有丰田车"，就给人以丰田车行销全球的明确概念。

② 印象深刻　广告给人的印象深刻才能记得清楚，甚至永远不忘。新中国成立前上海梁新记牙刷的一则广告，画面上一个小孩手拿一把钳子，正在用力拔牙刷上的毛，标题则是"一毛不拔"，图画与文字都给人留下了深刻的印象。尤其是电视、广播广告播放时间短，转瞬即逝，更需要运用广告技巧给人留下深刻的印象。

③ 激发观赏兴趣　广告要能运用技巧使人乐意看、愿意听。文字要用生动活泼的笔调，标题醒目，引人联想，语言应简练明确、幽默，画面要色调和谐、明暗适度，这些都能引起受者的兴趣。任何形式的广告切忌呆板与雷同，广告要能标新立异，别出心裁，才能引人入胜。德国西门子公司商品质量是世界驰名的，其广告宣传不落俗套，而是以独特的侧面表达反映，广告词是"本公司负责产品修理的人是世界上最孤独的人"，意即产品的返修率极低，这样的广告很容易引起人们的兴趣。再比如，有这样一则电视广告，画面上首先出现两个人在下围棋，但双方都是执黑子，这就激发了观众的好奇心，引起了他们的注意，正当他们困惑不解时，突然画面一换，棋盘变成了世界地图，而各黑子则变成了各大城市，它们都有航线连着北京，结尾一句"中国国际航空公司"道出了广告诉求的主题，使广大观众茅塞顿开，这个悬念并不惊险，但能引人注意。

④ 促进购买　广告的技巧还要通过各种方式，使消费者对本企业的产品产生好感，跃跃欲试。文字、语言、绘画等要突出产品的特点，符合消费者心理，才能激起消费者需求，促进购买。比如，早些年上海"凯歌"牌彩色电视机的电视广告，图像中首先出现鱼游动的画面，一只小猫信以为真，结果扑过去撞到电视屏幕上昏了过去。图像是否清晰逼真是消费者挑选电视机最关心的问题，上述构思与图像的配合，很容易引起消费者的购买欲望。

四、化工产品的营业推广（销售促进）

营业推广是一种适宜于短期推销的促销方法，是企业为鼓励购买、销售商品和劳务而采取的除了广告、公关和人员推销之外的所有企业营销活动的总称。通常采取的刺激性手段有销售竞赛、奖券、展销会等。它的特点是可以使消费者产生强烈的、即时的反应，从而提高产品的销售量，但这种方式通常只在短期内有效，如果时间过长或过于频繁，很容易引起消费者的疑虑和不信任感。

1. 营业推广的概念和作用

营业推广是指能够迅速刺激需求、鼓励购买的各种促销活动。这些活动可以诱发消费者和中间商迅速大量地购买，从而促进企业产品销售的迅速增长。营业推广的作用表现在以下几个方面：

（1）可以吸引消费者购买　这是营业推广的首要目的，尤其是在推出新产品或吸引新顾客方面。由于营业推广的刺激比较强，较易吸引顾客的注意力，使顾客在了解产品的基础上采取购买行为，也可使顾客追求某些方面的优惠而使用产品。

（2）可以奖励品牌忠实者　因为营业推广的很多手段，譬如销售奖励、赠券等通常都附带价格上的让步，其直接受惠者大多是经常使用本品牌产品的顾客，从而使他们更乐于购买和使用本企业产品，以巩固企业的市场占有率。

（3）可以实现企业的营销目标　这是企业的最终目的。营业推广实际上是企业让利于购买者，它可以使广告宣传的效果得到有力的增强，影响消费者对其他企业产品的忠实度，从而达到增加本企业产品销售的目的。

2. 营业推广的方式和特点

按照销售促进的对象分，营业推广的方式有下列三类：一是针对消费者的销售促进，包括赠送、优惠券、廉价包装、奖励券、现场示范、组织展销、累计积分消费等。二是针对中间商的销售促进，如批发回扣、推广津贴、销售竞赛、交易会或博览会、业务会议、工商联营等。三是针对销售人员的销售促进，包括销售竞赛的有奖销售、比例分成，免费提供人员培训、技术指导等。

(1) 面向消费者的营业推广方式　针对消费者的营业推广方式目标是鼓励老顾客继续使用产品，促进新顾客使用产品，动员顾客购买新产品或更新设备，引导顾客改变购买习惯，培养顾客对本企业的偏好。细述如下：

① 赠送促销　向消费者赠送样品或试用品是介绍新产品最有效的方法，如奥妙洗衣粉、海飞丝等产品刚上市时，都曾免费向消费者赠送样品，并迅速打开了市场。其缺点是费用高。样品可以选择在商店或闹市区散发，或在其他产品中附送，也可以公开广告赠送，或入户派送。

② 派发折价券　折价券可以通过广告或直邮的方式发送。消费者在购买某种商品时，持折价券可以免付一定金额的费用。

③ 包装促销　企业通常以较优惠的价格提供简单包装、组合包装或搭配包装的产品。

④ 抽奖促销　顾客购买一定价值的产品后可获得抽奖券，凭券进行抽奖获得奖品或奖金。

⑤ 现场演示　企业派促销员在销售现场演示本企业的产品，向消费者介绍产品的特点、用途和使用方法等。

⑥ 联合推广　企业与零售商联合促销，将一些能显示企业优势和特征的产品在商场集中陈列，边展示边销售。

⑦ 参与促销　通过自愿报名或随机抽选消费者参与各种促销活动，如技能竞赛、知识比赛等活动，参与者能获取企业的奖励。

⑧ 会议促销　举办各类展销会、博览会、业务洽谈会，会议期间现场进行相关产品的介绍、推广和销售活动。

(2) 面向中间商的营业推广方式　针对中间商的营业推广主要有批发回扣、推广津贴、销售竞赛、博览会、工商联营等方式，目的是鼓励批发商大量购买，吸引零售商扩大经营，动员有关中间商积极购存或推销某些产品。

① 批发回扣　企业为争取批发商或零售商多购进自己的产品，在某一时期内给经销本企业产品的批发商或零售商加大回扣比例。

② 推广津贴　企业为促使中间商购进企业产品并帮助企业推销产品，可以支付给中间商一定的推广津贴。

③ 销售竞赛　根据各个中间商销售本企业产品的实绩，分别给优胜者以不同的奖励，如现金奖、实物奖、免费旅游、度假奖等，以起到激励的作用。

④ 扶持零售商　生产商对零售商专柜的装潢予以资助，提供POP广告，以强化零售网络，促使销售额增加；可派遣厂方信息员或代培销售人员，以此来提高中间商推销本企业产品的积极性和能力。

(3) 针对销售人员的营业推广方式　针对销售人员的营业推广主要是针对企业内部的销售人员，鼓励他们热情推销产品或处理某些老产品，或促使他们积极开拓新市场。可以采用：

① 销售竞赛　如有奖销售、比例分成等。

② 免费提供员培训、技术指导等方式。

(4) 针对重点大宗业务客户的营业推广方式　对于大型客户，还可以实行以下专用的推广方法。

① 试用　可分无条件试用与有条件试用，无条件试用适合于仪器设备的促销。为了打消用户对产品质量的顾虑，或用户对产品所带来的收益有怀疑时，可以采取免费试用的方式吸引消费者，最后促使用户下决心购买。如果用户对使用设备有怀疑，企业可同意用户免费试用3个月，在试用后用户满意则购买，不满意则运回企业。当然也可以收取一定的费用，这要根据具体情况而定，此举称之为有条件试用，一般来说它比较适合于原材料的促销。也有商家为了从竞争对手那里争取市场，用自己的质量优于对手的产品以低售价、打折销售让用户试用，使用户选择自己的产品，而后按市场售价销售，当然也可以免费小剂量试用。

② 赠送样品　即企业免费向企业代表或中间商赠送样品，企业在推出新产品和占领新市场时，这是最为有效的方式。化工产品营销大部分是企业对企业，对采购人员都有严格的要求，而且企业的采购人员也要尽力避嫌。当然有些企业会拉拢采购人员来进行促销，这是不正当手段，甚至是违法的，不应当提倡。

③ 产品保证　它对于化工产品的营销来说是一种比较重要的促销工具，尤其是在用户对产品质量不够信任，或在几家竞争候选者的选择中举棋不定时，企业可以提供比竞争对手更长的质量保证期来坚定消费者的信心。如在质保期内出现质量问题可以换货、退货、退款、甚至赔偿连带损失等。运用产品保证的前提是企业对自己的产品具有充分的信心，如果企业的产品质量不可靠最好不要采用这种促进手段。

④ 信用赊销　企业针对有过多次交易、信誉可靠的企业可以采取赊销的方式促进销售。对于信誉程度不同的企业可以采取不同比例的赊销，如信誉好可100%赊销，信誉次之则适当降低赊销比率，以此来促进销售。但是在中国目前的市场条件下，采取赊销形式促销一定要慎之又慎，防止造成呆账坏账。

⑤ 租赁　对于大型、贵重仪器设备实行租赁也是一种很好的促销方式，当有些企业对于某一仪器或设备只是临时需要，或暂时缺乏资金购买时可以采取租赁的方式促销。这种方式一方面可以给企业带来更多的净利润，另一方面如果租赁企业对设备使用满意、一旦筹集到相关资金后肯定会向出租公司寻求购买。

⑥ 以旧换新　通过以旧换新可以促进用户下定设备更新换代的决心，同时通过以旧换新可以确保老用户不会放弃自己而去选择其他供应商。

⑦ 培训班　当大多数目标企业对新推出的产品或技术不了解或不熟悉时，企业可以采取开办培训班的办法进行促销。培训班一般来说有两种作用：当用户没有购买时，可通过培训班促使其下定购买决心；当成为用户后，可通过培训使用户更好地掌握使用技术，提高用户企业效益，促使其再次购买。

⑧ 演示会、展示会　企业可以通过在大宗客户的现场作演示，使用户了解产品的优势和特点，体现出设备的操作简便、效率提高等特点。展示会传达的信息更强调企业的整体实力或近段时间企业的科研成果等。

⑨ 会员制　供应商通过设定一定的条件来限定用户，如年采购量或一次采购量超过某一额度即可成为供应商的会员用户，大家共同制定会员章程，同时可以享受其他非会员单位享受不到的优惠价，或优先供货、免费服务等。

⑩ 互惠购买　即我买你的产品的条件是你也买我的产品，如汽车制造厂家从轮胎厂家购进轮胎，轮胎厂家回报以从汽车厂家购进汽车。

与人员推销、广告及公共关系相比，营业推广具有以下几个显著特点：

① 表现形式直观，具有随机性、针对性、多样性，适应性广。

② 刺激性、诱惑性强，短期内的辅助性促销效果显著。

③ 营业推广也有一定的局限性和副作用，有时为了给促销场合增添某种气氛还要讲究一点娱乐性，因而会有贬低产品之嫌。因此，企业在进行营业推广时要注意选择恰当的方式与时机，尽量避免对同一商品频繁使用同一策略。

3. 营业推广的设计

营销推广虽然是一种短期内进行的促销行为，但其对企业和产品信誉的影响却是长期的，因此，必须对营业推广方案事先进行周密设计和计划。对于营业推广活动，必须把握以下五个要点：时机要找准；地方要选对；对象要搞清；掌握时机与尺度；过程要控制好。具体来说，对营业推广的促销策划实务包括：确认促销活动目标；促销什么；向谁促销：市场幅度、购买者的地域性描述、购买者经常出现的地理位置、消费者的心理特征、购买产品的理由、谁是现场购买者、会在什么时候购买、如何购买等；进行营业推广的适宜时间；促销的口号；促销的日程行动控制；在何处促销；预期达成多大的效果。

营业推广方案应该包括这样几个内容：

(1) 确立推广目标　营业推广目标的确定就是要明确推广的对象是谁，要达到的目的是什么。只有知道推广的对象是谁，才能有针对性地制定具体的推广方案，例如，是以达到培育忠诚度为目的，还是以鼓励大批量购买为目的？

营业推广的目标取决于该产品的整个营销目标，而具体的营业推广目标，又因目标市场的不同而异。一般说来，企业营业推广的目标主要有三个：

① 针对消费者的目标　是刺激消费者购买，鼓励现有产品使用者增加使用量，还是吸引未使用者试用，争取其他品牌的使用者。

② 针对中间商的目标　鼓励中间商购买、销售本企业产品，提高其产品库存量，打击竞争品牌，增强中间商的品牌忠诚度，鼓励中间商持续地经营本企业产品，建立固定产销关系，并尽可能开辟新的销售渠道等。

③ 针对推销员的目标　鼓励推销人员推销企业产品，包括新产品，开拓新市场，寻找更多的潜在顾客，努力提高推销业绩等。

(2) 明确推广的规模、对象和途径　企业在制定营业推广决策时，不仅要确定营业推广的目标，还要选择适当的推广形式，包括推广的规模、对象和途径：

① 推广的规模　营业推广的实质就是对消费者、中间商和推销员予以短时期的利益刺激，所以企业应首先决定推广的规模。奖励规模的确定要考虑成本与利益的关系。推广活动要获得成功，一定规模的奖励是必要的，但如果超过一定限度，规模的扩大不一定会带来效益的递增。

② 推广的对象　营业推广应考虑哪些消费者可以参加营业推广并获得奖励，一般地说，应奖励那些现实的或可能的长期消费者。

③ 推广的途径　即考虑如何把营业推广方案向目标对象传送。比如，优惠券可以放在商品包装里分发，也可以通过广告媒介分发或直接邮寄，在选择分发途径时，既要考虑各种途径的传播范围，又要考虑其成本。

(3) 选择推广方式　营业推广的方式方法很多，但如果使用不当，则适得其反。因此，选择合适的推广工具是取得营业推广效果的关键因素。企业一般要根据目标对象的接受习惯和产品特点、目标市场状况等来综合分析选择推广工具。前已述及，不再赘述。

(4) 确定推广的时机和时期　营业推广要选择营业推广活动进行的时间和持续时间的长短。并非任何时候都能采用营业推广，推广时机选择得好，能起到事半功倍的效果；时机选择得不当，则会适得其反。因此，企业应综合考虑产品生命周期、顾客收入状况、购买心理、市场竞争状况等因素，选择在诸如开季前、合乎时宜的节日、礼仪日期等做营业推广，否则就会错过时机。推广期限要恰当，过短，一些满怀期待的消费者还来不及接受营业推广的实惠；过长，消费者新鲜感丧失，产生不信任感，并可能给消费者造成不良印象，认为是变相减价或产生对产品质量等的怀疑，影响企业声誉。同时，也要考虑不同的促销工具、各部门之间的协调配合等情况。

（5）营业推广的预算　这是制定推广方案时应考虑的又一个重要因素。预测营业推广的费用开支有两种方法：一是自上而下，先确定各种具体促销方式的费用，然后相加再得出总预算；二是先确定企业促销的总费用，然后按一定的比例分，再确定营业推广的费用。以第二种方法较为常见。

4. 营业推广的实施过程与控制

营业推广的实施过程实质上就是上述营业推广方案的实施，一般包括确定目标、选择工具、制订方案、方案的实施和控制、效果评价等。营业推广方案的实施除了前四个方面的内容外，还包括配合广告的准备工作和销售点材料准备、通知现场推销人员、为个别的分店建立地区的配额、购买或印刷特别赠品或包装材料、预期存货的生产、将货物存放到分配中心准备在特定的日期发放、按照销售促进办法销售并延续。这里主要介绍营业推广过程的控制。

营业推广方案实施过程的控制包括对最初的计划工作、设计工作的审核和实施过程中必要的修改，这里要严禁忌弄虚作假。营业推广的主要对象是企业的潜在顾客，因此，企业在营业推广全过程中，一定要坚决杜绝徇私舞弊的短视行为。在市场竞争日益激烈的条件下，企业的商业信誉是十分重要的竞争优势，企业没有理由自毁商誉。本来营业推广这种促销方式就有贬低商品之嫌，如果再不严格约束企业行为，那将会产生失去企业长期利益的巨大风险。因此，弄虚作假是营业推广中的最大禁忌。营业推广还要注重中后期宣传。开展营业推广活动的企业比较注重推广前期的宣传，在此还需提醒注意的是不应忽视中后期宣传。在营业推广活动的中后期，十分重要的宣传内容是营业推广中的企业兑现行为。这是消费者验证企业推广行为是否具有可信性的重要信息源。所以，令消费者感到可信的企业兑现行为，一方面有利于唤起消费者的购买欲望，更重要的另一个方面是可以换来社会公众对企业良好的口碑，增强企业良好形象。

为了改进营业推广方法，并为今后的营业推广决策提供依据，还必须对推广方案的实施效果进行评估。常用的营业推广评估方法有两种：一是阶段比较法。即把推广前、中、后的销售量进行比较，从中分析营业推广产生的效果，这是最普遍采用的一种方法。如果推广活动后，企业的销售额或市场占有率高于推广活动前，说明推广活动有成效；反之，如果推广后的销售额或市场占有率与推广前持平或降低，则说明推广活动失败。二是跟踪调查法，即在推广结束后，了解有多少参与者能回忆此次营业推广，其看法如何，多少参与者从中受益，以及此次推广对参与者今后购买的影响程度等。评估活动结束后，推广活动的组织者还应该提交一份建议报告，在总结本次活动的基础上，提出合理化建议，以便在下一次营业推广活动时借鉴。

第二节　化工产品的市场营销技巧

传统的化工产品市场营销主要是依靠营销人员与客户之间的良好关系而实现，所以有时把传统的化工产品市场营销称为"关系营销"。

当前的市场，具有产品同质化、价格市场化、成本透明化的趋势，大宗的购买通常采用招标的形式进行。现代化工产品市场营销有必要采用信任营销、价值营销、服务营销以及技术营销的营销技巧。

一、信任营销

工业品营销的根本目的是为了赢得客户的信任并持续建立信任。信任营销指客户对生产厂商从信任开始接触了解其产品,最终产生购买行为。由于化工产品的内在质量不是通过人们的感官能够直接判断出来的,购买"风险"大,客户在购买时十分谨慎,生产厂商的实力、知名度、品牌对客户购买行为的影响十分重要。一个实力雄厚、规模宏大、品牌知名度高的生产厂商很容易使客户获得基础层面上的信任,即对公司组织的信任;营销人员专业知识丰富、待人热情诚恳、有良好的口碑,是客户获得更深层次信任的关键;客户在获得对公司组织及其对营销人员的信任后,交易有没有风险,风险有多大,就成为客户最担心的事,这时生产厂商如能与客户开展技术交流,提供生产厂商自己试验的样板,甚至让客户看到其他用户的应用成果,让其感到成交后的风险为零或仅有极小的风险,则能帮助客户完成信任的升华,即对交易风险的信任。

1. 客户信任的概念

信任是指心理上不怀疑,情感上认为可靠,表现在行为上就是接纳。企业间的信任关系影响和决定着化工产品的交易行为,有时还是决定交易的核心因素。信任关系包括微观个体信任关系和宏观系统信任关系。客户信任是指客户对某一企业、某一品牌的产品或服务认同和信赖,它是客户满意不断强化的结果。与客户满意的感性感觉不同,客户信任是客户在理性分析基础上的肯定、认同和信赖。一般来说,客户信任可以分为三个层次:一是认知信任,它直接基于产品和服务而形成,因为这种产品和服务正好满足了客户的个性化需求,这种信任居于基础层面,它可能会因为志趣、环境等的变化而转移;二是情感信任,即在使用产品和服务之后获得的持久满意,它可能形成对产品和服务的偏好;三是行为信任,只有在企业提供的产品和服务成为客户不可或缺的需要和享受时信任才会形成,其表现是长期关系的维持和重复购买,以及对企业和产品的重点关注,并且在这种关注中寻找巩固信任的信息或者求证不信任的信息以防受欺骗。

2. 建立客户信任感的原则

信任从有到无、从虚到实,一般遵循以下基本原则:信任来源于信心,信心来源于了解,了解来源于接触,接触来源于感觉,感觉来源于参与,参与来源于意愿。

(1) 信任来源于信心　作为企业的采购主管,假如你碰到的是一个没有自信的销售员,那么你会不会信任他,会不会信任他的产品、服务,会不会信任他的承诺。答案一定是否定的。这就告诫销售员们,在接触客户的时候,一定要表现出百分之百的自信。没有自信心的销售人员,客户是不可能接受的。

(2) 信心来源于了解　我们知道,没有信心,是绝对不可能赢得客户的。那么信心来源于哪里呢?信心来源于了解。这些了解包括对个人价值观、品质、性格的了解;还包括对自己产品、服务性价比的了解、对竞争对手的了解、对行业趋势的了解;最重要的是营销人员要清清楚楚、明明白白地了解客户,了解客户的现状、采购流程、组织结构、存在的问题,还要了解与其接触的每一个人的基本情况,等等。总之,了解越多,信心才会越足。

(3) 了解来源于接触　接触要从销售人员的销售心理和行为开始,到接触其产品、服务,再到其竞争对手、客户所在的行业,最后到客户企业,与每个环节的关键人物接触。这些接触不能是蜻蜓点水,要深入进去、深入开来、深入下去。

(4) 接触来源于感觉　与客户企业接触阶段最重要的环节就是认真接触。要和他们接触上、接触到位,必须想尽一切办法让他们对自己有感觉。没有感觉,是不可能真正接触到深层次东西的。切记,接触来源于感觉。

(5) 感觉来源于参与　只有参与才能产生感觉。销售人员如果只是表面邀约、拜访客户,这根本算不上是真正的参与。这是很多销售人员容易忽视的问题,自己没有引起客户的感觉,还一个劲在找客户的原因,殊不知,真正的原因在于销售员自己,在于销售人员没有真正意义上的参与,也没有让客户参与到对产品的了解中。

(6) 参与来源于意愿　参与要做到全方位,还要善于站在对方的角度考虑问题,这个层面上的参与才有可能产生感觉。每一次给客户打电话,尽管其目的是想让客户掏钱包,可是还是要很真诚、很耐心地去给客户介绍产品或者服务。客户在刚开始的时候,往往把销售人员视为"瘟疫",冷得就像是北极的冰。难怪有销售人员感叹:"如果有第二种选择,我绝对不做销售,尤其是工业产品行业大单销售。"

3. 赢得客户信任的途径

(1) 建立对本企业组织系统的信任,提高企业美誉度　对组织系统的信任是指不受区域制约、不受个人因素影响的,建立在社会规则、行业规则和基础制度上的非个人形式的信任。现代社会在结构上呈现时空分离与抽离化机制两大特征,即社会关系在无限的时空中重组,以货币和专家等系统取代地域关系。由此,不能仅仅依靠人们的有关社会文化特性的信任,以及有关交易的历史经验或对未来担保的信任,一定要依靠非个人的组织体系信任形式,例如专业资格认证、规章制度、法规等。对组织系统信任可以通过两个方面的分析来进行判断:一方面从组织的结构、价值观、行为规则等隐性的理念层面分析组织系统的可持续性;另一方面就是从资质认证、运营制度、硬件设备、业绩、荣誉等显性的体系保证层面分析组织系统的运营可靠性。

化工产品营销大部分是企业之间的交易,其购买费用将以生产成本的形式来消化掉,而且它的使用有一定的周期性,某些化工产品只能通过工艺过程的控制来制作出成品,其质量很难在短时间内依靠人的感官进行鉴别。所以,化工产品营销中的风险信任必须建立在对其生产组织系统的信任上。如果将一切建立在个体信任上,风险是很大的,因为个体本身就是一个风险体,会受到环境、情绪、认知等因素影响,同时人的流动性很大,也会带来很多的不稳定因素。

组织系统信任的建立指通过企业品牌、企业文化品牌、管理模式品牌及雇主品牌四步集成,阐述组织的价值观、行为特征、发展规划,综合打造组织在社会或行业的影响力和公信力。在强化硬件设施与资质认证的同时,企业应进一步健全管理规范与制度体系,用设备的先进度和管理的制度化建立对工业品品质的信誉。化工生产企业必须通过 ISO 9000(或 ISO 9001、ISO 9002)质量体系认证、ISO 14001 环保认证、MSDS 化学品安全说明书认证、HSE 健康安全和环境管理体系认证、CCC(中国强制性产品)认证以及行业规定的其他认证,才有资格参加招投标,可见组织系统信任的建立是首要的、必要的。

(2) 建立对本企业销售人员的信任,使企业美誉度得到深化　有了组织系统的信任,接下来就是建立销售人员的信任。因为化工产品营销是关系营销和合约营销两者的结合,是技术营销和商务营销的融合,无论是关系营销的引导、企业技术的展现,还是商务洽谈等都必须通过代表组织系统的特定个体——销售人员表现出来。对销售人员信任的建立要通过人际关系和专业技术技能两个层面展开。它是从梳理、寻找既有关系开始,制定交往关系的途径,并在既有关系的引导下,熟练运用以互惠为核心的交往技能开展公关活动,逐步建立情感上的认同和信任,直至建立在人格魅力基础上的折服和心灵的共鸣。化工产品的技术属性要求营销者必须具备一定的专业知识与技术,只有人际技能没有专业技能的信任是不稳定的,一些专业性强的化工产品营销必须要有专业技术人员和营销人员的共同努力。人际技能与个人特质训练与积累、专业知识学习与专业技能培训是树立销售人员信任的两大基本法宝。

(3) 销售人员赢得客户的认可与信任的方法与步骤　化工产品营销获得客户信任在很大程度上有赖于销售人员在促销过程中赢得客户的认可与信赖。销售人员赢得客户认可与信任的方法及步骤如下:

① 学会做人，拉近与客户的距离　销售员每天都要与不同的客户打交道，销售员只有把与客户的关系处理好了，才有机会向客户推介产品，客户才有可能接受其产品。作为促销人员，特别是业务新手，第一件事情就是学会做人，不断培养自己的情商，拉近与客户的距离。

a. 要做一个自信的人。在自己的心目中没有什么不可能，绝不怀疑自己的公司，绝不怀疑公司的产品，绝不怀疑自己的能力，相信自己一定能够征服客户，客户一定会对你另眼相看。刚开始，当遭遇客户的一两次冷眼或者不热情的态度时，业务人员心里要明白：这只是客户还没有或者不完全了解自己的一种本能反应，没有什么大不了。千万不要因客户一两次的冷眼或者不热情就怀疑自己能否在这里继续干下去。

b. 要做一个主动的人。天上不会掉馅饼，业务人员的命运掌握在自己的手中。客户不理睬自己，自己可以主动去推销自己，关心他及他周边的人，用自己的真诚行动去感染他及他的家人，如每次拜访，为他或者他家人捎点小礼品等；客户不告诉销售人员市场情况，销售人员可以主动去问客户一些情况；对于市场的真实情况，销售人员可以主动深入到客户市场一线，亲自去了解市场情况；客户没有告诉他的基本情况，销售人员可以主动地通过其他一些间接手段去了解。业务员还要做一个能吃苦的人。特别对于刚从学校毕业的业务新手，客户一般不大信任，很大一部分原因是他们怀疑新业务员能不能吃苦。因为做销售，业务新手相对没有经验，没有太多的关系网，没有老本吃，唯独的方法就是比别人拜访的客户更多，拜访的频率更高，也就是说比别人吃更多的苦。没有吃苦的精神，是不可能获得客户认可的。只有多吃苦、多主动，个人的业绩才能提高，个人的销售能力才能提升，才有可能得到客户的认可。

c. 要做一个可靠的人。业务人员除了自信、主动、吃苦还不够，还必须使自己成为一个值得客户信赖的人。业务新手应该严格遵守厂家的职业规范和作业制度，公私分明，坚决不做任何有损客户与厂家利益的事情。同时业务新手还要有诚信，不能做到的事情坚决不承诺，承诺的事情坚决做到。只有这样，才能使客户信赖，才有可能获取客户最大的支持配合。

d. 还要做一个好学的人。销售人员要养成"多问"的习惯。业务新手既不能认为"自己什么都懂，而客户什么都不懂，客户不如自己"而不值得去问，也不能认为"问多了，怕客户嘲笑自己愚笨"而怕去问。销售人员还要养成"多听"的习惯。倾听可以使自己变得更聪明，更能受到对方的尊重。

② 从最基本的做起，逐渐为客户所重视　很多刚从学校毕业的业务新手，一下市场，就想管大的区域、做出好的销售业绩。这些想法固然是好的，但由于受社会经验、专业知识、销售技能等因素的制约，业务新手要马上单独运作和管理好一个较大区域的市场，难度很大。业务人员要想最终成为业务高手，只有从简单的做起，从容易的做起，通过点点滴滴的小成绩，逐渐让客户重视。

a. 从最小的区域市场单元做起。业务人员刚开始时管理的区域不应过大。每个行业、每个厂家都有自己最小的区域市场单元，化工产品销售的最小市场可能是本企业在某个城市的两三个客户，或某一个产品的区域用户，或者某几个商场的铺货柜台等。业务人员可以选择从厂家最小的区域市场单元做起，对熟悉业务、个人成长及业绩的提升有好处：一则管理区域小，容易熟悉服务的市场对象的全面情况，容易把握市场拓展与市场管理的目标与思路，知道应该去做什么、应该怎么做；二则管理区域小，相对更容易操作，操作成功的机会要大些；三是便于业务人员树立自信心。

b. 注重最简单和最基础的工作。化工产品销售是一项复杂且充满挑战性的工作，内容主要包括区域市场调查、竞争对手分析、市场开拓计划、客户资信调查、新客户开发、客户管理与维护、终端网点建设、终端理货与促销、产品投诉处理等。开发与管理的对象也可能很多，如原材料销售就可能有多级批发商。业务人员要将每项销售活动执行到位，将每个层级的客户开发和管理好，有时难度非常大。业务人员要从走访客户，了解本企业的产品在客户生产环节中所处的位置，把握客户对该产品的评价与新的期望值，积累产品知识和销售技能，向客户证明你是爱学习的、真诚的、是最棒的，既对自己的企业负责也为客户着想。只有这样，才有可能取得客户的认可与信任，最终达到驾驭和管理客户乃至整个区域市场的目标。

c. 重视个人基本技术素养和专业能力的培养。化工产品的消费对象一般是相关产业链上的企业，具有购买建议权或决策权的往往是技术人员或相关专家。为了搞好业务工作，提升销售业绩，销售人员必须具备一定的技术素养和专业能力。业务人员不熟悉相关技术，难以与购买者沟通并形成共同语言，将成为实现交易的障碍。事实上，很多企业的化工产品营销人员都是从相关专业毕业的大中专学生中锻炼培养成长起来的。业务人员的技术素养和专业能力，能够为客户提供有效的使用指导，帮助培训客户使用人员，理解并设法满足客户期望的改进要求。这样的业务人员才是客户值得依赖的对象。

③ 与客户共同开发，提高市场业绩，赢得充分信赖，使企业美誉度得到升华 学会做人能拉近与客户的距离，做好最基本的工作可以逐渐获得客户的重视，但销售业绩要上去，要使销量持续增长和市场份额不断提升，还需要业务人员深入下去，将客户的热情充分调动起来，与客户共同开发，获取良好的产品推广业绩，最终使自己成为客户的合作伙伴，让客户感觉离不开你。

a. 帮助客户分析与规划化工产品的选择。化工产品销售人员面对的是长期固定的客户，是自身产品的使用对象，不同于消费品市场可能存在的短期消费行为。所以，一开始就从长期战略合作、产业链协同的角度去发展客户，要为客户提供最大价值，要帮助客户充分挖掘所购买的化工产品的潜在价值，帮助客户分析与规划其所需要的化工产品的品种选择、质量档次，达到最优成本投入，获得最佳价值，从而优化客户的投入产出。业务人员千万不能有做一单是一单，不关注客户利益，只图自己实现销售目标的思想。

b. 与客户共同开发所销售的化工产品的新用途或按客户期望改进。无论原材料还是半成品，下游用户如何最有效益（或效率）地应用是影响客户的成本-效益的重要问题。营销人员要充分理解客户对这一核心问题的注重。对于自身产品的潜质，营销人员要会同本企业科技人员设法帮助客户开发可能开发出来的新用途，一方面帮助客户解决问题，另一方面也扩大自身产品的服务范围，增加市场需求。对于客户因各种原因提出的期望对产品进行改进的要求，业务人员要及时汇报给本企业，并通过技术部门的研究开发，设法满足客户的要求。这样还可能开辟一条没有其他企业竞争的配套供应之路。客户对促进自己新要求得以实现的销售人员将十分感激和信任，双方会成为充分信赖的朋友。

c. 尽自己所能帮助客户提高相关业务的经营管理水平。除了上述对客户的帮助外，业务人员还应利用自己熟悉的化学化工领域的知识和经验，成为客户的经营管理顾问，通过培训、现场指导、传、帮、带等方式帮助客户提高其生产环节管理水平。如能这样做，可靠的、持续的信赖关系将越发变得牢不可破。

二、价值营销

如果两个生产厂商在实力、规模和品牌知名度上不分伯仲，他们的营销人员在专业知识、热情诚恳方面也旗鼓相当，其产品均有足够的样板工程展示，成交后的风险也都很小，即两个生产厂商在信任营销中的三个层次方面均实力相当、难分高下，这时价值营销的重要性就显现出来了。价值营销与打价格战不同，价格战的结果经常是两败俱伤，赔钱赚吆喝。价值营销则是保持一定价格，突出价值观念，让客户感觉花同样多的钱，甚至多花一定的钱，但购买的产品值得，即以价值赢得客户。

价值营销是指导企业通过发现、创造、沟通、传递、实现顾客价值、构建顾客价值最大化的价值链管理体系,来服务于顾客、赢得顾客、留住顾客,从而实现企业利润的理念、方法和工具。简而言之,价值营销就是必须将价值的实现渗透到每一个营销环节中,并将不利于价值实现的环节彻底砍掉。有关化工产品的价值营销在本书第五章相关部分已做过叙述,本节只是简单介绍其中的营销技巧。

价值营销的最大化包括产品价值、服务价值、品牌价值和终端价值的营销组合。

1. 促进价值感知

企业应以提供差异化价值为手段,按顾客对价值期望的差异有效地区别对待,有选择性地超越顾客的期望;同时倾听顾客的声音,关注顾客的隐性需求,保证顾客参与,从而解决顾客的问题,建立双赢合作关系,为客户创造利益。

2. 将价值传递给顾客

企业应以为顾客创造价值为战略导向,关注市场信息,做好战略性预测,接着企业首先向顾客传递价值,再由顾客向顾客传递价值;选择合适的沟通媒介(关键在"口碑"),顾客价值传递策略(如营销策略组合、数据库营销、关系营销、体验营销、绿色营销等),必要时寻找合适的第三方物流公司合作提升物流技术。

3. 大规模应用价值营销

企业应从传统的营销理论转移到顾客价值营销的轨道上来,从市场份额营销转变为顾客份额营销,从价格营销转变为价值营销,从有形产品营销转变为无形服务营销,从机能产品营销转变为感动产品营销,从顾客满意营销转变为顾客价值再创造营销,因为顾客的期望值是不断增长的,是无休止的不满足。

三、服务营销

现在的营销行业表面上是比销售,实际上是在比产品、比价格、比服务,其中"比服务"就是我们说的服务营销。服务是全方位的,不仅仅是售后服务。在营销前、营销中、营销后都存在服务。

服务营销是企业在充分认识满足消费者需求的前提下,为充分满足消费者需要在营销过程中所采取的一系列活动。服务作为一种营销组合要素,真正引起人们重视的是20世纪80年代后期,这时期,由于科学技术的进步和社会生产力的显著提高,产业升级和生产的专业化发展日益加速,一方面使产品的服务含量,即产品的服务密集度日益增大,另一方面,随着劳动生产率的提高,市场转向买方市场,消费者随着收入水平提高,他们的消费需求也逐渐发生变化,需求层次也相应提高,并向多样化方向拓展。

服务营销是企业营销管理深化的内在要求,也是企业在新的市场形势下竞争优势的新要素。服务营销的运用不仅丰富了市场营销的内涵,而且也提高了面对市场经济的综合素质。针对企业竞争的新特点,注重产品服务市场细分、服务差异化、有形化、标准化以及服务品牌、公关等问题的研究,是当前企业竞争制胜的重要保证。

1. 服务营销的概念

服务营销是一种通过关注顾客,进而提供服务,最终实现有利的交换的营销手段。实施服务营销首先必须明确服务对象,即"谁是顾客",像日用化学品的顾客分为两个层次:分销商和消费者。对于企业来说,应该把所有分销商和消费者看作上帝,提供优质的服务。通过服务,提高顾客满意度和建立顾客忠诚。

企业必须坚定不移地树立服务客户的思想,认清市场发展形势,明确分销商是厂家的上帝,消费者是最高上帝。企业所做的一切,都要以消费者的需求为最终的出发点和落脚点,通过分销商将工作渗透到消费者层次上,从源头抓起,培育消费者满意度和忠诚度。企业坚持为他们提供一流的产品、一流的服务,一来能体现企业对产品的负责、对分销商的负责、对消费者市场的负责;二来可以加强沟通,增加公司吸引力,提高竞争力,与客户共同进步,共同得益，实现厂家、分销商、消费者的"多赢"。

作为服务营销的重要环节，"顾客关注"工作质量的高低，将决定后续环节的成功与否，影响服务营销整体方案的效果。

2. 服务营销与传统营销的比较

同传统的营销方式相比较，服务营销是一种营销理念，企业营销的是服务，而传统的营销方式只是一种销售手段，企业营销的是具体的产品。在传统的营销方式下，消费者购买了产品意味着一桩买卖的完成，虽然它也有产品的售后服务，但那只是一种解决产品售后维修的职能。而从服务营销观念理解，消费者购买了产品仅仅意味着销售工作的开始而不是结束，企业关心的不仅是产品的成功售出，更注重的是消费者在享受企业通过产品所提供服务的全过程中的感受。这一点也可以从马斯洛的需求层次理论上理解：人最高的需求是尊重需求和自我实现需求，服务营销正是为消费者（或者人）提供了这种需求，而传统的营销方式只是提供了简单的满足消费者在生理或安全方面的需求。随着社会的进步，人民收入的提高，消费者需要的不仅仅是一种产品，更需要的是这种产品带来的特定或个性化的服务，从而有一种被尊重和自我价值实现的感觉，而这种感觉所带来的就是顾客的忠诚度。服务营销不仅仅是营销行业发展的一种新趋势，更是社会进步的一种必然产物。

3. 如何做好服务营销

服务营销是企业营销管理深化的内在要求，也是企业在新的市场形势下竞争优势的新要素。服务营销的运用不仅丰富了市场营销的内涵，而且也提高了面对市场经济的综合素质。针对企业竞争的新特点，注重产品的服务细分，服务的差异化、标准化等问题的研究，是当前企业竞争制胜的重要保证。

企业要做好服务营销，首先要构建服务平台以便与顾客进行及时的互动沟通，在产品销售还未开始之前，对服务营销的事项调查应先行进行，并对各类顾客购买产品的消费行为作深入认知，由此对服务营销人员培训，塑造出专业品质。

四、技术营销

一个企业的技术研发和创新能力强，其产品的技术含量就会比较高，产品的功能、款式也会比较新，并能不断推出新产品。这种依靠产品技术取胜，牢牢吸引顾客，使顾客对企业有较高忠实度，从而实现产品销售长盛不衰的方式，称为技术营销。技术营销是通过运用企业的技术服务和专业知识等方面的系统能力，使客户在短期内对新技术产品得以认识、了解和接受。技术营销的对象是一种知识、一种技术，而不是某一具体产品。技术营销的首要目的在于帮助客户掌握与此项技术相关的各种知识和技术，并接受此技术。技术营销揭示了营销的过程不仅存于新产品生产之后，而且伴随着技术的研究、开发、推广的全过程。

1. 技术营销的基础及与营销过程的整合

技术营销的基础是通过技术创新来提高产品的技术含量，进而提高企业的核心竞争力，即以技术为先导，通过产品的技术优势来拓展和赢得市场。产品性能能够很好地满足消费者的不同需求，产品的性价比高，品牌的附加值就高。这也是很多著名企业和知名品牌能在竞争中立于不败之地的根本原因。化工产品市场有一个培育和开拓的过程，如果能够以技术为方法对市场进行培育，市场的扩展速度与质量都能得到有效的保障。

技术营销的系统解决方案是一种针对消费者提出的问题或要求，利用一切技术和资源，为消费者提供一揽子解决问题的技术方法、手段，解决消费者的问题和要求，满足消费者的愿望，最后达成双方利益共赢。精辟一点说，传统的销售缺乏生命力，以技术为先导进行的营销可以提供产品、服务、技术等一条龙服务，实现价值的提升，提供系统解决方案，将资源进行有效整合，赢得消费者的信赖，才能将品牌做强做大。例如，本书编著者在从事科研新产品——聚硅氧烷季铵盐头发调理剂的市场营销时，针对某些客户反映的对于该产品的调理性和抑泡性问题的担心和质疑，参与并组织技术人员相继进行专题研究，将其研究结果在《有机硅材料及应用》、《精细与专用化学品》、《日用化学工业》、《中国洗涤用品工业》科技刊物上以科研系列论文《高档香波调理剂——聚硅氧烷的合成与应用》、《聚硅氧烷季铵盐高档香波调理剂》、《聚硅氧烷季铵盐 SP-295 对香波体系的抑泡作用及其比较研究》和《聚硅氧烷季铵盐 SP-295 对头发的调理作用及其比较研究》的形式公布于众，并把其中的调配技术、推荐配方无偿奉献给用户，配合对已有用户和潜在用户的及时上门服务举措，对该产品的销售量的提高起到了很好的推动作用。

当前有的化工企业存在技术至上的倾向，认为靠技术创新、产品研发就可制胜市场；还有的企业存在营销倾向，忽视技术创新，企图通过营销活动如广告就能获得成功。应该承认这两类企业都有获得成功的案例，但都是一时的，而最终的失败却是不可避免的。因此，将技术与营销进行整合主要有三点原因。

一是技术与营销的辩证关系的体现。技术的发展要以营销为导向，技术的发展也为营销创新和营销策略的实现提供物质条件。营销的发展则离不开技术的支持，技术越发展越是需要高水平的营销与之相适应；营销策略的实施要以技术变革为核心，使产品更加贴近顾客，从而在竞争中获得优势。若以技术为导向，只顾生产技术投入而忽视营销，企业将因此失去改进研发产品的方向，不能最大限度地满足消费者需求，最终会被市场所淘汰。若一味重视营销而忽视技术和研发，则消费者的需求同样不能得到高质量、快速度、高效率的满足。

二是木桶效应原理的要求。技术与营销都是企业价值链中创造价值的活动，提高其中一个活动的价值都有助于提高整个企业的价值，创造企业竞争优势。但根据经济学里的木桶效应原理，一个木桶盛水的多少不是取决于木桶上最长的那块板，而是取决于木桶上的最短板。因此，企业必须重视技术和营销的协调发展，不可偏废。否则只能是事倍功半，达不到理想的效果。

三是忽视技术与营销的整合教训深刻。现实中，有的化工企业因为在处理技术与营销的问题时畸重畸轻，忽视了技术与营销的整合，结果导致失败。

2. 技术营销的实施

（1）正确处理好不同时期技术与营销的关系　一般而言，在企业发展的不同阶段，或产品生命周期的不同时期，技术与营销的地位和作用同样有所不同。在产品处于研发或初创时期，企业可能更偏重于技术；而随着产品逐渐成熟，将会慢慢转向偏重于市场营销能力。比如在手机技术同质化的今天，营销的地位则更加重要，不然阿尔卡特的总裁 SergeTchurnk 就不会这样说："给我客户，给我大公司的客户，打开 AT&T 和 Verizon 通讯公司的大门，我把技术卖给他们。"

（2）以市场为基础进行产品研发定位　企业在产品生产和创新上，要坚持从顾客中来的原则。要通过周密的市场调查、预测、比较来确定产品研发定位，只有根据市场做出产品的市场定位，开发出的产品才能有市场基础。比如重庆的"冷酸灵"抗过敏和健康防蛀牙膏和云南白药新推出的"抑制牙龈出血、修复口腔溃疡、改善牙龈肿痛、祛除口腔异味"牙膏和就是以营销为导向的成功事例。

（3）依据产品的市场定位进行技术创新和产品创新　有了市场定位这个基础，技术创新便有了方向。技术代替不了市场，高新技术产品同样存在市场风险，但如果产品的技术创新能以市场为基础，则会降低这种风险。

（4）真诚地听取顾客意见　顾客对产品的意见和建议，甚至抱怨或投诉，其实正是企业需要寻找和解决的不足之处，善于搜集顾客的抱怨和意见来改进产品，正是产品适应市场过程。美国宝洁公司在实施技术营销过程中，对用户需求的掌握就是从倾听用户的意见开始的。

第三节　化工产品营销的客户服务

现代市场营销理论认为，服务是产品功能的延伸，有服务的销售才能充分地满足顾客的需要，缺乏服务的产品只不过是半成品。因此，现代企业面临竞争激烈的市场环境，都十分重视服务在营销中的地位。机电产品等一次性购买品的市场营销注重的是现场推介和售后服务，包退包换包（维修）使用寿命。医药品、食品、洗涤化妆类消费品是接续性、广泛性购买的商品，用户注重的是其功能性、适应性，宣传讲究广告的大投放，狂轰滥炸，力争家喻户晓，老幼皆知。而生产资料性的化工产品，只能做有明显针对性的广告，只在专业杂志、商品信息报刊和行业会议上做广告，在广播、电视、公共报刊、体育比赛场地上很难见到生产资料性化工产品的广告；其广告的内容也一般产品迥然不同，介绍的是技术原理、应用方法（或配方），处处体现技术支撑的重要。这是因为化工产品买卖过程以及后续的使用都需要专门的知识与技术，在其营销活动中必须做好技术推介和售后服务。特别是精细化学品，它是根据其特定的功能和专用性质进行生产、销售的，商品性很强，用户的选择性也很高，市场竞争尤为激烈，因此技术服务是精细化学品营销中不可或缺的重要手段，不仅新产品需要推介服务，产品不断改进、更新、升级后也要跟踪推介，才能吸引客户注意，为客户提供技术支撑，方便客户使用，稳定供需关系。

一、客户服务的内涵、特征和分类

1. 客户服务的内涵

什么是客户服务？人们对此有多种不同的理解。1960 年，美国市场营销协会（AMA）最先给客户服务下的定义为："用于产品或者是与产品连在一起进行出售的活动、利益或满足感。"服务营销的开拓者之一、在北欧最有影响力的美国服务市场营销学者 Christopher Gronroos（克里斯蒂·格鲁诺斯）教授为客户服务下的定义是："服务是以无形的方式，在顾客和服务职员、有形资源产品或服务系统之间发生的、可以解决顾客问题的一种或一系列行为。"由此，我们可以得出，所谓客户服务就是指为了促进产（商）品的销售而向客户提供的、能满足用户某种需要的一切形式的劳务。

2. 客户服务的特征与分类

为了促进产品销售的客户服务有如下特征：

① 无形性　相对于有形的实物产品而言，对客户的服务是无形的。虽然有时候有提供技术资料，为顾客代为培训操作、使用人员等可以看得见的形式，但它们的本质内涵是一种技能上的服务，假如你向营销商提出需要观察服务、购买服务并把它带回家，那是很困难的。

② 不可分离性　通常情况下，产品生产者提供的客户服务与其商品的销售是相伴且同时（某些项目会稍推后一些）进行的，具有连带性。

③ 差异性　由于各个客户（消费者）的购买需求不一样，自身对商品使用的技能存在差别，即使是购买完全相同的商品，他所需要销售商提供的服务也存在差异；同时，在一个公司里不同的服务人员所做客户服务水平也可能是不相同的，虽然在制度上会强调实施标准化服务，但实际控制起来还是比较难的。

④ 不可储存性　一般来说，客户服务项目具有无法保留、转让及退还的特性。

从企业的角度，可以按照服务过程的不同对所提供的客户服务进行分类，分为售前服务、售中服务和售后服务。

① 售前服务　它是指协助用户了解和选购产品所作的服务，如协助用户购物前的咨询、规划设计、造型等。在现代营销策略中，售前服务是营销服务的起点，在销售之前，要先"销

售"知识，知识开道，产品才会畅销。售前服务包括进行产品的应用性能研究，针对用户的不同要求考察使用的工艺、过程和最终性能，为用户的购买使用提供切实可行的指导建议。

② 售中服务　它是指在销售过程中为顾客提供各种方便条件，指导演示，帮助顾客顺利购买和获得产品的服务。在销售过程中与对方的技术人员一起研讨产品的使用条件，必要时提出工艺改进建议，真正达到革新工艺、降低成本、提高功能的目的。

③ 售后服务　它是指保证产品交货后的服务工作，如安装、调试、维修和人员培训工作等。售后服务是保证产品最有效地发挥效能、充分维护顾客利益最有力的措施，它有力地吸引着顾客，也维护了自己的声誉，是竞争取胜十分有效的手段。售后服务对于生产、经营高科技含量产品的企业显得更为重要，同时，现在很多耐用消费品如家电用品的竞争，一个很重要的方面就是服务竞争。售后服务包括倾听用户的意见，方便时仔细了解用户的使用过程，结合可能出现的新情况，帮助分析造成的原因，同时改进自己的产品，满足用户不断变化的技术要求。

化工产品在使用过程中，影响其使用效果的因素是多方面的，很多情况下并不完全是自己所售产品引起的，但销售人员不能不管不问，任其发展。否则就会将该用户推给竞争者，最终失去该用户。

3. 客户服务的作用

随着各类高新技术和产品的不断出现，对使用客户的服务越来越被各个企业所关注和重视，并逐渐成为企业竞争的一个重要手段，这说明人们对服务在企业营销中的地位和作用有了新的认识。

(1) 客户服务可以增强消费者对产品的信任和对企业的感情　对于化工产品的销售，不仅是销售产品，而且还要使用户获得温馨的感受、愉快的体验、价值上的满足以及事业（应用）的成功。日本松下电器创始人松下幸之助曾有一个比喻，他把自己的顾客当成亲戚，他说："做生意好比嫁女儿，顾客买了你的商品，彼此就是亲家，顾客的家就好像女儿的婆家，要关心商品在顾客家里的情形，自然你就要担心'我的商品卖出去后，是否受顾客的欢迎'，'商品是否有瑕疵'，今天要到顾客家的附近，顺便去看看商品的情况吧！"松下电器公司怀着嫁女儿的心情做买卖，自然会使顾客产生更进一步的信任关系，企业自然也会繁荣。

(2) 客户服务可以提供信息，不断改进产品，强化产品竞争力　企业的销售技术服务工作，形成了制造者和使用者之间的桥梁，是获得产品使用情况信息反馈最可靠的渠道，因为在技术服务过程中企业对用户反映的意见能获得较深的印象，而后针对用户反映出来的实际需要开发出来的产品总是具有较强的生命力。

(3) 客户服务是企业提高竞争力的重要手段　在现代营销中，质量竞争和价格竞争固然重要，但服务竞争的重要性愈加凸现。很多西方营销学家认为，价格竞争是低层次竞争，而服务竞争才是高层次的竞争，实施顾客满意战略是国际营销发展的大趋势。

客户服务的真谛是：①坚守优质服务的第一要义——迅速；②始终面带微笑，让服务沁人心扉；③从各个方面给客户提供方便，让客户感到便利；④对客户的需求贴心关注，切中人心，表现出松下幸之助式的"体贴"。

4. 客户服务的决策

客户服务是伴随商品一起提供给消费者的附加利益与活动。客户服务的目的是使消费者在购买和使用产品的过程中获得更大的效用和满足。产品越复杂，消费者对各种附加服务依赖性越强。随着市场竞争的日趋激烈，仅凭技术因素是难以创造持久的竞争优势的。现今绝大多数产品的生产和制造成本不会超过最终价格的 $60\%\sim80\%$，而周到的服务和完善的送货系统成本却占到 $20\%\sim40\%$。可见，服务将成为产品同质企业之间竞争的主要手段。

产品整体概念强调服务是产品的组成部分，如果实体部分性能类似，而随同实体提供的服务有明显的差别,在顾客看来就是不同质量水平的产品,因此,提高服务质量已成为产品销售的关键因素。为消费者提供的服务内容根据企业和产品特征而定。但总的宗旨是,实现顾客满意服务战略。化工产品营销的客户服务通常包括以下内容:接待来访和访问用户;提供专业技术咨询与服务;质量保证承诺;指导客户使用好本企业的产品;根据客户需要为其进行分析检验技术的培训(此项目可能需要单独计费)。

想要提高服务质量,一般来说,需要进行以下三个方面的决策。

(1) 服务组合决策　企业营销人员需要了解顾客需要哪些方面的服务,然后据此进行相关的重要性的分析。比如,美国有一家化学公司为了改进服务组合,对几家同行业企业进行调查后发现,顾客迫切需要的是各种技术咨询,而这些企业在这方面都很欠缺,于是,这家公司招聘和培训了更多的技术咨询服务人员,使自己在技术咨询服务上取得了领先地位。

(2) 服务水平决策　在确定了服务组合之后,企业还要在服务水平即服务的量和质方面做出决策,只有达到一定质量要求的服务,才会使顾客满意。一般来说,服务水平越高,顾客的满意程度就会越高,但是,企业的营销费用也会增加。当然,在提供了良好的服务之后,通过顾客的重复购买和相互的影响,会使企业的产品销售量增加。在进行这方面决策时,企业应进行服务质量与销售量增加的相关程度的分析,即把因顾客的满意程度提高而使销售量提高作为一个因变量,将服务水平视为其中的一个自变量(服务水平越高,服务的费用也越高,营销成本就增加)进行相关分析。在西方,企业一般对自己服务水平的高低定期在顾客中进行问卷调查,问卷调查内容包括以下几个方面:对顾客提供的服务是否及时;推销人员对顾客是否热心、礼貌;服务收费是否合理;对顾客的批评建议是否及时做出反应等。

(3) 服务方式决策　企业以什么方式向用户提供服务的问题主要是服务要素如何定价。其可供选择的定价方式有多种。比如,对于"无特色"的服务即某一行业通行的应有的服务一般应免费;对于"有特色"的服务应采取"无溢价"的定价,即企业只收取等于或是少于提供该项服务所需花费的成本,而不追求利润;对于专业性强的服务或需要购买较多用品才能提供的服务可以收取"带溢价"的定价。

当然,对每项服务要素应如何提供,都有不同的选择方式,企业要根据用户的要求和竞争者的策略,做出抉择。

二、化工产品的技术标准与质量监测

为在一定的范围内获得最佳秩序,对活动或其结果规定共同的和重复使用的规则、导则或特性的文件,称为标准。它以科学技术和实践经验综合成果为基础,经有关方面协商一致,由主管机构批准,以特定形式发布,作为共同遵守的准则和依据。按照标准化对象,通常把标准分为技术标准、管理标准和工作标准三大类。技术标准是指对标准化领域中需要协调统一的技术事项所制定的标准。技术标准包括基础技术标准、产品标准、工艺标准、检测试验方法标准、及安全、卫生、环保标准等。本节只介绍技术标准。按标准实施的有效范围可分为国际标准、国际地区性标准、国家标准、行业标准、地方标准和企业标准。制定、发布及实施标准的活动过程,称为标准化。标准化的重要意义是改进产品、过程和服务的适用性,防止贸易壁垒,促进技术合作。"获得最佳秩序和社会效益"是标准化的目的。依照我国《标准化法》,国家禁止生产没有产品质量标准的产品。一旦发现企业无标生产,质量技术监督部门将给予罚款,并没收违法所得。因产品质量问题造成安全、卫生方面事故的,生产企业将承担法律责任,中间销售及储运环节负连带责任。

化工产品的品种繁多,性能差异大,更新换代快,所以产品及其试验方法标准数量多、范围广、更新快。化工各个专业甚至每种产品都有不同的试样制备或取样方法,专业与专业之间的标准既有共同之处,又有各自的特殊性。因此,每个专业的标准基本上自成体系,各有一套完整的标准。例如,农药专业有农药名词术语标准、农药产品标准、农药中间体标准、农药剂型标准、农药助剂标准,以及与此配套的农药性能测试方法标准、农药包装标准等;染料专业有染料名词术语标准、染料产品标准、染料中间体标准、染料助剂标准、染料包装标准等。

1. 化工产品标准的构成

(1) 标准号 中国国家标准对全国经济、技术发展有重大意义,需要在全国范围内统一技术要求所制定的标准。中国国家标准由国家技术监督局组织制定,统一审批、编号和发布。其编号由国家标准的代号、国家标准发布的顺序号和发布年份构成。其中,国家标准的代号由"国标"汉语拼音的大写字母构成;强制性国标代号为"GB",推荐性国标代号为"GB/T"。查阅化工产品标准,首先要知道该产品的产品标准号,国家标准化行政主管部门对每一种具有产品标准的产品都给了一个产品标准号,犹如给人起名字一样。化工产品标准号由如下四个部分构成:标准代号、标准编号、横杠和制定/修订年号。不同的标准使用不同的标准代号,中国国家标准用代号"GB"表示,国际标准组织用代号"ISO"表示,德国标准用"DIN"表示,美国国家标准用代号"ANSI"表示。紧跟标准代号后有4位或5位数字,表示该标准的编号,标准的编号形式较多,含义也不一样。按标准首次发布的顺序(流水号)编写。用这种方法编号,除了顺序这个含义外,没有其他含义,我国就是采用流水号的形式。标准编号后用一横杠将后面的年号隔开,标准中写的年号应是首次发布或修订的年代号。如 GB 18350—2001 变性燃料乙醇标准,就表明该标准是 2001 年首次发布。2000 年以前发布的标准,年号仅 2 位,2000 年以后年号改为 4 位。产品的标准号可以通过每年的标准索引查得。

(2) 标准内容 化工产品标准一般由以下几个部分组成:①标准的适用范围;②列出引用标准;③产品的技术要求,指明该产品的主要理化指标,如色度、密度、主要成分含量、水分等;④产品的实验方法,即针对产品的各项理化指标,给出本标准指定采用的试验方法;⑤产品的检验规则,说明产品应由哪个部门进行检验,当检验结果不符合标准要求时,应如何处理,以及收货单位如何按本产品标准进行验收等内容;⑥产品的标志、包装、运输、储存条件,如包装容器上应涂刷牢固标志,注明生产厂名、批号、产品名称、毛重、净重、生产日期、标准编号,包装物要求、向上标志、搬运注意事项、禁止钩挂和抛甩、堆垛限制层数、"易燃液体"标志、置于通风阴凉处贮存等。

如工业乙酸乙酯的国家标准代号为 GB 3728—91,说明这个标准是国家强制标准,在我国境内的化工企业都要按照这个标准生产和销售工业乙酸乙酯。

(3) 化工标准的层次结构 我国的化工标准由国家标准、行业标准和企业标准三个层次的标准构成。其中国家标准分为强制性国家标准(用代号"GB"表示)和推荐性国家标准(用代号"GB/T"表示)。如工业高锰酸钾,GB/T 1608—1997;氢气使用安全技术规程,GB 4962—1985。

行业标准按国务院标准化行政主管部门规定,按不同行业分为若干个行业标准,各自采用不同的标准代号,如化工行业的标准代号为"HG",冶金行业的标准代号为"YB",机械行业的标准代号为"JB"等。例如饲料级碘化钾,HG 2939—2001;料斗式塑料干燥机,JB/T 6494—2002;结构用高强度耐候焊接钢管,YB/T 4112—2002。

企业标准是组织生产的依据,需要制定和执行企业标准的几种情况是:①没有国家、行业、地方标准时;②虽有国家、行业或地方标准,但需要具体化和细化时;③企业生产的产品指标高于国家、行业或地方标准时。企业标准的代号为"Q/×××"。某企业的企业标准代号是由企业标准代号"Q"加斜线再加企业代号组成。如某企业标准代号为 Q/135,某企业生产的香皂的产品标准为 Q/(QB) F 158 A。这些企业的产品虽然执行的是企业自己制定的标准,但其产品标准必须在其直接主管行政机关的技术质量监督局备案,还必须接受国家及消费者的监督。

化工标准实行上位法。在化工生产过程中，有国家标准的一定执行国家标准，如果没有国家标准才可以执行行业标准或企业标准。行业标准经过一定时期的实践，可以上升到国家标准。各级标准之间的关系可用下面的图 6-1 和图 6-2 来表示。

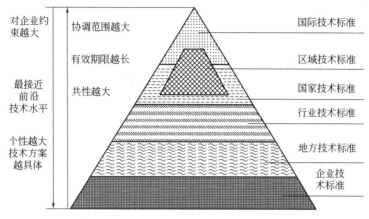

图 6-1 标准层级间的关系

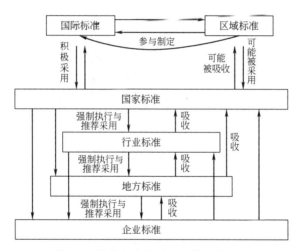

图 6-2 技术标准各层级间的互动关系

2. 我国化工标准的实施体系

化工产品的标准体系由国家级的化工综合性标准、综合性基础标准以及化工各行业的标准体系组成。具体来说有：

（1）化工基本原材料标准 它包括化学矿、化学气体、无机化工产品、有机化工产品、化学试剂、化肥、农药、染料及中间体、颜料、表面活性剂、水处理药剂、催化剂、食品用化学品等 13 个类别。它们主要表征各类产品质量特性的主要技术指标和化学成分的含量，即主含量（或纯度）以及各种杂质化学成分的含量。

（2）化工高聚物、信息材料标准 该标准包含化工高聚物、信息材料、合成树脂及塑料、涂料、合成橡胶及胶乳、轮胎及气门嘴、软管、涂覆织物、输送带及传送带、橡胶密封制品、胶乳制品、胶鞋、橡胶杂品、食品用橡胶制品、医用橡胶制品、胶黏剂、化学助剂、炭黑、感光材料、磁记录材料等 16 个类别，它们主要表征各专业产品质量特性的主要指标、物理性能和加工性能如力学性能指标、热性能指标、电性能指标、光学性能指标、照相性能指标和电声性能指标等。

(3) 化工机械标准　它包括化工机械综合基础标准和化工机械、非金属化工机械、搪玻璃设备、橡胶机械和橡塑通用机械、化工用仪器仪表、橡胶测试仪器设备六类专业标准。

(4) 化工综合性标准　它由化工综合性标准、化工用能、化工安全、化工工业卫生、化工信息分类编码五个标准体系表组成。

必须注意的是，化工标准具有明确的专业性和配套性。所谓专业性，是指每种化工产品都有相应的产品标准。如工业硫酸，就处于无机化工产品/无机酸/硫酸的标准体系内。同一种化工产品，不同的用途采用不同的标准。如酒精根据用途不同，分为食用酒精、无水酒精、工业酒精等。不同的产品分别采用不同的产品标准。工业酒精采用 GB 394—2008 标准；无水酒精采用 GB/T 678—2008 标准；食用酒精则采用 GB 10343—2008 标准。化工标准的配套性是指化工标准不仅规定了产品的质量指标，同时也规定了采用什么方法来获取这些指标，即规定了试验方法，这些试验方法同时也是标准。当提交某一种产品的质量指标时，必须采用国家标准认可的试验方法测定出来的结果才是有效的。所以，一个化工产品的标准，有一系列相应的标准与之配套。

以食用酒精的质量指标为例，其试验方法必须按 GB/T 394.2—2008 酒精通用试验方法进行。而试验中的用水必须采用 GB/T 6682—2008 分析实验室用水规格和试验方法。对于产品的取样也是有规定的，食用酒精的抽样按 GB/T 394.1—2008 中规定的方法和数量抽样。包装标志按 GB 190—2008 和 GB/T 191—2008 的要求。

3. 化工产品标准的质量特性指标

化工产品质量的好坏，往往在使用和加工过程中才能反映出来。例如，评价己内酰胺的质量，主要看它在抽丝加工时的性能如何，而要反映己内酰胺真正质量的抽丝性能指标，在生产过程中是难以直接测定的，原料生产厂也无法用抽丝性能来控制每批己内酰胺的质量。评价一种新农药质量的优劣，主要看它对病虫害的防治效果和对人、畜的安全程度。但农药生产厂无法用防治效果来控制每批农药的质量。胶片、水处理剂等产品在生产过程中也都无法以真正质量特性指标来控制其质量。因此，化工产品标准往往是采用易于测定并能反映产品质量特性的代用指标来表示。如农药产品，用有效成分的含量作为代用指标，己内酰胺用高锰酸钾吸收值、挥发性碱含量等作为代用指标。由于产品的真正质量特性在出厂前不容易测定，所以用代用质量特性指标来控制产品质量。但是代用质量特性指标并不等同于真正质量特性指标，而只是反映真正质量特性的相关技术参数。

同时，一种化工产品往往有多种用途，如磷酸氢钙既可做肥料，又可做饲料和食品添加剂，还可做牙膏的原料。所以企业在选择产品标准的时候要根据不同的用途和要求，对产品质量指标实行分型和分等，以避免产品质量出现溢出或不足。化学试剂的质量指标一般分为优级纯、分析纯和化学纯三等，以适应不同用途的需要。根据不同用途的要求，GB/T 1587—2000 工业碳酸钾分为两种类型，Ⅰ型作为一般工业用，杂质含量等指标控制相对可以宽一些，Ⅱ型主要用于制造显像管玻壳，杂质含量等指标控制相对要更为严格。对一般工业用的Ⅰ型产品又根据不同用途的需要，分为优等品、一等品、合格品三级，在主含量及杂质指标上都有所区别。

4. 化工产品的质量监测

虽然化工产品的高质量是依靠生产、管理出来的。但在其生产、流通过程中，对其质量特性指标进行跟踪检测也是非常必要的。在原料投料之前要进行检测，对于不符合要求的原料要运用各种化工分离手段进行提纯，直至满足工艺要求；在生产过程中，特别是有化学反应发生的过程，要跟踪监测原料的转化率、反应选择性，控制中间产品的质量；形成产品后，要依据其质量特性指标和试验方法对照产品标准进行出厂前的检测，只有符合产品标准的产品才判定为合格，准许出厂销售给用户。为了保障市场营销活动公正公平，维护客户和消费者的合法权益，各级质量监督检验部门还要定期从市场上随机抽取样品进行检测，对于不符合相关产品质量标准的商品将责令生产厂家从市场上召回，并赔偿客户和消费者的损失，严重的还要予以经济处罚、停产整顿，甚至撤销生产许可、强制关闭。这些工作内容也属于商品生产者为客户服务的配合举措。

课外阅读与思考之一
神马公司客户管理问题及对策

一、企业概况

中国平煤神马能源化工集团有限责任公司是国有特大型能源化工集团，隶属于河南省人民政府，集团总部位于河南省平顶山市，注册资本金116亿元，资产总额800亿元，员工17000余人。中国平煤神马集团是在平煤集团和神马集团的基础上于2008年12月5日重组整合而成。

中国平煤神马集团是一家以能源化工为主导的国有特大型企业集团，产业遍布河南、湖北、江苏、上海、陕西等9个省区，产品远销30多个国家和地区，与40多家世界500强企业及跨国集团建立战略合作关系。旗下拥有"平煤股份"和"神马股份"两家上市公司，居2011中国企业500强第74位，是一家跨区域、跨行业、跨所有制、跨国经营的特大型能源化工集团。平煤集团是全国最大的焦炭生产基地，是国内品种最全的炼焦煤和电煤生产基地。神马集团是全国最大的尼龙化工生产基地，帘子布和工业丝生产规模均居世界第一。

中国平煤神马集团是我国品种最全的炼焦煤、动力煤生产基地和亚洲最大的尼龙化工产品生产基地。中国平煤神马集团坚持"以煤为主、相关多元"发展战略，构建煤炭采选、尼龙化工、煤焦化工、煤盐化工四大核心产业和煤电、现代物流、高新技术、建工建材、装备制造5个辅助产业的产业体系。煤炭产能7000万吨，产销量居全国前列，糖精钠、超高功率石墨电极、碳化硅精细微粉产能全国第一，尼龙66盐、工程塑料产能亚洲第一。

神马公司前身为平顶山帘子布厂，建于1981年。经过三期工程扩建，尼龙66工业长丝和帘子布的年生产能力达到56000t。近年来全行业性萧条加上公司经营与销售的问题，神马集团开工不足、库存增加，销售收入和利润大幅度减少。

二、公司产品及相关产业链分析

1. 相关产业链

尼龙帘子布是制造轮胎用的骨架材料，其上游产品是尼龙工业长丝。工业长丝的生产原料主要来源于尼龙中间体，而尼龙的主要原料是石油化工产品。因此，尼龙帘子布涉及公路交通、汽车制造、轮胎、尼龙化纤和化工等相关行业。这些行业结构变动的规模、速度和方向同时也影响和决定尼龙帘子布行业在整个国民经济中的地位变化。

尼龙帘子布主要用于生产斜交胎，如工程胎、农业胎和载重车胎等。子午线轮胎使用的骨架材料主要是钢丝、涤纶和人造丝帘线。轮胎子午化水平的高低对尼龙帘子布的需求有直接影响。同时，轮胎子午化水平与一个国家的经济发展水平正相关，即经济越发达，道路状况越好，则轮胎子午化率越高，对尼龙帘子布的需求越少。

尼龙帘子布又分为尼龙66和尼龙6两种，两者可以直接相互替代。但尼龙66帘子布的性能比尼龙6好，理论上是尼龙6的换代产品。然而，由于工业产品的市场生命周期一般较长，尼龙66帘子布替代尼龙6是一个长期渐进的过程。

2. 神马公司尼龙66帘子布介绍

神马公司尼龙66帘子布生产流程如图1所示。前一部分是化工化纤产品，属资本、技术密集型产业,生产的中间产品——工业长丝80%～90%用于加工帘子布,10%～20%直接向外销售(本文的研究以帘子布为主);后一部分是纺织产品,属劳动密集型产业。目前,神马公司尼龙66帘子布产量占国内总产量的95%以上。

图1 尼龙66帘子布生产流程

尼龙66生产用原料为尼龙66盐,尼龙66盐的原料为己二腈和己二酸,属石油化工产品。己二腈国内目前没有生产,全部依赖进口;而国际市场上只有几家大型化学公司可以生产、供应己二腈,属于寡头垄断市场。美国Dupont公司是己二腈的最大的生产商,占全球产量的43%,其次是法国的Rhodia公司。

三、市场分析

1. 全球市场现状

全球帘子布行业同样处于稳定缓慢增长的状态。现在全球每年的轮胎用帘子布产量已经达到95.7万吨,其中尼龙62万吨,占65%,涤纶近28万吨,占29%,人造丝5.7万吨,占6%。从消耗分布情况上看,涤纶以美国消耗最多,远东地区稍低于美国,尼龙以远东/东南亚消耗最多,占全球尼龙帘子布的50%,人造丝以西欧消耗最多,占人造丝总量的63%。这样的消费分布基本上和各地区的轮胎子午化水平相关。

Acordis通过对工业长丝市场的分析和预测后认为:

(1) 未来十年,全球尼龙工业长丝的增长速度要大大高于过去十年;

(2) 未来十年,全球尼龙66工业长丝增长放慢,尼龙6增长重新强劲;

(3) 亚洲尼龙工业长丝的增长减缓,将与全球增长速度基本持平;

(4) 中国尼龙工业长丝的增长未来十年将大幅降低,但仍保持较高增长率,尼龙66与尼龙6增长率的差距将缩小。

在国际范围内,主要的尼龙工业长丝和帘子布的供货商有DuPont、Solutia、Acordis、Rhodia、General Motor、Asahi和Toray等,这些公司都是全球运营的跨国化学化工企业,其中DuPont是世界上最大的尼龙66工业长丝全球生产供应商。

2. 亚洲市场现状

亚洲是尼龙工业长丝和帘子布最主要的生产和消耗地,其产品以尼龙6为主。主要生产企业有日本Asahi、Toray,韩国Kolon、Hyosung,台湾FCFC,印度的SRF,泰国Branta Mulia,中国神马、金轮等。由于尼龙纤维和帘子布生产成本具有较强的规模效应,因此各企业竞相扩大产量,造成亚洲尼龙纤维和帘子布生产能力严重过剩、价格下降、生产毛利逐渐减小。同样,由于尼龙66和尼龙6之间直接的相互替代关系,尼龙66工业长丝和帘子布的生产毛利也相应下降。

3. 中国市场现状

据统计,目前我国有尼龙帘子布厂41家,生产能力达24.6万吨。但从规模上看,年产量超过3万吨的帘子布厂仅有2家,年产量为1万～3万吨的有4家,年产量为0.5万～1万吨的有10家,其他还有年产量在5000吨以下的帘子布厂20多家。我国尼龙6企业生产规模较小,年平均生产能力在0.6万吨左右,而日本、韩国、台湾地区尼龙企业年平均生产能力均在3万吨以上。近几年,国内帘子布实际年产量为1719万吨,远低于目前的生产能力,开工率只有70%左右。

近年来,由于国际石油价格上涨以及打击走私而引起尼龙生产原料的价格上涨,同时由于全国轮胎产量稳步增长和国内尼龙帘子布出口增加,使尼龙帘子布的行情有所稳定。中国加入

WTO后，随着全球市场一体化，中国尼龙帘子布市场不可避免地受到巨大的影响。一方面，欧美纺织品市场的准入和中国经济的进一步快速增长将利于中国帘子布行业的发展。另一方面，轮胎子午化水平的不断提高将减少对尼龙帘子布的使用；关税的降低、分销权投资的放开将使国内市场受到国外特别是东南亚尼龙帘子布的冲击；国内汽车和轮胎行业受到的冲击也会传递到尼龙帘子布行业。

4. 客户需求特点

(1) 尼龙帘子布需求放缓，涤纶帘子布需求将不断增加。2006年我国子午线轮胎增长率达到27%，在随后几年内，子午线轮胎年平均增长率将保持在8%~12%，随着中国轮胎子午化的发展，尼龙帘子布将更多地被涤纶帘线替代，其在整个轮胎骨架材料中的比重将降低。但是，在2007~2010年，斜交胎仍会有2.5%的年平均增长率，相应的尼龙帘子布消费也会有缓慢的增长。

(2) 帘子布的需求将集中在少数几个大的外资轮胎公司，特别是几家大跨国公司如Bridgestone（普利斯通）、Michelin（米其林）和Goodyear（固特异）等手中。目前，中国有30多家外商独资和合资轮胎厂，包括Bridgestone、Michelin和Goodyear等。随着中国加入WTO，中国轮胎市场已演化成与全球轮胎市场类似的竞争格局，即由主要的大轮胎厂垄断大部分市场。

(3) 顾客对帘子布需求趋于多品种、多规格、小批量的定制化。大轮胎厂都有自己轮胎设计的技术秘密，对帘子布需求有自己的规格和标准。而且，随着轮胎品种的增多，帘子布的品种规格也将不断增加，相应的每个品种的采购数量必然减少。加上轮胎厂采用"适时供货"(JIT)等库存和生产方式，每次订货的批量将减到最低限度。

(4) 主要轮胎厂将减少帘子布供货商的数量，同时对质量和服务提出更高的要求。随着外资轮胎厂的进入，供应链管理、业务外包等管理方式将会逐渐在中国推行。这些新的管理方式要求帘子布供货商和轮胎厂之间形成伙伴或同盟关系。轮胎厂会减少供货商的数目，以便形成更加稳定的关系。但同时对供货商的筛选会更加严格，确保供货商能够提供高质量的帘子布和相关服务。

5. 客户采购现状

以神马公司国外市场为例，神马集团目前国外顾客总数为31家，出口工业长丝和帘子布总量为7327t，金额为2200万美元。前6家顾客采购量为5940t，占国外顾客采购总量的81%，前12家顾客采购量为7024t，占国外顾客采购总量的96%。前6家顾客采购金额为1790万美元，占国外顾客采购总金额的81%，前12家顾客采购金额为2010万美元，占国外顾客采购总金额的95%。从以上资料分析可以看出，顾客采购分布服从于20/80规律，少数大顾客的采购量（额）占神马集团外销总量的大部分。神马在老顾客维持方面存在较大问题，其流失率高达35%，这在顾客平均年订货频次上也得到反映，流失率高说明客户忠诚度低。

四、客户管理问题分析

神马公司销售逐年下降，利润越来越少，客户忠诚度降低。这其中的原因是多方面的，如生产管理效率低下、质量保证制度混乱、营销战略方向失误等，但从客户关系管理来看存在以下三个方面的问题：

1. 营销基础管理问题

(1) 对市场的研究不够，缺乏完善的管理信息系统。销售部门和人员习惯于"接订单——发货——收款"这种事务性活动，缺乏市场研究的意识。另外，公司还存在不注意日常营销工作中客户资料的整理和分析、技术资料没有妥善管理、访问顾客或者接待顾客后没有相应的报告、订单执行后或质量问题解决后缺乏有关记录和分析等问题。

(2) 目标顾客不明确，无法确定相应的竞争优势，单纯依靠价格为主要的竞争手段，缺乏有效的非价格营销竞争手段的组合。在市场竞争中，神马集团没有根据自己的实际情况，充分利用营销组合中非价格竞争的手段，如质量、服务、渠道等，确立自己的竞争优势，服务于特定的顾客群；而是加入价格战，形成恶性竞争，导致价格不断下跌。

（3）缺乏合理的顾客关系管理及资信管理制度。对顾客的联系基本上是由销售人员独立负责，但缺乏应有的顾客管理计划和控制措施。销售人员对待顾客的随意性很大，既可能由于个人与顾客不良的关系损害公司和顾客间的关系，还可能因为与顾客的密切关系导致产生"挟顾客以令公司"的局面。同时，由于缺乏对顾客资信状况的管理，销售人员为增加销售额而不顾货款回收的安全性，导致外欠货款大量增加，目前公司外欠货款已逾9亿多元。

（4）营销分析和控制比较薄弱。目前，公司营销分析主要靠经验进行定性分析，具体的量化分析比较欠缺，得出的结论比较笼统，缺乏针对性。而且，对销售部门和人员的控建制指标仅限于销售量和货款回收率，缺乏过程管理，对顾客满意度、市场份额、顾客忠诚度、利润指标、顾客访问频率、营销费用销售额比较等缺乏分析和控制，没有形成完整的评价与控制指标体系。

2. 服务及技术支持问题

神马集团高层管理人员已经意识到服务在营销中的重要性，设立了营销服务处，最近又扩大了编制，增加了人员，还开通了800免费质量投诉电话，但从实际工作及其效果来看，还是很不尽如人意。

（1）一些员工及部分领导的顾客服务观念淡薄、片面，认识不到服务的价值，表现在重有形产品轻无形服务；重质量轻交货；重视对顾客采购部门的服务，轻视对技术、生产等部门的服务等。

（2）有关服务手段落后、不健全。神马集团静态网站形同虚设，顾客无法方便地了解神马集团的发展近况和最新产品、技术信息，无法进行网上订货，无法查询所订货物的生产、发运状况；公司高层领导不能定期访问顾客以保持与轮胎厂高层管理人员的沟通；外贸销售人员和技术人员也很少能出国开发市场、提供相应服务；很少召开信息发布会、技术交流会等。

（3）对一些最新的增值服务缺乏认识，比如适时供货（JIT）服务、卖方库存管理（VMI）、产品共同开发、电子交易服务等。

技术支持在帘子布营销中起着重要的作用，但神马集团对营销中的技术支持重视不够。以国外顾客的技术交流为例，2004年公司技术人员出国访问仅6人次，与9家顾客进行了技术交流，而且时间很短，没有达到预期的目的。目前，神马集团技术支持方面存在以下问题：

（1）技术人员主要通过商务人员来了解顾客的要求和对产品质量的反映，没有与轮胎厂技术人员建立对应的长期关系，沟通限于表面层次，缺乏必要的感性认识和深度的理解。

（2）技术人员仅限于帘子布生产和测试方面的知识，对帘子布在轮胎设计和生产中的使用缺乏深入的了解，同时还欠缺应有的沟通能力和外语水平。

（3）管理职责中没有对技术支持职能的规定，目前实际起技术支持作用的人员很不不固定，仅是临时找几个技术人员、生产人员或检测人员进行一些技术问题的沟通和处理，没有明确的责任和权力划分。

（4）营销服务处的主要工作是出现质量问题后处理质量投诉和理赔，更多是替代原先销售人员的部分工作职能，未起到全面技术支持的作用。这样，技术支持和营销工作处于相互分离的状态，以至于出现许多不必要的技术问题，如由于双方检测方法不同造成顾客的质量投诉和索赔。

3. 人员管理及组织方面的问题

关于人力资源方面的问题主要表现在如下几个方面：

(1) 销售人员缺乏全面的业务知识和技能。销售人员主要来自于生产车间,除了对自己工作过的技术方面较熟悉外,其他与销售有关的技术、生产、检验、营销、沟通、财务等方面的知识和技能都较欠缺,经常不能独立解答顾客的问题,而是需要求助于其他专业人员,效率低下,给顾客留下不良印象。

(2) 销售人员的销售停留在简单推销阶段,就销售本身来做销售,被动地适应顾客的要求和变化;不能从为顾客创造价值的角度考虑销售,进行营销创新来促进销售;只知道做生意、做业务,上升不到做顾客、做市场的高度。

(3) 对销售人员的管理过于简单化、功利化。目前仅通过销售量和货款回收率来考核销售人员的绩效,考核缺乏全面性、可比性和公正性。

(4) 没有关键客户的管理机制,使得客户管理工作缺乏重点,资源分配不合理。

五、客户管理的改进对策

根据神马公司问题现状,结合工业品营销客户管理理论,可以采取如下改进步骤:

1. 正确识别公司客户

全球的具有一定规模的轮胎厂大约有300多家,中国较大的轮胎厂有50多家。根据尼龙66帘子布在轮胎中的使用情况,神马集团的顾客可以分为以下类型:①使用尼龙66帘子布的斜交轮胎厂;②既使用尼龙66帘子布又使用尼龙6帘子布的斜交轮胎厂;③使用尼龙66帘子布的子午线轮胎厂;④使用尼龙6帘子布的斜交轮胎厂。

神马集团的尼龙66工业长丝主要用于生产帘子布,其次也用于生产帆布、绳网等。因此,根据用途神马集团的顾客可简单地分为帘子布厂用户,帆布厂、绳网厂等用户。

通过对市场资料的分析以及神马集团对市场的开发现状,可以很快地确定神马集团现实的和潜在的轮胎厂顾客,以及他们是否已经与本公司存在业务联系。找到顾客个体之后,就要将顾客名单输入到数据库中。

2. 建立客户数据库

神马公司可以通过各种渠道,包括与客户面谈、问卷调查、查阅有关出版物、浏览顾客的网页、向市场调查公司购买等方式获取详细的客户信息,这些信息包括:①联系方法;②公司基本情况;③有关采购方面的情况;④客户需求信息;⑤客户有关技术方面的信息;⑥客户对神马公司和其他供货商产品的采购情况;⑦客户对各供货商的态度和评价;⑧神马公司和竞争者对客户分别采取的各种竞争策略。

3. 客户细分

利用详尽的客户数据就可以方便地细分客户了。客户细分可以采用传统的ABC法,也就是利用20/80规则,以客户对神马公司销售的贡献水平为变量,运用上年度的销售资料或其他现有的较简易的资料,把客户分为不同级别。A类是占顾客总数20%的客户,但采购总量占神马公司销售量的80%左右,如ITO、COD、ART等;B类是另外占客户总数20%的客户,采购总量占神马公司销售量的15%左右,如KOL、ROG、SRF等;C类是除A和B类之外剩余的60%的客户,采购总量占神马公司销售量的5%左右。

通过客户细分可以找到对神马公司最具有战略意义的目标顾客群,就是上面提到的A类客户。然后要对这些客户进行需求细分,发现这些客户的个性化需求。

4. 客户的管理

客户细分的目的就是要对不同的客户群采用不同的营销策略,赋予不同的关系水平,分配不同的营销资源。

(1) A类客户 A类客户是公司的关键客户,也是神马公司的第一目标市场,公司需要与其建立并保持最高级、最优先的关系,即"伙伴关系",并优先分配营销资源,做到"一对一营销"的水平。在对A类客户提供产品和服务时,可以竞争者的战略和产品、服务、政策等作为参照,进行"基准定位",超过对手。对于关键(大)客户,可以采用如下策略:①无论淡季还是旺季,优先保证大客户的货源充足;②充分重视与大客户各级相关人员建立良好关系,包括最基层职员甚至仓库保管员等;③新产品的试销应首先在大客户之间进行;④充分关注大客户的一切公关及促销活动、商业动态,并及时给予支援或协助;⑤定期安排企业高层主管对大客户的拜访工作;⑥根据大客户的不同情况,与每个大客户一起设计促销方案;⑦经常性地征求大客户对营销人员的意见,及时调整营销人员,保证渠道畅通;⑧对大客户制定适当的奖励政策。

(2) B类客户 B类客户也是比较重要的客户,需要予以足够重视,它们是神马集团的第二目标市场。公司需要采取措施提高这类客户的忠诚度,努力与其发展"积极的关系",促使它们向A类客户转变。

(3) C类客户 C类客户地位次要,无须给予过多关注,只在客户提出要求时给以最简单的响应。

5. 信用管理

神马公司的货款拖欠问题非常严重,需要认真进行信用管理。

(1) 信用调查分析。要通过查看以往的信用记录、分析顾客的经营情况和财务资料、咨询银行或调查公司等,了解顾客的信用状况和偿债能力,对其信用等级进行评定。同时,要定期进行前瞻性信用调查分析,为信贷赊销决策提供有力支持。

(2) 给予适当的信贷条件。对不同信用等级的顾客,要根据所需提供的服务水平,采用不同的付款方式,给予适当的信用额度的信用期限。比如,对信用不好的顾客,要坚持用现款或信用证交易;对信用良好的顾客可以赊销,信用期也可以长一些。此外,还要适当使用现金折扣,鼓励顾客迅速付款。比如,规定付款期为交货后3个月,如1个月内付款可以给予一定百分比的折扣。

(3) 催收和追讨货款。在快到付款期的时候,要向顾客发出提示付款的信息。如果顾客在付款期未能及时付款,要不断催促,且严肃性应逐渐升级,同时要查明顾客不付款的原因。如果一直催促无效,或者发现顾客有意赖账或存在破产危险时,要及时诉诸法律或委托追账公司追讨货款。

6. 人员及组织

对客户管理人员(及其他营销人员)的招募、选拔、培训、考评应该建起一套科学的机制,客户管理人员除了应具有相应的个性特质(如积极开朗等),还应具备相关专业知识及营销技能,进行充分培训,合格后方可上岗。人员考评应以客户评价为基础。

为了能够更好地为主要客户提供服务,公司可以将销售力量分为两个部分:一个是为小客户提供服务;另一个则专门为主要客户服务。对于那些业务量大而且需求情况复杂的主要客户,公司还必须组织一个由公司内各个职能部门参加的销售团队,在这个团队里每个人都负有专项职责,并不断地与客户中的那些具有影响力的人进行接触。

7. 建立CRM信息系统管理客户关系

日趋广泛的实际应用表明:客户关系管理(CRM),从认识潜在客户开始,到业务跟踪、签订合同、售后服务,可以保持连贯不断的追踪,为客户提供更好的服务,预见客户需求并迅速做出反应,并能发挥团队协同工作的威力,集中有限的资源,创造最大的成果。客户关系系统(CRM)已成为最大限度地获得并保持客户资源的有力工具。神马公司应建立客户关系系统,全面地管理客户关系,提高客户忠诚度。CRM应包括如下内容:

(1) 客户资料管理

① 保存客户的各种基本信息,如通信方法、客户分类、客户特点等;

② 可从财务或进销存软件中,抽取客户基本数据资料;

③ 可对客户按类别、地区等分类统计；
④ 可以批量发送传真、电子邮件、打印信封；
⑤ 可详细记录客户的具体需求、关键人事资料、工作计划、资金状况、每次接触细节等。

（2）客户跟踪管理
① 可自定义客户的状态，如有兴趣/可能、有计划/需求、已报价待批准、已签合同等，跟踪每个细节；
② 可定义上级审核人和审核流程，发挥团队协同的威力；
③ 记录每次与客户的联系情况，包括电话访问、上门拜访、邮寄资料、对方来电等。

（3）客户合同管理
① 提供合同草拟、审核、评审、生效执行等过程管理；
② 可由用户自定义工作流程，让系统在各环节中自动传递信息，提高效率，减少差错；
③ 提供合同模板自定义，规范合同内容、式样；
④ 可跟踪合同的收款情况，提醒业务人员催款，并打印催款单；
⑤ 提供多种统计分析功能，对业务人员的销售业绩进行分类统计。

（4）客户服务管理
① 记录为客户提供的安装、培训、服务、技术支持工作，提高协同服务能力；
② 记录客户投诉，并可定义对投诉的处理流程，如责任判定、投诉处理、领导批示、总结、跟踪等，为客户提供优质服务。

（5）客户关系研讨
① 建立疑难问题讨论场所，让碰到困难的职员发表问题，寻求帮助；
② 其他职员可就难题发表意见，提出策略，培养团队互助精神；
③ 所收集的论题、解答，可直接转入业务知识管理模块，为企业积累财富。

（6）业务知识管理
① 收集有关企业、产品、报价、成功案例、竞争对手信息、市场活动等资料，方便员工学习、提高；
② 收集客户售前、售中、售后发生的问题和解决办法，成立业务知识库。

（7）产品缺陷管理
① 收集自产或销售的产品的技术缺陷、市场缺陷、改进建议；
② 可以加密保护，一般员工只能发表意见，防止机密泄露。

课外阅读与思考之二
人员推销的"赢"销绝技

所谓技巧，主要是指日常营销活动中掌握的具体技能。参加培训学习以后，记住的是知识，只有将其运用到实践中，才成为真正的技巧。因此，营销的关键与其说是"知道为什么"，不如说是"知道怎么去做"。

虽然同是客户，但千人千面；虽然卖的都是同一种商品，但买方不同，卖法也要不同。牢记不变的销售原则，掌握灵活的销售方式。美国著名营销大师 Allen Weiner（艾伦·怀勒）曾经说过："销售的目的不是赚钱，而是帮助对方，给对方带来喜悦。"对于一个营销员而言，商品知识、谈判技巧固然重要，但最重要的是"心理准备"。

1. 优秀营销员的高明之处
营销员的工作就是扩大销售。但是，如果只是考虑眼前的销售，就会不知不觉地走向执意强卖。因此，要着眼于长期稳定的销售增长来思考和行动。作为一名营销员，最根本的是心理准备，其次是行动能力，最后才是专业能力。

在"心理准备"中，营销员要有一种"营销员是公司的顶梁柱"的使命感。心理准备还包括不过分依赖公司，善于自主学习，改变第一印象，积极思维，笃信客户至上，因为"客户是公司财富的唯一来源"。许多营销员明知如此，但在实务中往往唯我独尊。结果，总是做"一锤子买卖"。

营销员要具有良好的行动能力，包括积极向上的心态，不惧怕失败的韧劲，善于从拒绝开始，身体（特别是腿、腰、胃）健康，抵抗得住工作压力。行动能力之所以重要，是因为营销员存在的价值就在于与客户的沟通，其中的计划较为重要，人做事总是放之则流的。因此，要经常注意"计划—行动—反思"，减少无谓的浪费。办事总是"明日复明日"，终会远离成功。

专业能力中的商品知识是与客户谈判的大前提，找到需求、寻得理解的谈判技巧则是在有良好心理准备的基础上所必不可少的。

2. 提高销售额的关键

众所周知，销售额是由单价、客户数、销售件数决定的。其中，最重要的就是增加客户数。提高单价确实是扩大销售额的方式之一，但就当前商品多样化的时代来说，没有足够的商品吸引力，采取这种方式是不可能的。销售件数，是指每个客户的购买件数。即使是日常消费品，购买量也是有限的。但是，如果客户是本公司商品的忠实消费者，情形就大不一样了。就客户数而言，扩大多次购买的固定客户群体，是提高整个销售额的关键。这是与行业无关的、企业经营的永恒的课题。

扩大固定客户，首先要增加回头客。而要增加回头客，就需要有潜在客户。为此，应针对这些不同的客户群体，采取不同方案来培养他们成长为固定客户。当营销活动以法人为对象时，尽管同样需要把潜在客户培养成固定客户，但问题的关键已转为新客户的开发。这是一项要求极高的工作，没有这个环节，就没有销售额的增加。

在访问销售活动中，如果不理解订货数量与访问次数的关系，则销售目标最终无法实现。假定在新开发客户中，要获得30份订单，当成功概率为25%时，需提议120次。而访问成功到可提出方案的概率为50%时，则需访问240次，若获取访问机会的概率为20%，则需打电话1200次。因此，订单、提议、访问、致电是互为因果的，在数量上也是线性相关的。

此外，在次数上还需做这样的计算。如果一位客户需要打三次电话才能有一次实质性接触的话，那么就必须打3600次电话。一次性访问需要240次的话，那么达到提出方案的程度就各需要增加到3次，那么还需要再访问360次，共计600次。相比之下，回头客的概率要高得多，同样的订单数所需的电话次数、访问次数都明显减少。将上述数量关系在大脑中随时演算并采取必要的行动，也是营销的技巧之一。

3. 善用手册

所谓手册，是指记有工作程序的指南、设计图，是掌握营销基本技能的好教材。其实，销售也像建筑需要图纸一样，营销活动也需要有一个预定的框架。营销活动的对象是有情感的人，其框架不必像建筑设计图那样精密。但是，如果没有一个手册为标准，就会出现一家公司、同一商品，做法各异的情况。就会像个体户竞卖一般，没有一个组织应有的凝聚力。

但是，完全按照手册念广告词，也未免过于低级了。一个营销行家会在手册基础上创造出自己的特色，并随经验积累而使得特色更多、更鲜明。同时，要时常复习，以免自己背离基本要求。

如果企业没有手册，就应该自己动手编制。首先确定框架，然后使之逐渐丰富起来。要不断修订、追加，以求尽善尽美；然后还要不断演练。技巧演练在企业外进修时也要做，但自己动手编制手册并加以实践才是真正意义上的进修。只有这样，自编手册的内容才会充实营销手册的优点是能够反复问上司同一问题；能够不断复习，防止遗忘；可以帮助逐步掌握相关能力。营销手册的框架与内容见表1。

表1 营销手册的框架与内容

	发掘预期客户	接洽方式	介绍	签约	售后跟踪服务
谈话		初访时谈话法	提议时的谈话法	签约谈话法	售后访问谈话法
常规手段	广告单	商品目录、样品	建议书	合同书	调查问卷
礼节		寒暄、笑容、举止	禁谈	接待、礼品	
媒介	网站	电话、电子邮件			电子邮件、明信片

应用营销手册演习的关键是：①各饰其角，不要害羞；②收集顾客经常提出的问题及拒绝的说法；③扮演顾客的人可以不时地说出一些故意为难的话；④老老实实听取顾客的意见；⑤将好的应酬用语汇集成册。

4. 充分利用每一天

时间对于每个人都是平等的。一天24小时如何利用，确实值得认真思考。

对营销员的工作内容和私人生活记录一周左右，就可发现其大致分配。在此基础上考虑如何分配时间以实现目标。①预约电话，这个可由助手来做。②咨询，应对投诉的处理，动手愈早解决愈快。③商务谈判，这部分占用时间最多。④适应不同交际地点的移动，应极力减少。⑤业务拜访准备，截止到前一天夜里。⑥开会处理内部事务，原则上非早即晚。⑦业务进修学习，必要时即使公司未组织、不补贴，也要自己掏钱充电。⑧信息收集，认真收集客户及竞争对手的信息。⑨填写、整理管理文件、资料，应控制在最小限度内。⑩吃饭，除与客户一起吃饭外，均宜速战速决。⑪睡眠、洗浴、如厕，合计7小时足矣。⑫爱好、娱乐、聚会，保障时间以确保精神上的愉快。

为此，要学会制订日程：预约拜访是要在几天前就定下来并记录在册的。而后根据预约记录，把日程以分钟为单位确定下来，直到前一天晚上。这就是日程的制订。

早晨，用于阅读报纸及收集会议信息，即从起床到9点钟之间的工作。通勤时间不考虑什么、看看书报、杂志等，就打发了或者听听磁带，学点外语也不错。9点钟以后到中午这段时间，要用于打电话约时间和拜访客户。上午的电话不多，而拜访客户也要趁头脑较为清醒的时候才能达到最佳状态。下午主要用于刚刚起步阶段的访问，最好定下"至少访问多少家"。傍晚以后，如果回公司，不妨反省一下当天的表现，整理日志，与上司单独会谈，为明天做准备。

5. 减少公司内部时间

营销员的工作就是走出去，就是与客户谈判。不走出去不论多辛苦也不会提高销售额。营销员要想提高时间的利用效率，首先必须减少在公司的时间，增加在外的时间。

① 把出发时间提前，最晚也要在9点之前。为此，早会、营销碰头会必须在9点之前结束。如果9点后还在喝茶、看报纸，那就一定是个不称职的营销员。

② 减少会议时间，非紧急会议一律在早晚开。白天必须去会见客户，即使是十分必要的会议，也可以在清早或晚上进行。

③ 减少文书时间。政府部门重视手续，所以文书堆积如山。企业如果也官僚化了，可有可无的文件就会堆积如山。关键是把它限制在最小限度内，然后用间隙时间去完成它。

④ 善用助手。营销员专注于谈判，接到订单后的交货、传票等日常业务应该交由助手完成。如果可能，可以确定自己的专属助手，在名片上打印上助手的名字，将会大大提高工作效率。

6. 减少出行时间

外出时间再多，倘若大部分时间都用在空间移动的路上也是无益的。缩短出行时间有四种方法：①熟识道路。开车切忌塞车，熟悉几条道路便可随机应变。步行或骑自行车则需像邮递员一样熟知道路，不遗巨细。②不要频繁地回公司。忘了东西就回去取，就未免效率太低了。有的公司为了强化管理，要求营销员中午回公司，这简直是浪费时间。③从最远处走起。如果从公司近处向远处访问，那么走得越多，体力、智力消耗就越大。同理，访问同一建筑物里的多名客户时，也要先坐电梯到最高层，再一点点往下走。④控制活动范围。记得道路也罢，由远而近也好，活动范围都是要有个限度的。无论对方是潜在客户还是老客户，如果分布不够集中，就会让空间移动占去大部分时间。即使拼命工作，也不会有高效率的。

7. 巧用间隙时间

即使按日程表行动，也会出现时间的间隙，千万不要把这些时间浪费掉。

间隙时间是指出行时间和此项工作前的等待时间，它的用法因人而异，以下建议可供参考。①电话预约见面，在公司里未必都能取得预约。如能，预订何时致电固然最好，但没有约好时，不妨抓紧一切时间，认认真真地打电话。②编制文件，除了某些文件是非在公司内制作不可，能拿出去做的文件还是要尽量在外面做。特别是客户信息资料，从客户那里出来就要马上填写，以免遗忘。也不妨用间隙时间为建议书、计划书打草稿。③与公司联系，前面已说过为了减少出行时间，不要一次次地回公司。而为提高工作效率，可利用手机在间隙时间与公司联系。④学习，报纸、杂志、书、磁带什么都行。惜时如金，自会聪明。在电车里的时间最适合学习，即使没有座位也不要紧。

8. 抢占先机

做销售，先机就是利益，万不可"一招慢、招招慢"。商务活动，大体上是先发者胜，速度很重要，磨磨蹭蹭不会有什么好结果。在预料有可能出现投诉时，就抢先一步先给客户打电话，往往可以得到圆满解决。即在对方发火之前先道歉，就可以先压住对方的怒气，保护公司的信誉。

大多数人一到12点就要吃午饭，但如果提前30分钟，改在11点半吃饭，就可以避开高峰，迅速结束。提前行动，基本上是一切行动的准则。

乘电车上班，总会遇到高峰期。如果早些起床，就可以避免在拥挤的高峰期变成"照片"，还可以有个座位。开车上班也有高峰期，早些出发，就可以畅快驾驶。在做新工作时，也应在无人时先发制人。要养成抢占先机的习惯，迟疑之间，竞争对手已抢先介入了。因此，"心动不如行动"。

营销员是有销售目标的。但是，说来容易做起来难。目标的重要性切不可忘。为此，在开始工作时务必要全神贯注，开足马力。汽车最吃油的时候就是发动时，最不吃油时，就是在高速路上用最高档行驶的时候。止者恒止，动者恒动，这就是惯性的法则。

人类的行为也是有惯性的，要达到如高档奔驰的状态先要有一段艰苦的助跑过程。

9. 掌握商品知识

营销员掌握相关商品知识是必须的，要从任何一个角度将自己用知识武装起来，以做到有问必答。

对于做营销员而言，商品知识虽然不是充分条件，但却是绝对必要的条件。掌握的程度至少不应低于客户。销售商品是营销员的本职工作，事先准备好可能会被问到的商品问题，是商贸谈判的大前提，也能让顾客承认你是一个会谈对手。掌握好商品知识要注意以下几点：①不仅要了解商品本身，还要了解商品的生产过程，特别是，如果了解了本公司为保证商品质量进行了多么严格的检查和各个方面的努力，就会更加自信。②必须与竞争商品比较，企业经营就是与竞争对手的较量。有了比较，就可以看到自己产品的优势和劣势。③还要学习商品及销售方面的有关法律法规。对于限制自己公司商品及销售的有关法律法规，最好能深入地研究一下。这个领域，对于营销员而言往往是被忽视的盲区。

10. 对终端消费者的营销要点

终端消费者是指最终付钱的人或团体，因其目的、性质不同可分为生活消费者、企业、非营利团体三类：①生活消费者，是指作为个人生活实体的消费者个体，可按性别、年龄、职业、收入、财产等标准具体分类。在经营形态上，可采取直销方式。②企业，无论是个人还是法人都是一种追求利益的经营实体，所有判断都是以是否追求利润为目的作标准。在面对企业客户时，必须重视这一点。企业可按行业、规模等标准具体分类。在经营形态上，可采取直销方式和通过批发商的渠道营销形式。③非营利团体，是指政府机构以及其他性质相近的团体。因是不以追求利润为目的，故在某些方面显得缺少合理性。

相应的，对不同的终端消费者，其营销要点应该有所区别：①对于个人生活消费者，首先要符合丰富其生活的目的，也即是说，需求至关重要的，要求营销员销售时要表现得富有人性、举止有礼、语言有节。②对于企业，则应符合其追求利益的目的，所营销的商品与对方利益相关是关键，需提交建议书等。与有决策权的关键人物交朋友也很重要，虽然起步很难，但保持交易关系的希望很大。③对于非营利团体，则要求符合该团体追求的目标，很多情况下需投标决定，但参加投标需要有一定资格。

11. 散发广告单的窍门

散发广告单对于发掘预期客户作用极大，通常可以夹在报纸中，但这样做不仅费用大而且可能会被淹没在其他广告单中。如果营销区域不是很大的话，营销员可以自己直接投递到各家各户的邮箱中，这样的效果更佳。如在销售汽车、住宅等地区性较强的营销活动中，散发广告单是较为有效的促销手段。其中的关键是散发的效率如何。

但是，只有干过的人才会明白，散发广告单可是个累活儿。一个人默默地发太缺乏心情，不妨确定一个广告单散发日，把小组成员集合起来一起发。这样，就不会感到孤单，也有精神支柱了。这种查户口式的散发可以了解当地具体情况，对提高今后的访问活动效率非常有意义。在车站前、街头散发时，要注意时机。胡乱散发是不会被人接受的。有些人看到散发广告单的人，还会特意绕道避开，但也不必为此而退缩。高效而轻松的方法是放在朋友的店里、小型便利店等客户较多的地方，但要注意这种情况有时候是要付酬的。

12. 完成不速之访的秘诀

不速之访，就是未经许可的突然拜访，常常会扑空或被拒绝，但这是找寻预期客户的出发点。突然造访，无论对于个人还是法人而言，一般是让人难以接受的。特别是营销新手，基本上是要失败的。不速之访作为一种营销战略虽非良策，但对于培养营销员的精神素质、观察能力、交际能力倒不失为一个好方法。

让不速之访成功，需注意以下几点：①要坚信预期客户是无穷的。这种不速之访，主要是挨家挨户地拜访，客户的基数很大。②注意切入话题的方式。不速之客造访，通常会令人有"这个不认识的家伙当'托儿'来了"的感觉。因此，要通过一些有趣、出乎意料的说话方式使对方感兴趣。③有计划、定量化。事先确定一天内访问的家数，不达到就不收工。这样坚持下去，自会逐渐掌握技巧，提高成功率。④即使被拒绝也不气馁。在受访者看来，不速之客本身就是一个可疑的人，肯定会被对方低估。"营销始于拒绝"，要习以为常，勿受打击。⑤向客人推销产品，首先是推销自己。有言道："商道即人道"，赢得了客户的信任，商品自然就能够卖出去。⑥完善探路工作。努力弄清客户的现状，找出购买决策者，为下一次访问创造机会。⑦信息有所保留。初次访问，不要将本公司及商品的信息一股脑全部倒出，适当有所保留，以便下次访问时还有新鲜话题，吸引对方的兴趣。

13. 电话推销小技巧

电话推销从卖方来看，时间、费用上都可提高效率，但客户的抵触感较强，欲取得成功，需要做扎实的准备。电话推销时常会引发不良事件，故客户对此的反感较强，几乎半数以上的情况是不等说完就挂线了。但是，对于卖方而言，这是效率最高的方法，不必亲自走访，省得扑空白跑，成本也极低，还可以直接对话。因此，尽管电子邮件已很普及，但电话推销仍然十分活跃。

电话推销有四个小技巧：①编制应酬谈话法手册，随身携带。客户对电话营销的拒绝方式大体上就是那么几种，可将最有效的应对方式收编成册，放在手边，成为电话营销的精神食粮。②根据振铃次数改变说法。任何人在忙不开时听到有电话都会怒不可遏，而判断对方忙与不忙的，就是振铃次数。响铃3次以内接电话的，就可以用平常的方式。4次到7次才接的，要使用格外尊敬的言辞。8次以上也不接的，最好挂了吧。因为对方即使接了，也不会认真听。③等直接邮件（DM）到达后一两天内联系。如事前邮送DM，为跟踪调查而打电话，可于送达日的第二天或者第三天内完成。再晚了，就是看了DM也忘了。④开宗明义。如果说了半天还没有讲明为什么要打电话，那么客户的警戒心就会提高。因此，尽管可能很快被拒绝，但还是先说明打电话的目的为佳。

14. 发展人际关系的五个层次

① 寒暄　寒暄只是瞬间拉近距离的手段，增加亲和力的方式，例如：听口音，你是东北人吧？这一阶段的特征为：基本的礼仪、打招呼、交换名片等。

② 表达事实　这个阶段只是互换信息，达到交流的目的，不会产生来电的感觉，时间越长越没有味道。例如：我们×××公司是1992年成立的，目前主要从事××的生产，为××行业的企业服务。其特征是介绍公司的资料、表达一些客观存在的事情。

③ 观念认同　要使交谈深入下去，必须取得观念上的认同，这样才可以让彼此产生一见钟情、相见恨晚的感觉，有谈不完的话、说不完的故事。例如：您说得太对了，我也认为公司不在于规模大小，而在于是否富有专业特色、是否能够解决问题，这才是重要的。特征是双方产生"来电"的感觉，有共同的话题。

④ 行为、习惯　借助于具有共同的志趣，大家可以维持相对比较长的关系，达到志同道合的境界。例如，听说您喜欢荷兰的足球，我也喜欢；同时，我觉得荷兰足球的全攻全守，场面非常有气势，可看性强。其话语特征是投其所好、有共同的兴趣、爱好等。

⑤ 价值观、信仰　如果与交谈者有相同的价值观，爱憎分明的感觉，大家心就有可能想到一处。例如：佛家讲仁慈，其实，我与你一样，也相信仁慈很重要。

15. 建立人际关系的四个秘诀

预期客户不是摆在那里的，而是要靠我们去寻找。即便不是为了寻找预期客户，也应该尽可能地参加各种聚会，建立广泛的人际关系，这是营销员工作的需要。学习会、同行会、同窗会、同乡会、例会、新年会、辞旧会等是结识新朋友的重要场所。在聚会上建立人际关系有五个要点：

① 出席前设定目标。例如确定"今天要结交3个人"之类的目标。因为，短期内是不可能与所有人认识的。虽然有的人广发名片，但通过这种方式被人记住的可能性很小。

② 从事组织者、秘书之类的服务性工作。做了秘书，与会员联络虽然麻烦了一些，但回报很大，不妨一试。

③ 坚持倾听。了解对方，关键是要让对方开口讲，自己可以略问一下，或者随声附和，这是建立人际关系的要诀。

④ 给结识过的人发问候语。交换名片后，为强调自己的存在，请在第二天短信问候。人际关系的建立不能有一丝松懈。

⑤ 绘制人际关系图。拥有广泛的人际关系是十分重要的。但是，人际关系越多，相互间

的关系就越记不住了。因此，适时绘出自己的人际关系图是非常有效的办法。

16. 介绍信息的作用

预期客户如能持续地被介绍认识，是效率最佳、最为轻松的一种方式。由老客户来介绍新客户是最好的，当然由朋友、熟人介绍也可以。通过介绍的营销活动具有以下优点：①成功率高。因为介绍人已将好印象事先植入新客户观念中了。②商谈时间短。因为是介绍的，所以不用绕弯子，访问次数及每次商谈的时间都将大大减少。③成本小。只需一点儿谢礼和交通费。④有轻松感。如果介绍的新客户源源不断，那么营销活动、目标管理、精神状态都将变得轻松起来。

问题的关键在于，要不断得到介绍客户，首先就要得到老客户的信任。此外，还要注意下面的八条原则。其中，最重要的是营销员要做到左右逢源，不讨人嫌。同时，要积极请求别人介绍。有的人把自己合得来的人介绍给朋友时也会犹豫不决的。

获取介绍信息的八条原则是：①树立信誉、扩大业绩。公司与营销员都要靠业绩说话，在老客户中自然形成口碑是最理想的。②成为人人都喜欢的人。若给人的印象是能干但不热情，不能共患难，就不会得到介绍信息。③广交朋友。包括老客户在内，朋友太少，业绩发展就慢，广交朋友，就有可能做成更多的交易。④积极请求。介绍意味着责任，你不求他，他不会主动介绍。不妨积极请求大家帮忙。⑤专攻热心肠。已有客户和朋友中，面子大、喜欢照顾别人的热心人士是首选目标。其中，董事、街道主任等更了解他人内情。⑥真诚对待投诉、纠纷，也可获得别人介绍的机会。⑦勿忘向介绍人汇报进展，做过介绍之后，介绍人会惦记此事，无论谈成生意与否，向介绍人汇报不可怠慢。⑧签约勿忘回报介绍人，有时可事先约定介绍一个客户付给多少报酬，也可在事后回报，以后的介绍才能源源不断。

17. 研讨会上发掘客户

报纸上经常会有关于研讨会的广告，其举办者的主要目的并非简单的服务，而是要从听讲者中发掘预期客户。参加研讨会，从学员中识别预期客户，也不失为一个好方法。但有四个方面需要注意。①以有冲击力的标题激发听讲兴趣。无论使用什么媒体，消费者都只是走马观花而已。如果不能在瞬间吸引消费视线，就很可能被忽视过去。②演讲者的语言要通俗易懂。被标题吸引听了研讨会后，内容没意思就会引起反感，难以继续。因此，讲师无论是外面的名人还是公司内的职员，讲得没意思就不会有好效果。③请听众填写调查问卷。问卷调查最终是要询问其对本公司产品是否感兴趣。如果问题过多，客户就不愿填了，所以要尽量简单。④在两天之内打电话回访，同时感谢听讲。得到的调查问卷是非常有价值的。其中不仅有成本，还有实用价值，应将其充分利用。

调查问卷的制作方法：这里的问卷不是以调查为目的，而是为了取得预期客户名单。因而，只要请客户填上地址、姓名、电话号码等基本信息就足够了。但倘若如此，那我们的意图也就被发现了。此外，为了给今后打电话、访问创造机会，最好还是要提出一些简单的问题。在此，以住宅销售讲座为例设计一份示范问卷如下：①客户的住址、姓名、年龄、电话号码；②家庭成员构成；③年收入额，储蓄额；④购房预算金额；⑤业余时间的兴趣爱好；⑥对讲座的感受（好懂、一般、难懂）；⑦对讲师的话最感兴趣的地方；⑧对讲座时间设置的感受（太长、正好、太短）；⑨您是如何知道讲座开办信息的（报纸、广告单、朋友介绍等）。

18. 巧用名册

在访问销售及通信销售中，拿到名册是发掘预期客户的有效方法。可利用的名册至少有四种。最常见的名册是电话簿。电话簿都是分地区的，只要拿到本公司目标地区的电话簿就可以了。根据电话簿逐一打电话，看看是否有需求。

招聘杂志是有效的名册。不仅可以看出该公司招什么人，是否有发展前途，还可以确保该公司的业绩在扩大。至少其信息要比电话簿上的多，能否成为目标也更容易判断。

高中、大学的毕业纪念册也可加以利用。

以每个行业的工会、协会、商会等为对象的经济团体名册也有较高的利用价值。这里不单是电话号码和地址，还有主要负责人及其所在的公司，更易于找出所在地区的重点目标。

拿到名册后，除利用电话和直接邮件（DM）外，还可使用 FAX（传真）。虽然 FAX 大多只能传递文字信息，但不像电话那样约束对方，也比 DM 有更高的被读概率。另外，向会员及固定客户发送同样信息时，可利用移动通信等方式提供同样的服务。

19. 营销员必备的广告媒体知识

广告是支持营销员活动的重要因素。表 2 为各种媒体广告的特色及有效使用方法。

表 2　各种媒体广告的特色及有效使用方法

媒体	电视	广播	报纸	杂志	交通广告	户外广告	因特网
特色	有节目广告和间隙广告；视觉、听觉两方面冲击力强；可在短期内提高知名度；容易让人产生亲近感	有节目广告和间隙广告；只有听觉，要激发听众的想象力；可以边干其他事情边收听，为"同时性媒体"	从招聘广告到形象广告，用途多样；全国性报纸的刊登标准很严，但可信度高；属于印刷媒体，必要时可以保存、记录	有各种领域，读者层明确，可限定目标；可简单地保存、记录	以电车、公共汽车为载体的广告；包括车内广告、车站广告、车体广告	展示期长，大型霓虹灯等合同期为3~5年；在固定场所长期宣传，广告效果较好；受法律、法规约束	随着网络的扩展，广告价格也在逐年上升；以自己公司的网站以及向其他网站发帖的广告为主
成本	总费用较高，但平均到每个人则比报纸、杂志便宜	制作成本、媒体费用都比电视便宜	随刊登位置及面积大小不同而有较大差异	因发行数量、使用面积而异，人均成本较高	比电视、报纸便宜	广告价格可很低，但霓虹灯价格高	相对低廉
目标	从儿童到老人都可按播放时间段进行选择	司机、自营业者为主要听众	由于各种报纸的性质不同，可在一定程度区别利用	受发行杂志的限制，更注重专业、技术类型	主要面向工薪族、白领、女性	不限定	学生、工薪族、白领女性、家庭主妇
效果测定	视听率	收听率	发行套数，阅读率，广告注目率	发行册数，广告的注目率	乘客人数	通过人数	可根据点击数准确计量
使用方式	推出新产品时最为有效；适用于食品、日用品等媒体销售的商品；属于形象广告，可采用电视直销方式	对于与汽车有关的商品、休闲商品、食品等有效；还可以为流通业活跃气氛及招徕顾客	适用于面向中老年人的商品；可用于需详细说明的商品；在限定区域时，可折入广告单	通常，读者集中于城市，故适用于城市型商品；可夹入明信片，这样客户有可能直接接受订单	一般，广告在车内也多利用车壁；适用于餐饮业、服务业等在线路附近店的行业	从商店引导、道路广告到城市地方象征的大型霓虹灯，使用方式很多；适用于香烟、消费者长期信贷等在其他媒体上做广告受限制的商品或服务	不是简单的广告，还可考虑与网上销售的联动；问卷调查也较容易；有网站时，需考虑其设计及操作性，信息更新也要加快

20. 电报在商务中的应用

电报多用于私人之间，但也可以用于商务。现在由于手机和电子邮件的普及，电报具有非日常性、意外性，可灵活应用于商务之中，它不同于明信片、传真，不会被归入同类之中，电报要比手写明信片更令人感到意外。商务电报可用于结婚、悼念、升职、乔迁、周年纪念、促销活动等。当本公司的负责人转任时，马上打电报介绍新负责人并致意，会给大家留下很深的印象。促销活动的开幕式以及实现目标时都可给代理店、销售店打电报，对方一定会在晨会时读给大家听。此外，在住宅销售方面，在客户的夫人过生日时给她发个电报，一下子就会赢得好感。

需要注意的是，在婚礼等场合要注意修辞凝练、独特。而在悼念、吊唁时，要使用固定格式。下面对电报的行文举例如下。

① 结婚　a. 雨落共一伞，风吹相遮替，雪打体互温，祈君二人，为此良侣。谨祝新婚。b. 鲜如柠檬，醇如美酒，甘如可乐，愿君二人，永为良友，幸福未央。c. 产品说明书：结实，耐用一生，终生保证，本公司独有产品，售出不退，祝贺新婚。d. 长受慈恩，今开青日，淑女芳心，喜应不胜。衷心祝贺。

② 结婚纪念日、生日　a. 祝贺银婚。互勉互励，同步半世纪，此情世无双，祈祝二位永做美缘榜样。b. 祝您生日快乐！闻已知命，不免一惊。君姿之健，君行之勇，实堪我辈追随。祝您更加康健。

③ 嘉奖　a. 祝授荣勋，乃彰久功，祈愿今后，一展雄才。b. 请允许我向您长年的努力表示敬意及衷心的祝贺。祈望今后更展宏图，不吝赐教。

④ 荣升　a. 祝您就任董事，期待您发挥一流经营者的才智。b. 诚祝您走马上任，衷心祝您获此殊荣，希望您保重贵体，并进一步发挥才智。c. 祝贺荣升，期待您在当地充分利用丰富的经验、卓绝的才能不辱使命。衷心祈盼您早日就任。d. 衷心祝贺荣升，并感谢您在平日里的关怀照顾。上任后恐怕更加辛劳，祝您更加活跃，一展雄才。

⑤ 新屋落成　a. 衷心祝贺新楼落成，祝愿贵公司繁荣、全体员工进步。b. 祝贺上梁仪式举行。不能亲临现场，尚请见谅。衷心祝愿施工安全，贵公司百尺竿头更进一步。

⑥ 开业、创业　a. 祝贺开业，心愿终成，喜必更胜。衷心祝愿八方客来，生意昌隆。b. 衷心祝贺开心，吾定当竭力扶助，尚请关照。c. 值此开业纪念之时，献上衷心祝福。祝愿永为专业店之骄子，长做无极限之攀登。d. 值此创业纪念庆典，谨致以衷心祝贺，赖此努力成此伟业。衷心祝愿百尺竿头更进一步。e. 祝贺新店开业，贵公司人才之盛，实堪羡慕。祝愿贵公司今后发展更上一层楼。

⑦ 慰问　a. 惊悉消息，吾侪倘有所能，但请一言。今致此函，并愿贵公司早日再建。b. 不幸蒙火，谨致问候。知君等无事，皆感释然。值此难际，还望早日抖擞精神。c. 闻说住院，不胜挂念，望彻底接受身检，充分注意养生。静养之后，精神必胜从前。d. 祝贺康复，伙伴们都盼望你早日归来。

⑧ 促销　a. 销售活动，尚赖贵店支持，值此促销之季，万望全员一心，取得更大成就。b. 幸赖全体员工努力，销售业绩日益提高，希望共同努力，再创佳绩。c. 敬请支持敝公司实现飞跃，开足马力，共同奋斗。d. 祝贺目标实现，万众一心，结出硕果。祝今后百尺竿头更进一步。e. 祝贺目标实现，大家齐努力，结出硕果来。祝愿今后再创佳绩。f. 托大家的福，此次目标终于实现，感激不尽。今后，仍将向着下一个目标迈进，仍望关照为盼。

⑨ 道歉　酒席过度，诚为失礼。知已拂颜，唯愿宽谅。

⑩ 悼念　a. 值此董事长逝去之际，不能惜别之思。谨此表示对其功绩的敬意，并衷心祝愿冥中有福。b. 惊悉总经理讣报，本公司全体员工谨致哀悼，并向家属及贵公司全体员工表示衷心慰问。

21. 手写明信片的运用

信息产业的巨大发展使得手写明信片逐渐被手机、电子邮件的"数码产品"取代。但是手写的也不是毫无用处。如果反其道而行之，认认真真地写一张明信片，反而会让人觉得出乎意料，留下深刻印象。如果手写明信片显示出其自己的特色，它可以通过关心、感谢、赞扬对方而将对方的心紧紧抓住，效果更佳。

营销员应该养成在下列情况下发明信片的习惯：交换名片、访问后致谢、约定确认、签约后致谢、汇款后致谢、获赠礼物后致谢。习惯养成的过程很麻烦，但大家都嫌麻烦，自己不嫌不就显山露水了吗？况且，一张明信片花费才2元，这种廉价也是一种魅力。

22. 致辞、讲话的顺序

无论公事、私事，一个人当众讲话的机会之多出人意料。许多人不擅长当众讲话，如能讲好，则会有巨大的成就感。致辞的能力，是年轻营销者的必修课，高超的致辞技巧可给你带来较高的评价，改变以前对自己不好的印象。出口成章的人是极其罕见的，往往越是善言的人，越是那些能认真准备的人。为此，要做必要的准备。

① 会场及听众的调查：对会场大小、听众类型、人数、性别、年龄、地位、职业等都要预先把握。

② 决定话题：没有限定主题时，可考虑听众的关心领域和感兴趣的问题来确定话题。

③ 写出要传递的信息：列出在此主题下自己想传递给听众的东西。这是决定致辞成败的关键，务求认真仔细。

④ 构思结构：把前面写出的内容装进去，同时考虑在规定的时间范围内按什么顺序讲等方面的整体结构问题。

⑤ 底稿创作：短的致辞不仅要在大脑中总结好，还要落实到笔头上，长时间的讲演一定要写好提纲。

⑥ 考虑如何回答可预见的问题：新产品发布会、学术交流会往往会设有听众提问时间，要预先想好可预见问题的答案。

⑦ 反复练习：练习控制节奏，同时修改原稿。短的致辞要完全记忆，可录音，并在家人面前彩排。

⑧ 正式开讲：如果已经充分练习，就应充满自信。不要低头，要看着听众的脸讲话。

剩下的问题就是适应了。有机会就别放过，积极在众人面前讲话，就能逐步实现致辞水平的提高。

23. 制作合同书的注意事项

合同就是承诺，口头承诺也是合同，只是没有形成书面文件，在法律上不利。

第一，制作书面合同的目的是提供法律上的证据。虽然在法律上口头承诺也是成立的，但到了诉讼时就会因没有证据而无法取胜。

小额交易往往并不都签约。但当金额较大、周期较长时，对方就有违约的可能。这时如果签有合同，则可确保胜诉。

第二，在精神上给对方以强制感。诉讼费时费力，即使可行也应尽量避免。大部分人没有签约也会守信，但也有一些人完全相反。对于后者，合同就会成为一种约束力。

第三，可追加罚款，以加强强制效果。最为常见的是，"支付误期则以年百分之几的利率追加支付"之类的延误损失赔偿条款。这样，通过合同明确延误是不可以的，是要赔钱的。

第四，可用于督促签约。若无其事地拿出合同来，可以督促优柔寡断的客户速做决策。

制作合同书的注意事项有：① 设立标题，以对合同内容一目了然；② 必须确认签约日期，以证明合同成立日期；③ 数字尽量用汉字（以防改涂）；④ 重要合同要互附印章证明书；⑤ 必要时要贴印花（税额因合同内容及合同金额而异）；⑥ 与代理人签约时，要确认委托书等以明确其代理权；⑦ 与未成年人签约时，必须取得监护人的同意书；⑧ 订正文字时，要在订正处划二条横线，以使原文也能看清，在文字上部或一侧填写更正的文字，在栏外记录更正文字的字数。

24. 建立良好的第一印象

一个人的能力和人品是要靠时间来验证的。上司是要培育下级的，因此，上司看下级是不可以用第一印象来下结论，而客户则没有这个必要，只能靠第一印象了。对于销售员来说，在客户面前就是被审视的，初次见面的感觉就是第一印象。第一印象不佳，是要亏大本的。如果客户第一眼就对这个营销员"感觉不好",那就很难再有进展了。那么,第一次见面时的第一印象是由什么来决定的呢?一般来说,建立良好第一印象的要点有以下几个:

① 表情沉稳、可信,着装得体:当然,不能要求所有销售人员都是英俊、娇美,但应有沉稳可信之感。自然的笑容最为灿烂。着装正式、大方,一旦给人一副穷酸相就很难再改变了。

② 语言明快、简洁有力、谦逊有礼:消极、啰唆、粗鲁就太糟糕了。特别是在看不见表情的电话访问的情况下,寒暄、尊称、敬语,不讲应该避免的话题至关重要。

③ 动作举止要潇洒、干净、利落,不回避对方的视线。在接待客户访问、介绍时不能太小气,摆着小腿走路,就给人小家子气的感觉,于乘车下车、行礼、交换名片时也要特别注意。

25. 找出真正的关键人物

抓住关键人物,是营销员铁的法则。关键人物不一定是表面上的决策者、掌权者,要根据具体情况找出真正的关键人物。虽然关键人物通常是决策者,但现在也不尽然。例如,在住宅销售方面,签约人是男主人,所以往往把男主人看成关键人物。实际上,女主人决定一切的家庭也为数不少。另外,与子女同住的老人家的决策权也很大。如果钱是老人家出的,就更是如此了。还有,近来小学生对自己的房间也有自己的想法,惯孩子的父母会最优先考虑孩子的意见。

如果客户是法人,情况也是如此。尽管最后裁定权在部长手中,真正的关键人物却未必是部长。企业购买实物时,对口的负责人、实际的使用者等许多人都会参与其中。具体的,谁的意见影响最大是因事而异的。有时,部长只是管盖章而已。因此,如果只是短视地把决策者视为关键人物,专攻这个人,最终不免失败。要从日常交往中努力找出真正的关键人物。

为此,无论对方是法人还是个人,都应从日常的信息收集中了解出以决策者为核心的团体责任分担情况,并对全体有关人员保持周到的接触。

26. 克服访问恐惧症

访问恐惧症,是那种净想着"被拒绝了怎么办"、"被骂出来怎么办"而退缩不前的心理状态。每个新营销员都有访问恐惧症,如果性格是懦弱的,就更容易形成消极思维,要依靠应酬谈话法和积极向上的态度来克服它,见表3。

表3 摆脱访问恐惧症的说法及思考方式

客户的拒绝	应酬说法的积极思维
"还来得及!"	营销工作就是从拒绝开始的
"你的东西太贵!"	质量好价才贵
"已经和其他公司接触了。"	我们有他们没有的优势
"没什么优势呀!"	我还没介绍完呢
"没有钱!"	没有谁说自己有钱
"已经买了,不用了。"	不一定只买一个
"你的名声不好。"	这可真是个大笑话
"我们这卖得不好呀!"	好像还没有意识到消费者的需求
"没时间用。"	也就是说有钱、也有需要
闭门谢绝	访问次数还不够
不认真听介绍	热情还不够

一般地,不管如何担心,客户至多不过是目光冷淡、恶语相向,不会发展为暴力。"习惯

了就好了"，置之不理也不是个办法。不能克服这些的营销员，永远不会成长起来。要克服访问恐惧症，应注意以下几点。

① 准备营销手册，对营销活动做基本了解，特别是对客户的敌视是否有应酬谈话法及积极思维的准备，结果是有天壤之别的。

② 从反向思维考虑问题而"积累失败"。如果把失败看成坏事，就会退缩不前。

在思想上不认为是给对方添麻烦，要以本公司的产品为荣，堂堂正正地展开活动。正是因为过于顾虑眼前的销售目标，才会产生对失败的恐惧。

27. 巧妙的道歉方法

无论是在工作中还是在生活中，碰到麻烦总是不快的。如果肇事者是自己，就理所当然地要道歉。但是，道歉归道歉，有些话能令对方非常满意，心悦诚服，成为挚友，有些话却会火上浇油。具体而言，让不满的客户感到满足的道歉程序有三个阶段。

第一阶段，先道歉。即使是误解也要道歉，因为道歉不是因为做得不好，而是因为造成了误解。这样，可以使客户的暴怒降温。对导致误解的事实道歉，如，"让您担心，实在对不起！""给您带来不快，实在对不起！"接着倾听，"如果可以的话，请您允许我好好听一下详细情况。""具体的，到底是什么事不合您的心意呢？"这样，可以搞清楚对方不满的内容。

第二阶段，如果真的是给人家添了麻烦，要再次道歉："非常对不起，今后我们将不会再让这类事情发生"。如果再具体说明一下可采取什么对策，"我们已经决定，采取以下对策——"效果就会更好。

第三阶段，对客户表示感谢。接到投诉对本公司而言是好事，要有感谢之情："今天真是给了我们一个很好的学习机会。""像您这样提出问题的，还是不多见的。"接下来还要感谢："真是太感谢了。""衷心感谢。"最后要有个圆满的结局，让客户心情愉快地回家。"结果好，万事皆好。"客户对公司的印象也由最后的处理情况来决定。

28. 利用口碑

卖货的不管怎么吆喝，都是因为想卖，不值得信。相比之下，一般客户之间在没有买卖意图的前提下自由地交流，就很容易被接受。如果老客户能从自己的体会出发以单纯的目的做介绍，效果将无以复加。如果传播者是公众领袖人物，则传播的速度将更快。许多流行的东西是从口碑流传引起的。例如，本地最好吃的拉面店之类，几乎都是靠口碑传出来的。从没有商业目的人那里得到的信息易于取得人们的信任。要着意制造口碑，因为口碑没有成本，而且效果好。

当然，好评不会自然传播出来的，"好事不出门"嘛。因此，要积极地创造条件。① 与大人物和领袖交朋友，例如，街道主任、妇女会长等影响力大的地区性领导，往往会具有这些效果。与这些人成为朋友，好评自然产生。② 好友的圈子要用好，如果对商品本身有自信，不妨请好友在朋友圈子中传播。另外，在因特网上贴帖子，也是传播信息的重要途径。③ 自己来做广告牌，如果是户外使用的商品，不妨自己经常使用，以向周围人显示该商品使用便捷并且性能优良。④ 利用公共宣传，公共宣传是指向传媒提供信息，请求免费报道。公共宣传要积极参与、合作，并将积极的报道复印下来，贴于店头，以充分利用。

29. 走提案式营销之路

"请求式"的老式营销方法已经不再通行了，不会有人出于情义和人情来买。所谓提案式营销，是指向客户建议使用自己公司产品以得到相应的利益，从而推动其购买行为的营销方法。这对于初次打交道的客户和大型交易尤为有效，其具体做法多为提交书面提议书。

例如，"以此途径使用本公司的这种商品，可以节省成本"、"也许价格上高于其他公司的商品，但使用后效益之大远在价差之上"等，举出具体数字来进行提案。这不是商谈间隙时的小小忠告，而是要根据客户的需要从各个角度去推进营销。

提案要因客而异,分别提出,不了解客户现状就提不出好的建议。这要求营销员拥有调查能力、分析能力、判断能力等多种素质,从这个意义说,提案式营销可以说是一种极其高超的营销技巧。有了这种能力,营销人员就可以独当一面了。

提案式营销的循序阶段:

① 提议基础模型的策划 向什么样的客户提供什么商品,以什么形式提议等。这些内容都应包含在基础模型中。

② 预期客户信息收集与接近 收集提议预期客户的信息,同时要积极接近。

③ 向客户提供信息 访问时要提供商品信息等一系列情报,努力取得客户的信任。

④ 客户现状的调查 向客户询问现状及需求,分析问题所在。然后决定具体的提议和提议的方向性。

⑤ 对课题的提议 向客户提出问题,包括他自己还没有意识到的问题,客户越重视问题,成功的概率越高。

⑥ 提议 提出利用本公司产品解决其问题的方案,用建议书加以介绍说明。

⑦ 跟踪 说服决策者、追加提议,进一步修改提议内容、跟踪服务。

⑧ 签约 以充实的售后服务来追求生意的延续。满意的客户还会介绍新的客户。

30. 摊牌的时机

摊牌是谈判的最后阶段,是在商谈最后阶段迫使对方签约的做法。与客户谈判是心理战,相互间都想看透对方的心思。在猜测中,必须对对方购买欲极为高涨的时机有精确的估计,抓住摊牌时机。在谈判过程中,如果对方出现如下反应或征兆,则可摊牌。

①询问价格及支付条件;②询问交货期;③询问售后服务事项;④开始与别人讨论;⑤开始重新看样品或说明书;⑥身体前倾;⑦突然陷入沉思;⑧开始讲价;⑨询问买过的人;⑩询问使用方法;⑪反复问同样的问题;⑫挠头,表示"不好办";⑬沉思表情突然打开;⑭重新敬茶。

虽说这是最后的冲击,但不一定只有一次摊牌。现实中不会像教科书说的一样顺利,要几次摊牌才能成功。有时,虽然明知道还很勉强,但也不妨提前摊牌,试试对方到底动没动真心。这就是测试性摊牌。

如果对方不做回应,就是还有担心的事情没有解释明白。这时,可用应酬谈话法从头再来,再用别的促销谈话法来洽谈。

谈判就是这样,在反复中曲折前进。

31. 集会销售的成功要诀

近年来,以消费者乃至销售店为对象的集会十分盛行,以至于被人指为"销售八股"。集会成功与否取决于客户的组织能力和参加人数、企业数。为了尽可能多地募集到参加者,务必要早做准备。一方面,要使集会销售活动本身具有独特性;另一方面要利用宣传广告单等方式招募客户。

除了上边准备的促销物品,还可充分利用自制广告单、促销明信片,最后别忘了再打个电话。集会自身也应在固定内容之外,广泛吸收团队内部的创意,创造出其自身的独特性,特别是全国规模的活动,虽然大的方针是统一的,但各地区有各自的特点,应由最了解该地区的营销员努力进行创新。

集会结束后,要注意了解参加者的感受。不满意的人下次就不会再来,因而要注意听取细微的意见,保证改善,从而为下次集会创造条件。

面向销售店的集会不易聚集到客户。许多集会形式僵化,没有效果。对此,要详细调查,找到原因,清除障碍。另外,以销售店为对象的集会是根据销售量发放奖金的,常常会引发强买强卖的现象。因此,一方面要保持气氛的热烈,另一方面还要注意监视违规现象的发生。

32. 接待客户的技巧

接待客户的目的是传递感情,就是要让对方高兴,加强会后联系。如果热情过度或不及都会带来相反的效果。这里介绍一下所有接待都应注意的一些共性事宜。

第一,遵从对方的意愿。关于日期、场所,可提出几个方案交由对方决定。

第二,调查对方的好恶。如何接待对方才会高兴,高尔夫、卡拉 OK、麻将,未必就是对方喜欢的。在邀请之前,要调查对方喜欢的项目。另外,不论怎么接待,吃饭是必不可少的,应事先确认有无忌好。

第三,不要带来对方经济上的负担。让被接待方掏钱,就算不上接待。如果需要交通费和住宿费,就全由接待方支付吧。

第四,不可对被接待者造成身体负担。暴饮暴食、彻夜兴游,很容易搞坏身体。若影响了第二天的工作,也非益事。

第五,深入交谈。平日里总是谈商务,互相之间也都只看到商人的一面。因此,可利用这个机会触及一些私人的话题,交流对工作的看法、人生哲学,以加深了解。

接待客户的注意事项。

① 会餐:事先确认喜好,不逼酒,先斟酒,不冷场,尽量不中途退席。

② 卡拉 OK:不去便宜的地方,不唱客人的拿手歌,受到邀请时不扭捏,即使对方唱得再臭也要夸,不要让一个人独霸麦克。

③ 高尔夫:选择与对方实力相当的场地,让水平略差的人与对方组对,无论是电车、汽车,都要安排接送,打失误了也要把气氛搞起来,适当准备一点当地的土特产做礼物。

33. 促销电子邮件的写法

电子邮件已相当普及,在促销领域,它是商务通信中不可缺少的一种方式。发邮件前应留意其利用方法和礼节,重点注意以下事项:

(1) 勿使客户感到厌烦和不快

内容太多、邮送过频、强求回复,这些只考虑自己不考虑对方的做法都要坚决杜绝。

(2) 认真思考发电子邮件是否合适

由于工作内容不同,工作方式也不同。有的要直接拜访,有的可以打电话,有的则更应以正式文件形式发出。同时,与对方在营销上的关系如何等问题也是决定发送电子邮件是否合适的因素。

(3) 勿使文字出现乱码

发电子邮件有时会使文字出现乱码。日文中的一些半角假名、希腊字母、一些与系统软件、文字输入法显示相关的文字应避开为上。

电子邮件的应用范围很广,大甩卖及特价活动的介绍等促销活动都可使用它来宣传。但要确保对方乐意阅读,就应该讲究电子邮件特有的写法。

① 使用令人信任的邮件名,使对方乐于打开阅读

电子邮件必须有一个文件名,便于对方判断是否有必要打开该邮件。对于那些总是收到很多电子邮件的人而言,往往首先要根据文件名来判读读与不读。害怕计算机病毒入侵的人,对于含糊其辞的文件名是十分戒备的。因此,文件名是对方判断的主要依据。这是第一道门坎,务求吸引读者。具体而言,把问题概括在 15 个字内,有时可明确输入自己的名字或公司名,有时也可将"重要"、"注意"、"问题"之类的关键词放进去,只选有用的,关键的部分以突出重点。

对方愿意阅读的邮件标题举例:a. 关于建分店候选地考察结果的通报;b. 建分店站东最佳,其余不行;c. 关于业务用品的价格修订;d. 您正在调研的软件降价至 15 万日元;e. 关于垂询数据及样本的送交事宜;f. 昨天的资料将用特快专递明天送达。

② 简单问候，从结论说起

如果在文件名里没有自报家门，那在邮件打开后首先就应说明自己公司的名字和全称。尚未如此，就会令人有警戒之心。信的开头要有简单的问候，诸如"承蒙关照"之类。虽说是电子邮件，也是需要有最低限度的礼节。然后，直入主题，先谈结论。与电话、文书相比，电子邮件更要坚持这种原则。而后，说明原因、动机。最后，进行必要细节的补充说明。

③ 简捷明快

语言力求简捷。又臭又长的文章讨人嫌，也容易有笔误。因此，要做到一段文字只说一件事，即"一事一文"，无论什么事都要控制在四个段落以内。

在视觉上，画面上排满文字，会令人厌烦不已，无心去读。说完一件事情后空一行，各段文字开头有序号或"·"等符号。

尽量避免一些容易有歧义的形容词、修饰词，多用具体的数字、色彩，使用规范名词。

另外，在请求回复方面，也要避免"承蒙赐爱，不胜荣幸"、"祈盼早示尊意"之类的说法，不妨准备出一些可供选择的方案"出席/缺席/只希望得到资料"等，或使用"可在五日内回复"等不强人所难的说法。要给数码以人情味，促销电子邮件不应有推销意味，而要强调"得（提供利益）、用（以一定方式发挥作用）、乐（带来快乐）"。

电子邮件要传递给对方想要的信息，谈判时顺便提到的一些事的相关资料。对方有什么好事，不妨迅速发出邮件，"你真棒，了不起"。不应只是考虑促销目的，而应关心对方，努力构架起与客户沟通的桥梁。

34. 说服客户的原则

谈判有接近、说明、签约三个阶段。其中各阶段的谈话方法分别是：闲谈法、预约见面谈话法；限定优惠法、应酬谈话法、促进谈话法；拜倒乞求法、促进决定法等。

说服主要是在说明阶段进行的。说服不是让对方屈服，而是在充分听取意见的基础上令对方理解、赞同。说明的目的是要激起对方的购买欲，但急功近利地集中介绍商品，反而会使客户逃走。即使有大的数量目标，也要站在对方的立场上循序渐进。如果不顾顺序，盲目前进，只会增加客户的警戒心，几乎无一成功。

说服的顺序是：①询问现状，"现在的情形怎样？"②询问问题，"有什么为难的事吗？"③给予危机感，"置之不理又会如何呢？"④给予期待感，"这样如何？"

如果对方了解商品，兴趣很高，不妨跳过一些说服的步骤。但是，这种情况是极为少见的。如果对方没有特别困难，就可以省略第二、三步，直接跨到第四步。

第三步中的"危机感"是让对方理解，如果不购买产品，就会产生"好不过维持现状，差一点就会走下坡路"的情形。

无论在哪个阶段，提出简短的问题然后倾听对方谈话是至关重要的。

35. 预约面谈的注意事项

不想做不速之客，就应该事先预约，这是访问销售的原则。其注意事项有三点。

首先，选择让人舒服的说话方式。因为与一个素不相识的人预约见面，而且是一个搞推销的人打来电话，每个人都会有戒备心理的。为了消除这种心理，在语言上要"明快、简洁、有礼"，或者可以先把自己的声音录下来研究一番。人们总说，营销员看外表就可以看出来，其实听声音也是可以判断出来的。

其次，简单明了，啰里啰唆的长谈讨人嫌。首先表示约见的热情，提出日期建议，说明是在见面后慢慢进行的，只要约见成功就可以了。"有个建议很希望您听一听。"接下来马上就是"×月×日×时您看如何？"在此不必有一丝的踌躇，先直接告知最佳时间，然后再调整。

第三，有些话是坚决不能说的。在确定日期时"×日左右您有空吗？"（你以为我是闲人哪)"我什么时候都可以。"(你倒挺清闲呀)是不可以说的。前者对客户而言,恐怕既没有那么多空,也不愿意说自己有空;后者对自己而言,有闲人之嫌,会被人瞧不起。

36. 通过闲谈加深人际关系

虽说卖出商品是营销人员与客户交流的目的,但也不能从头至尾全是商务,这会让人喘不过气来的。有时在谈判前后需要插入一些与工作无关的话题来加深与客户的人际关系。闲谈不是商务谈判的内容,在商谈从接近阶段转向说明阶段时尤为有效,可视为说明阶段的预备期。因为是闲谈,所以主题不限,其要点是"对方优先"。内容大体上可分为四类。

第一,关心对方的话。任何人都不会反感别人关心自己。例如,手指上缠着邦迪的,就不妨问一下"手指是怎么了?""前些天刮台风,您家没事吧?""对不起,您是感冒了吗?"

第二,向对方表示感谢。如果过去曾受关照,则不拘大小都要重新提出来表示感谢。"前些天,您真是帮了我的大忙了。当时没有好好地感谢您,真是对不起。""前些天,您特地打电话来问候我,真是太谢谢了。"

第三,以对方的兴趣及擅长的事为话题。"听说您的高尔夫打得相当棒……","听说您对于纳税的问题极有研究,想向您请教一下……"为此,要在事前了解对方的兴趣。

最后,虽然老套一些,也不妨谈些天气季节。"真是到了春天了呀……","昨天新闻说哈尔滨下了第一场雪……"这在对对方一无所知的情况下是最安全的话题。

37. 促进谈话法的四个原则

有些营销员不论是打电话还是面谈,都不顾客户的反应如何,只管自己喋喋不休。这是冒失鬼的做法。促进谈话法的基本原则是通过对卖点的说明来激发客户购买欲望的。在此,应注意以下几点:

① 卖点要一一说明。客户各不相同,对哪个卖点感兴趣,事先营销员并不知道。说明了一个问题后,可以用问话"这一点的说明可以了吗"来加以确认。这样,不断在小问题上取得赞同,直至将客户拉到自己这边来。

② 明确说明商品的要点。认真思考说明的基本框架:说什么,重点放在哪里,用什么顺序说等;强调客户的利益(为此要了解客户的现状及关心程度);出示客户获益的证据(在说明中加入新闻报道、使用者感想等);利用视觉效果(有效利用样品及照片);请客户实际接触,特别是机械类商品,请客户亲手操作是非常有效的。

③ 要使用外行人也能明白的语言。计算机销售就是典型案例,常常会在客户一无所知的情况下,一个接一个地飞出专业术语来。但事实上,不明白的人很多,一定要用外行的话来加以说明。

④ 缺点要先说。预先想到客户可能提出的问题,可以事先自己说出来,以免客户的购买欲望下降。"虽然有这种缺点,但考虑到××方面的优点,也就无所谓了。"这样一说,等后来客户遇到这些缺点时也会想起来曾经说过。

⑤ 保持自信、镇定的神态。商品的好坏,如果不实际使用是不会了解的,打动客户的是营销员的热情、诚意、自信、镇定。

38. 应酬谈话法的八种形式

客户不买所推销商品的理由各异,其应对方式就是应酬谈话法。在此,有八种形式。

① 肯定但是法:承认对方说法再加以反驳。"确实像您说的,不便宜。但那是因为质量要比其他公司好。"

② 肯定追加法:承认对方说法,并加以利用。"确实像您说的,不便宜。所以才向经理您这样的人推荐。"

③ 全面否定法:对方意见不对就加以全面否定。"不对,那完全是误解。"

④ 装痴不呆法:听到对方的意见置之不理。"开玩笑吧,越是有钱的人就越喜欢这么说。"

⑤ 刨根问底法：反复听对方意见的理由。"您这么说，是跟什么比较得出的结论呢？"

⑥ 实例证明法：尽量举出身边的实际案例。"也许您不知道，××先生也已经使用了本产品。"

⑦ 改弦更张法：这种方式不行就换一种方式。"请您看一下这个报道，实际业绩确实不错。"

⑧ 意见倾听法：接受忠告以抓住反驳的机会。"您说得太对了。那么，解决这个问题有什么其他的好方法吗？"

应酬谈话法有八种形式，可以应对客户的各种反对意见。人家说了，我们不回应，就无望成交。但有些情况仍需注意。

第一，注意倾听客户的意见。会说的不如会听的。在自己大谈特谈之前，要对客户意见有倾听的姿态。特别是，不能匆忙应对，言不及义。

第二，找到真正拒绝的理由。客户的反对未必是真心的，"不需要"、"来得及"之类的拒绝语言，是嫌麻烦的本能反应，要是都当成真事，那就不用推销了。如果拒绝是真心的，要把它看成是需求的一种反馈，是抓住真正需求的良机。

第三，不要试图驳倒客户。拒绝与应酬谈话在表面上似乎是双方在战斗，但是真正的敌手是竞争企业，不是客户。在辩论中胜了客户，也不会带来签约。伤害了客户的感情，就等于一切都结束了。要设身处地站在客户立场上来满足客户的需要。

39. 促成签约的限定优惠法

由于数量、时间上的限制，人们会改变其行为模式，唯恐自己落后于他人、唯恐自己吃了亏。这种强制观念会使人们的思路发生变化。限定优惠法是通过数量、时间的限定促使客户速做决断的摊牌方法。如果"什么时候都可以办到，什么时候都能买到，什么时候都能去"，则行动就会延期。明天不做，终生无缘，则即使人所不需也会把它做完。

另外，百货公司和超市关张甩卖时顾客之多总是出乎预料。这不仅是因为便宜，而是因为人们对于一个熟悉的、旧的东西的消逝总是有着一种特别的情感。限定优惠法，就是利用人们这种心理的促销方式。

限定方式有"仅限现在（限期）"、"仅限现货（限数）"、"仅限您本人"、"仅限女性"、"仅限20～30岁的客户"等。这种方式是促使客户不再彷徨、犹豫的有效方法，不要把它看成是卑劣的做法。如果客户的购买最终会给他带来福利，就不会受到客户的憎恨。这虽然不是任何时候都可以运用的，但至少是有益无害的。

限定优惠法的应用实例。

① 限定期间（只在现在）："到本月末，是特别价格，九五折"，"国营贷款机关的利率下个月就要提高了"，"这是会员权，现在是最低价"，"现在就有这个优惠"，"今天要是确定下来，我就给您优惠"。

② 限定数量（只有这些）："只限先到的100名顾客"，"现量生产，现在不买就买不到了"，"只限一户——打折的示范样板房"，"有数量限制，如已售完，请您谅解"，"本店只进了这5台"。

③ 限定区域（只在这里）："只在这里试销"，"只有在这里才能买到的这种特产"。

④ 限定个人（只为了您）："这一特别价格送给经常关爱我们的您"。

⑤ 限定性别（只限男性、只限女性）："仅向美丽的女士推荐"。

⑥ 限定年龄（只限20～30岁的客户等）："18岁的客户可享受八折优惠"。

⑦ 限定会员（只限会员）："只邀请会员进场"。

40. 用促成决定法摊牌

限定优惠法是通过数量、时间的限定促使客户迅速做出决断的摊牌方法。如果客户尽管心里已经想买了,但就是不说"买",这时可以使用促成决定法。这种方式不是被动地等待客户决断,而是积极地诱导客户决断。

促成决定法的实施条件是对方有购买意图,但难以决定。销售员能够说服对方决策的说法有:

① "支付方法怎么定","采取什么支付方式好呢"。如果客户具体回答,则意味着"买了"。如果没有具体答案,就可以设置几个选择性答案进一步诱导。

② "交货期定在何时","放在哪里好","明天给您拿来,好吗","先给您拿10箱吗"。如果客户具体回答,也就是定了。如果没有,也应设几个选择性答案。但要注意,这种方式是以客户完全动心为前提的。

相对于前面的"呢"式提问,如果使用"吧"式的提问,就等于说已决定了,有营销员强加于人的感觉。因此,如果条件不够充分时就不要使用这种方式。

41. 促成交易的最后手段——拜倒乞求法

日本有句俗话:叫做"一流人编报纸,二流子卖报纸。"虽说"二流子"的说法太过了,但客观上讲报纸推介人员中品行不端者甚多。虽然被劝购的人不少,但这些人的劝购是与商品无关的,就一句话:"无论如何,请订我们的报纸。"据说其中还有人在门口一直磕头到签约为止的。

拜倒乞求法,是在非常渴求成约时向有信赖关系的客户拜倒乞求,直到对方同意的方法。拜倒乞求法的成功需要一定条件。与客户有长期交往,相互间有信赖关系,不让对方吃亏,对方是个重感情的人,而且是面子软的人,别人一求就多多少少能给点面子,销售方有急于签约的理由。

注意,虽然是勉为其难,但也不是要对方买没有用的东西,而是把有用但还不想买的东西提前买了,买了以后也不会有麻烦。因此,对方也是不吃亏的。

拜倒之际,要有不怕对方辱骂的决心。而且要切记,这只是最后的手段,绝非正道。要不用此技,就必须牢牢掌握应酬谈话法的技巧。

在此,编制应酬谈话法手册是一种有效方法。其顺序如下:①把客户可能使用的拒绝的话全部写出来。②把这些话分类整理。③探讨应酬语言。④把公认效果最佳的说法汇集起来。⑤通过反复实践来进一步修改、总结,使之成为标准答案。如"本月的目标额还差那么一点,请您务必帮忙","现在只有请先生伸出援手了","这是本公司的全新产品,请先试用一下"。

42. 让自己的名片创意独特

名片是营销员必备的,以此让人们方便联系到自己。如果动脑筋使之创意独特,让对方爱不释手,着意留存,则效果更甚。

① 不同形式,分别使用

名片是与初次见面的人寒暄时不可或缺的装备,是营销活动启动的重要工具。如果设计得好,也会使一张名片得到承认和留存。原则上要使用正统的名片:尺寸是标准型的,55mm×91mm,颜色以白色为上。纸质勿太厚、太硬。啪啪响的名片,给人的印象不好。如果想做一种能给对方留下印象的名片而使名片过大或形状怪异,虽然是醒目了,但事后整理起来很麻烦。尺寸及印刷的颜色如果太夸张了,会令人感到厌烦。因此,在纸的大小、颜色、形状坚持标准的同时,可根据目的、对象、情况的不同准备三四种内容及表现方式不同的名片,以区分使用。这样,随着交流的深入,"我这还有另一种名片,请您收下。"作为第二张名片,即使再独特一些也是可以接受的。

② 横型比纵型有利

现在的名片,内容越来越多,姓名、职务、公司名、住址、电话、FAX,甚至照片、图片、CI标志、公司社训、口号、电子邮件、公司的网址等都囊括其中。电子邮件、网址等都是必须横写的英文和阿拉伯数字,因此横型名片要比纵型名片更为有利。

需要注意的是,电话号码的字号。营销员的电话号码太小,不易辨认,怕是最糟的了。如果对方想打一次电话试试,字码大小、看清与否会形成较大差异。即使公司的地址及其他文字小些都无妨。不少人的视力很差,看不了小字。为了建立起与客户交流的桥梁,电话号码要尽量大一些、醒目一些。

③ 促销手段

除了一般的名片之外,还有一些表现个性、用于活动宣传的名片,也就是通常说的促销名片。这种促销名片最好自己制作,可以在打字社参考各种版本的样品来制作出具有个性的名片。此外,还可以利用网上的免费软件,与 Word 等有关软件组合使用。选择自己喜欢的下载下来,就可自制非常独特的名片了。

在制作方面要注意以下事项:Ⅰ.目的明确:宣传公司的存在,强化自己造型的印象,介绍特定商品,通知新店开业及特别活动,突出自己与竞争者的不同,宣传网页开设等,这些目的是交织在一起的,首先应明确各个目的的排列顺序。Ⅱ.视觉冲击:只有文字,缺乏冲击性,可以大胆地使用自己的漫画像、吸引人的图案、店铺及商品的照片、箭头、火山爆发、炸弹等标志,再配上有特征的文字,这些都极具视觉效果。Ⅲ.方便对方选择,希望对方打电话,就把电话号码放大;希望对方发电子邮件,就扩大电子邮件地址;希望对方来访,就把地址示意图画得简单易懂。Ⅳ.注意使用背面:名片的背面白纸一片,未免太可惜了。去拜访时,如对方不在,可留下简短的留言,使之成为特惠感谢券、打折优惠券等,可以有许多用途。

43. 打电话的基本礼节

"营销员不是天生的,而是培养出来的。"打电话的人与接电话的人都应有代表自己公司的意识,要注意打电话的基本礼节(见表4)。

表4 打电话的基本礼节

打电话的人(非转接)			接电话的人
想好要说的内容,再打电话	确认对方电话号码、所在部门、姓名	马上自报家门	"是,是××公司××部。"声音开朗、有力
自报家门	"我是××公司的×××",在问到之前说	确认对方后,寒暄	"是××公司的×××呀,多蒙关照。"
寒暄	"一直承蒙关照……"		
说明目的	"想问您……方面的问题,可以吗?"	听对方说要小的事	"是,我知道了。"
说明内容	简洁扼要	记录内容,回答问题,	"这样好吗……"
确认答复	"是……,对吗?"	对对方的确认予以回答	"是,是这样。"
寒暄	"谢谢,再见!"	称呼,寒暄	"这件事由我负责。还要请您多关照。再见。"
有礼貌地挂断	原则上打电话的人先挂,不要出现"咔"的声音	有礼貌地挂断	

如果要找的人暂时不在,或者忙于其他事情,就属于转接,转接电话同样要注意礼节(见表5)。

表5　转接电话的基本礼节

打电话的人(转接,前5项内容同表4)		接电话的人	
请转接	"×××先生在吗?"	确认对方要找的人	"是×××吗,请稍候。"
		确认对方要找的人在否	
		通知不在	"让您久等了,实在对不起。×××正在接电话,如果可以的话,他在打完电话后再给您过去。"
请对方打电话	"是,请您帮忙。"	问电话号码	"是,明白了。对不起,为稳妥起见,能请您告诉我电话号码吗?"
告诉电话号码	"是 03_1234_5678。"	复述	"我再确认一下,03_1234_5678,××公司的×××先生,对吗?"
确认对方的复述	"是,是的。"	自报家门	"一定转告×××,我×××向您保证。"
寒暄	"那么,请多关照了。再见。"	寒暄	"是,再见。"
有礼貌地挂断		有礼貌地挂断	

44. 登门拜访的礼节

每个新营销员,在初次拜访客户时都会紧张。因此,访问前应充分准备,以免过分紧张。

① 访问前的准备工作之一是做好访问预约。这样做,主要是为了节省时间。访问的日期、内容、可用时间等都要事先确定好。必备的文件包括公司介绍、宣传册、建议书、名片、笔记本等。关于穿着,将在后续秘籍中介绍。

② 要养成早到的习惯。最迟要提前5分钟到接待总台,但是,如果要观察一下对方,不妨早到一些。同时还要考虑交通状况。

③ 一般情况下,会有接待员引导至离门口较远的屋内侧座位上,务必要等对方请坐后再坐。清楚地向接待员说明公司名、姓名,请对方传达。初次访问时,只应在沙发上浅坐。

在接待室,往往会有人送茶杯招待。这时应点头致意称谢。

对方进来后,应马上站立相迎,寒暄之后交换名片,待对方请坐后再坐。

商谈中,要留意时间,提纲挈领地介绍情况。如果对方非常感兴趣则另当别论。通常,要边揣度对方心理状态,边考虑是否应该摊牌。

④ 告辞时,要确认本次确定事项、今后将探讨的事项、下次访问的日期等,并做好笔记。再寒暄告辞。

45. 接待客人的礼节

与登门拜访正好相反。走廊的走法、电梯的乘法、接待室的坐法等都有次序问题。

① 客人来访前的准备工作之一是预约接待室,确认空调是否正常运转,准备名片、笔记本、记录纸。需要用车接送时,还要预约好车。

② 引导至接待室的工作有时由接待小姐或其他人来做。在走廊里时,走在客户的前面,不便交谈;走在后面,谈何引导;走在一侧,让人感到别扭。最佳方案是走在客人的斜前方来引导,可以克服上述缺点。

乘电梯时要牢记"客人先上先下",即与客人同行时,自己要扶着门,让客人先上先下。

③ 进门时要敲门,开门后先道歉一声:"让您久等了。"然后交换名片,促请就座。

④ 谈后告别,送行程度视客人的重要程度而定。有的要安排车辆,车开出后还要深行一礼。有时还要注意确认接待室里有无遗忘物品,确认电车时刻、道路状况等。

46. 引荐客人的顺序

作为商务人员,会有许多机会与同行、朋友相互引荐,自己作为中间人时,要了解介绍他人的顺序。原则上,当地位有差异时,先把地位低的人介绍给地位高的人,然后再把地位高的人介绍给地位低的人。当年龄不同时,先把年龄小的人介绍给年龄大的人,然后再把年龄大的人介绍给年龄小的人。如果地位、年龄都相当,与自己亲疏关系不同时,先把与自己关系较近的人介绍关系较远的人,然后把关系较远的人介绍给关系较近的人。

在男女之间,要坚持"女士优先"的原则,要先把男性介绍给女性。但是,如果男性在地位、年龄上都远在其上时,要回到原则上来,先把女性介绍给男性。在介绍客户和本公司人员时,要先把本公司人介绍给客人。如果本公司人数较多,则要从地位最高的人介绍起。而客人人数较多时,也要从地位高的人介绍起。

只要了解了基本原则,就可以游刃有余地应付各种场合了。

47. 如何安排交通工具的座次

与客户及上司一起乘汽车或电车时,要注意上座、下座的区别(见图2)和上下车时的礼节。

首先,从汽车的座次来看,有驾驶员的车则后座为上。其中,驾驶员背后的位置更为上。这是因为,如果发生正面的撞车事件,则最安全的位置就是这里。如果是4人乘车,则后排中间为第3位,因为夹在中间感觉不好。用客户或上司开的私家车时,与司机并排的位置为上。这是因为,人家给我们开车,我们坐在后排踹他未免太过失礼了。

其次,乘坐车时,左手开门,右手做"请"的动作,加以引导。下车时自己要先下,立于门侧,开门后确认安全,请求下车。而当自己坐在车内被送行时,应摇下车窗,车启动后轻轻俯首致意。

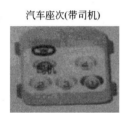  

图2 汽车、火车上的座次

当然,坐火车也有上下座之分。6人座中以靠窗、靠通道、中间为序,并以面向前进方向为上。4人的情况,排除掉中间的一人即可。两人并排时则以靠窗一侧为上。

48. 出行交际的外表礼仪

常言道:"不听一言,不察一行,单看外表,亦观人性。"出行前在镜子前仔细注意观察自己,见表6。

表6 出行前的仪表注意事项

男性	女性(与男性相同之处不重述)
头发:清洁,无头屑、脱发、乱发	头发:长发不能影响工作
脸:观察脸色好坏、眼睛红否、鼻毛是否长出鼻孔保持牙齿干净、无胡须	脸:化淡妆
衬衣、领带:干净,熨好;领带结打好夹在衣服上	服装:无过多的装饰
西装套服:颜色庄重、没有污渍、褶皱 衬衣袖口:没有污渍,没有磨损 裤子:有裤线	
指甲:短、清洁	指甲:指甲油不能过于华丽也不要褪色
鞋、袜:鞋袜干净,颜色与服装搭配吗	鞋跟高度合适,长筒袜无破损,颜色与服装搭配,不要过于华丽

49. 保持微笑——获取财富的无本方式

戴尔·卡耐基写过一本畅销书，名叫《感动世人》。书中引用了一段由弗兰克·阿文·弗雷泽为笑容撰写的广告文："无本万利；与而不减，受则能增；一瞬笑颜，志之永生；千金巨富，不可无欢；一贫如洗，开颜即富；给家庭带来幸福，给商贾带来美意；友情的暗示；疲惫者的港湾；失意者的光明；悲伤者的太阳；烦恼者的解药；买不来、抢不去、偷不得；无偿奉献，方有其值。"这段话直透本质，痛快淋漓，读起来令人不禁为之拍手叫绝。可见笑容是财富，你的笑容可以感动一切人。

人们在选择医生时也常说，要找那些总是笑眯眯的、性格开朗的医生。对营销员而言，无论是外出的还是在店的，板着面孔的是没有人愿意接近的。

专门做笑容咨询工作的人也说，笑容可以降低失误率，连小偷也会减少。用它来解决不良青少年的问题也很有效。

50. 礼节之本——寒暄

"寒暄"二字造得相当神韵，就是问寒问暖的意思，也就是关心对方、寒暑与共，它是所有礼节的出发点。寒暄是礼节之本，人与人的交际始于寒暄，也终于寒暄。

无论是在生活中还是工作中，所有人际关系中最重要的就是相互关心。没有这一点，就没有良好的人际关系。

在此"认生"就不好了，虽然就性格本身而言，是无好坏之分的，但在处理人际关系上"认生"可就亏大了。拿出勇气来，打个招呼有何难事。许多内向木讷的人，自认为"这辈子是当不了营销员了"，但最后仍然成长为超级卖家。

问候语要是搞不清楚，脸上的表情也会混乱的。为此，要把日常的问候语熟习成自然。

寒暄语分七种类型。①按时间划分：早安、午安、晚安；②感谢：多蒙关照、谢谢；③告别：您辛苦了、我先告辞了；④道歉、道谢：对不起、实在不好意思；⑤承诺：交给我吧；⑥来客：欢迎；⑦访问：对不起，有人吗。

51. 行礼的分寸

行礼大体上按上半身的倾前角度可分为三类，要注意其不同的使用场合和注意事项。

最简单的行礼，就是"示意"，上半身前倾10°左右，实际上相当于微微点头。公司内部的人擦肩而过不妨示意一下，但这对客人来讲恐怕不算是礼。

比示意更尊敬一些的就是"行礼"，上半身前倾30°左右，对客人行礼，可以此为标准。

最为尊敬的是"敬礼"，上半身前倾45°以上，给人以深深垂首的感觉。在客户签约后表示感谢，或发生索赔、申诉事件赔礼时，就要行敬礼。行礼与敬礼在低头时快些无妨，在抬头时慢些较好。这样更有厚重感，更令人感到尊敬之意。

行礼与敬礼时要注意身体的姿态：神安、颈直、背伸、指舒、足并。

52. 交换名片的注意事项

名片即如其人，轻薄于名片，就等于轻薄其人。从接受到保管，都应仔细用心。

名片交换的顺序如下：

① 准备：准备专用名片夹，不能用月票夹、钱包等代替；名片夹放在西装内袋；不可放在裤袋里。

② 递名片：自报家门、姓名、寒暄并致礼，同时递出名片。通常自己先将名片递给客人，文字正对对方，使对方易于看到公司名、名字等。

③ 接名片：原则上双手接，也可先左手接，再以右手同捧；接到后必须认真看，确认公司名、职务、姓名。

④ 接到后：坐在桌边时，放在桌上；对方人数较多时，按所坐位置排列名片。千万不要掉在地板上、夹在书中或忘在接待室。

53. 尊称的使用方法

尊称，是对个人及企业表示敬意的称呼方式。尊称有七种形式：

① 称呼客户时，可称"×××先生"，如"吴先生"等，可在姓名、职务后加"先生"。

② 当客户是企业时，可称"贵公司"，使对方有亲近感。

③ 称自己为"我"，也可用"敝人"，但此用于女性自称则易被轻视。对平辈、晚辈的自称可用于个人场合，但不适用于商务。

④ 称自己公司为"本公司"、"我们"等。

⑤ 称呼本公司有职位者，原则上加职务如"吴主任"。称本公司的同事、晚辈原则上用"×××先生"。

⑥ 对客户提及本公司的人时，应舍去尊称。

⑦ 信件中的尊称。现在，商务信件上也越来越多地使用"先生"了。那么，到底是"阁下"好，还是"先生"好，不妨参考以下意见："阁下"用于收信人为个人的公文、商务文书、职务的名字之后，"先生"用于一般情况，有职务称谓时不用。"敬启"用于以公司或团体为对象的信件，不可用于个人，"各位"用于同一书信向许多人发出时，"同仁"用于一封书信向多个收信人发出时（例如营业部同仁）。

54. 营销员的八大禁谈

无论是不是营销员，都要小心谈话的禁区。有些话题是碰不得的，这就是言谈中的禁区或者是雷区。作为面对客户的营销员，更要小心。

对于营销场合而言，尤应注意以下八个方面言谈禁区。

① 政治、宗教：这是因人而异的，观点不同则商谈无望。

② 公司、上司、同僚的坏话：说别人坏话原非好事，而说自己人的坏话就等于自杀。

③ 竞争对手的坏话：竞争不是贬低对手，而是使自己高于对手。说竞争对手的坏话小心失去信誉。

④ 其他客户的秘密：勿使面前的客户自危，心生戒备。

⑤ 体型、容貌：自己有自卑感时自不待言，周围的人有自卑感时更不可谈。

⑥ 不景气：此话题只能使对方按紧钱包，而营销员的工作是让其掏出钱包。

⑦ 不幸的话题：不必故意提起不幸或事故，让客户高兴才是营销员的工作。

⑧ 下流笑话：饮酒时常有此话，但过分则会被人怀疑品行不端。

其他还应注意的话题有，①职业比赛：不知道对方喜欢的球队时要注意。有些人一提到对球队的好恶，就会像孩子一样。要知道，并不是所有上海人都喜欢申花。②孩子与家庭：现在，家庭中烦恼越来越多，只要对方不提，千万不要问"小孩子多大了"。③疾病：本为不幸事件。如果有人以病为吹牛资本，也要止于静听。

思 考 题

1. 与消费品促销相比较，工业品促销有哪些主要的不同之处？
2. 工业品推销员需要有哪些比较特别的素质和技能？
3. 你认为工业品推销员队伍建设应该注重什么？
4. 如何深刻理解工业品营销赢得客户信任的法则？
5. 促销的实质是信息传递，但在传递的过程中信息往往会失真，是否有好的策略保证其传递的真实性？
6. 为什么说把广告的受众分为不同类型是很重要的？
7. 在传媒技术如此发达的今天，有人说人员推销将退出历史舞台，你同意吗？
8. 常用的促销手段有哪些？
9. 人员推销有哪些策略与技巧？
10. 一个实力不强的企业应该如何选择广告媒体？

11. 企业广告效果的评估方法主要包括哪几个？
12. 结合案例谈谈广告的创意。
13. 结合案例谈谈广告媒体选择应考虑的因素。
14. 结合案例谈谈广告策划的基本原则。
15. 结合案例谈谈报纸广告的七种制作手法。
16. 结合案例谈谈广播广告的五种制作手法。
17. 结合案例谈谈电视广告的六种制作手法。
18. 什么是公共关系及其对象？
19. 结合案例谈谈企业开展公共关系活动的主要方式。
20. 结合案例谈谈企业公关活动策划的基本原则。
21. 结合案例分别谈谈企业针对顾客、新闻媒体和员工的公关活动策划的实战要点。
22. 结合案例谈谈企业危机公关的四项原则。
23. 结合案例谈谈促销策划的误区。
24. 结合案例谈谈企业的常规促销手段。
25. 结合案例谈谈各种不同促销手段的优缺点。
26. 结合案例谈谈如何有效地实施促销策划。
27. 结合案例谈谈促销策划的创意与创新。

第七章　化工产品的网络营销与国际营销

21世纪的市场营销特征主要体现在：市场竞争无形化；营销目标多极化；营销对象多样化；营销渠道网络化；营销决策整体化；营销手段立体化；营销沟通双向对等化；营销策略特色化；营销过程信息化；营销服务标准化。因此，对于化工产品实现网络营销与国际营销具有迫切性和现实性。其中网络营销的基础就是电子商务。

第一节　电子商务的基本知识与特点

全球电子商务市场，各地区发展呈现出美国、欧盟、亚洲"三足鼎立"的局面。美国是世界最早发展电子商务的国家，也是电子商务发展最成熟的国家，一直引领全球电子商务的发展。欧盟电子商务的发展起步较美国晚，但发展速度快，成为全球电子商务较为领先的地区。亚洲作为电子商务发展的新秀，市场潜力较大，近几年的发展速度和所占份额不断上升，是全球电子商务的持续发展地区。

网络广告、电子商务、移动增值交易等均出现高增长。互联网广告行业飞速发展，全球网络广告市场规模已经达到618.8亿元，占全球广告总体市场份额的14.0%。全球B2B（Business to Business，企业对企业）电子商务交易一直占据主导地位，2002年至今，呈现持续高速增长态势，2011年上半年B2B交易额达到33.3万亿美元，比2002年增长30多倍。在综合性电子商务网站已经占据综合类B2B领域绝大部分市场的情况下，越来越多的行业电子商务网站已经在综合网站市场之外寻求专业化细分领域的发展。化工电子商务正在与传统的化工产业及其营销渠道进行深入的融合，两者相互促进，协调发展。

截至2011年6月底，中国网民规模达到4.95亿人。2011年第二季度中国网络经济突破420亿元，同比增速达68%。互联网消费总额已突破1万亿元，其中网络购物占比37.6%，达3839亿元；互联网用户人均月网络消费达到224元，比2010年同期增长7%，IT、服饰、家居则分列网购产品前三位。世界工厂网发布的《2011年第二季度中国网民电子商务行为研究报告》，根据中国网民电子商务行为发展状况，从中国电子商务行为发生区域、电子商务应用、电子商务市场份额、电子商务网站排名、用户体验、电子商务合作物流等方面，运用精准数据分析，为各个领域了解中国电子商务提供一定的支持和帮助，其中也表明，化工产品的网络化营销越来越受到化工生产者、经营商和用户的青睐。

一、电子商务的特点与功能

电子商务指的是利用简单、快捷、低成本的电子通信方式，买卖双方不谋面地进行各种商贸活动，它包含两个方面：一是电子方式，二是商贸活动。从广义上说，电子商务是指以电子设备为媒介进行的商务活动；从狭义上说，它是指以计算机网络为基础所进行的各种商务活动，包括商品和服务的提供者、广告商、消费者、中介商等有关各方在互联网上进行与电子商务相关的操作，如在线发布供求信息、相关搜索、网上购物、网上开店、在线询价及报价、电子支付等行为的总和。

电子商务可以通过多种电子通信方式来完成。简单的，比如你通过打电话或发传真的方式来与客户进行商贸活动，似乎也可以称作为电子商务；但是，现在人们所探讨的电子商务主要是以 EDI（电子数据交换）和 Internet 来完成的。尤其是随着 Internet 技术的日益成熟，电子商务真正的发展将是建立在 Internet 技术上实现的。从贸易活动的角度分析，电子商务可以在多个环节实现，由此也可以将电子商务分为两个层次：较低层次的电子商务如电子商情、电子贸易、电子合同等；最完整的也是最高级的电子商务应该是利用 Internet 网络进行的全部贸易活动，即在网上将信息流、商流、资金流和部分的物流完整地实现，也就是说，你可以从寻找客户开始，一直到洽谈、订货、在线付（收）款、开具电子发票以及电子报关、电子纳税等通过 Internet 一气呵成。

要实现完整的电子商务还会涉及很多方面，除了买家、卖家外，还要有银行或金融机构、政府机构、认证机构、配送中心等机构的加入。由于参与电子商务中的各方在物理上是互不谋面的，因此整个电子商务过程并不是物理世界商务活动的翻版，网上银行、在线电子支付等条件和数据加密、电子签名等技术在电子商务中发挥着重要的不可或缺的作用。

1. 电子商务的特点

电子商务是因特网爆炸式发展的直接产物，是网络技术应用的全新发展方向。因特网本身所具有的开放性、全球性、低成本、高效率的特点，也成为电子商务的内在特征，并使得电子商务大大超越了作为一种新的贸易形式所具有的价值，它不仅会改变企业本身的生产、经营、管理活动，而且将影响到整个社会的经济运行与结构。以互联网为依托的"电子"技术平台为传统商务活动提供了一个无比宽阔的发展空间，其突出的优越性是传统媒介手段根本无法比拟的。

① 电子商务将传统的商务流程电子化、数字化，一方面以电子流代替了实物流，可以大量减少人力、物力，降低成本；另一方面突破了时间和空间的限制，使得交易活动可以在任何时间、任何地点进行，从而大大提高了效率。互联网使传统的空间概念发生变化，出现了有别于实际地理空间的虚拟空间或者虚拟社会。处于世界任何角落的个人、公司或机构，可以通过互联网紧密地联系在一起，建立虚拟社区、虚拟公司、虚拟政府、虚拟商场、虚拟大学或者虚拟研究所等，以达到信息共享、资源共享、智力共享等。

② 电子商务所具有的开放性和全球性的特点，为企业创造了更多的贸易机会。互联网跨越国界，穿越时空，无论你身处何地，无论白天与黑夜，只要您利用浏览器轻点鼠标，你就可以随心所欲地登录任何国家、地域的网站，与你想交流的人直接沟通。

③ 电子商务使企业可以以相近的成本进入全球电子化市场，使得中小企业有可能拥有和大企业一样的信息资源，提高了中小企业的竞争能力。

④ 电子商务重新定义了传统的流通模式，减少了中间环节，使得生产者和消费者的直接交易成为可能，从而在一定程度上改变了整个社会经济运行的方式。

⑤ 电子商务一方面破除了时空的壁垒，另一方面又提供了丰富的信息资源，为各种社会经济要素的重新组合提供了更多的可能，这将影响到社会的经济布局和结构。21 世纪是信息社会，信息就是财富，而信息传递速度的快慢对于商家而言可以说是生死攸关，互联网以其传递信息速度的快捷而备受商家青睐。

⑥ 通过互联网，商家之间可以直接交流、谈判、签合同，消费者也可以把自己的反馈建议反映到企业或商家的网站，而企业或者商家则要根据消费者的反馈及时调查产品种类及服务品质，做到良性互动。

2. 电子商务的系统功能

对电子商务的系统功能，我们可以从网络、市场、卖方、买方、政府、整体六个视角归纳如下。

（1）网络（交易载体）的功能　从网络角度来看，电子商务至少应当具有数字化、交互性和高效率三个基本功能。

① 数字化 当商务以及与商务活动相关的各种信息都以数字形式被采集、存储、处理和传输的时候，商务模式就发生了质的变化，数字生活、数字商务、虚拟企业等数字化形式就应运而生了。数字化具有的易于存储、查询、处理、修改信息等优越性，这使人类将前进的方向与数字化牢牢地捆绑在了一起，正是由于电子商务的数字化特点，它使得商务活动中的商流、资金流和信息流都能够在计算机网络中迅速传输，形成"三流合e"的商务模式，这使得现代商务活动朝着"无纸"商务、信息商务、快速商务的方向发展。

② 交互性 各种信息交互协议决定了数字化信息在计算机网络中具有双向沟通的功能，而电子商务正是基于这种网络环境中的商务活动，因此，在电子商务过程中，可以轻松完成商务信息的双向沟通，实现商务交易主体之间的信息交互。这是电子商务与传统商务相区别的重要方面，它预示着电子商务可以采用网络重复营销、网络软营销、数据库营销、一对一营销等现代营销的方式和手段，从而提高营销的效率和效益。

③ 高效率 电子商务的信息传递基于的是电磁波的传输原理，主要采用互联网的传输信道，能够以 3×10^5 km/s 的速度将信息传递。在这种速度下，常规的时间和空间的规律被彻底打破，电子商务已经突破了传统物理世界的时间限制和空间限制，使商务交易的效率和商务服务的效率都得到了极大的提高。

(2) 对市场（商务环境）的功能 网络不仅是商务活动的交易载体，而且形成了一个广大的虚拟空间——Cyber Space，这个虚拟世界中的虚拟市场相对于现实世界商品市场，具有一些自身独有的功能，如全球化、充分竞争和买方市场。

① 全球化 实体市场的低速度决定了商品交易的市场规模和范围的有限性，而在电子商务这种虚拟化的商品市场中，由于商务的数字化带来的虚拟特性使信息的传递以极高的速度快速流转，在这种环境下，商务主体之间的距离被无限地缩短了，商务交易的时间限制和空间限制被突破了，商务交易的范围也从有限的区域性小市场走向全球化的大市场了。因此，相对于传统商务而言，电子商务的市场被深深地打上了全球化的烙印。

② 充分竞争 如果电子商务的市场具有明显的全球化特征的话，那么，电子商务市场的另一个特征也是明显的，那就是充分竞争。经济全球化使企业的潜在客户扩大到了全球，同时，经济全球化也使企业的竞争对手扩大到全球范围，也就是说，同一领域中的企业将面临全球化大市场中的几乎所有强大的竞争者，这样，商品市场中的充分竞争将是必不可少的，当然，这也是消费者所希望的。

③ 买方市场 充分的市场竞争必然对消费者有利，但是，充分的市场竞争并不一定能形成真正的买方市场。商务活动主要是在有商务需求的消费者与提供商务服务的企业之间展开，而现实中两者的对比结果是：强势的企业和弱势的消费者（这主要是由于信息不对称导致）。因此，这并不是一个真正的买方市场，它充其量只是一个准买方市场。而在电子商务市场中，消费者有足够的能力和可能获得提供商务服务的企业的信息，另外，就算单个的消费者与提供商务服务的企业相比处于劣势，消费者也可以在虚拟网络中通过"团购"轻松实现对商务服务提供企业的劣势的扭转。

(3) 对卖方（服务主体）的功能 在电子商务环境下，提供商务服务的一方主要是以企业的形式存在，那么，电子商务这种新型的商务模式相对于以追求利润最大化为终极目标的企业而言有哪些功能呢？从迈克尔·波特的企业竞争战略分析框架中我们可以知道，企业要在激烈的市场竞争中生存和发展，可以采纳差异化、目标积聚和低成本三种战略形式。由于电子商务能够很好地支撑企业的这三种战略，所以，电子商务能给企业提供低成本（费用）、个性化和专业化的功能。

① 低成本（费用） 在制造企业的财务管理中，构成产品销售成本的主要是资本成本和商品成本。资本成本包括取得和使用资本时所付出的代价，如果制造企业及其相关的资本提供单

位能够充分利用电子商务来进行运营，那么他们将能够有效地降低企业在发行债券、股票时的费用，降低向非银行金融机构借款的手续费用等；商品成本中包含生产经营成本、营销成本等，企业也能够在有效利用电子商务各种手段的情况下使其采购成本、生产成本、物流成本、营销成本、人员工资等方面得到明显的降低。对于非制造类企业来说，他们获得收入的代价就是发生各种费用，即管理、财务、销售等费用，同样，如果这类企业能够充分运用电子商务的理念，采用优良的电子商务软件、良好的网络营销策略、战略性的供应链合作运行体系，都将降低这类企业可观的费用。因而低成本（费用）是电子商务最易显现的一个功能。

② 个性化　由于电子商务是以网络为基础的，因此，在企业和消费者之间可以轻松实现信息的自动化传递，并建立面向消费者的数据库系统。在网络营销和虚拟生产的理论指导下，企业可以充分利用数据库进行一对一的个性化营销、一对一的个性化设计和生产，实现企业和消费者之间全程的一对一个性化跟踪服务，最终实现企业的差异化经营战略。电子商务个性化服务的经典案例莫过于 Dell 公司计算机的生产、营销等的定制化服务，通过向其顾客提供计算机的定制化服务，Dell 公司极大地满足了消费者的个性化需求。

③ 专业化　从中国互联网络信息中心发布的第 17 次《中国互联网络发展状况统计报告》中可以看出，国内互联网正在跟随国际互联网呈良性的发展态势。随着进入互联网的人越来越多，互联网中的商务活动越来越频繁，这些都预示着一个巨大的 Cyber Space 的形成。在连通全球的互联网络环境下，企业的潜在客户从有限的地域空间无限地延伸到地球的每一个角落，企业服务的目标客户群就有可能急剧扩大，同时企业也将面对世界范围内超强的竞争对手。依据供应链管理理论和核心竞争力理论，企业不可能在其所涉及的所有方面都做得最好，因此，企业必须摒弃大而全的经营思路，走专业化的道路，当然，全球大市场中越来越多的同类客户也使企业走专业化道路成为一种可能。

(4) 对买方（消费主体）的功能　消费需求是商务动力的主要源泉，只有真正把握了消费者的需求，很好地满足了消费者的需求，企业才有良好的发展前景。从商务需求购买方的消费者视角出发，企业只有能很好地满足消费者的需求，才能在新的环境下良好地发展。满足消费者商务需求可以从为消费者直接的商务节约和间接的商务节约、方便性两方面来入手，而电子商务恰好能很好地满足消费者关于商务服务的这种要求。

① 节约性　很多时候，商品的价格是由其最终成本决定的，在电子商务环境下，作为商务服务主体的企业由于采用电子商务等相关先进技术而使企业可以实施低成本战略，或者可以长期以较低的成本生产和销售商品，即可以较低的价格将商品或者服务销售给消费者。在这样的情况下，无论是大宗的生产性和销售性的购买，还是小宗的消费性的购买，都可以获得极大的节约。

② 方便性　电子商务的数字化特性和高效率特性使消费者的商务活动可以轻松突破时间和空间的限制，从理论上讲，地球上的消费者可以在任何时间、任何地点轻松地实现商务购买，这虽然只是一个愿景，但是随着各种方便的上网设备被发明出来，电子商务正在逐步将这个美好的愿望变成现实（至少数字化商品可以尽快实现），这无疑给消费者的商务活动带来了极大的方便性。

(5) 对政府（监督管理者）的功能　作为一种经济行为，电子商务必须要受到相应的监督和管理。政府的相关职能部门作为经济活动的裁判员需要能够对电子商务环境实施有效的监督控制和良好的预测分析。由于电子商务能将商务活动的信息数字化，因此，政府监督管理者能够对其进行有效的监督管理和良好的预测分析。

① 有效的监督管理　由于电子商务活动的信息能够以数字化的形式采集、存储、传输和处理，因此，政府的相关职能部门采用先进的计算机技术可以实现对电子商务活动的网上传输内容、信息流动、在线审计等进行有效监控，从而实现政府对电子商务的良好监督和管理，以

保障电子商务活动正常、高效、有序地运转。

② 良好的预测分析　基于对电子商务丰富的历史数据和现实数据的把握，政府相关部门能够综合利用各种先进的计算机技术和数学模型来分析电子商务主体的各种行为，分析电子商务环境下国民经济的运行规律，优化国民经济的运作的机制，做到坏事情先防范，好事情先知道，指导电子商务活动的正常开展，使整个国民经济健康有序地前进。

（6）对整体（系统工程）的功能　电子商务是基于计算机的虚拟商务模式，对于主要活动都在电脑空间（Cyber Space）中开展的虚拟商务模式而言，它与传统商务相比有一个由量变引起的质变的区别，主要体现在电子商务具有明显的协同性、集成性和扩展性三大特点。

① 协同性　虽然我们在传统的商务活动中也讲协调、和谐、协同，但是我们知道，在实体商务中，这种相互配合并没有被特别地强调（商务书籍中几乎都没有这方面的阐述）。而在电子商务这种虚拟商务模式中，几乎所有的信息交互都可以在瞬间完成，那么相关的所有商务活动都必须适应这种速度，也就是所有提供商务服务的主体都应该相互协调并适应光速的商务规则，即电子商务的协同性，不然就会出现各种问题，最终影响商务活动的开展。例如，如果在互联网上，很多人会因为网页在3秒之内还不能打开而放弃对该网页的浏览，因此，网上信息的传输要足够地快；同样，与网上信息的高速传输相比，如果相应的物流配送体系不能适应这种速度，至少要能够在消费者的容忍时间之内，试想如果我们到网上去购买一本图书需要两个星期的时间才能到我们手中，可以想象一下会有多少人会因为不能容忍这种慢速度而放弃网上购书，如果到货时间缩短到2天或者1天，情况又怎样呢？因此，从这个角度上讲，很多人把电子商务又说成是协同商务。

② 集成性　由于电子商务必须作为一个整体尽可能地向消费者提供良好的"一站式"的服务，也就是说，电子商务服务提供商所在的整个供应链必须被集成为一个整体而开展工作，只有这样，电子商务的协同性规则才能得到保证。同样，只有电子商务服务能力被集成为一个整体，才能真正适应光速的商务规则。如果计算机元器件的基础只能是电子管，那么这样的计算机最多只能帮助我们完成一些简单的科学计算工作，只有把组成计算机的大量元器件集成在一起，走大规模集成电路的路子，才能制造出足以改变世界的计算机。因此，不管电子商务的服务能力还是电子商务的服务提供商被物理地或者是逻辑地集成在一起，这种集成都是必须的，不然，我们就有可能重复到实体商务的历史中去。

③ 扩展性　与实体商务的有限的消费者相比，电子商务的潜在消费者由于计算机网络的全球性而具有全球市场的特点，同时，由于信息的数字化传输突破了时间和空间的限制，"地球村"的商务理念正在被越来越多的人理解和采纳。因此，面对潜在消费者数目的极大的不确定性，电子商务的服务系统必须具备高度的弹性，以适应越来越多的消费需求。

二、电子商务的基本类型

根据交易对象的不同，电子商务可划分为三种典型模式：B2B（Business to Business，企业对企业），B2C（Business to Customer，企业对消费者）和C2C（Customer to Customer，消费者对消费者）模式。电子商务的实施一般包括电子商务服务、电子支付、电子商务物流、用户体验和移动电子商务等过程。

电子商务服务是基于网络的交易服务、业务外包服务及信息技术系统外包服务。其中的交易服务主要包括基于网络的采购、销售及相关的认证、支付、征信等服务；业务外包服务包括基于网络的产品设计、生产制造、物流、经营管理等外包服务；信息技术系统外包服务主要包括基于网络的设备租用、数据托管、信息处理、应用系统、技术咨询等外包服务。电子支付是指从事电子商务交易的当事人，包括消费者、厂商和金融机构，通过信息网络，使用安全的信息传输手段，采用数字化方式进行的货币支付或资金流转。电子商务物流又称网上物流，就是基于互联网技术，旨在创造性地推动物流行业发展的新商业模式。通过互联网，物流公司能够被更大范围内的货主客户主动找到,能够在全国乃至世界范围内拓展业务。用户体验是一种纯主观在用户使用产品过程中建立起来的感受。用户体验贯穿于一切设计、创新过程,如用户参与建筑设计,工作环境、生活环境的设计和改善,IT产品的设计和改善等。移动电子商务是利用手机、PDA及掌上电脑等无线终端进行的B2B、B2C或者C2C的电子商务。它将因特网、移动通信技术、短距离通信技术及其他技术完美地结合,使人们可以在任何时间、任何地点进行各种商贸活动,实现随时随地的线上线下购物与交易、在线电子支付以及各种交易活动、商务活动、金融活动和相关的综合服务活动等。

1. B2C模式

电子商务B2C模式的一种最为大家所熟悉的实现形式就是新兴的专门做电子商务的网站。仿佛一夜之间,涌现出无数的这类公司,其中有网上商店、网上书屋、网上售票,等等,甚至还有一些什么都做、什么都卖的电子商务网站,人们戏称为"千货公司"的。但无论怎样,这些新型模式企业的出现,使人们足不出户,通过因特网,就可以购买商品或享受咨讯服务。这无疑是时代的一大进步。在这些新涌现出来的互联网公司中,亚马逊公司可以说是最具代表性的一例。

亚马逊最初是一家通过互联网售卖图书的网上书店,就在几乎谁都没有搞清它的店面在哪里的时候,它在短短的两年间一举超过无数成名已久的百年老店而成为世界上最大的书店,其市值更是远远超过了售书业务的本身。通过亚马逊的WEB网站,用户在购书时可以享受到很大的便利,比如要在100万种书中查找一本书,传统的方法可能要跑上几个书店,花费很多的时间,但在亚马逊,用户可以通过检索功能,只需点击几下鼠标,不久就会有人把想要的书送到家里了。亚马逊另一个吸引人的地方是提供了很多的增值服务,包括提供了众多的书籍评论和介绍。而在传统销售方式下,这些增值服务会变得非常昂贵。在"成功"地将自己发展成超越传统书店的世界最大规模书店之后,今天亚马逊的业务已扩展到音像制品、软件、各类日用消费品等多个领域,成为美国,也是全世界最大的电子商务网站公司。但它的这个"成功"现在还是划引号的,人们质疑它在建立起自己的规模和客户群的同时,给投资人所留下的巨额亏损。人们在反思亚马逊的亏损原因时意识到,也许不应该将建立起电子商务时代B2C的任务全都寄托于这些白手起家的网站上,传统行业自觉的互联网和电子商务革命也许会更经济、更实惠,也更有必要,不至于给投资人、给股民带去那么多的压力和担忧。也许,只有当这两股力量都齐齐奔向同一个山顶时,这样的电子商务世界才更精彩,真正的电子商务时代也才会更快一些到来。

传统企业成功向互联网和电子商务转型最成功的例子是DELL,DELL一开始还只是一家通过电话直销电脑的公司,尽管也很成功,但当互联网革命开始之时,它毫不犹豫地选择了把握机遇,将自己的全部业务搬到了网上去,并按照互联网的要求来对自己原有的组织和流程进行梳理,开发了包括销售、生产、采购、服务全过程的电子商务系统,并充分利用了互联网手段,为用户提供个性化定制和配送服务,大大提高了客户的满意度,奇迹般地保持了多年50%以上的增长,成为今天世界最大的电脑厂商之一,也对其他转型较慢的竞争对手造成了巨大的威胁和挑战。

B2C的这两种实现方式还有一点很大的不同:由网站起家的B2C较难发展起自有品牌的产品、实业,因此它们更像是一个百货商店,当然与百货商店最大的不同就是百货商店是用户上门的,而B2C网站是送货上门的。由传统企业改造而来的B2C更可能像是一个专卖店,专营自己品牌的产品,与传统专卖店不同的是,这里用户和厂商互动性更强,可以量身定做,同时由于省去了建物理店的开销,成本可能会降低。

2. B2B模式

企业与企业之间的业务模式被称作B2B,电子商务B2B的内涵是企业通过内部信息系统平台和外部网站将面向上游的供应商的采购业务和下游代理商的销售业务有机地联系在一起，从而降低彼此之间的交易成本，提高满意度。实际上，面向企业间交易的B2B，无论在交易额还是在交易领域的覆盖上，其规模比起B2C来都更为可观，其对于电子商务发展的意义也更加深远。

与B2C相似，B2B在企业间的应用也有两种主要实现形式。

B2B的一种实现形式是其在传统企业中的应用。一些传统企业的实质性业务，正在逐步向B2B转变，更多地以WEB方式来传递信息和实现网上订单，但物流方式却和以前没什么变化，依然是供应商到本企业，本企业再到代理商或最终客户。以通用汽车为例，通用汽车建立了一个B2B电子商务网站——TradeXchange，计划在2011年年底之前，将其每年高达870亿美元的采购业务完全通过该网站进行。并且这个网站不仅满足通用自身的采购业务，其30000多家供应商也将在这一系统上进行交易，它将对通过TradeXchange进行的电子商务交易收取1%的手续费，专家们估计这将为通用汽车带来每年50亿美元的收入。

正如前面举例时所提醒的那样，不要把互联网和电子商务仅仅看作是一个工具，它同样可能对营销模式和管理模式带来变革，B2B的第二种实现方式就有这样的意味。这一类的B2B公司并不是为自身企业的采购或销售服务的，它自身可能不生产任何产品，但它通过建立统一的基于WEB的信息平台，为某一类或某几类的企业采购或销售牵线搭桥，此时物流的方式就和上一类有很大不同了，它是由供应商直接到代理商。它搭建了计算机零部件这一类商品卖家和买家的桥梁，因此它没有厂房，甚至没有库房，而只是通过信息系统来调配、组织供货与销售，并提供一些增值性服务，从而获得佣金或增值性服务收入。当然这一类公司成功的关键是它要能聚拢这一类产品的卖家和买家，通过特色服务，让它们愿意到自己的平台上来交易，但究竟愿不愿意，这也和B2C中所谈到的是选择百货店还是专卖店方式有些类似。

3. 网络营销与电子商务

网络营销指的是以计算机互联网技术为基础，通过与顾客在网上直接交流的方式，以向顾客提供更好的产品和服务的营销活动。网络营销不完全等同于电子商务。如前所述，电子商务是指买卖双方利用现代化的信息技术和手段进行数据交换的过程，如海关的电子报关、网上谈判、电子结算、通过互联网预订和确认各类服务。电子商品编码、电子目录等都属于电子商务形式，电子商务在金融结算、银行转账时使用电子货币形式进行。由此可见，电子商务与网络营销是两个不同的概念，电子商务充其量只是网络营销采用的交易方式而已，它不是一个完整的营销活动，是企业经过营销努力后，买卖双方通过计算机网络来实现交易的方法。

立足于互联网技术发展的网络营销，有很多传统营销工具所不具备的优势：

① 为小公司提供全球营销的机会与平台　利用互联网络进行营销活动，公司的大小已不再是竞争的决定性力量。小公司与大公司相比，在人力、物力、资源等方面存在巨大差距。过去，只有规模庞大的跨国公司才有能力进行全球性营销活动。但现在依靠网络信息的无国界性、全球性，小公司也能进行全球营销活动，且花费低廉。网络营销是使用Internet，将其作为产销双方进行营销信息沟通的一种方式，这样，Internet网延伸到哪里，哪里的上网者就是潜在的顾客。产品生产者的产品信息可以随Internet网的扩展而扩展，可以越过国界将信息传送到世界上的各个角落，世界各地的人们可以通过在网上浏览信息，确定是否购买这些产品。通过这种方式，在网上发布信息的公司或企业，无论其规模大小、产值多少，都可以实现在全球营销的梦想。

在网络上进行营销，由于公司针对的是个别顾客的特定需求，所以营销活动成败的关键在于对顾客需求的反应速度。在这一点上，无论大公司还是小公司都处于同一起跑线上，企业的规模不再是网络营销中竞争性力量。美国的网上书店亚马逊是目前Internet上最大的虚拟书店，它仅有员工110名，在1996年营业额却达到了100万美元。

② 满足了部分消费者的个人偏好　消费者能够通过网络购买自己所需要的产品，这比传统的营销活动只能让顾客大致满意的情形进步多了。根据顾客的特殊要求提供相应产品，是网上购物成功的关键因素之一。现在通过网络营销的产品范围很广，从工业产品到服务产品，从计算机软件、书籍到汽车，从机票预订到网上教育等，而且产品营销的范围还在不断扩大之中。

③ 营销机会来源广泛　网络营销方式可提供全天候的广告及服务而不需增加开支。电脑软件24小时自动处理往来信息、统计、存档等工作，电脑工程师监控系统运作，处理突发情况，无须公司本身增加营运成本或人事成本。全天候的广告及服务有利于增加与顾客的接触机会，网络的无限伸展特性使得企业发布的信息的受众可能来自世界任何地方，从而使潜在的销售机会大大提高。由于这种营销方式将广告与订购连为一体，有效地促成了顾客的购买意愿。上网的顾客可以选择印出订购单，填妥寄回，也可以直接在线上送回，使顾客拥有更快速、更直接的购买渠道。而且在网上用多媒体表现形式的广告来建立品牌知名度，比电视和其他平面广告的效果要好得多，一般能使同样品牌的知名度提高12％～20％。

网络营销的主要应用形式有：

① 网络广告　网络广告可以说是网络营销中应用最多、技术也最为成熟的一种营销形式。网上广告主要有三种形式：WWW主页形式、电子邮件（E-mail）形式和其他形式。它们可以跨越空间、时间的限制，将广告信息传播到世界各地去，只要哪里有连接Internet的计算机，顾客就可随时查询这些信息。它能在很短的时间内配合企业营销策略的更改，完成广告内容的更换。它具有互动功能，顾客掌握了浏览的主动权，可以自主地对广告信息进行取舍，增加了广告的竞争性。它能通过软件获得访问本广告信息的人数、访问的过程、浏览了哪些主要信息，从而准确地推断广告发布的效果，而一般的大众媒体，如电视、广播、杂志却无法做到这一点。它能随着互联网用户的扩展而表现出更佳的营销效果。目前已有大量的公司在互联网上建立了自己的服务器，及时向全球发布产品信息。由于这些信息采用多媒体技术，集文字、动画、全真图像、声音、三维空间、虚拟现实等为一体，使浏览信息的顾客如身临其境，大大吸引了顾客的注意力，激发了其购买欲望。在互联网上做广告，给众多小公司也提供了很多机会。首先，电子广告费用低廉，小公司能承受其价格；其次，顾客搜索信息时，不是按公司的规模去搜寻，而往往按产品名称和服务内容等关键词去搜寻，这样小公司与大公司就处在了平等竞争的地位上。

② 电子商店　电子商店是指将商品以多媒体信息的方式通过互联网络，供全球顾客浏览、选购的网上虚拟商店，其物质实体交易的完成还有赖于第三方物流服务公司的参与。这种促销方式在国内外已普遍流行。利用电子商店购物，足不出户，便可采购到分布在世界各地的商品，操作上的舒畅感有利于刺激人们的购买欲望。因为采取了顾客通过网络订货、由厂商直接送货的方式，避开了仓储、分销、中间商、零售商等环节，使得费用大大降低，并且商品价格比一般商店便宜30％～40％。

电子商店有很多特点。例如，由于电子商店基本上无店面店铺、无存货商品，其经营成本很低，而且电子商店同时具备了促销的功能，其电子货架上的商品本身就是广告宣传的样品，经营者不需要再担负促销广告的费用，电子商店的成本主要来自网站的建设成本和软、硬件的维护费用。而且使用电子商店进行销售，可自动将客户信息汇集到用户信息数据库中，以便将来用于开展产品的促销活动。有些电子商店还设立了在线收款服务，顾客只需将自己的信用卡号码等信息输入计算机，即可收到所购的商品。电子商店的顾客也很有特色，他们多为高收入、受过高等教育、从事专业性或经理级工作的群体。据统计，他们中25％的人年收入为8万美元，60％以上有大学以上学历，5％从事专业性或管理性工作，这些数据表明其顾客群的消费能力已达一定规模。

第七章 化工产品的网络营销与国际营销

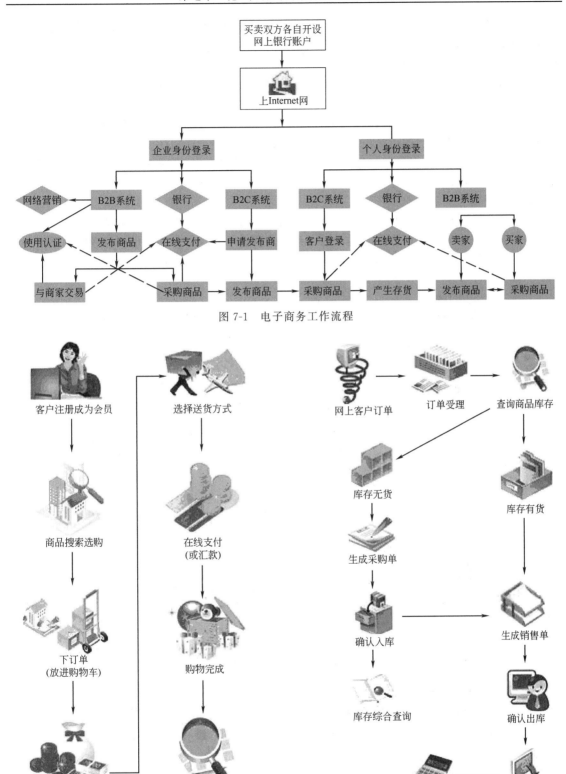

图 7-1 电子商务工作流程

(a) 购物流程　　　(b) 后台管理流程

图 7-2 企业对消费者（B2C）网上交易流程

③ 网络服务　近年来还出现了一批利用互联网络资源为用户提供服务的公司，主要从事互联网络访问、信息检索、软件开发以及用户咨询与培训四大类业务。如专门提供信息检索服务的 Yahoo、Google、Baidu 公司，每天约有数以亿计的人光顾这些公司的站点，这些公司为企业免费提供在其站点上登记地址的权力，并把所申请地址的公司纳入自己的轨道，通过在主页上为其做广告来获得利润。

以上三种形式是网络营销最为广泛的形式。除此之外，企业出于营销目的而对互联网络的应用还包括：测试新产品的市场反应，得到即时反馈；增强企业对环境信息的搜集能力；增强本企业与其产业的联系；接触受过高等教育的年轻群体，提早接触未来的消费主力；寻找合作对象，强化与供应商的联系。

三、电子商务的工作流程

电子商务的工作流程以及企业与消费者的网上交易过程分别如图 7-1 和图 7-2 所示。

网络营销是指以互联网为基础展开的一系列营销活动。网络化营销也可以理解为系统化营销、网络应用营销、通过互联网营销。网络营销的一些常见的方式：媒体营销、口碑营销、新

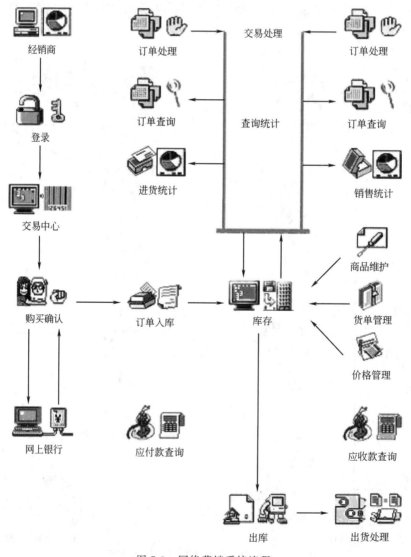

图 7-3　网络营销系统流程

闻营销、IM 营销、电子杂志营销、图片营销、软文营销、SNS 营销、博客营销、论坛营销、事件营销、搜索引擎营销（SEM）、E-mail 营销、短信营销、病毒式营销、问答营销、QQ 群营销、社会化媒体营销、针对 B2B 商务网站的产品信息发布以及平台营销，以及目前很火的微博营销和团购营销。

企业或者商家欲进行网络营销，首先必须做网站优化和网络推广，也就是搜索引擎优化。其完成需进行以下几个方面的操作：①针对企业网站的分析，对相关的关键词，在搜索引擎做一下优化；②建立与相关企业网站之间的链接，即友情链接、网址站的链接、购买链接等；③信息发布，即通过上述网站的链接以及网络论坛及博客渠道发布信息，同时按照行业、专业、用户（消费者）以及功能、用途的差异与联系在一些网站信息"黄页"上进行归类，从而方便用户（消费者）快捷搜索到商品的营销信息。

网络营销是对 Internet 网络技术的系统运用，它必须包含交易处理、订单与进销货统计查询、库存管理、财务管理和商品的物流分析等子系统，如图 7-3 所示。

截至 2011 年 6 月底，我国网民规模已达 4.85 亿人，位居全球第一，这个数字超过中国 16～60 岁的城镇人口总数，表明全国的主流经济人群都已经上网。但根据中国互联网信息中心发布的《2010 年中国中小企业网络营销使用状况调查报告》，全国 279 万家网站中，八成处于闲置状态，其中以企业网站情况最甚，很多企业网站几乎都处于半停滞的状态，这成为企业互联网品牌形象发展的一大难题，也成为中小企业开拓网络营销模式的短板。

网络营销，只有网站可不行。仅仅只有一个网站的企业，无法实现电子商务提高效率、降低成本、提升客户满意度的目的。没有一定的管理基础，包括确定的组织结构、工作流程、工作规范的企业不是电子商务企业；有管理但没有信息化的企业不是电子商务企业。只有网站而没有管理和信息化的所谓电子商务，是高速公路连着小胡同，没有不塞车的。

很多中小企业主都认为，网站建好后放在互联网上，立马就可以带来巨大的经济效益，然而现实并非如此"一厢情愿"。网站建成后，如果不做优化与推广，就完全有可能成为互联网

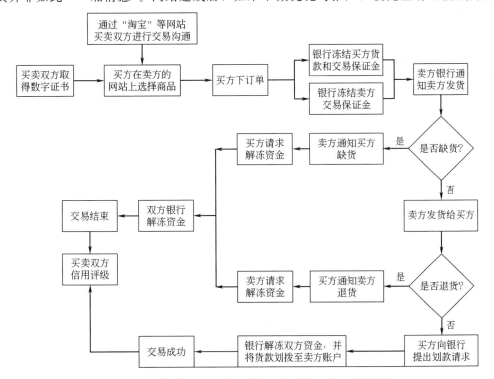

图 7-4　以银行为中介、交易保证金为保障的网上交易流程

海洋中的一个信息孤岛。遭遇孤岛现象主要有两点原因：一是没有开展合适的网络营销，潜在客户不能及时准确地找到并访问网站；二是即使网站被搜索引擎收录，但同行竞争对手众多，自己的网站也很难脱颖而出受到关注。

另外，为了确保商家的货物和买家的资金安全，现在的网络营销（电子商务）交易都采用以买卖双方都预付一定的保证金做交易保障、银行为担保中介的运作模式，其新型网上交易流程如图7-4所示。

第二节 化工产品的网络营销

如今互联网已经成为人们生活不可分割的一部分，哪怕传统的、古老的农业生产行业，都在开始思考如何进行网络营销和开展电子商务了。化工生产与经营企业更应该认识到，营销模式的网络化转型是不可避免的，早一些转变会更加主动。但这绝不意味着要对传统渠道进行颠覆，而是要牢牢把握"效率和价值"的商业原则，考虑如何化冲突为协同，利用网络来提升营销渠道的整体性能。

有些企业认为传统渠道已经过时，要创建新的网络渠道，所以一开始就雄心勃勃地展开了大规模的、彻底的营销模式网络化改造，不但投入了大量的资金，还专门猎来了一些互联网行业的专业人才和高手，一切以网络渠道建设为核心，将传统渠道推倒，可结果却让企业始料未及，非但网络营销没有带来多少实际的销售收入，反而把原来运作不错的传统渠道冲击得七零八落。而有些企业则过于保守，认为网络营销只是适合新兴产业的中小企业，对传统行业的传统企业来讲，还是传统渠道靠得住，所以所谓网络营销最多只是搞个网站、做做宣传就罢了。于是，只要与传统营销模式相抵触的，网络营销一律让路，结果迟迟无法转型，以至于坐失网络时代的无限商机，仅仅依靠传统渠道在同质化的竞争中苦苦煎熬。但还有不少企业表现得相对理性，以传统渠道为主，逐步建立网络渠道，以网络营销来辅助和促进传统营销模式的提升，使得线上线下两个渠道相得益彰，呈现出一派风生水起的景象。

一、化工产品网络营销的发展

化学工业是一个全球性的巨大市场，客户和供应商之间的交易十分频繁而分散。在化学产品的经营领域，生产商既是供应商又是客户，化工产品大部分都是标准化的产品，而标准化产品就决定了合同双方可以在不见面的情况下通过标准的质量数据来完成，包括合同的细节部分。另外，化工产品批量交货、大宗交易的特点，容易突破结算和配送等电子商务的瓶颈，这都给化工行业开展企业间网络营销带来了便利的条件。

世界化学工业已进入电子贸易时代，电子商务为客户和供应商提供了真实交易的网络市场，搭建了化工产品电子贸易平台。其交易的迅捷、信息传播的迅速，猛烈冲击着传统经济结构和贸易方式，对化工企业的产、供、销等经济活动产生着前所未有的深刻影响，新的化工贸易方式已经来到。据著名咨询企业安得逊公司报告称将有80%～96%的化学公司实施电子商务，融入网络经济。

1. 世界化工电子商务

化学产品具有数量庞大、规格型号复杂、交易数量大、客户数量少，需要全球化规模经营、交易不易受到时空限制等特点。这些特点非常符合网上交易的规律，因此，电子商务对于化学工业具有良好的发展前景。

目前，石化行业已成为电子商务发展的增长热点，是全球第三大电子商务领域。据全球600个独立的电子商务交易网站的调查显示，以业务模式、交易功能、流动性、战略地位等排名，居前十位的电子商务交易平台中有7个与石化行业相关，其中有3个直接来自于化学工业。

根据著名咨询公司 Forrester 的统计和预测：最近 5 年里全球化学品销售总额可达 2.69 万亿美元，将有 25% 的交易会转移到电子渠道上进行，这一估计与美国证券行的估计相近。如果换一个角度，从电子商务应用提供商的收入来考察，也可以理解为什么几乎所有的软、硬件供应商都看好石化电子商务这块市场。据 AMR Research 咨询公司统计，在 1998～1999 年电子商务应用提供商的销售收入中，制造业只提供了其年收入的 44%，而服务业贡献了 56%。在制造业的各行业中，计算机及电子产品占 11%，为第一位；石油化工占 3%，与制药生物技术并列第二位。此外，石化、制药等行业电子商务应用的增长率也十分高，石化为 58%，而制药业达 89%，这都是超常增长的市场热点。所以，许多信息技术供应商加入石化电子商务行列就不足为奇了。

国外石油化工电子商务的发展过程大致经历了三个阶段。第一阶段：发布信息（1998 年以前）。建立网站，发布信息，展示企业形象和产品，提高注意力。主要驱动力是 IT 技术。第二阶段：交易（1999 年）。企业与顾客的电子商务（B2C）推动了企业之间的电子商务（B2B）的发展，创建了第三方的网站公司，开辟电子交易渠道。主要驱动力是一些企业家和风险资本家，生产者和经销商没有实质性参与。第三阶段：服务（2000 年至今）。以 e-Business 为标志，石化公司将围绕他们的客户交互连接并组织起来，超越电子贸易（EC），涉及所有的领域和各种活动。传统石化企业大举进军网络技术领域，实施全方位参与战略，第三方网站进入发展期。

全球著名的世界化工交易网（www.ChemConnect.com）是由总部设在美国加州旧金山市的 ChemConnect 公司创办并运营的第三方网站，其投资者是一批著名的跨国公司和机构，包括 Abbott 实验室、安藤咨询公司、BASF、Bayer、BP-Amoco、Dow Chemical、三菱、通用电气、化学周刊、斯坦福大学等。ChemConnect 公司目前在美国休斯敦、费城、德国法兰克福、英国伦敦、法国巴黎以及新加坡设有分部。ChemConnect 创立于 1995 年，早期以发布石化产品供应商的卖方信息为主，随着全球互联网及电子商务的爆发性增长且日益成熟，1999 年开始逐渐拓展为连接买方和卖方的化工交易市场网上平台，目前已经吸纳了世界 100 多个国家的数千家企业到网上做生意。一些中小化工企业纷纷将自己的企业网站与 ChemConnect 等有影响力的独立的化工电子交易市场相连接，从而接触更多的有效客户群，拓展企业的国际市场销售渠道。国际上开展电子商务比较早的企业先行者有：Dow、BASF、Bayer、Celanese、Chiba-Geig、Du-Pont、Eastman、Merke、GE 塑料、Mitsui Chemicals、Rohm & Hass 等。

2. 石油化工网络营销的三种主要经营方式

目前，石油化工行业实施网络营销的主要方式是：石油化工制造企业的网站、第三方网站交易平台、国际联合体。

（1）制造企业的网站 由于化学产品大部分是标准化产品，产品质量规格数据完善，产品交易量大，物流以一对多、多对多、多对一等各种形式进行，十分符合网上交易的贸易流。所以，大中型石化企业在开展电子商务时，往往第一步就是建立起自己企业的门户网站。这种门户网站除了提供产品目录、发布信息之外，还具有网上在线订货、实现安全交易等功能。例如，德国 Bayer 公司通过自己的 BayerOne 网站与客户开展业务往来，除订货外，还可以完成发货跟踪、查询原料安全数据单（MSDS）、化学证明（COAS）、购买历史记录等采购过程。Dow 化学公司有 My Account @ Dow，伊斯曼化学有 www.eastman.com 等，均可为客户提供交易功能。

（2）第三方网站交易平台（又称独立电子商务交易网站） 全世界已涌现 40 多个专门做化工产品交易的网站，目前还有进一步增加的趋势。部分网站由大型石化制造公司注入资金，但基本上是自负盈亏的独立运营商。Price Waterhouse Coopers（普华永道咨询业务）公司把它们分为四大类型：①交易厅型（主要是商品交易平台），例如 CheMatch、ChemConnect 和 e-Chemicals 等；②目录型（主要提供产品及服务信息清单），例如 Chem Net、ChemExpo、PlasticsNet 和 yet2.com 等；③经纪人型（支持电子采购、拍卖和电子销售），如 Chemdex、SciQuest 等；④社区型（是垂直行业网络的一部分，提供信息、新闻和独立咨询业务），如 Chemical Online。

表 7-1 列举了一些相对著名的独立网站，这些网站收取的中介服务费均较低，例如：CheMatch 只收 0.5%，ChemConnect 为 2.0%。

表 7-1　世界著名化工产品在线商务网站

网　　站	产品或特色	备　　注
www.altra.com	天然气液体和原油	贸易商,拍卖、交易
www.covalex.com	基本化工	贸易商,拍卖、交易
www.chematch.com	大宗化学品,特别是烯烃、聚烯烃	贸易商,拍卖、交易
www.chemconnect.com	大宗化学品、特种化学品	贸易商,拍卖、交易
www.plasticsnet.com	塑料、树脂、设备和零配件	贸易商,拍卖、交易
www.plasticsplatform.com	聚合物	贸易商,拍卖、交易
www.petrochem.com	石化产品	贸易商,拍卖、交易
www.automationdirect.com	程序逻辑控制器	虚拟市场,目录、采购
www.buswaredirect.com	过程控制自动化	虚拟市场,目录、采购
www.chemdex.com	实验室用品和特种化学品	虚拟市场,目录、采购
www.chemnet.com	精细化学品、中间体	虚拟市场,目录、采购
www.e-chemicals.com	各种化学品	虚拟市场,目录、采购
www.gepolymerland.com	塑料(通用电气公司自办的)	虚拟市场,目录、采购
www.polymerland.com	过程树脂和用户订购化合物	虚拟市场,目录、采购
www.sciquest.com	实验室及研究用品	虚拟市场,目录、采购
www.verticalnet.com	研究及工业(黏合剂及密封材料)	社区型,目录、采购
www.worldwidetesting.com	取样和分析,测试化学品质量	取样、分析化验

（3）国际联合体（Consortia）　面对电子商务浪潮的挑战，一些主要的传统化学/石化制造商采取的办法之一就是联合起来共同创造联合体电子市场。

Envera：由 Ethyl 公司牵头组织 22 家公司共创的联合体（如 Lyondell/Equistar、Occidental Chemical、Solutia 等均在内）。这是为所有成员设计的全球性 B2B 交易市场，从跨国石油公司到客户、供应商，包括分销商、零售商等均可通过这个网站获得信息指南、开发票、进行交易联络等。因此，它们自称是"B4B"（Business For Business）。现在已有 60 家公司表示有兴趣加入，它们代表着 2300 亿美元的年销售额。

Omnexus：由 5 家大型石化公司发起的联合体网站，它们是 BASF、Bayer、Dow、DuPont 和 Ticona/Celanese，目标是为塑料模具制品商提供产品及服务。这个网站 2000 年 10 月开通，预期年销售额可达 500 亿美元。

Newco：由 ATOFINA、BASF、Bayer、BP-Amoco、Dow、DuPont、Mitsui Chemicals、Rhodia、Rohm & Hass 和 Sumitomo Chemical 等共同组建。

亚洲化学生产商也在积极发展电子商务。ChemCross.com 是由亚太地区多家化学公司投资组建的化工因特网贸易平台,正式承诺在 ChemCross.com 网站进行贸易业务的股东有汉华化学公司、Nikko 石化有限公司、韩国三星公司、中国湖南石化公司和 Sinochem 浦东贸易公司等。香港特别行政区的 24 家主要塑料生产厂商共同签署了一份拓展网上市场的合作协议书,策划共同建立网上塑料市场,以保持香港在国际塑料制品市场中的强者地位。

此外,还有一些地区性网站,如东欧的 Ceerchem、欧盟的 Chemunity 和亚洲由韩国发起的 ChemCross 等。

按 PWC 公司的估计,在未来的几年内,电子商务市场将呈现出以下格局:31% 为石化公司直接渠道,包括公司-公司,公司-客户;23% 为联合体共建电子市场;29% 为采购网站;17% 为第三方交易及拍卖平台。

目前化工企业发展网络营销策略的核心不只限于化工产品的简单买卖交易活动,还扩展到对供应链管理(SCM)、供应商关系管理(SRM)、客户关系管理(CRM)以及将它们之间的关系进行全面地整合。

3. 中国的化工电子商务现状

国内石油化工行业共有 4 万多种产品,年销售额 7000 多亿元。据对国内化工企业网络及电子商务开展情况的调查,有 71.5% 的化工企业经常使用互联网,38.5% 的企业建有 Internet 网站,21.5% 建有企业内部电子商务营销管理计算机系统;67.5% 的企业认为需要电子商务,65.4% 的企业愿意尝试网上产品拍卖,其中 3.8% 已经开展电子商务,将在一年内使用电子商务平台的企业占 40% 以上。

目前,一些大型石化公司已建立起自己的电子商务平台,众多石油化工网络公司也应运而生。全国已经注册的电子商务网站有 1100 多家,其中涉及石油和化工业务的专业网站有几十家,影响较大的有中国石化电子商务网、中国石油电子商务网、中国化工网、慧聪化工商务网、中国化工电子商务网、化工贸易网、上海中昊化工网上交易中心、万维化工网等(见后面的化工电子商务网站简介)。

中国石化集团公司、中国石化股份有限公司积极开展电子商务方面的基础工作。2000 年 8 月 15 日,中国石化电子商务系统正式投入运行,其中包括石化物资采购系统和石化产品销售系统。头 3 个月的石油石化产品销售成交额即达 14.5 亿元,预期今后每年网上交易可达 100 亿元以上。

二、部分化工电子商务网站简介

1. www.Dialogatsite.net

DIALOG On Disc-Chemical Business NewsBase 是由英国化学皇家协会(The Royal Society of Chemistry)出品,该数据库是一个世界范围内化学工业及相关行业的经济信息数据库,其覆盖面从聚合物、涂料到农业化学和保健品。数据库数据(1985~现在)存放在一张光盘上,这些数据来自于各种出版物,包括期刊、公司发行物、公司报告、出版商名录、图书和目录。大部分信息来源都是非英语语种,现被翻译成英语,收录在数据库中。

下列检索策略可便于查找 DIALOG On Disc-Chemical Buslness NewsBase 中的信息:自由词检索、国家名称、期刊名称、公司名称、化学物质名称、化学物质登记号、出版日期、商品名检索、限制检索、标题词、代码、文种等其他方法,为人们的信息需求提供多种服务。通过它,能查找到全世界化学工业的经济信息,跟踪各类化工领域的发展和建设,了解化学工厂的兼并和收购动态信息,分析化工行业的供求趋势,获取至关重要的竞争情报,得到化工行业的有关重要规则或建议。

2. www.Neis.com

该网站由美国环境信息服务中心设立,提供涉及化学方面的公司、机构、环境资源、销售和市场等方面的信息资源。该网站分为网站主页、化工信息、目录、工作、时事新闻区域,分别有强大的搜索功能。其检索方式包括：①搜索化工世界；②网站目录，包括主题搜索、化工产品供应商、生物化工及药物化工、实验室和科研设备、工业设备、软件、资源、服装等，可分类查询更加详尽的商业信息；③全球化工工业服务，跟踪最新的市场信息、动态的新闻数据以及直接影响贸易决定的分析。

3. Chemicalhouse.com

该网站提供在线的化工贸易和化学品的供求信息，出口、制造商、供应商及购买商信息，分为主页、登录、MSDS、时事通讯、广告、信息提交以及游客指南区域。以下分类更能帮助您找到所需的信息：①贸易。为世界各地从事化工贸易的人提供购买和供应信息，为制造商和经销商提供分类的化工产品的采购、销售；②广告。化工界人士提供的广告消息；③化学品分类。基于国家分类的化工公司目录将有助于锁定所需贸易领域的化工公司；④化工行业新闻。提供行业最新信息。

4. www.Chem.com

该网站提供化学品供求及生产商数据库，有以下子分类：产品分类、供应商分类、顾客汇总、化学品分类、设备和服务、设备分类、化学品在线、零售化学品、高级搜索、公司主页在线及公司目录。

5. www.ChemNet.com.cn（中国化工网）

中国化工网是面向化工行业的专业性商务网站，它是由杭州网盛科技（002095）创建并运营的国内第一家专业化工网站，也是目前国内客户量最大、数据最丰富、访问量最高的化工网站。中国化工网建有国内最大的化工专业数据库，内含40多个国家和地区的2万多个化工站点，含25000多家化工企业，20多万条化工产品记录，还建有包含行业内上百位权威专家的专家数据库。其每天新闻资讯更新量上千条，日访问量突破100万人次，为化学化工行业人士提供产品数据库服务、企业数据库服务、动态实时交易服务、邮件列表服务等。其兄弟网站"全球化工网"集一流的信息提供、超强专业引擎、新一代B2B交易系统于一体，享有很高的国际声誉。其网站首页结构见图7-5。

其网站地图构成有：①化工搜索 http://cn.chemnet.com/；②产品大全 http://cn.chemnet.com/product/；③企业大全 http://cn.chemnet.com/company/；④化工站点 http://dir.china.chemnet.com/；⑤企业报价 http://cn.chemnet.com/price/list-price.1.html；⑥产品供应 http://cn.chemnet.com/trade/sell/；⑦产品求购 http://cn.chemnet.com/trade/buy/；⑧资讯中心 http://news.chemnet.com/；⑨化工展会 http://cn.chemnet.com/expo/；⑩人才中心 http://cn.chemnet.com/job/；⑪化工园区 http://park.chemnet.com/；⑫专家技术 http://cn.chemnet.com/tech/；⑬化工助手 http://cheman.chemnet.com/list1.html；⑭化工论坛 http://bbs.chemnet.com/。

中国化工网的主要服务项目有：①专业的化工企业网站建设；②化工企业网上推广、产品信息发布；③网上化工贸易信息撮合；④专业的化工资讯电子杂志订阅；⑤专业及时的化工市场行情信息服务；⑥专业的化工企业电子商务解决方案；⑦享受《网上化工资源》的强力推广。

在化工原料采购和产品销售方面，网盛科技通过数据库收录、网上产品展示、供求信息发布、供需匹配、交易中心等形式供各类企业选择，为企业的经营决策提供行业信息和情报支持，以服务媒介方式对企业的日常运营提供商务服务。

6. www.esinochem.com（中国化工交易市场）

中国化工交易市场网站是由中国中化集团公司出资组建的高科技电子商务公司——中化协诚网络信息科技有限公司开发运营的，中国化工交易市场分交易平台和信息平台，将在线交易和信息服务有机地结合在一起。先进的E-Marketplace解决方案实现了强大的网上交易功能，

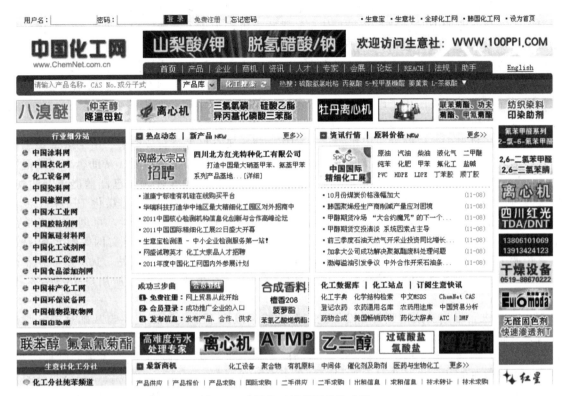

图 7-5 中国化工网首页结构式样

保障了网站的安全、高效。信息平台对非经常性交易会员提供便捷的自主供求报价服务,通过网站的自动撮合系统对会员需求进行匹配和筛选,保证了交易信息的覆盖面和交易的成功率。网站信息平台以信息服务为主,分石油、有机化工、塑料橡胶、农药化肥四大专业市场。主要栏目有:国内外市场行情、市场评述、企业报价、交易中心、服务中心、相关报道等。网站还通过独具特色的 VIP 信息服务、专题研究报告等,为会员提供高水准的专业咨询。

7. www.Cheminfo.gov.cn(中国化工信息网)

中国化工信息网始建于 1990 年,由中国化工信息中心创建,是化工行业内创业历史最悠久,并具有国内权威性的著名化工行业网站。中国化工信息中心作为化工信息研究机构,以其得天独厚的信息资源条件,掌握积累了大量权威、翔实、可靠、及时的信息。中国化工信息网开设了综合信息、行业频道、商务服务三大类,共有近 30 个信息服务栏目,是一个集科技、生产、市场于一体的多方位综合性信息服务网站。可为用户提供网上浏览、定制服务、联机检索等多项服务方式。

8. www.ccecn.com(中国化工电子商务网)

中国化工电子商务网是专业的化工贸易整合网站,由中国化工情报协会建设,多家来自全球的业内著名企业与其战略结盟,并提供运营支持,全力开拓中国市场,服务中国化工及相关产业客户,见图 7-6。

中国化工电子商务网自 1999 年创建以来,先后在潍坊、北京设立了分站,在临沂、淄博、日照、沈阳、哈尔滨、天津、上海、余姚、深圳、重庆、湖南、汕头等地设立了信息站点,和全国各地的化工城及部分专业化工刊物建立了合作关系,并与国内外多家化工网站建立了友好链接关系,实现了资源共享。该网站凭借其贸易平台上的化工上下游产业资源和国内国际大市场的海量资讯,联合国内外著名化工协会和贸易网站,以及韩国三星(集团)公司、日本东工

KOSEN 株式会社、德国巴斯夫公司、拜耳中国有限公司等众多知名企业和中国燕山、齐鲁、上海等大石化企业的即时、准确的行业信息和采购商机，为化工产业客户提供整个产业内的产品价格、交易状况、统计数据、行情预测、专家综述等完整资讯和丰富的买商资源，帮助企业降低运营成本、掌握整个产业动态、洞悉最新商机，为客户提供低廉快捷的市场开发渠道。

2006 年 6 月，山东卓创资讯有限公司与青岛承旺电子商务有限公司正式签署收购协议，卓创资讯完成了对"中国化工电子商务网 ccecn"的收购，"中国化工电子商务网 ccecn"正式并入"卓创资讯 sci99"旗下运营。卓创资讯网站 sci99 已经发展成为中国大宗商品资讯第一门户。它主要通过卓创资讯网站、手机短信、VIP 定制、研究报告、会议会展、电话咨询等多种形式，为客户提供大宗商品市场及时、准确的实时行情和深度分析、预测，帮助客户有效把握商机，规避经营风险，辅助企业决策和决策的执行。卓创资讯的专注领域已涵盖能源（油气、煤炭），化工（塑料、有机化工、无机化工、橡胶、化纤、聚氨酯、氯碱、煤化工、磷化工），有色金属，钢铁，农产品，农资，再生资源等 7 个行业、16 个门类。同时，卓创资讯还推出了视频播客、WIKI、会议网、研究中心、WAP、手机短信网、B2B 和英文网等特色服务站点，拓展了客户服务的渠道与方式。目前，拥有 60 多个细分行业专业网站，100 多个专业产品网站，涵盖近万种产品的行情信息，日信息更新量 15000 余条。网站注册用户 75 万家，日均流量近 100 万次。

2009 年末，卓创资讯按照企业发展的实际需求，以旗下各大资讯版块为基础对旗下所涉及的大宗商品资讯版块进行了合理整合。按照各自产品产业链结构、发展领域和目标的不同，将卓创资讯石油网、化工网、塑料网、橡胶网四大部分进行成功剥离，融合先进的管理体制，成立了卓创资讯能源资讯分公司、卓创资讯化工资讯分公司和卓创资讯橡塑资讯分公司三家相对独立的资讯服务机构。其中能源资讯分公司重点研究"油气"、"煤炭"两大能源核心板块各产业链上、中、下游不同领域的相关资讯产品，可细分为：燃气产业链，主要研究液化气、二甲醚、天然气、丙/丁烷等产品的市场资讯；原油、成品油、燃料油产业链，主要研究国际原油、国内原油、成品油、石脑油、MTBE、燃料油现货、燃料油期货等产品的市场资讯；石油产品产业链主要研究溶剂油、润滑油、石蜡、沥青、石油焦、硫黄等产品的市场资讯；煤炭产业链，主要研究动力煤、冶金煤、无烟煤等产品的市场资讯。化工资讯分公司的服务领域涵盖烯烃、芳烃、有机醇、中间体、其他有机、无机、化纤、树脂、油脂化工、煤化工、磷化工、聚氨酯等 12 个产业链为核心的各个化工领域，下设烯烃、芳烃、醇类、酚酮、增塑剂、甲醇及下游、酯类、化纤原料、中间体、环氧树脂及原料、不饱和聚酯树脂、石油树脂、涂料原料、无机化工等 14 个化工产品专区，服务产品涵盖乙烯、丙烯、丁二烯、石脑油、纯苯、甲苯、二甲苯、苯乙烯、对二甲苯、邻二甲苯、混合芳烃、乙醇、乌洛托品、醋酸、醋酸乙烯、醋酸丁酯、醋酸乙酯、醋酐、氯乙酸、聚乙烯醇、丙烯酸、丙烯酸酯、MMA、DMC、PX、PTA、乙二醇、己内酰胺、丙烯腈、环氧乙烷、乙醇胺、氯化胆碱、乙二醇单丁醚、环氧丙烷、苯胺、碳酸二甲酯、顺酐、二氯甲烷、三氯甲烷、二氯乙烷、环己烷、乙腈、环氧氯丙烷、双酚 A、环氧树脂、UPR、苯乙烯、苯酐、乙二醇、二乙二醇、丙二醇、双环戊二烯、$C_5 \sim C_9$、石油树脂、戊二烯、钛白粉、甲苯、二甲苯、环己酮、丙酮、醋酸酯、甲醛、丁酮、丙烯酸、正丙醇、异丙醇、丙二醇、DMC、聚乙烯醇、烧碱、纯碱、液氯、盐酸、硫酸、硝酸等各类资讯产品 200 余种。橡塑资讯分公司以橡胶产业链、塑料产业链、氯碱产业链为主要研究对象，重点研究、分析各产业链所涉及产品的上、中、下游各个环节的价格波动、趋势变化等市场资讯。塑料产业链主要研究通用塑料（聚乙烯、聚丙烯、聚氯乙烯、聚苯乙烯、ABS、EPS、EVA），工程塑料（PC、PA6、PA66、POM、PET、PMMA），再生塑料（PE 再生料、PP 再生料、PVC 再生料、PET 再生料、PS/ABS/EPS 再生料），农膜，管材，塑膜（BOPP、BOPET、BOPA、CPP、CPE），塑料助剂，塑料期货，塑料机械等产品的市场资

图 7-6 中国化工电子商务网首页式样

讯。橡胶产业链主要研究天然橡胶，合成橡胶（丁苯橡胶、顺丁橡胶、SBS、合成胶乳以及丁基、丁腈橡胶等特种合成橡胶），橡胶助剂及辅料（炭黑及氧化锌），再生橡胶、丁二烯及橡胶制品（轮胎、鞋材、道改）等产品的市场信息。氯碱产业链主要研究聚氯乙烯、烧碱、纯碱、氯化铵、电石、原盐、液氯、盐酸和DOP、CPE、氯化石蜡等产品的市场资讯。

9. www.Chem.com.cn（中国万维化工城）

中国万维化工城网站由中国化工信息中心于1997年开通，已遍布全国的各类业务服务网点，向国内外化工生产和商贸企业提供全方位、多层次的化工电子商务服务。中国万维化工城已成为集信息发布、企业网站服务、国内外贸易撮合及企业内部网络系统开发四大服务体系于一体的专业性网站。服务体系以北京、山东、江苏、河南、湖南和重庆为中心，向全国用户提供周到满意的服务。其注册用户已超过3万家企业，平均每日供求信息发布量达到5000条，供求信息总量近300万条，成为中国化工行业最大的网上化工交易市场。

万维与国际著名的化工电子商务网站ChemConnect.com结成战略合作联盟，日本、韩国等国家和中国台湾、欧洲地区的一系列化工专业网站结成并保持着密切的业务合作伙伴关系。为化工生产、商贸企业和化工产品在互联网上建立电子商务 Web 站点、发展电子商务交易平台、交换供求信息、扩大化工商品贸易机会是中国万维化工城开展化工电子商务的基础。以目前汇集的近百万条、每日更新超过千条以上的各类商品信息为基本要素，通过传统信息服务和互联网网站的结合，已经在中国万维化工城中为开展化工电子商务营造了一个庞大的、专业化市场原型。

10. www.chemol.com.cn（化工热线）

化工热线网站是1998年由上海热线、上海市化工科技情报研究所、上海化工信息中心合作在国际互联网上建立的专业化工网站，专门为国内外的化工企业及高等院校、科研机构提供免费数据库查询服务和各种信息服务并可以在化工热线上发布信息,为中国的化工企业提供了无限的网上商机。

化工热线主要栏目有:①中文网上化工资源;②化工产品生产厂家数据库;③化工杂志题录数据库;④化工产品供求信息数据库;⑤每日化工新闻;⑥网上发布化工产品供求信息;⑦查阅全文发表的《上海化工》杂志;⑧中文化工杂志;⑨英文网上化工资源(详细介绍因特网上的英文化工资源,可以更方便地了解全球化工资源);⑩化工电子公告牌和讨论组。

三、实施化工产品网络营销的关键点

成功实施化工产品的网络营销,企业除了需要建设自己的、能够吸引客商的网站外,还需要有效的具体策略和执行手段的保证。根据对近几年国内某些企业营销渠道网络化转型的成功与失败案例的分析,人们总结了以下一些关键要点的策略建议,或许对传统企业有些启迪。

1. 做好渠道模式优化和运作管理提升

大部分的渠道冲突都是由于利益主体不明确、分配机制不合理、分工协同体系混乱等渠道设计问题导致的。所以传统企业的营销模式网络化,首先必须做好渠道规划与设计工作。鉴于大部分传统企业的营销环境、资源状况和组织能力,我们认为必须以传统渠道为根本,辅以包括网络渠道在内的多渠道,这些渠道各自细分定位,发挥自身专长,同时又高度协同,共同构成"1+N"的立体渠道模式。如在为某个具有特殊护理功能的日化产品企业提供服务时,结合网络化营销的要求,就设计了以区域代理商为平台,以专卖店为核心,并行网络渠道、特殊渠道(普通药店柜台、专业美容美颜会所、自理会员直销等)的立体渠道模式。具体如图7-7所示:其基本设计思想就是实行分田到户,细分覆盖;多渠道协同,各取所得。区域代理商是区域市场的经营主体,是负责搭建市场推广、仓储物流、助销服务和运营管理的平台(也就是核心的"1"),其他细分渠道根据其特点,负责某一项或几项营销功能,配合代理商和专卖店的

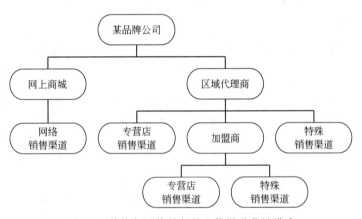

图 7-7 传统与网络并行的立体渠道营销模式

销售,构成了模式中的多个"N"渠道。这个营销渠道模式清晰界定了利益分配、协同机制和管理规则。

① 利益分配清晰 原则上区域代理商是运营主体,要投入相关资源和精力进行市场推广、消费者开拓与服务,承担经营风险,所以其代理的区域内所有销售产生的利益均要分享。其他渠道利益分配原则是,根据各自提供功能和服务大小,获得相应的报酬。如B地一个消费者出差到A地,通过某个与公司联盟的网站链接进入了公司电子商务平台,并订购了一套内衣,由A地经销商提供配送,则A地获取配送产生的利润,B地经销商为其提供了推广和引导投入,并将继续进行售后服务,所以B地经销商获取一定比例的利润分成和服务产生的利润,而那个与公司联盟的网站也将获得一定比例的销售提成,这样大家见者有份,但B地的代理商获利最大,因为他是"地主"。

② 分工协同高效 除区域代理商是区域市场运营平台外,其他专卖店、网络渠道等细分渠道各自发挥优势,找准其目标消费者,由公司和区域代理商统一来协调他们的分工协作,如公司打造的电子商务平台也是为区域代理商服务的,而不是取代他,所以区域代理商就非常愿

意借助网络渠道的专长，主动配合，并为其分忧，与其分利。

③ 市场管理规范　该模式的有效执行一定要有规范严格的市场游戏规则，如产品区隔、价格限定、市场保护和配送服务标准等，同时要有公开严厉的市场稽查和奖罚手段。

2. 做好产品区隔与价格政策的管理

产品区隔和价格保护是有效解决传统渠道与网络渠道冲突的有力措施。为了应对价格战，要做到产品细分与渠道细分相对应，主要的战术性产品要保持价格冲击力，传统渠道和网络渠道都进行销售，以此打击对手。利润性产品是企业的主导产品，是利润的来源，则建议各自渠道有各自的主推产品，即使有时主力产品不得不线上线下都要销售，那也必须严格限定最低价格，不允许网络渠道恶意压价，冲击传统渠道。

3. 做好市场推广和促销活动的协同配合

网络渠道在市场推广和促销告知上有许多独特的优势，只要策略得当，做好协同，就能够与传统营销方式联动，取得事半功倍的效果。在推广和促销主题、内容和形式上要统一互补，如前面提到的特殊护理功能日化产品的推广，将较为复杂的护理机理、功能要素、使用效果和促销信息等内容，做成 3D 效果的视频，在网络上和各门店同时播放，并推出"百万元送健康"的主题推广活动，在线上线下联动传播。在网上注册成会员，即可到专卖店免费领取体验产品，同时，在门店购买了产品，也可以注册会员和进行消费积分。线上线下的促销活动规则和力度一致，且积分可以通用等。

4. 做好客户服务策略优化与协同实施

在客户服务方面，传统渠道和网络渠道要保持一致的服务内容和标准，以便给顾客统一的服务界面，但在服务形式与手段方面，却要发挥各自特长，以降低服务成本，提升客户服务效率。在上例中，消费特殊护理功能产品的顾客对服务的要求是非常高的，而服务成本又要严格限制，所以就必须充分利用网络渠道来进行顾客档案管理、产品查询功能咨询和日常沟通等工作，而在门店上对 VIP 客户进行个性化的 face to face 服务，对集中的客户进行一对多的推广和沟通。

5. 做好线上线下渠道的维护与管理

一旦产品进入销售渠道就必须进行有效的管理，优秀企业对传统渠道各级经销商的控制有相当成熟的管理体系和规范，而且效果非常好。在其营销网络化的过程中，这种渠道管理同样不能放松，对网络渠道的各级主体和合作商要严格把关，仔细筛选出与公司营销理念一致、具备相当条件的网络经销商，同时明确规则和奖惩措施，对网络渠道出现的违规现象要坚决及时处理，这样才能有良好的市场运作，各类经销商才会更加有信心。

第三节　化工产品的国际营销

国际营销是指企业将其营销活动向国际舞台推广、拓展的过程。化工产品覆盖了人们的衣食住行各个方面，化工产品贸易也是世界贸易的重要组成部分。在世界贸易总额中，化工产品贸易是仅次于汽车贸易的第二大领域。早在 2000 年，世界化工进出口总额就已经超过 1 万亿美元。欧盟、美国和日本是世界化工贸易三大霸主。

我们前面几章在对市场营销进行讨论时，对市场的地域或主权范围未作具体界定。实际上，当企业的营销活动跨越了其所在的国家或地区时，企业就在实践国际营销。20 世纪 80 年代起，商品、服务、信息、资本、技术的跨国流动促进了全球经济一体化的进程，现代企业的经营活动被置于国际化的环境之中。进入 21 世纪，互联网在商业应用中的发展以及自由贸易区的扩大和各国政策法规对外国投资限制的放松，使得许多企业尤其是跨国企业纷纷在国际市场上寻求新的营销机会，国际贸易、国际直接投资、国际资本流动和国际技术转让获得了蓬勃的发展。

一、国际营销与国内营销的关系

国际营销（外销）是国内营销（内销）的跨国界延伸，因此，国际营销与国内营销相比既有相同的地方也有不同的地方。

1. 国际营销与国内营销的相同点

（1）理论基础　两者所依据的理论基础相同，对营销者而言，无论是国内营销还是国际营销，都需要善于运用营销学原理来指导自己的市场营销活动。

（2）对象及内容　从学科范畴来讲，两者所研究的对象以及探讨的主要内容基本一致。国内营销和国际营销都要研究需求市场的行为规律，都要探讨企业的营销活动和营销规律。

一般而言，市场营销包含了国内营销与国际营销。纵观国内外的营销教材，有的虽然专门针对国际营销或国内营销，但都要涉及营销的基本知识和常识；有的既讲国内营销又讲国际营销。

2. 国际营销与国内营销的不同点

（1）营销的宏观环境不同　由于各国在政治、经济、文化、法律、宗教信仰和社会制度等方面存在着巨大差异，两者所面临的营销环境大不相同。例如，商业交谈的方式与礼仪就有很大的不同：美国人喜欢直截了当，对谈生意前的寒暄耗时会不耐烦；日本人则很少当面说"不"，如果迅速切入正题会感到唐突；德国人比较注重形式，称呼头衔、握手是必不可少的；到中东谈生意时要禁酒戒烟，但至少准备喝两杯咖啡或者茶、清凉饮料，因为交谈地点多选择在咖啡馆里；在东南亚国家，谈交易时不要"跷二郎腿"，更不要把脚跷上颠下的，如果不小心把鞋底朝向了对方，生意肯定告吹；南美人赴约要求准时，一定要穿深色服装，谈判要显得亲热，近距离说话，但不必多握手。尽管研究环境所采用的方法基本相同，但各自的侧重点和研究深度有明显差异。实际上，国际营销比国内营销更为复杂多变。

（2）企业营销组合决策所要考虑的影响因素不同　由于国际营销与国内营销所面临的不可控因素有较大差异，从事国际营销的企业在制定营销组合策略时，必须依据与国内营销大不相同的营销变量来决策。例如，国际营销者在制定价格策略时，要考虑到汇率变动风险对价格的影响，而这是国内营销者无需考虑的。

（3）营销管理难度不一样　一般而言，国际营销比国内营销的难度更大。由于国际市场上的非可控因素对企业的影响较大，市场调查和预测以及各种风险评估的难度也就增加了。而且当一个企业从事多国营销活动时，要对各国的营销活动统一规划、控制和协调，使整体利益高于局部利益，这显然对国际营销者提出了更高的要求。

（4）利用资源、获得比较优势的程度不同　企业从事国内营销通常是利用本国资源，在本国生产，并在国内市场上销售。国际营销一般是在国内营销的基础上发展起来的，国内营销往往是国际营销的先导。在国际营销中，由于资本、资源、技术、服务的广泛流动，生产一种产品可以是第一国的资源、第二国的资本、第三国的技术、第四国的劳动力，等等。国际营销使资源在两个或两个以上的国家进行配置，强调发挥不同国家的特长，组合成一个有竞争力的综合产品。这种国际上各种要素的组合可以提高效益，降低成本，获得比在国内营销中更大的比较优势。

3. 企业介入国际营销的程度

随着经济全球化、信息化和网络化趋势的迅猛发展，各国企业都会在不同程度上介入国际化经营。一般来说，企业介入国际营销的程度大致有以下几种情况：

（1）间接对外营销　这是指企业的产品通过间接的方式进入国际市场，即指没有出口自主权的企业通过专门的外贸公司出口产品而进入国际市场。

(2) 少量对外营销　由于国内市场的不稳定而造成部分产品在国内市场的滞销或剩余，促使一些企业偶尔进行对外营销。

(3) 经常性对外营销　企业具备一定程度的生产能力，但其主要的销售还是局限在本国市场。产品的外销可以通过本国或外国的中介机构，或者依靠自己的销售机构。企业在国内外价格以及赢利政策方面基本一致，并开始在国外投资、建立生产或组装基地。

(4) 多国营销　企业完全从事国际营销活动，在世界各地寻找市场机会，并有计划地生产和提供国际市场所需要的产品和服务。这些企业的营销活动遍及世界各地，包括在全球各地生产。在这些企业看来，各市场之间存在着不同程度的差异。因此，它们针对各国市场的特点设计和实施有差异的营销方案。

(5) 全球营销　这是企业介入国际营销的最高阶段。处于该阶段的企业将包括本国市场在内的整个全球市场看作一个统一的市场体系，努力找出世界各地消费者行为和需求的共性，而且不断地挖掘新的共性，然后依据这种共性，发展和实施适合于各国市场的产品和服务以及统一的营销策略。这种标准化的营销活动一般会导致较佳的规模经济效益。全球营销最明显的例子如麦当劳、肯德基等，它们在世界各地的连锁加盟店有统一的标志和形象，选址有统一的要求，世界各地的目标消费群体有着相似的消费行为和习惯。

一般来说，企业介入国际营销的程度遵循由浅入深、由低到高的渐进发展模式。但是由于某些个别原因尤其是网络经济的发展，有些企业从低级阶段直接跨入了高级阶段，由此，企业介入国际化经营的程度将不会存在明显的界限。国际营销与国内营销一样，都包含营销机会的分析、目标市场的研究和确定、国际营销战略和方案的设计以及对国际营销的管理等四个阶段。它们的原理和操作实务具有很大的类同性、可借鉴性，故不再重述。

近年来，中国化工对外贸易取得了长足的发展，出口的产品品种包含无机化工原料、有机化工原料、高分子聚合物、杀虫剂、农药、合成树脂、橡胶制品、涂料、生物化学品以及信息用化学品等，出口已逐渐成为行业新的经济增长点，出口竞争力和出口效益也在不断提高。目前我国化工产品对外贸易的特点是：①化工产品结构明显改变，由资源型的出口产品结构过渡到了资源型与劳动力密集型产品并重、技术密集型产品为补充的综合出口产品结构。②化工产品对外贸易体制发生了巨大变化，我国已有 2000 多家化工企业的产品进入了国际市场，有 300 多家化工企业获得了自营进出口权。化工自营进出口企业、专业外贸企业和三资企业一起构成了我国化工对外贸易的三大主体。③我国一直是化工产品净进口国，高分子聚合物、有机化工原料、化肥、化工机械等行业的贸易逆差仍然较大，其中原因一是国内生产能力不足或是生产成本缺乏竞争性；二是我国化工产品在质量和品种上还不能满足国内的需要。

二、国际贸易流程

在国际贸易业务中，一般的交易过程如下。

1. 交易前的准备

交易前的准备是开展对外贸易的一个很重要的环节，要做好这个环节的工作，主要以下几个方面入手。

(1) 选配素质高的交易谈判人员　为了保证洽商交易的顺利进行，事先应选配精明能干的洽谈人员，对一些大型的和复杂的交易要组织一个强有力的谈判班子。谈判班子中应包括熟悉商务、技术、法律事务方面的人员，这是确保交易成功的关键。

(2) 选择理想的目标市场　在交易之前，通过各种途径广泛收集市场资料，加强对国外市场供销状况、价格动向、政策法令、措施和贸易习惯等方面情况的调查研究，以便选择较理想的目标市场并合理地确定市场布局。

(3) 选择适当的交易对象　在交易磋商之前，通过各种途径对客户的政治文化背景、资信情况、经营范围、经营能力和经营作风等方面进行了解和分析，以便对各种不同类型的客户进行分类排队并实行区别对待的政策。

(4) 正确制定洽商交易方案　每次进行贸易洽商前需要制定所要达到的目标，以及为实现该目标所应采取的策略、步骤和做法，它是洽谈人员应遵循的依据。方案的内容繁简不一，对大宗进出口商品交易拟订的经营方案，一般比较详细具体，对一般中、小批量商品的进出口，则只要拟订简单的方案即可。

2. 交易磋商

交易磋商可以通过双方面谈，如大型交易会的形式进行，但一般都通过函电交流完成。通过函电进行交易的磋商有询盘、发盘、还盘和接受四个环节。

(1) 询盘　询盘是准备购买或出售商品的人向潜在的供货人或买主探询该商品的成交条件或交易可能性的业务行为。这个行为不具有法律上的约束力，也不是每笔交易都必须经历的程序。在国际贸易业务中，发出询盘的目的，除了探询价格或有关交易条件外，有时还表达了与对方进行交易的愿望，希望对方接到询盘后及时做出发盘，以便考虑接受与否。询盘可采用口头或书面的方式。书面方式有书信、电报、传真、询价单。

(2) 发盘　发盘又称发价或报价，在法律上称为要约。根据《联合国国际货物销售合同公约》的规定："凡向一个或一个以上的特定的企业（人）提出订立合同的建议，如果其内容十分确定并且表明发盘人有在其发盘一旦得到接受就受其约束的意思，即构成发盘。"发盘既可由卖方，也可由买方提出。

构成一项发盘，必须具备下列各项条件。

① 发盘应向一个或一个以上特定的公司（人）提出，即指向确定的公司或个人提出。提出此项要求的目的在于把发盘同普通的商业广告及向广大公众散发的商品价目单等行为区别开来。由卖方发出的发盘称为售货发盘，由买方发出的发盘，则称为购货发盘或递盘。

② 发盘内容必须十分确定。所谓十分确定，是指在提出的订约建议中至少包括下列基本要素：标明货物的名称；明示或默示规定货物的数量或规定数量的方法；明示或默示规定货物的价格或规定确定价格的方法。

在国际业务中，如发盘的交易条件太少或过于简单，会给合同的履行带来困难，甚至引起争议。因此，在对外发盘时，最好将品名、品质、数量、包装、价格、交货的时间地点和支付办法等主要交易条件一一列明。

发盘是订立合同的建议，必须表明发盘一旦被受盘人接受，发盘人即受约束的意思。如果发盘人还要就某些交易条件建议同对方进行磋商，则此项建议就不能被认为是发盘，则发盘人在其提出的订约建议中加注如"仅供参考"、"须以发盘人的最后确认或其他保留条件"，这样的订约建议就不是发盘，而只是邀请对方发盘。在通常情况下，发盘都具体规定一个有效期，作为对方表示接受的时间限制，超过发盘规定的时限，发盘人即不受约束。

(3) 还盘　还盘又称还价，是指受盘人不同意发盘人提出的品质、数量、交货的时间及地点、支付等各项条件，并提出了修改意见，建议原发盘人考虑。也可以说，还盘是对发盘条件行添加、限制或其他更改的答复。其法律后果是否定了原发盘，原发盘即告失效，原发人就不再受其约束。

(4) 接受　接受在法律上称为承诺，是指受盘人在发盘规定的时限内，以声明或行为表示同意发盘人提出的各项条件。

构成一项有效的接受，必须具备下列各项条件：

① 接受必须由受盘人做出。发盘是向特定的人提出的，因此只有特定的人才能对发盘做出接受。由第三者做出接受，不能视为有效的接受，只能作为一项新的发盘。

② 接受必须是同意发盘所提出的交易条件。只接受发盘中的部分内容，或对发盘条件提出实质性的修改，或提出有条件地接受，均不能构成接受。

③ 接受必须在发盘规定的时效内做出。当发盘规定了接受的时限时，受盘人必须在发盘规定的时限内做出接受才算有效。如发盘没有规定接受的时限，则受盘人应在合理的时间内表示接受。何谓"合理时间"，往往有不同的理解。为了避免争议，最好在发盘中明确规定接受的具体时限。

④ 接受的传递方式应符合发盘的要求。如发盘没有规定传递方式，则受盘人可按发盘所采用的，或采用比其更快的传递方式将接受通知送达发盘人。

⑤ 就各项交易条件取得一致协议后，交易即告达成，需要双方签订合同。

3. 合同成立

(1) 合同成立的有效条件　买卖双方就各项交易条件达成协议后，并不意味着此项合同一定有效。根据各国合同规定，一项合同，除买卖双方就交易条件通过发盘和接受达成协议外，还需具备下列有效条件，才是一项有法律约束力的合同。

① 当事人必须具有签订合同的行为能力　签订买卖合同的当事人主要有自然人或法人。按各国法律的一般规定，自然人签订合同的行为能力，是指精神正常的成年人才能订立合同，未成年人或精神病人订立合同必须受到限制。

② 合同的内容必须合法　许多国家规定合同内容必须合法，从广义上解释，其中包括不得违反法律、不得违反公共秩序或公共政策，以及不得违反风俗或道德三个方面。

③ 合同当事人的意思表示必须真实　各国法律都认为，合同当事人的意思必须是真实的，才能成为一项有约束力的合同，采取欺诈或胁迫手段订立的合同无效，可以撤销。

(2) 合同的内容　买卖双方达成协议后，通常要制作书面合同，将各自的权利和义务用书面的形式予以明确。进出口合同内容要全面、完整、具体和准确，它由以下几个部分组成。

① 合同的名称和编号　合同名称必须正确体现合同的内容。合同的编号应按规定，分别用英文字母、阿拉伯数字为代号编制。

② 合同的前文　包括订约日期、当事人姓名及法定地址、签约地址、签约缘由等。

③ 合同的核心条款　包括品名、品质、数量、价格、包装、支付、交货、保险以及检验条款等。

④ 通用条款　如不可抗拒力、索赔、仲裁条款等。

⑤ 特别条款　如许可证条款、税收条款及汇率条款等。

⑥ 结尾部分　包括合同的有效期，使用文字的效力及合同份数，买卖双方当事人签字等。

合同签订后，买卖双方都应受其约束，都要本着"重合同、守信用"的原则，切实履行合同规定的各项义务。

4. 合同的履行

进、出口合同的履行在程序上有些不同。出口合同的履行有以下几个环节：备货、报验、租船订舱、报关、装运、投保；进口合同成立后，进口企业一方面要履行付款、收货的义务，另一方面也要督促国外出口商履行合同规定的各项义务，防止拖延履行或违约而给进口方造成损失。我国的进口交易大多以 FOB 条件成交，即以即期信用证作为支付方式，并采用海运方式运输货物。虽然不同的合同在履行中有不同的特点，但一般都要经过开证、租船订舱和催装、保险、审单付款、报关提货、商检、提交等几个主要环节，其具体的运作程序见图 7-8。

三、化工产品进入国际市场的方式

国际市场是竞争激烈、复杂多变、收益高、风险大但是空间巨大的市场。企业在决定进入国际市场时，与在国内营销一样，也要选择需求强烈、竞争程度低、风险较小的市场作为自己的目标市场。同时，企业在从事国际市场营销之前，还应当明确其进行国际市场营销的目标和政策，主要包括：对外销售额占企业总销售额的比重；企业要在哪个国家或哪几个国家从事市场营销活动；企业要进入哪种类型的国家等。在初步确定可能的国外市场后，企业还要认真分

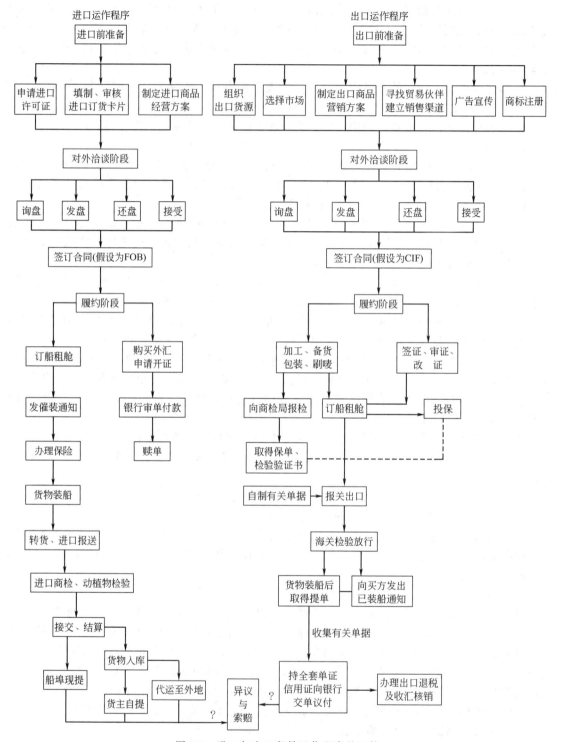

图 7-8 进口与出口贸易运作程序的比较

析每一个市场,分析的指标包括市场规模、市场增长率、经营费用、竞争状况、市场风险、可能获得的利润等。

产品进入国际市场的条件是:①产品符合国家的进出口交易范围,国家禁止稀有动植物和文物等物品输出;②产品达到国际通行的质量标准,通过国内商品检验检疫局以及对方客户的检测；③本企业具有商品出口经营权或由相关进出口贸易公司进行中介出口。我国大部分企业选择进入国际市场的策略是：最先考虑要进入的是发达国家市场，但最方便进入的是港澳地区、东南亚邻国市场，而最容易进入的则是与国内市场条件（国民收入、消费水平、生产条件、销售渠道等）相近的市场。

企业一旦决定了在哪些国外市场销售，就必须制定进入这些国外市场的战略。按商品外销是否利用出口中间商及生产地点是否在出口国两个依据把国际销售渠道分为产品出口、合作经营（许可经营、协议生产、管理协定、合资经营）和直接投资国外生产三大类。

1. 产品出口

产品出口是企业将在国内生产的产品在国际市场上销售，这种方式的风险较小。销往国外的产品可通常不做修改或只做部分修改，就可满足国际市场的需要。采用这种方式，企业的生产要素都留在国内，风险相对较少。从宏观角度看，出口有利于增加国内就业，增加国家外汇收入，促进本国经济增长，因而也受到各国政府的鼓励。产品出口通常有间接出口和直接出口两种。间接出口是众多企业对国际市场进行探索、实验并逐步获得国际市场营销经验的重要步骤，也是企业国际化经营的初步准备阶段；而直接出口才是企业真正走向国际市场的标志。

(1) 间接出口　间接出口是企业通过本国的中间商向国际市场销售产品的一种市场进入方式。按照产品的所有权是否转移，间接出口又可分为两类：一类是中间商向企业直接购买产品，拥有产品的所有权，并且自筹资金、自主销售、自负盈亏。另一类是中间商只是作为生产企业的代理人代为销售产品，双方是一种委托代理关系，中间商不具有产品的所有权，产品销售的最终决策权在生产企业手里，但中间商也可在双方签署的代理协议范围内做出一定的决策。

间接出口的主要优点有：①企业可利用中间商在国际市场的分销渠道、营销经验及情报信息，不必专门设立经营进出口业务的机构，不必有专门人员负责进出口业务工作，如谈判、签约、交货、结汇等，可节省国际市场调研、营销渠道建立等许多营销费用；②企业投入资金少，可利用原有生产能力和生产组织方式，无需增加新的投资，也不需要特殊的管理知识，启动成本低，实施简便易行；③企业面临的风险较小，企业可以将外汇风险和信贷风险转移给中间商或代理商，从而转嫁了与贸易有关的风险，使产品更快地进入国际市场；④灵活性大，企业可根据国际国内市场环境及自身内部因素的变化，迅速调整营销策略。

当然，采用间接出口也有其潜在的局限性，主要体现在：①因为企业没有直接与国外客户接触，所以不能及时、准确地掌握国际市场信息，对市场行情很难预测，对企业扩大国际营销不利；②企业缺乏从事国际市场营销的经验，无法在国外市场上建立起自己的声誉和渠道，不利于企业培养、锻炼自己的国际营销人才和积累国际营销经验，无法扩大企业的知名度，因而会限制企业的长远发展和竞争力的提升；③企业只负责生产，对出口中间商或有关部门有较强的依赖性，缺乏对国际市场的了解，产品很难及时适应国际市场的变化，对海外市场的控制程度低或根本不能控制，使企业无法自主选择目标市场和产品销售方式等；④与投资等进入方式相比，需要面对更多的壁垒和障碍，不易获得目标国政府和消费者的认同。

间接出口只是国内营销活动在国际市场的简单延续，并不完全具备国际营销活动的特征。但是，当缺乏国际营销经验的企业刚进入国际市场时，为了避免风险，间接出口是一种很好的选择。尤其对于想进入国际市场的中小企业来说，由于在资金、人才等方面的限制，可选择间接出口作为其早期进入国际市场的主要战略。

(2) 直接出口　直接出口是指企业不通过国内的中间机构而把产品直接卖给国外的顾客或最终用户。

如果企业的外销数额已达到相当高的水平，或外销市场正在快速增长之中，就可以考虑采用直接出口的方式。采用直接出口，企业必须花费一定的资金或人力从事出口管理工作。出口营销管理的主要任务包括：①进行国际市场调研，从政治、经济、文化、法律、社会风俗习惯等各个方面收集有关国家或地区的信息；②对国际市场进行细分并正确地选择目标市场；③制定产品、定价、渠道、促销等各方面的营销策略；④负责产品的实体分销和出口许可证工作等。

直接出口的形式主要有：①直接卖给最终用户。直接卖给最终客户即企业建立自己的出口外销部门，直接将产销售给国外最终用户，而不通过国外的经销商、代理商等中介。这种方式是直接出口中最直接的一种方式。这种形式适用于价格极高或技术性极强的产品。此外，如果最终用户是国外官方、地方当局或其他官方机构，用邮寄方式出售等也属于这种方式。②利用国外的分销商和经销商。分销商和经销商与供应商保持长期、稳定和密切的业务联系。通过它们，制造商可以对产品的价格、促销、存货、服务和其他分销、经销职能获得一定的控制，尤其是经营有利可图的产品时，分销商和经销商基本上都能满足制造商的要求。③利用国外的代理商。代理商的任务就是促使其委托人（出口方）与第三方（进口方）达成销售合同。代理商与经销商不同，代理商不实际掌握货物的所有权，与供货方只是委托代理关系；而经销商和分销商则掌握货物的所有权，与供货方是买卖关系。因此，代理商的利润来自代理佣金，而经销商的利润来自买卖差价。国外代理商依其职能不同可以分为三种类型，即佣金代理商、存货代理商和提供零部件和服务设施的代理商。④设立驻外办事处。设立驻外办事处实际上是企业的活动向国外的延伸。这类机构的主要职能是搜集市场情报，推销产品，负责产品实体分配，提供服务、维修保养、零部件等。驻外办事处可以更直接地接触市场、掌握需求动态、提高服务水平，并且办事处可以集中力量经营本企业产品，有利于产品的销售。但设立国外办事处的费用较高，如果企业在某国的市场上销售量不是很大或者市场潜力有限，一般不宜设立办事处。⑤建立国外营销子公司。国外营销子公司的职能和优缺点同驻外办事处相似。所不同的是：子公司在法律上和纳税方面都有其独立性，是作为一个独立的当地公司建立的。这说明企业已经更深地介入了国际市场营销活动。

2. 合作经营

合作经营是指企业通过与东道国企业签订合同或协议，以向东道国企业转让企业专利、商标、设备等为条件进入目标市场国的方式。它不同于出口，因为合同经营中有合伙关系，并在国外有生产设施，也不同于直接投资，尽管二者都是在国外生产，但合同经营是与外国企业联合经营，企业在东道国企业中不参与股份。当企业想进入国际市场，提高企业的国际竞争力，又想绕过目标市场国政府的各种关税和非关税壁垒时，合作经营是一种理想的选择。虽然合作经营也涉及企业资产的转让，但它与直接投资是不同的，即在合作经营下企业东道国的受转让企业并不拥有股权。企业的目的在于通过合同方式进入目标市场并获得报酬，如提成费、转让费等。根据转让合同，企业可能在管理方面具有一定的控制权。具体来说，合同方式又可分以下几种类型：许可证经营、特许经营、合同制造、管理合同、交钥匙合同。

3. 直接投资国外生产

国外生产是企业在海外从事产品制造，并且就地销售，或是出口到其他国家甚至返销回母国的国际营销方式。这实际上是将国内的工厂不同程度地"搬"到国外，说明企业的营销已从流通领域拓展到生产领域，进行全方位国际营销活动。目前国外生产不仅是企业进行国际营销的一种重要的战略，而且也是企业，特别是跨国公司进行国际化、全球化经营的主要内容。

企业直接投资国外生产的主要原因有：①在某些情况下，在国内生产再出口的方式或者不可能，或者不是最理想的方式，如运输成本过高，关税、配额等贸易限制太严等；②国外市场容量很大，劳动力成本和原料成本都较低，并且所在国政府鼓励外来投资等。目前，国外生产已成为企业进入国际市场的一种非常重要的渠道。

直接投资国外生产的形式很多，简单地说，主要有组装业务、合同制造、合资经营、国外独资企业等。这些不同的国外生产形式各有其优缺点，各有其适用条件。

4. 国际市场进入方式的比较

国际市场的三种进入方式，实际上反映了企业的国际营销过程由低到高的三个发展阶段，它们的应用目的和条件也有较大的区别。产品出口式进入基本上为处于国际营销初始阶段的企业所采用，目的是为了消化生产能力，扩大销售市场。合作经营方式进入则是企业根据自身的某些资源优势，有针对性、有目的地进行的国际营销活动，基本上只参与管理，获取收益，不涉及股权分配问题。直接投资方式进入是国际营销的最高阶段，企业的目的除了获取收益，还包括掌握企业的控制权和所有权，使海外子公司服务于整个公司的全球战略利益，跨国公司模式是这一阶段的典型代表。具体来说，三种进入方式在以下几个方面存在较大差别。

(1) 进入深度　进入深度是指企业在国际化经营中将资源投入到东道国国际市场的相对程度，可用单位产品生产成本中本企业的资源比例来衡量，比例越高，进入程度越深，反之越浅。三种方式中直接投资方式进入程度最深，出口方式最浅，合同方式居中。同种方式中不同方法的进入深度也有所不同，如直接出口的进入程度要比间接出口深、独资要比合资深等。

(2) 控制程度　控制程度是指企业在国际化经营中对在东道国的经营主体所拥有的控制权和决策权，它包括有关经营主体的组织架构、经营范围、采购生产、销售、研发、人事、财务、利润分配及战略规模等各个领域。控制权问题，是国际经营投资各方最为敏感的问题，它关系到企业自身利益的保护和总体战略的实施。一般来说，控制程度与进入深度密切相关，进入程度越深，控制程度就越大。

(3) 灵活性　灵活性是指企业转变经营内容、方式、地位的成本水平。不同的国际市场进入方式，企业面对的沉淀成本也是不同的。沉淀成本的大小与灵活性呈负相关，即成本越大，灵活性就越低；灵活性与进入深度、控制程度也呈负相关关系，进入度越深，控制程度越高，灵活性越小，沉淀成本越多。

(4) 风险　风险是指经营过程中不确定因素引发损失的可能性及程度，包括经营风险、交易风险、经济风险、政治风险等。风险与进入深度和控制程度呈正相关，与灵活性呈负相关。因而可以看出，随着三种进入方式由低级到高级发展，企业的进入程度不断加深，控制程度不断提高，灵活性逐步下降，所承担的风险也逐渐增大。

5. 影响化工产品进入国际市场方式的因素

影响化工产品进入国际市场方式的因素可分为内部和外部两大类：

(1) 内部因素　内部因素主要来源于产品特征和企业资源条件这两个方面。企业的产品特征主要是指产品的相对地位、要素密集程度、技术含量和生命周期、对市场的适应性以及对服务的要求等。企业的资源条件则指企业自身的资金、技术、管理水平及营销能力等方面的状况。如果企业在人力、资金、技术、管理等方面拥有丰富的资源，企业在进入方式上的选择余地就比较大，一般会选择直接投资等高投入的市场进入方式。反之，企业只能选择出口等低投入的市场进入方式。企业的国际营销经验及能力也是影响市场进入方式选择的重要因素，经验丰富、能力较强的企业一般会选择直接投资等进入方式，而对刚涉足国际市场、能力不强的企业只能选择出口、许可贸易等低投入的方式。进入方式的选择还受到管理者投入愿望的限制。如果管理者开拓国际市场的愿望较强烈，则会选择高投入的市场进入方式，如直接投资；如果管理者对在国外销售的愿望不大，或者仅作为国内市场的一个补充，即使企业的资源条件再丰富，可能也只是选择一些低投入、低风险的市场进入方式。

(2) 外部因素　外部因素主要包括：①进入目标国家的市场因素，如目标国家的市场规模、市场竞争结构、营销基础设施；②目标国家的生产因素，如生产所需各种生产要素及交通、通信、港口等基础设施；③目标国家的环境因素，包括政治、法律、经济、社会文化和地理环境；④产品输出国的环境因素，如市场规模、市场结构、资源条件及政府的鼓励或扶持政策。

四、国际贸易中的非关税壁垒

1. 国际贸易中的非关税壁垒观象及其特征

自20世纪90年代以来，在经济全球化的影响下，国际商务环境发生了深刻变化，在自由、宽松、协调的主旋律下，日益朝着有利于国际商务活动的方向迅速发展。1995年1月1日，世界贸易组织（WTO）代替原来的关贸总协定（GATT），世贸组织的宗旨和基本原则旨在通过市场开放、非歧视性和公平贸易等原则的实施，来达到推动实现世界贸易自由化的目标。在世界贸易组织的不懈倡导下，传统的贸易壁垒已大量减少。但各国政府受到国内政治及各利益集团的影响，特别是西方发达国家在面对发展中国家经济的挑战，不得不另谋出路，从而导致非关税壁垒领域中新的保护手段层出不穷。在诸如贸易、创新能力、行业和地区竞争、人力资源和基础设施等方面的作用非但没有减弱，反而措施更精到、力度更大。通过制定种类多样、形式各异的非关税壁垒措施来达到保护本国或本地区利益集团的目的。非关税壁垒是指一国政府根据法律法规以非关税方式实施的、对商品和服务的国际流动具有一定限制作用的管理措施。相对于关税而言，非关税壁垒表现出较大的灵活性与针对性，其保护作用更为直接和强烈，同时又有更强的隐蔽性和歧视性。在联合国贸易和发展会议的清单上，关税和措施仅占了1/8，其余的非关税措施就达2000多种。这些非关税壁垒的措施主要有：进出口禁令、贸易禁运、进出口配额、进出口许可证、歧视性政府采购、反倾销措施、补偿关税、税收优惠与补贴、对进口商的信贷限制等。其中贸易技术壁垒发展尤为迅速，通过制定各种严格、复杂、苛刻而且多变的技术标准、技术法规和认证制度来达到阻止外国商品进入，从而保护国内市场的目的。与大多数的非关税措施一样，技术壁垒是打着促进贸易的旗号而实际起阻碍作用的。

非关税壁垒具有以下几个明显的特征：

① 有效性　关税措施主要是通过提高价格来限制进口，而非关税措施主要是依靠行政机制来限制进口，因而它能更直接、更严厉且更有效地保护本国的商品生产与市场。

② 隐蔽性　与明显提高进口关税不同，非关税措施既能以正常的海关检验要求和进口有关行政规定、法令条例的名义出现，又可以巧妙地隐蔽在具体执行过程中而无需做出公开规定，人们往往难以清楚地辨识和有力地反对这类政策措施，增加了反贸易保护行动的复杂性和艰巨性。

③ 歧视性　一些国家往往针对某个国家采取相应的限制性非关税措施，更加强化了非关税壁垒的差别性和歧视性。

④ 灵活性　关税是通过一定立法程序制定的、具有一定延续性的贸易政策，在特殊情况下作灵活性调整比较困难。而制定和实施非关税措施，通常可根据需要，运用行政手段作必要的调整，具有较大的灵活性。正因为如此，非关税壁垒已逐步取代关税措施，成为各国所热衷采用的政策手段。

⑤ 名目繁多，适用广泛　目前，发达资本主义国家所采取的非关税壁垒日益复杂，从进口配额、自动出口限制、进口许可证、外汇管制及歧视性政府采购等，到如今的反倾销、技术壁垒、绿色壁垒等。贸易技术壁垒是发达工业国家利用其科技上的优势，通过技术法规、标准的制定与实施，对商品进口实行限制的一种贸易保护主义。

2. 技术性贸易壁垒的表现

（1）通过技术法规、标准的规定直接限制进口　通过制定复杂苛刻的技术规格，可以借口某产品不符合技术条文规定而拒绝其进口。它是技术壁垒的主要形式，表现在以下几个方面：①针对产品本身；②针对产品的安全性及其对人体健康的潜在影响；③针对产品的标志、包装、售前售后服务等外部环境。消费者对产品的要求已不再限于满足显性的特定需要，更关注隐性需要。产品的安全性及其对人体健康的潜在影响就是这些隐性需要中的一种，尤其对食品、药品、化妆品、玩具、电器等更是如此。

（2）在认证、评定程序上设置障碍　对进口商品进行检验时，一般由政府机构或经认可的专门机构出面组织，对通过检验产品出具许可证明。各国不同的检验标准、方式以及低效率的工作过程，往往导致复杂、持久的调查、取证、辩护、裁定等程序，从而间接起到限制进口的作用，造成实际上的技术壁垒。

（3）各国规定不一致，标准不统一　由于科学技术水平发展的不平衡，发展中国家技术法规、标准、认证制度及检验制度等的制定水平和内容与发达国家相比存在很大差距，其出口商品往往达不到发达国家的规定。即使在发展水平相当的国家之间，也存在着这类差异，给商品进口制造了极大障碍。

（4）绿色技术壁垒　绿色技术壁垒是进口国以保护资源、环境和人类健康为由，对进口国商品实施苛刻的环境质量标准和检验技术，达到限制或阻止进口、保护国内市场目的的一种国际贸易保护制度。绿色技术壁垒得到了国际市场强有力的支持和世界贸易组织的认可，已成为各国高度重视的战略性竞争手段。其中的主要措施有：①制定绿色技术标准；②核发绿色环境标志；③推行绿色包装制度；④实施绿色卫生检疫制度；⑤限制发展中国家的绿色补贴产品的进口。

3. 应对技术性贸易壁垒的措施

如何有效地突破技术壁垒，可以采取以下几个方面的应对措施：

① 建立健全我国技术标准体系，一方面有助于提高我国产品标准在国际上的采标率，另一方面尽快采取技术性贸易措施。

② 加强技术改造，运用清洁工艺，尽量生产少公害、无公害的绿色产品，提高我国产品对于发达国家质量标准的达标率。

③ 充分利用我国的相关应诉工作机制，及时争取必要的法律支持，有效地处理在出口中遭遇的各种问题。

④ 大力培养和使用既懂贸易和法律又懂技术的高级"复合型"人才，尽量避免和减少对方以"不合作条款"为由在进行贸易纠纷应诉时的单方面判输，促进整个国际贸易的顺利进行。

课外阅读与思考

2010年中国网购市场的发展与竞争现状
（中国互联网络信息中心，2011年2月）

一、概要

1. 网购整体发展现状

2010年，我国网络购物市场交易总额达到5231亿元，较2009年实现翻番增长。网购市场交易额占全年社会消费品零售总额的比例将提升至3.3%。

网络购物市场上销售最旺盛的商品是服装鞋帽，购买的用户比例为70.1%。其次是数码产品和图书音像制品，购买的用户比例为分别为31.6%和31.4%。

2010年我国网购用户人均年网购消费金额3259元，半年人均网购次数达到10次，较2009年增加4次。

我国网购市场发展的地区差异依然较大，整体而言南方地区比北方地区网络购物市场发展更快。华东地区网购渗透率达到36.9%，在七大区域中排名第一。西南地区网购渗透率排名第二，为34%。华南、华中和华北地区依次靠后。

2. 购物市场竞争对比

淘宝网的用户规模依然高居第一位，用户渗透率达到91%，远远高于其他购物网站；拍拍网用户渗透率排名第二位，为12%；当当网的用户渗透率6.8%，排名第三；京东商城、卓越网和凡客诚品的用户渗透率分别为4%、3.4%和1.5%。

淘宝网的品牌转化率高达89.7%，凡客诚品转化率相对也较高，为54.8%。与2009年相比，大部分购物网站的品牌转化率有较大的提升。

用户网购的单一度有所降低。2010年有72.7%的人过去半年只在一个购物网站上网购过，低于2009年80%的比例。

凡客诚品的用户新增率最高，达到76.5%。其次是京东商城，有44.5%的新增用户。新蛋网和麦考林的用户成长势头也较好，分别有34.6%和30%的新增用户。

购物网站中流失率最大的是易趣网，为69.4%。其次是红孩子和拍拍网，分别是34.8%和25.5%。卓越网和麦考林也有20%的流失用户。流失率最少的是淘宝网。

购物前使用站内搜索的用户比例从2009年的20.6%上升到2010年的41.8%，成为网购用户购买前最常使用的查询方式。

2010年网络购物用户整体满意度达到86.2%，较2009年增加6.8个百分点。满意度的提升表明网络购物整体质量在继续优化。用户整体满意度最高的三家购物网站分别是京东商城、麦考林、凡客诚品，用户满意度均在84%以上。有18.5%的网购用户最近半年有过不满意的网购经历，不满意的原因主要集中在商品品质和配送环节。

二、中国网络购物市场发展环境

1. 政策环境

2010年，国家先后出台了一系列扶持和规范电子商务发展的政策措施（见表1），各地政府也不断加大对电子商务发展的扶持力度，促进了网购市场规范性的提升，推动了网络购物市场的健康有序发展。针对相关政策法规、管理能力和服务水平不适应网络购物发展需要等现实问题，商务部颁布了《关于促进网络购物健康发展的指导意见》，在完善服务与管理体制、健全法律与标准体系、改善交易环境、培育市场主体、拓宽网络购物领域、规范交易行为等方面提出了新的要求。针对电子商务市场上出现的消费者侵权事件频发、网店销售不规范等问题，国家工商总局出台了《网络商品交易及有关服务行为管理暂行办法》，实施网店经营行为人实名登记制度，同时加强了电子合同的管理，强调了消费者权益保障。针对非法网站、假冒商品网络横行的现象，工信部开展了专项治理行动，清理了众多不法网站，全面实施域名实名注册，进一步完善网站管理制度。针对第三方网上支付市场发展导致金融风险不断叠加等问题，中国人民银行出台了《非金融机构支付服务管理办法》，规定非金融机构和个人从事支付业务需要由央行批准。针对境外代购不规范的问题，海关总署提高个人邮寄入境物品进口税额起征点，增加了海外代购成本。此外，《中共中央关于制定国民经济和社会发展第十二个五年规划的建议》提出，要积极发展电子商务，加强市场流通体系建设，发展新型消费业态，拓展新兴服务消费。国家相关政策在继续扶持网购市场发展的同时，通过设置准入机制，提升行业门槛，加大了网络购物市场相关环节和领域的规范力度。

与此同时，各地也更加重视电子商务在转变经济发展方式中的作用，对电子商务发展的扶持力度不断加大。在沿海和经济发展较好的省市，电子商务服务业已经成为促进消费、保障就业、优化民生的重要产业，不少地区表示将在"十二五"规划中继续加强电子商务发展方面的方针政策。如福建省提出力争到"十二五"期末，将网络购物交易额占该省社会消费品零售总额的比重提高到15%以上。地方电子商务发展政策环境的优化，有利于增强网购市场微观主体的活力。尽管目前我国网络购物市场发展的政策面依然向好，相关管理体系日渐完善，但在网购市场发展管理和扶持方面同时存在错位和缺位的问题。一方面，在部分领域存在多头管理

表1 中央部委2010年出台网络购物领域相关政策一览表

部委	政策	主要内容
商务部	《关于促进网络购物健康发展的指导意见》	鼓励扶植行业发展
国家工商总局	《网络商品交易及有关服务行为管理暂行办法》	规定个人网店实名制
中国人民银行	《非金融机构支付服务管理办法》	支付机构业务准入机制
海关总署	《关于调整进出境个人邮递物品管理措施有关事宜的公告》	提升网络代购成本
国家	《侵权责任法》	网络服务提供者承担侵权连带责任
财政部	《互联网销售彩票暂行办法(征求意见稿)》	网上销售彩票的准入条件
新闻出版总署	《关于促进出版物网络发行健康发展的通知(征求意见稿)》	网络出版物销售准入资格

现象,部门之间相互掣肘,导致管理效率低下;另一方面,对一些新型交易模式和领域的监管和扶持存在管理空白的问题。此外,地区间网络购物市场发展的政策、税收和相关管理还不够明确,可能会制约网络购物业务的跨地区和跨境发展。

2. 经济环境

2010年以来,我国经济回升的基础不断稳固,整体经济形势趋好。前三季度我国GDP总计已达268660.2亿元,比2009年同期增长10.6%,全年有望攀升至全球第二大经济体,整体宏观经济势头良好(见图1)。随着经济大环境的改善,网络购物领域的投资也更加活跃。2010年第一季度中国电子商务B2C领域已经发生11笔投资事件,其中7笔披露的投资金额总计为1.49亿美元,平均投资金额2132万美元,高于2008年和2009年电子商务B2C市场平均投资金额。预计2010年中国B2C行业融资远超6亿美元。2010年11月,国内网络购物市场迎来了第一支在美国纳斯达克上市的股票麦考林,12月当当网也相继上市,我国的网购企业在国际资本市场上日益活跃。

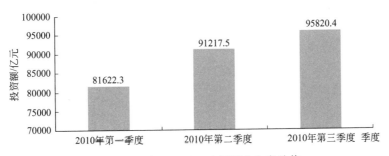

图1 2010年Q1~Q3中国国内生产总值

数据来源:国家统计局。

尽管全球经济已经进入回升通道,我国宏观经济环境在不断改善,但各种不稳定、不确定的因素依然存在,对网购市场发展的影响仍值得关注。如2010年三季度以来,受国外热钱涌入、季节性、成本上涨等因素影响,我国商品物价呈现全面上涨态势,网络购物领域也出现了商品价格上升和物流配送成本抬升的情况。这一方面会推动更多消费者关注、尝试网络渠道的消费形式,但成本上升也使得网络销售的低价策略优势被弱化。

3. 社会环境

国际金融危机以来,我国加快了转变经济发展方式的步伐,国家出台了一揽子扩大内需的政策,国内消费环境更加优化,消费者意愿明显增强。截至2010年10月,全社会消费品零售

图 2　2010 年 M1~M10 社会消费品零售总额
数据来源：国家统计局。

总额达到 125313.3 亿元，比 2009 年同期增加 18.3%（见图 2）。全年社会消费品零售总额有望达到 15 万亿元的水平。与此同时，政府加大了国民收入分配制度改革的力度，明确提出要实现居民收入增长和经济发展同步、劳动报酬增长和劳动生产率提高同步，我国居民收入有望继续实现较快增长。消费环境的优化、居民收入的增长，有利于推动我国网络购物消费需求的进一步释放。

4. 网络环境

网络基础设施投入力度加大，通信网络建设稳步推进。工业和信息化部数据显示，2010 年 1~10 月，全国电信业务总量累计完成 25438.5 亿元，比 2009 年同期增长 20.7%；电信主营业务收入累计完成 7448.0 亿元，比 2009 年同期增长 6.6%。基础电信企业的互联网用户进一步趋向宽带化。2010 年 1~10 月，基础电信企业互联网宽带接入用户净增 1918.7 万户，达到 12316.4 万户。在网络基础环境优化的同时，互联网也不断向人群渗透。2010 年，我国网民规模继续稳步增长，网民总数达到 4.57 亿人，互联网普及率攀升至 34.3%，较 2009 年底提高 5.4 个百分点。网络基础环境的持续优化和网民规模的加速渗透，为网络购物市场的发展奠定了坚实的基础。

2002~2010 年，我国网民的数量逐年攀升，互联网普及率不断提高（如图 3 所示）。

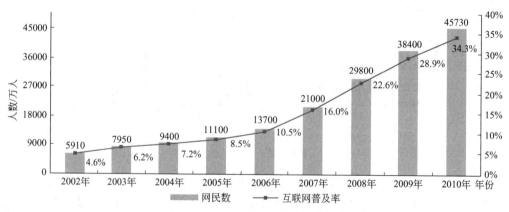

图 3　2002~2010 年中国网民的规模与普及率

三、中国网络购物市场发展现状

1. 网购市场规模

（1）交易金额　2010 年，我国网络购物服务更加完善，向各个领域的渗透不断加深，继续保持了近年来快速发展的势头。全年市场交易金额达到 5231 亿元，较 2009 年增长 109.2%。同时，网络购物市场在我国社会消费品市场中的地位也在持续攀升。2008 年网购市

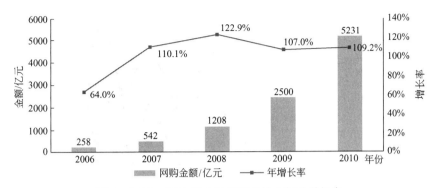

图 4　2006~2010 年中国网购交易金额及增长率

场交易额占全年社会消费品零售总额的比例为 1.1%，2009 年上升到 2%，2010 年提升至 3.3%。2006~2010 年我国网购金额及增长率见图 4。网络购物逐渐成为网民常态的消费方式，网络零售也成为流通市场日益重要的组成成分。

(2) 商品类别　网络购物商品生活化趋势更加明显，服装、家居等生活用品的网购消费群体继续扩大。2010 年，网络购物市场上销售最旺盛的商品是服装鞋帽，购买的用户比例为 70.1%。电脑数码产品是购买用户群的第二大商品，购买的用户比例为 31.6%。与电脑数码产品购买用户规模相当的是图书音像制品，购买的用户比例为 31.4%。充值卡、游戏点卡等虚拟卡购买的用户比例也达到了 27.7%（见图 5）。

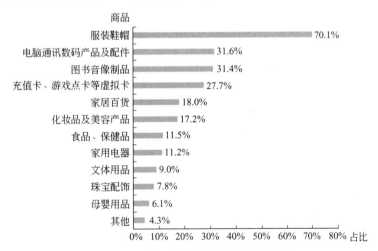

图 5　2010 年网购各类商品的网民比例

从网购市场各类商品交易金额所占份额看，电脑通信数码产品及配件占交易金额的比例最高，达到 26%；其次是服装鞋帽，为 24%；第三位的是充值卡、游戏卡等虚拟卡；家用电器占比为 9%；家居百货为 9%（见图 6）。

(3) 网购频次　2010 年，我国网购用户购买频次有了显著的提升，网购用户半年平均网购次数达到 10 次，较 2009 年增加 4 次。同时，半年网购 10 次以上的用户占比提升较快，达到 22.1%，较 2009 年上升 11.2 个百分点（见图 7）。

(4) 地区差异　2010 年，我国网购市场发展的地区差异依然较大，整体而言南方地区比北方地区网络购物市场发展更快。华东地区网购渗透率达到 36.9%，在七大区域中排名第一。西南地区网购渗透率排名第二，为 34%。华南、华中和华北地区依次靠后，网购渗透率排名见表 2。

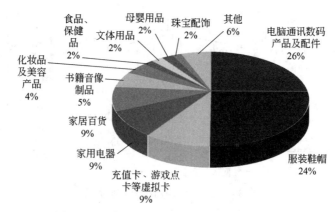

图 6　2010 年网购交易额中各类商品所占比例

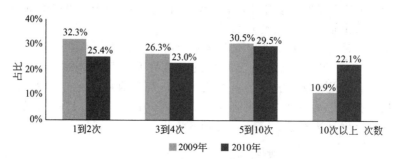

图 7　2009～2010 年网民半年网购次数分布

表 2　2010 年七大区域网络购物渗透情况

区域	华东	西南	华南	华中	华北	东北	西北
渗透率/%	36.9	34.0	32.8	29.1	28.5	25.4	23.0

南方地区网购市场发展较快，一方面是由于南方地区的电子商务基础更加完善，除北京以外，主要的电子商务企业都集中在南方城市；另一方面，南方用户的消费意识更加开放，对于网上消费的参与意识相对更积极。

与 2009 年相比，2010 年二三线城市网络购物渗透率发展较快，同时内陆城市网购发展的速度不亚于沿海地区。成都网购渗透率达到 36.3%，武汉为 32.9%（见表 3）。由于网络购物的从业商户以南方和沿海地区居多，物流配送能力的提升，激发了内陆地区对多样化、个性化的产品需求。

表 3　2010 年部分城市网络购物的渗透率　　　　　　　　　　　　　　单位：%

区域	城市及其渗透率
华东	上海:41.8,厦门:41.4,杭州:33.0,漳州:28.4,泉州:23.1
西南	成都:36.3,宜宾:33.8,自贡:28.1
华南	深圳:37.7,广州:33.4,桂林:28.2,东莞:24.4
华中	武汉:32.9,洛阳:30.3,九江:21.2
华北	北京:39.7,沧州:21.0,石家庄:19.9,邯郸:17.6
东北	黑河:32.1,辽阳:29.8,哈尔滨:22.6
西北	西安:26.4,商洛:20.9,伊犁:17.3

2. 网购需求状况

(1) 用户规模　随着我国电商企业服务能力和影响力不断提升，团购等新型业态迅速发展，网上商品的价格优势深入人心，网购的优势进一步突显，促使更多的用户被吸纳进入网购消费者的队伍。2010年，我国网购用户规模继续增长，网购渗透率进一步提升。截至2010年12月，网络购物用户规模达到1.61亿人，网购渗透率达到35.1%。"十一五"期间，我国网络购物用户数增长了4.8倍，网购用户渗透率提升了10.6个百分点（见图8）。

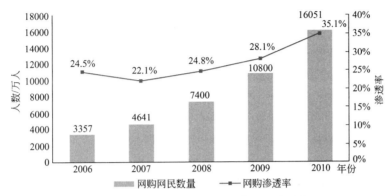

图8　2006～2010年网购用户数量及渗透率

(2) 消费动机　追求方便快捷、价格便宜是用户进行网购的主要动机。有50%的用户认为方便快捷是其使用网购最主要的原因。在追求便捷的消费心理推动下，大而全的购物商城和每日一团的团购网站得到了快速发展。其次是价格便宜，有24.8%的用户网购最主要的原因是价格便宜。还有9.1%的用户为了节省时间而网购。主要由于时尚有趣而选择网络购物的用户有4.3%。看到周围人在网上买东西而开始网购的用户有1.7%（见图9）。

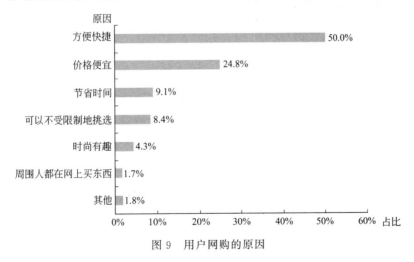

图9　用户网购的原因

(3) 消费水平　用户网上消费呈现常态化的趋势，整体消费水平提升迅速。2010年我国网购用户人均年网购消费金额3259元。从人均月网购消费金额来看，35.4%的网络购物用户月平均网购消费的金额在101～300元之间，26.7%的用户每月消费100元以下，19.5%的用户月网购消费金额301～500元，还有6.2%的用户月网购消费金额在1000元以上（见图10）。

(4) 消费预期　用户对网络购物消费的预期良好。有60%的网购用户对未来网购消费的预期是正向的，表示未来肯定和可能增加网上购物的分别有25%和35%，只有5%的用户表

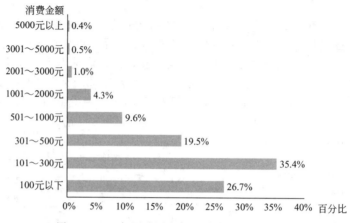

图 10 2010 年网购用户每月平均网购消费金额

示未来会减少网购（见图 11）。

非网购网民的网购意愿也较为强烈。非网购网民中有 48% 的人表示未来肯定或可能开始网购，表明网购市场还有较强的增长潜力（见图 12）。

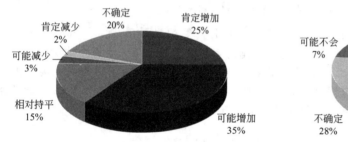

图 11 2010 年网购用户未来网购意向

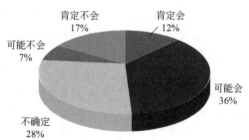

图 12 2010 年非网购网民未来网购意向

3. 网购市场供给

（1）网购企业 2010 年，从事流通领域电子商务的企业和从业人员迅速增加。截至 6 月底，我国规模以上电子商务网站总量已经达 20700 家，其中 B2C、C2C 与其他非主流模式企业达 12500 家。网商规模达到 7700 万家，其中个人网商 6500 万家，企业网商 1200 万家。网购企业数量和规模的扩张，显示网络购物市场不断增长的供给能力。

同时，促成交易、服务购物网站和网店的电子商务服务企业也日益兴盛。2009 年基于淘宝平台衍生的中大型电子商务服务商数量只有 19 家，2010 年达到 159 家，增长了近 7 倍。2010 年，相关领域不断涌现新服务模式和服务，显示出网络购物相关服务门类细化、产业分工加深的特点。已经发展并且迅速壮大的电子商务服务产业促进了购物网站企业降低成本、增加效率、全面提升网购服务的品质。

（2）配套服务 网络购物市场的支付、配送及售后配套服务更加齐全，服务类型多样化发展。在支付环节，购物网站都开通了多家第三方支付渠道，大部分购物网站都可局部实现货到付款。在物流配送环节，越来越多的 B2C 购物网站能独立提供物流服务，通过自建物流提升服务品质，如京东商城、凡客诚品、卓越网和红孩子。在售后服务环节，大部分购物网站执行了传统零售业的退换货制度，一些购物网站还实行了 7 天无理由退换、价格保护以及延保服务等。在买方占主导的网购市场上，相关配套服务将在未来的市场竞争中发挥更加重要的作用。购物网站的支付、配送和售后服务方式将更加迎合用户的消费心理，提供更多的可选择、可实现的个性化服务（见表 4）。

表 4 购物网站部分相关配套服务一览表

类别	购物网站	支付方式(除网银和信用卡外)	物流配送	赔付制度
平台式购物网站	淘宝网	支付宝卡通、货到付款	第三方物流	先行赔付,7天退换
	拍拍网	财付通	第三方物流	先行赔付,7天退换
	易趣网	安付通	第三方物流	
	京东商城	货到付款、财付通、快钱、支付宝、中国移动手机支付	自营	价格保护售后"100"分服务
	当当网	货到付款、支付宝、财付通、快钱、首信易支付	第三方物流	退换货服务
线上B2C购物网站	凡客诚品	支付宝、财付通、快钱、网汇通、货到付款	自营	退换货服务
	卓越网	支付宝、首信易支付、货到付款	自营	退换货服务
	麦考林	财付通、快钱、支付宝、货到付款	第三方物流	10天无条件退换货
	新蛋网	支付宝、财付通、快钱、环迅、货到付款	自营	退换货服务
	红孩子	货到付款、财付通、快钱、支付宝、中国移动手机支付	自营	退换货服务
	1号店	财付通、支付宝、银联、招商银行、快钱支付和万隆卡支付、货到付款	第三方物流	退换货服务
传统企业官方网站	2688	首信易支付、货到付款	第三方物流	退换货服务
	99网上书城	快钱、支付宝、环迅、中国移动手机支付	第三方物流	退换货服务
	库巴网(国美)	财付通、快钱、支付宝、拉卡拉、货到付款	自营+第三方物流	退换货服务
	苏宁易购	易付宝、货到付款	自营	阳光包延长保修
	我买网	财付通、快钱、支付宝、货到付款	第三方物流	退换货服务
	李宁网上商城	快钱、支付宝、货到付款	第三方物流	退换货服务

四、中国网络购物市场竞争现状

1. 网络购物市场竞争业态

2010年,网络购物市场上各种经营形式向成熟化发展,B2C在市场上的主流地位进一步巩固,团购、秒杀等新型营销模式加速涌现,网络购物市场继续呈现出由传统向线上市场开拓,垂直向平台化发展的特点。按照线上和传统、平台和自营的差异,目前购物网站大致可以分为线上平台商(区域①)、线上自营商(区域②)、传统平台商(区域③)和传统自营商(区域④),如图13所示。线上自营的网购企业经过了近几年的迅速发展,也呈现平台化的趋势,当当网、京东商城和麦考林都先后开始了第三方联营的方式,通过差异互补、丰富产品线向平台、半平台化过渡。同时,传统的平台商和自营商不断加入线上市场,如中粮旗下的我买网,富士康推出飞虎乐购,苏宁网上商城苏宁易购,沃尔玛加快在线上市场布局等。百货、家电、服装等行业的流通领域加速从线下向线上发展,网购市场上不断涌现从传统市场向网络领域开拓的新力军。

2. 购物网站市场份额

B2C网络购物市场上已经出现行业的领头者,淘宝商城自2010年11月启动独立域名以来,独立的宣传和营销活动全面铺开,目前已经占据B2C市场交易金额的40.8%,正式实现了B2C领域的扩张。京东商城占市场交易金额的17.6%,当当网市场份额为4.3%,卓越网为4.1%,见图14。

C2C领域,淘宝网依然呈现一家独大的局面,占据C2C市场交易金额的95.5%。拍拍网的市场份额为4.2%,如图15所示。

	平 台	←	自 营
线上	区域① 淘宝网、拍拍网、易趣网		区域② 当当网、卓越网、京东商城、麦考林、2688、99网上书城、1号店
↑ 传统	区域③ 沃尔玛网上超市、苏宁易趣、库巴网(国美)		区域④ 我买网(中粮)、李宁网上商城、飞虎乐购

图 13　主要购物网站分类

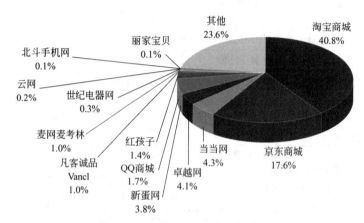

图 14　2010 年 B2C 网购市场份额

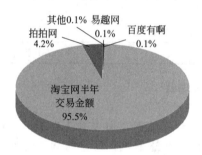

图 15　2010 年 C2C 网购市场份额

3. 购物网站用户渗透率

各类购物网站中，淘宝网的用户规模依然高居第一位，用户渗透率达到 91.0%，远远高于其他购物网站；拍拍网用户渗透率排名第二位，为 12.0%；当当网的用户渗透率 6.8%，排

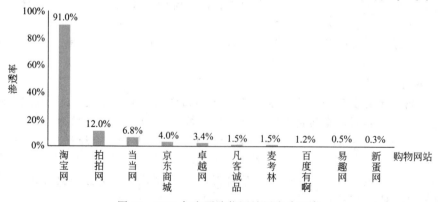

图 16　2010 年主要购物网站用户渗透率

名第三；京东商城、卓越网和凡客诚品的用户渗透率分别为 4.0%、3.4%和 1.5%，如图 16 所示。

4. 购物网站品牌转化率

淘宝网的品牌转化率高达 89.7%，凡客诚品转化率相对也较高，为 54.8%。与 2009 年相比，大部分购物网站的品牌转化率有较大的提升。相比之下，百度有啊和易趣网认知用户流失较为严重，实现的转化率仅为 10.1%和 7.4%，如图 17 所示。

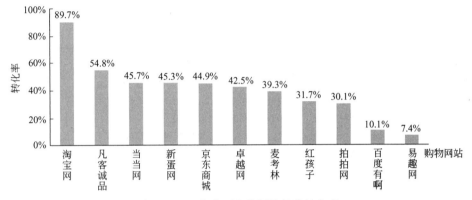

图 17 2010 年主要购物网站品牌转化率

（本文节选自网络，本书编者作了删改）

思 考 题

1. 当前，充分发挥网络营销优势的主要障碍有哪些？
2. 在工业品营销中应该如何体现绿色营销理念？
3. 国际市场营销广告促销策略运用时应该特别注意哪些方面的问题？
4. 如何理解"在今天的市场经济里，市场营销已不是产品之争，而是观念的较量"？
5. 结合案例谈谈企业营销观念中"商场如战场，竞争就是你死我活"的不当之处，你认为企业应该如何树立正确的竞争观念？

参 考 文 献

[1] 林祖华. 市场营销学. 北京：中国时代经济出版社，2003.
[2] 周小柳，等. 化工市场营销. 北京：化学工业出版社，2009.
[3] 肖灵机，等. 工业品市场营销学. 武汉：武汉理工大学出版社，2008.
[4] [日] 古川英夫. "赢"销绝技. 刘淑梅，等译. 北京：科学出版社，2009.
[5] 王红林，等. 现代化工商务概论. 北京：化学工业出版社，2007.
[6] [美] 菲利普·科特勒，凯文·莱恩·凯勒，等. 营销管理. 卢泰宏译. 北京：中国人民大学出版社，2009.
[7] [美] 小威廉·D. 佩罗特，E. 杰罗姆·麦卡锡. 营销学基础：全球管理方法. 梅清豪译. 北京：中国财政经济出版社，2004.
[8] 李健. 国际市场营销：理论与实务. 第3版. 大连：东北财经大学出版社，2011.
[9] 李元元. 机电产品市场营销学. 北京：机械工业出版社，2000.
[10] 夏良康，等. 成品油市场营销. 北京：中国石化出版社，2003.
[11] 纪宝成. 市场营销学教程. 第4版. 北京：中国人民大学出版社，2008.
[12] 郭翠梅. 市场营销学. 广州：暨南大学出版社，2004.
[13] 邓镝. 营销策划案例分析. 北京：机械工业出版社，2007.
[14] 王一心. 读故事 学营销. 北京：海潮出版社，2005.
[15] 晁龙. 营销教练. 北京：蓝天出版社，2005.